◎ 广州文物考古研究丛书 ❶

广州从化流溪河流域
考古调查报告

韩维龙　许永杰　主编

广 州 市 文 物 考 古 研 究 院　编著
中山大学南中国海考古研究中心

广州新华出版发行集团
广州出版社

图书在版编目（CIP）数据

广州从化流溪河流域考古调查报告 / 韩维龙，许永杰主编 . —广州：广州出版社，2017.8
　ISBN 978-7-5462-2584-5

　I. ①广… II. ①韩… ②许… III. ①文物—考古发掘—发掘报告—广州 IV. ①K872.651.5

中国版本图书馆 CIP 数据核字（2017）第 172845 号

书　　名	广州从化流溪河流域考古调查报告 Guangzhou Conghua Liuxihe Liuyu Kaogu Diaocha Baogao
出版发行	广州出版社 （地址：广州市天河区天润路 87 号 9 楼、10 楼　邮政编码：510635 网址：www.gzcbs.com.cn）
责任编辑	蚁燕娟
文字编辑	张申申　周振宇
装帧设计	紫上视觉　刁俊锋 + 黄隽琳
印　　刷	广州市快美印务有限公司 （地址：广州市越秀区横枝岗 64 号大院 9 号　邮政编码：510095）
规　　格	889 毫米 × 1194 毫米　1/16
字　　数	1073 千
印　　张	46.75
版　　次	2017 年 8 月第 1 版
印　　次	2017 年 8 月第 1 次
印　　数	1—1000 册
书　　号	ISBN 978-7-5462-2584-5
定　　价	388.00 元

广州文物考古研究丛书编辑委员会

主　　任　韩维龙
常务副主任　朱海仁
副 主 任　张强禄　易西兵
委　　员（以姓氏笔画为序）
　　　　　王　强　邝桂荣　吕良波　朱明敏　朱海仁
　　　　　闫晓青　李克义　张金国　张强禄　陈　馨
　　　　　易西兵　胡晓宇　韩维龙

本 书 主 编　韩维龙　许永杰
副 主 编　张强禄　关舜甫　曹耀文

序

"五岭北来峰在地,九州南尽水浮天。"清初岭南著名诗人陈恭尹登镇海楼吟出的佳句,也道出了广州的地理区位。广州,地处中国三大水系之一——珠江的入海口,南邻大海,北通中原,北江、东江、西江在此交汇于珠江,穿城而过。

江河孕育人类文明。先秦时期,岭南为百越聚居之地。公元前214年,秦统一岭南,建蕃禺城,是广州建城之始。秦汉以来的2200多年,广州城以今北京路、中山四路为中心不断扩展,并且通过海上丝绸之路保持与世界的交往,持续繁荣,成为岭南地区的政治、经济和文化中心,海上丝绸之路东端的重要港口和商业都会,中西方文明交流互鉴的重要窗口。

古代的岭南地区由于远离中原政治中心,史家关注有限,历史记载不多。要全面探索古代广州的历史,需要通过科学的考古发掘和研究。广州是中国最早开展近现代田野考古工作的城市之一。早在民国时期,广州地区已经有学术团体开展考古活动。1953年,以麦英豪先生为代表的老一辈考古学家开创了广州的现代考古事业,此后60余年,几代考古工作者配合城市建设在广州古城及近郊抢救和保护了大量考古遗存,南越国宫署遗址、南越文王墓、南越国木构水闸遗址、北京路千年古道遗址、南汉二陵等重要考古发现在国内外产生了重要影响,广州的城市考古和考古遗产保护受到各级领导、考古同行的广泛关注。通过对这些考古遗存的发掘、保护和研究,考古人员基本厘清了广州自秦建城以来2200多年的发展轨迹,历史时期的广州城日渐清晰地呈现在我们的眼前。

但是,广州地区的人类历史远不止2200多年。广州建城以前"百越族"在珠江三角洲地区是如何生活的?他们跟长江流域的人类怎样交流?南越文王墓和其他臣民墓葬中越人土著文化因素的根基在哪里?要解决这些诸多问题,需要考古人员扩大视野,在广州古城以外区域探索先秦时期的人类足迹。新世纪以来,围岭、狮象岩、横岭、浮扶岭等遗址的发现为探索广州地区先秦文明打开了大门。

2013年底,广州市市长陈建华做出重要批示,要求文物部门对流溪河流域开展考古调查,丰富广州地区的新石器文化遗存。正是在陈建华等领导的关怀下,流溪河流域的考古调查工作正式启动，这也是广州第一次针对一条河流开展主动性的地下文物考古调查，其重要意义不言自明。

从2014年5月开始，广州市文物考古研究院和中山大学密切合作，分别组成调查队伍开展工作。在为期一年的田野调查过程中，考古人员不畏艰辛，躬勤黾勉，跋山涉水，迎着烈日，克服烈日蛇虫之扰，对流溪河流域从化段的山岗、河谷、平原等区域进行了全面细致的调查。我虽然没有亲身参与田野调查，但作为土生土长的广州人，我深知炎炎夏日在树林和草丛中钻行调查之苦。在此，我要向所有奋战在一线的广大文物考古工作者致以崇高的敬意。

付出必有收获。从化流溪河流域的考古调查取得了丰硕成果——调查发现各时期遗址361处，其中先秦两汉时期遗址300余处，此外还发现了其他时期的墓葬、窑址，以及古建筑和碑刻、摩崖石刻等遗存。《广州从化流溪河流域考古调查报告》就是此次考古调查成果的集中体现，这也是从化流溪河流域地下文物资源最全面、最细致的梳理和总结。此次考古调查成果为下一步探索流溪河以至广州地区的先秦文明提供了重要的基础资料，也为将来在城市建设中做好地下文物保护奠定了坚实基础。作为一名广州文化遗产保护工作者，我为此次调查取得重要成果以及报告及时出版感到高兴，要向参与田野调查和报告编写的考古人员表示祝贺，同时也要对各级领导的亲切关怀和相关部门的大力支持表示衷心感谢。

广州地区埋藏的丰富文化遗存是广州成为全国历史文化名城的雄厚资本，是先民留给我们的宝贵文化遗产，是广州强化国家重要中心城市、国际商贸中心和综合性交通枢纽地位和建设21世纪海上丝绸之路的丰厚历史土壤。

保护好、研究好、利用好祖先留下的文化遗产，是时代赋予我辈的责任和使命。我相信，有广州市委、市政府重视、专家指导和社会各界支持，广州的文化遗产保护事业将会迈上一个又一个新台阶。

是为序。

广州市文化广电新闻出版局（版权局、文物局）
党组书记、局长

2017年7月

前言

　　随手翻着这本700多页的流溪河流域考古调查报告的样书，怎么也无法静下心来审核，三年多的光阴时而模糊时而犹新。2014年初，广州市文化广电新闻出版局（以下简称"广州市文广新局"）根据时任市长陈建华的意见，指示我院组织进行流溪河流域的考古调查，时任支部书记的我不顾已57岁的高龄，自告奋勇，亲自带队在从化的山水之间寻找先辈留下的踪迹。从化山高林密，草木茂盛，沟壑纵横，山地、丘陵、台地、平原交错，地貌类型复杂多样。在近一年的野外调查时间里，我们的考古队员每天披荆斩棘，不惧蚊虫叮咬，不怕骄阳酷暑，奔波于山岭之间，辛劳于河溪之滨。大家的心血和汗水没有白流：新发现了300多处古代文化遗存是对我们最好的回报。

一

　　流溪河属珠江水系北江支流，发源于广州市东北部的从化区吕田镇与惠州市龙门县交界的桂峰山至大岭头一带，从东北到西南流贯全从化区，后经广州郊区汇入花都的白泥河，经珠江三角洲河网注入南海。流溪河流经的从化位于珠江三角洲向粤北山区延伸过渡地带，地势从东北向西南倾斜，流溪河干流纵贯全境，两岸发育众多二级支流。

　　流溪河是广州的母亲河，是广州重要的水源保护地，同时又是广州的后花园，自然地理环境十分优越，流溪河流域同时还是广州先秦遗址分布较丰富的区域。20世纪50年代在从化便已发现有先秦时期印纹陶片，广州历次文物普查工作在从化亦登记了一些文物埋藏线索。2002年底，广州市文物考古研究所在从化吕田发掘重要的狮象岩遗址；2008年、2012年，广州市文物考古研究所在吕田盆地、安山盆地进行过两次考古调查，发现一批先秦文化遗址；2013年，为配合大广高速公路建设，广州市文物考古研究所在从化横岭发掘新石器时代晚期至商代的遗址。

　　2013年，《广州市文物保护规定》颁布实施，明确提出广州市人民政府应定期开展文物普查工作，在本规定公布实施一年内公布本市第一批地下文物埋藏区，并根据文物考古调查、勘探的结果，及时公布后续划定的地下文物埋藏区。2013年初开始，广州市文广新局便着手布局本市范围内的文物资源调查项目，相继开展了多项考古调查项目。2014年，广州市市长陈建华更是直接批示广州市文物考古研究院要做好流溪河流域的考古调查工作。

广州从化流溪河流域考古调查项目的提出和实施便是为摸清家底而开展的主动性调查项目，期望通过系统性调查比较全面地掌握流溪河流域地下文物资源埋藏的基本情况。

为更好地开展田野调查和资料的整理工作，在广州市文广新局领导下，广州市文物考古研究院联合中山大学南中国海考古研究中心等单位组建考古调查队，于2014年6月至2015年5月，在从化区流溪河流域进行考古调查。广州市文物考古研究院负责上游吕田、良口、温泉镇的调查工作，中山大学调查队负责下游江埔、城郊、街口、太平、鳌头五镇的调查工作。此次调查在前期工作积累的经验基础上，采取区域调查的方法，从河流源头往下游调查，沿着河谷两岸或者盆地边缘的台地、低矮山岗、河岸阶地、平原及平原上独立的小山丘分区域进行全面系统的调查。并将调查发现的古遗址、墓葬等文物资源和已调查区域在1:10 000比例尺地形图上进行标注，为未来考古工作提供详实基础资料。

二

田野考古调查成果丰硕。截至2015年5月，基本完成从化区流溪河流域文物资源考古调查，共计复查和新发现各时期遗址361处，绝大多数为新发现遗址，特别是300余处先秦两汉遗址的发现，极大地丰富了流溪河流域文物资源。此外还新发现地上墓葬13处，古建15处和少量碑刻、摩崖石刻等。试掘了一处明代窑址，发现阶级龙窑一座，出土大量瓷器标本和垫饼，填补了从化区瓷器考古的空白。

我们初步将已发现的考古学文化遗存分为前后发展的七期：（1）新石器时代晚期至商代，以绳纹、曲折纹等印纹陶为特征，夹砂灰陶为主，陶质坚硬，少量夹砂灰、黄软陶，可辨器形以圈足壶、罐为主，少量尊、器座、纺轮等，还采集一些石锛、石斧、箭镞、砺石、穿孔石器等，文化面貌兼有珠三角印纹陶文化和粤东虎头埔文化两种特征，部分可见粤北石峡文化特色。（2）西周至春秋时期，以夔纹、重菱形纹、方格纹、篦点纹陶片为特征，泥质或夹细砂硬陶为主，灰陶、灰褐陶居多，可辨器形有各形制罐、瓮、簋、豆等，整体文化面貌属典型夔纹陶类遗存。（3）战国至汉初，以米字纹、方格纹陶片为特征，泥质或夹细砂硬陶为主，灰陶、灰褐陶居多，可辨器形有各形制罐、瓮等，整体文化面貌与战国时期分布于广东地区的米字纹陶遗存相类同。（4）汉代，见于少量遗址中，遗物可见少许方格纹陶片。（5）晋南朝时期，见于两个遗址，试掘墓葬砖室墓一座。（6）唐宋时期，以器表施黑衣陶片、青瓷器为特征，陶器可辨器形以大型的瓮、罐为主，青瓷器多为碗等，分布较广泛。（7）明清时期，以青花瓷和釉陶片为特征，遗物分布广泛，与现代聚落分布情况相同。

整个流域的文化编年序列基本构建起来，新石器时代晚期至商代是先秦时期考古学文化的滥觞时期，发现遗址数量最多，已发掘的狮象、横岭遗址皆以该期遗存为主要面貌特征，可见于整个流域。西周至春秋的夔纹陶时期，遗址数量大幅减少，遗址集中分布于灌村盆地。战国至南越国的米字纹陶时期，遗址数量与前期大致相当，但出现灌村盆地和吕田盆地一南一北两个文化遗址集群区域。汉晋时期，整个流域的遗址发现极少，文化极尽没落，仅有少量遗物散见于个别遗址中，不成气候。直至唐宋时期，遗址数量有了大幅回升，以灰黑陶罐残片和青釉瓷片为主要内容的遗物散见于整个流域，此种文化繁盛态势一直延续至明清时期，聚落规模达到鼎盛，与现代村落布局相近，基本奠定从化当下行政区划结构的基础。

遗址分布规律性特征相当明显，主要分布于流溪河支流经过的大型河谷或盆地内，占比超90%。从遗址地形地貌特点来看，先秦时期，随着时代发展遗址分布规律是由山地不断向低地变迁的；同时，河谷和盆地边缘，临溪流的低矮小山岗、缓坡、台地等区域是遗址集中分布区。既往考古研究表明，先秦遗址的分布受自然地形地貌的影响很大，从化流溪河流域遗址集群分布的特征一方面给遗址资料的归纳整理带来了便利，另一方面也可在区域统合整理的基础上研究遗址分布规律和进行考古学文化编年及时空关系的研究。本报告在介绍调查成果时，以大的自然地理单元为一个章节，各地理单元内遗址进行分期和遗址分布规律进行分析，结语部分对从化流溪河流域考古学文化遗存编年序列和遗址分布规律进行归纳总结。

2014年12月20日，广州市文物考古研究院邀请北京大学赵辉，广东省文物考古研究所何斌、邓宏文、尚杰、李岩，广东省博物馆魏峻，中山大学姚崇新、金志伟等专家学者，召开了专家论证会。与会专家听取了流溪河流域文物资源考古调查成果汇报，对考古调查和试掘所获文物标本进行了观摩和分析。专家们充分肯定了此次调查取得的巨大收获，指出"遗址分布的密集程度超出以往对该地区的了解和认识，极大地丰富了珠三角地区考古学文化遗存的资料"。专家组组长、北京大学赵辉教授认为："此次调查成果让人振奋，发现遗址数量多，具有开创性的意义，调查积累的丰富经验值得借鉴和学习。"

三

我们深刻意识到，此次考古调查工作仍存在诸多的不足，如调查以地表踏查为主，在遗存分期时，因缺乏科学、严谨的地层学和年代学参考依据，仅依周边既有考古成果的对比分析来进行研究，在遗物时代判断、遗存分期等问题上还有很大的可探讨空间。调查虽力求覆盖整个从化地区，但实际调查过程中仍存在诸多遗漏，潖江（二）河流域及从化十余个大型自然地理单元之外的高山丘陵地区是未来调查需要下功力的区域。重要的是，面对这300多处古文化遗存，进一步的发掘研究非常紧迫，建立流溪河考古基地迫在眉睫，市政府和有关部门正在积极协调，分别建立流溪河考古横岭基地和狮象基地，这是今后的研究和利用基本保障。

从化区历次文物普查对全区地上文物资源进行了较系统的梳理和登记保护，此次考古调查对象设定为地下文物资源，但考古队在调查时，在部分区域仍发现一些未被登记的地上文物资源，如古祠堂建筑、碉楼、古道、墓志、碑刻等，这些文物资源亦是从化珍贵的文化遗产，需要得到有效的保护，未来可设立以地上文物资源为调查对象的专项调查项目。此外，结合此次考古调查经验，我们认为区域系统调查理念和方法在南方田野调查实践中的运用上还有很大的提升空间，希望此次调查实践能为南方地区考古调查工作总结经验，尽快地摸索出更适用于南方地区考古调查的方法；同时，学术界已经使用的较多且成熟的地理信息系统、遥感测绘等新技术、新方法，亦可尝试运用到今后的考古调查工作中。

考古成果的应用，除了学术研究之外，更重要的是怎样服务于社会，服务于广州的经济文化建设。建立考古基地是一方面，另一方面，将考古成果进一步梳理，根据文化内涵和保存状况，公布为各级文物保护单位，永续保护。为此，在考古调查结束后，我们即着手进行资料整理和报告编写工作。今天，这本流溪河流域考古调查报告终于面世了。在三年的时间内，我们夜以继日，完成了田野调查，完成了资料整理，完成了报告的编写。全面完整地将成果报告出来，是我们的初衷，也是科学研究的基本准则。在此，向关心支持我们工作的陈建华主任、陆志强局长、赵冀韬副部长、刘晓明总工程师，以及从化区文化广电新闻出版局、中山大学、广东省文物考古研究所等单位和个人表示深深的感谢和敬意。特别是原广州市市长陈建华，在项目立项、开展等各环节均做出重要批示，鼓舞了我们的士气。本报告是从化流溪河流域考古调查成果的集大成者，凝聚了众多考古工作者的心血，虽因我们能力水平有限而存在各种不足与欠缺，但相信本报告的出版，将为加强广州先秦考古学文化研究、推动我市的文化遗产保护事业的提供重要的考古资料。

广州从化流溪河流域考古调查队领队
广州市文物考古研究院院长 韩维龙

2017年7月

凡例

1. 本报告名为《广州从化流溪河流域考古调查报告》，收录了从化区流溪河流域内已发现的所有地下文物资源，其中绝大多数为此次考古调查新发现。同时，为完整反映整个从化地区的地下文物资源埋藏情况，将不属于流溪河流域、但位于从化行政区划内的地下文物资源亦一并收录。

2. 此次考古调查以地下文物资源为主要对象，报告只收录了从化区划内的地下文物资源，包括地下遗址、地下墓葬、窑址等，而地上古建筑、石窟寺、石刻、古道、码头等未作收录。

3. 遗址确认是此次考古调查遇到的一个较困难的问题。囿于地表植被茂盛、文化层堆积浅（或无）等原因，此次调查时多数情况仅能在地表采集少许文化遗物，而文化层堆积、遗址性质、面积、功能等情况多难以确认。鉴于这种情况，此次调查对于遗址的确认标准为：调查时只要在地表发现一件或一件以上文化遗物（陶片为主），即认定为一个遗址。遗址面积及大小一般参考遗址所处的自然地理单元以及遗物分布范围来估测，但由于未进行勘探及发掘等工作，遗址的实际面积很难最终确定。

4. 本报告在遗址命名上，遵循以下原则：以遗址所在地形的小地名命名为主，如"斜仔岜遗址""锅盖岭遗址"等。当一个小地名，如较大体量山岗，区域内分布多个遗址时，采取在小地名后加数字序号的方式命名，如"山形1号遗址""山形2号遗址"等；或在小地名后加方位的方式命名，如"鸡公髻西遗址""鸡公髻南遗址"等。当小地名出现重复时，采取在小地名前加上所属村级行政区划的方式命名，如"（中田）大岜遗址""（石南）大岜遗址""（龙新）圆墩岭遗址""（源湖）圆墩岭遗址"等。当无法获知地形名称或无名称时，便以就近村落名称来命名，如"陈洞遗址"（近吕田镇桂峰村陈洞村）、"汤屋遗址"（近温泉镇石南村汤屋村）。单个遗址内如两个或两个以上遗物采集点相距较远，以英文字母"A""B"……别之，如"胜航岭遗址A点""胜航岭遗址B点""胜航岭遗址C点"等。

5. 遗址为复查的，皆在遗址名称后面标注"（复查）"，并在遗址介绍中做详细说明，未标注说明的为此次调查新发现遗址。

6. 遗址保存现状，使用四个等级分类："好"，指遗址地形地貌未遭明显的改变和破坏，基本保持原貌；"较好"，指遗址地表经小规模耕作，地形地貌遭较轻微改变和破坏；"一般"，指遗址人类活动较频繁，原始地形地貌改变或破坏较明显；"差"，指遗址遭到人类活动破坏，如开辟梯田、取土等，原始地形地貌遭改变或破坏很严重。

7. 本报告所涉及的面积有两种情况：一种是遗址所依托的山岗、缓坡、台地、阶地、平原等相对独立地理单元的面积，为在大比例地形图上直接测量的投影面积；一种是遗址地表采集遗物的分布面积，为遗址最外围遗物连线围成区域的面积。遗物分布面积往往小于地理单元面积，但二者可能均不是遗址的实际面积。

8. 遗址所在地行政区划存在两套体系：一种是市、区、镇（街道）、村（居委会）四级，如长岗遗址行政归属为广州市从化区温泉镇桃莲村；一种是市、林场、村（工区）三级，如上黄谷田遗址行政归属为广州市流溪河林场谷星村。

9. 遗址的位置标示有两种方法：一种为绝对位置，由经纬度和高程表示，此次考古调查所用GPS数据采集器是由南方测绘生产的S750 GIS手持机，测绘位置多为遗物分布中心点；一种为相对位置，即距离附近典型标志点（村落、山体、河流、工厂、学校等）的直线距离，为大比例地形图上测得的直线距离。

10. 山岗、台地、平原、盆地、河流等地理单元名称，若《从化地名志》《从化市志》等文献或地形图上已有记载、标示，便直接采用；若文献无记载或地形图没有标示，便采用附近村民的通俗称谓。河流名称还参考了《从化市民政局地名公告》（从府地名〔2014〕15号）等文件。

11. 2014年1月，广州市文物考古研究所更名为广州市文物考古研究院，故本报告中所称"广州市文物考古研究所""广州市文物考古研究院"实为同一单位，只是更名前后的称谓不同，特此说明。

12. 2014年2月，从化市撤销县级市，变更为广州市辖区，管辖行政区域不变，本报告中所见"从化市""从化区"为更名前后的称谓。报告中涉及的部分文件下发时依然称为"从化市"，为保持文件原真性，保留"从化市"称谓；但本报告编写过程中，如无特殊原因一律使用"从化区"。

13. 报告中所有地图仅作示意，界线均不做权属争议依据。

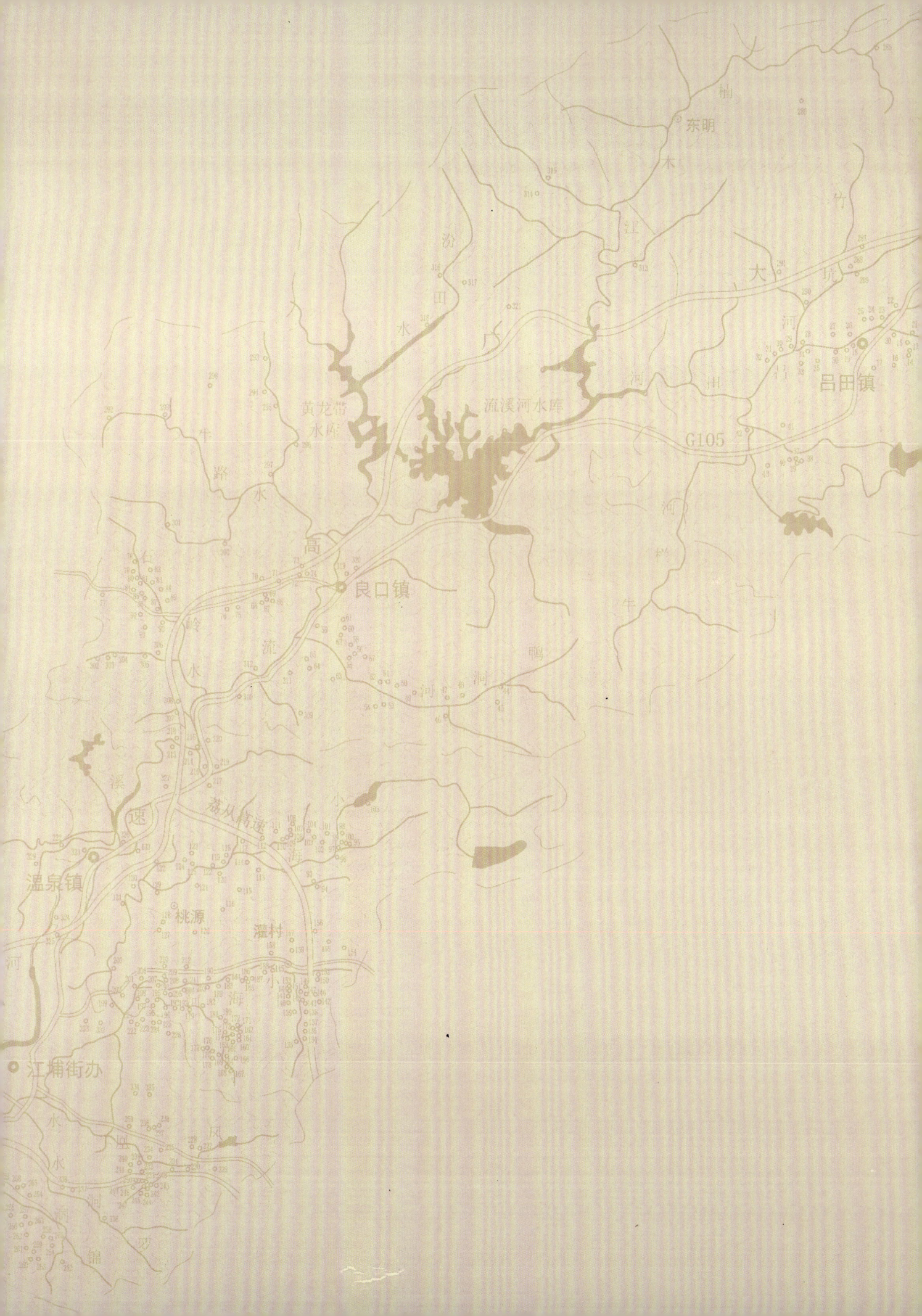

目 录

第一章	**概述**	001
第一节	调查区域概况	003
第二节	调查区域考古简述	013
第三节	此次调查概述	018
第二章	**流溪河流域调查成果**	027
第一节	吕田盆地	033
第二节	安山盆地	103
第三节	鸭洞河谷	129
第四节	S354沿线	167
第五节	桃园盆地	237
第六节	灌村盆地	307
第七节	卫东片区	421
第八节	留田坑谷地	431
第九节	凤凰水流域	445
第十节	锦洞水河谷	473
第十一节	沙溪河流域	495
第十二节	流溪河其他区域	521
第三章	**从化其他区域调查成果**	599
第一节	潖江（二）河流域	601
第二节	三村盆地（莲麻河流域）	611
第三节	鱼洞盆地	622
结语		625
附录	**广州从化流溪河流域遗址登记表**	663
后记		717

插图目录

图1	从化流溪河及珠三角河网水系图	004
图2	从化河流水系图	007
图3	从化流溪河流域遗址分布图	029
图4	吕田盆地遗址分布图	035
图5	陈洞遗址远景（西—东）	041
图6	陈洞遗址采集遗物	041
图7	陈洞遗址采集遗物	042
图8	陈洞遗址采集遗物	042
图9	田头山遗址远景（西—东）	043
图10	田头山遗址采集遗物	043
图11	田头山遗址采集陶片纹饰拓片	044
图12	东岗仔遗址远景（南—北）	045
图13	东岗仔遗址采集遗物	045
图14	东岗仔遗址采集陶器	046
图15	东岗仔遗址采集陶片纹饰拓片	046
图16	禾塘岭遗址近景（北—南）	046
图17	禾塘岭遗址采集遗物	047
图18	禾塘岭遗址采集陶罐口沿（004：标1）	047
图19	禾塘岭、胜丰遗址采集陶片纹饰拓片	048
图20	胜丰遗址远景（南—北）	048
图21	胜丰遗址采集遗物	048
图22	蚊山遗址远景（南—北）	049
图23	蚊山遗址采集遗物	050
图24	蚊山遗址采集陶片纹饰拓片	050
图25	太平山遗址远景（南—北）	050
图26	太平山南坡采集遗物	051
图27	太平山遗址采集遗物	052
图28	太平山遗址采集遗物	053
图29	太平山遗址采集陶片纹饰拓片一	053
图30	太平山遗址采集陶片纹饰拓片二	053
图31	颐养院遗址近景（东南—西北）	054
图32	颐养院遗址采集遗物	055
图33	黄牛山1号遗址远景（南—北）	055
图34	黄牛山1号遗址采集遗物	055
图35	黄牛山1号、2号遗址采集陶片纹饰拓片	056
图36	黄牛山2号遗址远景（东南—西北）	056
图37	黄牛山2号遗址采集遗物	057
图38	黄牛山2号遗址采集陶罐口沿（011：标1）	057
图39	蛇山遗址远景（西—东）	058
图40	苏湖顶遗址远景（西北—东南）	058
图41	苏湖顶遗址采集遗物	059
图42	苏湖顶遗址采集陶片纹饰拓片	059
图43	大岳山遗址远景（北—南）	060
图44	大岳山遗址采集陶罐（014：采1）	060
图45	花岭遗址远景（北—南）	060
图46	花岭遗址采集遗物	061
图47	花岭遗址采集石器	061
图48	花岭遗址采集陶片纹饰拓片	061
图49	高平顶遗址远景（西—东）	062
图50	高平顶遗址采集遗物	062
图51	宁兴古庙遗址远景（东北—西南）	063
图52	宁兴古庙遗址采集遗物	063
图53	宁兴古庙遗址采集石器	063
图54	宁兴古庙遗址采集石器	064
图55	戏岗顶遗址远景（北—南）	064
图56	戏岗顶遗址采集遗物	065
图57	中平顶遗址近景（西—东）	065
图58	中平顶遗址采集遗物	066
图59	中平顶遗址采集石器	067
图60	中平顶遗址采集遗物	068
图61	中平顶遗址采集陶罐（019：采10）	068
图62	中平顶遗址采集遗物	069
图63	中平顶遗址采集陶片纹饰拓片	070
图64	海螺滩遗址远景（南—北）	071
图65	高顶湾遗址远景（西—东）	071
图66	旺水口遗址远景（南—北）	072
图67	旺水口遗址采集遗物	072
图68	旺水口遗址采集石锛（022：采1）	073
图69	旺水口遗址采集陶片纹饰拓片	073
图70	大墩遗址远景（东—西）	074

图71	大墈遗址采集遗物	074
图72	大墈遗址采集砺石（023：采1）	075
图73	坳节遗址远景（南—北）	076
图74	坳节遗址采集遗物	076
图75	（吕新）新屋遗址采集遗物	076
图76	莫村遗址远景（南—北）	077
图77	莫村遗址采集陶器盖（026：标1）	077
图78	莫村、庙岭山、胜航岭遗址采集陶片纹饰拓片	078
图79	大㘵田遗址远景（东南—西北）	078
图80	大㘵田遗址采集遗物	078
图81	大㘵田遗址采集石器	079
图82	大㘵田遗址采集石器	079
图83	崩岗岭遗址远景（西南—东北）	080
图84	崩岗岭遗址采集遗物	080
图85	崩岗岭遗址采集石器	081
图86	崩岗岭遗址采集石器	081
图87	大围遗址T0303出土陶片	082
图88	大围遗址T0403出土陶片	083
图89	大围遗址TG7出土陶片	083
图90	大围遗址出土陶器	084
图91	庙岭山遗址远景（东—西）	085
图92	庙岭山遗址采集遗物	085
图93	庙岭山遗址采集石锛（030：采1）	085
图94	胜航岭遗址A点远景（西南—东北）	086
图95	胜航岭遗址采集遗物	087
图96	钟鼓岩遗址远景（东—西）	087
图97	钟鼓岩遗址采集陶片	088
图98	钟鼓岩遗址采集石器、半成品、石料	088
图99	钟鼓岩遗址采集遗物	089
图100	钟鼓岩遗址采集遗物	090
图101	钟鼓岩遗址采集遗物	091
图102	钟鼓岩遗址采集陶片纹饰拓片	092
图103	狮象岩遗址远景（东北—西南）	092
图104	狮象岩遗址2002年发掘墓葬	093
图105	狮象岩遗址2002年发掘出土遗物	093
图106	太山顶遗址远景（西南—东北）	094
图107	太山顶遗址采集遗物	094
图108	太山顶遗址采集遗物	095
图109	太山顶遗址采集遗物	095
图110	大山脚遗址采集遗物	096
图111	银佛岭遗址远景（东—西）	097
图112	银佛岭遗址采集遗物	097
图113	银佛岭遗址采集遗物	098
图114	银佛岭遗址采集遗物	098
图115	安山盆地遗址分布图	105
图116	马蹄岭遗址远景（东北—西南）	109
图117	马蹄岭遗址采集遗物	109
图118	马蹄岭遗址采集石器、半成品石器	110
图119	马蹄岭遗址采集石器	111
图120	马蹄岭遗址采集遗物	112
图121	马蹄岭遗址采集石器	113
图122	马蹄岭遗址采集陶片纹饰拓片	114
图123	坝仔遗址远景（北—南）	115
图124	坝仔遗址采集石器	115
图125	坝仔遗址采集石器	115
图126	丁山遗址远景（东北—西南）	116
图127	丁山遗址采集遗物	116
图128	丁山遗址采集遗物	117
图129	丁山遗址采集遗物	117
图130	丁山、南门岗、暖水塘遗址采集陶片纹饰拓片	118
图131	南门岗遗址采集遗物	119
图132	南门岗遗址采集石器	119
图133	南门岗遗址采集石器	119
图134	暖水塘遗址采集遗物	120
图135	暖水塘遗址采集石锛	121
图136	暖水塘遗址采集石锛	121
图137	响水峡遗址远景（南—北）	122
图138	响水峡遗址采集遗物	122
图139	响水峡遗址采集石器	123
图140	响水峡遗址采集石器	124
图141	响水峡遗址采集陶片纹饰拓片	124
图142	洞主遗址远景（西北—东南）	125
图143	洞主遗址采集遗物	125
图144	洞主遗址采集陶罐圈足（043：标1）	126

图145	洞主遗址采集陶罐圈足（043：标1）	126
图146	鸭洞河上游全景（东北—西南）	129
图147	鸭洞河下游鸭洞片区全景（北—南）	130
图148	鸭洞河谷遗址分布图	131
图149	散围遗址A点全景（南—北）	135
图150	散围遗址采集青瓷碗（044：采1）	136
图151	散围遗址D点远景（北—南）	136
图152	高份山遗址远景（北—南）	137
图153	高份山遗址砖室墓内景（北—南）	137
图154	高份山遗址B点采集遗物	137
图155	（良平）南山遗址远景（东北—西南）	138
图156	（良平）南山遗址采集遗物	138
图157	龙眼岗遗址远景（西南—东北）	139
图158	龙眼岗遗址采集遗物	139
图159	鸭洞河上游部分遗址采集陶片纹饰拓片	140
图160	大葬遗址远景（东—西）	140
图161	大葬遗址采集遗物	141
图162	水㘵遗址远景（南—北）	141
图163	水㘵遗址采集遗物	142
图164	火界山遗址远景（南—北）	142
图165	火界山遗址采集遗物	143
图166	田顶头遗址远景（西—东）	143
图167	田顶头遗址采集遗物	144
图168	耕遗址远景（西北—东南）	144
图169	耕遗址采集遗物	145
图170	山塘口遗址全景（东北—西南）	145
图171	山塘口遗址采集遗物	146
图172	死人山遗址远景（东北—西南）	147
图173	死人山遗址采集遗物	147
图174	高田遗址远景（西—东）	147
图175	高田遗址采集遗物	148
图176	高田、上排、斜仔㘵遗址采集陶片纹饰拓片	148
图177	园国岭遗址远景（西南—东北）	149
图178	园国岭遗址采集遗物	149
图179	上排遗址远景（西南—东北）	149
图180	上排遗址采集遗物	150
图181	斜仔㘵遗址远景（南—北）	151
图182	清理窑室遗迹（西北—东南）	151
图183	斜仔㘵遗址采集遗物	151
图184	山下村遗址远景（东—西）	152
图185	山下村遗址局部地层剖面（南—北）	152
图186	山下村遗址采集遗物	153
图187	山下村遗址采集石器	153
图188	山下村遗址采集石器	153
图189	山下村遗址采集陶片纹饰拓片	154
图190	遗址远眺碧水新村全景（东—西）	154
图191	碧水新村1号遗址远景（西北—东南）	155
图192	碧水新村1号遗址采集遗物	155
图193	碧水新村2号遗址远景（西南—东北）	156
图194	碧水新村3号遗址远景（西南—东北）	156
图195	碧水新村3号遗址采集遗物	157
图196	碧水新村3号遗址采集陶片纹饰拓片	157
图197	梘村遗址远景（北—南）	158
图198	梘村遗址东区采集遗物	158
图199	梘村遗址西区采集遗物	159
图200	梘村遗址采集青瓷碗（063：采1）	160
图201	梘村遗址采集陶片纹饰拓片	160
图202	围背后遗址远景（东北—西南）	161
图203	围背后遗址山顶地层剖面（东—西）	161
图204	围背后遗址采集遗物	162
图205	围背后遗址采集石锛（064：采1）	162
图206	围背后遗址采集陶片纹饰拓片	163
图207	白线底遗址远景（北—南）	163
图208	白线底遗址采集遗物	164
图209	白线底遗址采集陶片纹饰拓片	164
图210	S354沿线东部全景（南—北）	167
图211	石岭、少沙盆地全景（北—南）	168
图212	S354沿线遗址分布图	169
图213	荔仔山遗址远景（西—东）	173
图214	荔仔山遗址采集遗物	173
图215	荔仔山遗址采集青花瓷碗	174
图216	荔仔山遗址采集青花瓷碗	174
图217	（良新）担水㘵遗址远景（西南—东北）	175
图218	（良新）担水㘵遗址采集遗物	175
图219	九西岭遗址远景（东北—西南）	176

图220	九西岭遗址地表暴露遗物	176
图221	九西岭遗址采集遗物	177
图222	九西岭遗址采集遗物	178
图223	九西岭遗址采集遗物	179
图224	九西岭遗址采集遗物	180
图225	九西岭遗址采集遗物一	180
图226	九西岭遗址采集遗物二	181
图227	九西岭遗址采集陶片纹饰拓片	181
图228	福旋岗遗址远景（南—北）	182
图229	福旋岗遗址采集石器	182
图230	福旋岗遗址采集石器	182
图231	上龙岗遗址远景（南—北）	183
图232	上龙岗遗址采集石锛（070：采1）	183
图233	上龙岗遗址采集遗物	184
图234	矮桥子遗址远景（南—北）	184
图235	矮桥子遗址采集遗物	185
图236	大塘边窑址远景（东南—西北）	185
图237	大塘边窑址Y1平剖面图	186
图238	大塘边窑址Y1窑室内填土堆积情况（东—西）	187
图239	大塘边窑址Y1发掘工作照（东南—西北）	187
图240	大塘边窑址Y1发掘工作照（东—西）	187
图241	大塘边窑址Y1火膛清理后（南—北）	187
图242	大塘边窑址Y1窑门全景（南—北）	187
图243	大塘边窑址Y1烟囱清理发掘后全景（东南—西北）	187
图244	大塘边窑址Y1发掘清理后全景（南—北）	187
图245	大塘边窑址Y2平剖面图	188
图246	大塘边窑址Y2窑室轮廓初步显露（东南—西北）	189
图247	大塘边窑址Y2发掘工作照（北—南）	189
图248	大塘边窑址Y2发掘情况	189
图249	大塘边窑址Y2底部全景（南—北）	190
图250	大塘边窑址石灰窑Y3全景（南—北）	190
图251	大塘边窑址石灰窑Y3西壁（东—西）	190
图252	大塘边窑址出土A、B型碗	192
图253	大塘边窑址出土C型碗	193
图254	大塘边窑址出土其他遗物	195
图255	大塘边窑址出土遗物	196
图256	大塘边窑址出土遗物	197
图257	大塘边窑址出土遗物	198
图258	大塘边窑址出土遗物	199
图259	铁岗埔遗址远景（东南—西北）	200
图260	铁岗埔遗址采集遗物	200
图261	狮头山西部区域地层堆积情况	201
图262	狮头山遗址074Y1平面全景（北—南）	202
图263	狮头山遗址探明074Y1平剖面图	202
图264	狮头山遗址074Y2平面全景（北—南）	203
图265	狮头山遗址探明074Y2平剖面图	203
图266	狮头山遗址074Y3平面全景（东—西）	204
图267	狮头山遗址074Y4平面全景（西—东）	204
图268	狮头山遗址074Y5局部（东—西）	204
图269	狮头山遗址采集遗物	205
图270	狮头山遗址采集砍砸器（074：采1）	205
图271	三亚岇遗址远景（西北—东南）	206
图272	三亚岇遗址采集遗物	206
图273	虾爪山遗址远景（东北—西南）	207
图274	虾爪山遗址采集遗物	207
图275	虾爪山遗址采集遗物	208
图276	虾爪山遗址采集遗物	208
图277	虾爪山遗址采集陶片纹饰拓片	209
图278	狮迳遗址远景（北—南）	209
图279	狮迳遗址采集遗物	210
图280	狮迳遗址采集石器	211
图281	狮迳遗址采集石器	211
图282	南坑遗址采集遗物	212
图283	松仔山遗址采集遗物	213
图284	松仔山遗址采集石锛（079：采1）	214
图285	门口田遗址采集遗物	215
图286	门口田遗址采集砺石（080：采1）	215
图287	圆仔山遗址远景（东—西）	216
图288	圆仔山遗址采集遗物	216
图289	山塘子遗址地表遗物堆积情况	217
图290	山塘子遗址采集遗物	217

图291	山塘子遗址采集青瓷碗	218
图292	山塘子遗址采集瓷碗	218
图293	（少沙）大冚遗址远景（西—东）	219
图294	（少沙）大冚遗址采集遗物	220
图295	（少沙）大冚遗址采集遗物	220
图296	（少沙）大冚遗址采集遗物	220
图297	高郎田遗址远景（东—西）	221
图298	高郎田遗址采集遗物	222
图299	高郎田遗址采集陶片纹饰拓片	222
图300	高郎田遗址采集遗物	223
图301	高郎田遗址采集遗物	223
图302	鸡母场遗址A、B点远景（南—北）	224
图303	考古调查队队员清理鸡母场遗址地层剖面	224
图304	鸡母场遗址A点墓葬及随葬品	224
图305	鸡母场遗址B点采集遗物	225
图306	鸡母场遗址采集遗物	226
图307	鸡母场遗址采集遗物	226
图308	大岭山遗址远景（东—西）	227
图309	大岭山遗址采集遗物	227
图310	大岭山遗址采集青花瓷碗（086：采1）	228
图311	（石岭）后山遗址远景（东北—西南）	228
图312	（石岭）后山遗址采集遗物	229
图313	陈新围遗址远景（东南—西北）	229
图314	陈新围遗址采集遗物	230
图315	庙下遗址远景（南—北）	230
图316	庙下遗址采集遗物	231
图317	水井岭遗址采集遗物	232
图318	龙仔遗址采集遗物	233
图319	（石岭）黄泥塘遗址远景（北—南）	233
图320	（石岭）黄泥塘遗址采集遗物	234
图321	桃园盆地东部全景（南—北）	237
图322	桃园盆地西部全景（西南—东北）	238
图323	桃园盆地遗址分布图	239
图324	横冚遗址远景（南—北）	244
图325	横冚遗址地表采集遗物	244
图326	（密石）陈屋遗址远景（西北—东南）	245
图327	（密石）陈屋遗址采集石锛（094：采1）	245
图328	（密石）陈屋遗址采集遗物	246
图329	荷木树遗址远景（西南—东北）	246
图330	荷木树遗址采集遗物	247
图331	罗屋遗址远景（西北—东南）	247
图332	罗屋遗址调查工作照	248
图333	罗屋遗址采集遗物	248
图334	罗屋遗址采集陶片纹饰拓片	248
图335	付竹园遗址远景（西南—东北）	249
图336	付竹园遗址采集遗物	249
图337	付竹园遗址采集青瓷碗（097：标1）	250
图338	大坡头遗址远景（西—东）	250
图339	大坡头遗址采集遗物	251
图340	铁冚遗址远景（南—北）	251
图341	铁冚遗址A点清理地层剖面	251
图342	铁冚遗址采集遗物	252
图343	铁冚遗址采集陶器	253
图344	铁冚遗址采集陶片纹饰拓片	254
图345	小海河及塘仔渡遗址远景（西南—东北）	255
图346	塘仔渡遗址采集遗物	255
图347	长岗遗址远景（南—北）	256
图348	长岗遗址采集遗物	256
图349	长岗遗址采集遗物	257
图350	长岗遗址采集遗物	258
图351	长岗遗址采集陶片纹饰拓片	258
图352	南太遗址远景（东—西北）	259
图353	南太遗址采集遗物	259
图354	米石岭遗址近景（东—西）	260
图355	米石岭遗址采集遗物	260
图356	米石岭遗址采集陶器	261
图357	米石岭遗址采集陶器	261
图358	米石岭、陂底岭、白石山遗址采集陶片纹饰拓片	261
图359	陂底岭遗址远景（西—东）	262
图360	陂底岭遗址采集遗物	263
图361	陂底岭遗址采集石网坠（104：采1）	263
图362	温牛冚遗址近景（东—西）	264
图363	山顶口遗址远景（南—北）	264
图364	山顶口遗址采集遗物	265
图365	山塘窝遗址远景（北—南）	265

图366	山塘窝遗址采集遗物	266
图367	白石山遗址远景（南—北）	266
图368	白石山遗址采集遗物	267
图369	横刀石山遗址远景（东北—西南）	268
图370	横刀石山遗址采集遗物	268
图371	马流山遗址远景（西—东）	269
图372	马流山遗址采集遗物	269
图373	（中田）大山遗址远景（西南—东北）	270
图374	（中田）大山遗址采集遗物	270
图375	桃红里遗址B点远景（南—北）	271
图376	桃红里遗址采集遗物	271
图377	马留山遗址远景（东—西）	272
图378	马留山遗址采集遗物	272
图379	螺洞山遗址远景（东南—西北）	273
图380	螺洞山遗址采集遗物	273
图381	松山顶遗址近景（南—北）	274
图382	松山顶遗址采集遗物	274
图383	芦荻角遗址东部近景（西北—东南）	275
图384	芦荻角遗址采集遗物	275
图385	芦荻角遗址采集遗物	276
图386	网顶遗址远景（南—北）	277
图387	网顶遗址采集遗物	277
图388	门头岭遗址远景（东南—西北）	278
图389	门头岭遗址采集遗物	279
图390	门头岭遗址采集遗物	280
图391	门头岭遗址采集遗物	280
图392	门头岭、鲢鱼山遗址采集陶片纹饰拓片	281
图393	尧田山遗址采集遗物	281
图394	尧田山遗址采集青瓷碗（119：采1）	282
图395	鲢鱼山遗址远景（南—北）	282
图396	鲢鱼山遗址采集遗物	283
图397	鲢鱼山遗址采集石器	283
图398	鲢鱼山遗址采集石器	283
图399	背底山遗址远景（西南—东北）	284
图400	背底山遗址采集遗物	285
图401	背底山遗址采集石器	285
图402	背底山遗址采集石器	286
图403	背底山遗址采集陶片纹饰拓片	286
图404	锅盖岭遗址远景（南—北）	287
图405	锅盖岭遗址采集遗物	287
图406	锅盖岭遗址采集石锛（122：采1）	288
图407	背补岭遗址远景（南—北）	289
图408	背补岭遗址采集遗物	289
图409	山公嘴遗址远景（东—西）	290
图410	山公嘴遗址采集遗物	290
图411	山公嘴遗址采集陶片纹饰拓片	291
图412	（乌土）圆山仔遗址采集遗物	291
图413	（龙桥）山塘遗址采集遗物	292
图414	石桥头遗址远景（南—北）	293
图415	石桥头遗址采集遗物	293
图416	延庆里遗址采集遗物	294
图417	锣鼓山遗址远景（西—东）	294
图418	锣鼓山遗址南区采集遗物	295
图419	锣鼓山遗址北区采集遗物	296
图420	两仔山遗址远景（西南—东北）	296
图421	两仔山遗址调查工作照（西—东）	297
图422	两仔山遗址南区采集遗物	297
图423	两仔山遗址北区采集遗物	298
图424	两仔山遗址采集遗物	298
图425	两仔山遗址采集遗物	299
图426	两仔山遗址采集陶片纹饰拓片	299
图427	（宣星）庙山遗址远景（西北—东南）	300
图428	（宣星）庙山遗址采集遗物	300
图429	（宣星）庙山遗址采集石锛（131：采1）	300
图430	（源湖）圆墩岭遗址远景（南—北）	301
图431	（源湖）圆墩岭遗址采集遗物	301
图432	（源湖）圆墩岭遗址采集陶片纹饰拓片	302
图433	牛步泾遗址远景（西南—东北）	302
图434	牛步泾遗址采集遗物	302
图435	牛步泾遗址采集石器	303
图436	牛步泾遗址采集石器	303
图437	灌村盆地南星村周边全景（北—南）	307
图438	新南峡谷全景（南—北）	308
图439	溉峒河谷北部全景（东南—西北）	309
图440	溉峒河谷南部全景（东北—西南）	309
图441	灌村盆地遗址分布图	311

图442	鹅颈遗址采集遗物	315
图443	多头隐遗址远景（东—西）	315
图444	多头隐遗址采集遗物	316
图445	柴山遗址远景（西北—东南）	316
图446	柴山遗址采集遗物	317
图447	柴山遗址采集陶片纹饰拓片	317
图448	信号岭遗址远景（西—东）	318
图449	信号岭遗址采集遗物	318
图450	石鼓遗址采集遗物	319
图451	唐角山遗址远景（东南—西北）	320
图452	唐角山遗址采集遗物	320
图453	唐角山、林山遗址采集陶片纹饰拓片	321
图454	虾塘遗址远景（东—西）	321
图455	虾塘遗址采集遗物	321
图456	林山遗址远景（东南—西北）	322
图457	林山遗址采集遗物	322
图458	林山遗址采集石器	323
图459	林山遗址采集石器	323
图460	大古石遗址远景（西—东）	324
图461	大古石遗址采集遗物	324
图462	沙龙岗遗址远景（北—南）	325
图463	沙龙岗遗址采集遗物	325
图464	江车遗址远景（西—东）	326
图465	江车遗址采集遗物	327
图466	江车遗址采集遗物	327
图467	江车遗址采集遗物	328
图468	江车遗址采集陶片纹饰拓片	328
图469	㘵尾遗址远景（西北—东南）	329
图470	㘵尾遗址采集遗物	329
图471	㘵尾遗址采集遗物	330
图472	㘵尾遗址采集遗物	330
图473	㘵尾遗址采集陶片纹饰拓片	331
图474	牛头岭遗址远景（西南—东北）	331
图475	牛头岭遗址采集遗物	332
图476	猪仔㘵遗址A点远景（西南—东北）	332
图477	猪仔㘵遗址采集砺石（147：采1）	333
图478	大陂田遗址远景（西—东）	333
图479	大陂田遗址采集遗物	334
图480	大陂田、龙田遗址采集陶片纹饰拓片	334
图481	大榕树遗址采集遗物	335
图482	檐岭遗址远景（北—南）	336
图483	檐岭遗址采集遗物	336
图484	龙田遗址采集遗物	337
图485	江边田遗址远景（东北—西南）	337
图486	江边田遗址采集遗物	338
图487	水庭山遗址A点远景（北—南）	339
图488	水庭山遗址采集遗物	339
图489	水庭山遗址B点远景（东南—西北）	340
图490	水庭山遗址采集陶片纹饰拓片	340
图491	黄洞岭遗址远景（西—东）	340
图492	黄洞岭遗址采集遗物	341
图493	鸡公髻南遗址远景（南—北）	341
图494	鸡公髻南遗址采集遗物	341
图495	鸡公髻西遗址远眺（西—东）	342
图496	鸡公髻西遗址采集遗物	342
图497	高栋遗址远景（西南—东北）	343
图498	高栋遗址采集遗物	343
图499	高栋遗址采集遗物	343
图500	高栋遗址采集遗物	344
图501	榕山遗址远景（西—东）	344
图502	榕山遗址采集遗物	345
图503	榕山遗址采集陶器	345
图504	榕山遗址采集陶器	346
图505	榕山遗址采集陶片纹饰拓片	346
图506	晒塘遗址远景（北—南）	347
图507	晒塘遗址采集遗物	347
图508	晒塘遗址采集石锛（159：采1）	347
图509	猪牯岭遗址远景（西—东）	348
图510	猪牯岭遗址M1发掘工作照	348
图511	猪牯岭遗址M1全景	349
图512	猪牯岭遗址M1平剖面图	349
图513	猪牯岭遗址M1出土陶片	350
图514	大路遗址远景（东—西）	350
图515	大路遗址采集遗物	351
图516	（龙新）圆墩岭遗址远景（西北—东南）	351
图517	（龙新）圆墩岭遗址采集遗物	352

图518	下梅墩遗址远景（东南—西北）	352
图519	下梅墩遗址近景（南—北）	352
图520	下梅墩遗址采集遗物	353
图521	下梅墩、里鱼塘、田咀、洞仔遗址采集陶片纹饰拓片	353
图522	石博见遗址远景（东北—西南）	354
图523	石博见遗址采集遗物	354
图524	里鱼塘遗址远景（西南—东北）	355
图525	里鱼塘遗址采集遗物	355
图526	洞仔遗址远景（西北—东南）	356
图527	洞仔遗址地表采集遗物	356
图528	田咀遗址远景（西—东）	357
图529	田咀遗址采集遗物	357
图530	田咀遗址采集遗物	358
图531	田咀遗址采集遗物	358
图532	榄核顶遗址远景（南—北）	359
图533	榄核顶遗址采集遗物	359
图534	吓塘遗址远景（东北—西南）	360
图535	吓塘遗址采集遗物	360
图536	吓塘遗址采集砺石（169：采1）	360
图537	杨梅田遗址远景（西北—东南）	361
图538	杨梅田遗址采集遗物	361
图539	杨梅田遗址采集陶片纹饰拓片	362
图540	鹿景遗址远景（南—北）	362
图541	鹿景遗址采集遗物	362
图542	破塘遗址采集遗物	363
图543	塘仔遗址远景（西—东）	363
图544	塘仔遗址采集遗物	364
图545	塘仔遗址采集石器	365
图546	塘仔遗址采集石器	365
图547	塘仔遗址采集陶片纹饰拓片	365
图548	后背山遗址远景（北—南）	366
图549	后背山遗址山顶采集遗物	367
图550	后背山遗址山脚采集遗物	368
图551	后背山遗址采集遗物	368
图552	后背山遗址采集遗物	369
图553	后背山遗址采集陶片纹饰拓片	369
图554	养夯遗址远景（东北—西南）	370
图555	养夯遗址采集遗物	370
图556	养夯遗址采集陶片纹饰拓片	371
图557	松山遗址远景（东—西）	371
图558	松山遗址采集遗物	372
图559	松山遗址采集石锛（176：采1）	372
图560	赤岭遗址采集遗物	373
图561	赤岭遗址采集石锛（177：采1）	374
图562	放牛岭遗址远景（北—南）	374
图563	放牛岭遗址采集遗物	375
图564	饭鹅达遗址远景（西南—东北）	375
图565	饭鹅达遗址采集遗物	376
图566	黄冚遗址远景（西南—东北）	376
图567	黄冚遗址采集遗物	377
图568	背底隐遗址远景（南—北）	377
图569	背底隐遗址采集遗物	378
图570	下古岭遗址远景（北—南）	378
图571	下古岭遗址采集遗物	379
图572	黄坭田遗址远景（西北—东北）	380
图573	黄坭田遗址采集遗物	380
图574	（南星）圆山仔遗址远景（西南—东北）	381
图575	（南星）圆山仔遗址采集遗物	381
图576	关竹园遗址A点远景（西—东）	382
图577	关竹园遗址A点采集瓷碗	382
图578	关竹园遗址A点采集遗物	383
图579	关竹园遗址采集青瓷碗	383
图580	关竹园遗址采集青瓷碗	383
图581	上冚遗址A点远景（北—南）	384
图582	上冚遗址采集遗物	385
图583	（南星）担水冚遗址采集遗物	385
图584	形头遗址远景（东北—西南）	386
图585	形头遗址地表采集遗物	386
图586	形头遗址采集陶片纹饰拓片	387
图587	莲叶渡龟遗址远景（东北—西南）	388
图588	莲叶渡龟遗址A点采集遗物	388
图589	莲叶渡龟遗址B点采集遗物	388
图590	公路下遗址远景（北—南）	389
图591	公路下遗址采集遗物	389
图592	蜈蚣岭遗址远景（西南—东北）	390

图593	蜈蚣岭遗址采集遗物	390
图594	蜈蚣岭遗址采集遗物	391
图595	蜈蚣岭遗址采集遗物	391
图596	山形1号遗址远景（西北—东南）	392
图597	山形1号遗址采集遗物	392
图598	山形1号遗址采集陶片纹饰拓片	393
图599	山形3号遗址远景（北—南）	394
图600	山形3号遗址采集遗物	394
图601	泥子山遗址远景（东南—西北）	395
图602	泥子山遗址采集遗物	395
图603	泥子山遗址采集陶片纹饰拓片	395
图604	圆墩山遗址远景（东北—西南）	396
图605	圆墩山遗址采集遗物	397
图606	大路下遗址远景（南—北）	397
图607	大路下遗址断面发现陶碗	397
图608	大路下遗址采集遗物	398
图609	大路下遗址采集遗物	398
图610	大路下遗址采集遗物	398
图611	小海河及来鱼头遗址远景（北—南）	399
图612	来鱼头遗址采集遗物	400
图613	来鱼头、六潭、埔鹅岗遗址采集陶片纹饰拓片	400
图614	六潭遗址远景（东—西）	401
图615	六潭遗址采集遗物	401
图616	埔鹅岗遗址远景（南—北）	401
图617	埔鹅岗遗址采集遗物	402
图618	（石海）黄泥塘遗址远景（东—西）	402
图619	（石海）黄泥塘遗址采集遗物	403
图620	石孙山遗址采集遗物	404
图621	石孙山遗址采集石镞（203：采1）	404
图622	茶岭遗址A点采集遗物	405
图623	茶岭遗址B点采集遗物	405
图624	杉甶遗址远景（东—西）	406
图625	杉甶遗址采集遗物	406
图626	杉甶遗址采集陶片纹饰拓片	407
图627	旱地遗址远景（西南—东北）	407
图628	旱地遗址采集遗物	408
图629	旱地遗址采集石斧（206：采1）	408
图630	芒顶遗址远景（北—南）	409
图631	芒顶遗址采集遗物	409
图632	（石南）新围遗址近景（西—东）	410
图633	（石南）新围遗址地表采集遗物	410
图634	（石南）新围遗址采集遗物	411
图635	（石南）新围遗址采集遗物	411
图636	（石南）新围遗址采集陶片纹饰拓片	411
图637	塘面遗址断面所见文化层堆积	412
图638	塘面遗址采集遗物	412
图639	（石南）大甶遗址远景（南—北）	413
图640	（石南）大甶遗址采集遗物	413
图641	高车遗址采集遗物	414
图642	汤屋遗址远景（西南—东北）	415
图643	汤屋遗址采集遗物	415
图644	汤屋遗址采集陶片纹饰拓片	416
图645	卫东片区全景（东南—西北）	421
图646	卫东片区遗址分布图	422
图647	（卫东）庙山遗址全景（南—北）	423
图648	（卫东）庙山遗址采集遗物	423
图649	白虎岭遗址远景（北—南）	424
图650	白虎岭遗址采集遗物	424
图651	屋背遗址全景（南—北）	425
图652	屋背遗址采集遗物	425
图653	隔海遗址远景（北—南）	426
图654	隔海遗址采集遗物	426
图655	石草塘遗址远景(西北—东南)	427
图656	石草塘遗址采集遗物	427
图657	瓦厂坝遗址采集遗物	428
图658	桥栏遗址远景（西南—东北）	428
图659	桥栏遗址采集遗物	429
图660	新黄围遗址远景（西南—东北）	429
图661	留田坑谷地遗址分布图	432
图662	龟山遗址远景（西北—东南）	433
图663	龟山遗址采集陶片	433
图664	龟山、龟甶遗址采集陶片纹饰拓片	434
图665	龟甶遗址北区远景（北—南）	434
图666	龟甶遗址北区采集遗物	435
图667	龟甶遗址北区采集陶器	435

图668	龟𠮿遗址北区采集陶器	435
图669	龟𠮿遗址南区采集遗物	436
图670	毛毡岗遗址远景（东—西）	437
图671	毛毡岗遗址采集遗物	437
图672	鸭仔𠮿浦遗址远景（南—北）	438
图673	鸭仔𠮿浦遗址采集遗物	438
图674	鸭仔𠮿浦遗址采集遗物	439
图675	鸭仔𠮿浦遗址采集遗物	439
图676	鸭仔𠮿浦遗址采集陶片纹饰拓片	439
图677	柿子𠮿遗址远景（南—北）	440
图678	柿子𠮿遗址采集遗物	440
图679	柿子𠮿遗址采集陶器	441
图680	柿子𠮿遗址采集陶器	441
图681	柿子𠮿遗址采集陶片纹饰拓片	441
图682	勤婆𠮿遗址远景（南—北）	442
图683	勤婆𠮿遗址采集遗物	442
图684	凤凰水流域遗址分布图	446
图685	对面山遗址远景（南—北）	447
图686	对面山遗址采集遗物	447
图687	对面山遗址采集石锛（227：采1）	448
图688	（凤二）新屋遗址远景（东—西）	448
图689	牛半壁遗址远景（南—北）	449
图690	牛半壁遗址采集遗物	449
图691	背夫岭遗址远景（南—北）	450
图692	背夫岭遗址采集遗物	450
图693	（凤一）大𠮿遗址远景（南—北）	451
图694	（凤一）大𠮿遗址采集遗物	451
图695	大山谷北遗址远景（北—南）	451
图696	大山谷北遗址采集遗物	452
图697	大山谷北、大山谷南遗址采集陶片纹饰拓片	452
图698	大山谷南遗址远景（南—北）	453
图699	大山谷南遗址采集遗物	453
图700	西云耳岭遗址远景（南—北）	454
图701	西云耳岭遗址采集遗物	454
图702	西云耳岭遗址采集陶片纹饰拓片	455
图703	东云耳岭遗址远景（北—南）	455
图704	（钓鲤）背后山遗址远景（南—北）	456
图705	（钓鲤）背后山遗址采集遗物	456
图706	（钓鲤）背后山遗址采集陶片纹饰拓片	456
图707	菠萝山遗址远景（东—西）	457
图708	菠萝山遗址采集遗物	457
图709	东边𠮿遗址远景（东—西）	458
图710	东边𠮿遗址采集遗物	458
图711	东边𠮿遗址采集陶片纹饰拓片	458
图712	福旋岭遗址远景（东—西）	459
图713	福旋岭遗址采集遗物	459
图714	圆靓仔遗址采集遗物	460
图715	圆靓仔遗址采集陶片纹饰拓片	460
图716	（鹊塱）后龙山遗址远景（南—北）	460
图717	黄草山遗址远景（东—西）	461
图718	黄草山遗址采集遗物	461
图719	黄草山遗址采集陶罐口沿（242：标1）	462
图720	黄草山遗址采集陶片纹饰拓片	462
图721	大塱社东遗址远景（西南—东北）	463
图722	大塱社东遗址采集遗物	463
图723	奥背山遗址采集遗物	464
图724	大塱社南遗址远景（南—北）	464
图725	大塱社南遗址采集遗物	464
图726	牛角𠮿遗址采集遗物	465
图727	田寮山遗址远景（东—西）	465
图728	田寮山遗址采集遗物	466
图729	汉田山遗址远景（东—西）	466
图730	汉田山遗址采集遗物	466
图731	冯山公遗址远景（东—西）	467
图732	冯山公遗址采集遗物	467
图733	冯山公、同锣泉遗址采集陶片纹饰	467
图734	同锣泉遗址远景（东—西）	468
图735	同锣泉遗址采集遗物	468
图736	黄塘山遗址远景（东—西）	469
图737	黄塘山遗址采集遗物	469
图738	黄塘山遗址采集石镞	470
图739	黄塘山遗址采集石镞	470
图740	锦洞水河谷遗址分布图	474
图741	屋头窝遗址远景（南—北）	475
图742	屋头窝遗址采集遗物	475

图743	（锦一）南山遗址远景（南—北）	476
图744	（锦一）南山遗址采集遗物	476
图745	南山、圹丫岡遗址采集陶片纹饰拓片	476
图746	牛湖窝遗址远景（东—西）	477
图747	牛湖窝遗址断面暴露灰坑遗迹（东—西）	477
图748	牛湖窝遗址采集遗物	477
图749	圹丫岡遗址远景（东—西）	478
图750	圹丫岡遗址采集遗物	478
图751	高浪遗址近景（西北—东南）	479
图752	高浪遗址采集遗物	479
图753	高浪遗址采集陶片纹饰拓片	479
图754	蝇咀遗址采集遗物	480
图755	蝇咀遗址采集陶器	481
图756	蝇咀遗址采集陶器	481
图757	蝇咀遗址采集陶片纹饰拓片	481
图758	黄山岡东遗址远景（南—北）	482
图759	黄山岡东遗址采集遗物	482
图760	林场北遗址远景（西—东）	483
图761	林场北遗址采集遗物	483
图762	林场遗址采集遗物	484
图763	林场遗址采集砺石（260：采1）	484
图764	马头营遗址远景（东—西）	484
图765	马头营遗址采集遗物	485
图766	马头营遗址采集陶片纹饰拓片	485
图767	黄山岡西遗址远景（东—西）	485
图768	黄山岡西遗址采集遗物	486
图769	黄山岡西、杨梅岡遗址采集陶片纹饰拓片	486
图770	杨梅岡遗址远景（东—西）	487
图771	杨梅岡遗址采集遗物	487
图772	汉岡遗址远景（北—南）	487
图773	汉岡遗址采集遗物	488
图774	汉岡遗址采集陶罐圈足（264：标1）	488
图775	汉岡、屋场山遗址采集陶片纹饰拓片	488
图776	屋场山遗址远景（南—北）	489
图777	屋场山遗址采集遗物	489
图778	屋场山遗址采集石凿（265：采1）	490
图779	圆岭遗址采集遗物	491
图780	辣塘南遗址采集遗物	491
图781	屋场西遗址远景（南—北）	492
图782	屋场西遗址采集遗物	492
图783	（锦三）陈屋遗址远景（东—西）	493
图784	（锦三）陈屋遗址采集遗物	493
图785	沙溪河流域遗址分布图	497
图786	高庙遗址远景（西—东）	501
图787	高庙遗址采集石锛（270：采1）	501
图788	凤棱山遗址远景（东—西）	502
图789	凤棱山遗址采集遗物	502
图790	凤棱山遗址采集陶豆圈足及刻划符号（271：标1）	502
图791	凤棱山遗址采集陶豆圈足（271：标1）	503
图792	虾头岡遗址远景（北—南）	503
图793	虾头岡北遗址采集遗物	504
图794	虾头岡北遗址采集陶罐（272：采1）	504
图795	面山遗址采集遗物	505
图796	面山遗址、文阁南遗址采集陶片纹饰	505
图797	圩长岭遗址远景（北—南）	506
图798	圩长岭遗址采集遗物（北—南）	506
图799	文阁南遗址采集遗物	506
图800	钱岗南遗址采集遗物	507
图801	颜村遗址远景（西北—东南）	507
图802	颜村遗址采集遗物	508
图803	大岭岡遗址远景（东—西）	508
图804	大岭岡遗址采集遗物	508
图805	大岭岡、大头岗、牛下水遗址采集陶片纹饰拓片	508
图806	大头岗遗址采集遗物	509
图807	牛下水遗址采集遗物	510
图808	牛下水遗址采集陶盒盖（280：标1）	510
图809	茅车岭遗址远景（北—南）	511
图810	茅车岭遗址勘探工作照（东—西）	511
图811	茅车岭遗址采集1组遗物	512
图812	茅车岭遗址采集2、3组陶片	512
图813	茅车岭遗址采集4组陶片	513
图814	茅车岭遗址采集陶器	513
图815	茅车岭遗址采集陶器	513
图816	茅车岭遗址采集陶片纹饰拓片	514

图817	新村西遗址采集陶拍（282：采1）	515
图818	新村西遗址采集陶拍（282：采1）	515
图819	大冚尾遗址调查（西南—东北）	516
图820	大冚尾遗址采集遗物	516
图821	（秋枫）圆墩岭遗址远景（北—南）	516
图822	（秋枫）圆墩岭遗址勘探工作照（北—南）	517
图823	（秋枫）圆墩岭遗址采集遗物	517
图824	（秋枫）圆墩岭遗址采集石器	518
图825	（秋枫）圆墩岭遗址采集石器	518
图826	（秋枫）圆墩岭遗址采集陶片纹饰拓片	518
图827	石桥岭遗址所在山谷全景（北—南）	522
图828	暗前遗址采集遗物	523
图829	旱水鬼遗址远景（西北—东南）	524
图830	旱水鬼遗址采集遗物	524
图831	背扶山遗址远景（东南—西北）	525
图832	背扶山遗址采集遗物	525
图833	背扶山、弱子冚遗址采集陶片纹饰	525
图834	弱子冚遗址全景（西北—东南）	526
图835	弱子冚A点采集遗物	526
图836	弱子冚遗址采集石锛（289：采1）	526
图837	木岭遗址远景（西南—东北）	527
图838	木岭遗址采集遗物	527
图839	高埔山遗址远景（东—西）	528
图840	高埔山遗址调查工作照	529
图841	高埔山遗址采集遗物	529
图842	高埔山遗址采集青瓷碗（292：采1）	530
图843	高埔山遗址采集青瓷碗（292：采1）	530
图844	张洞遗址远景（南—北）	531
图845	张洞遗址采集遗物	531
图846	苦竹脚遗址远景（北—南）	532
图847	苦竹脚遗址采集遗物	532
图848	北斗水及北斗围远景（东南—西北）	533
图849	北斗围遗址房屋基址全景（北—南）	533
图850	北斗围遗址TG3②层下发现红烧土堆积现象（东—西）	534
图851	北斗围遗址采集遗物	534
图852	北斗围遗址采集石器	535
图853	北斗围遗址采集石器	535
图854	牛路水库遗址远景（南—北）	536
图855	牛路水库遗址清理后的石构件全景（南—北）	536
图856	牛路水库遗址采集遗物	536
图857	东洞遗址采集陶片	537
图858	氹冚遗址东区远景（西北—东南）	538
图859	氹冚遗址Y2清理后全景（东—西）	539
图860	氹冚遗址Y3清理后全景（西—东）	540
图861	麦塘冚遗址远景（北—南）	540
图862	麦塘冚遗址采集遗物	541
图863	象拔卷湖遗址远景（北—南）	541
图864	象拔卷湖遗址采集遗物	542
图865	龙潭口遗址采集遗物	543
图866	山仔冚遗址远景（东—西）	544
图867	山仔冚遗址采集遗物	544
图868	黄猄岭遗址采集遗物	545
图869	（米埗）庙冚遗址远景（西南—东北）	546
图870	（米埗）庙冚遗址采集遗物	546
图871	围不底遗址全景（西北—东南）	547
图872	围不底遗址采集遗物	547
图873	圆墩遗址A点远景（东北—西南）	548
图874	圆墩遗址采集遗物	548
图875	圆墩遗址A点地层剖面	549
图876	新兴遗址远景（西北—东南）	550
图877	新兴遗址采集遗物	550
图878	大墩山遗址所在石明盆地全景（东—西）	551
图879	大墩山遗址远景（西—东）	551
图880	大墩山遗址采集遗物	552
图881	下湾背遗址远景（西—东）	552
图882	下湾背遗址采集遗物	553
图883	下湾背遗址采集石器	553
图884	下湾背遗址采集石器	554
图885	围佬遗址远景（东—西）	554
图886	围佬遗址A点采集遗物	555
图887	围佬遗址B点采集遗物	555
图888	围佬遗址采集石锛（316：采1）	555
图889	围佬遗址采集陶片纹饰拓片	556

图890	（长流）后山遗址远景（南—北）	556
图891	（长流）后山遗址采集陶片	556
图892	（长流）后山遗址采集陶片纹饰拓片	557
图893	上光洞遗址远景（东南—西北）	558
图894	上光洞遗址采集遗物	558
图895	上光洞遗址采集陶片纹饰拓片	558
图896	高龙围遗址远景（南—北）	559
图897	高龙围遗址采集遗物	559
图898	上黄谷田遗址采集穿孔石器（321∶采1）	560
图899	威山遗址远景（东南—西北）	561
图900	横岭遗址发掘前全景（东—西）	562
图901	横岭遗址东区发掘探方航拍全景	563
图902	横岭遗址T1940探方东壁剖面	564
图903	横岭遗址H6底平面全景	565
图904	横岭遗址H7底平面全景	565
图905	横岭遗址H9底平面全景	565
图906	横岭遗址M10底平面全景（俯视）	566
图907	横岭遗址M5底平面全景（俯视）	566
图908	横岭遗址M5随葬器物特写（俯视）	566
图909	横岭遗址M14底平面全景（俯视）	567
图910	横岭遗址M14随葬器物特写（俯视）	567
图911	横岭遗址M24底平面全景（俯视）	567
图912	横岭遗址M24随葬器物特写（俯视）	567
图913	横岭遗址M25底平面全景（俯视）	568
图914	横岭遗址M27底平面全景（俯视）	568
图915	横岭遗址M34底平面全景（俯视）	568
图916	横岭遗址M34随葬器物特写（俯视）	569
图917	横岭遗址M34随葬器物特写（俯视）	569
图918	横岭遗址M39底平面全景（俯视）	569
图919	横岭遗址M39随葬石锛特写	570
图920	横岭遗址M45底平面全景（俯视）	570
图921	横岭遗址M45随葬器物特写（俯视）	570
图922	横岭遗址M50底平面全景（俯视）	571
图923	横岭遗址M50随葬器物特写（俯视）	571
图924	冲口遗址远景（东—西）	572
图925	冲口遗址采集遗物	572
图926	（温泉）山塘遗址远景（南—北）	573
图927	（温泉）山塘遗址采集遗物	573
图928	白圳塘遗址远景（西北—东南）	574
图929	白圳塘遗址采集遗物	574
图930	王岭遗址远景（南—北）	575
图931	王岭遗址采集遗物	575
图932	王岭遗址采集陶片纹饰拓片	575
图933	大塘遗址远景（南—北）	576
图934	大塘遗址采集遗物	576
图935	大塘遗址采集陶罐口沿（331∶标1）	577
图936	大塘遗址采集陶片纹饰拓片	577
图937	德福里遗址远景（南—北）	578
图938	德福里遗址M1全景（东南—西北）	579
图939	德福里遗址采集陶钵及刻划符号（333∶采1）	580
图940	德福里遗址采集陶钵（333∶采1）	580
图941	鹅公头遗址远景（北—南）	580
图942	鹅公头遗址采集遗物	581
图943	鹅公头遗址采集遗物	581
图944	鹅公头遗址采集遗物	582
图945	鹅公头遗址采集陶片纹饰拓片	582
图946	八公窝岭顶遗址远景（南—北）	583
图947	八公窝岭顶遗址地表发现石器	583
图948	八公窝岭顶遗址采集石矛（335∶采1）	583
图949	矮岭遗址远景（南—北）	584
图950	矮岭遗址采集遗物	584
图951	泥鳅岕遗址远景（南—北）	585
图952	泥鳅岕遗址采集遗物	585
图953	面房遗址东区局部自然环境（东—西）	586
图954	面房遗址探沟试掘现场（北—南）	587
图955	面房遗址地层出土遗物	587
图956	冶炼厂遗址远景（南—北）	588
图957	冶炼厂遗址采集遗物	588
图958	冶炼厂遗址采集砍砸器（341∶采1）	589
图959	冶炼厂遗址采集陶片纹饰拓片	589
图960	（湖光）背后山遗址远景（北—南）	590
图961	（湖光）背后山遗址采集遗物	590
图962	（湖光）背后山遗址、黄土岭遗址采集陶片纹饰拓片	590
图963	鹿子岗遗址远景（西—东）	591

图964	鹿子岗遗址采集遗物	591
图965	鹿子岗遗址采集陶片纹饰拓片	592
图966	黄土岭遗址远景（南—北）	592
图967	黄土岭遗址采集遗物	592
图968	埋头岭遗址远景（南—北）	593
图969	埋头岭遗址采集遗物	593
图970	埋头岭遗址采集陶片纹饰拓片	594
图971	（新围）新围遗址远景（南—北）	602
图972	（新围）新围遗址采集遗物	602
图973	（新围）新围遗址采集陶片纹饰拓片	602
图974	高塱遗址采集遗物	603
图975	茶山遗址远景（南—北）	604
图976	茶山遗址采集遗物	604
图977	茶山遗址采集陶片纹饰拓片	604
图978	鱼脊岭遗址远景（东—西）	605
图979	鱼脊岭遗址采集遗物	605
图980	鱼脊岭遗址采集砍砸器（350：采1）	606
图981	（乌石）后山遗址远景（西—东）	606
图982	（乌石）后山遗址采集遗物	607
图983	（乌石）后山遗址采集陶片纹饰拓片	607
图984	上围遗址远景（东—西）	608
图985	上围遗址采集陶片	608
图986	上围遗址采集陶罐口沿（352：标1）	608
图987	上围南遗址远景（南—北）	609
图988	上围南遗址采集遗物	609
图989	三村盆地遗址分布图	612
图990	头龙山遗址远景（南—北）	613
图991	头龙山遗址采集遗物	613
图992	头龙山、黄岭遗址采集陶片纹饰	614
图993	黄岭遗址远景（东—西）	614
图994	黄岭遗址采集遗物	614
图995	分窿遗址远景（东南—西北）	615
图996	分窿遗址采集青瓷盏（356：采1）	615
图997	龙颈遗址远景（西南—东北）	616
图998	龙颈遗址采集遗物	616
图999	大石头遗址远景（北—南）	617
图1000	大石头遗址采集遗物	617
图1001	平岭围遗址远景（北—南）	618
图1002	平岭围遗址采集遗物	618
图1003	平岭围遗址采集青花瓷碗（359：采1）	619
图1004	大望遗址远景（北—南）	619
图1005	大望遗址采集石锛（360：采1）	620
图1006	鱼洞盆地自然环境（北—南）	623
图1007	鲤鱼洞遗址采集遗物	623
图1008	鲤鱼洞遗址采集石锛（361：采1）	623
图1009	从化新石器时代晚期至商代遗址分布图	629
图1010	从化新石器时代晚期至商代遗物（陶罐口沿）	630
图1011	从化新石器时代晚期至商代遗物	631
图1012	从化新石器时代晚期至商代遗物（石锛）	632
图1013	从化新石器时代晚期至商代遗物	633
图1014	从化新石器时代晚期至商代遗物	634
图1015	从化新石器时代晚期至商代陶片纹饰拓片	635
图1016	从化西周至春秋时期遗址分布图	636
图1017	从化西周至春秋时期遗物	637
图1018	从化西周至春秋时期陶片纹饰拓片一	638
图1019	从化西周至春秋时期陶片纹饰拓片二	639
图1020	从化战国至汉初遗址分布图	641
图1021	从化战国至汉初遗物	642
图1022	从化战国至汉初陶片纹饰拓片	643
图1023	从化汉代遗址分布图	644
图1024	从化汉代遗物	645
图1025	从化晋南朝遗址分布图	646
图1026	从化唐宋时期遗址分布图	648
图1027	遗址分期与遗址形态结构对照图	651
图1028	吕田盆地各期遗址数量分布图	653
图1029	安山盆地各期遗址数量分布图	654
图1030	桃园盆地各期遗址数量分布图	655
图1031	灌村盆地各期遗址数量分布图	656
图1032	从化流溪河流域各期遗址数量分布图	658

插表目录

表1	吕田盆地遗址分期表	099
表2	安山盆地遗址分期表	127
表3	鸭洞河谷遗址分期表	165
表4	S354沿线遗址分期表	234
表5	桃园盆地遗址分期表	304
表6	灌村盆地遗址分期表	416
表7	卫东片区遗址分期表	430
表8	留田坑谷地遗址分期表	443
表9	凤凰水流域遗址分期表	471
表10	锦洞水河谷流域遗址分期表	493
表11	沙溪河流域遗址分期表	519
表12	流溪河其他区域遗址分期表	594
表13	潖江（二）河流域遗址分期表	610
表14	三村盆地遗址分期表	620
表15	从化地区遗存分期表	627
表16	遗址分期与遗址形态结构对照表	650

第一章 概述

第一节　调查区域概况

一、自然地理[1]

从化属广东省广州市的一个行政区，位于广东省中部，广州市东北面，处于珠江三角洲平原与粤北山区的过渡地带。城区距广州市中心58千米。东邻惠州市龙门县，南与增城区、白云区接壤，西与花都区、清远市相连接，北与韶关市佛冈县、新丰县毗邻。四边界限和地理坐标：东端在吕田的三村村以东约4千米处，为东经114°04'，西端在鳌头的珠河围以西约2千米处，为东经113°17'，自东至西跨经度47'，相隔80千米；南端在太平的秋枫洞以南约2千米处，为北纬23°22'，北端在吕田的莲麻坝以北约5千米处，为北纬23°56'，从南往北跨纬度34'，相隔63千米。北回归线横穿从化南部太平镇。2004年总面积1985.26平方千米，人口53.38万人。G105、G106及京珠高速公路贯穿南北和西部，交通方便。

从化地貌由山地、丘陵和平原组成，地势自东北向西南倾斜。北部群山起伏，植被茂盛，日照充足，自然环境优美。辖区气候属南亚热带季风气候，全年气候温和。降水量变化复杂，受地形影响，湿润水汽冷却产生的大量降雨受高山所阻，在辖区内持续时间长，加上台风过境或受台风环流影响所造成的大雨到暴雨，使区域内降水量丰沛。受地貌环境影响，从化以良口为界分为南北两部分，气候特征略有差异。

从化区域最主要河流为流溪河，其次还有潖江（二）河、莲麻河。流溪河在从化区域全长113千米，发源于东北部，穿越崇山，汇集各条大小溪流顺势而下，蜿蜒百多里，滋润大片土地，大小河流沿岸覆盖着四季常青的植被。

---

[1] 从化市地方志编纂委员会编. 广州市从化市志（1979—2004）[M]. 广州：广东人民出版社，2010.

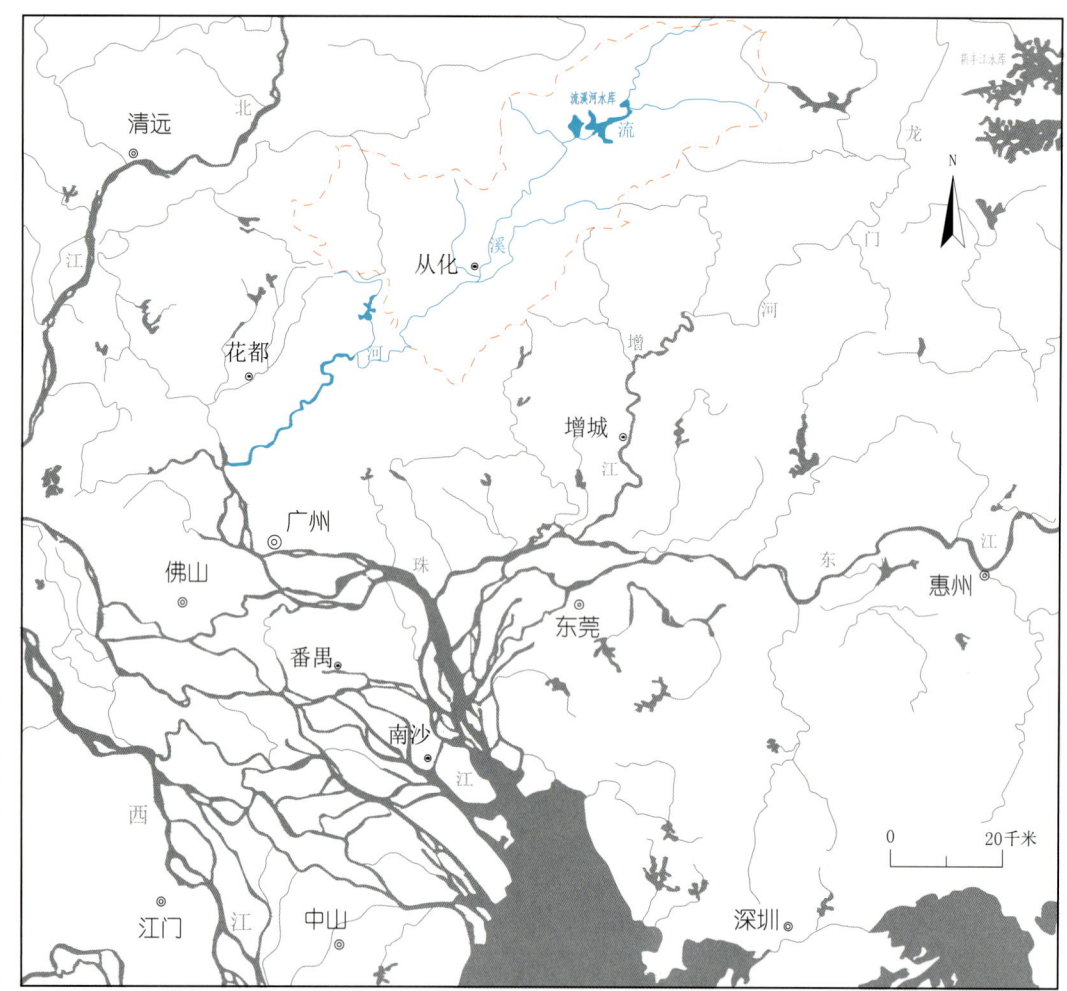

图1 从化流溪河及珠三角河网水系图

（一）地质地貌

从化区域地质构造体系有东西向构造体系、新华夏构造体系、不明体系的东北向构造体系三类。

东西向构造体系属于南岭纬向构造带，由一系列东西向褶皱和花岗岩体组成。其构造集中于四个地带，分别为：吕田至桂峰东西向构造带，良口井山窿东西向构造带，石坑至棋杆东西向构造带，江埔吊里至灵山东西向构造带。该构造体系最早形成于加里东构造运动，至燕山构造运动时仍有活动，是形成时间最早及反复活动时间最长的构造体系。

新华夏构造体系是辖区内最新的构造体系。它是燕山构造运动的产物，生成于晚二叠世之后，主要的表现形式为断裂活动及伴随的岩浆活动。吕田的独石山岩体、中部偏东的温泉桥栏岩体、温泉南大岩体和黄六嶂山岩体均为东北向展布。中南部江埔凤凰山岩体接触地带方向和其中的晚白垩世粒花岗岩少岩体，亦大都呈东北方向层带，它们均受新华夏构造体系的控制。新华夏构造体系断裂展布全区，以中部中心城区至东北角天堂顶一线最为强烈。

不明体系的东北向构造体系主要表现为褶皱和一些东北向压扭性断裂。但由于形成时间较早，受后来构造运动干扰，破坏严重，褶皱保存不完整。

从化区域内地势东北高西南低，呈梯状。主要的山岭和河流的走向为东北往西南方向。东北部以山地、丘陵为主，海拔800米以上高山及400~800米较低的山大部分分布在这个区域内，流溪河及其主要支流也发源于这些山脉之中。中南部以丘陵、谷地为主，是东北部山地的南延部分，海拔渐次降低，地貌面海拔一般在400米以下。流溪河顺着地势从东北往西南贯穿其中，不断形成宽窄不等的谷地。流溪河中、下游沿岸两侧有小面积冲积平原，地势平坦，海拔在50米以下。西部以丘陵、台地为主，海拔一般在300米以下，呈起伏状。潖江（二）河的一条分支在西部发源，顺着地势由南往北流出区西北端进入潖江（二）河，其两侧亦有小面积的冲积平原，高程降至海拔50米以下。

从化区域内地貌可分为平原、阶地、台地、丘陵、山地、水域等6种。

平原面积共43.95万亩，占总面积的14.76%，有冲积平原、河谷平原、冲积洪积倾斜平原3种类型，分布于流溪河与潖江（二）河流域，其地势平坦，土层深厚、肥沃，水利设施完备，是传统的农业区。

阶地面积共9.3万亩，占总面积的3.12%。阶地为河流两旁或平原边缘的阶状地，阶面平坦或微倾，前缘有陆坎。

台地面积共31.62万亩，占总面积的10.62%，有侵蚀剥蚀低台地、侵蚀剥蚀高台地、花岗岩台地等。台地主要分布在良口以南地区。一般顶面较平，台坡倾斜不大。其中侵蚀剥蚀低台地共11.37万亩，约半数分布在潖江（二）河流域；侵蚀剥蚀高台地共20.04万亩，除东明、流溪河林场、大岭山林场等山区外，流溪河和潖江（二）河流域均有分布。

丘陵面积有89.9万亩，占全市总面积的30.19%。按海拔和比高结合坡度分类，有低丘陵和高丘陵。侵蚀剥蚀高丘陵海拔250~400米，各地均有分布。其中良口及其以北地区有29.9万亩；街口及其以东，温泉以南地区有近21.1万亩；棋杆及其以西地区有近11.4万亩。侵蚀剥蚀低丘陵海拔250米以下，分布在街口以东和温泉以南约13.7万亩；棋杆以西8.6万亩；良口以北5.2万亩。

山地面积共118.19万亩，占总面积的39.22%。山地地貌可分为低山和中山两类。其中海拔400~800米，比高300~700米，坡度25°~35°的为低山，有82.7万亩。海拔800~1210米，比高400~1000米，坡度35°以上的为中山，有35.49万亩。

（二）气候

从化地处低纬度亚洲大陆东南部，北回归线横跨南端，属南亚热带季风气候，终年太阳高度角大，辐射强，太阳辐射总量较大，年日照时数比较充足，雨量充沛，夏长冬短，干湿季明显。

年平均气温21.6℃。一年中，7月份平均气温最高，为28.6℃；1月份平均气温最低，为20.7℃。境内南北气温差异较大，北部山区比南部平原气温低2℃到3℃。

年平均日照时数为1648.1小时。年平均降水量为1930.8毫米。从化属季风性气候，风向的季节性转换明显。每年10月至翌年3月受冬季季风环流控制，偏北风频率高。5~8月受夏季季风环流控制，偏南风和偏北风频率基本相等。年平均风速为1.3~1.9米/秒。

（三）土壤

从化土壤资源丰富，分布集中。土壤可分为水稻土、黄壤、红壤、赤红壤、红色石灰土、潮土6种类型。各种土壤分布的特点是：低丘陵赤红壤和水稻土，主要分布在温泉以南人口密集的两河河谷平原；山地黄壤、红壤、赤红壤则分布在温泉以北平均人口密度较低的山区。

（四）动植物

从化境内共有野生脊椎动物219种，隶属83科31目。其中兽类动物7目16科28种，鸟类14目34科90种，爬行类3目12科33种，两栖类2目6科20种，鱼类5目15科48种。

从化境内自然植被分为4个群落：亚热带常绿阔叶季雨林群落主要分布在吕田、良口、东明、流溪河林场、大岭山林场和温泉风景区海拔800米以下的山地。亚热带针阔叶混交林群落主要分布在吕田、良口、东明、流溪河林场、大岭山林场和温泉风景区等地海拔600米以下的山地。亚热带散生马尾松芒萁群落主要分布在东明的通天蜡烛至下禾洞、龙潭的乐格山至高狮岭、鳌头的王洞至神岗的蜈蚣窿以及江埔的凤凰山至太平的秋枫洞一带400米以下的山地和低丘。高丘山地草甸、灌木群落主要分布在吕田的陈禾洞、良口的三角山、天堂顶、五指山和黄茶园等800米以上的山地上。

（五）河流水系

从化境内主要河流有流溪河、潖江（二）河与莲麻河，其中流溪河最大，潖江（二）河次之，莲麻河居三。

1. 流溪河

主源头地处东北部，即从化区吕田镇与惠州市龙门县交界的桂峰山至大岭头一带。该河全长157千米，流域总面积2300平方千米，其中从化辖区内河长113千米，流域面积1612平方千米。流溪河从北到南流贯全区，至太平场出从化区境，再流过广州郊区的钟落潭、竹料、人和，出江村的南江口，汇入花都的白泥河，经珠江三角洲河网注入南海。

流溪河的上游河道在良口镇以北约10千米的深山峡谷之中，河床平均坡降为1/1250，水流湍急。1958年，广东省水利电力厅在良口小车村的峡谷中，兴建了流溪河水库；良口镇以南约100千米为流溪河的中下游河道，河床平均坡降减至1/2500，水流较为平缓。流溪河从北到南流经从化区域内有：吕田的联丰、官联、三村村、桂峰、吕新、吕中、水埔、狮象、草埔、安山、旱田；东明的东联、五和、坪地、乐溪、石明、北溪、长流；流溪河林场及良口的良新、良口、良明、高沙、塘料、米埗；温泉的卫东、温泉、云星、乌石；江埔的江村、凤院、江埔、联星、禾仓、白田岗；城郊的麻村、塘下、东风、向阳、城郊；街口街及神岗的赤草、沙贝、菜地、员洲、大坳、木棉、神岗、连塘；太平的水南、黄溪、太平等地。流

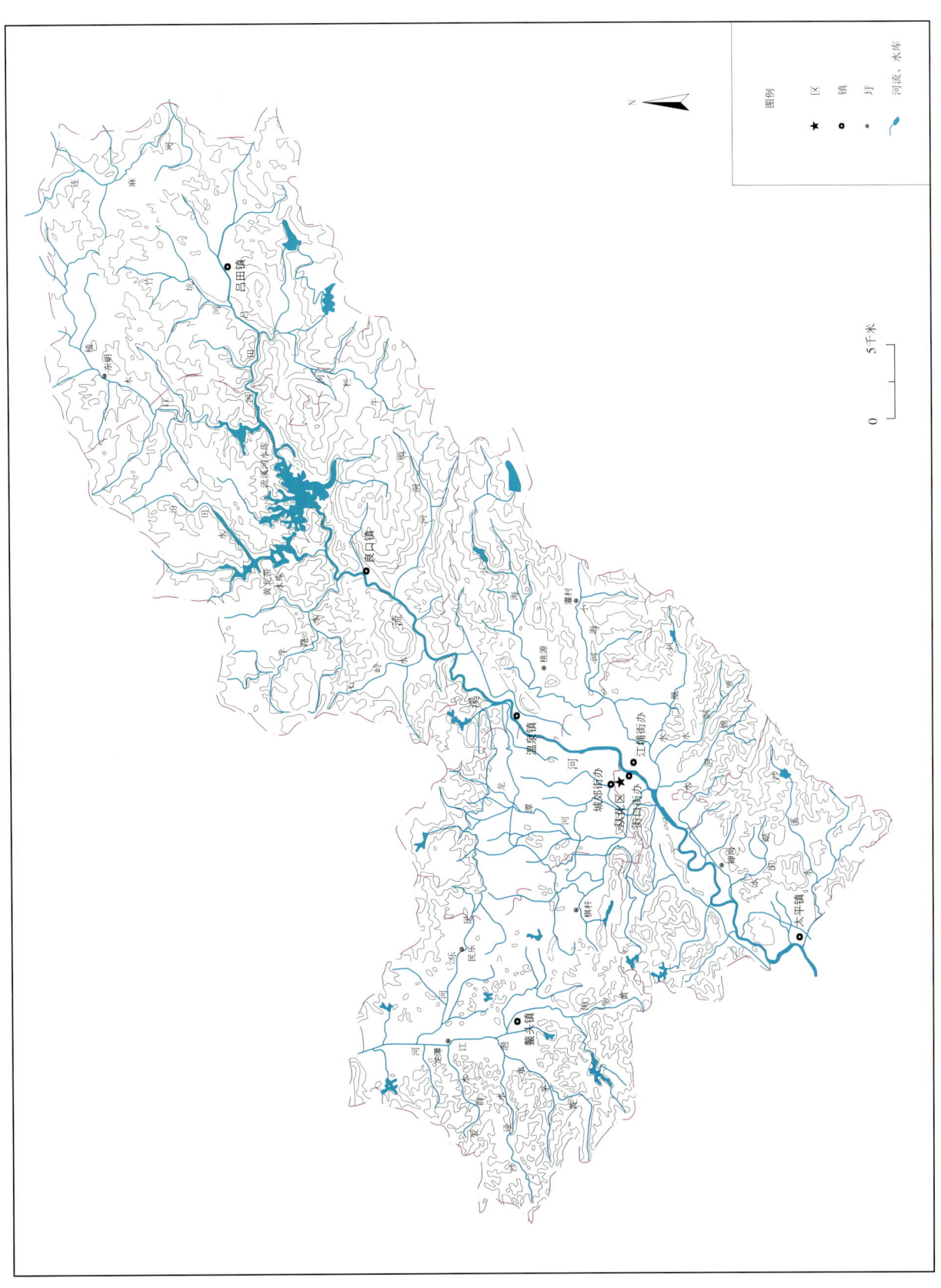

图2 从化河流水系图

域面积占从化总面积的80.2%。

流溪河流域支流众多，在从化境内有吕田河、竹坑河、石坝河、牛栏河、楠木河（又叫玉溪水）、联溪水、汾田水（又叫黄龙带水）、牛路水、达溪水、北斗水、鸭洞河、石岭水、龙潭河（又叫黎塘水）、棋杆水、小海河（又叫曲江水）、溉峒水、凤凰水、罗洞水、锦洞水、三百洞水、隔岭坑（又叫井岗水、银林水）、湖田水、格塘水、沙溪河与鹿胫坑等支流。其中集雨面积在100平方千米以上的支流有小海河、吕田河、楠木河、龙潭河、牛栏河和汾田水6条。

小海河是流溪河流域中集雨面积最大的一条支流，河长37.5千米，集雨面积260平方千米。明清时期该河叫曲江水。该河有3条支流，一源于大岭山林场的白芒潭，一源于溉峒，一源于灌村中心山。流经区内的桃园、灌村、江埔3个镇的大部分区域，流域内有耕地面积6万余亩，人口约6万人。

吕田河河长24.8千米，集雨面积228.96平方千米。其源头一段称桂峰水，起源于吕田东面与龙门县交界的桂峰山西麓。该河流经吕田的桂峰、联丰、官联、吕新、吕中、水埔、狮象等村。其中有两条主要支流石坝河和竹坑水汇入。石坝河源于吕田小杉的石牙顶西麓，流经官洞、石坝村，于邓村附近与桂峰水汇合，成为吕田河的主流，再往西流向吕田圩、水埔村方向。竹坑水源于吕田与东明之间的白米石南麓，流经吕田的竹坑口，在上黄径附近汇入吕田河主流。吕田河主流在上黄径西南约2.5千米处的水口附近与流溪河的另一支流牛栏河汇合后流入流溪河水库。

楠木河又名玉溪水，是流溪河上游的一条较长的支流，长38.7千米，集雨面积182平方千米，河床平均坡降为1/60。楠木河发源于吕田、东明与新丰县交界处北面的七星顶南麓，流经新丰的石桥等地，进入辖区内后经东明的上大步、下和洞、北溪村注入流溪河水库尾。另有几条小溪分别从东明与佛冈县交界的通天蜡烛、黄金脑（山名）东麓，东明的樟木头西麓及君子嶂北麓等地流下汇入。

龙潭河河长29.7千米，集雨面积157平方千米，河床平均坡降为1/80。龙潭河源于城郊北部与佛冈县交界处的黄猄滩。其干流自北向南流经城郊的龙潭口、康村、大夫田等地，再流过凤云岭脚下，经黎塘汇入流溪河。该河有一条支流从棋杆横岭村附近的山丘流下，经西塘、棋杆圩、步尾等地，在城郊的石合与三将军之间加入龙潭河主流。

牛栏河又名安山河，长20.3千米，集雨面积118.4平方千米。该河发源于良口锦村的牛角窿，由南向北流经溪头、河背村，到吕田的古村后折向东，经火烧牛栏（地名）后再向北，在水口同吕田河汇合注入流溪河水库尾。牛栏河有一条主流源于吕田小杉横坑口，自东向西流经九曲水、马鞍山脚，在镇安附近加入干流。牛栏河流域有吕田的小杉、草埔、安山（镇安）、旱田和良口的联溪（溪头）、三村等地，有耕地7000多亩，人口约8000人。

汾田水又名黄龙带水，河长22.7千米，中间建有总库容为9458万立方米的黄龙带水库，流域集雨面积100.5平方千米，河床平均坡降1/6。该河发源于东明与佛冈县交界的黄金脑，源头分两支，均自北向南流。其一源于山麓西北，沿区边界走向，在佛冈县奔流4千米后入从化境，直接流入黄龙带；另一源于山麓东南，流经东明的长芨、梅树等地，两条溪流在黄龙带水库尾汇合成汾田水。该河出黄龙带水库后，流经黄龙山和黄牛山之间的峡谷，与从流溪河水库放出的流溪河上游水流汇合，流向流溪河中下游地区。汾田水流域内有东明区与黄龙带水库管理处，耕地约1.3万亩，人口约9000人。

2. 潖江（二）河

潖江（二）河是从化的第二大河流，因属于北江支流潖江河的一条分支，故又称为潖江（二）河。辖区内河长29.5千米，集雨面积320平方千米，河床平均坡降1/145。潖江（二）河的发源地为从化西部鳌头与花都交界的羊石顶（山名）一带，从山上流下后，自南向北流经鳌头的象新、桥头、白兔、鳌头圩，到鳌头沙湖的三甲与支流沙迳水汇合，又经龙潭的龙聚、龙潭圩，到龙潭的横江桥头再加入另一支流民乐河，遂形成潖江（二）河干流。该河再经龙潭的下芦塘、乌石厦、上西岭，至龙潭的聚龙庙，流入佛冈县龙山的水口埔，于龙山圩下注入北江支流滔江河主流，然后流向清远市江口，再汇入北江，最后经珠江三角洲河网进入南海。该河及其支流从南到北流经辖区内鳌头、民乐、龙潭镇的大部分地区，流域面积占全区总面积的16%。流域内耕地面积约8.5万亩，人口共约9万人。

潖江（二）河的支流有黄罗河、民乐河、黄茅水、沙迳水、蓝和水、爱群水、五洞水等7条，其中以黄罗河和民乐河较大。

黄罗河即潖江（二）河干流的上游一段。河长21.58千米，集雨面积81.63平方千米，河床坡降平均为1/315。黄罗河发源于从化鳌头与花都交界的羊石顶东麓一带，其源头分两支流：一支流经鳌头的茂墩入茂墩水库，出来后自西南向东北流向鳌头的象新；另一支流经花都的西坑，在金星山脚下自南向北折入从化鳌头的丁坑，经岐田到象新。两支流在象新的车仔附近汇合后流向鳌头的黄罗、桥头、鳌头圩方向。

民乐河河长14.73千米，流域集雨面积73.42平方千米，河床的平均坡降为1/20。民乐河发源于民乐潭口的平头顶（山名）。水流自东向西流，经民乐的矮岭，在民乐圩与支流龙田水汇合，再经民乐的古楼、龙潭的官庄，到龙潭的横江汇入潖江（二）河的主河道。

3. 莲麻河

莲麻河位于从化北部的吕田山区，发源于吕田与新丰、龙门县交界处北面的小沙罗（山名）。辖区内河长15.5千米，集雨面积为77平方千米，流域面积占全区总面积的3.8%。流经新丰县的章背，然后自北向南沿从化至新丰公路折入从化吕田的莲麻，在莲麻坝下穿过公路，经车步、塘基，穿过三村的大水桥后折向东，出从化，流向龙门县的地派、清塘，蜿蜒而下到龙门县龙城镇，再汇入增城的增江河，出珠江流入南海。

1969年冬，在吕田莲麻的车步建起拦河水坝，把车步以上32平方千米集雨面积的水源引入流溪河上游的吕田河，再从吕田狮象的张村水口流入流溪河水库，作为流溪河水库的补充水源。莲麻河水从此部分地改变了流向。

二、建制沿革

从化在先秦时期为百越地。《吕氏春秋》载："扬汉之南，百越之际。"《汉书·地理志》注引"臣瓒曰：自交趾至会稽七八千里，百越杂处，各有种姓"。宋朝罗泌在《路史》中写道："越常、骆越、瓯越、瓯皑、且瓯、西瓯、供人、目深、摧夫、禽人、苍吾、越区、桂国、损子、产里、海癸、九菌、稽余、北带、仆句、区吴，所谓百越也。"明《苍梧总督军门志·卷三》中记载"两广古百粤地，陶唐氏命羲叔宅南交时已通中国矣"。百越泛指生活于我国长江中下游及以南地区的古代民族，先秦时期，从化正处百越族群的活动范围。

秦代，从化地属南海郡番禺县。《史记·秦始皇本纪》载秦始皇三十三年（前214年），"发诸尝逋亡人、赘婿、贾人略取陆梁地，为桂林、象郡、南海，以适遣戍"。《史记·南越列传》载："秦时已并天下，略定杨越，置桂林、南海、象郡，以谪徙民，与越杂处十三岁。"南海郡领"番禺县、龙川县、博罗县、揭阳县"[1]，番禺为郡治，从化其时属番禺县。

汉初，《史记·南越列传》载赵佗"即击并桂林、象郡，自立为南越武王"，建南越国，从化属南越国南海郡番禺县。

元鼎五年（前112年），汉武帝发兵岭南，至元鼎六年（前111年），"南粤已平，遂以其地为儋耳、珠崖、南海、苍梧、郁林、合浦、交趾、九真、日南九郡"[2]。《汉书·地理志》载："南海郡，秦置。秦败，尉佗王此地。武帝元鼎六年开，属交州。县六：番禺、博罗、中宿、龙川、四会、揭阳。"后在岭南设交州，领岭南九郡，从化地属交州南海郡番禺县。

东汉末年，东吴南取交州。"吴黄武五年（226年），分交州之南海、苍梧、郁林、高梁四郡立为广州"，合统南海、始安等郡，南海郡统"番禺、四会、增城、博罗、龙川、平夷"六县[3]。从化属广州南海郡番禺县、增城县。

南朝时期，析置怀化县，在番禺、增城二县界，从化主体处怀化县境。《宋书·州郡志》载广州"领郡十七，县一百三十六"。南海郡统"番禺、熙安、增城、博罗、龙川、怀化、酉平、高要、绥宁、始昌"十县。《南齐书·州郡志》载："广州，镇南海。"其南海郡领"番禺、熙安、博罗、增城、龙川、怀化、酉平、绥宁、新丰、罗阳、高要、安远、河源"十三县。

隋时，从化地属南海郡南海县（番禺县）、增城县。《隋书·地理志》载："南海郡，

---

[1] 张荣芳、黄淼章. 南越国史[M]. 广州：广东人民出版社，1995.
[2] 汉书·西南夷两粤朝鲜传.
[3] 晋书·地理志.

旧置广州，梁、陈并置都督府。平陈，置总管府。仁寿元年置番州，大业初府废。"统十五县：南海、曲江、始兴、翁源、增城、宝安、乐昌、四会、化蒙、清远、含洭、政宾、怀集、新会、义宁。

有唐一代，广州置广州中都督府，是岭南道的道治与都督府治所在地，从化地属广州都督府南海、增城等县。《新唐书·地理志》载："广州中都督府，隋南海郡。武德四年，讨平萧铣，置广州总管府，管广、东衡、洭、南绥、冈五州，并南康总管。其广州领南海、增城、清远、政宾、宝安五县。"《旧唐书·地理志》载："岭南道，为州七十有三，都护府一，县三百一十四"，"广州南海郡，中都督府，县十三"。唐咸通三年（862年），岭南道划分东、西二道，岭南东道治广州，西道治邕州（今南宁），两广之分自此始。

后梁贞明三年（917年），刘䶮建立南汉国，定都兴王府（今广州），史称南汉。《旧五代史》载："梁贞明三年八月，陟乃僭号于广州，国号大汉，伪改元为乾亨。"《新五代史》记："贞明三年，刘龑即皇帝位，国号大越，改年号为乾亨"，"二年，改国号为汉"。自后梁贞明三年南汉建立至宋开宝四年（971年）南汉灭国期间，从化地属南汉国管辖。

《宋史·地理志》载："广南东路……广州，中，都督府，南海郡，清海军节度……县八：南海、番禺、增城、清远、怀集、东莞、新会、信安。"宋代，现从化管辖区当属广州番禺、增城县。

元朝，广州属江西行中书省。《元史·地理志》记载："（至元）十五年（1278年）克之，立广东道宣慰司，立总管府并录事司……县七：南海、番禺、东莞、增城、香山、新会、清远。"从化地属广东道广州路（府）番禺、增城县。

明弘治二年（1489年），由番禺地设置从化县，隶属广州府，县署设置在横潭村（现花都新华镇），从化之名由此始称。弘治七年（1494年），县署从横潭迁往马场田（今从化街口城内）。建县初，辖18个图（里），分设水东、水西、马村和流溪四堡。《明史·地理志》记载："广州府，元广州路，属广东道宣慰司。洪武元年为府，领州一，县十五。"计有南海、番禺、顺德、东莞、新安、三水、增城、龙门、香山、新会、新宁、从化、清远、连州、阳山、连山。"从化，府东北。弘治二年以番禺县横潭村置，析增城县地益之。九年迁于流溪马场曲。东北有流溪巡检司，本治县北石潭村，后迁神岗村。"

清顺治八年（1651年），农历正月，朝廷派军进入广东，是时部分军队驻从化县城，利用学宫作为筑炮工场。清袭明制，全县设四个大堡，仍属广州府。

清宣统三年（1911年），全县建制改为东、南、西、北、中等5个民团局。

民国元年（1912年），全县设东、南、西、北四个区，基本沿袭清末建置，将民团局改为区。

民国25年（1936年），从化县隶属广东省第一行政督察区。

民国27年（1938年），从化县隶属广东省第二行政督察区。

民国34年（1945年），从化县再次划归广东省第一行政督查区。

民国35年（1946年），从化县改隶属广东省政府专员公署直属督察。

1949年10月13日，从化县全境解放，隶属北江临时行政委员会。

1953年3月，从化县划归粤北行政区（后称韶关专员公署），县内建制设区乡。

1958年10月，全县公社化实行政社合一，同年从化、佛冈合并为从化县，仍属韶关专员公署。

1959年1月，从化县改属佛山专员公署。

1960年9月，从化县划归广州市管辖。

1961年4月，从化、佛冈重新分为两个县，各辖原有地域，从化县仍属广州市。

1994年3月，撤县设市，仍属广州市。

2014年初，从化市撤市设区，行政区划未做调整。

第二节　调查区域考古简述

从化区最早的文物考古活动始于20世纪50年代，至21世纪初，广州市文物考古部门在从化境内进行数次文物调查和考古勘探发掘工作，出土了各类型石器、夹砂印纹陶等早期遗物，确认了多处古代遗址、宋至明代古墓葬及具有重大历史意义的近现代遗址、旧址、古建筑等，慢慢揭开了流溪河流域古代文明的神秘面纱。

1955年，"是年底，在从化流溪河上游吕田发现古代人类遗物地点一处，陶片以大小方格纹和大小'米'字纹最多。"[1]

1960年6月，广州市文物管理委员会在从化县猪牯岭和围仔脑发现2处古文化遗址（编者注：这两个遗址现属于佛冈县，为保持文献资料完整性，附录于此），采集印纹陶片和石锛、石镞、石环等先秦遗物。陶片以硬陶为主，纹饰有绳纹、篮纹、曲折纹、雷纹、夔纹、重菱形凸点纹等，器形有圜底、附矮圈足或高圈足的罐形器；夹砂粗陶次之，有绳纹圜底釜等。[2]

1980年，村民在吕田镇吕中村高顶湾山南麓山脚挖泥时发现青铜器，其中部分藏于一陶罐中，分别为鸡首鼓形壶、铜釜、铜钺、铜温酒壶各1件，铜豆4件，除铜钺、铜豆保存完好外，其他器物均已锈破，出土器物为汉代品。[3]

1982年9月，吕田中学因基建挖地基，在吕田镇吕中村海螺山发现青铜剑2把，另有陶碗、陶杯等物。[4]

1982年9月，于流溪河自流泉旁的白庙与银佛岭山坡一带发现一圆孔石斧，石斧

---

[1] 广州市文物考古研究所. 广州考古六十年[M]. 广州：广东人民出版社，2013.

[2] 麦英豪. 广东从化县发现古遗址[J]. 考古，1961(08): 450-467.

[3] 陈建华. 广州市文物普查汇编：从化市卷[M]. 广州：广州出版社，2008.

[4] 广州市文物考古研究所. 广州考古六十年[M]. 广州：广东人民出版社，2013.

呈米黄色，长方形，长约16.7厘米，宽7.8厘米，厚2厘米，平直端开一圆孔，另一端为半圆形，半圆端和外侧两长边打磨成刀刃状，石斧整表打磨得较为光滑。[1]

1982年9月，吕田镇政府工作人员在吕田镇岗顶山地表发现秦汉时期铜釜和陶纺轮各1件，铜釜为秦汉时期器物，已碎裂。岗顶上周围地表散布各种印纹陶片和砺石。[2]

1982年11月—1986年末，第一次文物普查，查明史迹文物共有35处，其中遗址、旧址13处，墓葬13处，古建筑5处，近现代建筑2处，摩崖石刻2处。1988年6月，编印《从化县文物志》。[3]

1983年10月，鳌头镇民乐龙颈塘村村民李荣生在后龙山取土建房时，发现一把双肩石斧，长约13.5厘米，宽7厘米，厚约2.5厘米。石斧表面光滑，手柄表面较粗糙，呈暗黄色，斧身三边磨成刀刃状。[4]

1984年9月，在吕田镇狮象东村社迳坑发现一新石器时代晚期石质刮削器，石质坚硬，呈褐色，状若小龟，四边锋利，底、面上端有拇指凹痕。长6厘米，高2.6厘米，阔4.3厘米。[5]

1990年起，当地农民夏昌林陆续在流溪河源头、吕田镇联丰村桂峰山一带发现大量各类型的打制石器，有石斧、石锛、石凿和砺石等。各种石器大小、规格、形状不一，石器以河砾岩打制，有的局部磨光。部分石器手持部分明显有经长时间手指摩擦而形成的凹痕，或者打制时留下的一道道痕迹。[6]

2000—2002年，第二次文物普查，新发现和登记各类建筑、遗址、墓葬等不可移动文物232处，其中遗址、旧址16处，墓葬27处，古村落14处，各类古建筑170处，摩崖石刻4处，碑刻26处，匾额、木雕、铁钟和其他75处。收集铜、铁、石器、砖雕、木雕、石雕等各类文物380多件。2002年6月，编印《从化文物志》。[7]

2002年12月至2003年1月，广州市文物考古研究所对从化吕田狮象遗址进行试掘，发掘面积200平方米，清理新石器时代晚期至商时期文化层，发现25个灰坑、1座墓葬及数十个柱洞，出土石锛、石镞、石环等各类磨制石器39件，以及可复原的罐、釜、陶器、支座、陶纺轮等50多件。[8]

2003年6月下旬—2004年底，第三次文物普查，发现各类建筑、遗址、墓葬等不可移动文物总线索433处，其中登记不可移动文物396处。[9]

2007年4月，《广州市文物普查汇编·从化市卷》出版，比较系统地记录了从化市的地面

---

[1] 广州市文物考古研究所. 广州考古六十年[M]. 广州: 广东人民出版社, 2013.
[2] 广州市文物考古研究所. 广州考古六十年[M]. 广州: 广东人民出版社, 2013.
[3] 从化市地方志编纂委员会. 广州市从化市志(1979—2004)[M]. 广州: 广东人民出版社, 2010.
[4] 广州市文物考古研究所. 广州考古六十年[M]. 广州: 广东人民出版社, 2013.
[5] 从化县地方志编纂委员会. 从化县志[M]. 广州: 广东人民出版社, 1994.
[6] 陈建华. 广州市文物普查汇编: 从化市卷[M]. 广州: 广州出版社, 2008.
[7] 从化市地方志编纂委员会. 广州市从化市志(1979—2004)[M]. 广州: 广东人民出版社, 2010.
[8] 广州市文物考古研究所. 广州考古六十年[M]. 广州: 广东人民出版社, 2013.
[9] 麦英豪. 广东从化县发现古遗址[J]. 考古, 1961 (08): 450-467.

建筑或古墓葬、古村落、工业文化遗产等文物资源。[1]

2007年11月—12月，广州市文物考古研究所对从化市明珠工业园建设工地进行考古勘探发掘，发掘面积200平方米，清理明代家族墓地一处。[2]

2007年12月底至2008年2月底，广州市文物考古研究所在增城至从化高速公路建设范围进行考古勘探，勘探面积191600平方米，其中在从化江埔村汉田村民组、东庄村发现有明清时期的墓葬和砖瓦窑；在从化温泉镇柴山、江边田，江埔街大岭村东等区段采集少量先秦陶片等遗物。[3]

2008年8月初—9月上旬，广州市文物考古研究所为配合北三环高速公路的建设，在其沿线施工区域进行考古调查和勘探，在太平镇飞鹅村茅车岭及秋枫村圆墩岭，发现了先秦遗址及明清墓葬。[4]

2008年10月8日至2008年11月30日，广州市文物考古研究所对拟建设的大广高速公路施工沿线进行了考古调查，在吕田镇份田村上围社弱子岽、良口镇良新村石床队上龙岗、温泉镇卫东村黄迳队瓦厂坝和温泉镇云星村新园里等4个地点发现了新石器时代晚期、先秦时期及汉代至明清时期的文化遗存。[5]

2008年底至2009年初，广州市文物考古研究所对从化流溪河上游吕田盆地、安山盆地进行考古调查。调查面积约16平方千米，发现24处先秦至汉代文化遗存。[6]

2009年4月底至5月初，广州市文物考古研究所对从化市鳌头镇水西村灰砂墙遗址进行考古勘探试掘，弄清了遗址的性质、年代和基本布局。[7]

2011年，为配合广州市从化吕田镇大围经济社的新农村旧屋改造项目，广州市文物考古研究所在该地进行了抢救性发掘，发现了宋至明清时期的窑址群和先秦时期人类的活动遗迹，出土了大量绳纹、方格纹和米字纹陶片。[8]

2012年9月，广州市文物考古研究所在从化鳌头镇广州发展鳌头分布式能源站项目建设工地进行考古勘探，面积60 000平方米，未发现重要遗存。[9]

2012年秋冬季节，广州市文物考古研究所对吕田镇先秦遗址进行复查。[10]

2013年7月，广州市文物考古研究所组织专业人员对街口团星村明代城墙进行了考古调查工作，在大多数村屋边，或部分村民菜园的周边发现大量明清时期城墙青灰砖。基本弄清该

---

[1] 广州市文物考古研究所. 广州考古六十年[M]. 广州：广东人民出版社，2013.
[2] 广州市文物考古研究所内部资料，2007年12月.
[3] 广州市文物考古研究所内部资料，2008年3月.
[4] 广州市文物考古研究所内部资料，2008年9月.
[5] 广州市文物考古研究所内部资料，2008年11月.
[6] 广州市文物考古研究所考古调查资料.
[7] 广州市文物考古研究所内部资料，2009年4月.
[8] 广州市文物考古研究所内部资料，2012年4月.
[9] 广州市文物考古研究所内部资料，2012年10月.
[10] 广州市文物考古研究所考古调查资料.

区域内城墙走向及一小段护城河遗迹。[1]

2013年7月初，为配合大广高速公路建设，广州市文物考古研究所对从化横岭遗址进行抢救性发掘。发掘面积超过5000平方米，清理出距今4000年前后的新石器时代晚期至商代早期的灰坑、灰层遗迹多处，墓葬51座，出土陶、石器数百件。[2]

2013年8月10日—2013年9月6日，广州市文物考古研究所开展广州从化流溪温泉规划区域项目建设用地范围内地下文物资源的考古调查工作，在良口镇发现圆墩仔遗物点和塘料村遗物点。[3]

2013年11月5日—2013年12月15日，广州市文物考古研究所对广州市轨道交通十四号线邓村车辆段工程建设用地进行了考古调查勘探，并选择重点区域进行试掘，确认在邓村车辆段工程范围的东端山岗地带分布有新石器时代晚期的文化遗存，试掘探沟中发现有文化层，出土有绳纹、曲折纹、叶脉纹等陶片以及纺轮、石镞等新石器时代晚期文化遗物。[4]

2013年11月—2013年12月，广州市文物考古研究所对从化新城一期规划建设用地范围地下文物资源进行初步的踏查。发现遗址3处，遗物点6个。[5]

2014年9月13日—2014年10月10日，广州市文物考古研究院对从化固体废弃物综合处理中心项目地块用地范围进行了考古调查勘探，未发现重要文物遗存。[6]

2014年11月19日—2014年12月3日，广州市文物考古研究院对从化大桥（X935改线）建设工程项目用地范围进行了考古调查勘探工作，未发现重要文化遗存。[7]

2014年12月，广州市文物考古研究院为配合牛路水库工程建设，对水库淹没区和永久性占地区进行考古调查和勘探，发现先秦遗址1处，唐宋时期遗址2处，明清时期遗址1处。[8]

2015年4月，广州市文物考古研究院在从化江埔街凤院村发掘清理南朝时期砖室墓一座，为从化区首次发现。[9]

从化地区已公布的考古资料极少，仅能从少量方志和综述类文章中窥其一二。大致有以下几种：

地方志：《从化县志：译注本》《从化县志》《广州市从化市志（1979—2004）》；

---

[1] 广州市文物考古研究所内部资料, 2013年7月.
[2] 广州市文物考古研究所内部资料, 2013年12月.
[3] 广州市文物考古研究所内部资料, 2013年9月.
[4] 广州市文物考古研究所内部资料, 2013年12月.
[5] 广州市文物考古研究所内部资料, 2013年12月.
[6] 广州市文物考古研究院内部资料, 2014年10月.
[7] 广州市文物考古研究院内部资料, 2014年12月.
[8] 广州市文物考古研究院内部资料, 2015年1月.
[9] 广州市文物考古研究院内部材料.

文物志：《从化县文物志》《广州市文物志》《从化文物志》；

文物普查汇编：《广州市文物普查汇编·从化市卷》《广州市文物普查增编（下卷）》；

考古研究：《广东从化县发现古遗址》《广州十年考古发现与发掘》《广州考古六十年》

第三节　此次调查概述

一、调查缘起、目的、性质

流溪河流域地处珠江三角洲北部，是广东省先秦考古学文化遗存分布比较集中的地带。自20世纪80年代以来，在吕田镇的桂峰山、白庙沟、社迳坑等地方出土了几十件石器；海螺滩、高顶湾山、吕田岗等地方先后出土了铜剑、铜碗、铜豆、铜斧。2002年，狮象岩遗址发掘获得一批重要的文化遗存，时代涵盖新石器时代晚期、战国时期、汉代、唐代，历时两千余年。2008年底至2009年初，广州市文物考古研究所在流溪河上游的吕田盆地、安山盆地共计发现先秦两汉时期遗址20余处。2013年，横岭遗址的重要发现更是极大丰富了流溪河流域先秦考古学文化的内涵和面貌，对广州地区的考古编年和史前历史重构具有相当重要的意义。流溪河流域的历史肇始于新石器时代，后历经商周、战国、秦汉、唐宋、明清时期，其文化发展脉络延续不断，构成了流溪河流域灿烂的古代文化。

上述的考古发现表明，作为连接珠三角与粤北地区的文化走廊，从化区应该有着非常丰富的地下文物资源。但是相对于广州市历史城区和近郊而言，从化区是考古工作相对薄弱的区域。目前所知的一些重要的先秦遗址，如狮象岩遗址、白庙沟遗址、桂峰山遗址等均是在当地文物爱好者的协助下发现的，而后龙山遗址、高顶湾山文化遗存、海螺滩文化遗存等均是在当地农村进行基础设施建设过程中发现的。从化地区以往开展的考古调查多是配合大型建设项目开展的，调查的时间、范围均受到工程项目的限制，更兼当时记录手段有限，无法提供各遗存的详细情况。而广州市第四次和全国第三次文物普查则以古建筑、古村落、工业文化遗产等地上文物为调查对象，地下文物的调查则相对薄弱。文物普查成果显示，从化区总共拥有240个文物分布点，其中地下文物埋藏点仅有6个，显然没有比较全面地反映从化区尤其是流溪河流域地下文物资源埋藏的基本情况，因此也无法为地下文物遗存的保护提供根据。

近年来，流溪河流域被开辟为生态休闲景观、绿道驿站，随着城镇化规模的迅速扩大，埋藏在地下的部分珍贵文化遗产已经遭到破坏，或将面临破坏，且多数遗存是在不知情的情况下遭到破坏的。因此，对从化区流溪河流域地下文物的系统性调查已经迫在眉睫。

广州市是我国首批公布的历史文化名城之一，在几千年的城市发展过程中，逐渐形成了岭南文化中心地、海上丝绸之路发祥地、近现代革命策源地和改革开放前沿地的鲜明城市特色，拥有丰厚的历史文化遗产。为加强文物保护，规范文物管理和利用，广州市先后制定和颁布了一系列文物保护法律、法规，明确应在广州地区划定地下文物埋藏区，加强地下文物管理，并应定期在本市行政区域内组织开展文物普查工作[1]。

此次流溪河流域文物资源考古调查项目即为贯彻和执行广州市委、市政府对文保工作的规定和要求而发起的，其中一个最重要的目的就是在厘清流溪河流域文物资源埋藏情况后，对这一地区文物保护工作提供依据，适时划定文物埋藏区，推荐文物保护单位[2]。

此外，从学术研究的角度出发，对流溪河流域的考古调查还有如下目的：第一，通过全面系统的田野调查，对广州市第四次及全国第三次文物普查较少涉及的地下文物资料进行补充和完善；第二，通过对调查资料的分析研究构建起流溪河流域考古学文化编年及序列，为广州乃至珠三角地区的考古学研究奠定基础；第三，在建立考古学时空框架基础上，开展广州地区早期人类社会人地关系研究；第四，通过田野调查实践的经验总结，开展岭南地区田野考古调查理论与方法的探讨研究。

二、组织形式

此次从化流溪河流域考古调查组织单位由广州市文化广电新闻出版局牵头，以广州市文物考古研究院为主，联合中山大学南中国海考古研究中心而进行的。组织架构由领导小组和考古调查队组成。[3]

1. 领导小组

组　　长：赵冀韬（广州市文化广电新闻出版局副局长）

副 组 长：刘晓明（广州市文化广电新闻出版局文物处处长）

　　　　　钟汉文（从化区文化广电新闻出版局副局长）

---

[1] 详见《关于进一步加强文物保护工作的通知》（穗府办〔2010〕87号）.

[2] 详见《广州市文物保护规定》（2013年1月21日广东省第十一届人民代表大会常务委员会第三十九次会议批准）.

[3] 《广州市文化广电新闻出版局关于"流溪河流域文物资源考古调查项目"工作计划的批复》（穗文物〔2014〕510号）.

执行副组长：韩维龙（广州市文物考古研究院党支部书记）
　　成　　员：张强禄（广州市文物考古研究院考古研究室主任）
　　　　　　　程　浩（广州市文化广电新闻出版局文物处）

2. 考古调查队

　　总　领　队：韩维龙（广州市文物考古研究院党支部书记）
　　　　　　　　许永杰（中山大学南中国海考古研究中心主任）

　　一　　组：负责从化流溪河上游调查，工作区域为吕田、良口、温泉3镇，以及2个市属林场，1个水库管理处，由广州市文物考古研究院人员组成
　　领　　队：张强禄
　　成　　员：张强禄、关舜甫、曹耀文、张艳平、田茂生、花飞、韩继普、张博等

　　二　　组：负责从化流溪河下游调查，工作区域为城郊、街口、江埔、鳌头、太平，由中山大学南中国海考古研究中心人员组成
　　领　　队：谭玉华
　　成　　员：谢立强、金海旺、朱柯、董少卿、陈书豪、孙秋元、孙江山等

三、调查对象（空间、时间）

　　从化是珠三角地区古代文化遗存保存比较丰富的地区，经过数十年的文物考古工作，特别是广州市第四次、全国第三次文物普查工作，我们对从化地区地上可视性文物资源的梳理和掌握已达到比较成熟的程度，但是对地下文物资源的认知和保护则相对较弱。
　　因此，此次考古调查的对象主要以地下文物资源（遗址）为主，兼及地上墓葬、古建筑、碑刻等古代文化遗存。

1. 空间范围

　　此次考古调查区域以从化区流溪河流域为中心，还包括西部的潖江（二）河、东北部的莲麻河流域。范围西起罗坪村，东至大陂村，南到田心村，北以前光村为界，自西南往东北，基本涵盖鳌头镇、太平镇、街口街、城郊街、江埔街、温泉镇、良口镇、吕田镇8个镇（街），共计265个村民（社区）委员会，总面积1974.5平方千米。
　　从化位于珠江三角洲向粤北山区延伸过渡地带，地势从东北向西南倾斜。流溪河干流自东北向西南流过全境，两岸发育众多二级支流。此次调查区域以河流两岸低矮的山地丘陵、缓坡台地、河谷盆地为主，部分海拔较高的山地区域，多因植被茂盛，人迹罕至，难

以开展调查。

2. 时间范围

此次考古调查涉及的时间范围，早至新石器时代，晚至明清时期（民国），而尤以先秦两汉时期为重点。

四、田野调查及资料整理

此次流溪河流域文物资源考古调查工作可分为调查准备、田野调查实施、室内资料整理、调查报告编写四个阶段。各阶段前后衔接，历时约3年，最终促成调查报告的问世。

第一阶段，调查准备。 2014年5月29日，广州市文化广电新闻出版局对广州市文物考古研究院呈报的《关于"流溪河流域文物资源考古调查项目"工作计划的请示》做出批复，流溪河流域文物资源考古调查项目正式立项。广州市文物考古研究院与中山大学南中国海考古研究中心合作，成立联合考古调查队，划分调查区域，并做调查准备：

（1）筹备器材、设备、工具：包括相机、手持GPS、罗盘、手铲、探铲、文具、地图、药品等。

（2）组建调查队伍，并进行业务培训。

（3）梳理既往文物资源，编制各镇文物资源文本，并在1∶10 000比例尺地形图上标注出文物资源位置，便于复查。

（4）从广州市文物考古研究院库房挑选以往考古工作中获取的文物标本，进行研究学习，亦为将来报告编写提供基础材料。

（5）租赁房屋、车辆。

第二阶段，田野调查实施。 此次田野考古调查由广州市文物考古研究院考古调查队和中山大学考古调查队共同参与。双方根据工作计划，结合自身情况，合理安排调查时间，分开进行，互相协调。

其中广州市文物考古研究院调查队田野调查时间为2014年6月23日至2015年2月13日，前后历时8个月，可分为前后两个阶段：第一阶段为普遍调查阶段，按计划实施田野调查，做好记录、测绘、采集、标注等考古工作，时间为2014年6月23日至2015年2月1日，共计7个月；第二阶段为重点调查阶段，在普遍调查的基础上，对重要遗迹现象进行复查，必要时进行试掘，对因草木茂盛等原因无法调查的进行补查，时间为2015年2月2日至2015年2月13日，约半个月。

中山大学考古调查队田野调查时间为2014年7月24日至2014年9月28日及2015年1月18日至2015年5月1日，可分为前后两个阶段。第一阶段时间为2014年7月24日至2014年9月28日，调查了流溪河下游五镇，为普查阶段。第二阶段时间为2015年1月18日至2015年5月1日，以复查为主。重点为各镇区大型河谷的平原与盆地边缘的缓坡台地、低矮山岗和部分已开荒的高山，根据实际地形地貌进行区域调查。

第三阶段，室内资料整理。因广州市文物考古研究院考古调查队与中山大学考古调查队工作进度不一，室内资料整理由双方各自进行。其中广州市文物考古研究院调查队从2015年2月16日开始进行室内资料整理，同时开始报告编写工作，2015年9月，资料整理工作初步完成，形成资料汇编。

中山大学考古调查队于2015年6月，开始着手资料整理工作，于2015年9月完成初步整理工作，并形成资料汇编。

第四阶段，调查报告编写。调查报告由双方共同完成，最终由广州市文物考古研究院统稿。调查报告于2015年9月开始编写，至2016年6月完成初稿，2016年12月修改并定稿。

五、调查方法

针对南方考古的特征，结合从化区流溪河流域自然地理特点，参照黑龙江省七星河流域聚落考古利用地形的调查方法和拉网式的踏查方法，此次考古调查，采取利用地形地貌的区域调查方法[1]。即以独立的自然地理单位（如河谷、盆地）为一个调查单元，来规划路线。调查时，从河流源头往下游调查，沿着河流两岸或者盆地边缘的台地、低矮山岗、河岸阶地、平原及平原上独立的小山丘进行区域性调查。

田野调查中调查和复查并举，以调查为主。通过踏查、钻探、清理剖面等方法观察遗址的自然地理环境、遗址面积和范围、遗迹遗物分布情况、文化层堆积情况、保存现状等。遗物采集主要为一般采集。

在调查之外，对个别重要或者被严重破坏的遗址进行小面积的清理、试掘和发掘，以深入了解遗址的层位堆积、文化内涵等情况。如此次考古调查期间，清理了大塘边窑址，获取大量标本，填补了从化区瓷器考古的空白。

在田野记录方面，严格按照《田野考古工作规程》中"考古调查"部分的要求，进行科学记录，形成文字记录、影像记录、地图记录、测绘记录组成的立体记录体系。文字记录包括田野考古调查日记、遗址调查登记表、调查样品采集表、钻探记录表等；影像记录包括遗址的自然环境照片、剖面照片、遗物发现环境照片、工作照等；地图记录包括调查区域范围、遗址范围等；测绘记录则包括遗址GPS坐标数据、重要遗迹测绘等。

---

[1] 黑龙江省文物考古研究所.七星河——三江平原古代遗址调查与勘测报告[M].北京:科学出版社,2004.

六、调查线路及区域

调查线路根据流溪河流域地形地貌和调查方式来设计。流溪河上游地区，地形地貌以中、高山地丘陵为主，间有一些河谷平原和山间盆地，流溪河两岸发育一些较大的二级支流，比较大型的河谷和盆地有鸭洞河河谷、吕田盆地、安山盆地、石岭少沙盆地、桃园盆地、灌村盆地等。此次调查采取区域调查的方法，调查区域便集中于这些河谷、盆地内。

上游地区调查线路及区域依次为：

鸭洞河河谷地区，范围包括良口镇良平村、塘尾村、良明村、碧水新村。

S354沿线及石岭水流域，范围包括良口镇良新村、少沙村、石岭村、蟠溪村、米埗村。

良口西北部达溪水、牛路水、北斗水流域，范围包括良口镇合群村、达溪村、和丰村、团丰村、赤树村。

温泉桃园盆地，范围包括温泉镇桃莲村、中田村、平岗村、密石村、龙桥村、龙岗村、乌土村、源湖村、宣星村。

良口北部汾田水、楠木河流域，范围包括良口镇长流村、北溪村、仙溪村、乐明村、石明村、梅树村、联平村、联群村、胜塘村，流溪河林场的谷星村，吕田镇的东坑村、东联村、五和村、坪地村。

吕田盆地及其周边区域，范围包括吕田镇新联村、桂峰村、联丰村、吕新村、吕中村、水埔村、狮象村、竹坑村、份田村、鱼洞村。

安山盆地，范围包括吕田镇塘田村、安山村、草埔村、小杉村。

莲麻河流域的三村盆地及其周边区域，范围包括吕田镇的三村村、塘基村、莲麻村。

灌村盆地，范围包括温泉镇石海村、石南村、南星村、新田村、龙新村、新南村、南平村、石坑村。

温泉至良口流溪河干流两岸，范围包括温泉镇云星村、乌石村、卫东村、天湖村、温泉村，良口镇塘料村、高沙村。

流溪河水库东部牛栏河上游地区，良口镇锦村、溪头村、下溪村，流溪河林场东星村。

从化区流溪河下游地区地形地貌以低矮的丘陵、平原为主，流溪河两岸发育众多二级支流，调查采取区域调查方法，以河流为主线，重点调查河流两岸低缓的丘陵台地、小山岗、河岸阶地等，辐射周边高山山地地区。从化西部属潖江（二）河流域，地形地貌以山地丘陵为主，调查主要集中于潖江（二）河及其支流两岸河谷地区。

下游地区调查线路依次为：

江埔街道：东北部高峰水流域，范围包括高峰村、山下村；东北部水口岭水流域，范围为凤院村大坡田社至凤院村区域；东部S256沿线（或称凤凰水流域），范围覆盖凤二村、凤一村、汉田村、钓鲤村、鹊塱村、黄围村、和睦村、新潭村、下罗村；西南部上罗村—下罗村沿线；南部锦洞水流域，范围覆盖锦一村、锦二村、锦三村；南部大金峰路沿线。

太平镇：东北部三百洞水流域，范围为三百洞村；G105沿线（南部），范围覆盖邓村、赤草村、湖田村、神岗村、水南村；流溪河北岸区域及G45大广高速太平镇段两侧，范围覆盖牛心岭村、格塘村、莲塘村、银林村、木棉村；北部大坑水流域，范围覆盖石联村、上塘村、钟楼村、井岗村；东部沙溪河流域，范围覆盖红石村、颜村、钱岗村、文阁村、飞鹅村、高埔村、太平村；S118沿线，范围覆盖分水村、秋枫村、飞鹅村。

城郊街道：中北部龙潭河流域，范围覆盖龙潭水库、城康村、光辉村、荷村；麻村水流域，范围覆盖麻村水库、西和村、光联村；X286（新潭路）沿线，范围覆盖城郊新围村（现属鳌头镇）、潭口村、左村、矮岭村；狗牙圳区域（屯头村八乡水利灌渠至城郊街麻一村、麻二村、麻三村、塘下村）与和顺坑区域（城郊街麻村流溪河至城郊街麻一村、麻二村、麻三村、塘下村）。

鳌头镇：南部黄罗水流域，范围覆盖丁坑村、岐田村、象新村；东南部汾水河流域，范围覆盖汾水村、高禾村；西南部黄茅水流域（鳌头镇鳌峰矿泉滘江（二）河至鳌头镇黄茅村、石咀村、五丰村、西湖村、凤岐村、水西村）与洲洞水流域（鳌头镇洲洞村黄茅水至鳌头镇洲洞村、石咀村、五丰村、西湖村、凤岐村、水西村）；西部沙径水流域（鳌头镇木山田社黄茅水至鳌头镇凤岐村、水西村）、山田村及周边；北部滘江（二）河流域（鳌头镇水西三甲口龙山大桥至鳌头镇水西村、大岭村、帝田村、松园村、龙潭村、月荣村、西向村）、东塘围河（鳌头镇帝田村滘江（二）河至鳌头镇大岭村、帝田村）、爱群水流域（鳌头镇爱群村滘江（二）河至鳌头镇爱群村、西山村、龙潭村）；香水河、沙路河与庙窝水流域，范围覆盖横江村、乌石村、上西村、庙窝新村。

七、考古调查大事记

2014年2月12日，广州市陈建华市长作出广州市文物考古研究院要做好流溪河流域考古调查的指示。

2014年3月，广州市文物考古研究院上报《关于"流溪河流域文物资源考古调查项目"工作计划的请示》。

2014年5月29日，广州市文化广电新闻出版局对上述请示作出批复：《广州市文化广电新闻出版局关于"流溪河流域文物资源考古调查项目"工作计划的批复》。

2014年6月16日，广州市文化广电新闻出版局下发《广州市文化广电新闻出版局关于配合市考古所做好流溪河流域文物资源考古调查工作的通知》。

2014年6月23日，流溪河上游三镇第一阶段田野调查工作正式开始。

2014年7月24日，流溪河下游五镇（街）第一阶段田野考古调查工作正式开始。

2014年8月23日—28日及2014年9月5日—6日，清理良口镇大塘边窑址。

2014年9月28日，中山大学考古调查队负责的流溪河下游五镇（街）第一阶段田野考古调查工作结束。

2014年12月20日、21日，召开流溪河流域文物资源考古调查收获专家论证会，北京大学、广东省博物馆、广东省文物考古研究所、中山大学、广州市文物考古研究院等单位专家、学者参会。

2015年1月18日，流溪河下游五镇（街）第二阶段复查工作开始。

2015年2月1日，流溪河上游三镇第一阶段田野调查工作结束。

2015年2月2日，流溪河上游三镇第二阶段复查工作开始。

2015年2月13日，流溪河上游三镇第二阶段复查工作结束，至此上游三镇田野调查工作正式结束。

2015年2月16日，广州市陈建华市长作出广州市文物考古研究院要对流溪河流域先秦文化遗存进行"认真梳理和加以保护"的指示。

2015年2月16日—9月30日，广州市文物考古研究院进行第三阶段——室内资料整理。

2015年4月，在从化江埔街凤院村清理发掘南朝砖室墓一座。

2015年5月1日，流溪河下游五镇第二阶段田野调查工作结束，至此，下游地区考古调查工作正式结束。

2015年6月9日—13日，广州日报、南方都市报、新快报等多家广东（州）新闻媒体对流溪河上游先秦两汉遗址群的重大发现进行报道。

2015年6月19日，广州市文化广电新闻出版局及下属各单位部分领导、同事莅临流溪河考古调查良口工作站参观学习。

2015年7月14日—15日，广东省文物考古研究所李岩莅临流溪河考古调查良口工作站指导资料整理和报告编写工作。

2015年7月16日，广州日报、信息时报、广州电视台、广东省电视台等媒体对从化区流溪河流域文物资源考古调查成果进行公开报道。

2015年8月27日，从化电视台采访、拍摄流溪河考古调查成果。

2015年12月，与广州出版社签订《广州从化流溪河流域考古调查报告》出版合同。

2016年6月底，调查报告初稿完成。

2016年12月，交付出版社。

2017年8月，报告出版。

第二章　流溪河流域调查成果

流溪河是从化区域内最主要的河流，发源于东北部吕田镇与惠州市龙门县交界的桂峰山至大岭头一带。全长157千米，其中从化辖区内河长113千米，流域面积1612平方千米。从北到南流贯全区，至太平场出从化区境。

　　流溪河流域地势东北高西南低，地形呈梯状。东北部以山地、丘陵为主，海拔800米以上高山及400~800米较低的山大部分分布在这个区域内，流溪河及其主要支流也发源于这些山脉之中。中南部以丘陵、谷地为主，是东北部山地的南延部分，海拔渐次降低，地貌面海拔一般在400米以下。流溪河顺着地势从东北往西南贯穿其中，不断形成宽窄不等的谷地。流溪河中、下游沿岸两侧有小面积冲积平原，地势平坦，海拔在50米以下。在北部山地丘陵区，发育一些小型河谷、盆地，为流溪河流域遗址的分布提供充足的地形地貌基础，其中遗址分布较集中的区域有吕田盆地、安山盆地、鸭洞河河谷、S354沿线、卫东片区、桃园盆地、灌村盆地、凤凰水流域、沙溪河流域、锦洞水流域等。

第一节 吕田盆地

吕田盆地位于从化区东北部，吕田镇一带，南距从化区中心约45千米。平面近呈东西狭长形，东起桂峰山脚的桂峰村陈洞社，西至狮象村水口社，北界吕新村大塅、旺水口，南界新联村罗水楼、石坝社，东西长约12千米、南北宽约2.3千米，总面积约12平方千米。吕田盆地地形地貌自四周向中心依次可分为盆地周边高山丘陵区、盆地边缘低山缓坡区、盆地中部河岸阶地和台地区、吕田河沿岸冲积平原区，海拔由高到低，地势由险到缓。盆地周边高山丘陵环绕，为珠江三角洲平原向粤北南岭山区的过渡地带，海拔多300~500米，其中最东部桂峰山海拔1085千米，为广州五大高山之一，山地连绵起伏，沟壑纵横，高山区多自然植被，植被茂盛、灌木丛生；低山区多人类活动，经村民开荒，种植三华李、柿子、竹子等植物。盆地边缘有高山余脉，坡前多形成一些小型冲积扇，地形为缓坡或台地，为人类提供丰富活动空间，多建有房屋或开辟为耕地、农田。盆地内地势较平缓，自东向西倾斜，海拔180~250米，其中吕田河两岸多冲积平原，狭长形，宽约百米，平原周边为三级河岸阶地，地形平坦，面积广阔，东起邓村、西至狮象岩附近。平原和一级、二级台地开辟为农田，以种植水稻、花草、蔬菜为主。聚落则多在三级台地及盆地边缘的缓坡之上，吕田镇中心就位于盆地中部最大的三级台地之上。盆地东部和西部，各有数座石灰岩构成的喀斯特山丘，孤立于盆地中央，比较特殊。狮象岩，位于盆地西南部，立于吕田河南岸，形似狮、象，内有溶洞及埋藏有第四纪更新世哺乳类动物化石。

盆地内最重要的河流为吕田河，吕田河起源于吕田盆地东面与龙门县交界的桂峰山西麓，全长24.8千米，自东向西横穿盆地中央，流经吕田的桂峰、联丰、新联、吕新、吕中、水埔、狮象等村，为盆地内人类活动和动植物生长提供充足保障。吕田河主流两岸支流众多，多发源于盆地周边高山丘陵之中，由两侧向盆地中央汇集，有桂峰水（吕田河上游段）、蚊山水、石坝河、竹坑水、出水塘水等。其中石坝河、竹坑水是其两条主要支流，竹坝河位于吕田盆地东南部，发源于吕田小杉的石牙顶西麓，流经官洞、石坝村，于邓村附近与桂峰水汇合，成为吕田河的主流，再往西流向吕田圩、水埔村方向。竹坑水位于盆地西北部，源于吕田与东明之间的白米石南麓，流经吕田的竹坑口，在上黄径附近汇入吕田河主流。吕田河主流在上黄径西南约2.5千米处的水口附近与流溪河的另一支流牛栏河汇合后流入流溪河水库。

G105从盆地中部纵贯而过，连接广州和河源市连平县。东西向村级公路横亘于盆地中部，将东西各村落与吕田镇连接起来。

在此次考古调查开展之前，从化地区已掌握的地下文物资源基本集中于吕田盆地，有《广州市文物普查汇编·从化市卷》登记的狮象岩遗址、桂峰山遗址等5处，其中狮象岩遗址于2002年底进行过考古发掘。2008年底至2009年初，广州市文物考古研究所在吕田盆地进行地下文物资源调查时，共计新发现大墩遗址、太平山遗址等各期遗址24处，并于2012年进行了二次复查。2012年初，广州市文物考古研究所在狮象村大围经济社进行考古发掘，发现出土了一批战国晚期—西汉早期文化遗物，同时还清理出南朝—唐灰坑、清代建筑基址、宋元—明清瓦窑等。除地下文物资源外，《广州市文物普查汇编·从化市卷》登记在册的地上文物资源有尚义社学旧址、司马第等10处。2008年调查新发现一处明万历四十年"陈氏"墓。截至此次调查前，吕田盆地已掌握地下文物资源共计30处，地上文物资源共计11处。既往文物考古工作积累的成果为此次考古调查提供了丰富的可借鉴经验。

吕田盆地考古调查分前后两阶段，第一阶段自2014年11月3日始，至2014年11月14日结束，以复查已掌握文物资源为主，中途因下雨停工、其他工作安排等，实际工作时间为4天；第二阶段自2015年2月9日始，至2015年2月11日止，为期3天，主要对复查和新发现的遗址进行GPS数据采集，同时对部分未调查区域进行调查。两阶段实际田野调查时间共计7天。

吕田盆地考古调查以遗址分布较密集的盆地边缘低矮山岗、山前缓坡台地及盆地中部河岸阶级台地为主，对吕田盆地进行区域调查，足迹覆盖桂峰村、新联村、联丰村、吕新村、吕中村、水埔村、狮象村7个行政村（含吕田镇区），87个村民小组，范围约18平方千米，共计复查各期遗址30处、新发现8处，其中吕田岗文化遗存与戏岗顶遗址实为一处，原堪下遗址与新发现银佛岭遗址合并，最终吕田盆地地下遗址资源实际共计36处。（图4）

陈洞遗址（复查）

遗址编号：001　　行政区划：广州市从化区吕田镇桂峰村

地理坐标：N23°48′43.9920″，E114°00′44.6870″　　海拔：331.330米

遗址位于吕田镇桂峰村陈洞东北约500米一低矮的山岗南坡，地处吕田盆地东端，为高山山脚西延入盆地的余脉，北靠高山，西面为开阔农田，视野极其开阔。山岗平面呈椭圆形，东西长200米，南北宽100米，海拔约330米，相对高度约20米，地势东高西低，坡度平缓，南侧有一小山坳，东侧山脚有进山水泥公路。现山坡种满橘子、三华李等果木，周边低地为农田，地表杂草较少。遗址保存状况较好，未见文化层堆积。遗址于2008年底发现，2014年11月进行复查。

图5　陈洞遗址远景（西—东）

图6　陈洞遗址采集遗物

遗物分布范围约10 000平方米，见于岗顶位置。地表采集遗物初步分析可分为3组。

1组：采集陶片1片，石锛1件（001：采1）。陶片为夹细砂灰褐陶，质地稍软，饰叶脉纹。据遗物特征推断，该组时代为新石器时代晚期至商代。

001：采1 石锛，青灰砂岩石，石质较细腻，平面近长方形，锛体上有多处打击疤痕。长8.9 cm，宽5 cm，厚1.7 cm。（图7：1、图8：1）

2组：采集陶片5片，其中泥质陶3片，夹细砂陶2片，陶色以浅灰色为主，另有黑灰、红褐色等，有1片表面饰弦纹，可辨器形见平底罐底。据遗物特征推断，该组时代为唐代或唐末宋初。

3组：采集陶瓷片4片，瓷片有青灰瓷、青花瓷片，可辨器形见碗、烟斗（001：采2）。据遗物特征推断，时代为明清时期。

001：采2 烟斗，曲尺形，黄褐胎，青灰釉。长3.6 cm，宽3.4 cm。（图7：2、图8：2）

1　　　　　　　　　　　2

图7　陈洞遗址采集遗物

1. 石锛（001：采1） 2. 烟斗（001：采2）

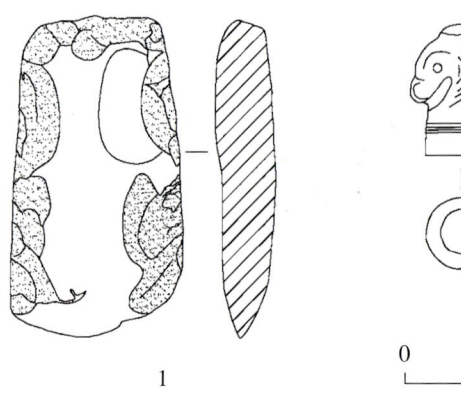

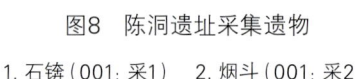

图8　陈洞遗址采集遗物

1. 石锛（001：采1）　2. 烟斗（001：采2）

田头山遗址（复查）

遗址编号：002　　行政区划：广州市从化区吕田镇新联村
地理坐标：N23°48'05.9451"，E113°58'27.9116"　　海拔：233.680米

遗址位于吕田镇新联村罗水楼西北侧一山前缓坡台地上，台地土名"田头山"，地处吕田盆地东南部，地势平缓，顶部较平坦，相对高度约4米，现被开垦成梯田，上种植有香蕉、三华李等果木，地表较多杂草，保存状况较好，台地东边有石坝水流过，西侧有小型养殖场。遗址于2008年底发现，2014年11月复查。

地表遗物分布较丰富，范围约12 000平方米，采集遗物可初步分为3组。

图9　田头山遗址远景（西—东）

图10　田头山遗址采集遗物

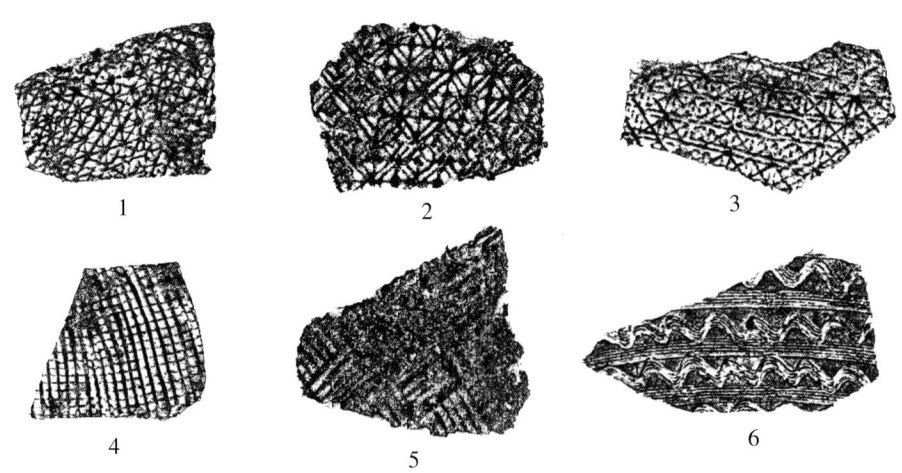

图11　田头山遗址采集陶片纹饰拓片
1.米字纹　2.重方格对角线纹　3.方格对角线纹
4.方格纹　5.席纹　6.水波纹加弦纹

1组：采集陶片1片，为夹细砂软陶，饰长方格纹，器形不可辨。据遗物特征推断，时代为新石器时代晚期至商代。

2组：采集陶片83片，以泥质陶为主，少量为夹细砂陶，皆为硬陶；陶色以灰褐色为主，另有红褐、深灰、黄褐色等；纹饰以方格纹为主，计39片，另有米字纹22片，水波纹4片，对角线回字纹4片和少许编织纹、刻划符号、素面等；可辨器形有平底罐底、瓮口沿（敞口，卷沿，圆唇，沿以下残缺）、杯形器（002：采1）等。该组时代推断为战国至汉初，属米字纹陶时期遗存。

002：采1　陶杯形器，敛口，唇残，浅弧鼓腹，平底略内凹，泥质灰褐硬陶。复原腹径7 cm，底径4 cm，残高3.3 cm。

3组：采集泥质硬陶2片，灰黑、灰褐色各1片，素面，器形为平底罐底。该组时代推断为唐宋时期。

东岗仔遗址（复查）

遗址编号：003　　行政区划：广州市从化区吕田镇联丰村
地理坐标：A点，N23°48′44.4369″，E113°59′34.5331″　海拔：284.055米
　　　　　B点，N23°48′45.9655″，E113°59′38.7874″　海拔：292.763米

遗址位于桂峰村下岭社北约200米土名"东岗仔"的山岗上。山岗位于吕田盆地北缘，北连群山，东南望水边围社，西南远眺联丰村江下社，南面吕田盆地，由数个椭圆形小山岗组成，乡村公路于山岗南侧呈"几"字形转弯。遗址于2008年底发现，2014年11月进行复查。因

采集遗物位置不同,别为A、B点。

A点位于西侧,平面呈不规则形,遗物见于东南坡,区域内地势北高南低,呈斜坡状,坡度较大,山上有松树等,地表杂草、灌木丛生。A点地表采集遗物较少,分布范围不详,计陶片5片,均为夹细砂陶,其中3片为浅灰陶,质硬,饰曲折纹、绳纹;另2片为黄灰陶,质地软,素面,器形不可辨。从遗物特征看,时代为新石器时代晚期至商代。

图12　东岗仔遗址远景(南—北)

B点位于A点东侧,二者间隔一小山坳,山岗平面呈椭圆形,面积约16 000平方米,岗顶海拔297米,相对高度20余米,坡面呈斜坡状,种植有桃、橘等果木,地表较干净,保存状况较好。B点地表采集遗物多见于南坡,分布范围约15 000平方米,计陶片36片,以夹细砂陶为主,计23片,泥质陶计13片,陶色以灰褐色为主,另有浅灰、深灰、黄灰、褐红色等,硬陶与软陶数量相当,纹饰有绳纹、曲折纹、绳纹加附加堆纹、曲折纹加附加堆纹、篮纹、素面等,可辨器形有陶罐口沿(003:标1)、陶罐圈足(003:标2)。B点采集遗物面貌较单纯,时代相当,推断时代为新石器时代晚期至商代。

003:标1　陶罐口沿,侈口,斜折沿,沿面有二周凹痕,平方唇略外斜,斜领,斜直肩残缺,肩部饰斜长方格纹,夹细砂黄灰陶,质地稍软。残宽7 cm,残高3.7 cm。(图14:1)

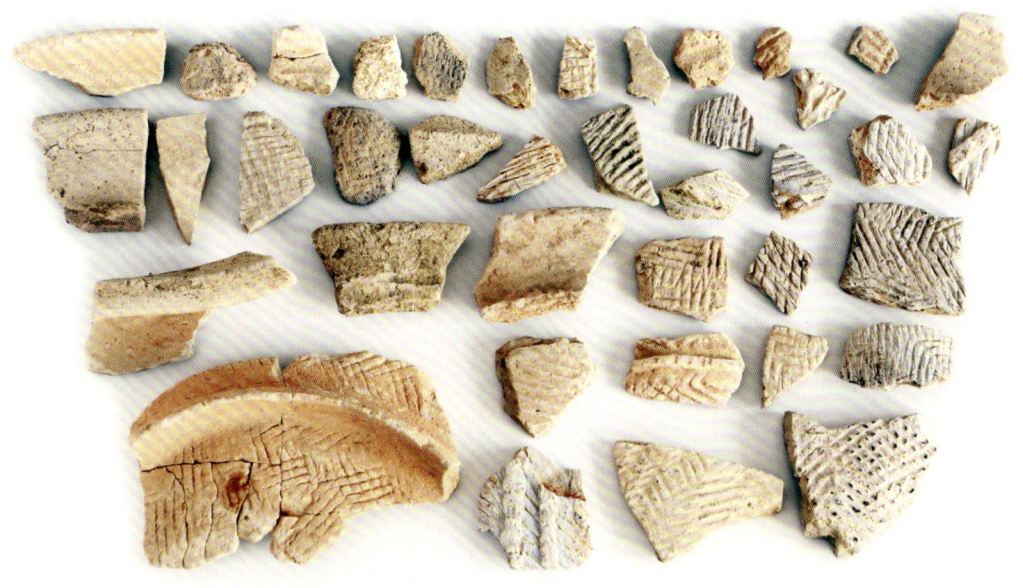

图13　东岗仔遗址采集遗物

图14　东岗仔遗址采集陶器

1. 陶罐口沿（003：标1）　2. 陶罐圈足（003：标2）

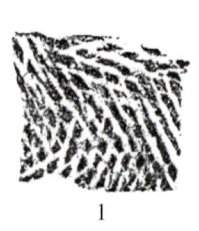 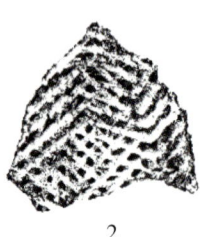  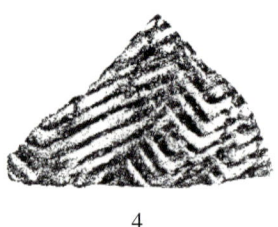

图15　东岗仔遗址采集陶片纹饰拓片

1、2. 交错绳纹　3. 绳纹加附加堆纹　4. 曲折纹

003：标2　陶罐圈足，底部为圜底状，下附矮圈足，圈足略外撇，足跟斜削，内缘着地，器表及外底饰曲折纹，泥质黄灰胎，红褐色，质地较软，复原圈足径约17 cm，残高2.4 cm。（图14：2）

禾塘岭遗址（复查）

遗址编号：004　　　行政区划：广州市从化区吕田镇联丰村

地理坐标：N23°48′32.9195″，E113°59′22.6116″　　海拔：260.088米

遗址位于吕田镇联丰村江下东约350米的禾塘岭台地上，东邻下岭社。禾塘岭地处吕田盆地东部，为盆地中央略微高起的台地，台地地势平坦开阔，面积巨大，海拔约265米，向北延伸至盆地北缘，南缘呈缓坡状一直延伸至河流边，南部为大片低矮农田，有小溪自东向西注入吕田河。

图16　禾塘岭遗址近景（北—南）

图17 禾塘岭遗址采集遗物

台地地表种植花生、蔬菜、三华李等，局部荒草丛生，保存状况较好。遗址于2008年底发现，2012年、2015年2月进行复查。

地表遗物分布较丰富，见于台地中部，范围约10 000平方米。据遗物特征分析，可将该遗址遗存分为4组。

1组：采集陶片2片，为夹细砂黄褐陶，质地较硬，纹饰有曲折纹、绳纹，器形不可辨。时代为新石器时代晚期至商代。

2组：采集泥质硬陶1片，酱褐色，饰方格纹，器形不可辨。时代为西周至春秋时期，属夔纹陶阶段遗存。

3组：采集陶片30片，均为泥质硬陶，陶色以酱、灰褐色为主，另有浅灰、深灰色等，纹饰有方格纹11片，三角纹9片，米字纹6片，另有篮纹、曲折纹、素面，可辨器形见陶罐口沿（004：标1）。该组时代大致为战国至汉初，属米字纹陶时期遗存。

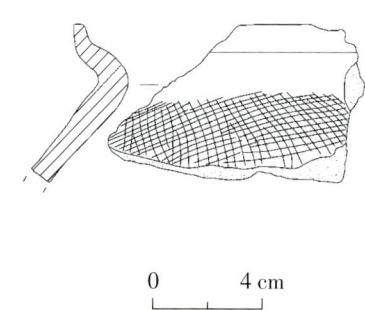

图18 禾塘岭遗址采集陶罐口沿（004：标1）

004：标1 陶罐口沿，近盘形口，唇部残缺，斜直肩，肩部饰方格纹，泥质硬陶，深灰胎，褐色。复原口径约16 cm，残高5.5 cm。（图18）

4组：采集青灰瓷片1片，时代为宋代。

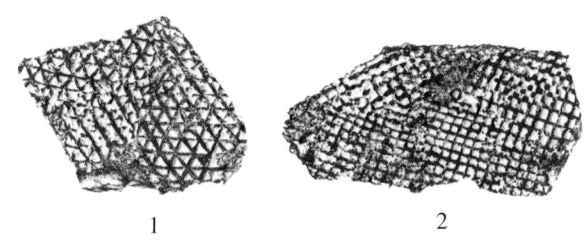

图19 禾塘岭、胜丰遗址采集陶片纹饰拓片
1. 三角格纹（004） 2. 方格纹（005）

胜丰遗址（复查）

遗址编号：005　　行政区划：广州市从化区吕田镇联丰村

地理坐标：N23°48′28.4219″，E113°58′42.7524″　　海拔：241.740米

遗址位于吕田镇联丰村胜丰社北侧岗式台地上，台地紧邻胜丰社47号房。整个台地地势广阔，呈椭圆形，面积近25万平方米，邓村坐落在台地上，遗址居于台地东部，北侧有电信信号塔。遗址所在区域地势平坦，东缘因建房取土呈断崖状，高5～10米，种植有桃子、柿子、毛竹等。遗址于2008年底发现，2014年11月进行复查。

图20 胜丰遗址远景（南—北）

地表采集少许陶片，分布范围约7000平方米。陶片共5片，硬陶，泥质陶4片，夹细砂陶1片，陶色以酱釉色为主，计4片，灰褐色1片，纹饰有方格纹、米字纹、素面，可辨器形仅见平底罐底。遗物内涵较单纯，推断其时代为战国至汉初，属米字纹陶阶段遗存。

图21 胜丰遗址采集遗物

桂峰山遗址（复查）

遗址编号：006　　行政区划：广州市从化区吕田镇联丰村

地理坐标：N23° 48' 33.5772"，E113° 59' 18.7656"　　海拔：250.704米

遗址位于吕田镇联丰村蚊山东约300米的山岗上。山岗地处吕田盆地北缘，北靠群山，西与蚊山隔南北向沟谷，南与村落相连。平面呈不规则形，相对高度约35米，其南坡坡度较缓。山岗西侧蚊山水自北向南流过，向南汇入吕田河，山脚有水泥村道通往北部的南坑一带。

据《广州市文物普查汇编·从化市卷》载，1990年至2016年，当地农民夏昌林陆续在这一带发现大量各类型的打制石器，有石斧、石锛、石凿和砺石等。各种石器大小、规格、形状不一，石器以河砾岩打制，有的局部磨光。部分石器手持部分明显有经长时间手指摩擦而形成的凹痕，或者打制时留下的一道道痕迹。因村民平整开垦山岗地种植，加上公路、房屋建设，对遗址造成一定破坏，保存状况一般，未见文化层堆积，且无伴出陶片。参照周边其他遗址遗物，推断桂峰山遗址时代为新石器时代晚期至商代。

蚊山遗址（复查）

遗址编号：007　　行政区划：广州市从化区吕田镇联丰村

地理坐标：N23° 48' 44.9873"，E113° 58' 40.1681"　　海拔：240.948米

遗址位于吕田镇联丰村蚊山西部台地上，西邻太平山遗址，南眺颐养院遗址，东距桂峰山遗址约500米。蚊山位于吕田盆地北缘，呈东西向，海拔约280米，其南坡延伸出大致呈东西向椭圆形台地，长约300米，宽约140米，总面积近45 000平方米。台地海拔约250米，相对高度约20米，北靠蚊山，西连太平山，南部为低洼农田，吕田河于台地南侧山脚流过，台地顶部地势平缓，种有三华李、桃树等，因疏于管理，地表杂草丛生，保存状况较好。

图22　蚊山遗址远景（南—北）

地表采集遗物有陶片、石器等，分布范围约10 000平方米。据遗物特征分析，可分为2组。

1组：采集陶片15片，石器1件（007：采1）。陶片均为夹细砂陶，陶色有灰褐、深灰色，硬陶为主，纹饰有绳纹、绳纹加附加堆纹、曲折纹、曲折纹加附加堆纹、长条纹、素面

等，可辨器形见罐口沿（侈口，宽斜折沿，斜方唇，黄灰胎，灰褐陶，宽约3 cm，残高3.5 cm）。该组遗存时代推断为新石器时代晚期至商代。

007：采1 石器，深灰砂岩石，石质细腻，残存平面形状近长方形，下侧面平滑，上侧面三边均磨制呈单面刃，另一端断缺。残长5 cm，宽3.8 cm，厚0.7 cm。

2组：采集泥质硬陶3片，陶色为酱釉、浅灰色，纹饰为方格纹，器形不可辨。据遗物特征分析，该组遗存时代大致处战国至汉初，属米字纹陶阶段遗存。

图23 蚊山遗址采集遗物

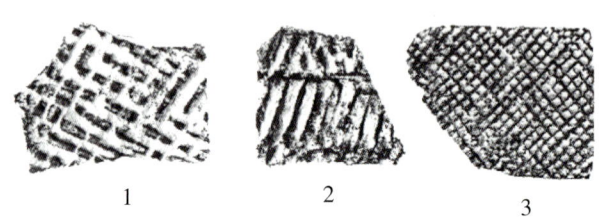

图24 蚊山遗址采集陶片纹饰拓片
1. 交错绳纹　2. 斜长方格纹　3. 方格纹

太平山遗址（复查）

遗址编号：008	行政区划：广州市从化区吕田镇联丰村
地理坐标：太平山南坡，N23°48′44.4986″，E113°58′29.0269″　海拔：252.842米	
火烧田，N23°48′42.0848″，E113°58′32.8658″　海拔：222.017米	

遗址位于吕田镇联丰村邓村北部太平山南坡及其山脚土名"火烧田"的河岸阶地上，东邻蚊山遗址，西邻黄牛山1号遗址，南眺颐养院遗址。太平山位于吕田盆地中部北缘，为一座不规则形山岗，北连群山，南面盆地，吕田河自遗址南侧流经，山岗南坡地势北高南低，坡度较大，呈斜坡状，种植三华李、杉树、松树等，山坡上灌木、杂草较盛，有蜿蜒山路通

图25 太平山遗址远景（南—北）

图26　太平山南坡采集遗物

往山顶；火烧田阶地现为小片农田，地表种有三华李等。遗址于2008年底发现，2014年11月、2015年2月对遗址进行复查，在太平山南坡及火烧田台地采集大量陶片、石器等文化遗物，分布范围约60 000平方米。

太平山南坡地表采集陶片49片，石器5件，另有半成品石器3件。据遗物特征，可将该批遗存分为3组。

1组：采集陶片27片、石器5件（008：采1—采5），另有半成品石器3件。陶片均为夹细砂陶；陶色有黄褐、灰、灰褐色等；硬陶计6片，其他质地稍软；纹饰以绳纹为主，另有曲折纹、长方格纹、叶脉纹、梯格纹、附加堆纹、编织纹等；可辨器形见罐口沿（仅存沿面，侈口，宽斜折沿呈斜领，沿上部略上折呈近盘口状，尖圆唇）。半成品石器中1件为砺石，另外2件均为片状。该组遗存据遗物特征分析，推断时代为新石器时代晚期至商代。

2组：采集陶片5片，均为夹砂硬陶，陶色有黑灰、浅灰色，饰方格纹，器形不可辨。该组时代大致为西周至春秋时期，属夔纹陶时期遗存。

3组：采集陶片16片，均为泥质硬陶；陶色有酱褐色7片、灰色4片，另有黑灰、褐、灰褐色等；纹饰有米字纹11片，另有方格纹、对角线回字纹等；器形不可辨。该组时代大致为战国至汉初，属米字纹陶阶段遗存。

008：采1　石锛，黑灰石，石质细腻，平面形状近梯形，有柄较长，顶部平直，柄横截面呈近椭圆形，两肩略出，下部锛体呈长方形，下端磨制单面刃，刃部残缺，通体光滑。长10.1 cm，宽4.9 cm，厚2.9 cm。（图27：1、图28：1）

008：采2　石斧，黄灰砂岩石，石质稍粗，平面形状近长方形，横截面近椭圆形，顶部平直，下端磨制呈双面刃，整器较为粗糙。长7.4 cm，宽6.1 cm，厚3 cm。（图27：2、图28：3）

008：采3　砺石，红褐色砂岩石，石质较细腻，平面呈长方形，横截面呈梯形，砺石两端为打击断面，底面平滑，两侧面向上斜收，上侧面为窄长平面，上侧面与两侧面磨制成凹弧状。残长18 cm，宽8.6 cm，厚8.4 cm。（图27：3、图28：5）

008：采4　石器，黄褐色砂石，石质较细腻，平面形状呈近方形，底部平滑，两侧面近直，上侧面略小，两端面向上斜收，整器磨制光滑。长10.1 cm，宽9.2 cm，厚2.7 cm。（图27：4、图28：2）

008：采5　残石器，青灰砂岩石，石质稍粗，平面呈残长条形，扁体状，横截面呈长椭圆形，上端残断，下端有砸击崩痕。残长11.5 cm，宽8.1 cm，厚2.4 cm。（图27：5、图28：4）

图27　太平山遗址采集遗物
1. 石锛（008：采1）　2. 石斧（008：采2）　3. 砺石（008：采3）　4. 石器（008：采4）
5. 残石器（008：采5）　6. 陶罐口沿（008：标1）

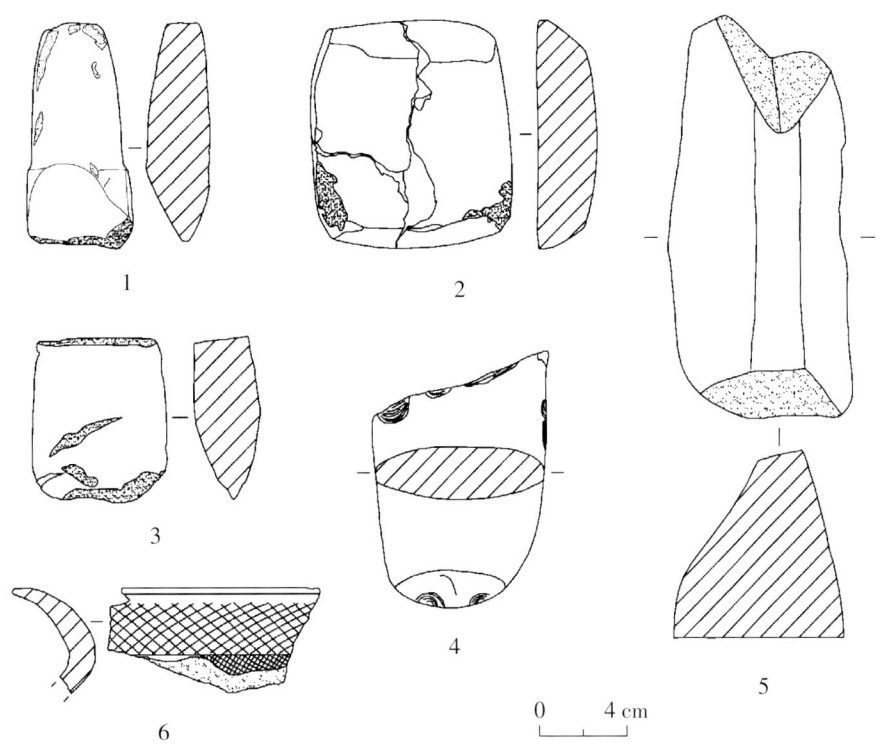

图28 太平山遗址采集遗物

1. 石锛（008∶采1） 2. 石器（008∶采4） 3. 石斧（008∶采2） 4. 残石器（008∶采5）
5. 砺石（008∶采3） 6. 陶罐口沿（008∶标1）

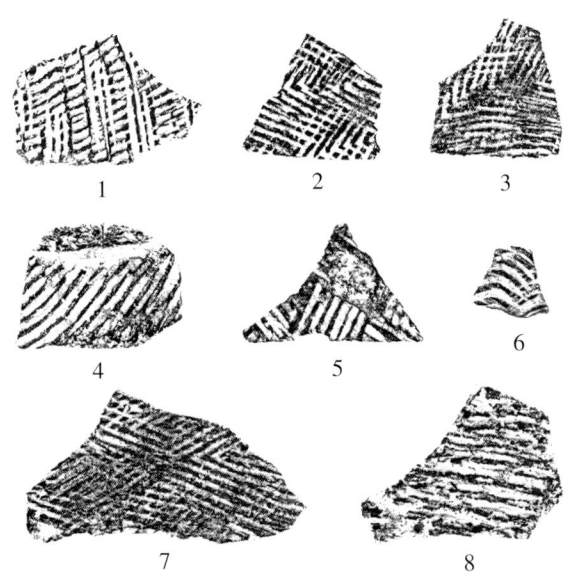

图29 太平山遗址采集陶片纹饰拓片一

1. 梯格纹 2、3、6、7. 曲折纹 4、8. 绳纹 5. 席纹

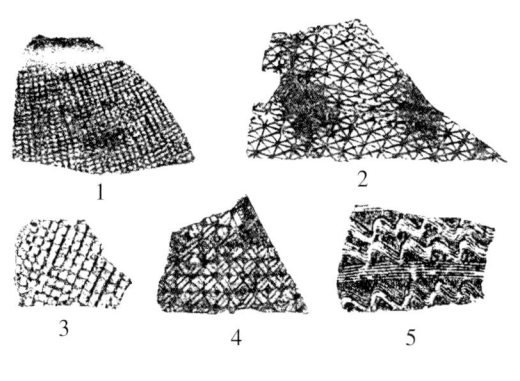

图30 太平山遗址采集陶片纹饰拓片二

1、3. 方格纹 2. 米字纹 4. 重方格对角线纹
5. 水波纹加弦纹

火烧田台地地表采集陶片84片，另有半成品石锛1件。据遗物特征分析，可分为3组。

1组：采集夹砂软陶5片，陶色有浅灰、褐、红褐色等，素面无纹，器形不可辨。陶片具有粤北石峡文化特色，时代为新石器时代晚期，但数量少，尚难确定。

2组：采集陶片7片，石锛1件。陶片均为软陶，夹细砂陶居多，陶色有黄褐、红褐、深灰色等，纹饰有方格纹、素面，可辨器形有陶罐口沿（008：标1）等。石锛为青灰砂岩石，平面呈近梯形，未经过磨制，半成品，长11.8 cm，宽5 cm，厚2.7 cm。该组遗存时代大致为新石器时代晚期至商代。

008：标1　陶罐口沿，敞口，大卷沿，尖圆唇，肩部残缺，外沿饰方格纹，泥质硬陶，黄灰胎灰陶。残宽9.7 cm，残高4.7 cm。（图27：6、图28：6）

3组：采集陶片60余片，均为泥质硬陶，陶色有灰褐、酱褐、浅灰、灰白色等，纹饰以方格纹为主，另有米字纹、水波纹加弦纹、复线米字纹、素面等，可辨器形有陶罐口沿（1.侈口，短折沿，圆唇，斜肩残缺，饰方格纹；2.侈口，宽折沿呈尊形口，唇及肩部残；3.敞口，外斜方唇，下折收，短领，斜肩残缺，饰方格纹）。该组遗存据遗物特征分析，推断时代为战国至汉初，属米字纹陶阶段遗存。

颐养院遗址

遗址编号：009　　行政区划：广州市从化区吕田镇联丰村

地理坐标：N23°48′38.6658″，E113°58′41.8095″　　海拔：239.990米

遗址位于吕田镇联丰村金朝阳颐养院对面，北望蚊山遗址，西北与太平山遗址相距约200米。遗址地形地貌为一圆形小山丘，山丘海拔247米，相对高度10余米，北边山脚有吕田河流过，南边与颐养院间相隔水泥公路。山丘坡度较平缓，种植三华李等果木，地表杂草较多，仅果树周边被清理干净。

地表采集少量陶片，分布范围约10 000平方米，据遗物特征分析，可分为2组。

图31　颐养院遗址近景（东南—西北）

1组：采集陶片3片，均为夹细砂陶，硬陶1片，质地稍软2片，陶色有灰褐、浅灰色等，纹饰有长方格纹、绳纹、方格纹等，器形不可辨。该组遗存时代推断为新石器时代晚期至商代。

2组：采集泥质硬陶4片，陶色见灰褐、深灰、酱色，纹饰有米字纹、方格纹，器形不可辨。该组遗存时代推断为战国至汉初，属米字纹陶阶段遗存。

图32　颐养院遗址采集遗物

黄牛山1号遗址

遗址编号：010	行政区划：广州市从化区吕田镇联丰村
地理坐标：A点，N23°48′51.2725″，E113°58′21.1543″　海拔：265.310米	
B点，N23°48′54.3814″，E113°58′18.7568″　海拔：260.873米	

遗址位于吕田镇联丰村邓村经济社北部黄牛山上，西与太平山遗址隔小山谷相望。黄牛山位于吕田盆地北缘，由多座不规则山岗组成，黄牛山1号遗址范围涵盖两座相连的山岗，因采集遗物位置不同将东边山岗定为A点，西北侧定为B点。A点地形地貌为一向南延伸山岗，其北连群山，东西两侧为沟谷，南面为开阔的

图33　黄牛山1号遗址远景（南—北）

图34　黄牛山1号遗址采集遗物

盆地，山岗海拔246米，相对高度约30米，山岗坡度大，地势较陡。发源于东北寒洞山谷的小溪于遗址东边和南边流过，并注入吕田河。现南坡、西北坡及山顶部分区域经开荒，种植三华李、杉树等果木，其余部分杂草丛生，植被茂盛。B点位于A点西北侧，与A点相连，中间相隔一座海拔约270米圆形山岗，B点地形地貌为一舌状山岗，地势东北高西南低，山顶狭长，西侧为沟谷，地势较陡，坡度大，现山岗大部分种植三华李，部分长有杉树等，杂草丛生。

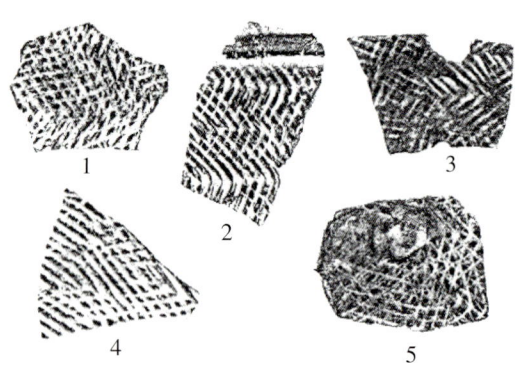

图35　黄牛山1号、2号遗址采集陶片纹饰拓片

1、4. 交错绳纹（010）　2. 曲折纹加附加堆纹（010）
3. 曲折纹（010）　5. 交错绳纹加附加堆纹（011）

地表采集少量陶瓷片，分布范围约20 000平方米，据遗物特征分析，可分为2组。

1组：采集陶片12片，均为夹细砂陶，陶色有灰褐、浅灰、灰黄、深灰色等，硬陶为主，计10片，2片稍软，纹饰有绳纹、绳纹加附加堆纹、素面等，器形不可辨。该组时代为新石器时代晚期至商代。

2组：采集瓷片3片，有灰瓷、青灰瓷，可辨器形仅见碗底，其中一件为凹饼足。该组时代为唐宋时期。

黄牛山2号遗址

遗址编号：011　　行政区划：广州市从化区吕田镇联丰村

地理坐标：N23°48′52.2981″，E113°58′13.8572″　　海拔：277.056米

遗址位于吕田镇联丰村邓村经济社北部，黄牛山1号遗址西边，二者中间相隔一南向开口山谷。黄牛山2号遗址地形地貌为向东南延伸的舌状山岗，地势西北高东南低，相对高度30余米，山岗南向吕田盆地，距吕田河约百米。山岗地势较陡，坡度较大，山坡经开垦种植三华李，地表较干净，保存状况较好。

遗物分布范围约18 000平方米，

图36　黄牛山2号遗址远景（东南—西北）

图37 黄牛山2号遗址采集遗物

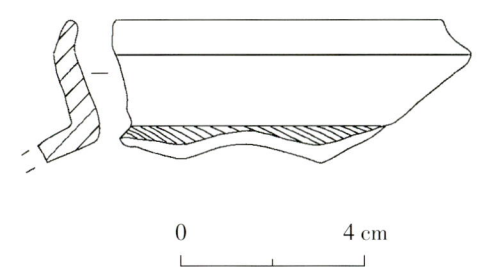

图38 黄牛山2号遗址采集陶罐口沿（011：标1）

见于山岗东坡。地表采集陶片41片，均为夹砂陶，硬陶与软陶各半，陶色以灰褐、黄褐色为主，另有灰黑、深灰、浅灰色等，纹饰以曲折纹为主，计12片，另有曲折纹加附加堆纹、绳纹、篮纹、素面等，可辨器形仅见陶罐口沿（011：标1）。据遗物特征分析，其内涵较统一，推断时代为新石器时代晚期至商代。

011：标1 陶罐口沿，敛口，圆唇，沿上部内折，下部斜收呈斜领，斜肩残缺，肩部饰绳纹，夹细砂浅灰陶。复原口径约12 cm、残高3 cm。（图38）

蛇𠱽遗址（复查）

遗址编号：012　　行政区划：广州市从化区吕田镇吕中村
地理坐标：N23°48′32.9566″，E113°57′54.1196″　海拔：225.704米

遗址位于吕田镇吕中村夏屋东约500米土名"蛇𠱽"的缓坡台地上，东邻米围社。

蛇岜地处吕田盆地中部南缘，为盆地南侧高山北坡山脚延伸出的大片台地，随等高线呈东西走向，地势南高北低，坡度平缓。蛇岜所在位置南收形成一小山坳，遗址便位于山坳处，山坳总面积约25 000平方米。区域内开辟成农田，种植蔬菜等作物，对遗址原始地貌造成一定破坏，保存状况一般，北边有村级公路经过。遗址于2008年底发现，2014年11月进行复查。

图39　蛇岜遗址远景（西—东）

地表采集3片陶片，均为泥质硬陶，有灰褐、深灰色，纹饰有三角纹、方格纹、素面，器形不可辨。据遗物特征推断，时代为战国至汉初，属米字纹陶阶段遗存。

苏湖顶遗址（复查）

遗址编号：013　　　行政区划：广州市从化区吕田镇吕中村

地理坐标：N23°48′38.2136″，E113°57′30.3004″　海拔：227.995米

遗址位于吕田镇吕中村苏湖社东约250米处，东邻夏屋，南毗大岜山遗址。苏湖顶地处吕田盆地中部广袤台地上，地势平坦开阔，周边房屋林立，北侧有水泥村道经过，现为农田，多荒废，部分区域种植少量水稻、红薯等，另有竹子、三华李等间杂其间。遗址于2008年底发现，2014年11月进行复查。

图40　苏湖顶遗址远景（西北—东南）

遗物分布范围约18 000平方米，采集陶片16片，据遗物特征分析，可分为2组。

1组：采集陶片10片，泥质硬陶，陶色见灰褐、灰、灰黄色等，纹饰以方格纹为主，另有夔纹陶加方格纹加弦纹、方格纹加弦纹等，器形不可辨。时代为西周至春秋时期，属夔纹陶阶段遗存。

2组：采集陶片6片，均为泥质硬陶，陶色有灰、灰褐色等，纹饰以方格纹为主，另有弦纹、米字纹等，器形不可辨。时代为战国至汉初，属米字纹陶阶段遗存。

图41 苏湖顶遗址采集遗物

图42 苏湖顶遗址采集陶片纹饰拓片
1、3、5. 方格纹　2. 方格纹加弦纹　4. 弦纹

大岕山遗址（复查）

遗址编号：014	行政区划：广州市从化区吕田镇吕中村
地理坐标：N23°48′31.6502″，E113°57′29.6326″	海拔：227.217米

遗址位于吕田镇吕中村苏湖社东南方土名"大岕山"的山脚台地上，西眺狗屎窝，东

邻夏屋，北与苏湖顶遗址相距约150米。大岽山地处吕田盆地中南部，苏湖和夏屋两个经济社的南边，山岗上部地势较陡，种满杉树等，遗址则位于大岽山北部延伸出的平缓台地上，地势南高北低，呈斜坡状，地表杂草较盛，局部有柿子、桃树及蔬菜等农作物，保存状况一般。遗址于2008年底发现，2014年11月对遗址进行复查。

调查时仅在山岗的梯田断壁上发现陶罐（014：采1）1件。据陶罐特征推断，时代为唐代，可能存在墓葬。

014：采1　陶罐，敞口，卷沿，厚圆唇，斜肩，微弧腹，平底较大，肩部残存1桥状横耳，器表素面无纹。泥质硬陶，浅灰色。口径9.7 cm，腹径11.3 cm，底径10.9 cm，高12.2 cm。（图44）

图43　大岽山遗址远景（北—南）

图44　大岽山遗址采集陶罐（014：采1）

花岭遗址（复查）

遗址编号：015　　行政区划：广州市从化区吕田镇吕新村

地理坐标：N23°48′47.0983″，E113°57′25.7236″　　海拔：220.558米

遗址位于吕田盆地中部呈东西向的大片平坦台地上，台地土名"花岭"，东邻柯村，西毗海螺社，西南与苏湖顶遗址隔公路相望。花岭台地地势平缓，略南高北低，其北缘呈陡坡状，北距吕田河约250米，遗址南侧有东西向村级水泥公路。中部有一条新修的灌溉水渠，附近有信号塔。现为农田，以种植红薯、花生为主，

图45　花岭遗址远景（北—南）

另有蔬菜、柿子、李子等，地表长有杂草，植被较茂盛，保存状况一般。遗址于2008年底发现，2014年11月进行复查。

遗物分布范围约25 000平方米，地表采集到残石器2件（015：采1、015：采2），陶片46片。据特征分析，可分为3组。

图46　花岭遗址采集遗物

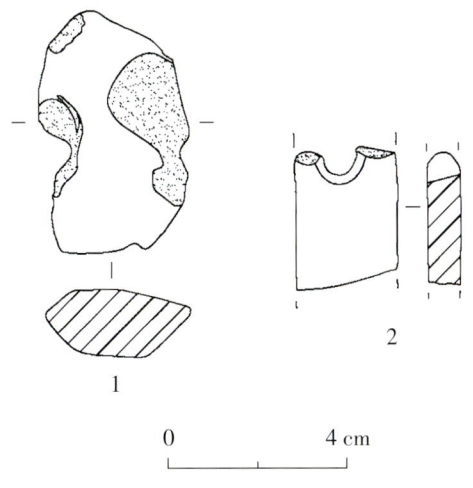

图47　花岭遗址采集石器

1. 石网坠（015：采1）　2. 穿孔残石器（015：采2）

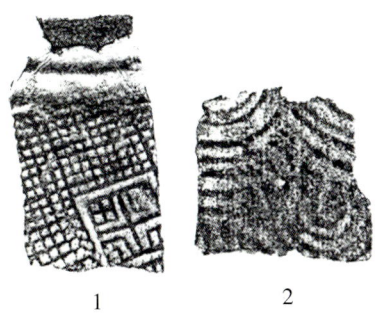

图48　花岭遗址采集陶片纹饰拓片

1. 方格纹加戳印纹　2. 重圈纹

1组：采集陶片40片，均为泥质硬陶，陶色以酱色为主，另有灰褐、黄褐、浅灰、深灰、红褐色等，纹饰以方格为主，计20片，另有米字纹、三角纹、弦纹、弦纹加重圈纹、重圈纹、篮纹、素面等，器形不可辨。该组时代推断为战国至汉初，属米字纹陶阶段遗存。

2组：采集陶片2片，泥质硬陶，酱褐色，饰方格纹加戳印纹，可辨器形见罐口沿（敛口，平方唇略外斜，短斜领，斜弧肩，肩部饰方格纹加戳印纹，泥质深灰陶，残宽约4cm，高约3cm）。该组时代为汉代。

3组：采集陶片4片，泥质硬陶，灰黑色，器形不可辨。时代为唐代。

015：采1　石网坠，青灰砂岩石，石质稍粗，平面呈不规则长方形，中部两侧边对称各有一凿击的半圆形孔，之间有系绳的磨擦痕，整体制作粗糙。长5.3cm，宽3.3cm，厚1.5cm。时代未知。（图47：1）

015：采2　穿孔残石器，黑灰砂岩石，石质较细腻，扁体长条形，横截面呈长椭圆形，两端断残，其中一端断面正中有一圆形穿孔，单面钻。残长3.1cm，宽2.3cm，厚0.75cm。时代未知。（图47：2）

高平顶遗址（复查）

遗址编号：016　　行政区划：广州市从化区吕田镇吕中村

地理坐标：N23°48′25.5607″，E113°57′13.0315″　　海拔：227.244米

遗址位于吕田镇吕中村苏坑社东北约200米处的低矮岗地上，岗地土名"高平顶"。高平顶地处吕田盆地南部，北眺吕田镇，南靠高山，东毗花地农场，周边为连绵广袤的平坦台地，地势平缓。岗顶地势略高于周边台地，平面呈椭圆形，总面积约20 000平方米，现为梯田，地面较平整，种植有水稻、花生、蔬菜等，保存状况一般。遗址于2008年底发现，2014年11月进行复查。

图49　高平顶遗址远景（西—东）

调查时在岗顶花生地采集到陶片2片、瓷片1片，分布范围约10 000平方米，可分为3组。

1组：采集陶片1片，夹细砂灰陶，器表饰交错绳纹。时代为新石器

图50　高平顶遗址采集遗物

时代晚期至商代。

2组：采集陶片1片，夹细砂硬陶，灰黄色，饰方格纹，器形不可辨。时代为战国至汉初，属米字纹陶阶段遗存。

3组：采集瓷片1片，灰瓷饼足碗底。时代为唐代。

宁兴古庙遗址（复查）

遗址编号：017　　行政区划：广州市从化区吕田镇吕中村
地理坐标：N23°48′22.7351″，E113°56′48.3332″　　海拔：237.089米

遗址位于吕田镇南部，吕中村苏坑社西约450米的"宁兴古庙"南侧后山上。宁兴古庙坐落于吕中村高龙围经济社的东部，西北与白泥塘、豹尾扶经济社相望，东邻苏坑经济社，庙前有溪流流过，其庙后山坡南靠高山，北面盆地，地势南高北低，山坳内起伏不平，地表杂草丛生，植被茂盛，保存状况较好。遗址于2008年底发现，2014年11月进行复查。

图51　宁兴古庙遗址远景（东北—西南）

因地表杂草太盛，采集遗物较少，遗物分布具体范围不详。采集遗物有石器2件，陶片2片。陶片为夹细砂陶，陶色分别为灰褐、浅黄色，质地稍软，纹饰有绳纹、曲折纹，

图52　宁兴古庙遗址采集遗物

1

2

图53　宁兴古庙遗址采集石器

1. 石锛（017：采1）　2. 砺石（017：采2）

器形不可辨。石器为石锛（017：采1）、砺石（017：采2）。据遗物特征分析，时代为新石器时代晚期至商代。

017：采1　石锛，褐灰砂岩石，石质稍细腻，平面呈长方形，扁体状，上端和一侧断缺，残存的另一侧边斜直，下端磨制直刃。残存形体小，残长3.7 cm，残宽1.9 cm，厚0.7 cm。（图53：1、图54：1）

017：采2　砺石，褐红页岩石，石质稍粗，平面呈梯形，除上侧平面上磨成凹弧状，其他面均为打制面。长13.8 cm，宽9.3 cm，厚3.5 cm。（图53：2、图54：2）

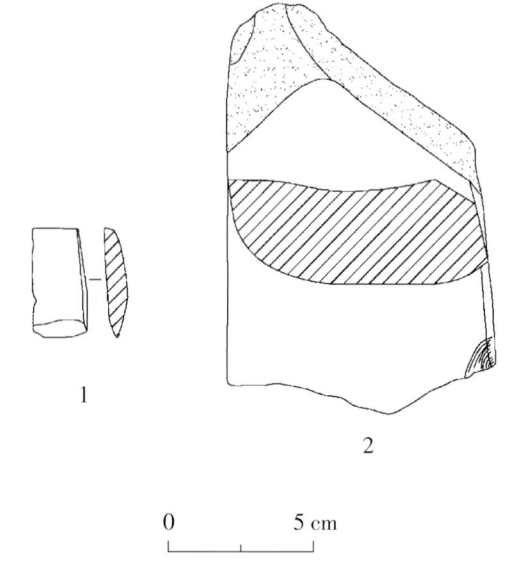

图54　宁兴古庙遗址采集石器
1. 石锛（017：采1）　2. 砺石（017：采2）

戏岗顶遗址（复查）

遗址编号：018　　行政区划：广州市从化区吕田镇吕中村
地理坐标：N23°48′47.2042″，E113°56′38.9850″　海拔：216.318米

遗址位于吕田镇卫生院北侧的戏岗顶上，东邻陈奇伟幼儿园，西连中平顶遗址，北与莫村相望。戏岗顶原与吕田镇所在山岗相连，现因周边房屋建设破坏，仅剩北部部分，呈东西长条形，长约300米，宽约80米，岗顶平坦，其北坡较陡，呈断崖状，南与房屋相连，岗顶有电线塔、水塔、种植有蔬菜、杉木、竹子等，地面杂草丛生，吕田河于山岗北侧山脚流过。遗址保存状况较差，现存范围约24 000平方米，未见文化层堆积。

图55　戏岗顶遗址远景（北—南）

《广州市文物普查汇编·从化市卷》载，1982年9月吕田镇政府工作人员于山岗地表发现铜釜和陶纺轮各1件，铜釜为秦汉时期器物，已碎裂。岗顶上周围土表散布各种印纹陶片和砺石，定名为吕田岗文化遗存。2008年底及2014年11月进行复查，地表采集陶片2片，泥质硬

图56　戏岗顶遗址采集遗物

陶，酱釉色，饰方格纹，器形不可辨。陶片与铜釜、陶纺轮时代相仿，为战国至汉初，属米字纹陶阶段遗存。

中平顶遗址（复查）

遗址编号：019　　行政区划：广州市从化区吕田镇吕中村

地理坐标：N23°48′36.8793″，E113°56′28.4960″　　海拔：220.885米

遗址紧邻吕田镇区，位于吕中村尾扶社西侧的中平顶台地上，东与戏岗顶遗址相连，西边山脚为蟹形屋。中平顶位于吕田盆地中部大台地的西缘，吕田河南岸，地势平坦开阔，总面积约80 000平方米。台地北部多竹林、杉木、松树及茂密的杂树，大部分区域开辟为农田，种植有红薯、辣椒、花生等农作物。遗址于2008年底发现，2014年11月进行复查。

图57　中平顶遗址近景（西—东）

遗址地表遗物分布较丰富，分布范围约40 000平方米，计有石器、陶片等。据遗物特征分析，可分为6组。

1组：采集陶片14片，石器及半成品石器14件（019：采1—采9、019：11）。陶片均为夹细砂陶，硬陶居多，陶色有灰褐、黄褐、灰黑、浅灰色等，纹饰有绳纹、篮纹、斜长方格纹、曲折纹等，可辨器形见陶罐口沿（019：标1）。石器可辨器形有石锛、石斧、石镞等。据遗物特征分析，该组时代推断为新石器时代晚期至商代。

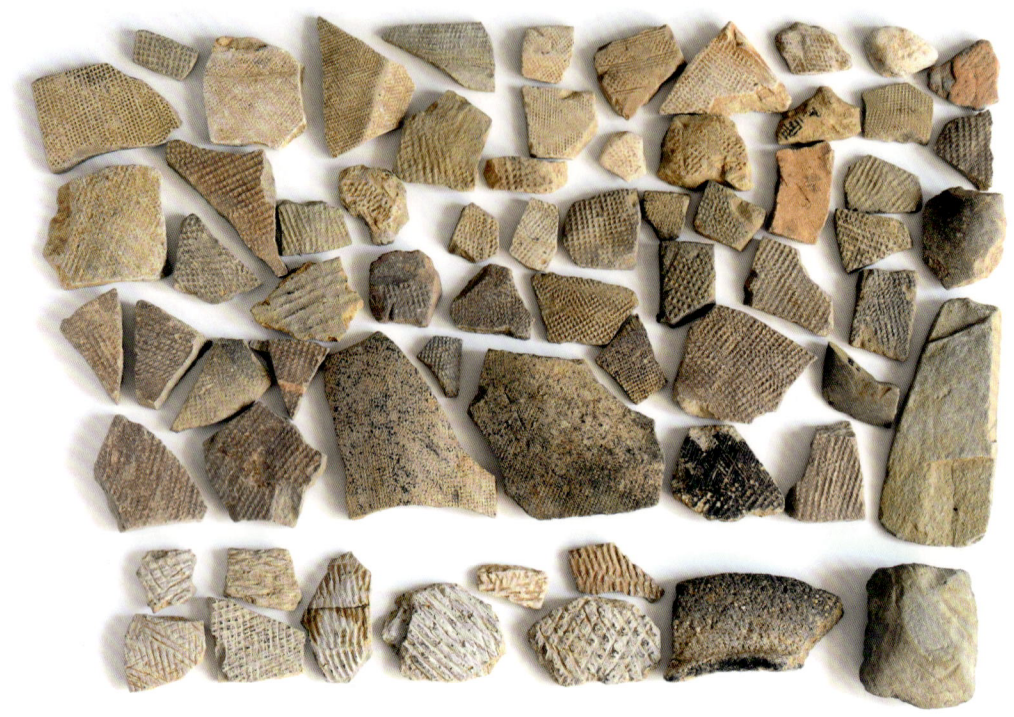

图58　中平顶遗址采集遗物

019：采1　石锛，青灰砂岩石，石质稍粗，双肩，单面刃，形体较小。长5.2 cm，宽3.5 cm，厚0.9 cm。（图59：1、图62：1）

019：采2　石锛，深灰砂岩石，石质稍粗，平面呈梯形，上窄下宽，中部厚，两端薄，打制而成，未磨制，遍体疤痕。长12.9 cm，宽6.5 cm，厚3.1 cm。（图59：2、图62：3）

019：采3　残石器，灰褐砂岩石，石质稍粗，平面呈长条形，中部偏下有一双面凿缺口，石器一侧平面似磨制。长7.8 cm，宽4.3 cm，厚1.8 cm。（图59：3、图62：4）

019：采4　石斧，青灰砂岩石，石质稍粗，平面呈长方形，顶部平直，斧体中部厚，两侧薄，下端磨制双面刃。长5.8 cm，宽4.8 cm，厚2.1 cm。（图59：4、图62：2）

019：采5　石锛，青灰砂岩石，石质较细腻，平面呈梯形，扁体状，上窄下宽，顶部平直，打制而成，加工粗糙，属半成品。长10.8 cm，宽4.4 cm，厚1.2 cm。（图59：5、图62：5）

019：采6　残石器，青灰砂岩石，石质较细腻，平面呈三角形，背较厚，两边磨制成单面直刃。长5.5 cm，宽3.8 cm，厚1.3 cm。（图59：6、图62：6）

019：采7　石锛，青灰砂岩石，石质稍粗，平面呈近梯形，上窄下宽，弧顶，单面斜弧刃，石锛形体小，器表粗糙。长4.4 cm，宽3 cm，厚1.3 cm。（图59：7、图62：7）

019：采8　石锛，浅灰白砂岩石，石质细腻，平面呈三角形，单面直刃，整器加工粗糙，未见明显磨制痕。长4.1 cm，宽2.7 cm，厚0.8 cm。（图59：8、图62：9）

图59 中平顶遗址采集石器
1. 石锛（019：采1） 2. 石锛（019：采2） 3. 残石器（019：采3） 4. 石斧（019：采4）
5. 石锛（019：采5） 6. 残石器（019：采6） 7. 石锛（019：采7） 8. 石锛（019：采8）

图60 中平顶遗址采集遗物
1. 石镞（019：采9） 2. 石镞（019：采11） 3. 陶罐（019：采10） 4. 陶罐口沿（019：标1）

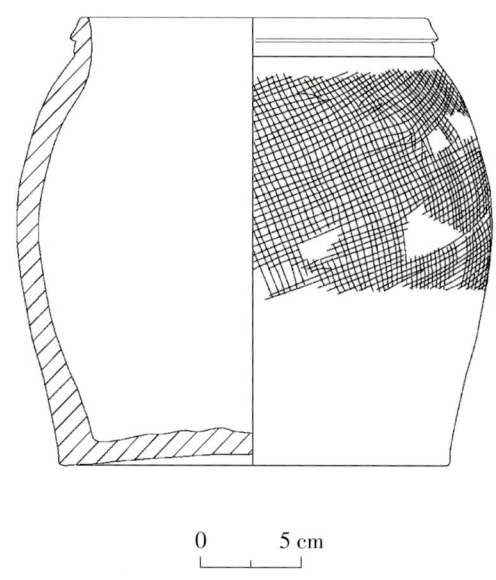

图61 中平顶遗址采集陶罐（019：采10）

019：采9　石镞，青灰砂岩石，石质细腻，平面呈长菱形，镞身较长，中部起脊，后部斜收呈铤，整器磨制光滑，刃部有崩缺。长7.5 cm，宽2 cm，厚0.5 cm。（图60：1、图62：8）

019：采11　石镞，黑灰砂岩石，石质细腻，长条薄片状，两端断裂，两面正中起脊，横截面呈棱形，器表光滑。残长3.7 cm，宽1.7 cm，厚0.5 cm。（图60：2、图62：10）

019：标1　陶罐口沿，侈口，斜折沿，沿面微凹弧，厚圆唇，肩部残缺。夹砂深灰陶，质地稍软。残长7.4 cm，残高3.2 cm。（图60：4、图62：11）

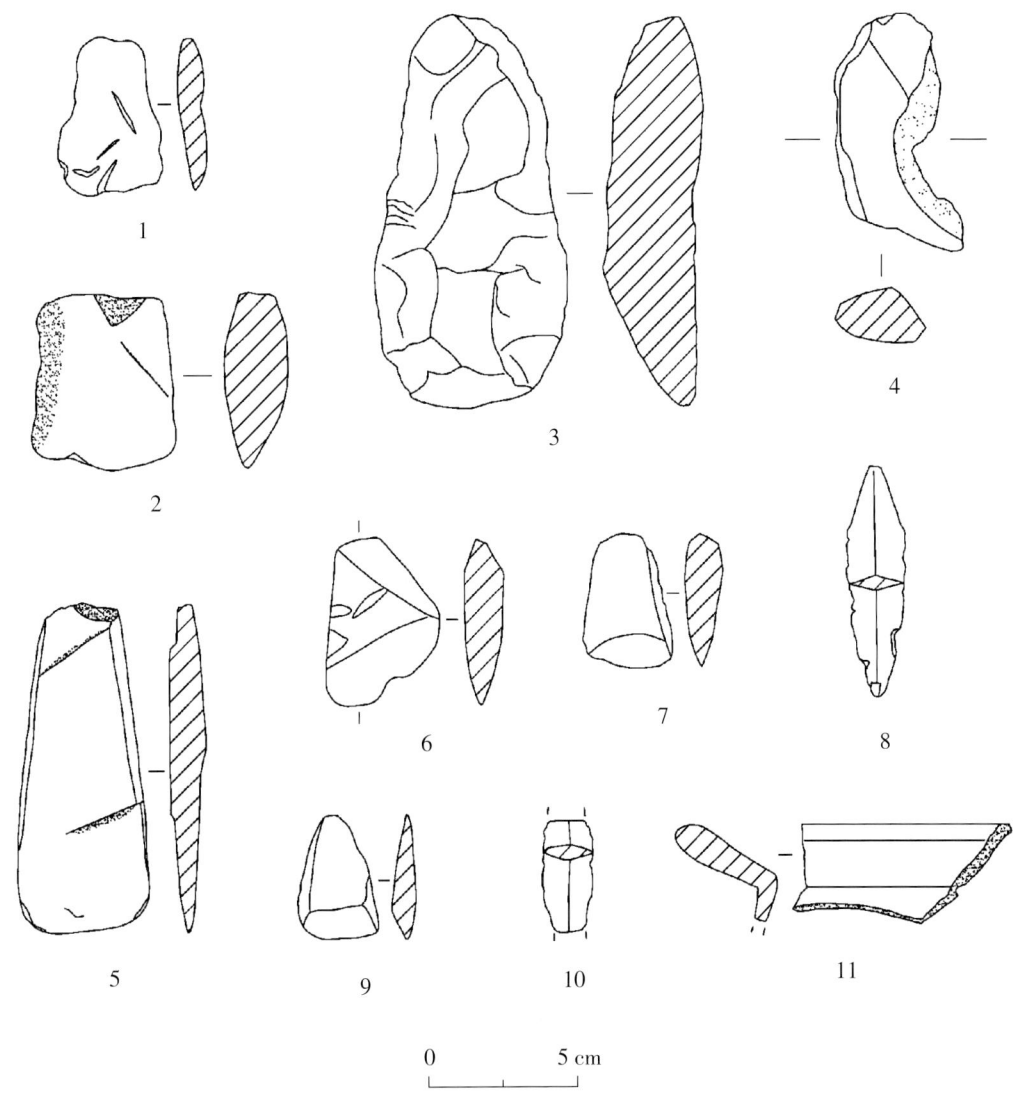

图62　中平顶遗址采集遗物

1、3、7、9.石锛（019：采1、019：采2、019：采7、019：采8）　2、5.石斧（019：采4、019：采5）
4、6.残石器（019：采3、019：采6）　8、10.石镞（019：采9、019：采11）　11.陶罐口沿（019：标1）

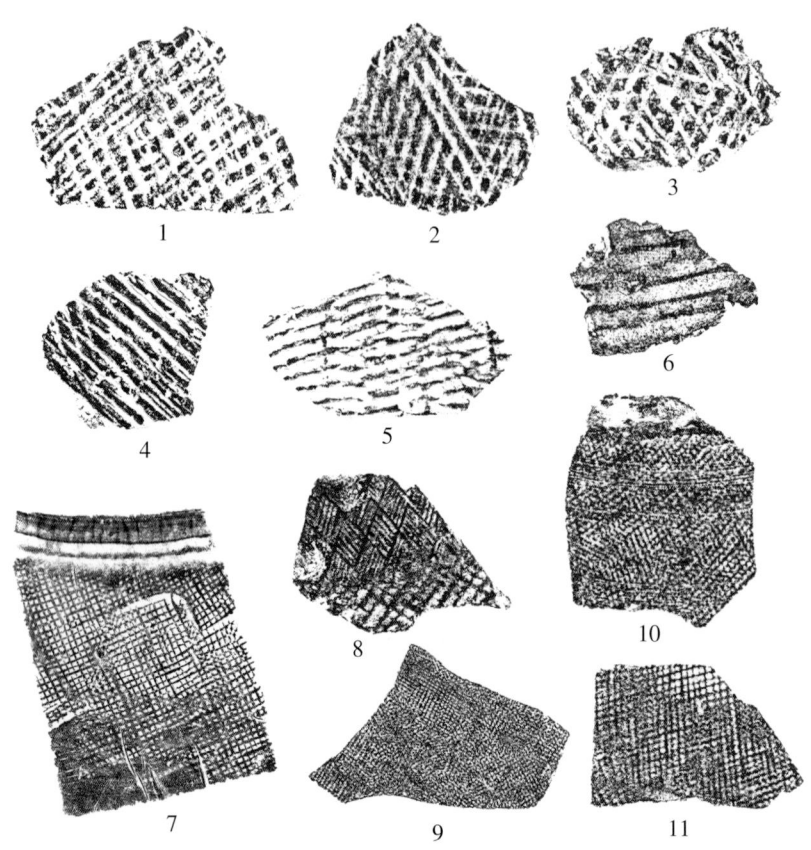

图63　中平顶遗址采集陶片纹饰拓片

1~3.绳纹　4.篮纹　5.斜长方格纹　6.条纹　7、9~11.方格纹　8.席纹加方格纹

2组：采集陶片29片，泥质硬陶，陶色有酱褐、黄褐、灰褐色等，纹饰以方格纹为主，另有席纹、方格纹加弦纹、方格纹加夔纹等，器形不可辨。时代为西周至春秋时期，属夔纹陶时期遗存。

3组：采集陶片17片，泥质硬陶，陶色有黄褐、灰褐、黑灰色等，纹饰以方格纹为主，饰米字纹1片，器形不可辨。时代为战国至汉初，属米字纹陶阶段遗存。

4组：采集陶罐（019：采10）1件，主体饰方格纹。时代为汉代。

019：采10　陶罐，微敞口，卷沿，斜方唇，矮领，溜肩，弧腹，下腹斜直，平底内凹，肩、上腹饰方格纹，腹部似有戳印纹，下腹素面无纹，泥质硬陶，褐色。口径17.4 cm，腹径23.6 cm，底径19.4 cm，高21.5 cm。（图60：3、图61）

5组：采集陶瓷片3片，其中灰陶罐器耳1片，瓷碗底部2片（直圈足，足跟圆弧，除足跟外通体饰釉，青釉色光亮，有冰裂纹）。时代为唐宋时期。

6组：采集瓷碗底部残片1片。时代为明清时期。

海螺滩遗址（复查）

遗址编号：020　　行政区划：广州市从化区吕田镇吕中村

地理坐标：N23°48′58.6453″，E113°57′08.7647″　　海拔：238.970米

遗址位于吕田镇吕中村海螺社旁海螺山上。海螺山位于吕田镇东北部，吕田河南岸，为盆地中间一海螺形独立山岗，故而得名，东南邻海螺社，西毗吕田中学。山岗长约200米，宽约120米，西南部因吕田中学修建校舍被毁，残存面积约13 000平方米。山顶海拔约246米，相对高度40余米，山岗地势陡峭，坡度大，地表现荒废，植被茂盛、杂草丛生，丛林间遍布大小现代坟墓。

图64　海螺滩遗址远景（南—北）

据《广州市文物普查汇编·从化市卷》载，1982年9月吕田中学因基建挖地基，发现青铜剑两把，另有陶碗、陶杯等物，此文化遗存被命名为海螺滩遗存。2014年11月进行复查，未采集到文化遗物。遗址西南部被毁，其余保存较好，据采集遗物特征分析，时代为战国秦汉时期。

高顶湾遗址（复查）

遗址编号：021　　行政区划：广州市从化区吕田镇吕中村

地理坐标：N23°48′49.7268″，E113°57′55.2780″　　海拔：220.842米

遗址位于广州市从化区吕田镇吕中村高顶湾山南麓，东邻灰瑶头，西毗茶岭下。高顶湾山位于吕田盆地北麓，北为群山，南面开阔的吕田盆地，山岗呈东西向，不规则椭圆形，海拔292米，相对高度约70米。现山岗地表植被茂盛，南侧山脚有村落，吕田河于南坡山脚自东向西流过。

据《广州市文物普查汇编·从化市卷》载，1980年村民在山脚挖泥

图65　高顶湾遗址远景（西—东）

时发现青铜器，其中部分藏于一陶罐中，分别为鸡首鼓形壶、铜釜、铜钺、铜温酒壶各1件，铜豆4件，除铜钺、铜豆保存完好外，其他器物均已锈破。出土器物位置土质较为疏松，有沙砾，由于河水冲刷及长期暴露在外，没有坑穴痕迹，也不见文化层。

2014年11月，考古调查队对遗址进行复查，未发现文化遗物，也无文化层堆积，据采集遗物特征分析，时代为战国至汉初。

旺水口遗址（复查）

遗址编号：022　　　行政区划：广州市从化区吕田镇吕新村

地理坐标：N23°49′24.0656″，E113°57′27.0288″　　海拔：225.172米

遗址位于吕田镇吕新村旺水口东侧后山岗上，山岗地处吕田盆地中部北缘，北连群山，南侧为东西向沟谷，谷底内小溪自东向西注入吕田河，东邻G105。山岗呈南北向，平面呈短舌状，南北长约300米、东西宽约170米，总面积约60 000平方米。山岗地势北高南低，北侧坡度较陡，南侧山脚呈缓坡状台地，岗顶较平坦，

图66　旺水口遗址远景（南—北）

图67　旺水口遗址采集遗物

高于东侧山谷约20米,山岗上种植有桃树、柿子、竹子和松树等,地表杂草丛生。遗址于2008年底发现,2014年11月进行了复查。

调查时在山岗地表采集较多遗物,多见于山岗南侧缓坡上,分布范围约25 000平方米。据遗物特征分析,可分为2组。

1组:采集陶片63片,石锛(022:采1)1件。陶片以夹细砂陶为主,计41片,泥质陶次之,计22片;陶色以黄褐色为主,另有浅灰、深灰、灰褐、褐色等;软陶居多,硬陶次之;纹饰有曲折纹、绳纹、曲折纹加附加堆纹、长方格纹、篮纹、素面等;器形不可辨。该组时代为新石器时代晚期至商代。

022:采1 石锛,残存为石锛一角,深灰砂岩石,石质细腻,平面呈不规则四边形,一边为原始器边,磨制光滑,下端磨制成单面刃,刃部残。残长7.3 cm,残宽3.7 cm,厚2.6 cm。(图68)

2组:采集陶片8片,泥质陶与夹砂陶各4片,陶色有黄褐、灰褐、红褐色等,硬陶与软陶

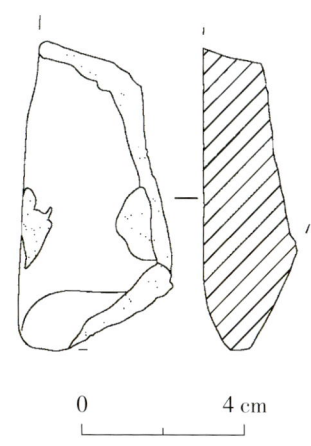

图68 旺水口遗址采集石锛(022:采1)

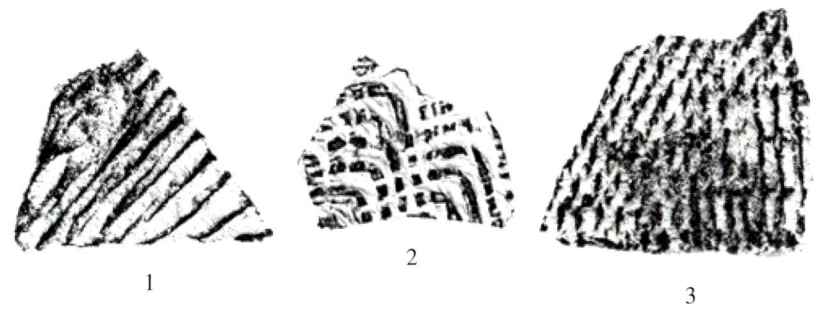

图69 旺水口遗址采集陶片纹饰拓片

1.篮纹 2.曲折纹 3.长方格纹

各半，纹饰以方格纹为主，计5片，另有米字纹2片，素面等，可辨器形有器座、罐（1. 平底罐底，灰黄软陶，敛口，圆唇，沿外斜，斜面有凹痕，短领，斜弧肩，肩部饰方格纹，残存宽3 cm，残高4.5 cm；2. 罐口沿，侈口，斜折沿，沿面有数周凹痕似弦纹，平方唇，唇面有一周凹槽，肩部残存少许，肩部饰纹不清晰，泥质浅灰胎，褐陶，残存宽3.7 cm，高约3.3 cm）。据遗物特征分析，该组时代为战国至汉代，属米字纹陶阶段遗存，部分遗物可晚至汉代。

大埔遗址（复查）

遗址编号：023　　行政区划：广州市从化区吕田镇吕新村

地理坐标：N23°49′16.2531″，E113°57′09.7890″　海拔：217.290米

遗址位于吕田镇吕新村大埔东部一低矮台地上，地处吕田盆地中部北缘，北为群山，南面开阔的平原，西距大埔约200米，南邻吕田河和G105，东西两侧有小溪自北向南注入吕田河。台地呈南北向，长300米，宽150米，地势略北高南低，北侧山岗长有茂密的松树、竹子，南部坡度

图70　大埔遗址远景（东—西）

图71　大埔遗址采集遗物

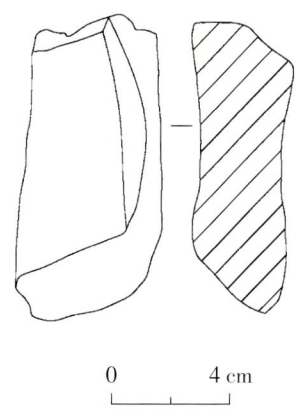

图72　大垳遗址采集砺石（023：采1）

低矮平缓，现被开辟为农田，种植有红薯、花生等作物，保存状况一般，为人类活动破坏较严重。遗址于2008年底发现，2014年11月进行了复查。

地表遗物分布较密集，范围约30 000平方米，见于整个台地地表。据遗物特征分析，可分为5组。

1组：采集陶片1片，砺石（023：采1）1件。陶片为夹细砂灰褐硬陶，饰绳纹加附加堆纹，器形不可辨。时代为新石器时代晚期至商代。

023：采1　砺石，黄褐色砂岩石，石质稍粗，平面呈近长方形，上、下侧面磨制呈凹弧状。残长10 cm，宽5 cm，厚3.5 cm。（图72）

2组：采集陶片5片，泥质硬陶，陶色有灰褐、灰色等，器表饰方格纹，器形不可辨。时代为西周至春秋，属夔纹陶阶段遗存。

3组：采集陶片63片，均为泥质硬陶；陶色以酱、灰褐、黄褐色为主，另有橙黄、深灰、红褐色等；纹饰以方格纹、素面为主，另有米字纹、三角纹、对角线重菱格纹、对角线菱形纹、弦纹等；器形不可辨。该组时代为战国至汉初，属米字纹陶阶段遗存。

4组：采集陶瓷40片，以陶片为主，计37片，均为泥质硬陶，灰黑与灰褐陶各近半，纹饰仅见弦纹，部分器表见耳状痕，可辨器形有平底罐底、罐口沿（侈口、短斜折沿，唇部残缺，斜直肩）；瓷片仅见3片，为青灰瓷碗底（饼足、璧状足）。该组时代为唐宋时期。

5组：采集瓷片3片。时代为明代。

坳节遗址

遗址编号：024　　　行政区划：广州市从化区吕田镇吕新村
地理坐标：N23°49′16.5596″，E113°56′51.5716″　　海拔：233.604米

遗址位于吕田镇吕新村大垳社西北约200米土名"坳节"的山岗上。山岗地处盆地北缘，

北连群山，南临吕田镇，为一呈东北—西南向延伸的舌状山岗，长约300米，宽约90米。山顶海拔246米，相对高度约40米，山顶狭长，山坡坡度较陡，其南侧有一片缓坡台地。山岗山顶被工程施工破坏，地表裸露，山坡则植被茂盛，杂草丛生，南侧缓坡台地开辟为农田，种植有水稻、蔬菜、三华李等作物。该山岗位于大广高速S20标联络线上，遗址西边数座山岗已被推平。

遗物分布范围约15 000平方米，见于南侧台地和山顶地表，采集到陶片8片，均为泥质硬陶，陶色有褐、灰褐色等，方格纹、素面各4片，器形不可辨。据遗物特征推断，时代为西周至春秋，属夔纹陶阶段遗存。

图73　坳节遗址远景（南—北）

图74　坳节遗址采集遗物

（吕新）新屋遗址

遗址编号：025　　行政区划：广州市从化区吕田镇吕新村

地理坐标：N23°49' 2.568"，E113°57' 2.4984"　　海拔：225.603米

遗址位于吕田镇新屋社西北部约280米的山岗南坡，东距坳节遗址约300米。山岗地处吕田盆地北缘，北连群山，南面为开阔的平原，其南侧有一座近圆形小山岗，大广高速S20标联络线于山岗南坡山脚而过。遗址位于山岗南坡，地势北高南低，坡脚坡度较缓，海拔约240米，山上荒草覆盖，种植杉树，南坡山脚部分区域被施工破坏。

图75　（吕新）新屋遗址采集遗物

地表采集到陶片2片，均为夹砂软陶，陶色为红褐、黄灰色，素面无纹，器形不可辨。陶

片显示粤北石峡文化特色，时代为新石器时代晚期，但数量少，尚难确认。

莫村遗址（复查）

遗址编号：026　　行政区划：广州市从化区吕田镇吕新村

地理坐标：N23°48′59.5756″，E113°56′24.9637″　　海拔：204.431米

遗址位于吕田镇吕新村莫村西约250米的台地上。台地地处吕田盆地西北缘，北靠群山，南临开阔的吕田盆地，西邻大塱村，地势开阔平坦，略呈东西向，高于南侧农田10余米，边缘陡峭，东部和南部有小溪流经，西侧有水泥村道。台地现为农田，种植香蕉等作物，地表较干净。遗址于2008年底发现，2014年11月进行了复查。

图76　莫村遗址远景（南—北）

 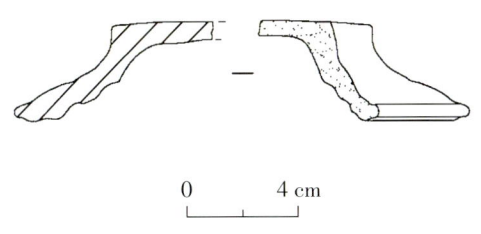

图77　莫村遗址采集陶器盖（026：标1）

遗物分布范围约10 000平方米，地表采集少量陶瓷片，据特征初步分析，可分为5组。

1组：采集陶片1片，夹细砂硬陶，浅灰色，饰条状纹，器形不可辨，由陶片断面可见为贴塑成形。该组时代为新石器时代晚期至商代。

2组：采集陶片1片，泥质硬陶，浅褐胎，黑灰色，饰方格纹，器形不可辨。时代为西周至春秋，属夔纹陶阶段遗存。

3组：采集陶片3片，均为泥质硬陶，陶色有酱釉、灰褐色，纹饰有方格纹、对角线重菱形凸点纹、素面，器形不可辨。时代为战国至汉初，属米字纹陶阶段遗存。

4组：采集陶片3片，均为泥质硬陶，其中黑灰陶2片，浅灰陶1片，纹饰有凹弦纹，可辨

器形有盆口沿（敞口，沿外卷与腹部相连，残存腹部为弧腹内收，口沿残长6 cm，残高4 cm）。时代为唐代。

5组：采集陶瓷片9片，瓷片以青花瓷为主，其中7片为瓷碗底，1片为瓷盘底。陶片为器盖（026：标1）。该组时代为明清时期。

026：标1　陶器盖，残，不可复原，侈口，宽斜折沿，沿面有四周凹槽，斜尖唇，短斜壁，漫斜顶残缺，泥质深灰硬陶。复原口径16.4 cm，残高3.5 cm。（图77）

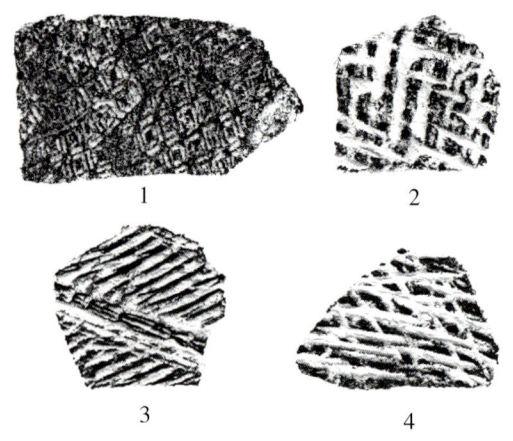

图78　莫村、庙岭山、胜航岭遗址采集陶片纹饰拓片
1. 重方格对角线纹（026）　2. 交错绳纹（030）
3. 篮纹加附加堆纹（031）　4. 交错绳纹（031）

大冚田遗址（复查）

遗址编号：027	行政区划：广州市从化区吕田镇吕新村
地理坐标：N23°48′56.5976″，E113°55′58.2428″	海拔：204.081米

遗址位于吕田镇吕新村松柏塘社西南部的山前缓坡上，当地称为"大冚田"。大冚田地处吕田盆地西北缘，北连群山，南面开阔的盆地，西南靠水埔村墩头围社，东毗松柏塘社，远眺银佛岭遗址。该区域地势北高南低，坡势较缓，山上长有松树及杂树，局部种有柿子，南侧为大片花

图79　大冚田遗址远景（东南—西北）

图80　大冚田遗址采集遗物

卉苗圃大棚，现遗址东部被新建房屋破坏殆尽，形成低于西部的断坎，西部有农田等，但大片区域杂草丛生。遗址于2008年底发现，2014年11月进行复查。

地表采集少量陶片、石器，分布范围约40 000平方米。其中陶片4片，均为夹细砂硬陶，陶色有青灰、黄褐色，纹饰有曲折纹、网格纹、斜长方格纹、间断条状纹，器形不可辨。石器3件（027：采1—采3）及半成品石器1件，疑为石网坠。遗物内涵较统一，时代为新石器时代晚期至商代。

027：采1　石锛，青灰砂岩石，石质较细腻，平面形状呈梯形，有柄，上窄下宽，顶部斜直，两肩近无，锛体下端磨制成单面刃。长7.1 cm，宽4.3 cm，厚2 cm。（图81：1、图82：1）

027：采2　石戈，黑灰页岩石，石质细腻，平面形状呈残长条形，上端残断，断面正中有一穿孔，为单面钻，另一端磨制成单面刃，两侧面斜直，整器磨制光滑。残长7 cm，宽5.7 cm，厚0.9 cm。（图81：2、图82：2）

图81　大㟖田遗址采集石器

1. 石锛（027：采1）　2. 石戈（027：采2）　3. 石锛（027：采3）

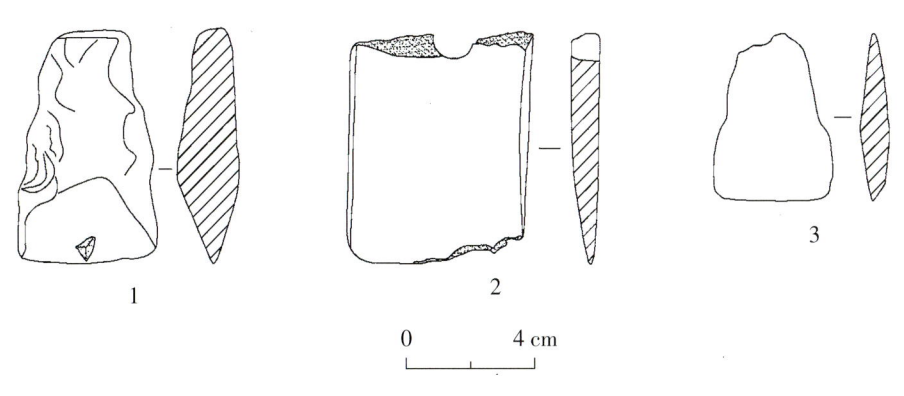

图82　大㟖田遗址采集石器

1、3. 石锛（027：采1、027：采3）　2. 石戈（027：采2）

027：采3　石锛，形体较小，青灰砂岩石，石质稍粗，平面形状呈近"凸"字形，有柄，柄上窄下宽，顶部弧折，两肩溜甚，锛体平面呈近长方形，下端磨制成单面直刃。长5.1 cm，宽3.8 cm，厚0.9 cm。（图81：3、图82：3）

崩岗岭遗址（复查）

遗址编号：028　　行政区划：广州市从化区吕田镇狮象村

地理坐标：N23°48′45.9073″，E113°55′10.5533″　　海拔：204.243米

遗址位于狮象村上围社东侧的山岗南坡，当地称之为"崩岗岭"，西邻上围新村，南眺太山顶、狮象岩遗址。崩岗岭地处吕田盆地西北缘，南距吕田河约百米，山岗平面呈不规则形，北与群山相连，海拔254米，相对高度约60米，山岗南坡地势北高南低，斜坡状，坡面树木杂草茂盛，坡脚有鱼塘，乡村公路从南部经过，部分路段开山形成断壁。遗址于2008年底发现，2014年11月进行复查。

图83　崩岗岭遗址远景（西南—东北）

遗物分布范围约15 000平方米，据遗物特征分析，可分为2组。

1组：采集陶片14片，石器3件。陶片均为泥质软陶，陶色有灰黄、黄褐、浅灰、灰黑色，纹饰仅见凹弦纹，其他均为素面，器形不可辨。石器可辨器形有砍砸器（028：采1）、石环

图84　崩岗岭遗址采集遗物

 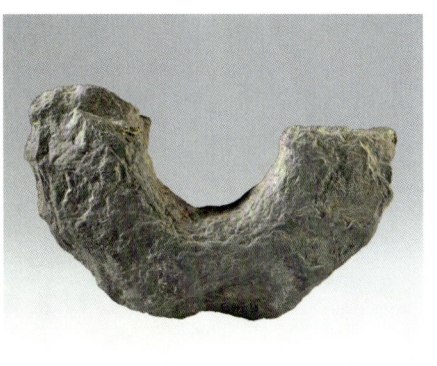 

图85　崩岗岭遗址采集石器
1. 砍砸器（028：采1）　2. 石环（028：采2）　3. 石锛（028：采3）

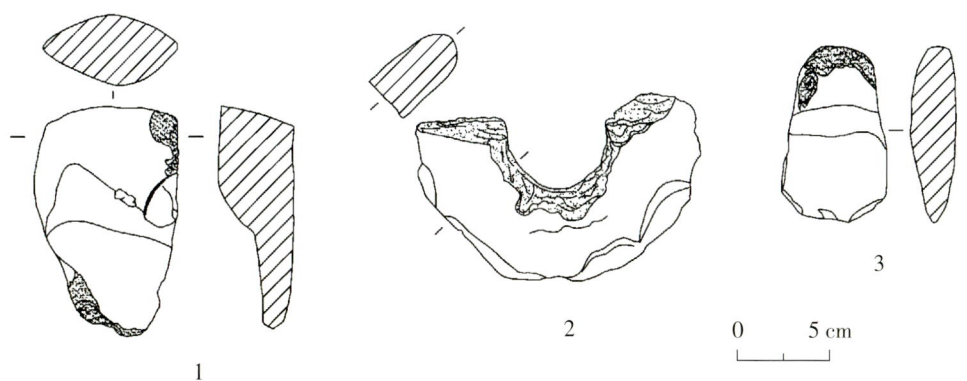

图86　崩岗岭遗址采集石器
1. 砍砸器（028：采1）　2. 石环（028：采2）　3. 石锛（028：采3）

（028：采2）、石锛（028：采3）等。据遗物特征分析，该组时代为新石器时代晚期至商代。

028：采1　砍砸器，黑灰砂岩石，石质细腻，平面呈长条形，两平面均弧鼓，两侧边起棱，顶部断残，下部斜削打击呈分阶状，下端有砍砸疤痕，器身可见贝壳状疤痕。残长12 cm，宽7.8 cm，厚4 cm。（图85：1、图86：1）

028：采2　石环，黑灰砂岩石，石质较细腻，残存仅一半，平面呈半环形，内环壁呈弧状，外环壁较尖，整器为打制而成，未见磨痕。外环径15.4 cm，内径5.3 cm，厚2.6 cm。（图85：2、图86：2）

028：采3　石锛，黑灰砂岩石，石质细腻，平面呈近梯形，上窄下宽，弧顶，单面直刃，刃两侧有残缺，整器光滑，器身可见打击疤痕。长9.2 cm，宽5.7 cm，厚2.5 cm。（图85：3、图86：3）

2组：采集陶片1片，泥质浅灰硬陶，饰细方格纹，器形不可辨。时代为战国至汉初，属米字纹陶阶段遗存。

大围遗址（复查）

遗址编号：029	行政区划：广州市从化区吕田镇狮象村
地理坐标：N23°48′32.6592″，E113°55′8.3064″	海拔：200.234米

遗址位于吕田镇狮象村大围经济社中北部区域及其北侧后龙山上，东与崩岗岭遗址隔河相望。大围地处吕田镇西部，东邻上围，西邻新围，位于吕田河北岸阶地上，北靠群山，南面开阔盆地，南与狮象岩遗址隔河相望，竹坑水于东侧自北向南汇入吕田河。遗址分布于大围中北部区域及其北侧土名"后龙山"的山岗南坡一带，地表较平坦，海拔约190米，现南部区域地表建有新农村房屋，后龙山南坡部分区域经工程机械开挖造成部分破坏，保存状况较差。

为配合大围经济社社会主义新农村示范工程的建设，2011年5月和2012年1月，广州市文物考古研究所先后对大围经济社辖区范围进行了考古调查与勘探，确认大围经济社的中部偏北区域分布有先秦时期的文化遗存。2011年1月4日—2月10日，广州市文物考古研究所对该区域进行了考古发掘，总发掘面积约100平方米，发现先秦至近现代的文化层堆积，清理唐代灰坑、宋元至明清的瓦窑、清代房屋基址、清代铺石子路面等遗迹，出土商代绳纹陶片，战国至汉初米字纹、方格纹陶片等一批重要文化遗物。从调查勘探发掘情况来看，遗址面积约15 000平方米。

图87　大围遗址T0303出土陶片

图88　大围遗址T0403出土陶片

029TG7③：标1　陶罐口沿，侈口，折沿，沿面弧鼓，窄方唇，唇面有两周细弦纹，弧鼓腹残缺，腹部饰粗方格纹，外沿方格纹不清晰，夹细砂深灰硬陶。复原口径22 cm，腹径25.6 cm，残高17.5 cm。（图90：1）

029TG7③：标2　陶罐口沿，侈口，折沿，沿面弧鼓，窄方唇，唇面有两周细弦纹，弧鼓腹残缺，腹部饰粗方格纹，夹细砂深灰硬陶。其与标1疑属同一件器物。复原口径22 cm，残高5 cm。（图90：2）

图89　大围遗址TG7出土陶片

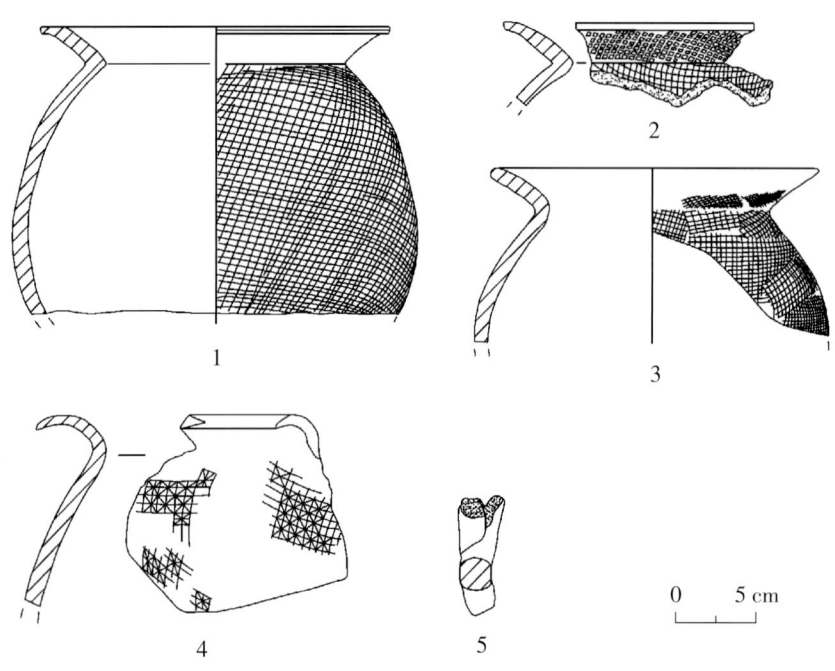

图90　大围遗址出土陶器

1、2、3、4.陶罐口沿（029TG7③：标1、029TG7③：标2、029TG7③：标3、029T0303②：标1）
5.陶器足（029T0303③：标1）

029TG7③：标3　陶罐口沿，侈口，卷沿，沿面弧鼓，圆唇，弧鼓腹残缺，腹部饰方格纹，外沿方格纹不清晰，夹砂浅褐硬陶。复原口径20.4 cm，腹径约22 cm，残高10.6 cm。（图90：3）

029T0303②：标1　陶罐口沿，侈口，卷沿，沿面弧鼓，尖圆唇，斜弧肩，肩部变形，腹部残缺，器表饰米字纹，泥质浅灰白硬陶。复原口径22 cm，残高12 cm。（图90：4）

029T0303③：标1　陶器足，呈圆柱状，上部略粗，上端残断，足跟平，夹少量砂，浅褐硬陶。残长7.3 cm，径约2 cm。（图90：5）

029Y4：1　陶瓦，平面呈梯形，头宽尾窄，横截面呈弧形，内侧面饰布纹，泥质红褐硬陶。残长25.5 cm，宽16.4～20.1 cm，厚1 cm。

庙岭山遗址

遗址编号：030　　行政区划：广州市从化区吕田镇狮象村

地理坐标：N23°48′25.3229″，E113°54′25.5717″　　海拔：206.894米

遗址位于吕田镇狮象村村委会西侧土名"庙岭山"的山岗上，其北邻庙湾，西邻胜航岭遗址，狮象村村委会坐落山岗东部山脚。庙岭山地处吕田盆地西北部，吕田河北岸，

为盆地北缘山脉南延的一长舌状山岗，略东西向，长约200米，宽约100米，总面积约17 000平方米。山顶较平缓，相对高度约25米，山势坡度陡峭，植被茂盛，杂草丛生，种植有柿子、李子等作物，村级公路自遗址南侧山脚经过。

遗物分布范围约15 000平方米，集中于山顶及南坡。据遗物特征分析，可初步分为4组。

图91　庙岭山遗址远景（东—西）

图92　庙岭山遗址采集遗物

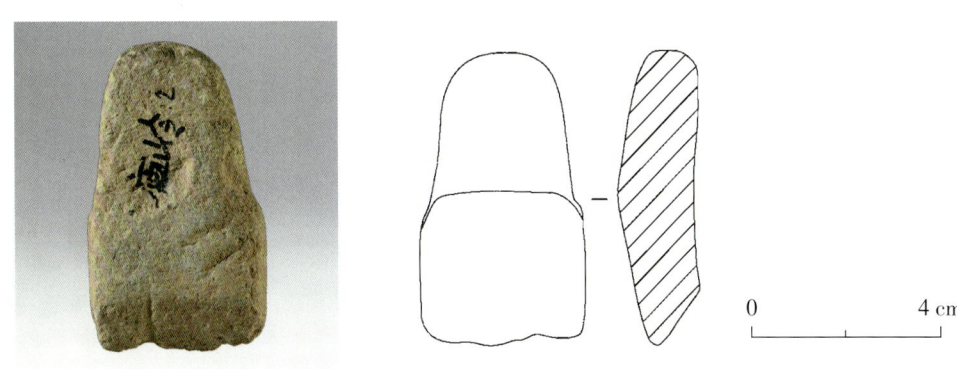

图93　庙岭山遗址采集石锛（030：采1）

1组：采集陶片2片、石锛（030：采1）1件。陶片为夹砂硬陶，陶色有深灰、黄褐色，纹饰有绳纹、曲折纹，器形不可辨。据遗物特征推断，时代为新石器时代晚期至商代。

030：采1　石锛，青灰砂岩石，石质稍粗，平面呈近梯形，有柄，顶部圆弧，两肩溜甚

近无，下部呈长方形，单面刃，磨制较为粗糙。长5.91 cm，宽3.4 cm，厚1.7 cm。（图93）

2组：采集泥质硬陶1片，灰褐色，饰细方格纹，器形不可辨。时代为战国至汉初，属米字纹陶阶段遗存。

3组：采集陶片2片，泥质硬陶，陶色有黑灰、浅灰色，素面无纹，可辨器形见碗（上部残缺，所存近底部为弧腹内收，圜底，下为饼足，足底内凹）。时代为唐代。

4组：采集青花瓷碗底残片2片。时代为明清时期。

胜航岭遗址（复查）

遗址编号：031　　行政区划：广州市从化区吕田镇狮象村

地理坐标：A点，N23°48'18.2706"，E113°54'07.5647"　海拔：189.537米

B点（小学门前），N23°48'20.1663"，E113°54'17.6344"　海拔：186.675米

C点，N23°48'15.4190"，E113°54'06.6952"　海拔：188.470米

遗址位于吕田镇狮象村村委会西边约400米土名"胜航岭"的山岗上，山岗地处吕田盆地西北缘，吕田河北部，为北部群山南延出的大片平缓坡地，东邻庙岭山遗址，西眺钟鼓岩遗址。因遗物采集位置不同，别为A、B、C三点。A点、B点于2008年底发现，C点为2014年11月复查时新发现，因三点分布在胜航岭范围内，归

图94　胜航岭遗址A点远景（西南—东北）

为一个遗址。其中A点位于潘屋村北，该区域地势北高南低，顶部较平坦，山间有一处石粉厂、水池，周围有竹子、杉木、柿子、三华李等，局部杂草丛生，西南是农田，南部潘屋村多半修建新屋，对地形地貌改变较大，遗址保存状况一般。A点遗物分布范围约15 000平方米，地表采集陶片9片，均为夹细砂硬陶，陶色有灰白、黄褐、灰褐色，纹饰有绳纹、曲折纹、斜长方格纹、素面，器形不可辨。据遗物特征推断，时代为新石器时代晚期至商代。

B点位于原狮象小学背后小山岗顶部，山岗西与胜航岭相连，东有小山坳，南坡为原狮象小学校舍，现已废弃。小山岗相对高度约30米，东坡坡度陡峭，地表植被茂盛，杂草覆盖，山顶有一信号塔，保存状况较好。B点地表采集陶片1片，泥质浅灰硬陶，饰弦纹加栉齿纹，器形不可辨。时代为战国至汉初，属米字纹陶阶段遗存。遗址具体范围不详。

C点位于A点西部，东临黎屋，西眺钟鼓岩遗址。该区域东连胜航岭，西边有一南北向大山坳，区域内地势东高西低，坡度平缓，植被覆盖，杂草丛生，北侧有一养猪场。C点采集少量陶瓷片，分布范围约8000平方米，依特征可分为4组。

1组：采集陶片3片，为夹细砂硬陶，陶色有浅灰、黄褐色，纹饰有绳纹、绳纹加附加堆

图95 胜航岭遗址采集遗物

纹，器形不可辨。时代为新石器时代晚期至商代。

2组：采集陶片2片，为泥质浅灰陶，饰细方格纹，器形不可辨。时代为战国至汉初，属米字纹陶阶段遗存。

3组：采集陶瓷片3片，陶片2片，为泥质灰陶，时代为唐代；瓷片1片，饼足内凹碗底残片。时代为宋代。

4组：采集陶片1片，为平底罐底残片。时代为明清时期。

钟鼓岩遗址

遗址编号：032	行政区划：广州市从化区吕田镇狮象村
地理坐标：N23°48′14.9134″，E113°53′58.6163″	海拔：199.745米

遗址位于吕田镇狮象村张村北部的钟鼓岩南侧台地上。钟鼓岩地处吕田盆地西北部，为一东西向天然石灰岩山体，其东部发育有小型洞穴，并有山泉流出，南侧有大片平缓台地，位于盆地西部山脉东坡山脚，地势平缓，顶部平坦，东侧边缘有断坎，台地东眺胜航岭，两者间隔一南北向开

图96 钟鼓岩遗址远景（东—西）

图97　钟鼓岩遗址采集陶片

阔山坳，底部有溪流向南注入吕田河。现地表开辟为农田，以种植花生、红薯为主，保存状况一般。

遗址裸露的地表随处可见文化遗物，分布范围约17 000平方米。据遗物特征分析，可分为3组。

1组：采集陶片5片，均为夹石英石软陶，陶色为黄褐或浅灰色，器形不可辨。遗物显示粤北石峡文化特色，时代为新石器时代晚期。

2组：采集陶片224片、石器7件（032：采1—采7）、半成品石器12件。陶片以夹细砂陶为主，计196片，泥质陶次之；陶色以浅灰、灰褐、灰白、黄褐色为主，另有深灰、黄灰色等；质地多为软陶；纹饰以绳纹、长方格纹为主，另有绳纹加附加堆纹、曲折纹、叶脉纹、素面等；可辨器

图98　钟鼓岩遗址采集石器、半成品、石料

图99 钟鼓岩遗址采集遗物

1. 石锛（032：采1） 2. 石锛（032：采2） 3. 石镞（032：采3） 4. 石刀（032：采4）
5. 残石器（032：采5） 6. 残石器（032：采6） 7. 石环（032：采7） 8. 陶罐圈足（032：标1）

形有陶罐口沿（032：标2、032：标3、032：标6）、陶豆（032：标4、032：标5）、陶罐圈足（032：标1）。半成品石器以片状为主。据遗物特征推断，时代为新石器时代晚期至商代。

032：采1　石锛，黄灰页岩石，石质稍粗，平面呈近梯形，上窄下宽，顶部平直，单面直刃，整器加工较粗糙。长7.5 cm，宽4.2 cm，厚2.1 cm。（图99：1、图101：11）

032：采2　石锛，黑灰砂岩石，石质细腻，平面呈近长方形，上部略收窄呈柄，顶部直，两肩斜直近无，单面弧刃，整器磨制光滑，形体小。长3.6 cm，宽1.5 cm，厚0.4 cm。（图99：2、图101：7）

图100　钟鼓岩遗址采集遗物

1.陶罐口沿（032：标2）　2.陶豆圈足（032：标4）　3.陶罐口沿（032：标3）
4.刻划符号（032：标3）　5.陶豆口沿（032：标5）　6.陶罐口沿（032：标6）

032：采3　石镞，黑灰砂岩石，石质细腻，平面形状呈柳叶形，前锋中部起脊，镞身上、下面近平，整器磨制光滑。残长3.6 cm，宽1.1 cm，厚0.4 cm。（图99：3、图101：8）

032：采4　石刀，黑灰砂岩石，石质较细腻，呈残长条形，扁体，两端断缺，背较厚，刀前部一侧斜收呈匕首状，刀身前部磨制成双面刃。残长6.6 cm，宽2.6 cm，厚0.8 cm。（图99：4、图101：9）

032：采5　残石器，青灰砂岩石，石质细腻，呈残长条形，扁体形，顶部及一侧面平直，另一侧及下部残，磨制。残长3.5 cm，残宽1.7 cm，厚0.8 cm。（图99：5、图101：10）

032：采6　残石器，黑灰砂岩石，石质细腻，平面呈残长条形，扁体状，顶部平直，除顶部及一侧平面磨制光滑外，其他面均有打击疤痕。长8.5 cm，宽4 cm，厚1.9 cm。（图99：6、图101：12）

032：采7　石环，黑灰砂岩石，石质细腻，残，上、下侧面为剥片状，有打击疤痕及放射线，外缘较薄，内缘稍厚，内环为单面管钻。残长7.6 cm，内宽3 cm，厚1.1 cm。（图99：7、图101：13）

032：标1　陶罐圈足，腹、底均残缺，矮圈足外撇，底部起台，足底平直，夹细砂黄褐硬陶。复原底径约24cm，残高3.7cm。（图99：8、图101：1）

032：标2　陶罐口沿，敞口，宽折沿呈斜领，沿面弧鼓，有数周凹弦纹，厚圆唇，肩及以下残缺，夹砂灰白硬陶。复原口径约14cm，残高4.5cm。（图100：1、图101：2）

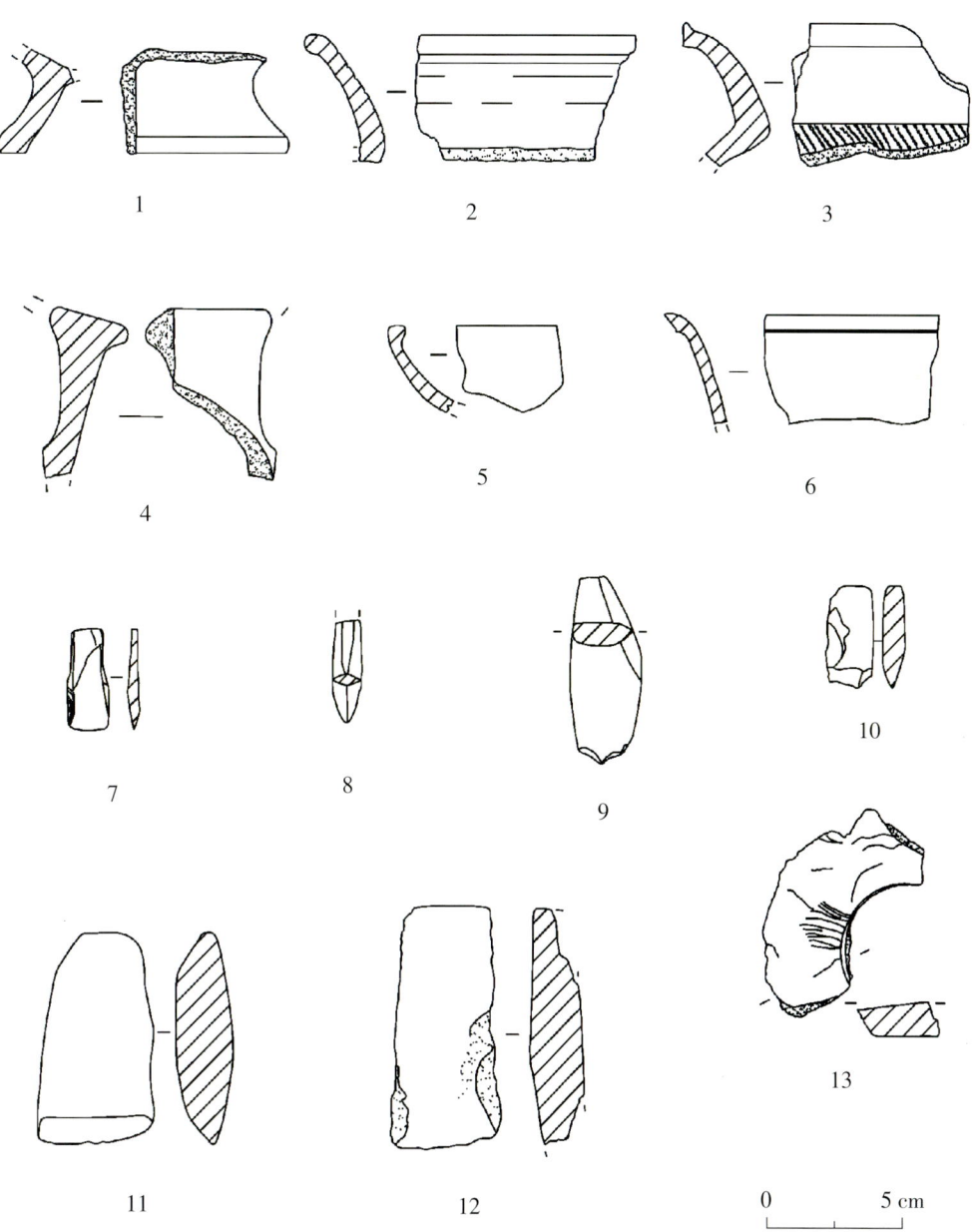

图101　钟鼓岩遗址采集遗物

1.陶罐圈足（032：标1）　2、3、6.陶罐口沿（032：标2、032：标3、032：标6）　4.陶豆圈足（032：标4）
5.陶豆口沿（032：标5）　7、11.石锛（032：采2、032：采1）　8.石镞（032：采3）
9.石刀（032：采4）　10、12.残石器（032：采5、032：采6）　13.石环（032：采7）

032：标3　陶罐口沿，侈口，宽卷沿呈斜领，沿面弧鼓，方唇，斜肩饰绳纹，沿面有一处竖向刻划沟槽，夹砂浅黄灰硬陶。残长6.4 cm，残高5 cm。（图100：3、图100：4、图101：3）

032：标4　陶豆圈足，残存为亚腰中空状，平底内凹，夹细砂黄灰软陶。残高6 cm。（图100：2、图101：4）

032：标5　陶豆口沿，平方唇内侈呈敛口状，弧腹内收残缺，泥质浅灰软陶。残长4.2 cm，残高3 cm。（图100：5、图101：5）

032：标6　陶罐口沿，敞口，卷沿，斜方唇，唇面下缘上侧有一周凹弦纹，高领微束，唇与领相接处有折棱，夹细砂浅褐硬陶。复原口径约13 cm，残高3.8 cm。（图100：6、图101：6）

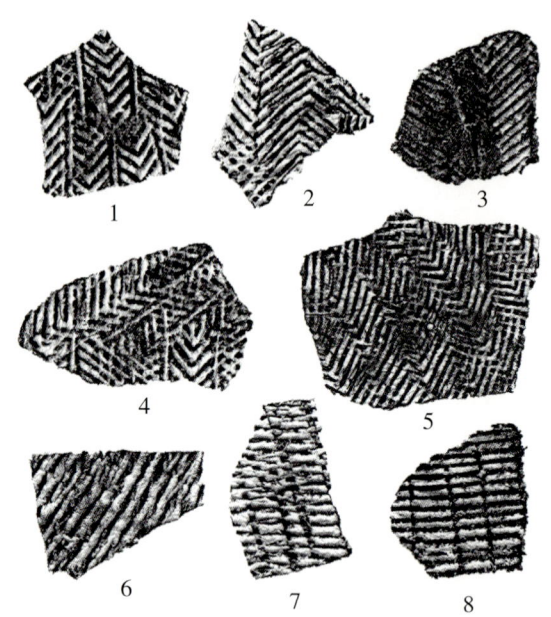

图102　钟鼓岩遗址采集陶片纹饰拓片
1~4. 叶脉纹　5. 曲折纹　6. 绳纹　7、8. 长方格纹

3组：采集陶片1片，泥质酱褐硬陶，饰方格纹，器形不可辨。时代为战国至汉初，属米字纹陶阶段遗存。

狮象岩遗址（复查）

遗址编号：033　　行政区划：广州市从化区吕田镇狮象村

地理坐标：N23°48′8.8776″，E 113°55′27.66″　　海拔：212.852米

遗址位于吕田镇狮象村以西约500米的狮象岩处。狮象岩位于吕田盆地西南部，吕田河南岸，为一天然石灰岩山体，因形似狮、象而得名。狮象岩北侧与吕田河间有广袤平缓的台地，地势平坦，遗址便位于缓坡台地上。

2002年底—2003年初，广州市文物考古研究所曾在此进行过初步发

图103　狮象岩遗址远景（东北—西南）

图104　狮象岩遗址2002年发掘墓葬

图105　狮象岩遗址2002年发掘出土遗物
1.圜底罐　2.圈足豆　3.圈足罐　4.圈足罐　5.石锛　6.石镞

掘，试掘200平方米，共计发现新石器时代晚期至商代的25个灰坑、1座墓葬及数十个柱洞，出土有石锛、石镞、石环等各类磨制石器39件，以及可复原的陶罐、釜陶器、支座、纺轮、豆等50多件，陶器纹饰可见曲折纹、叶脉纹、云雷纹、长方格纹，装饰方法有拍印、刻划、贴塑等。典型器形为小口、直颈、圜底下贴泥条扁圈足的罐或壶。在上层出土的文物中，还有战国时期的水波纹陶缶、汉代的细方格纹陶罐、陶壶和唐代的青釉四耳罐。此外，据广州地质调查所等单位介绍，狮象岩遗址地表曾采集到旧石器，但未见实物，尚难确认。

据调查和发掘情况看，狮象岩遗址方圆近50万平方米，据遗存特征分析，至少可分为新石器时代晚期至商代、战国至汉初、唐宋时期3组遗存。

太山顶遗址（复查）

遗址编号：034　　行政区划：广州市从化区吕田镇水埔村

地理坐标：N23° 48' 29.2741"，E113° 55' 19.6645"　　海拔：217.155米

遗址位于吕田镇水埔村东昇蔬菜基地北侧的太山顶岗地上。岗地位于吕田盆地西南部，北靠吕田河，南与狮象岩遗址相连，东距大山脚遗址约500米。岗地呈东西向，平面呈椭圆形，长约400米、宽约200米，岗地顶部平坦开阔，北侧边缘呈陡坎状，南坡呈梯田状，种植蔬菜，现地表杂草

图106　太山顶遗址远景（西南—东北）

图107　太山顶遗址采集遗物

图108　太山顶遗址采集遗物
1. 石锛（034：采1）　2. 陶罐口沿（034：标1）　3. 陶支脚（034：标2）

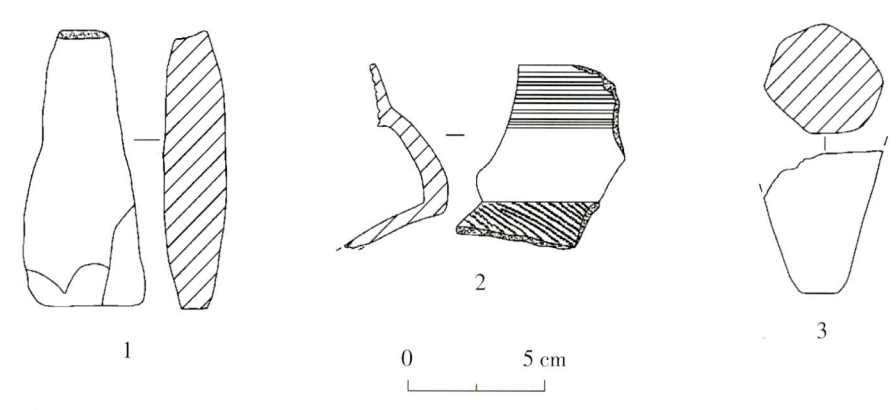

图109　太山顶遗址采集遗物
1. 石锛（034：采1）　2. 陶罐口沿（034：标1）　3. 陶支脚（034：标2）

茂密，生长少数杉树和竹子，有水泥路通往岗顶，保存状况较好。遗址于2008年底发现，2014年11月进行复查。

遗址地表采集少许陶片和石器，分布范围约20 000平方米。陶片13片，均为夹细砂陶，陶色有黄灰、黄褐、浅灰、灰褐色，硬陶与软陶各半，纹饰有绳纹、绳纹加绞索状附加堆纹、曲折纹、素面等，可辨器形见罐口沿（034：标1）、支脚（034：标2）。石器有石锛1件（034：采1）、半成品石器1件。半成品石器为扁体状，两端断残，中部起脊，应为石镞残片。遗物特征较统一，时代为新石器时代晚期至商代。

034：采1　石锛，青灰层积岩石，石质稍粗，平面形状呈近梯形，器身较长，有柄，柄与锛体长度相当，柄上窄下宽，顶部平直，溜肩近无，锛体下端平直，打制呈毛坯，未磨制加工。长9.8 cm，宽4.4 cm，厚2.3 cm。（图108：1、图109：1）

034：标1　陶罐口沿，近盘形口，圆唇，外沿上部斜折，有数周凹弦纹，下部凹收呈斜束领状，斜弧肩残缺，饰绳纹，领下肩部有一周带状痕，应为附加堆纹脱落残存痕，痕迹下有绳纹，可以判断附加堆纹为贴塑粘接成形。泥质灰白硬陶。残长6.2 cm，残高6.5 cm。（图108：2、图109：2）

034：标2　陶支脚，残存呈圆锥状，上粗下细，足底近平，夹细砂红褐硬陶。残高5 cm，径1.4~4.3 cm。（图108：3、图109：3）

大山脚遗址（复查）

遗址编号：035　　行政区划：广州市从化区吕田镇水埔村
地理坐标：C点，N23°48′20.3001″，E113°55′35.9326″　海拔：202.485米

遗址位于吕田镇水埔村鲤鱼塘社南侧小山岗上，当地俗称此山岗"大山脚"，地处吕田盆地西南部，吕田河南岸，东邻堪下社和高坪社，北紧靠鲤鱼塘社，西毗狮象岩遗址。大山脚为三个相连的漫圆小山岗，南连盆地南侧高山，北临吕田盆地，周边连绵数个小山岗。因采集遗物位置不同，可将三个山岗别为A、B、C点。其中A点于2008年底发现，2014年11月复查时，在B、C点采集到少许文化遗物，归为一处遗址。

A点靠北，北侧临村，东部山脚分布数个小池塘，山岗平面呈椭圆形，长约150米，宽约110米，总面积约11 000平方米。山顶海拔230.5米，相对高度约40米，山势坡度陡峭，地表杂草丛生，生长大量的竹子、杉树及其他杂树，行走困难。调查时在西南坡采集到陶片1片，为泥质灰白硬陶，饰细方格纹，器形不可辨。时代为战国至汉初，属米字纹陶阶段遗存。

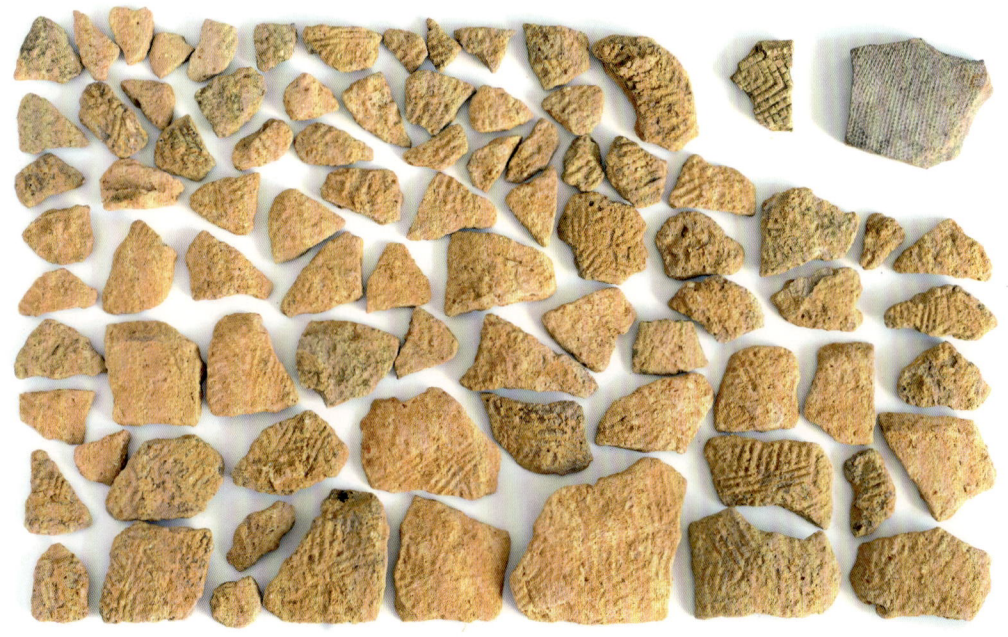

图110　大山脚遗址采集遗物

B点居东，位于A点东南方，平面呈椭圆形，面积约14 000平方米。山岗相对高度10余米，坡度较缓，种植李子树，地表较干净。调查时在北坡山脚发现陶片1片，为泥质黄褐硬陶，饰曲折纹加附加堆纹，器形不可辨。时代为新石器时代晚期至商代。

C点位于B点西部，平面亦呈椭圆形，总面积约10 000平方米，山岗地势平缓，坡度较小，相对高度10余米，现坡面呈阶梯状，种植李子、杉树等，地表较干净。在山岗东北坡发现一处陶片堆积区，疑为一处墓葬，采集陶片90片，均为泥质灰黄软陶，纹饰有曲折纹、曲折纹加弦纹、素面，推测为陶罐残片。据陶片特征推断时代为新石器时代晚期至商代。

银佛岭遗址（复查）

遗址编号：036　　行政区划：广州市从化区吕田镇水埔村

地理坐标：N23°48′35.7034″，E113°56′09.2835″　　海拔：199.663米

遗址位于吕田镇水埔村堪下东部山岗上，当地称此山岗"银佛岭"。银佛岭地处吕田盆地南部，吕田河南岸，是盆地南缘广阔岗地一部分，呈东西向长条形，近1000米长。山岗海拔约220米，高于北侧盆地平原10余米。岗顶平坦，北缘呈断崖状，坡度陡峭，南与开阔台地相连，东南有低

图111　银佛岭遗址远景（东—西）

图112　银佛岭遗址采集遗物

洼处积水。现地表多荒置，地表植被十分茂盛，杂草丛生，少许区域被垦辟为田地，种植有杉树等。

据《广州市文物普查汇编·从化市卷》载，1982年9月，一圆孔石斧从银佛岭东南侧土名"白庙沟"的小水沟中冲出，石斧呈米黄色，长方形，长约16.7 cm，宽约7.8 cm，厚约2 cm，平直端开一圆孔，另一端为半圆形，半圆端和外侧两长边打磨成如刀刃状，整体表面打磨较为光滑，定名为白庙沟遗址。2008年底，广州市文物考古研究所工作人员在堪下村东侧，银佛岭西段山岗上采集到石镞2件，定为堪下遗址。2014年11月，考古调查队队员在对遗址进行复查时，于银佛岭山岗东段采集到少许文化遗物，该区域较西部狭长，有圆形小山丘，地势平缓。根据现场地形地貌来看，白庙沟发现的石锛应来源于北侧银佛岭山岗，而银佛岭又发现了陶片、石器等文化遗物，故以银佛岭命名遗址，并将白庙沟遗址合并到银佛岭遗址中来。遗址面积约35 000平方米，保存状况较好。

图113　银佛岭遗址采集遗物

1. 石镞（036∶采1）　2. 石斧（036∶采2）　3. 陶罐（036∶标1）

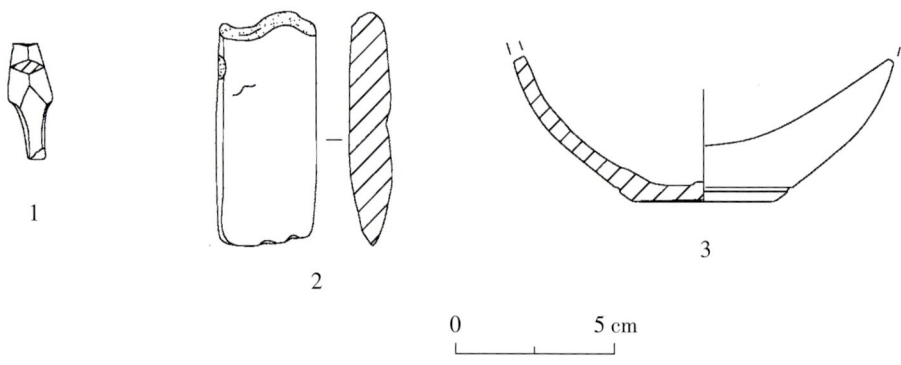

图114　银佛岭遗址采集遗物

1. 石镞（036∶采1）　2. 石斧（036∶采2）　3. 陶罐（036∶标1）

据地表采集遗物特征分析，可分为3组。

1组：采集石器2件（036：采1、036：采2），采集于银佛岭西段，无伴出陶片。与周边遗址同类器对比，推断时代为新石器时代晚期至商代。

036：采1　石镞，黑灰砂岩石，石质细腻，镞体平面呈三角形，中部起脊，双面刃，镞尖残断，横截面为菱形，镞后端向后收窄呈长条状铤，铤横截面呈近长方形，镞体平面磨制光滑。残长3.5 cm，宽1.4 cm，厚0.45 cm。（图113：1、图114：1）

036：采2　石斧，黑灰砂岩石，石质细腻，平面呈长条状，扁体状，顶端残断，下端磨制成双面刃，两侧边平直，整器磨制光滑。残长7.1 cm，宽3.2 cm，厚1.35 cm。（图113：2、图114：2）

2组：采集陶片10片，陶片均为硬陶；以泥质为主，计9片，夹砂陶1片；陶色有黄褐、深灰、灰褐色等；纹饰以方格纹为主，计6片，有1片夹砂陶纹饰不可辨，其他均为素面；可辨器形有罐底、罐口沿（子口，圆唇，弧腹残缺）、三足器（仅残存1足，为圜底下附矮脚，初步判断为陶盒残片）。该组时代为战国至汉初，属米字纹陶阶段遗存。

3组：采集陶片1片，器形为罐（036：标1）。时代为唐代。

036：标1　陶罐，口腹残缺，下腹略凹弧收，平底略内凹，近底部有一周凹弦纹，使得底部形似饼足，泥质灰硬陶。底径4.3 cm，残高4.3 cm。（图113：3、图114：3）

小结

吕田盆地复查和新发现各期遗址共计36处，除少数遗址采集遗物内涵较单纯外，其余大部分遗址采集遗物皆可分为2组及以上。据遗址分组情况的对比分析，可将吕田盆地考古学遗存分为前后发展的6期，见表1。

表1　吕田盆地遗址分期表

遗址	分期					
	新石器时代晚期至商代	西周至春秋	战国至汉初	汉代	唐宋	明清
陈洞	1组				2组	3组
田头山	1组		2组		3组	
东岗仔	√					
禾塘岭	1组	2组	3组		4组	
胜丰			√			
桂峰山	√					
蚊山	1组		2组			

（续表）

遗址	分期					
	新石器时代晚期至商代	西周至春秋	战国至汉初	汉代	唐宋	明清
太平山[1]	1组	2组	3组	4组		
颐养院	1组		2组			
黄牛山1号	1组				2组	
黄牛山2号	√					
蛇凹			√			
苏湖顶		1组	2组			
大凹山					√	
花岭			1组	2组	3组	
高平顶	1组		2组		3组	
宁兴古庙	√					
戏岗顶			√			
中平顶	1组	2组	3组	4组	5组	6组
海螺滩			√			
高顶湾			√			
旺水口	1组		2组			
大塅	1组	2组	3组		4组	5组
坳节		√				
（吕新）新屋	√					
莫村	1组	2组	3组		4组	5组
大凹田	√					
崩岗岭	1组		2组			
大围	1组		2组		3组	4组
庙岭山	1组		2组		3组	4组
胜航岭	1组		2组		3组	4组
钟鼓岩	1组	2组	3组			
狮象岩	1组		2组		3组	
太山顶	√					
大山脚	1组		2组			
银佛岭	1组		2组		3组	

注："√"代表该遗址仅有一组遗存

---

[1] 为便于统计分析，小结内遗址分期表不再区分采集点，而综合各采集点遗物时代按时代早晚顺序依次编组，各采集点遗物分组按时代与小结内分期表依次对应。后文采取相同方式处理。

一期：新石器时代晚期至商代。共计在27个遗址中发现该期遗存，占吕田盆地总遗址数（36）的75%，代表性遗址有东岗仔、蚊山、太平山、黄牛山2号、旺水口、崩岗岭、钟鼓岩、狮象岩、大山脚等。采集遗物以陶片为主，另有少许石器。陶片以夹细砂陶为主，少许泥质陶和夹粗砂细泥陶，陶质多较硬，陶色以各种成色灰为主，有灰褐、深灰、浅灰、黄灰、灰白色等，另有一些灰黑、红褐色等。纹饰以绳纹、曲折纹、篮纹、附加堆纹、长方格纹、素面为多，部分为附加堆纹和其他纹饰的组合纹，此外有少量梯格纹、圆涡纹、叶脉纹、方格纹等。陶片多较细碎，可辨器形较少，以罐形器居多，多见圈足，少见圜底、三足器，另有少许豆、釜、纺轮等。石器，多为青灰色石质，器形有石镞、石锛、石斧、石凿、石环、砺石等。该期所见印纹陶遗存广见于整个珠三角地区，与佛山河宕、高要茅岗、从化横岭、南海鱿鱼岗、东莞村头等遗址所出印纹陶遗存时代和内涵相当，并与粤东虎头埔文化有着极大的相似性，而该类遗存的时代多断为新石器时代晚期或者商代中晚期，绝对年代距今3000—4200年。此次调查以地表踏查为主，遗迹遗物发现少，陶器器形多不可辨，文化层堆积情况多不明，保守起见，将该类遗存的年代统归为新石器时代晚期至商代。除以叶脉纹、曲折纹、长方格纹、绳纹为主要装饰的圈足罐类遗存外，此次考古调查在部分遗址（太平山、新屋、钟鼓岩等）采集少量夹粗砂细泥陶片，陶质较软、夹砂颗粒较大，陶色以灰黄、灰白色为主，因陶片碎小器形不可辨，显示出与粤北石峡文化相类似的特征，时代比以印纹陶为主要装饰的圈足罐遗存早。

二期：西周至春秋时期。这一期发现遗址数量较少，仅7个，占总遗址数的19%，代表性遗址有苏湖顶、中平顶，另一些遗址仅采集1片或2片陶片。采集遗物皆为印纹硬陶，泥质，陶色有灰黑、灰褐、酱褐、黄褐等，纹饰有方格纹、夔纹、弦纹或以上纹饰的组合纹，陶片皆较碎小，应多为陶罐类器残片。以装饰夔纹为突出特征的夔纹陶遗存几乎见于广东省全境，经多年考古发现和研究，学界一般将夔纹陶遗存的绝对年代定为相当于中原地区的西周至春秋时期，其内部尚可进一步分期。吕田盆地发现的该期遗存，虽然数量少，但综合比对分析看，属于典型的夔纹陶遗存无疑，且属夔纹陶较早段。

三期：战国至汉初。该期遗址广泛分布于盆地各处，总计在25处遗址中发现该期遗存，占比约69%，代表性遗址有田头山、禾塘岭、太平山火烧田、中平顶、大墈、大围等。采集遗物皆为陶片，泥质硬陶为主，陶色可见灰褐、深灰、浅灰、红褐、黄褐色等，纹饰以方格纹、米字纹（三角格纹）、素面为主，另有水波纹、复线对角线纹、编织纹、刻划符号等，可辨器形为罐、钵等。以装饰米字纹（或变体米字纹）为突出特征的米字纹印纹硬陶遗存是广东地区继夔纹陶遗存之后兴起的考古学文化遗存，既有考古资料显示，米字纹陶遗存晚于夔纹陶遗存，其绝对年代相当于中原地区的战国至汉初（南越国时期）。吕田盆地发现的战国至汉初时期遗存，以米字纹和方格纹为主要特征，总体属于米字纹陶遗存。

四期：汉代（不含南越国时期）。该期遗址发现数量极少，除三期米字纹陶遗存下限定为汉初（南越国时期）外，吕田盆地能明确属两汉时期的遗存极少，仅在花岭和中平顶遗址有发现，占比仅6%。其中花岭遗址仅采集1片戳印纹陶罐口沿，中平顶遗址采集1件方格纹陶罐。

五期：唐宋时期。这一期的遗址数量较汉代增多，在大岜山、大塅、大围等15个遗址中发现该时期遗存，占遗址总数的42%。采集遗物以灰黑陶罐／瓷残片和青瓷、青灰瓷碗等为主要特征。其中灰黑陶罐残片，陶质为泥质，质地较硬，部分甚至达到瓷化程度，局部饰弦纹，器表抹一层黑色陶衣，该类型陶罐广见于晚唐至宋初的珠三角各类遗址中。另一大宗遗物为瓷器，青灰瓷居多，器形有碗等，部分青瓷装饰有刻划纹饰，据瓷器特征分析其时代应多为宋代。

六期：明清时期。该期遗存仅见于7处遗址中，占比19%。采集遗物以各类釉陶片和青花瓷为主要特征。陶片为硬陶或釉陶，可辨器形以罐为主；青花瓷以碗为主，另有少许青瓷、青灰瓷。

第二节　安山盆地

　　安山盆地位于从化区东北部，吕田镇南部，距从化区中心约40千米。它是从化北部高山峻岭中的山间盆地，平面略呈长方形，西部塘田村，周边略窄，东西向，东起安山村水头一线，西至塘田村古田附近，北到响水峡，南界安山村东门，东西长约6千米，南北宽约2千米，总面积约6.7平方千米。吕田镇草埔、安山、塘田村位于盆地。

　　盆地地势由四周向中部递减，依地形可分为周边山地丘陵、沿河冲积平原、山前缓坡台地三种。盆地周边群山环绕，山峦起伏，谷岭相间，海拔500~1100米，西眺鸡枕山（1146米）、南靠黄茶园（1135米），东北与吕田盆地隔山相邻。高山区地势陡峭，多原始次生林，植被茂盛，气候温和，雨量充沛。近盆地低山区部分区域坡度稍缓，为人类改造，种植桉树、橘子、三华李、毛竹等。山中发育众多溪流汇入盆地，其中最主要河流是牛栏河及其支流九曲水。

　　牛栏河，又名安山河，长20.3千米，发源于良口锦村的牛角窿，自南向北流经溪头、河背村后，于塘田村古田附近入盆地后折向东，经火烧牛栏（地名）后再向北，出响水峡后在水口同吕田河汇合注入流溪河水库尾，在盆地西部呈"S"形。盆地东部有九曲水自东向西汇入牛栏河，九曲水源于吕田小杉横坑口，自东向西于水头附近入盆地，经马鞍山脚，在镇安附近汇入牛栏河，在盆地东部亦随地形呈"S"形。

　　安山盆地内地势略东高西低，南高北低，海拔最低点位于北部响水峡口。沿河冲积平原就位于牛栏河及九曲水沿岸，呈波形分布，带状，海拔200~215米，地势平缓，多开辟为农田，以种植水稻为主，田间沟渠纵横。其中响水峡南侧名叫"地下坝"的区域面积最大，东西长约2千米，南北宽约1千米，呈半圆弧形，面积近1.2平方千米。

　　盆地低地平原与四周高山丘陵间分布着一些低矮山岗及缓坡台地，盆地东北部、南部是面积最大的两片区域，盆地内遗址及现代村落绝大多数都分布于此。其中东北部缓坡台地位于九曲水河湾北侧，北靠盆地北侧，南到九曲水沿岸的马鞍山，东到长田附近，西到响水峡东侧的暖水塘一带，呈半圆形，东西长约2.7千米，南北宽约1千米，总面积约2平方千米，地势北高南低，海拔210~260米，呈斜坡状，地势较平缓。G105由台地中部横穿。国道沿线及西部多现代房屋聚落，其他区域散见部分农田，以种桉树、毛竹、橘子等植物为主，局部抛荒。

　　另一片位于安山盆地南部，牛栏河与九曲水交界处南侧，南靠高耸的峨眉山，东起龙屋，西到东门，北至牛栏河与九曲水河岸。平面亦呈半圆形，东西长约2.5千米，南北宽约1千米，总面积约1.7平方千米。该区域地势南高北低，多漫圆形小山丘，连绵起伏，小山丘地势平缓，台地则平坦开阔，其间山溪流经，自然地理条件极为优越。现代村落点缀其间，山岗台地多经开荒种植橘子、毛竹、桉树等，局部有小片农田。

盆地东部，分布两座石灰岩构成的喀斯特孤丘，东西椭圆形，分别名"石山""马鞍山"，地质构造及地形地貌与吕田盆地内狮象岩类似。

G105从盆地中部横穿而过，南接良口镇，北连吕田镇。东北部有马路可通广州市抽水蓄能水库（电站）。

广州市历次文物普查工作均未登记安山盆地地上、地下文物资源，安山盆地内文物考古工作直到2008年底至2009年初才取得突破性进展，其时广州市文物考古研究所对安山盆地进行地下文物资源考古调查，共计新发现响水峡遗址等各期遗址6处，并于2012年进行了复查。

此次安山盆地考古调查以复查已掌握的6处遗址资源为主，同时对此前考古调查未发现遗址或未调查区域进行重点调查。调查分前后两阶段，第一阶段以复查已掌握文物资源为主，时间为2014年10月31日，共计1天；第二阶段主要对遗址进行GPS数据采集，同时对部分未调查区域进行调查，时间为2015年2月12日，为期1天，新发现一处先秦遗址。

安山盆地考古调查共计2天，足迹覆盖草埔、安山、塘田3个行政村，43个村民小组，范围约9.6平方千米，共计复查各期遗址6处、新发现1处，安山盆地地下遗址资源共计7处。

马蹄岭遗址（复查）

遗址编号：037　　行政区划：广州市从化区吕田镇草埔村

地理坐标：N23°46′16.5789″，E113°54′43.3389″　　海拔：213.781米

遗址位于吕田镇草埔村黄村社东部土名"马蹄岭"的台地上，周边分布丁山、坝仔遗址。马蹄岭地处安山盆地中部南侧，位于山丘群东北缘，南连山岗，北为盆地，丁山、坝仔遗址居其南侧，东眺石灰岩山体。台地平面呈椭圆形，长200米，宽150米，总面积约23 000平方米。顶部平坦，北侧边缘陡直，高于北侧农田约5米。牛栏河于遗址北侧流经，周边农田间有灌溉水渠。现地表农田种植花生等作物，西边生长有竹子、松树等，保存状况较好。遗址于2008年底发现，2012年底和2014年10月进行复查。

图116　马蹄岭遗址远景（东北—西南）

图117　马蹄岭遗址采集遗物

图118　马蹄岭遗址采集石器、半成品石器

遗物散见于整个台地，总面积约20 000平方米，分布较密集。采集遗物有陶片、石器、半成品石器、石料等。从地表石器及石料分布形态推测遗址可能为石器加工场。据遗物特征分析，可分为4组。

1组：采集陶片5片，均为夹石英砂砾软陶，浅黑灰色，其中饰绳纹1片，器形不可辨。陶片显示出粤北石峡文化特色，时代为新石器时代晚期。

2组：采集陶片34片、石器13件（037：采1—采13）、半成品石器18件。陶片以夹细砂陶为主，计24片，泥质陶10片；陶色有黄褐、灰褐、灰白、红褐色等；软陶居多，少量硬陶；纹饰有长方格纹10片，曲折纹5片，绳纹及绳纹加手抹带状绳纹5片，另有叶脉纹、编织纹、方格纹、素面等；可辨器形见罐圈足（矮直圈足，足跟圆弧，内底有压痕，应为器身与圈足粘接时的压痕）。半成品石器以片状器为主。该组遗物时代为新石器时代晚期至商代。

037：采1　石锛，青灰砂岩石，石质较细腻，平面近梯形，上窄下宽，顶部斜直，锛体下部磨制呈单面刃，刃部残。形体小，残长4.3 cm，宽3.2 cm，厚1.2 cm。（图119：1、图121：1）

037：采2　石锛，黑灰砂岩石，石质细腻，平面呈近长三角形，扁体状，顶部圆弧，短边磨制单面弧刃。形体小，长8.7 cm，宽4 cm，厚0.9 cm。（图119：2、图121：2）

037：采3　石镞，浅灰砂岩石，石质细腻，平面呈近菱形，扁体状，器表略作磨制，稍光滑。残长9.7 cm，宽3.7 cm，厚1 cm。（图119：3、图121：3）

037：采4　石锛，黑灰砂岩石，石质细腻，残缺大部，残存仅一角，推测原器形平面呈"凸"字形，有柄，直肩，上侧平面较下侧平面收窄，侧面磨制呈斜面状，该器侧面、上侧平面磨制光滑，下侧面为打制平面。残长6 cm，残宽3.7 cm，厚1.6 cm。（图119：4、图121：4）

037：采5　石镞，黑灰砂岩石，石质细腻，平面呈长菱形，扁体状，一端薄，一端稍厚，整器各面磨制较平整。形体小，残长2.7 cm，宽1 cm，厚0.3 cm。（图119：5、图121：9）

图119　马蹄岭遗址采集石器

1. 石锛（037：采1）　2. 石锛（037：采2）　3. 石镞（037：采3）　4. 石锛（037：采4）
5. 石镞（037：采5）　6. 石配饰（037：采6）　7. 石环（037：采7）　8. 穿孔石器（037：采8）

图120　马蹄岭遗址采集遗物

1. 残石器（037：采9）　2. 石刀（037：采10）　3. 残石器（037：采11）
4. 石锛（037：采12）　5. 石锛（037：采13）　6. 器盖（037）

037：采6　石配饰，黑灰砂岩石，石质较细腻，残存近半，推测原器形为圆环状，内环为双面打击孔，外环边缘磨制光滑。形体小，外环径2.7 cm，内环径约0.5 cm，厚0.5 cm。（图119：6、图121：13）

037：采7　石环，黑灰砂岩石，石质较细腻，残存仅一部分，推测整器为圆环形，横截面呈椭圆形，器表略经磨制。外径7.6 cm，内径约3.3 cm，厚1.6 cm。（图119：7、图121：12）

037：采8　穿孔石器，深灰砂岩石，石质较细腻，残存近半，推测平面呈圆角方形，扁饼状，器中有双面打击孔。残长5.6 cm，宽10 cm，厚1.4 cm，孔径约0.6 cm。（图119：8、图121：5）

037：采9　残石器，黑灰砂岩石，石质细腻，平面形状呈近方形，一角残缺，扁饼状，底面平，上侧面弧鼓呈双面坡状，两侧边磨制呈斜面状，上侧面磨制光滑。长8.8 cm，宽8.3 cm，厚1.9 cm。（图120：1、图121：6）

037：采10　石刀，黑灰砂岩石，石质细腻，近方形扁体状，一端残断，与之对应的另一侧磨制成双面斜弧刃,刃部锋利。器形光滑,形体小。残长2.4 cm,残宽2.7 cm,厚0.5 cm。(图120:2、图121:11)

037:采11 残石器,黑灰砂岩石,石质细腻,平面呈长方形,扁体状,一端平直,另一端断残,横截面呈长方形,整器磨制光滑。残长4.8 cm,宽0.9 cm,厚0.4 cm。(图120:3、图121:8)

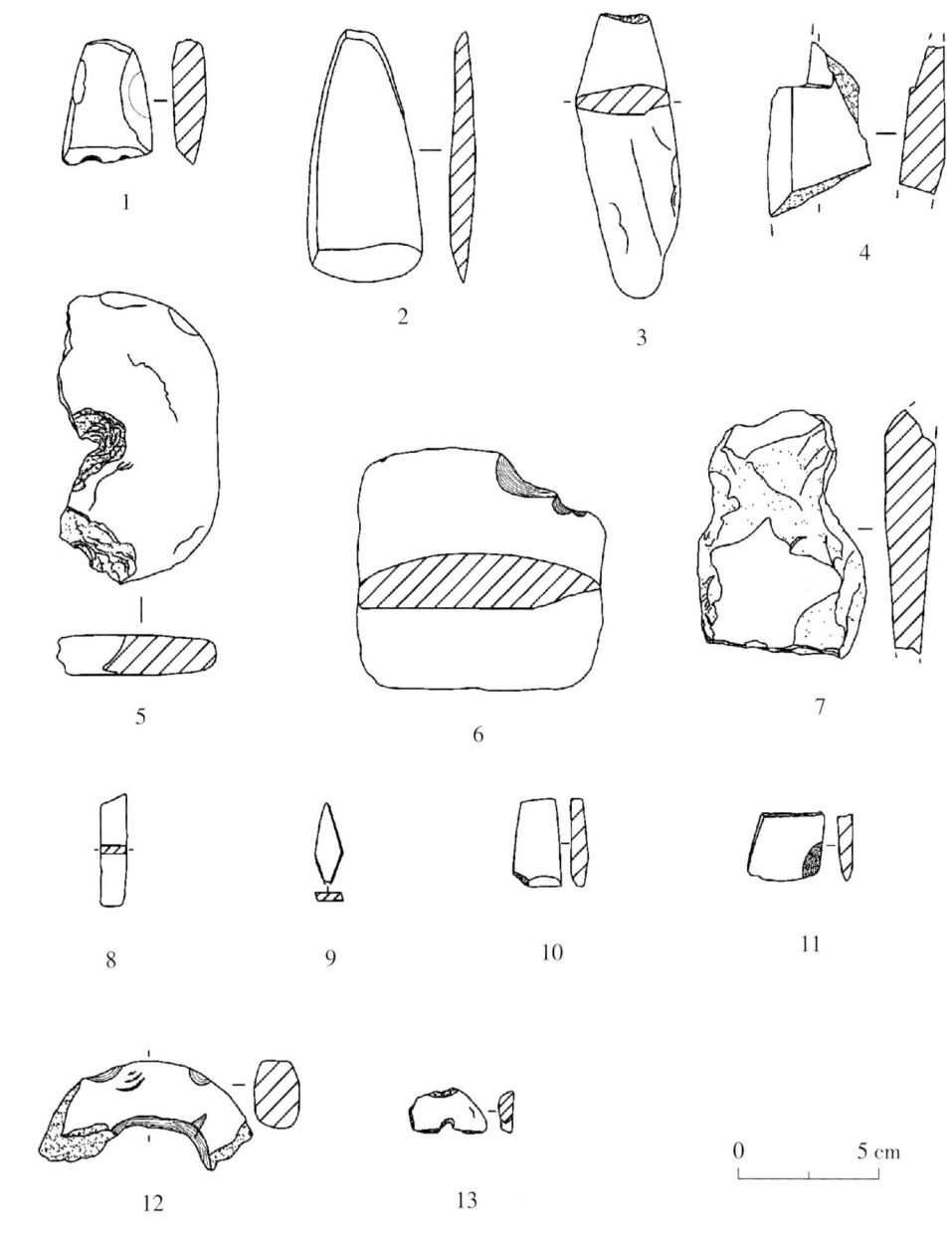

图121 马蹄岭遗址采集石器
1、2、4、7、10. 石锛(037:采1、037:采2、037:采4、037:采13、037:采12) 3、9. 石镞(037:采3、037:采5)
5. 穿孔石器(037:采8) 6、8. 残石器(037:采9、037:采11) 11. 石刀(037:采10)
12. 石环(037:采7) 13. 石配饰(037:采6)

037：采120 石锛，黑灰砂岩石，石质细腻，平面呈梯形，扁体状，上窄下略宽，顶部斜直，下端平直，侧面略磨出刃，整器较为光滑。长3 cm，宽1.2~1.7 cm，厚0.6 cm。（图120：4、图121：10）

037：采13 石锛，黑灰砂岩石，石质较细腻，平面形状呈近"凸"字形，有柄，顶部残断斜直，两侧打击出肩，锛体呈长方形，整器周边为打击断面，锛体上侧面为原始石面，柄及下侧面为打击剥片状。残长8.6 cm，宽6 cm，厚1.8 cm。（图120：5、图121：7）

3组：采集陶片27片，均为泥质硬陶，陶色有酱褐、灰褐、深灰、浅灰、黄褐色等，纹饰有夔纹、方格纹、夔纹加方格纹，器形多不可辨，1件为器盖（仅存盖面，为漫弧状，正中有凹槽形残钮）。时代为西周至春秋时期，属夔纹陶阶段遗存。

4组：采集陶片4片，均为泥质硬陶，陶色有灰褐、深灰色等，纹饰有方格纹3片，米字纹1片，器形不可辨。时代为战国至汉初，属米字纹陶阶段遗存。

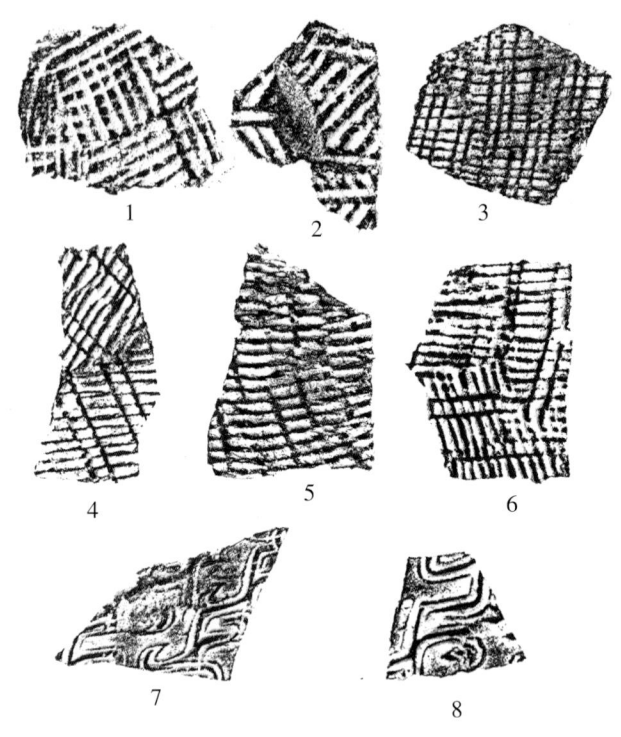

图122 马蹄岭遗址采集陶片纹饰拓片
1. 交错绳纹　2. 叶脉纹　3~6. 长方格纹　7、8. 夔纹

坝仔遗址（复查）

遗址编号：038　　行政区划：广州市从化区吕田镇草埔村

地理坐标：N23°46′08.8433″，E113°54′51.9373″　　海拔：222.591米

遗址位于吕田镇草埔村龙屋后山岗北坡，当地人称此坡为"坝仔"。坝仔地处安山盆地中部南缘，小山丘群最东端，南靠高山，北面盆地，西邻马蹄岭、丁山遗址，东眺石灰岩山体。为高山北坡山脚余脉，南北向，平面呈舌状，长约200米。山岗东西两侧各有深约数十米沟壑，北向开口，谷底发育高山溪流。其北坡呈缓坡状，有多级台地，东坡较陡直，山体断面可见有大量大小不一的卵石。现地表除部分区域开辟农田种植花生、蔬菜等，多数荒弃，杂草灌木丛生，保存状况较好。遗址于2008年底发现，2014年10月进行复查。

调查时于一片花生地里采集少量陶片、石器，分布范围约10 000平方米。陶片1片，为夹细砂灰褐硬陶，饰长方格纹。石器2件（038：采1、038：采2）。遗物内涵较统一，时代为新石器时代晚期至商代。

038：采1　石锛，青灰砂岩石，石质稍粗，平面呈近梯形，上窄下宽，有柄，柄与锛体长度相当，柄顶部斜直，两侧溜肩略出近无，下端磨制成单面刃，刃部残，残长4.5 cm，宽3 cm，厚0.9 cm。（图124：1、图125：2）

图123　坝仔遗址远景（北—南）

038：采2　残石器，褐灰砂岩石，石质稍粗，平面呈长椭圆形，扁体状，下端有砍砸崩痕。长15.8 cm，宽6.8 cm，厚2.2 cm。（图124：2、图125：1）

图124　坝仔遗址采集石器

1. 石锛（038：采1）　2. 残石器（038：采2）

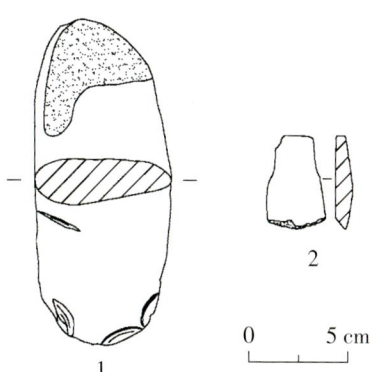

图125　坝仔遗址采集石器

1. 残石器（038：采2）　2. 石锛（038：采1）

丁山遗址（复查）

遗址编号：039　　行政区划：广州市从化区吕田镇草埔村
地理坐标：N23°46′08.2588″，E113°54′42.6201″　　海拔：230.917米

遗址位于吕田镇草埔村龙屋西南约150米的山岗上，当地称此山岗为"丁山"，丁山地处安山盆地中部南缘，小山丘群东部，南接高山，南门岗、坝仔遗址分别居其左右两侧，有沟壑相隔，谷底有山溪，北邻马蹄岭遗址，西南为正果农庄。丁山平面呈不规则椭圆形，长150米，宽120米。山顶海拔约235米，相对高度20余

图126　丁山遗址远景（东北—西南）

米，坡度较大，山坡被开垦成梯田种植果树，地面敷设灌溉用的塑料水管，对遗址造成一定破坏。山顶有高压电线塔。遗址于2008年底发现，2014年10月进行复查。

遗物分布范围约10 000平方米，地表采集遗物以陶片为主，另有石戈1件。据遗物特征分析，可分为2组。

1组：采集陶片5片，均为夹石英砾软陶，陶色以黄灰色为主，计4片，深灰色仅1片，器表纹饰不清或素面，可辨器形有鼎足（039：标3）。该组遗物显示出粤北石峡文化特色，时代为新石器时代晚期。

图127　丁山遗址采集遗物

图128 丁山遗址采集遗物

1. 石戈（039：采1） 2. 陶纺轮（039：采2） 3. 陶罐口沿（039：标1）
4. 陶器座（039：标2） 5. 鼎足（039：标3）

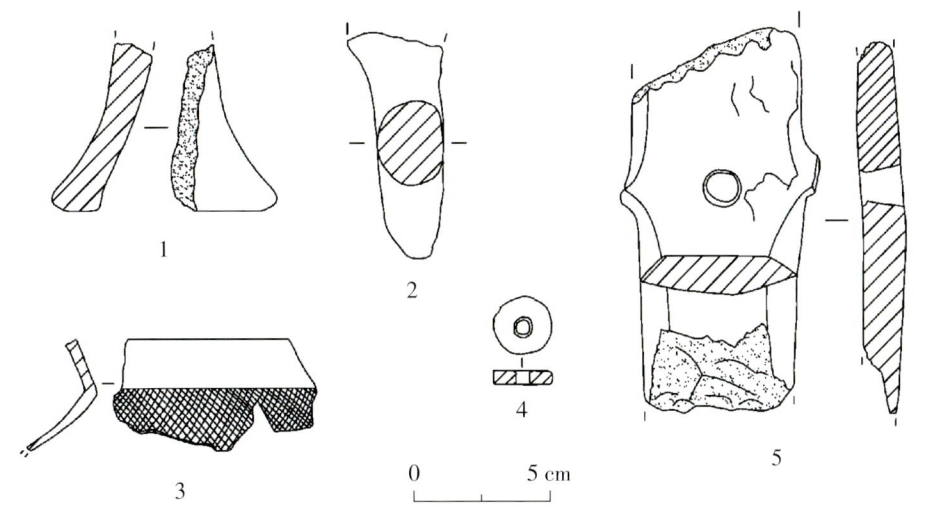

图129 丁山遗址采集遗物

1. 陶器座（039：标2） 2. 鼎足（039：标3） 3. 陶罐口沿（039：标1）
4. 陶纺轮（039：采2） 5. 石戈（039：采1）

039：标3　鼎足，圆柱状，足上器腹残缺，近足底内侧略斜，夹砂黑灰陶，质地较硬。残长8.1 cm，径2.4～3.4 cm。（图128：5、图129：2）

2组：采集陶片25片，石戈（039：采1）1件。陶片以夹细砂陶为主，泥质陶次之，多软陶，陶色以黄褐色为主，另有红褐、灰色等，纹饰有方格纹、素面等，可辨器形有纺轮（039：采2）、器座（039：标2）、陶罐口沿（039：标1）。据遗

图130　丁山、南门岗、暖水塘遗址采集陶片纹饰拓片
1. 斜长方格纹（039）　2. 曲折纹加绞索状附加堆纹（040）
3. 篮纹加附加堆纹（041）　4. 交错绳纹（041）

物特征分析，时代为新石器时代晚期至商代，其内涵有早晚之别，特别是石戈属典型商代中晚期遗物。

039：采1　石戈，深灰砂岩石，石质细腻，平面呈近长条状，柄与器身间有微凸的双肩，两肩之间器中有一圆穿，两面钻，器柄上侧面平而小，与下侧面间为磨制的斜面相接，下侧面中部起脊，磨制呈两面刃，柄上端及器身下部残断，整器磨制光滑。残长14 cm，宽7.5 cm，厚1.4 cm。（图128：1、图129：5）

039：采2　陶纺轮，圆饼状，周壁直，内孔为两面对穿，中间有棱，泥质黄褐软陶。外径2.1 cm，内径0.5 cm，厚0.5 cm。（图128：2、图129：4）

039：标1　陶罐口沿，敞口，斜折沿较陡呈近立领状，平方唇略外斜，斜弧肩及以下残缺，肩部饰方格纹。泥质灰软陶，质地较硬。复原口径10 cm，残高4 cm。（图128：3、图129：3）

039：标2　陶器座，上部残缺，仅存下部，为亚腰中空状，足跟平直，夹砂红褐软陶。复原底径12 cm，残高6.1 cm。（图128：4、图129：1）

南门岗遗址（复查）

遗址编号：040　　行政区划：广州市从化区吕田镇草埔村
地理坐标：N23°46′13.6264″，E113°54′32.8143″　海拔：225.098米

遗址位于吕田镇草埔村黄村社南侧后山岗上，山岗土名"南门岗"，地处安山盆地中部

南缘，小山丘群中部偏东位置，南连高山，东眺马蹄岭、丁山遗址，西北与镇茶场相邻，周边地形波状起伏。山岗平面呈不规则形，坡度平缓，海拔220～240米，高于北侧村庄10余米，西侧山坳有南北向溪流。山岗山坡长满竹子、荆棘及松树，行走困难，局部区域植有少许橘子等果木，遗址保存状况较好。遗址于2008年底发现，2014年10月进行复查。

调查在山岗北坡暴露的地表采集石器2件、陶片1片，分布范围约20 000平方米。陶片为泥质黄褐软陶，器表饰不清晰的曲折纹加三周绞索

图131 南门岗遗址采集遗物

1　　　　　　　　　　　　　2

图132　南门岗遗址采集石器

1. 石斧（040∶采1）　2. 石锛（040∶采2）

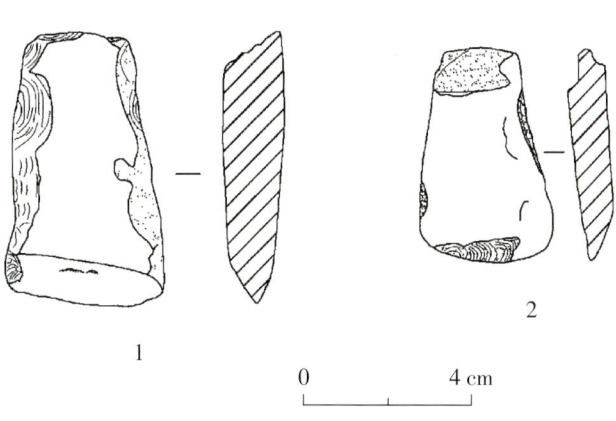

图133　南门岗遗址采集石器

1. 石斧（040∶采1）　2. 石锛（040∶采2）

状附加堆纹，器形不可辨，该陶片原器制作方式应为贴塑成形。石器为石锛（040：采2）、石斧（040：采1）各一件。据遗物特征推断，该遗址时代为新石器时代晚期至商代。

040：采1　石斧，黑灰砂岩石，石质细腻，形体较小，平面形状呈近梯形，上窄下宽，顶部平直，下端磨制成双面斜直刃，上、下平面磨制较光滑，两侧及顶面为打击面。长6.3 cm，宽3.8 cm，厚1.5 cm。（图132：1、图133：1）

040：采2　石锛，黑灰砂岩石，石质细腻，形体小，平面形状呈近梯形，上窄下宽，顶部平直，锛体下端磨制成单面斜弧刃，上、下平面磨制较光滑，两侧及顶部有打击疤。长5 cm，宽3.2 cm，厚1 cm。（图132：2、图133：2）

暖水塘遗址（复查）

遗址编号：041　　行政区划：广州市从化区吕田镇安山村

地理坐标：N23° 46' 52.1434"，E113° 54' 20.5086"　　海拔：223.743米

遗址位于吕田镇安山村暖水塘北侧的缓坡台地上。台地地处盆地北缘，北靠高山，南接暖水塘村庄，远眺安山盆地。台地现呈北高南低的缓坡状，坡度平缓，地表植被有竹子、橄榄树、橘子树、枫树、灌木及杂草，保存状况较好。遗址于2008年底发现，2014年10月进行复查。

调查时在地表采集陶片15片、石锛2件（041：采1、041：采2），遗物分布范围约20 000平方米。陶片均为硬陶，陶质以夹细砂陶为主，计12片，陶色有灰黄、灰、褐色等，纹饰有绳纹、曲折纹、篮纹、弦纹、附加堆纹、素面等，可辨器形见陶罐口沿（侈口，斜折沿，沿

图134　暖水塘遗址采集遗物

面略弧鼓，斜方唇，肩部残缺）。据遗物特征推断，该遗址时代为新石器时代晚期至商代。

041：采1　石锛，青灰砂岩石，石质较细腻，平面呈近"凸"字形，扁体状，有柄，柄宽短，顶部近直，两肩斜直，锛体宽短，整器为打制而成，未经磨制。长4.8 cm，宽5.1 cm，厚1 cm。（图135：1、图136：1）

041：采2　石锛，深灰砂岩石，石质较细腻，形体小，平面近梯形，扁体状，上窄下宽，顶部斜折，锛体下端磨制成单面斜刃，整器较为光滑。长5.7 cm，宽3.5 cm，厚0.7 cm。（图135：2、图136：2）

图135　暖水塘遗址采集石锛
1. 石锛（041：采1）　2. 石锛（041：采2）

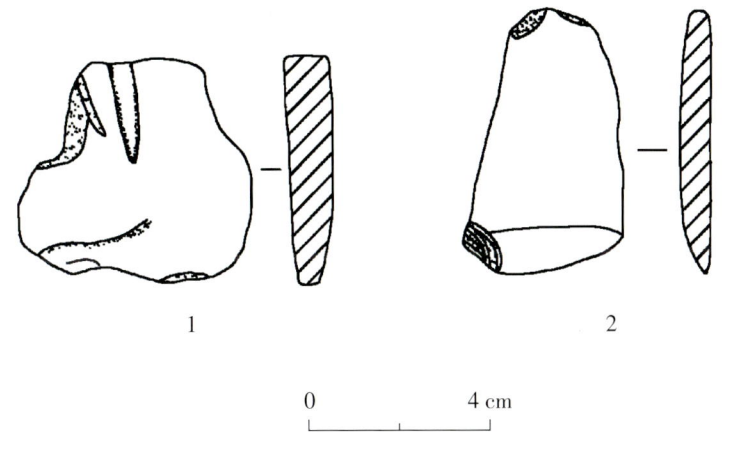

图136　暖水塘遗址采集石锛
1. 石锛（041：采1）　2. 石锛（041：采2）

响水峡遗址（复查）

遗址编号：042　　行政区划：广州市从化区吕田镇安山村

地理坐标：N23°46′53.9060″，E113°53′49.6647″　　海拔：196.938米

遗址位于吕田镇安山村塘下社东北部响水峡南侧山岗上，响水峡风景区内（现已荒废）。响水峡位于安山盆地西北，牛栏河蜿蜒穿山峡而过，将壁立的峡谷折成"几"字形，湍流哗哗作响，四季不绝，因此得名。其南侧山岗平面呈长舌状，东西向，西连高山，北侧牛栏河经响水峡向北注入吕田河，东眺安山盆地，视野开阔，山脚为大片农田。山岗海拔269.7

图137　响水峡遗址远景（南—北）

米，相对高度约70米，地势陡峭，坡度极大。地表散布各种黑色乱石，杂草丛生，有土路经由山脚通往山顶。遗址于2008年底发现，2014年10月进行复查。

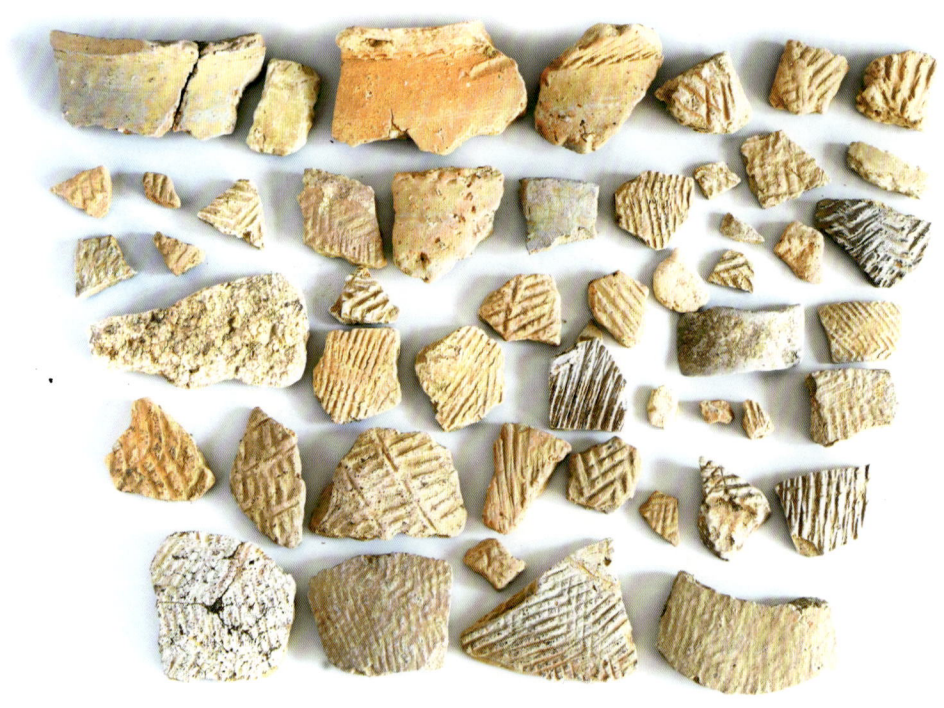

图138　响水峡遗址采集遗物

调查时在南坡雨水冲刷过的路面及断壁上采集陶片44片、石器6件（042：采1—采6）、半成品石器1件，分布范围约30 000平方米。陶片以夹细砂陶为主，计36片，泥质陶8片，陶色有红褐、浅灰、黄灰、深灰色等，纹饰有绳纹、长方格纹、曲折纹、叶脉纹、曲折纹加手抹带状附加堆纹、绳纹加带状附加堆纹、素面等，其中一片口部残片内侧有"十"字刻划符号，可辨器形有罐口沿。石器器形可见石斧、石锛、石镞等，半成品石器应为石镞，两端残。据遗物特征推断，该遗址时代为新石器时代晚期至商代。

042：采1　石斧，青灰砂岩石，石质细腻，质地稍软，平面呈近梯形，上窄下宽，上部有柄，柄呈近梯形，上窄下宽，顶部弧，锛体下部呈近方形，下端磨制成两面弧刃。长5.5 cm，宽3.5 cm，厚1.6 cm。（图139：1、图140：1）

042：采2　残石器，红褐砂岩石，石质较粗，平面呈椭圆形，扁平状，上端残断呈斜面，下端有砍砸崩痕。残长8.1 cm，宽7.4 cm，厚3.5 cm。（图139：2、图140：2）

042：采3　残石器，黑灰砂岩石，石质较细腻，扁体长条形，上部单侧略收窄，顶部圆

图139　响水峡遗址采集石器

1. 石斧（042：采1）　2. 残石器（042：采2）　3. 残石器（042：采3）
4. 残石器（042：采4）　5. 石锛（042：采5）　6. 石镞（042：采6）

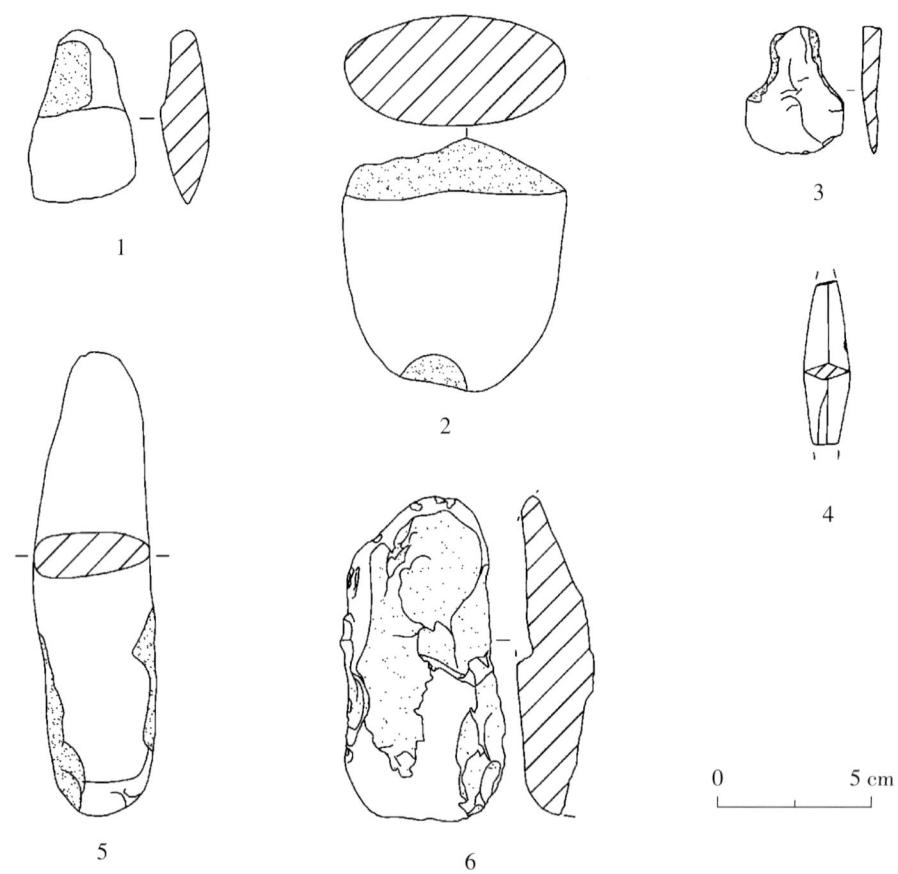

图140 响水峡遗址采集石器

1. 石斧（042：采1） 2、5、6. 残石器（042：采2、042：采3、042：采4）
3. 石锛（042：采5） 4. 石镞（042：采6）

弧，下端磨制呈单面外弧刃。长14.8 cm，宽4.1 cm，厚1.4 cm。（图139：3，图140：5）

042：采4 残石器，黑灰砂岩石，石质较细腻，呈扁条长条状，顶部一侧收窄，呈近弧形面，下端有磨制单面刃，通体遍布打制疤痕。长10.2 cm，宽5.2 cm，厚2.2 cm。（图139：4，图140：6）

042：采5 石锛，黑灰砂岩石，石质较细腻，平面呈"凸"字形，有柄，顶部残断，柄近直，两肩呈斜直状，锛体下端磨制单面外

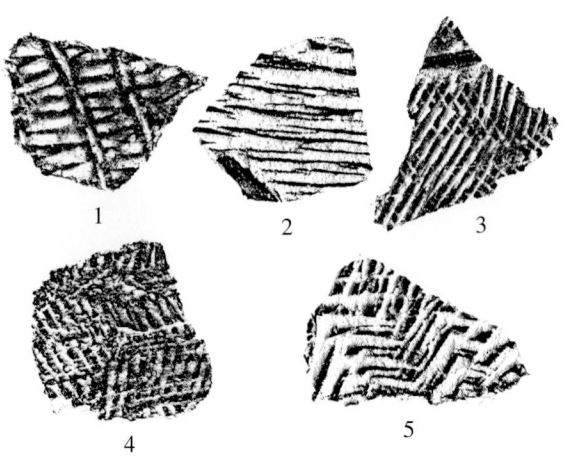

图141 响水峡遗址采集陶片纹饰拓片

1. 长方格纹 2. 篮纹 3. 交错绳纹加附加堆纹
4. 交错绳纹 5. 曲折纹

弧刃，形体小。长4 cm，宽3.2 cm，厚0.6 cm。（图139：5、图140：3）

042：采6　石镞，黑灰砂岩石，石质细腻，平面呈长菱形，前锋呈长三角形，正中起脊，镞头残断、横截面呈菱形，铤残、横截面呈扁椭圆形。残长5.2 cm，宽1.5 cm，厚0.6 cm。（图139：6、图140：4）

洞主遗址

遗址编号：043　　行政区划：广州市从化区吕田镇安山村
地理坐标：N23°46′09.9857″，E113°54′06.2330″　海拔：235.216米

遗址位于吕田镇安山村大塘队东约200米的洞主爷庙后山岗上，故而得名。山岗地处安山盆地西部南缘，小山丘群西端，东距南门岗遗址约600米，南连高山，北望盆地，西接大塘、火烧牛栏等村庄。山岗平面近圆角长方形，长约450米，宽约300米，山岗海拔252米，坡度平缓，现坡地被开垦呈梯田状，种植橘子、三华李等，地表局部裸露。山岗西北山

图142　洞主遗址远景（西北—东南）

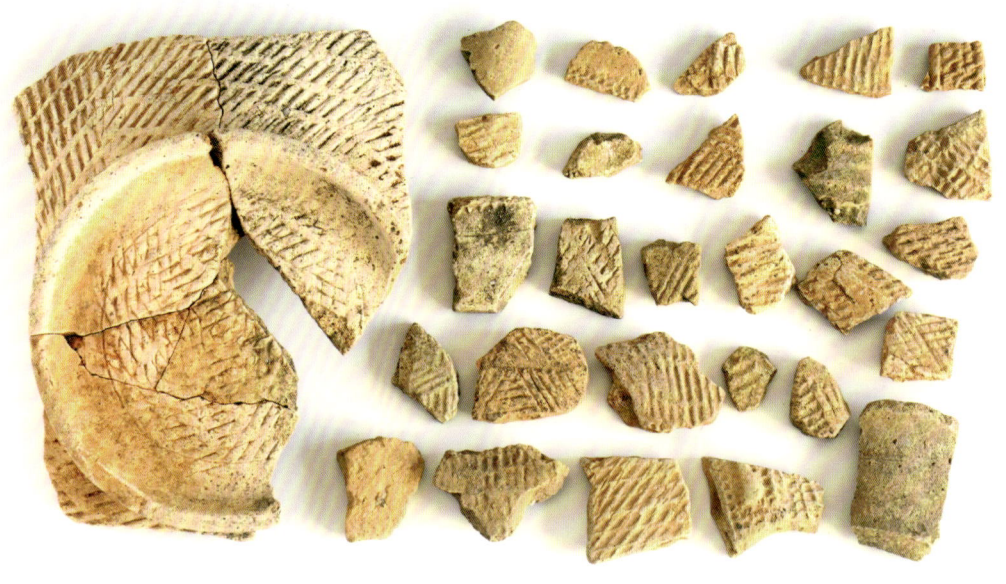

图143　洞主遗址采集遗物

图144　洞主遗址采集陶罐圈足（043：标1）

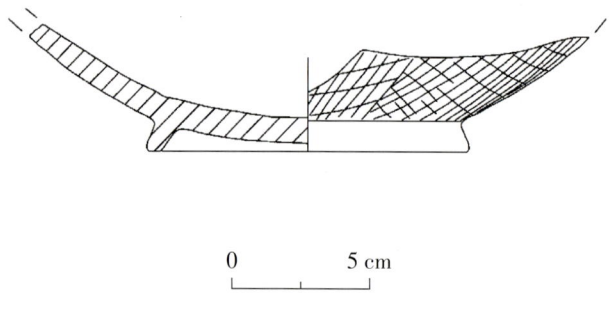

图145　洞主遗址采集陶罐圈足（043：标1）

脚坐落一洞主爷庙，旁有水泥路经过。

调查时在山岗顶部和西坡上采集陶片29片，石器残片2片，遗物分布范围约15 000平方米。陶片均为夹细砂软陶，陶色以黄褐色为主，另有灰褐、浅灰色等，纹饰有长方格纹、斜方格纹、绳纹、曲折纹、长方格纹加手抹状附加堆纹、素面等，可辨器形仅见罐圈足（043：标1）。据遗物特征推断，时代为新石器时代晚期至商代。

043：标1　陶罐圈足，仅存下腹及底部圈足，弧腹向下内收，圜底，下附矮圈足，圈足外撇，足跟略斜削，器表及外底饰斜长方格纹，内底周边有按压的凹坑，夹细砂软陶，褐色。复原底径11.6 cm，残高4.4 cm。（图144、图145）

小结

安山盆地共计发现和复查各期遗址7处,据遗址分组情况的对比分析,可将安山盆地考古学文化分为前后发展的3期,见表2。

表2 安山盆地遗址分期表

遗址	分期			
	新石器时代晚期至商代		西周至春秋	战国至汉初
马蹄岭	1组	2组	3组	4组
坝仔	√			
丁山	1组	2组		
南门岗	√			
暖水塘	√			
响水峡	√			
洞主	√			

注:"√"代表该遗址仅有一组遗存

一期:新石器时代晚期至商代。7个遗址均发现该期遗存,代表性遗址有马蹄岭、丁山、响水峡、洞主遗址等。采集遗物以陶片和石器为主,陶片以夹细砂陶为主,少许泥质陶和夹粗砂陶,质地有硬陶、稍软陶、软陶三类,以稍软陶最多,硬陶次之,软陶最少;陶色以黄褐色为主,另有灰褐、深灰、浅灰、灰黑色等;纹饰以长方格纹为主,曲折纹、绳纹次之,另有附加堆纹、篮纹、叶脉纹、素面等。陶片多细碎,可辨器形以圈足罐居多,另有纺轮、器座等。石器,多为青灰色石质,器形有石镞、石锛、石斧、石环、石刀、穿孔石器、石戈等,其中马蹄岭遗址采集较多石器半成品,推测可能为一处石器加工点。此外,丁山、马蹄岭两个相邻遗址采集少量夹粗砂细泥陶片,陶质较软、夹砂颗粒较大,陶色为灰黄、灰黑色等,可辨器形有鼎足等,显示出与粤北石峡文化相类似的特征,时代比以印纹陶为主要装饰的圈足罐遗存早。该期遗存与吕田盆地一期考古学文化内涵相近,绝对年代距今4200—3000年,为新石器时代晚期至商代。但内部至少可细分为三小段:与石峡文化相近的一类遗存,时代为新石器时代晚期;以曲折纹、长方格纹、绳纹为主要装饰的印纹陶遗存,时代为商代早中期;以石戈、陶器座等为特征的商代晚期遗存。

二期:西周至春秋时期。仅见于马蹄岭遗址,采集遗物见陶片,为泥质硬陶,陶色有酱褐、灰褐、深灰、浅灰色等,纹饰有夔纹、方格纹及两者组合纹,多为罐、瓮类器残片,一件可辨器形为器盖。属典型的夔纹陶阶段遗存。

三期：战国至汉初。仅见于马蹄岭遗址，采集少许陶片，泥质硬陶，有灰褐、深灰色两种陶色，器表饰方格纹和米字纹，器形不可辨，应为罐类器残片，属典型米字纹陶阶段遗存。

第三节　鸭洞河谷

鸭洞河位于良口镇东面，属于流溪河东部的一条支流，全长约15.2千米，流域面积约56.8平方千米。发源于从化良口镇与惠州龙门县交界的九连山西麓，后大致自东向西流经良口镇的良平、塘尾、良明，在良明村屋影西边注入流溪河，流域内大小支流共计17条。鸭洞河南、北两侧均为高山，地势自两侧向中间递减，构成了一个向西开口的山间河谷地形。鸭洞河河谷地势最低，海拔60~180米，河流两岸有较平缓的河岸阶地，其中上游的影村片区、中游的良平村片区、下游的鸭洞片区为三处较开阔平原。河岸阶地与高山间多有一些坡度较平缓的山麓台地和相对高度较小的小山丘，而两侧高山则地势陡峭。河谷平原及河岸阶地多开辟为农田，种植水稻等；缓坡台地及低矮山岗地表种植荔枝、龙眼等果树，高山为竹林、自然植被等。此外，在鸭洞河河口北部，现碧水新村所在区域，有小溪发源于石榴花山并独自注入流溪河，虽不属于鸭洞河流域，但因地处鸭洞河谷区域内，在此一并介绍。

图146　鸭洞河上游全景（东北—西南）

图147　鸭洞河下游鸭洞片区全景（北—南）

鸭洞河流域，目前已掌握的文物资源仅有《广州市文物普查汇编·从化市卷》记录的良明村的戚氏宗祠、子贤李公祠，以及2013年8月—9月广州市文物考古研究所进行广州从化流溪温泉旅游度假区规划区域地下文物资源调查时发现的园墩仔遗址（宋—明清）。

鸭洞河流域文物资源田野调查工作开始于2014年6月27日，于2014年8月3日结束；2015年2月3、4、6、7、8、13日，考古调查队又对鸭洞河部分区域和遗址进行了复查，实际田野调查时间共计29天。调查以鸭洞河两岸河岸阶地、平原、山前台地及较低矮的小山丘为主，足迹覆盖良平、塘尾、良明、碧水新村（塘料、米埗）4个村，70个自然村，范围约10.1平方千米，共计新发现各期遗址22个，其中先秦两汉时期遗址20个。

散围遗址

遗址编号：044	行政区划：广州市从化区良口镇良平村

地理坐标：A点，N23°41′11.2830″，E113°47′32.7845″　海拔：170.990米
　　　　　B点，N23°41′17.2899″，E113°47′28.0761″　海拔：195.926米
　　　　　C点，N23°41′15.4158″，E113°47′23.8629″　海拔：198.139米
　　　　　D点，N23°41′08.9304″，E113°47′29.6144″　海拔：175.697米

遗址位于良口镇良平村散围社周边河岸阶地、缓坡台地上。散围位于良口镇东面，鸭洞河上游，清朝建村。村庄坐落在一处面积较大的山前台地上，其北边为海拔1000余米的老虎山，东边和南边亦为高山，仅西边开口。台地北高南低，坡地平缓，面积较大。鸭洞河自东边高山发源后，经白水带、大水坑，于散围社南自东向西流过。台地东西两侧各有一条发源于老虎山的溪流，自北向南注入鸭洞河。调查在散围周边四个区域采集到新石器时代晚期至明清时期的文化遗物，别为A、B、C、D点。

图149　散围遗址A点全景（南—北）

散围遗址A点位于村庄东北侧台地，坡度平缓，现地表呈梯田状，种植水稻、荔枝、龙眼等，一条小溪于台地东侧流过。遗址地表采集陶片11片、青瓷碗1件（044：采1）和青花瓷碗底1件。陶片皆为夹细砂灰硬陶，部分器表施酱釉，青花瓷碗底，残一半，釉面粗糙，青花发色偏灰蓝，内底露胎呈砖红色。据遗物特征推断，时代为明清时期。

044：采1　青瓷碗，残，敞口，厚圆唇，圆弧腹向下内收，平底下附矮直圈足，足底平直。泥质浅灰白胎，施青釉，釉色光亮厚重，有冰裂纹开片，器表饰一周菊瓣纹。复原口径9.3 cm，底径5 cm，高4.5 cm。（图150）

B点位于村庄北边山前缓坡上，距离村庄约40米，与A点相距100余米，地势北高南低，亦为梯田，种植水稻等农作物；地表采集少许陶瓷片，据遗物特征分析，可分为2组。

1组：采集陶片1片，夹细砂灰黑陶，为罐腹残片，时代为唐代。

2组：采集少许青花瓷片，可辨器形见碗底，时代为明清时期。

C点位于散围西北约150米山坡上，山坡等高线呈东西走向，北高南低，坡度较A、B点大，呈阶梯状，种植龙眼、荔枝、黄皮等。地表采集陶罐口沿1片和青灰釉瓷片3片，其中陶

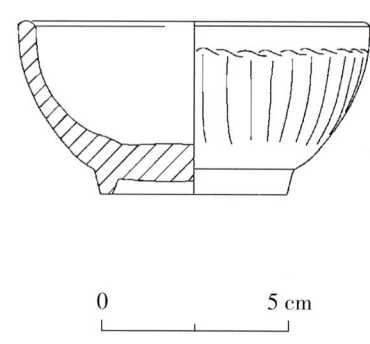

图150　散围遗址采集青瓷碗（044∶采1）

罐口沿为夹细砂灰陶，外壁可见斑驳的酱釉，大部分脱落；青灰釉瓷片与A点采集到的青釉瓷碗特征相近，外壁饰菊瓣纹，灰白胎，釉色光亮有冰裂纹，时代为明代。

D点位于村庄南侧100米河岸阶地上，鸭洞河在阶地北边呈"几"字形转弯，阶地地势平坦，其南边为山丘，现地表为菜园，种植蔬菜，间杂少许龙眼、荔枝等果树，局部杂草丛生。地表采集到陶片5片，据遗物特征分析，可分为2组。

1组：采集夹细砂灰陶1片，质地较硬，内壁稍发红，器表拍印斜方格纹，器形不可辨。时代为新石器时代晚期至商代。

2组：采集陶片4片。时代为清代。

图151　散围遗址D点远景（北—南）

高份山遗址

遗址编号：045	行政区划：广州市从化区良口镇良平村	
地理坐标：N23°40′57.6770″，E113°47′29.9981″		海拔：167.671米

遗址位于良口镇良平村三坑村南的高份山及村西河边阶地上。三坑村位于良口镇东面，鸭洞河上游，明代建村，建于鸭洞河上游一山谷东侧山坡上，地势东北高西南低，山南有一条东南—西北流向的小溪。据发现文物地点不同别为A、B点。

A点高份山是三坑村南约150米向北延伸的山丘，东西两坡地势较陡，北面近山脚坡度平缓，向北延伸出大片台地，呈东西走向，现地表被修整为梯田状，种植水稻、荔枝、蔬菜等，山上较多竹子，局部杂草丛生，高份山东边有一条小溪向北流入鸭洞河。调查在台地断面发现一座青灰砖室墓、一座瓮棺，地表采集陶瓷残片12片，分布范围约5500平方米，陶片以夹砂灰硬陶为主，多数素面，可辨器形有罐口沿2件，瓷片为青花瓷碗。据墓葬形制、碑文及遗物特征推断，该处遗址时代为明清时期。

图152　高份山遗址远景（北—南）

图153　高份山遗址砖室墓内景（北—南）

B点位于村南山脚，于小溪旁发现路基一段，地形为小溪北河岸，地势北高南低，河里乱石丛生，周围地表有荔枝、龙眼等果树，局部杂草较多。路面经长久使用，形成一层较厚的踩踏面，呈红色，夹杂一些陶瓷片、石头等，尤其在靠近溪边位置，碎陶片尤多。小路残长约5米，宽约0.7米。采集陶瓷残片21片，其中青花瓷残片5片，可辨器形见碗、盘等；陶片以夹砂灰陶为主，部分器表施釉，可辨器形有盆、罐等。该小路推测为村子通往山脚小溪的道路，临河边遗物分布密集，可能为村民洗涤时，陶瓷器破碎后随手遗弃所致。据遗物特征推断，时代为清代。

图154　高份山遗址B点采集遗物

（良平）南山遗址

遗址编号：046　　行政区划：广州市从化区良口镇良平村
地理坐标：A点，N23°40′30.5886″，E113°46′25.3669″　海拔：142.638米
　　　　　B点，N23°40′26.5331″，E113°46′22.1563″　海拔：184.997米

遗址位于良口镇良平村南山队与茶园围之间的台地及山岗上。南山队位于良口镇东面约10千米处，清代建村，东南与大坪村相临。南山、大坪所在位置为一山谷，东、南、西三面环山，北向开口，谷底一条溪流自南向北注入鸭洞河，村落建在溪流东岸山前坡地和台地上，呈南北狭长型分布。调查时在南山队西约50米河岸台地上和南山队西南约250米山岗顶端分别采集少许陶瓷片，分布范围约9500平方米，别为A、B点。

图155　（良平）南山遗址远景（东北—西南）

A点在南山村西、溪流西岸山前台地上，台地呈南北狭长形，地势西高东低，较平缓，现地表为梯田状，种植蔬菜、荔枝、龙眼等，地表采集青花瓷片7片，呈现晚清和民国风格，可辨器形有碗。

B点位于南山西面山岗顶端，该山岗自南向北延伸至鸭洞河边，地势南高北低，东坡面南

图156　（良平）南山遗址采集遗物

山所在山谷，坡度较大，西坡较平缓，山顶较宽阔平缓，遗址便位于岗顶偏西坡位置，其西侧为一开阔谷地，坡度较缓，遗址地表种植经济林木，周边种植有龙眼、荔枝、竹子等，北边50米位置有一通讯信号塔，一条土石公路由北端山脚可通往岗顶。地表采集陶片4片，青花瓷片1片。据遗物特征分析，可分为2组。

1组：采集陶片4片，为泥质灰硬陶，内外壁施黑色陶衣，可辨器形为罐，其中一件外壁可见器耳痕，原应有横耳。时代为唐宋时期。

2组：采集青花瓷片1片，为碗底残片。时代为明清时期。

龙眼岗遗址

遗址编号：047	行政区划：广州市从化区良口镇良平村
地理坐标：N23° 40' 50.1071"，E113° 46' 04.4051"	海拔：117.765米

遗址位于良口镇良平村长山埔东北的龙眼岗台地上，南距良平村希望小学约200米，东距大葬遗址约200米。大台地呈扇形，东西最长约600米，南北宽约400米，总面积约150 000平方米，台地北靠高山，地势北高南低，坡度较缓，南侧边缘较陡，相对高度约10米。台地西侧和南侧各有一发源于高山的溪流，自东

图157　龙眼岗遗址远景（西南—东北）

图158　龙眼岗遗址采集遗物

北向西南注入鸭洞河，南边为一较开阔平原，鸭洞河于平原南侧流过，平原中部有一条东西向村级公路。现台地被开辟为一级级梯田，种植龙眼、荔枝、黄皮等果树，地表较多杂草，经希望小学北侧可由小路通往台地。龙眼岗位于台地西部中间位置，因种植较多龙眼而名龙眼岗，海拔140余米。

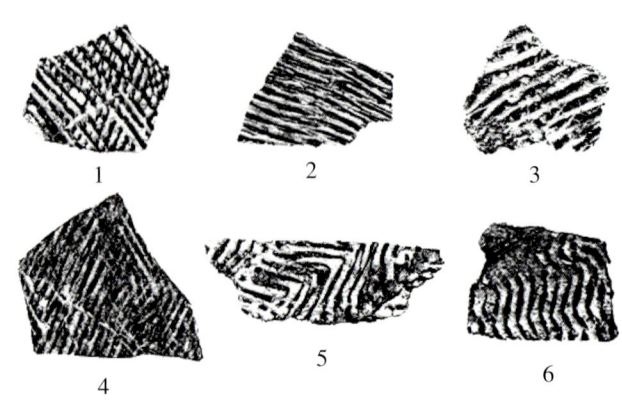

图159　鸭洞河上游部分遗址采集陶片纹饰拓片
1. 斜方格纹（044）　2. 篮纹（047）　3. 绳纹（048）
4. 交错绳纹（050）　5、6. 曲折纹加附加堆纹（054）

遗物分布范围约12 000平方米。地表采集少许陶瓷片，依遗物特征分析，可分为3组。

1组：采集陶片3片，皆为夹细砂硬陶，灰白色，纹饰有篮纹、绳纹加附加堆纹、弦纹，器形不可辨。时代为新石器时代晚期至商代。

2组：采集陶瓷片7片。泥质灰陶1片，器表施黑色陶衣；青瓷片6片，可辨器形为碗，其中1件饰刻划花纹饰，釉色发黄。时代为唐宋时期。

3组：采集少许青花瓷片，可辨器形见碗。时代为明清时期。

大葬遗址

遗址编号：048	行政区划：广州市从化区良口镇良平村
地理坐标：N23°40′49.7263″，E113°46′14.6406″	海拔：130.957米

遗址位于良口镇良平村蚬塘西边台地上，西距龙眼岗遗址约200米。大葬遗址与龙眼岗位于同一片大台地上，大葬位于台地东部偏南位置，因过去作为坟地而得名大葬，海拔130多米。

地表采集少许陶瓷片，分布范围约10 000平方米。依遗物特征分析，可分为2组。

图160　大葬遗址远景（东—西）

1组：采集陶片29片，以夹细砂陶硬为主，浅灰色居多，纹饰有绳纹（交错）、绳纹加附加堆纹、曲折纹、篮纹、斜长方格

图161 大葬遗址采集遗物

纹、弦纹等，器形不可辨。时代为新石器时代晚期至商代。

2组：采集陶瓷片5片。泥质黑灰硬陶1片，器表有黑色陶衣，饰多道粗弦纹，器形不可辨，时代为唐代；青瓷片4片，可辨器形有碗，时代为宋代。

水圳遗址

遗址编号：049	行政区划：广州市从化区良口镇良平村
地理坐标：N23°41′02.8387″，E113°45′38.5737″	海拔：112.274米

遗址位于良口镇良平村英平队北边的山前缓坡上，此缓坡因地下水丰富且地势低矮而得名"水圳"，北靠老虎头山，南为开阔的河谷盆地，地势北高南低，坡度较平缓，发源于老虎头山的小溪在台地边缘呈"几"字形环绕，台地地表被开辟为梯田状，种植荔枝、龙眼等树，地表杂草较多，局部较干净，保存状况一般。

图162 水圳遗址远景（南—北）

图163　水口遗址采集遗物

遗物分布范围约3000平方米，地表采集陶片19片，均为夹细砂软陶，陶色以黄褐、灰黄色为主，少许浅灰色，零星深灰色，纹饰以绳纹为主，另有绳纹加附加堆纹、曲折纹、长方格纹、叶脉纹等，器形不可辨。据遗物特征推断，时代为新石器时代晚期至商代。

火界山遗址

遗址编号：050	行政区划：广州市从化区良口镇良平村
地理坐标：N23°41′05.1498″，E113°45′16.5988″	海拔：117.006米

遗址位于良口镇良平村桐油围村后的火界山南坡中间位置。桐油围位于良口镇东面约10千米处，因村旁长有很多桐油树，故名。火界山是桐油围村后高山延伸出来的一小山岗，因当地村民为防火灾，砍伐该山坡植被以隔绝村庄与村后林地联系而得名"火界山"。山岗北靠高山，南临桐油围、水口围，南面是开阔的平地，

图164　火界山遗址远景（南—北）

图165 火界山遗址采集遗物

鸭洞河自平原中部自东向西流去。遗址位于火界山南坡，地势北高南低，坡度较大，现地表种有荔枝、龙眼等果树，局部长有竹子和杂草。

遗物分布范围约2500平方米，地表采集陶片3片，皆为泥质灰硬陶，器表饰绳纹、绳纹加绞索状附加堆纹，器形不可辨。据遗物特征推断，时代为新石器时代晚期至商代。

田顶头遗址

遗址编号：051　　行政区划：广州市从化区良口镇良平村
地理坐标：N23°41′04.1294″，E113°45′05.8551″　　海拔：106.070米

遗址位于良口镇良平村水口围西边约100米的田顶头台地上，南距公路约20米。水口围西有一喇叭状山坳，东、北、西三面环山，南边开口面向鸭洞河，台地东西宽约400米，南北长约500米，海拔介于100～130米，中部偏西位置发育一条溪流，向南注入鸭洞河，台地南部为通往良平村的村级公路，台地东临水口围，南望鸭洞河对岸的岭头村。"田顶头"

图166 田顶头遗址远景（西—东）

是台地东部，临水口围区域的土名，地势北高南低，坡度极平缓，现地表呈梯田状，种植龙眼、荔枝等，地上有村民摆放的数十个蜂箱。

遗物分布范围约5000平方米，地表采集少许陶瓷片，据遗物特征分析，可分为2组。

1组：采集陶片5片，大部分为夹细砂浅灰硬陶，仅1片为夹砂软陶，纹饰有绳纹，器形不

图167　田顶头遗址采集遗物

可辨。时代为新石器时代晚期至商代。

2组：采集青花瓷片2片，可辨器形有杯、碗。时代为明清时期。

耕遗址

遗址编号：052	行政区划：广州市从化区良口镇良平村
地理坐标：N23°40'02.6921"，E113°45'01.6453"	海拔：95.483米

遗址位于良口镇良平村水口围西南约300米处，鸭洞河北岸、公路南侧的台地上，东北距田顶头遗址约200米。耕遗址与田顶头遗址都位于水口围西边大台地上，"耕"是当地村民对台地南端、公路南侧的一片台地的称谓，因其过去曾作为种植水稻的耕地而被当地人称为"耕"。鸭洞河于台地南侧呈"几"字形转弯，北侧有水泥村道经过，台地边缘较陡峭，地表平缓，种植龙眼、荔枝等。

图168　耕遗址远景（西北—东南）

遗物分布范围约12 000平方米，地表采集遗物有陶片、瓷片、石器等。据遗物特征分析，可分为4组。

1组：采集陶片14片、半成品石器2件。陶片均为夹细砂陶，软硬陶各半，陶色有黄褐、浅灰、灰色等，纹饰有绳纹、曲折纹、长方格纹、方格纹、素面，器形不可辨。半成品石器

图169 耕遗址采集遗物

中1件为石锛，1件为石镞或石矛。时代为新石器时代晚期至商代。

2组：采集陶片2片，均为夹细砂硬陶，陶色有褐、浅灰色，纹饰均为方格纹，器形不可辨。陶片碎小，时代特征不明显，推断为春秋战国时期。

3组：采集陶片2片，泥质硬陶，红褐胎黑灰陶1片，黄褐陶1片，均为素面，器形不可辨。时代为唐宋时期。

4组：采集瓷片5片，有青釉瓷片、青花瓷片，可辨器形见碗。时代为明清时期。

山塘口遗址

遗址编号：053　　行政区划：广州市从化区良口镇良平村

地理坐标：N23°40′44.7765″，E113°45′02.0168″　　海拔：103.651米

遗址位于良口镇良平村岭头1号~7号房屋周边及西边名曰"山塘口"的台地上，西南距死人山遗址约300米。台地呈东西狭长形分布，东至新围仔，长达600余米，宽约150米，海拔介于105~120米，坡地较缓。台地南靠高山，北面鸭洞河谷平原，地势南高北低，鸭洞河自村南由东向西流过，一条溪流从南边高山发

图170 山塘口遗址全景（东北—西南）

图171　山塘口遗址采集遗物

育，自西南向东北流经村子，于世外萄园附近注入鸭洞河。遗址东部被房屋所压，部分房屋已废弃倾圮，西部山塘口区域为果园、农田和菜地，种植龙眼、荔枝、黄皮、蔬菜、水稻、火龙果等，部分地区杂草丛生。

遗物分布范围约30 000平方米，地表采集遗物初步分析可分为3组。

1组：采集陶片19片，以泥质灰白陶为主，少量夹砂灰陶，陶质较硬，纹饰以绳纹、交错绳纹为主，另有绳纹加附加堆纹、曲折纹、素面等，可辨器形有罐圈足等。时代为新石器时代晚期至商代。

2组：采集陶片、瓷片各1片，陶片为泥质黑灰硬陶，器表施黑色陶衣，时代为唐代；瓷片为白瓷，白胎，釉极薄，圈足极矮，器形为碗，时代为宋代。

3组：采集2片青花瓷片，可辨器形有碗、杯等。时代为明清时期。

死人山遗址

遗址编号：054	行政区划：广州市从化区良口镇良平村
地理坐标：N23°40′40.6158″，E113°44′48.2661″	海拔：123.244米

遗址位于良口镇良平村岭头西南约300米的死人山山岗上，东北距山塘口遗址约300米。死人山为岭头村西南方一处向北延伸的山岗，因村中人去世后多葬于此，故名死人山。山岗呈不规则形，总面积约25 000平方米，山岗海拔约120米，相对高度约20米，南边背靠高山，地势大体上南高北低，其中东坡、北坡较缓，西坡较陡。山岗北边有一较开阔的平地，现被开辟为农田，西侧为一山谷，谷底一条溪流向北流经岭头村，并注入鸭洞河，东边有一条上

山土路，山岗上大部分区域种植龙眼、荔枝、竹子等，局部杂草丛生。

遗物分布范围约200平方米，见于山岗西坡近山顶位置，地表采集陶片4片，半成品石器1件。陶片皆为夹细砂软陶，陶色有浅灰色2片，深灰、黄褐色各1片，纹饰有曲折纹、绳纹，器形不可辨。据遗物特征推断，时代为新石器时代晚期至商代。

图172　死人山遗址远景（东北—西南）

图173　死人山遗址采集遗物

高田遗址

遗址编号：055　　行政区划：广州市从化区良口镇塘尾村

地理坐标：N23°41'37.7389"，E113°44'02.4452"　　海拔：76.164米

遗址位于良口镇塘尾村塘尾队东南100米，土名"高田"的台地上，北距园国岭遗址约250米。台地位于鸭洞河北岸，东北侧紧依园国岭，呈西北—东南向，长条状，海拔约80米，相对高度仅数米，地势东北高西南低，目前以种植荔枝、黄皮为主，地表落叶杂草密布，水泥村道经过台地南侧。

图174　高田遗址远景（西—东）

图175　高田遗址采集遗物

遗物分布范围约5000平方米，集中于塘尾队37号民房背后，地表采集少许陶瓷片，据遗物特征分析，可分为3组。

1组：采集陶片14片，以夹细砂软陶为主，少许泥质陶，陶色以黄褐色为主，另有浅灰、深灰、灰褐色等，纹饰有绳纹、交错绳纹、曲折纹，部分为素面，器形不可辨。时代为新石器时代晚期至商代。

2组：采集陶片3片，其中1片为夹砂陶，施酱釉，饰米字纹，另2片为泥质灰陶，饰方格纹、素面，器形皆不可辨。时代为战国至汉初，属米字纹陶阶段遗存。

3组：采集青瓷片1片，器形不可辨。时代为宋代。

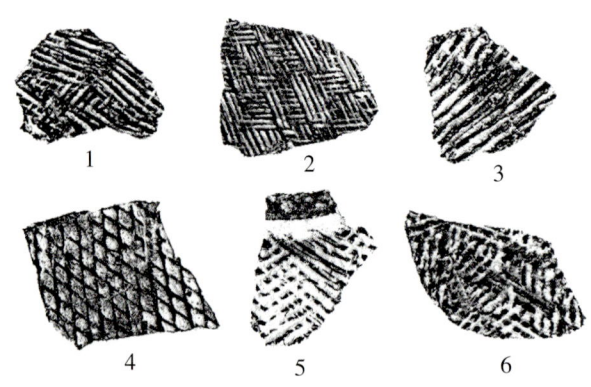

图176　高田、上排、斜仔㟞遗址采集陶片纹饰拓片
1. 曲折纹（058）　2. 编织席纹（058）　3. 篮纹（057）
4. 网格纹（057）　5. 曲折纹（055）　6. 交错绳纹（055）

园国岭遗址

遗址编号：056	行政区划：广州市从化区良口镇塘尾村
地理坐标：N23°41′42.7263″，E113°44′08.9392″	海拔：184.526米

遗址位于塘尾村村委东南侧约700米土名为"园国岭"的山岗上，南邻麦塘社。园国岭是

石榴花山向南延伸入鸭洞河谷的一南北向山岗,长约400米,宽约400米,总面积约160 000平方米,海拔约184米,相对高度约70米,山岗北与高山相连,地势北高南低,西、南面广阔平原,东为上排遗址所在山坳,山顶较为平缓,东坡、西坡坡度较陡,南坡相对较小,山岗种植荔枝,因疏于管理导致杂草茂密。

图177　园国岭遗址远景(西南—东北)

遗物分布范围约15 000平方米,见于山顶,地表采集陶片6片,其中5片为夹砂软陶,陶色有黄褐、灰褐色,素面无纹;1片为泥质深灰硬陶,饰斜长方格纹,器形不可辨。据遗物特征推断,时代为新石器时代晚期至商代。

图178　园国岭遗址采集遗物

上排遗址

遗址编号:057	行政区划:广州市从化区良口镇塘尾村
地理坐标:N23°41′36.8097″,E113°44′17.4895″	海拔:93.363米

遗址位于良口镇塘尾村麦塘东北约100米处的缓坡台地上,台地土名"上排"。上排所在位置与斜仔岽位置相似,亦位于一处东、北、西三面环山,南面开口的喇叭形山坳内,上排为山坳西边的缓坡台地,东西宽300米,南北长约400米,总面积约120 000平方米,海拔介于90~150

图179　上排遗址远景(西南—东北)

图180　上排遗址采集遗物

米,地势北高南低,坡度平缓,面积开阔,台地现被平整为一级级梯田,种植荔枝、龙眼等果树,地表铺满落叶。遗址西边一条小溪自东北向西南注入鸭洞河。东边有一条较宽土石公路通往后山,公路东侧有一小型山谷。

遗物呈东北—西南长条状分布,长约300米,宽约150米,在近45 000平方米范围内,均零星分布有陶瓷片等遗物,初步分析可将遗物分为3组。

1组:采集陶片15片,半成品片状石器2件。陶片均为夹细砂软陶,部分质地较硬,陶色以浅灰色为主,少许深灰色,纹饰有绳纹、曲折纹、篮纹、长方格纹、网格纹等,器形不可辨。时代为新石器时代晚期至商代。

2组:采集粗瓷碗底2片。时代为宋代。

3组:采集青花瓷片3片,可辨器形见碗等。时代为明清时期。

斜仔岕遗址

遗址编号:058	行政区划:广州市从化区良口镇塘尾村
地理坐标:	河西岸,N23°41′57.8719″,E113°43′59.6314″　海拔:85.436米
	河东岸,N23°41′57.2019″,E113°43′56.8786″　海拔:80.360米

遗址位于良口镇塘尾村村委会东北约500米的山坡台地上,台地名"斜仔岕",位于一处呈喇叭形开口的山坳里,东南距塘尾队约300米。东、西、北三面环山,南边开口,面向鸭洞河下游大平原。台地呈扇形,东西宽约300米,南北长约400米,总面积约120 000平方米,海拔介于80～130米,地势东北高西南低,坡度较缓,台地中央一条溪流自北向南流入鸭洞河,

分台地为东西两块，西侧有一养鸡场，台地被开辟成梯田，现种植龙眼、荔枝等果树，局部杂草丛生。

调查时在溪流东岸发现土窑一座。窑室顶端已残，仅存下部，据断面残存窑壁判断原应为馒头窑。窑壁由下向上弧收，残上部宽150厘米，底端宽110厘米，残高140厘米，窑壁厚17厘米，经火烧板结较坚硬，呈砖红色。窑室内下部填土夹杂较多窑壁废弃倒塌堆积，有石块、砖头等，上部填土与周围土壤颜色相同，灰黄色，较疏松，采集夹细砂灰陶片1片，器表饰编织席纹。据土窑形制推断，其性质应该为炭窑，时代较晚。

另在溪流两岸百米范围内采集少许陶瓷片等遗物，分布范围15 000平方米，可分为3组。

图181　斜仔山遗址远景（南—北）

图182　清理窑室遗迹（西北—东南）

1组：采集陶片32片，夹细砂陶为主，计30片，陶质普遍较硬，陶色以浅灰色为主，少量灰褐、深灰、黄褐色，纹饰以绳纹为主，另有绳纹加附加堆纹、编织席纹、曲折纹、长方格纹、篮纹等，仅2片素面，器形不可辨。时代为新石器时代晚期至商代。

2组：采集青釉瓷片2片，可辨器形为碗。时代为宋代。

3组：采集青花瓷片1片。时代为明清时期。

图183　斜仔山遗址采集遗物

山下村遗址

遗址编号：059　　行政区划：广州市从化区良口镇塘尾村

地理坐标：N23°42′22.2861″，E113°43′03.9419″　　海拔：86.678米

遗址位于良口镇塘尾村山下村西的石榴花山延伸山岗上，山岗西边为G105和流溪河，南边和东边为开阔的鸭洞河河口大平原，鸭洞河在山岗南边约300米位置注入流溪河，东临山下村和碧水新村。山岗呈东北—西南向，狭长形分布，长约400米，最宽处约300米，总面积近10 000平方米，山岗东北高，西南低，海拔126.8米，相对高度约60米，山岗东西两坡较陡峭，坡度大。山岗南部中间位置有一通信信号塔，北坡西南角有陆军第六十三军抗日阵亡将士公墓，山脚南侧为通往良平、塘尾村的公路，东边有大片农田。山岗地表被当地村民修整成梯田状，种植龙眼、荔枝等，亦有大片区域杂草丛生，有小路可上山岗。

图184　山下村遗址远景（东—西）

图185　山下村遗址局部地层剖面（南—北）

山顶断面清理地层可分为3层，一层为表土层，厚5～15 cm，灰黑色，含植物根系等；二层，厚20～40 cm，含细砂颗粒，土质较硬，土色黄色偏灰，未见文化遗物；三层，生土层，黄色。

遗物分布范围45 000平方米，见于山岗顶部和东南坡，地表采集较多陶片和少量石器，初步分析可分为3组。

1组：采集陶片6片，均为夹砂软陶，陶色有黄灰、深灰色，素面，可辨器形有瓦状鼎足等。该组陶片显示出粤北石峡文化特色，时代为新石器时代晚期。

2组：采集陶片116片、残石器3件（059：采1—采3）、半成品石器1件。陶片以夹细砂软陶为主，近百片，陶质较硬，其他为夹砂陶，质地稍软，纹饰以绳纹为主，另有绳纹加附加堆纹、曲折纹、篮纹、叶脉纹等，可辨器形有罐口沿和圜底器。石器有砺石、砍砸器、石锛等。该组时代推断为新石器时代晚期至商代，晚于1组。

059：采1　砺石，灰褐细砂岩石，石质稍细腻，呈长方形，一端断裂，局部有磨砺痕。残长7.5 cm，宽4 cm，高2.3 cm。（图187：1、图188：2）

图186　山下村遗址采集遗物

图187　山下村遗址采集石器

1. 砺石（059∶采1）　2. 砍砸器（059∶采2）　3. 石锛（059∶采3）

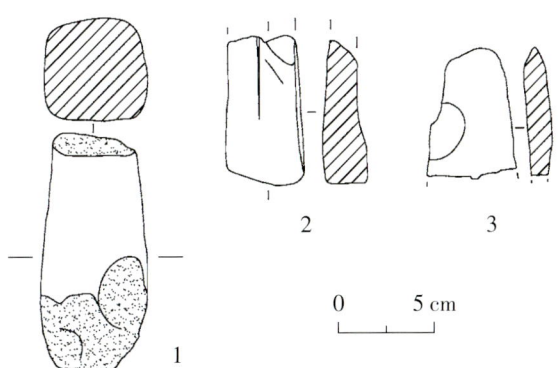

图188　山下村遗址采集石器

1. 砍砸器（059∶采2）　2. 砺石（059∶采1）　3. 石锛（059∶采3）

059：采2　砍砸器，深灰砂岩石，石质稍细腻，呈圆角长方形，上端断裂，下端有砍砸坑状崩疤痕。长11.9 cm，宽5.5 cm，高5.1 cm。（图187：2、图188：1）

059：采3　石锛，黄灰砂岩石，石质较粗，平面近梯形，下部锛体残缺，上部单侧面收窄似段。残长6.5 cm，宽4.6 cm，厚1.2 cm。（图187：3、图188：3）

3组：采集陶片4片，均为泥质硬陶，陶色有灰褐、深灰色，纹饰为细方格纹、方格纹加弦纹，器形不可辨。时代为西周至春秋时期，属夔纹陶阶段遗存。

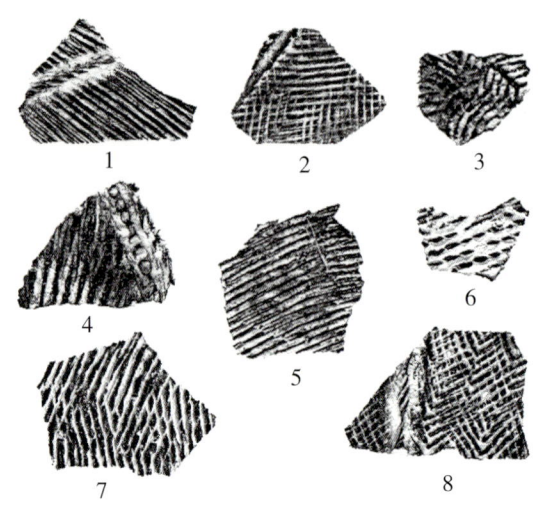

图189　山下村遗址采集陶片纹饰拓片
1、4. 篮纹加附加堆纹　2、8. 交错绳纹加附加堆纹
3. 叶脉纹　5. 篮纹　6. 绳纹　7. 交错绳纹

碧水新村1号遗址

遗址编号：060　　行政区划：广州市从化区良口镇碧水新村
地理坐标：N23° 42' 22.7934"，E113° 43' 52.2637"　　海拔：117.777米

遗址位于良口镇碧水新村东二区22栋东侧的山坡上，紧邻房屋，东边为高耸的石榴花山。遗址所在区域海拔约120米，相对高度10余米，原地表地势较陡，东高西低，坡度较大，

图190　遗址远眺碧水新村全景（东—西）

现被开辟为一小块田地，种植花生、红薯、蔬菜等，遗址周边种植荔枝、龙眼等，南侧有一自东向西流的小溪流，西侧为新村东区新建住宅楼。

遗物分布范围约600平方米，地表采集少许陶片和砺石1件。初步分析，可分为2组。

图191　碧水新村1号遗址远景（西北—东南）

1组：采集陶片14片、砺石1件。陶片多为夹细砂陶，陶质较硬，陶色以浅灰色为主，另有黄褐、灰褐、黑灰色，纹饰以曲折纹为主，另有素面、绳纹、叶脉纹。可辨器形见罐口沿（1. 敞口，卷沿较高呈斜领，斜方唇，肩部残缺；2. 侈口，宽斜折沿呈领，沿面略凹弧，圆唇，唇下外沿有凹槽一周，斜肩，肩部饰绳纹）、罐圈足（上部残缺，仅存下部圈足及底部少许，圈足外撇，极矮，足跟平直，底部略圜近平，外底饰绳纹）。砺石为黄褐砂岩石，平面经磨砺使用呈凹弧状，凹弧面较宽平。该组遗存推断为新石器时代晚期至商代。

2组：采集泥质黑陶罐底残片1片。时代为唐代。

图192　碧水新村1号遗址采集遗物

碧水新村2号遗址

遗址编号：061　　行政区划：广州市从化区良口镇碧水新村
地理坐标：N23°42′38.7531″，E113°43′45.4101″　海拔：102.276米

遗址位于碧水新村东北、新村农庄南边，石榴花山西侧山脚坡地上，东靠高大的石榴花山，南边即为新村住宅区，山脚有一条小溪流经。山坡海拔约100米，相对高度约20米，地势

东高西低，坡度不大。山坡近期开辟出一条上山土路，周边部分区域被开垦出来，地表干净，其他区域种植荔枝、龙眼等，地表杂草茂盛。

调查在开辟的上山土路边采集陶片1片，为夹细砂浅灰陶，饰绳纹，器形不可辨。遗址地表采集遗物少，范围不详，对比周边遗址所出同类遗物，推断时代为新石器时代晚期至商代。

图193　碧水新村2号遗址远景（西南—东北）

碧水新村3号遗址

遗址编号：062　　　行政区划：广州市从化区良口镇碧水新村

地理坐标：N23°42'07.8168"，E113°43'42.2446"　　海拔：107.527米

遗址位于碧水新村安康一街南侧后山，西距菜市场约400米。山岗为石榴花山西侧山脚余脉，呈东西向，长舌状，长约400米，宽约200米，总面积近80 000平方米，山岗海拔约127米，相对高度约60米，山岗东连石榴花山，地势东高西低，西北有一小型山坳，南边为开阔的鸭洞河谷平原，山岗坡度较陡，北坡有土路通往后山。

图194　碧水新村3号遗址远景（西南—东北）

调查时在山岗东部近山顶处、道路面及断崖上采集少许陶瓷片，分布范围约1000平方米。初步分析，可分为2组。

1组：采集陶片47片，均为夹细砂陶，质地较硬，陶色以浅灰色为主，另有黄褐、灰褐、深灰色等，纹饰以绳纹为主，另有绳纹加附加堆纹、素面、曲折纹、叶脉纹、长方格纹、刻划纹等，可辨器形有罐口沿（敞口，宽卷沿呈领，沿面上部略凹弧，窄平方唇，外沿上部有折棱，饰弦纹，残存零星肩部饰绳纹）、杯形器（微敞口，直圆唇，上腹微斜收，下腹近直，口内壁有三条斜直划符号）。据遗物特征推断，时代为新石器时代晚期至商代。

2组：采集青白瓷碗底1片，仅存底部，为弧腹向下内收平底，下附矮圈足，浅灰胎，碗壁胎薄，底部厚实，内外施青白釉不及底。该瓷碗与良口镇大塘边窑址出土的瓷碗形制极相似。时代为明代。

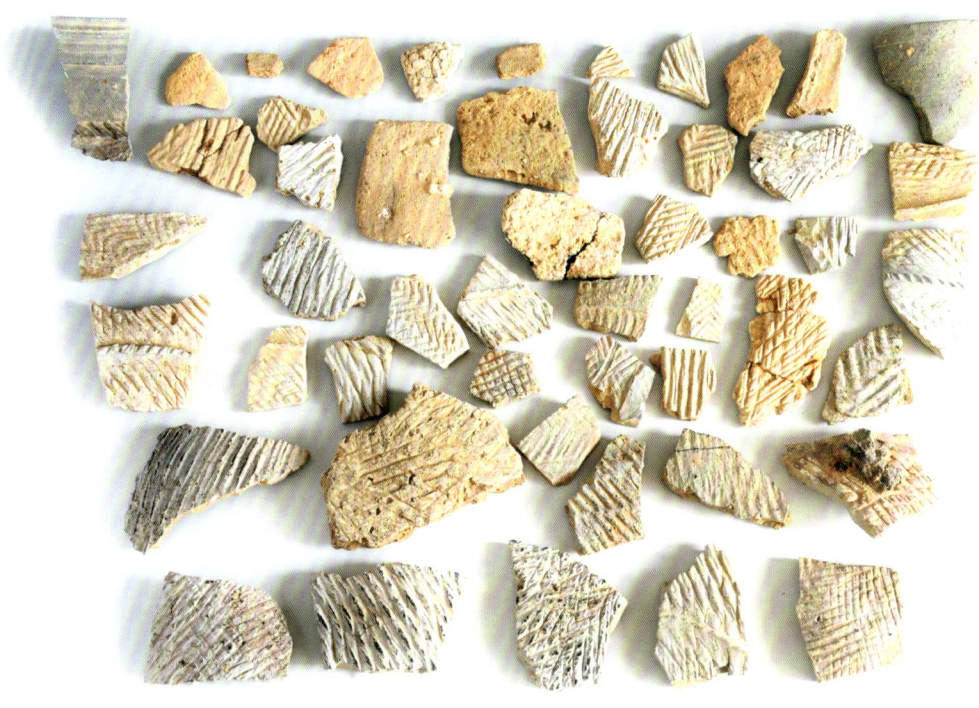

图195 碧水新村3号遗址采集遗物

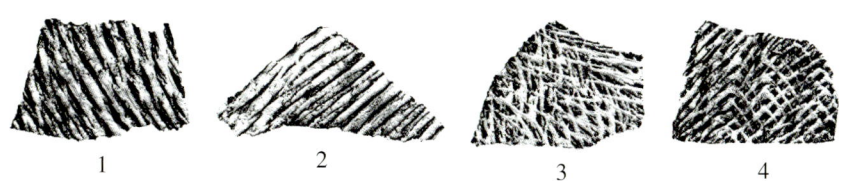

图196 碧水新村3号遗址采集陶片纹饰拓片
1、2.篮纹 3.交错绳纹 4.曲折纹

枧村遗址

| 遗址编号：063 | 行政区划：广州市从化区良口镇良明村 |

地理坐标：虎头岭（最东端）测点，N23°41'17.5595"，E113°43'47.4971"　海拔：88.355米
　　　　　社背（东区南部）测点，N23°41'26.0073"，E113°43'42.8841"　海拔：76.215米
　　　　　芒顶（东区北部）测点，N23°41'21.6348"，E113°43'41.4362"　海拔：79.543米
　　　　　莲塘（西区中部）测点，N23°41'19.533"，E113°43'30.7045"　海拔：87.775米

遗址位于良口镇良明村枧村南边，塘鲺山下，虎头岭、沙梨园及其之间的广阔台地上。台地位于鸭洞河河口大平原南部，东北临楼田村和良明村，西南为广州马术场，北有鸭洞河

自东向西流入流溪河，其南侧为连绵起伏的大山。台地面积广阔，以遗址正中通往坪田的村级公路为界分为东区和西区。其中东区包括虎头岭、社背、大禾塘、氹仔、芒顶等，西区包括高田、莲塘、阵下、围不底、沙梨园、王洞等。虎头岭位于遗址最东端，为一东西走向山丘，海拔140多米，相对高度60余米，北坡为遗址区，地势南高北低，山脚坡度较缓，

图197　枧村遗址远景（北—南）

种植有荔枝、龙眼等果树，地上杂草丛生，其东边即为鸭洞河，西边一条小溪自南向北注入鸭洞河。沙梨园位于遗址最西端，是向北延伸出的一个呈长条状的小山岗，相对高度20余米，东边有一山坳名"王洞"，谷底一条小溪自南向北经枧村注入鸭洞河，西边即为广州马术场。社背、大禾塘、氹仔、芒顶、阵下、围不底、莲塘、高田是虎头岭与沙梨园之间的开阔台地，地势平坦舒缓，局地有小山丘隆起，现多被开辟为农田，种植水稻、蔬果，局地种植龙眼、荔枝等。

调查时在遗址东西区分别采集大量遗物，分布范围约550 000平方米。其中遗址东区采集遗物见陶片、瓷片、石器等。据遗物特征分析，可分为5组。

图198　枧村遗址东区采集遗物

1组：采集陶片27片、石器2件。陶片均为夹细砂硬陶，陶色以浅灰色为主，另有深灰、灰褐、黄灰色等，纹饰以绳纹为主，另有绳纹加附加堆纹、曲折纹、篮纹、长方格纹、叶脉纹、长方格加附加堆纹等，器形不可辨。石器为石锛，1件为褐色砂岩石，石质较粗，平面形状呈近梯形，扁体状，上窄下宽，顶部圆弧，整器为打制而成，未见磨制痕迹；另1件为青灰色泥岩，磨制，平面呈长方形，尾端略窄。该组时代推断为新石器时代晚期至商代。

2组：采集陶片9片，夹细砂陶为主，计6片，泥质陶次之，计3片，陶色以深灰色为主，少许灰褐、浅灰色等，器表纹饰有夔纹加弦纹、夔纹、方格纹等，器形不可辨。时代为西周至春秋时期，属夔纹陶阶段遗存。

3组：采集陶片5片，均为泥质硬陶，陶色有黑灰、浅灰色，器表饰方格纹、对角线回字纹（复线米字纹），器形不可辨。时代为战国至汉初，属米字纹陶阶段遗存。

4组：采集遗物最丰富，有陶片、瓷片。陶片有黑灰陶、酱褐陶，可辨器形有罐、器盖等，时代为唐代。瓷片见青瓷、白瓷等，可辨器形见碗等，时代为宋代。

5组：采集少许青花瓷片，可辨器形见碗等。时代为明清时期。

遗址西区采集遗物见陶片、瓷片等，据遗物特征分析，可分为4组。

图199　枧村遗址西区采集遗物

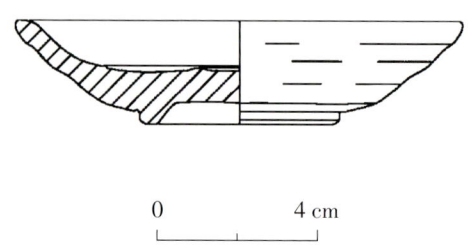

图200　枧村遗址采集青瓷碗（063：采1）

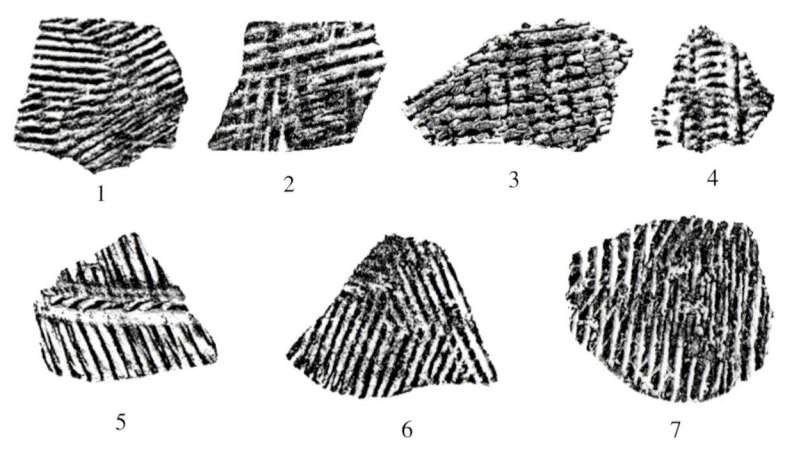

图201　枧村遗址采集陶片纹饰拓片
1、2、6、7.交错绳纹　3.方格纹　4.叶脉纹　5.篮纹加附加堆纹

1组：采集陶片8片，皆为夹细砂浅灰陶，陶质较硬，纹饰有绳纹、曲折纹、绳纹加绞索状附加堆纹，器形不可辨。时代为新石器时代晚期至商代。

2组：采集陶片1片，为泥质深灰硬陶，饰方格纹，器形不可辨。时代为战国至汉初，属米字纹陶阶段遗存。

3组：采集较多陶瓷片。陶片多见器表施黑衣的泥质灰硬陶，可辨器形为罐，时代为唐代。瓷片以青瓷为主，少量白瓷、影青瓷、黑釉瓷等，可辨器形有碗（063：采1）、罐、粉盒等，时代为宋代。

063：采1　青瓷碗，敞口，厚圆唇，斜腹向下内收，平底下附矮斜圈足，足底斜削不甚规整。器表轮痕明显。泥质浅灰白胎，胎较厚，内外施青灰釉不及底。复原口径11.2 cm，底径5 cm，高2.5 cm。（图200）

4组：采集少许陶瓷片，以青花瓷为主，器形有碗、杯、盘等；陶片可辨器形见陶罐、研磨器等。时代为明清时期。

围背后遗址

遗址编号：064　　行政区划：广州市从化区良口镇良明村

地理坐标：山顶，N23°41′36.1904″，E113°42′59.1425″　　海拔：137.642米

遗址位于良口镇良明村杉仔围南边围背后山岗，东临广州马术场，西边为白线底山。围背后山是鸭洞河河口大平原南侧大山延伸出的一处近椭圆形山体，长、宽均约300米，总面积约90 000平方米，山岗海拔145米，相对高度75米，山岗坡度较陡，坡脚有平缓台地，种植有荔枝、龙眼、榄、火龙果等经济作物，山上植被茂盛，杂草丛生，山下为农田，种植有水稻、果蔬、荔枝、龙眼等。山东坡山脚一条溪流自南向北注入鸭洞河。

图202　围背后遗址远景（东北—西南）

山顶断面清理地层可分为3层，斜坡状堆积：①层为表土层，厚5～10 cm，灰黑色，含植物根系等；②层，厚15～35 cm，含细砂颗粒，土质较硬，土色黄色偏灰，可见少量灰黄陶片，饰绳纹，与地表采集陶片特征相同；③层，生土层，黄色，含粗砂和风化基岩。

图203　围背后遗址山顶地层剖面（东—西）

遗物分布范围约120 000平方米，见于围背后山及东侧台地上，集中分布于山顶及东坡山腰处。地表采集遗物初步分析可分为3组。

1组：采集陶片218片、石锛1件（064：采1）、残石器1件。陶片以夹细砂陶为主约200片，少许泥质陶，陶色以浅灰色为主，黄褐色次之，另有灰褐、深灰色等，软陶约占三分之一，其他质地较硬，纹饰以绳纹为主，绳纹或曲折纹加附加堆纹次之，另有素面、曲折纹、篮纹、长方格纹、间断条纹、云雷纹等，可辨器形有器座、罐圈足（圈足器上部断面自然平滑，其上有条纹，为圈足后粘接的实物证）、罐口沿、豆圈足等。残石器应为半成品石锛，

图204　围背后遗址采集遗物

形体较小，平面呈梯形。该组遗物最丰富，时代为新石器时代晚期至商代。

064：采1　石锛，平面形状呈"凸"字形，上部收窄的为柄，柄呈长方形，面较宽，顶部平直，两肩平直，锛体较短，单面刃，黄褐砂岩石，石质较粗，质地稍软。长3.6 cm，宽4.2 cm，厚1.3 cm。（图205）

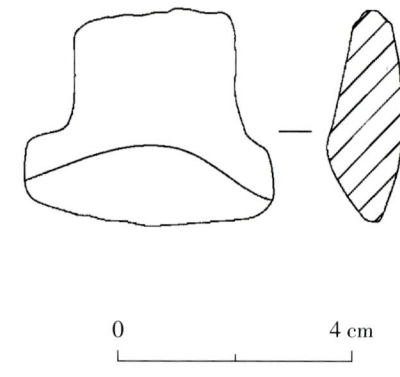

图205　围背后遗址采集石锛（064：采1）

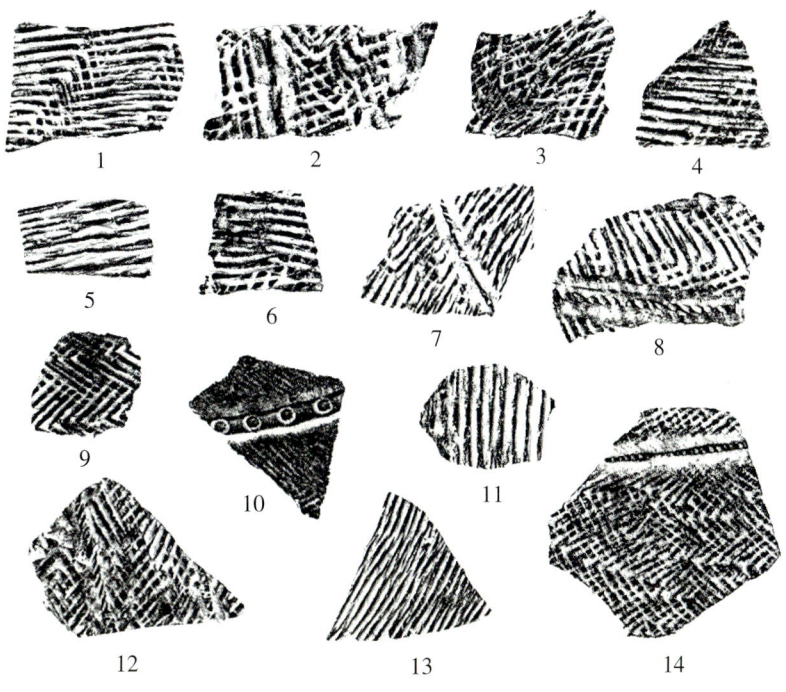

图206 围背后遗址采集陶片纹饰拓片

1、7. 篮纹加附加堆纹　5、11、13. 篮纹　2、3、4、6. 交错绳纹
8、12、14. 交错绳纹加附加堆纹　10. 绳纹加附加堆纹加圆圈纹

2组：采集陶片4片，均为硬陶，2片夹细砂陶，2片泥质陶，陶色有浅灰、红褐、黑灰色，饰方格纹、米字纹，器形不可辨。时代为战国至汉初，属米字纹陶阶段遗存。

白线底遗址

遗址编号：065	行政区划：广州市从化区良口镇良明村
地理坐标：N23°41'51.8316"，E113°42'55.0775"	海拔：63.68米

遗址位于良口镇良明村屋影村南约500米的白线底山北坡山脚台地，西南距围背后遗址约200米，东邻杉新村。台地位于鸭洞河河口大平原南边，地势平坦开阔，海拔约65米，南侧为白线底山，台地现为农田，种植有水稻、荔枝、龙眼等。

遗物分布范围约38 000平方米，

图207 白线底遗址远景（北—南）

图208　白线底遗址采集遗物

图209　白线底遗址采集陶片纹饰拓片
1. 篮纹加附加堆纹　2. 绳纹　3. 方格纹

初步分析可分为4组。

1组：采集陶片14片，皆为夹细砂陶，陶色以浅灰色为主，另有黄褐、深灰色等，陶质多较硬，纹饰有绳纹、绳纹加附加堆纹（附加堆纹为绞索状、带状，其上有戳印圆圈）、曲折纹、篮纹、方格纹等，器形不可辨。时代为新石器时代晚期至商代。

2组：采集陶片4片，均为泥质硬陶，陶色有灰、灰褐色等，纹饰有方格纹、弦纹加水波纹、栉齿纹、素面，器形不可辨。时代为西周至春秋，属夔纹陶阶段遗存。

3组：采集陶瓷片7片，陶片器形有黑灰陶罐、灰陶瓦当等；瓷片为青瓷，可辨器形见碗。该组时代为唐宋时期。

4组：采集少许青花瓷片。时代为明清时期。

小结

鸭洞河谷共计新发现各期遗址22处，除少许遗址内涵较单一外，大部分皆发现两期以上文化遗存。据各遗址分组情况比对分析可将鸭洞河谷考古学文化遗存分为前后发展的5期，见表3。

表3　鸭洞河谷遗址分期表

遗址	分期				
	新石器时代晚期至商代	西周至春秋	战国至汉初	唐宋	明清
散围	1组			2组	3组
高份山					√
（良平）南山			1组	2组	
龙眼岗	1组			2组	3组
大葬	1组			2组	
水㙟	√				
火界山	√				
田顶头	1组				2组
耕	1组	2组		3组	4组
山塘口	1组			2组	3组
死人山	√				
高田	1组		2组	3组	
园国岭	√				
上排	1组			2组	3组
斜仔㙟	1组			2组	3组
山下村	1组	2组	3组		
碧水新村1号	1组			2组	
碧水新村2号	√				
碧水新村3号	1组				2组
枧村	1组	2组	3组	4组	5组
围背后	1组	2组			
白线底	1组	2组		3组	4组

注："√"代表该遗址仅有一组遗存

鸭洞河河谷地区是此次流溪河流域文物资源考古调查最先开展工作的地区，经过近一个月的调查，取得较大收获，在20处遗址发现先秦两汉时期遗存；同时，考古调查积累了丰富的田野经验，为整个流溪河流域的考古调查提供重要的参考。

一期：新石器时代晚期至商代。全流域发现22个遗址，发现该期遗存的遗址计20个，占比91%，代表性遗址有斜仔㘵、山下村、碧水新村2号、枧村、围背后等遗址。采集遗物以陶片为主，另有少量石器。陶片以夹细砂陶为主，少许夹粗砂陶、泥质陶。质地以硬陶为主，质地稍软次之，软陶最少。陶色以各种成色灰陶为主，有深灰、浅灰、灰黄、灰褐、灰黑色等，另有少许红褐、黄褐色等。纹饰以绳纹、曲折纹居多，另有篮纹、附加堆纹、长方格纹、叶脉纹、戳印纹、素面等。因陶片较细碎，器形不可辨，应多为圈足罐残片。石器有石锛、箭镞、砺石等，另有少量器形不可辨。除印纹陶罐类遗存外，在山下村遗址还发现少许夹砂软陶片，质地较印纹陶遗存软，陶色有灰黄、深灰色等，多素面，可辨器形有瓦状鼎足，显示出粤北石峡文化特色。该期遗存与吕田、安山盆地一期考古学文化内涵相同，时代相近，为新石器时代晚期至商代，其中显石峡文化特色的一批遗存时代略早于印纹陶圈足器遗存。

二期：西周至春秋。该期遗存仅见于4处遗址中，且发现遗物少，以枧村遗址为代表，遗物皆为陶片，夹细砂或泥质硬陶，陶色以深灰色为主，少量灰褐、浅灰色，器表饰栉齿纹、夔纹、方格纹及其组合纹，器形不可辨，应多为陶罐/瓮残片。该期遗存与吕田、安山盆地该期遗存内涵相近，属广布于广东省的夔纹陶遗存，时代为西周至春秋时期。

三期：战国至汉初。该期遗存见于4处遗址中，以高田、枧村遗址采集遗物为代表，陶片多为泥质硬陶，陶色多为深灰色，器表纹饰见方格纹、米字纹、对角线回字纹、水波纹等，器形不可辨。该期遗存与吕田、安山盆地同期遗存内涵相近，属晚于夔纹陶阶段的米字纹陶遗存，时代相当于中原地区的战国至汉初（南越国）时期。

四期：唐宋时期。该期遗存见于12个遗址，占鸭洞河谷遗址总数的55%，其中枧村遗址采集遗物最具代表性，该遗址中唐宋时期遗物占比最多，有陶片和瓷片两类。陶片有灰黑陶、酱褐陶，皆为泥质硬陶，部分器表抹陶衣，可辨器形有罐、器盖等。瓷片以青瓷为主，少量白瓷、影青瓷、黑釉瓷，可辨器形以碗为主，另有罐、粉盒、盘/碟等。陶片中的灰黑陶罐/瓮残片及瓷片中的青瓷碗、白瓷粉盒等，属唐宋时期典型器物，具有较强的时代特性，与吕田盆地所见同期遗存相类似。

五期：明清时期。鸭洞河谷地区有12个遗址发现明清时期遗存，采集遗物以各类陶罐残片和青花瓷片为特征，陶片为硬陶，陶色多灰陶色，部分施酱釉，可辨器形以罐为主，少量器盖、盆、研磨器等。瓷片以青花瓷为主，可辨器形为碗、杯、碟、盘等；另有少量青瓷、白瓷，器形多为碗，青瓷碗外壁饰菊瓣纹。

第四节　S354沿线

　　S354东起广州市从化区良口镇，西接清远市佛冈县汤塘镇，东西向，全长约29千米。良口段全长12千米，东起良口镇，西到石岭村西北约3.2千米处的狮子迳亭，途径良新、石岭村。S354良口段沿线依据地形地貌的差异可分东、中、西三段。

　　东段东起良口镇，西到石岭村，地形为狭长形山谷，略呈东北—西南向，全长5800米，宽200~900米。山谷两侧高山耸立，南侧为东西向的烽火岭（凤凰山），北侧进入良口西北部山区。谷底地势平坦，海拔65~80米，山前发育一些缓坡台地和小山岗。低地地区多开辟为农田，种植水稻等；缓坡及小山岗多种植荔枝、龙眼、桉树等；高山区植被茂盛，杂草丛生。S354从谷底横穿，村庄坐落于省道两旁。山谷两侧高山发育一些小溪流，汇入谷底后在石岭村分水坳处分野，东部向东注入流溪河主河道，西部向西汇入石岭水。

　　中段途经石岭、少沙盆地南部，地形开阔平坦。石岭、少沙盆地位于良口镇西部，西与清远市佛冈县接壤，南与磻溪河谷隔山相邻，北到少冲岭山脚，东侧高山延伸至赤树村。盆地平面略呈三角锥形，北部尖，南部宽，西北—东南向，长约3千米，南部最宽约2千米，总面积约3.5平方千米。盆地地势低矮平坦，略呈北高南低状，海拔69~86米。盆地两侧高山环绕，海拔168~298米，上部地势陡峭，山脚蔓延出一些缓坡台地和小山岗，与盆地间形成大片过渡区域，坡度适宜，地势平缓。盆地中部，自少沙村至石岭小学间，分布10余座圆形小山岗，相对高度12~30米，南北相连，呈条状分布，盆地西部有一较大型石灰岩山体，石岭

图210　S354沿线东部全景（南—北）

便因位于该山脚而得名。盆地平原土地多被开辟成农田，以种植水稻、蔬果为主，村庄亦散布其间；缓坡台地和小山岗以种植荔枝、龙眼、橘子等为主；山地多为自然植被，有松树、竹林等。盆地中部有石岭水自北向南流过，石岭水是流溪河北侧一条支流，发源于少沙村北部的少冲岭，流经石岭、少沙盆地后，于盆地东南角穿山谷一路向南，在米埗村附近注入流溪河。石岭水较大支流有四条，一源于少冲岭，为石岭水主源头；一条发源于良口与佛冈交界的贼佬笼，自西向东流；一条发源于分水坳北部的大坑㘵，自东北向西南流，与前两条支流交汇于盆地东南角；第四条为磻溪水，发源于磻溪村西部与佛冈交界高山，全长4.7千米，自西向东流经磻溪河谷后，于格木岗附近汇入石岭水。石岭水全长约7.7千米，流域面积约18.6平方千米，涵盖良口镇少沙、石岭、磻溪、米埗村大部区域。

图211　石岭、少沙盆地全景（北—南）

西段位于山区，连接石岭、少沙盆地和狮子迳亭，为狭窄山谷地形。峡谷呈西北—东南向，西高东低，全长1.5千米，宽50～300米，最宽处位于狮迳遗址所在的山坳处，谷底海拔约110米，两岸高山耸立，地势陡峭。谷底有石岭水西侧支流流经。

S354良口段沿线，目前已掌握的文物资源仅有《广州市文物普查汇编·从化市卷》记录的良新村的子雄李公祠、朱氏宗祠（现已毁弃殆尽）和2008年10月—11月广州市文物考古研究所对大（庆）—广（州）高速公路广州段拟定施工沿线进行考古调查勘探时发现的石床队上龙岗石锛采集点。

S354良口段沿线文物资源考古调查工作开始于2014年7月25日，于2014年9月6日结束。2014年8月24日—28日，9月4日—6日，考古调查队对大塘边窑址进行了抢救性发掘；2014年12月25日—2014年12月26日，为配合牛路水库建设，对良新村安置区进行了重点调查；2015年2月3日，考古调查队又对福旋岗等部分遗址进行了复查。实际调查时间为30天。

调查以石岭、少沙盆地和S354良口段沿线东段山谷为主，对盆地和山谷内的低地平原、山前缓坡台地、小山岗及部分高山地区进行调查，足迹覆盖良新、石岭、少沙3个行政村，36个自然村，调查范围约9平方千米，共计新发现和复查各期遗址27个，其中先秦两汉时期遗址16个。

荔仔山遗址

遗址编号：066　　行政区划：广州市从化区良口镇良新村
地理坐标：N23°43′02.878″，E113°42′04.5766″　　海拔：65.842米

遗址位于良口镇良新村白泥塘南侧荔仔山北坡，西距九西岭遗址约500米，北邻大岭村、S354，西北邻石床队。荔仔山是白泥塘村南海拔118～300米高山向北延伸出的一近圆形的山岗，总面积约45 000平方米，山岗南连高山，北向开阔的谷地，地势南高北低，东西侧有小型山坳，山岗地表种植荔枝、桉树等。

图213　荔仔山遗址远景（西—东）

遗物分布范围约10 000平方米，主要分布于白泥塘村南荔仔山北坡近坡底区域，地表采集到瓷片14片，其中青花瓷碗残片12片（066：采1、066：采2），灰褐瓷碗底部残片2片。据遗物特征推断，时代为清代。

图214　荔仔山遗址采集遗物

图215　荔仔山遗址采集青花瓷碗

1.青花瓷碗（066:采1）　2.青花瓷碗（066:采2）

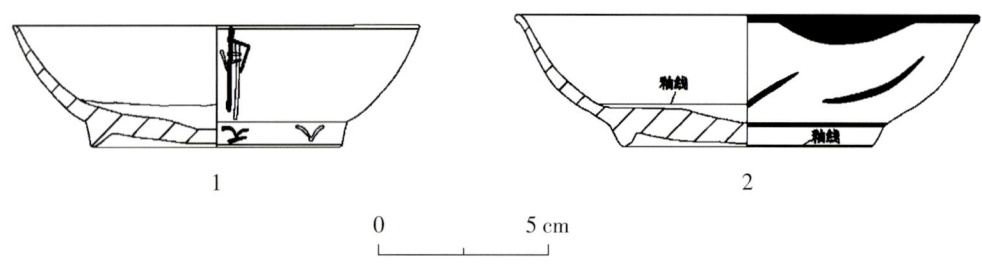

图216　荔仔山遗址采集青花瓷碗

1.青花瓷碗（066:采1）　2.青花瓷碗（066:采2）

066:采1　青花瓷碗，敞口，圆唇，腹弧斜收，下附斜直圈足，浅灰胎，内外施青灰釉，内壁施釉不及底，青花发色青绿。复原口径12 cm，底径7.3 cm，高3.5 cm。（图215：1、图216：1）

066:采2　青花瓷碗，敞口，圆唇外侈，微弧腹向下内收，平底微圜，下附斜直圈足，浅灰白胎，内外施青灰釉，内壁施釉不及底，青花发色灰蓝。口径13.6 cm，底径7.2 cm，高3.7 cm。（图215：2、图216：2）

（良新）担水㘵遗址

遗址编号：067	行政区划：广州市从化区良口镇良新村
地理坐标：N23°43′05.7228″，E113°41′56.5644″　海拔：78.654米	

遗址位于良口镇良新村白泥塘西部九西岭北侧山脚的台地上，台地土名"担水㘵"。台地位于石床、大岭所在谷地南侧，西连九西岭及南侧群山，北接谷地，地势平坦开阔，平面呈不规则形，长约300米，宽约200米，总面积约40 000平方米。东侧和北侧有溪流，地表种植

蔬菜、荔枝、龙眼等。

遗物分布面积约20 000平方米，未见文化层堆积，地表采集遗物可分为3组。

1组：仅采集石锛残片2件，其石质与工艺特点与九西岭遗址采集石锛类同，时代为新石器时代晚期至商代。

图217　（良新）担水㘭遗址远景（西南—东北）

2组：采集陶瓷片7片，陶片见灰黑陶4片，灰陶、褐陶罐残片各1片。瓷片仅见青釉印花碗残片1片。该组时代为唐宋时期。

3组：采集少许瓷片，多为青瓷，另有灰白瓷残片等，为碗腹部残片。时代为明清时期。

图218　（良新）担水㘭遗址采集遗物

九西岭遗址

遗址编号：068　　行政区划：广州市从化区良口镇良新村
地理坐标：N23°43′01.6098″，E113°41′48.3073″　海拔：117.025米

遗址位于良口镇良新村石床队白泥塘西侧，石床队南侧九西岭山顶。九西岭是石床队南、白泥塘西边的一山岗，平面呈舌状，长约300米，宽约200米，总面积约50 000平方米，山

岗海拔约120米，相对高度约45米，山岗南连高山，北侧为低矮的农田，东边有一沟谷，谷底有溪流，山岗北坡和东坡地势较陡，现地表经开荒泥土裸露。

遗物见于山顶位置，分布较密集，范围约20 000平方米。地表采集遗物种类丰富，见石器、陶器、铁器、瓷器等。初步分析，可分为3组。

1组：采集陶片16片、石锛1件

图219　九西岭遗址远景（东北—西南）

图220　九西岭遗址地表暴露遗物

（068：采1）、砺石2件（068：采2、068：采14）。陶片均为夹细砂硬陶；陶色以黄褐色为主，另有浅灰、黄灰、青灰色，纹饰有绳纹、绳纹加附加堆纹、曲折纹等；器形不可辨。该组遗物，据特征推断时代为新石器时代晚期至商代。

068：采1　石锛，黄褐砂岩石，石质细腻，平面形状呈"凸"字形，有柄，顶部略曲折，短溜肩，锛体下部磨制成单面直刃，锋利。顶部及两侧边有崩疤，整器磨制光滑，制作精美。长5.7 cm，宽4.7 cm，厚1.6 cm。

068：采2　砺石，褐红砂岩石，石质较细腻，残存为椭圆形一角，扁饼状，上、下平面磨制呈凹弧状。器表光滑。残长14.8 cm，残宽12.4 cm，厚4.5 cm。

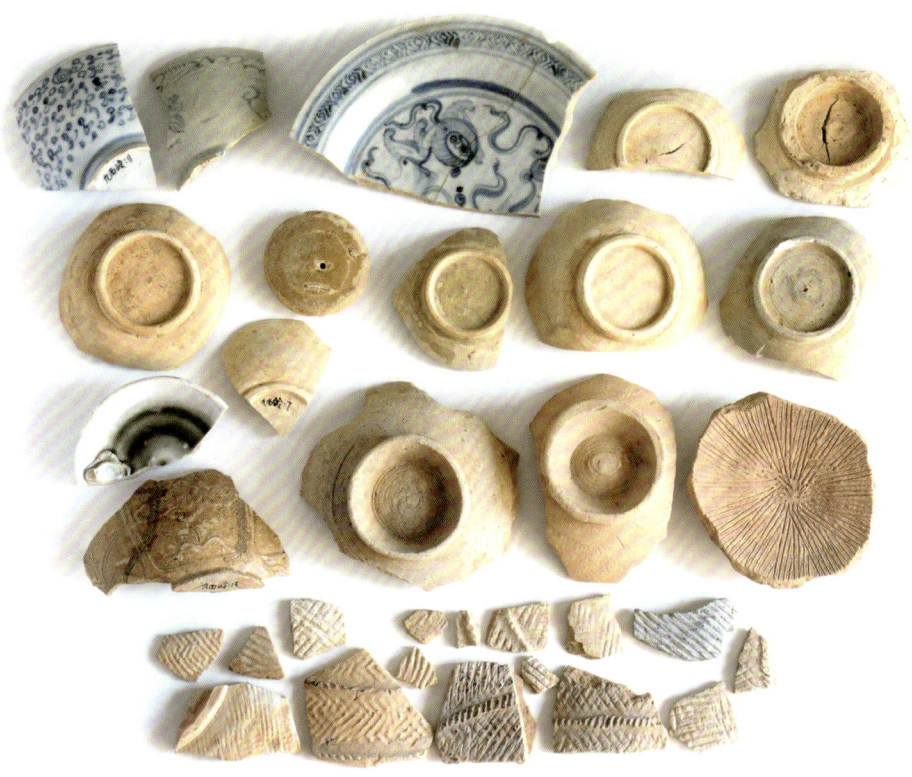

图221　九西岭遗址采集遗物

068：采14　砺石，褐灰砂岩石，石质较细腻。残存呈不规则近方形，两侧面为打击断裂面，另两侧面为原始自然光滑石面，上、下平面磨制呈凹弧状。残长10.6 cm，残宽10.1 cm，厚7.2 cm。

2组：采集陶瓷片2片。陶片为研磨器底残片（残存下腹斜直，凹圜底，下附外撇圈足，圈足似饼足内凹，器内遍布刻槽纹）。瓷片为壶或罐腹部残片，灰白胎，器表施青黄釉，釉下装饰刻花、贴花纹样。时代为唐宋时期。

3组：采集瓷片47片，以灰白瓷为主，另有青花瓷、青瓷，可辨器形有碗、盘，其中灰白瓷碗大多数与大塘边遗址采集的瓷碗形制近同，时代为明清时期。

068：采4　瓷碗，敞口，圆唇，弧壁向下内收，大平底略凹，下附斜直圈足，足跟斜削不规整，内缘着地，外底有"十"字墨书。浅灰胎，器表施酱黄釉，内外施釉不及底。口径13.6 cm，底径6 cm，高5.5 cm。

068：采5　瓷碗，敞口，圆唇，斜直壁向下内收，大平底，中部略凹，下附直圈足，足跟斜削，内缘着地，器表有旋痕似弦纹。浅灰胎，器表施黄褐釉，内外施釉不及底。口径13.2 cm，底径5.6 cm，高5.3 cm。

068：采6　白瓷碗，敞口，圆唇，上腹斜直，下腹弧收收，平底略凹，下附直圈足，足跟近平直，器表有旋痕似弦纹。浅灰白胎，器表施灰白釉，内外施釉不及底。口径12.4 cm，底径5.2 cm，高4.7 cm。

图222 九西岭遗址采集遗物
1. 石锛（068：采1） 2. 砺石（068：采2） 3. 砺石（068：采14） 4. 瓷碗（068：采4）

068：采7 白瓷碗，敞口，圆唇，上壁斜直，下壁弧收，平底，下附直圈足，足跟斜削，内缘着地。灰白胎，器表施灰白釉，釉脱落殆尽。复原口径11 cm，底径5 cm，高3 cm。

068：采8 青花瓷杯，侈口，折沿，尖圆唇，斜直壁向下内收，近底部折收，平底较大，下附斜直圈足，足跟斜削，内缘着地，器表及器内底部饰灰黑色青花。灰白胎，内外施青黄釉，仅足跟无釉。口径6.6 cm，底径2.6 cm，高3.6 cm。

068：采9 瓷盖，近直口，方圆唇，凹曲壁呈母口状，盖顶漫圆，器中偏侧有一穿孔。黄灰胎，器盖顶部施酱黄釉，部分脱落。口径5.8 cm，高1.3 cm。

068：采10 青花瓷盘，侈口，斜折沿，圆唇，浅弧腹，圜底，下附斜直圈足，近足跟斜折，足跟底部内侧也斜削，足跟中部着地。仅足跟无釉。口径20 cm，底径11.5 cm，高3 cm。

068：采11 青花瓷碗，敞口，圆唇，弧腹内收，圜底，下附斜直圈足，通体施釉。复原口径16 cm，底径6.4 cm，高5.6 cm。

068：采12 青瓷盏，敞口，厚圆唇略外侈，浅斜弧腹，平底内凹，器内施厚青灰釉。白胎。口径9.2 cm，底径3.7 cm，高2 cm。

图223 九西岭遗址采集遗物

1. 瓷碗（068：采5） 2. 白瓷碗（068：采6） 3. 白瓷碗（068：采7） 4. 青花瓷杯（068：采8）
5. 瓷盖（068：采9） 6. 瓷瓶（068：采13） 7. 青花瓷盘（068：采10） 8. 青花瓷碗（068：采11）

图224　九西岭遗址采集遗物

1. 青瓷盏（068：采12）　2. "内"字款碗（068：标1）
3. 铁锸（068：采3）

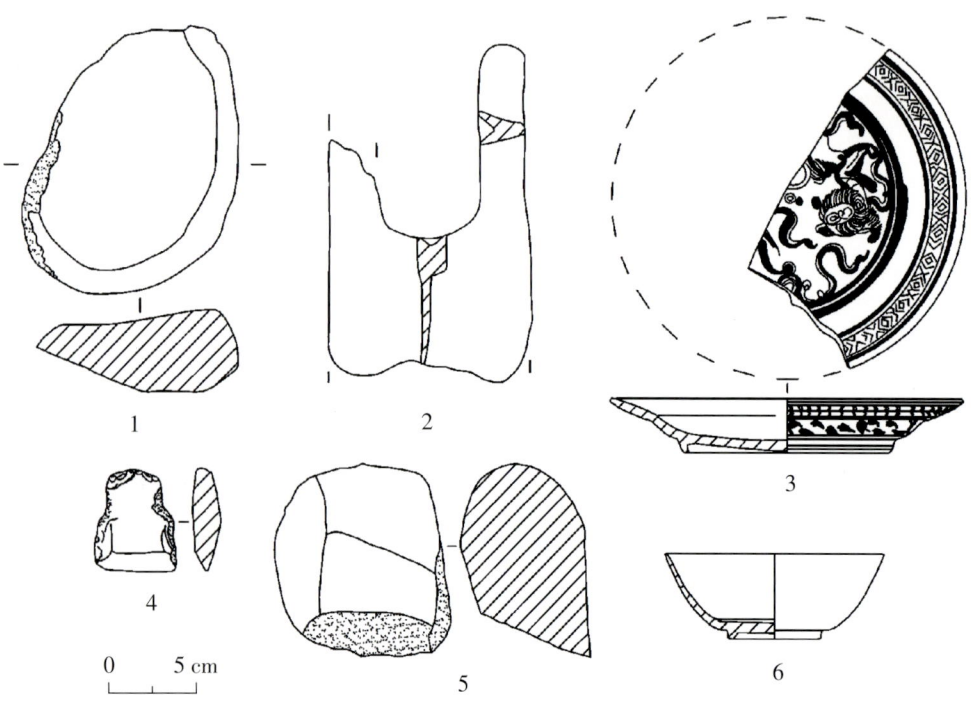

图225　九西岭遗址采集遗物一

1. 砺石（068：采2）　2. 铁锸（068：采3）　3. 青花瓷盘（068：采10）
4. 石锛（068：采1）　5. 砺石（068：采14）　6. 白瓷碗（068：采6）

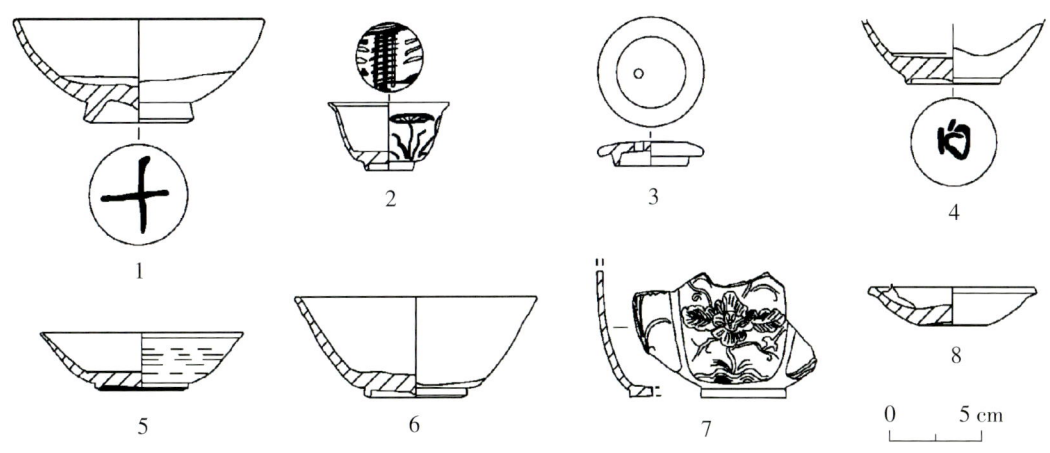

图226　九西岭遗址采集遗物二

1.瓷碗（068：采4）　2.青花瓷杯（068：采8）　3.瓷盖（068：采9）　4."内"字款碗（068：标1）
5.白瓷碗（068：采7）　6.瓷碗（068：采5）　7.瓷瓶（068：采13）　8.青瓷盏（068：采12）

068：采13　瓷瓶，口部残缺，不可复原。残存斜直壁，近底部弧收，饼足，器内施褐红釉，器外施酱黄釉，器表浮刻花草纹。灰胎。残宽10.1 cm，残高6.7 cm。

068：标1　"内"字款碗，口及上腹残缺，残存下腹为弧腹向下内收，平底整体下凹，底与腹相接处有

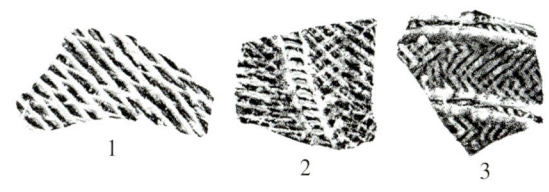

图227　九西岭遗址采集陶片纹饰拓片

1.绳纹　2.交错绳纹加附加堆纹　3.曲折纹加附加堆纹

折棱，直圈足，足跟平直略斜削，外底有墨书"内"字，器腹胎薄，底部厚，内外施灰白釉不及底，釉色光亮。底径5.2 cm，残高3.2 cm。

此外，地表还采集铁锸1件（068：采3），时代不明。

068：采3　铁锸，平面形状呈近长"凹"形，由上部装柄的直箍及其下锸体构成。直箍位于锸体两侧的上部，为长条状，内侧面向内侧开"V"形凹槽用于装柄，下部锸体呈长方形，下部刃部损毁。整器锈蚀较重，表面呈黄褐色。残长18.6 cm，宽11.6 cm，厚18 cm。

福旋岗遗址

遗址编号：069　　行政区划：广州市从化区良口镇良新村

地理坐标：N23°43′11.4895″，E113°41′53.6212″　　海拔：75.638米

遗址位于良口镇良新村石床队南约100米的福旋岗上，北邻S354，南眺九西岭。福旋岗位

于石床、大岭所在谷地西部中间位置，呈东西长条状，长约180米，宽约50米，总面积约9000平方米，海拔约80米，相对高度10余米，山岗顶部平坦，边缘多为断壁，其南侧山脚有一条小溪自西向东流经，种植荔枝、龙眼、乌榄等经济作物，地表较多落叶。遗物见于岗顶中部房屋东侧位置，地表采集石器2件（069：采1、069：采2）、半成品石器1件（黑灰

图228　福旋岗遗址远景（南—北）

砂岩石，石质较细腻，长椭圆形，似水滴状，上窄下宽，扁体，上端两侧面均有打击痕，应为修整成肩的打击痕，器身下部单侧面有磨制斜面呈刃，器长5cm，宽2.2cm，厚1cm）。

069：采1　石吊坠，黑灰砂岩石，石质细腻，平面形状呈长条状，扁体状，顶端近直，下端面圆弧，靠顶部下侧打击收窄似肩，用于系绳，整器磨制光滑。长5.1cm，宽2cm，厚0.6cm。

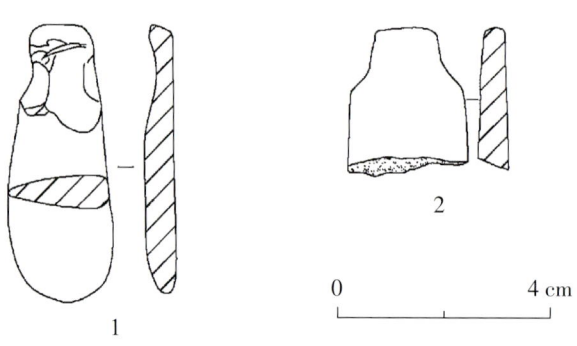

图229　福旋岗遗址采集石器
1. 石吊坠（069：采1）　2. 石锛（069：采2）

图230　福旋岗遗址采集石器
1. 石吊坠（069：采1）　2. 石锛（069：采2）

069：采2 石锛，黑灰砂岩石，石质细腻，平面形状呈近"凸"字形，扁体状，顶部平直，短柄，双肩呈短溜肩状，下端残断。残长2.7 cm，宽2.3 cm，厚0.6 cm。

遗址未见陶片伴出。据石器特征推断，时代为新石器时代晚期至商代。

上龙岗遗址（复查）

遗址编号：070　　行政区划：广州市从化区良口镇良新村

地理坐标：N23°43′20.1300″，E113°41′54.7476″　　海拔：76.373米

遗址位于良口镇良新村石床队东北侧山前平地上。遗址于2008年10月首次发现，广州市文物考古研究所进行大广高速工程建设考古勘探过程中在地表采集石锛1件。此次复查在石锛采集点东南方荔枝林中又发现一批唐—明清时期遗物，合为一处。该区域北靠高山，南邻石床村，地势低平，海拔约76米，周边为低矮农田，以种植水稻、果蔬为主，一条小溪流经此地，村东有一小片荔枝林，遗址北部被大广高速破坏，南部保存较好。

图231　上龙岗遗址远景（南—北）

遗物分布范围约20 000平方米，据遗物特征分析，可分为3组。

1组：采集石锛1件（070：采1）。参照周边遗址所出同类型石锛，推断时代为新石器时代晚期至商代。

070：采1 石锛，青灰砂岩石，石质稍粗，平面形状呈近梯形，扁体状，有柄，上窄下宽，顶部斜直，两侧略出肩近无，锛体下端为单面弧刃。长5.9 cm，宽4.3 cm，厚0.95 cm。

 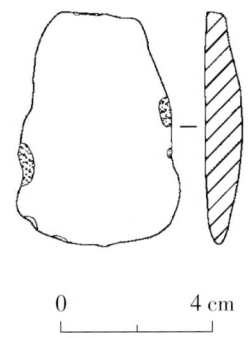

图232　上龙岗遗址采集石锛（070：采1）

图233 上龙岗遗址采集遗物

2组：采集黑灰陶片2片，器形不可辨。时代为唐宋时期。
3组：采集瓷片6片，有灰白瓷、白瓷、青瓷片等，可辨器形见碗。时代为明清时期。

矮桥子遗址

遗址编号：071	行政区划：广州市从化区良口镇良新村
地理坐标：N23°43′25.1796″，E113°42′19.2145″	海拔：71.113米

遗址位于良口镇良新村大岭村东约百米台地上，台地周边有过河矮桥，故而得名。台地北为高山，周边为开阔的谷地，西邻大岭村，南距S354约150米。地势北高南低，坡度平缓，海拔约72米，现开辟为农田，呈阶梯梯田状，种植有水稻、果蔬等，对遗址破坏较大，保存状况一般。

遗物分布范围约6500平方米，地

图234 矮桥子遗址远景（南—北）

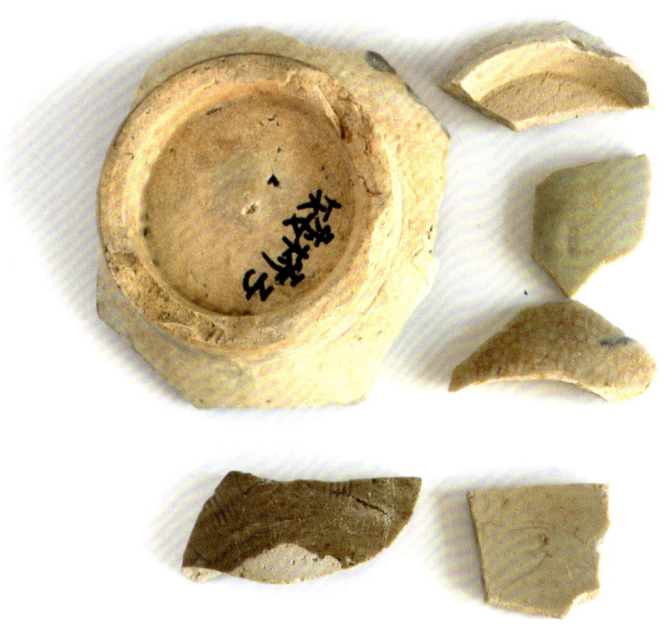

图235 矮桥子遗址采集遗物

表采集少许瓷片，初步分析可分为2组。

1组：采集瓷片2片，有青灰瓷、青瓷片，为碗之残片。时代为宋代。

2组：采集瓷片4片，有青灰瓷、青花瓷片，可辨器形有碗。时代为明清时期。

大塘边窑址

遗址编号：072　　行政区划：广州市从化区良口镇良新村

地理坐标：Y2窑门前，N23°43′27.7052″，E113°42′45.2838″　　海拔：64.389米

遗址位于良口镇良新村大塘边西侧山丘东南角，大广高速良口互通与S354接口处。大塘边位于良口镇西部，隶属于良新村，其南邻S354，东北与铁岗铺相邻，村庄地处较平缓的山谷内，海拔约66米，村北为大广高速，村西为大广高速良新出入口通道，通道从村西山岗东坡穿过，该山岗呈近椭圆形，海拔约112.9米，发现

图236 大塘边窑址远景（东南—西北）

的窑址就位于该山岗东南坡中下部。2014年9月，考古调查队对窑址进行抢救性发掘，发现近

现代炭窑（Y1）一座，明代瓷窑（Y2）一座，近代石灰窑（Y3）一座，在瓷窑周边发现窑业废弃堆积，采集到大量明代白瓷、青花瓷片，器形以碗为主，少量杯。在瓷窑底部出土数十个圆饼状垫饼。

（一）遗迹

Y1：位于大塘边村西侧山岗东南坡中下部，海拔约64米，周边原为荔枝、龙眼林。窑址坐西北向东南，方向155°，开口于耕地层下，上部被毁，口部依山势呈南低北高倾斜状，南北落差约125 cm。整个窑址南北长约820 cm，宽约556 cm，残深约156 cm。由窑室、窑门、火膛、烟囱、窑前工作坑构成，其中窑室位于窑址最北侧，口部呈近椭圆形，窑室口部内长约510 cm，宽322 cm，内深60～156 cm。在窑门西侧有一处长约20 cm的挡火墙，窑壁斜壁向下外扩，靠近底部约50 cm处外扩稍甚，窑壁是一层厚约5 cm的炭黑色颗粒状物质，其外为厚15～20 cm的红烧土，窑室底部呈中间略漫鼓近平状，底部与窑壁物质相同，

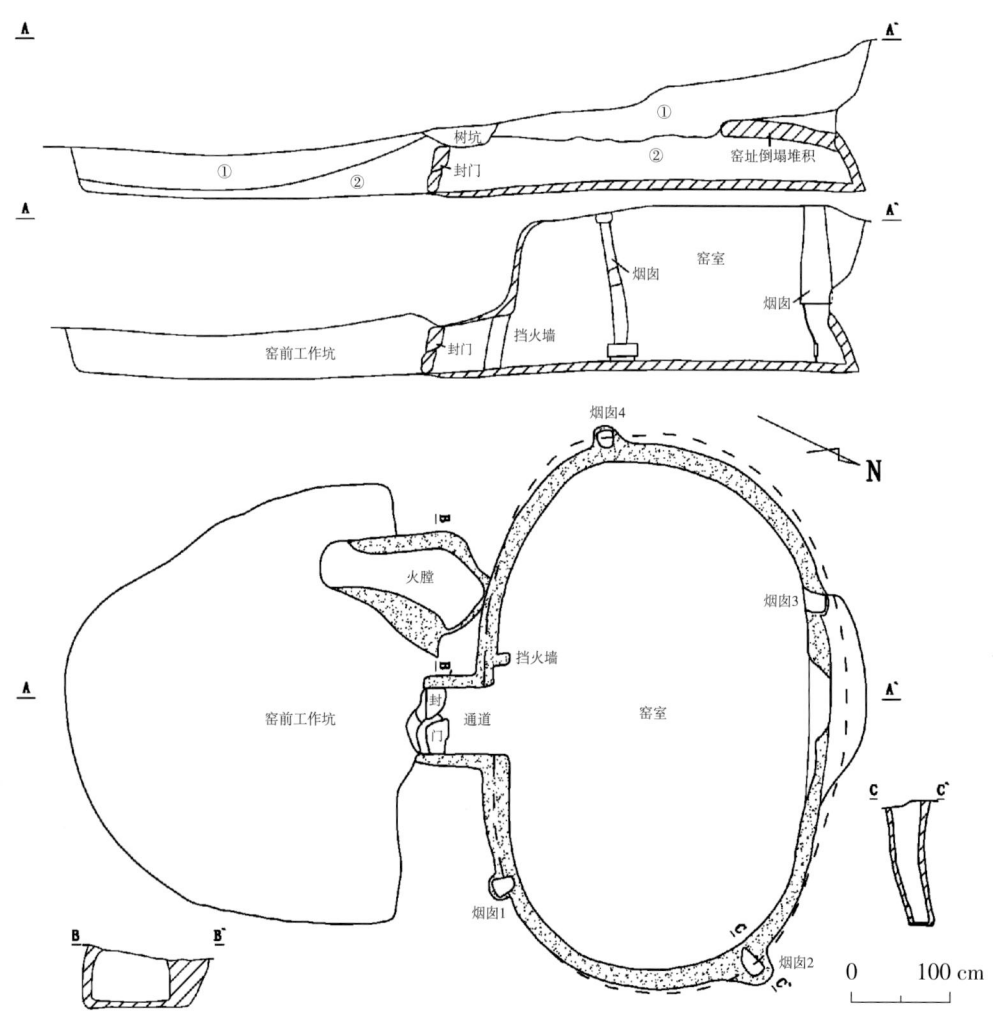

图237　大塘边窑址Y1平剖面图

图238 大塘边窑址Y1窑室内填土堆积情况（东—西）

图239 大塘边窑址Y1发掘工作照（东南—西北）

图240 大塘边窑址Y1发掘工作照（东—西）

图241 大塘边窑址Y1火膛清理后（南—北）

图242 大塘边窑址Y1窑门全景（南—北）

图243 大塘边窑址Y1烟囱清理发掘后全景（东南—西北）

窑室底部长约555 cm，宽约370 cm。窑门位于窑室南部正中，所谓的窑门顶部结构已无存，仅存下部通道，呈长方形，长约96 cm，宽约66 cm，残深约60 cm，其两侧壁近直，底部较窑室底部略低。火膛位于窑门西部外侧，平面形状呈近长条状，顶部被毁，仅存火膛下部，其长约170 cm，宽34～60 cm，残深52 cm。火膛前部为缺

图244 大塘边窑址Y1发掘清理后全景（南—北）

口，用于加柴木，东、西、北壁下部近直，上部向上弧收，底部呈前后略高中部略低的上翘状，火膛周壁为红烧土壁。烟囱位于窑室周边外侧，共四个，大致呈等距分布，其与窑室仅以窑室壁相隔，口部平面呈圆形、椭圆形、近方形，长18～30 cm，宽16～20 cm。周壁为红烧土壁，其中两侧壁近直，内外两壁依窑室壁呈向下外扩状，底部与窑室相通，通道口宽24～26 cm，高约5 cm，底与窑室底平。窑前工作坑呈近长半圆状，长约340 cm，宽约440 cm，深36～60 cm。周壁呈斜壁向下内收状，底部近窑门侧近平，前端略长翘状，工作坑底部有一层极薄的炭灰状物。依窑址形制判断，该窑应为炭窑，时代为近现代。

　　Y2：属龙窑，上部被毁，仅存窑底，窑室前部也被现代沟打破扰失，残存依山势呈北高南低倾斜状，南北落差约110 cm，方向160°，口部平面呈残梯形，上宽下窄，残长约350 cm，宽136～200 cm，残深5～30 cm。现存窑室后部为红烧土面，宽约90 cm，其上有两块残砖，是

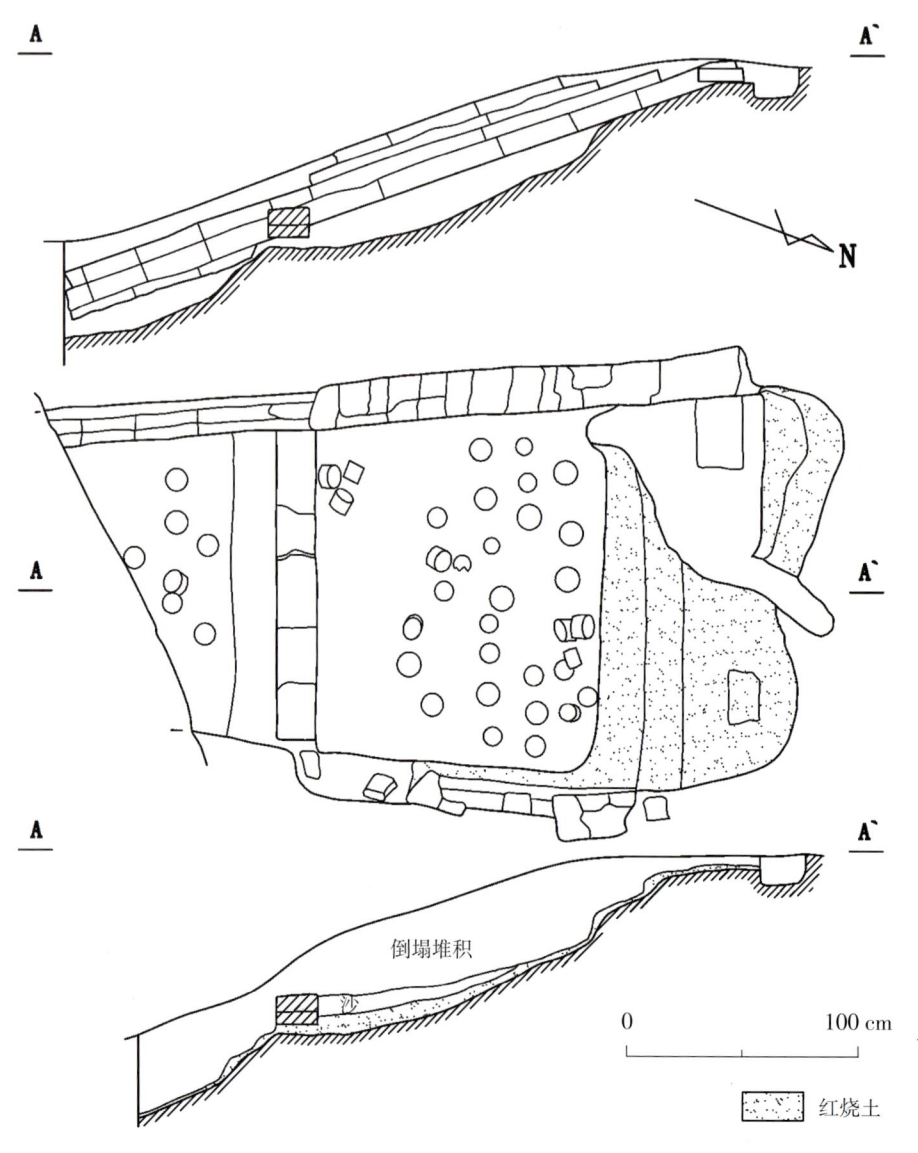

图245　大塘边窑址Y2平剖面图

图246　大塘边窑址Y2窑室轮廓初步显露（东南—西北）　　图247　大塘边窑址Y2发掘工作照（北—南）

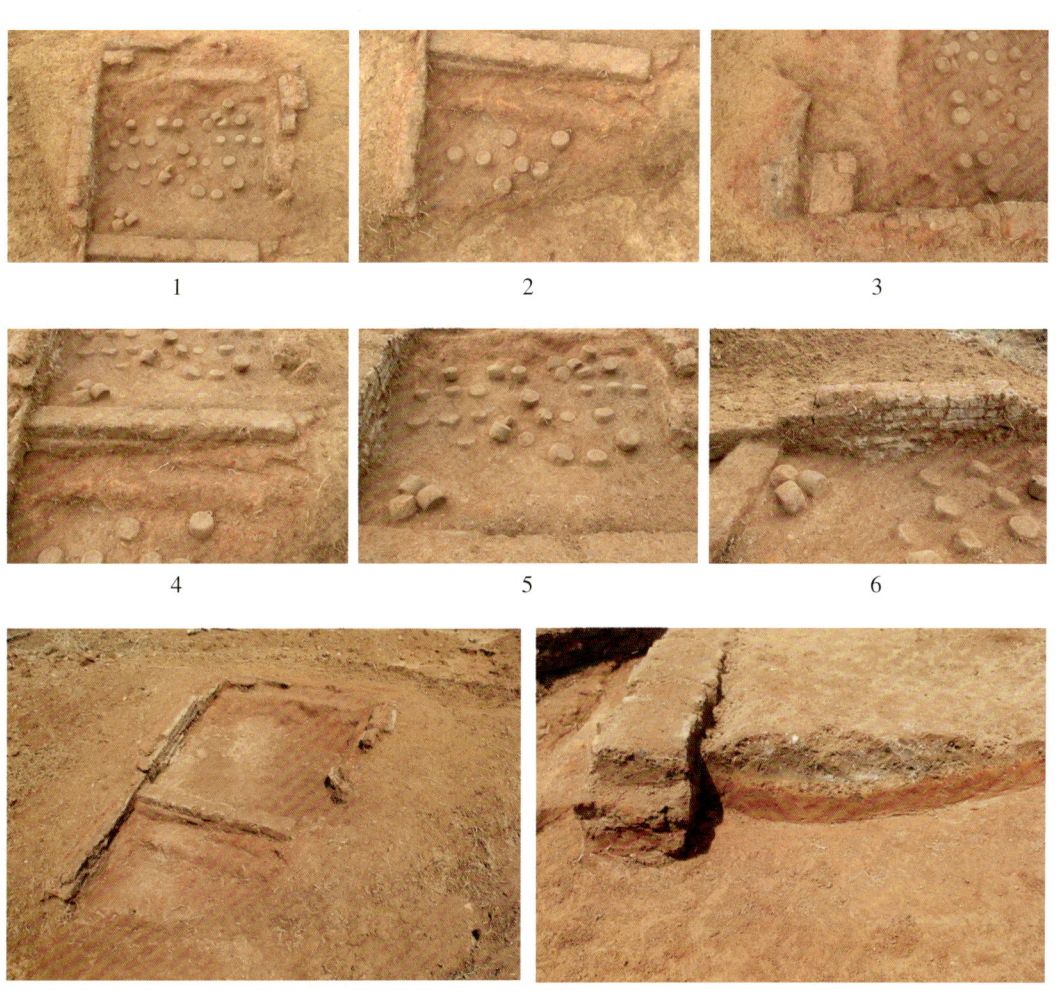

图248　大塘边窑址Y2发掘情况

1. Y2北侧窑室底部全景（南—北）　2. Y2南侧窑室底部全景（南—北）　3. Y2北侧烟囱（南—北）
4. Y2南北侧窑室阶级（南—北）　5. Y2窑室底部垫饼摆放情况（南—北）　6. Y2西侧残存窑壁（东—西）
7. Y2窑室底部解剖全景（东南—西北）　8. Y2底部红烧土堆积情况（东—西）

图249　大塘边窑址Y2底部全景（南—北）

否为后壁不明，两侧壁用红砖顺放错缝平铺叠砌而成，内壁因烧制而成结晶状，部分用砖外侧面也有结晶物，显然应是修补或拆除其他窑室用砖构筑该窑窑壁的现象，其中西壁保存稍好，共有五层，东壁保存较差，仅两层，残存窑室呈分级状，底部大致呈南低北高倾斜状，两级窑室之间用红砖横放错缝平铺叠砌两层做分隔，其上侧面与上一级窑室底部相平。上一级窑室内长约160 cm，内宽140～160 cm，窑室底部有32件垫饼支座，残存大致分为四排，其间填充粗砂做了加固，因烧制粗砂表面呈结晶状。后一级窑室残长16～72 cm，宽120～136 cm，其内残存有7件垫饼支座，有规律的仅见横放的一排，此垫饼支座上侧面均有碗底压的圆圈痕。窑室底部有一层厚2～10 cm的红烧土层，其上为粗砂，厚0～10 cm。该窑室内堆积为杂褐色土，清理出土较多瓷碗残片、垫饼支座，另有几片火照。出土的瓷碗依器

图250　大塘边窑址石灰窑Y3全景（南—北）　　图251　大塘边窑址石灰窑Y3西壁（东—西）

形特征判断当为明代遗物，初步判断该窑为明代烧制瓷碗的瓷窑。

Y3：石灰窑，发现于公路旁断壁上，南部被公路破坏，残存北部，顶部残损无存。原型应为馒头型，残存直径约1.8米，高约1.5米，土壁厚约20 cm，因高温灼烧土壁呈砖红色，表层有厚约5 cm胶结层，局部可见残存石灰粉末。据当地村民介绍，该地在中华人民共和国成立初期尚有石灰窑在使用，该窑未清理到底，详细结构不详。

（二）遗物

1. 采集遗物

地表采集到明代瓷片近1500片，可复原瓷碗数十件。大部分为白瓷片（有些略泛青灰），另有少量青花瓷片（青花呈淡灰色），仅3片黑釉瓷片。这些瓷片几乎均为碗之残片，仅见1件研磨器残片和1件器盖残片。碗之口部及腹部胎均薄且由口向底逐渐加厚，底部胎厚重，内底近平，足跟斜削。瓷碗以内外施灰白釉不及底为最，除足跟外通体施釉者极少，碗内底有砂圈者仅2件。一般釉层薄，釉色不光亮，另发现零星碗内底有墨书痕，仅3件字迹清晰，分别为"千""田"字，另1件字不全，无法识读。白釉碗（含淡灰青花碗）可以分为三型，分别为A、B、C型。其中A型碗为浅腹碗，数量最少，明确为该型的仅2件，依口部不同可分为Aa、Ab两个亚型，Aa型为敞口碗，Ab为侈口碗。B型碗形体较小似杯，定为杯型碗，该型碗数量少，明确为该型的仅14件，依口部不同分为Ba、Bb两个亚型，Ba型为敞口碗，Bb型为侈口碗。C型数量最多，除A型和B型碗、黑釉碗、研磨器、器盖之外，几乎均属该型，依口部不同分为Ca、Cb、Cc三个亚型，Ca型碗为敞口，Cb型碗为侈口折沿碗，Cc为侈口碗。

A型浅腹碗。分两个亚型。

Aa型敞口碗。仅1件。

072：采33　敞口，圆唇，浅腹，上腹斜直，下腹弧收，大平底略凹，下附矮直圈足，足跟斜削较窄，内缘着地。黄灰胎，碗壁胎薄，碗底厚。器表施灰白釉，内外施釉不及底，釉层薄。口径11.2 cm，底径6 cm，高2.6 cm。

Ab型侈口碗。仅1件。

072：采17　侈口，短折沿，圆唇，浅腹，上腹斜直，下腹弧折收，大平底略内凹，下附矮斜直圈足，足跟斜削，内缘着地，器腹饰细弦纹。灰白胎，器表施青灰釉，釉色较光亮，内外施釉不及底，部分釉层脱落。口径9.4 cm，底径5.1 cm，高2.3 cm。

B型杯型碗。形体小似杯，共14件，可复原8件，依口沿不同分为两个亚型。

Ba型敞口碗。共5件。

072：采15　敞口，圆唇，上腹斜直，下腹弧收，平底，下附直圈足，足底斜削，外缘着地，器表有旋痕似弦纹。灰白胎，器表施灰白釉，碗外壁釉色较光亮，内壁釉层大部分脱落，内外施釉不及底。口径8.3 cm，底径3.5 cm，高3.2 cm。

072：采16　敞口，圆唇，斜弧壁内收，圜底，下附矮斜直圈足，足跟内外斜削，中间着地，器表饰弦纹。灰白胎，施青灰釉，釉色光亮，有冰裂纹，器外施釉不及足跟，内壁遍施

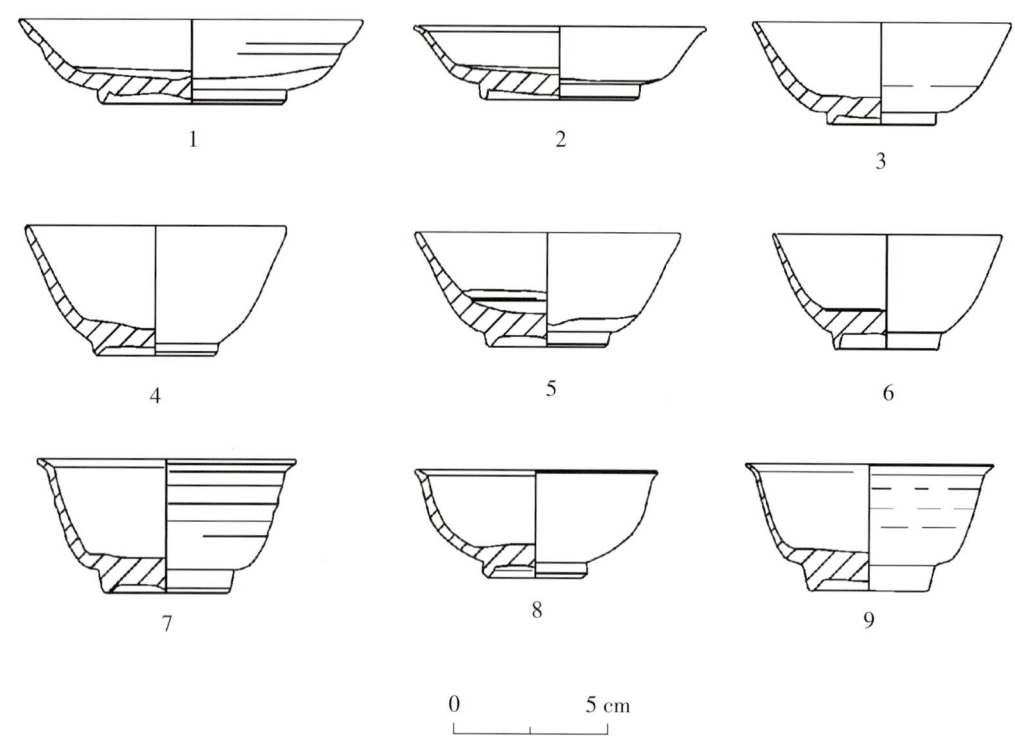

图252　大塘边窑址出土A、B型碗

1. Aa型（072：采33）　2. Ab型（072：采17）　3~6. Ba型（072：采15、072：采16、072：采30、072：采31）
7~9. Bb型（072：采19、072：采21、072：采29）

釉。口径8.4 cm，底径4 cm，高4.1 cm。

072：采30　敞口，圆唇，斜弧腹内收，平底略凹圜，下附斜直圈足，足跟斜削，内缘着地。灰白胎，施青灰釉，釉色光亮，内外施釉不及底。口径8.6 cm，底径3.9 cm，高3.6 cm。

072：采31　敞口，圆唇，斜腹内收，平底，下附斜直圈足，足跟平直较窄。灰白胎，内外施灰白釉不及底，釉层较薄，多有脱落。口径7.4 cm，底径3.3 cm，高3.6 cm。

Bb型侈口碗。共3件。

072：采19　侈口，折沿，方圆唇，斜腹微弧，平底，下附直圈足，足跟内外斜削，中缘着地，器上腹轮痕明显似弦纹。浅灰胎，除足跟外，通体施青灰釉，釉色光亮。口径8.4 cm，底径4.2 cm，高4.2 cm。

072：采21　侈口，折沿，圆唇，斜弧腹内收，平底，下附直圈足，圈足略外撇，足跟斜削，内缘着地。灰白胎，施青灰釉，外壁施釉不及底，内壁遍施釉，有冰裂纹。口径7.8 cm，底径3.4 cm，高3.4 cm。

072：采29　侈口，折沿，圆唇，斜弧腹，平底，下附斜直圈足，足跟斜削不规整。灰白胎，除足跟外通体施青灰釉，釉色光亮，有冰裂纹。口径8 cm，底径3.8 cm，高4 cm。

C型碗。 可复原的计70件。依口沿不同分为三个亚型。

Ca型敞口碗。 共40件。

072：采3　敞口，圆唇，斜弧腹，大平底，下附斜直圈足，足跟斜削，内缘着地。上腹饰弦纹，圈足不规整。黄灰胎，内外施白釉不及底。口径13.2 cm，底径6 cm，高4.4 cm。

072：采9　敞口，圆唇，上腹近直，下腹弧收，平底，下附斜直圈足，圈足较矮，足跟斜削，内缘着地。浅黄灰胎，内外施灰白釉不及底，有细冰裂纹，器外釉色较光亮。口径13.2 cm，底径5.5 cm，高5 cm。

072：采12　敞口，圆唇，上腹斜直，下腹弧收，平底稍大，下附极矮外撇圈足，足跟斜削，内缘着地，器表釉下有弦纹。灰白胎，碗壁胎薄，底部厚。器表施灰白釉，内外施釉不及底，釉色光亮，但大部分被褐色土锈覆盖。口径13.2 cm，底径5 cm，高4.4 cm。

072：采13　敞口，圆唇，上腹斜直，下腹弧收，平底略凹，下附直圈足，足跟平直稍宽。上腹饰细弦纹，浅灰白胎，内外施灰白釉不及底，釉层大部分脱落。口径13.3 cm，底径5.4 cm，高4.6 cm。

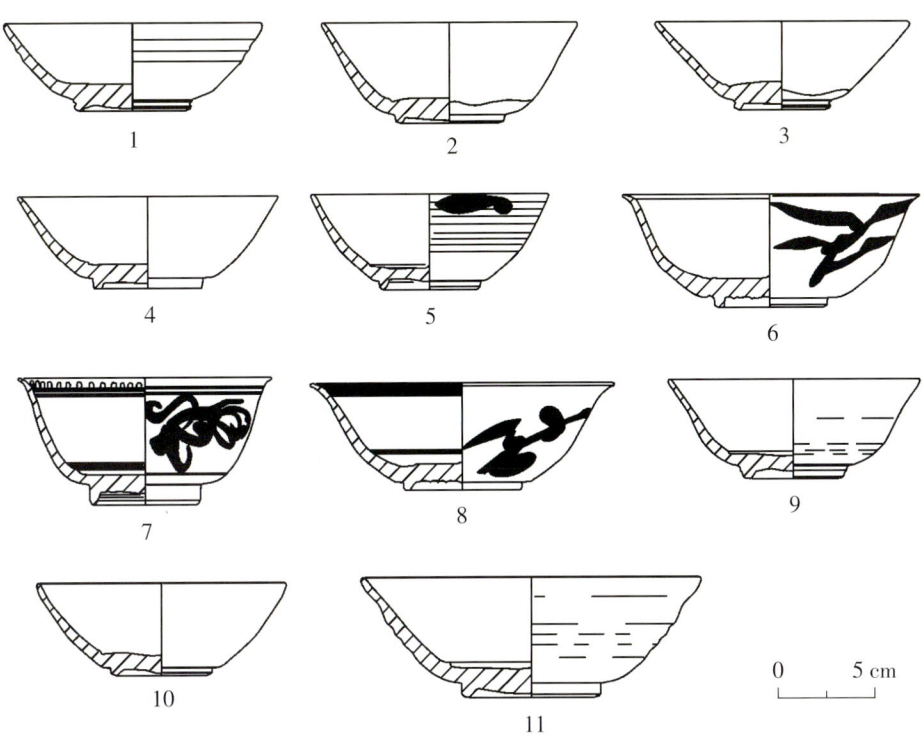

图253　大塘边窑址出土C型碗

1~5. Ca型（072：采3、072：采9、072：采12、072：采13、072：采24）
6~8. Cb型（072：采22、072：采20、072：采23）　9~11. Cc型（072：采5、072：采7、072：采14）

072：采24　敞口，圆唇，上腹斜直，下腹折收，平底略凹，下附斜直圈足，足跟斜削，内缘着地。上腹饰弦纹，碗口有两处树叶状横向淡灰青花。浅灰白胎，内外施釉不及底，釉层部分脱落，釉色较光亮，有冰裂纹。口径12.2 cm，底径5.2 cm，高4.8 cm。

Cb型侈口折沿碗。 共9件。

072：采20　侈口，折沿，圆唇，上腹斜直，下腹弧收，平底较大，下附直圈足，足跟斜削，内缘着地，器内外施淡灰色青花，器内碗口及底外各有一周淡灰青花弦线。灰白胎，除足跟外，通体施青灰白釉，釉色光亮，有细小冰裂纹。口径13 cm，底径5.6 cm，高6.4 cm。

072：采22　侈口，折沿，圆唇，上腹斜直，下腹弧收，平底较大，略凹，下附直圈足，足跟外侧斜削，内侧平直，器外有淡灰色青花，器内碗口及底外各有一周淡灰青花弦线。浅灰白胎，内外施灰白釉不及底，釉层多脱落，保存稍好处釉色光亮，有细冰裂纹。口径15.5 cm，底径5.9 cm，高5.6 cm。

072：采23　侈口，折沿，圆唇，上腹斜直，下腹弧收，大平底，下附直圈足，足跟外部斜削，内侧平直着地，器外有淡灰色青花，器内碗口及底外各有一周淡灰青花弦线。内外施灰白釉不及底，釉层大部分脱落，保存稍好处釉色光亮，有细冰裂纹。口径15.7 cm，底径6.1 cm，高5.4 cm。

Cc型侈口碗。 共21件。

072：采5　侈口，圆唇，上腹略凹曲，下腹弧收，平底较大，中部略凹，下附斜直圈足，足底斜削，内缘着地，器表有旋痕。灰白胎，碗壁胎薄，底部较厚。器表施灰白釉，内外施釉不及底，碗外壁釉色较亮，有冰裂纹，有流釉痕，整个碗壁釉层较薄。口径13.1 cm，底径5.2 cm，高5 cm。

072：采7　侈口，圆唇，上腹略凹曲，下腹弧收，平底，中部略凹，下附矮直圈足，足跟斜削，内缘着地，上腹釉下数周弦纹，口部一处淡灰青花斑。灰白胎，碗壁胎薄，底部厚。器表施灰白釉，内外施釉不及底，釉层薄，大部分脱落。口径12.1 cm，底径5.8 cm，高4.6 cm。

072：采14　侈口，圆唇，上腹斜直，下腹弧收，大平底，下附直圈足，圈足略内斜，足跟斜削，内缘着地，器表施弦纹。灰白胎，器表施青灰白釉，碗外壁釉色光亮，内外施釉不及底。口径17.6 cm，底径7.2 cm，高6 cm。

带"字"碗。 共3件。皆不可复原。其中1件因残缺无法辨识。

072：标3　"田"字碗上部残缺，下腹弧收，平底，下附直圈足，足跟斜削，内缘着地，内底一侧有墨书"田"字。灰白胎，残存碗底内外无釉。复原底径6 cm，残高2.4 cm。

072：标5　"千"字碗上部残缺，下腹弧收，平底较大，下附直圈足，足跟外侧斜削，内侧平直着地，碗内底一侧有墨书"千"字。灰白胎，内外施釉不及底。复原底径5.9 cm，残高2.4 cm。

砂圈碗。 共3件，皆不可复原。

072：标6　上部残缺，残存下腹为弧腹内收，平底略弧鼓，下附直圈足，足跟斜削，

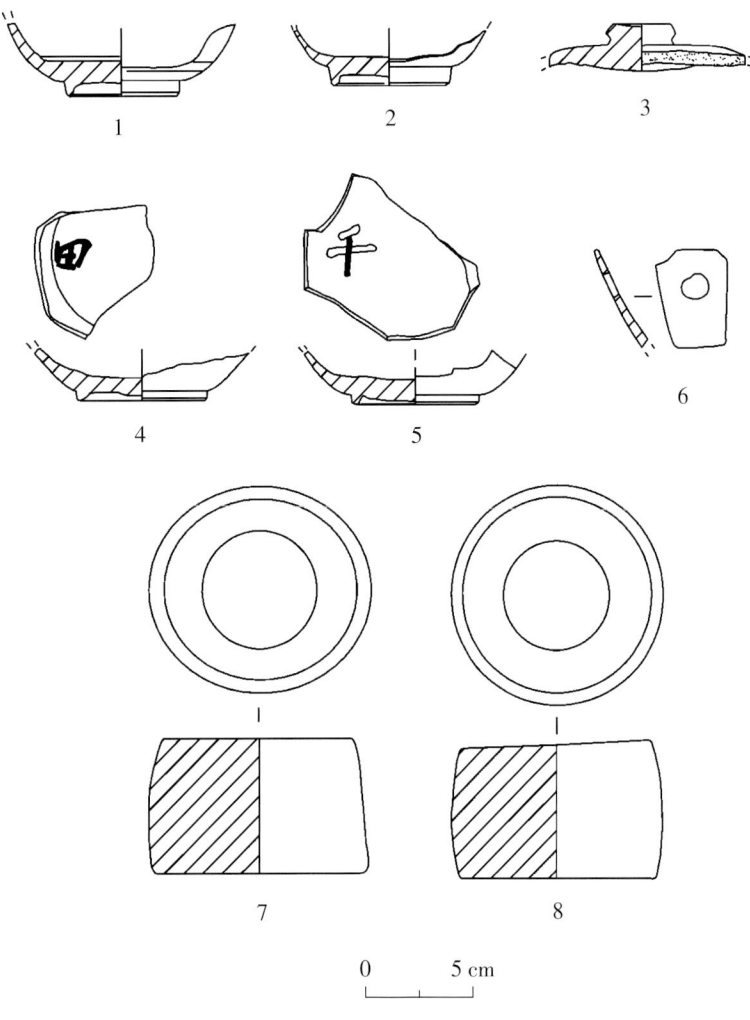

图254 大塘边窑址出土其他遗物

1、2. 黑瓷碗（072：标1、072：标2） 3. 器盖（072：采18） 4."田"字碗（072：标3）
5."千"字碗（072：标5） 6. 火照（072Y2:3） 7、8. 垫饼（072Y2:1、072Y2:2）

内缘着地。浅灰白胎，除足跟及砂圈外，通体施青灰釉，釉色光亮，有冰裂纹。底径5 cm，残高2.7 cm。

072：标7 上部残缺，残存下腹为弧腹内收，平底，下附斜直圈足，足跟斜削，内缘着地，圈足两周细弦纹。浅灰白胎，除足跟及砂圈外，通体施青灰釉，釉色光亮，有冰裂纹。底径4.8 cm，残高3.9 cm。

黑瓷碗。 无可复原之器，碗之口沿及底部残片计4片。

072：标1 上部残缺，下腹弧收，大平底，下附直圈足，足跟内外斜削，中间着地。浅灰胎，除足跟外，通体施釉，碗外底施青灰釉，其余部分皆为黑釉，釉色暗，不光亮。底径5.2 cm，残高3.3 cm。

图255 大塘边窑址出土遗物

1. Aa型碗（072：采33） 2. Ab型碗（072：采17） 3. Ba型碗（072：采15） 4. Ba型碗（072：采16）
5. Ba型碗（072：采30） 6. Ba型碗（072：采31） 7. Bb型碗（072：采19） 8. Bb型碗（072：采21）

图256 大塘边窑址出土遗物

1. Bb型碗（072：采29） 2. Ca型碗（072：采3） 3. Ca型碗（072：采9） 4. Ca型碗（072：采12）
5. Ca型碗（072：采13） 6. Ca型碗（072：采24） 7. Cb型碗（072：采20） 8. Cb型碗（072：采22）

图257　大塘边窑址出土遗物
1. Cb型碗（072：采23）　2. Cc型碗（072：采5）　3. Cc型碗（072：采7）　4. Cc型碗（072：采14）
5. 黑瓷碗（072：标1）　6. 黑瓷碗（072：标2）　7. 砂圈碗（072：标6）　8. 砂圈碗（072：标7）

图258 大塘边窑址出土遗物
1. "千"字碗（072：标5） 2. "田"字碗（072：标3） 3. 器盖（072：采18）
4. 火照（072Y2：3） 5. 垫饼（072Y2：1） 6. 垫饼（072Y2：2）

072：标2 上部残缺，下腹弧收，平底略凹，下附直圈足，足跟内外斜削，中间着地。浅灰白胎，足跟外斜，通体施釉，器外为黑釉，器内为青灰釉，釉色光亮。底径5.5 cm，残高2.5 cm。

器盖。1件。

072：采18 器盖口及沿部残缺，不可复原，顶部周边为漫弧，平顶，正中有圆饼形钮，钮面内凹。灰白胎，器表施青灰釉，釉色光亮，遍布冰裂纹。钮径3.3 cm，残高2.3 cm。

2. Y2出土遗物

072Y2：1　垫饼，近圆柱形，上窄下略宽，上、下面均为平面，均上有垫烧碗底压痕。夹砂褐陶，质地硬，上侧面径9 cm，下侧面径9.7 cm，高6.2 cm。

072Y2：2　垫饼，圆柱形，上、下面均为平面，其中上侧面有垫烧碗底压痕。夹砂褐陶，质地硬，上侧面径8.9 cm，下侧面径9.1 cm，高6.4 cm。

072Y2：3　火照，敞口，圆唇，斜弧壁向下内收的碗口沿残片，口下有不规则的圆穿孔，火照上部施青灰釉。器长4.5 cm，宽3.4 cm，孔径1.1~1.3 cm。

铁岗埔遗址

遗址编号：073	行政区划：广州市从化区良口镇良新村
地理坐标：N23°43'50.0279"，E113°42'51.0694"　海拔：70.289米	

遗址位于良口镇良新村铁岗埔村北部偏西，大广高速良口互通出口北侧，遗址南部为土名"围老顶"的山岗，大广高速公路从围老顶南半部山岗穿过。遗址所在区域是一片台地，平面呈长方形，南北向，长150米，宽120米，面积约18 000平方米，海拔约85米，相对高度约5米，台地北连群山，周边为低矮的小型山坳，台地上种植有荔枝、龙眼、水稻等，保存状况一般。

图259　铁岗埔遗址远景（东南—西北）

图260　铁岗埔遗址采集遗物

遗物分布范围约13 000平方米，地表采集少许陶瓷片，据遗物特征分析，可分为2组。

1组：采集黑灰陶7片，可辨器形有罐腹残片等。时代为唐宋时期。

2组：采集青花瓷、青灰瓷片8片，可辨器形有碗。时代为明清时期。

狮头山遗址

遗址编号：074　　行政区划：广州市从化区良口镇良新村

地理坐标：（山顶砍砸器采集点）N23°43′33.3149″，E113°42′58.9350″　海拔：66.303米

　　　　　（山脚陶片采集点）N23°43′31.9316″，E113°42′59.8318″　海拔：43.461米

遗址位于良口镇良新村铁山队铁岗埔南边，西毗大塘边，东连格塘，南邻S354。狮头山是流溪河西侧一独立小山岗，平面呈水滴状，由东西两座连绵起伏的山丘组成，西宽东窄，西高东低，山岗全长约350米，西部宽约130米，总面积约24 000平方米，西侧山岗海拔86米，相对高度约20米，山岗北侧山脚为村庄，南部为地势低平的农田。狮头山西部以种植荔枝为主，另有龙眼、竹子等，东部山上以种植竹子为主，山上植被茂盛，杂草丛生。山南农田以种植蔬菜为主，田内土质为沙土。2015年6月1日—6月7日，广州市文物考古研究院为配合牛路水库建设工程永久性占地区工程项目建设，对狮头山遗址进行考古勘探。在狮头山遗址发现窑室5座，并对其中2座进行钻探，了解其形状结构。经勘探，弄清了狮头山遗址地层情况。此外，调查时在地表采集石器、唐至明清时期陶瓷片等文化遗物。

（一）地层堆积情况

1. 狮头山西部区域

①层，褐色地表扰土层，土质较松，厚10~20 cm，含植物根系等，局部厚达80 cm。

②层，黄褐色或淡黄色或青灰色黏土夹砂岩层，土质较硬且纯净，系生土层。

2. 狮头山东部区域

①层，灰褐色地表扰土层，土质较松，厚25~40 cm，含植物根系等。

②层，黄褐色或红褐色黏土层，土质较硬且纯净，系生土层。

图261　狮头山西部区域地层堆积情况

（二）遗迹

在勘探过程中，于狮头山东部发现有土壁窑室5座，保存较差，其中有2座位于道路中间，其余

3座位于民宅之中，部分区域被建筑所压。根据地形情况以及窑址保存状况，对道路上的窑址进行简单清理及钻探，以确定其形状、结构等情况，依次编号为074Y1和074Y2，其余未勘探窑室编号为074Y3、074Y4、074Y5。

074Y1：窑室平面呈圆形，窑道长方形，方向260°。开口①层下，打破生土层。窑室口部直径为220 cm，窑壁底部稍向内收，底径不详，底部距地表深约170 cm；窑内堆积草

图262　狮头山遗址074Y1平面全景（北—南）

木灰、碎石、烧土等；烧结面厚约15 cm；火门位于窑室北壁，宽约70 cm，高度不详；窑道位于窑室北部，长约400 cm，宽约160 cm，底部距地表110～250 cm，斜坡状。坐标为N23°43′34.7004″，E113°43′04.1762″，海拔为68.100米。

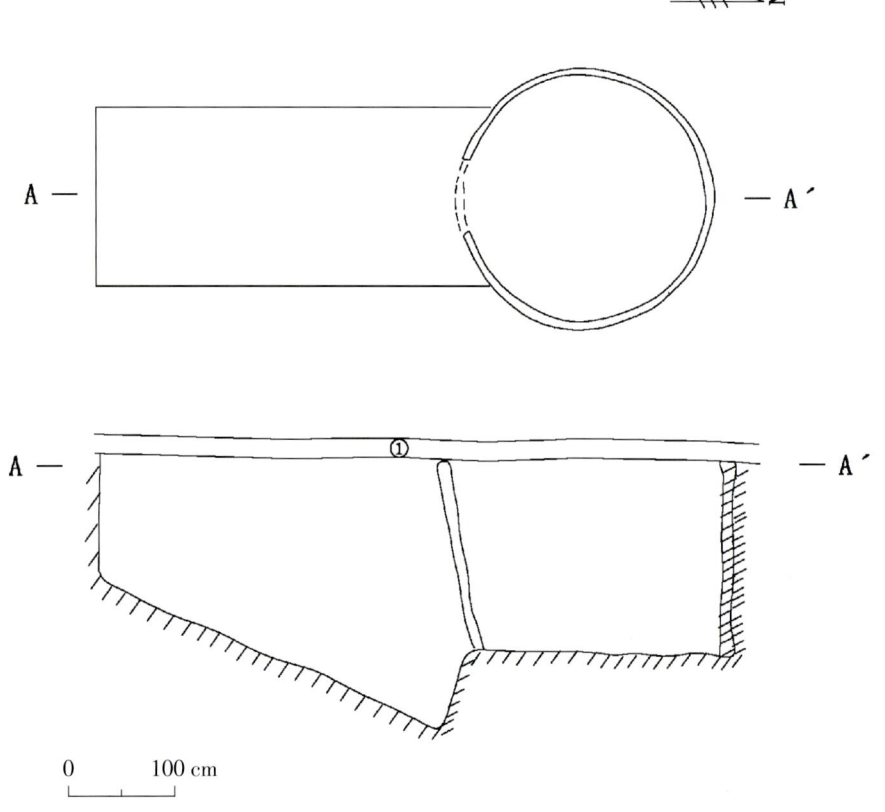

图263　狮头山遗址探明074Y1平剖面图

074Y2：窑室平面呈圆形，窑道长方形，方向325°。开口①层下，打破生土层。窑室口部直径约300 cm，底径不详，底部距地表约180 cm；窑室内部堆积烧土等；窑壁底部稍向内收，烧结面厚约10 cm；火门位于窑室北壁，宽约70 cm，高度不详；窑道位于窑室北部，长度不详（有墙壁阻隔，无法钻探），宽约170 cm，底部距地表110～250 cm，斜坡状。坐标为N23°43'34.6970"，E113°43'03.8444"，海拔为59.965米。

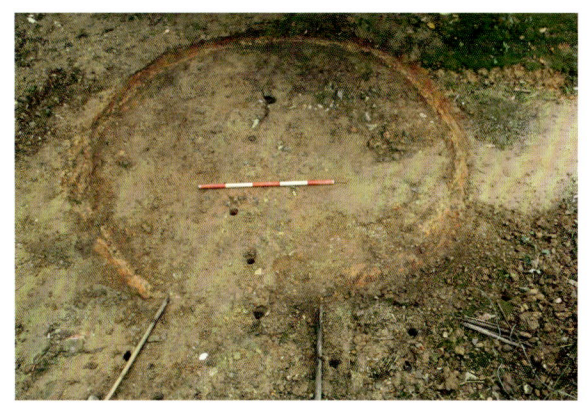

图264　狮头山遗址074Y2平面全景（北—南）

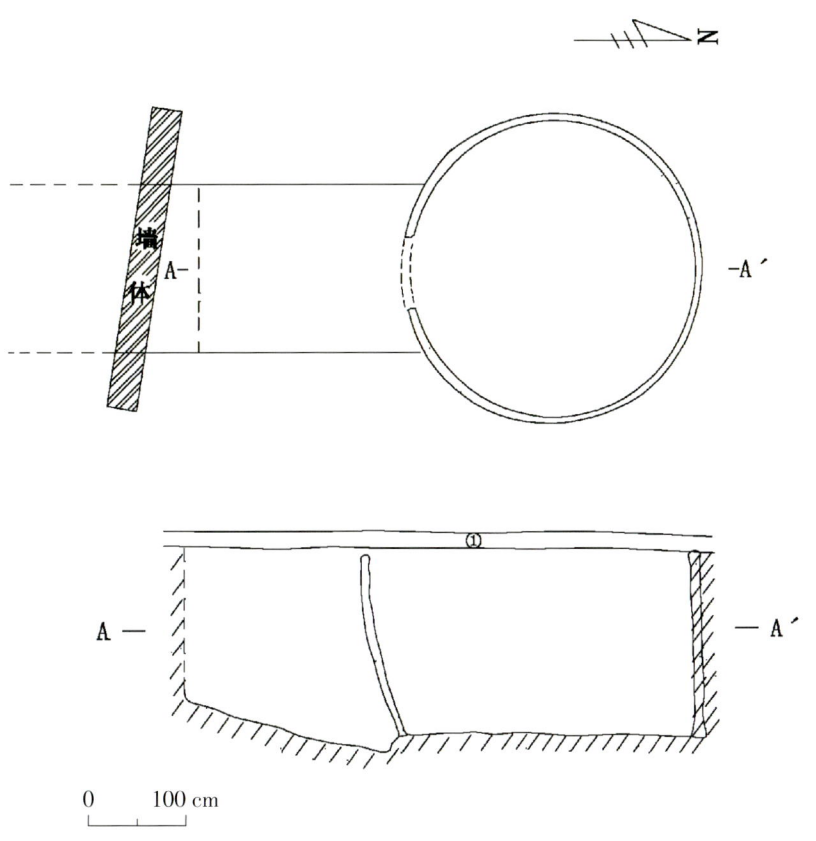

图265　狮头山遗址探明074Y2平剖面图

074Y3、074Y4、074Y5因保存状况较差，或被房屋所压无法进行钻探，其形状结构不明，但应与074Y1、074Y2相似。

图266　狮头山遗址074Y3平面全景（东—西）

图267　狮头山遗址074Y4平面全景（西—东）

图268　狮头山遗址074Y5局部（东—西）

（三）遗物

地表采集陶片2片，为黑灰硬陶片，表面饰弦纹，应为器形较大的陶罐下腹残片，时代为唐代。另有砍砸器1件（074：采1），时代不明。此外，勘探时亦发现少许明清时期陶瓷片、瓦片等。

074：采1　砍砸器，褐灰砂岩石，石质细腻，平面形状呈近椭圆形，顶部圆弧，下侧较宽，上侧面由器中向底部打击呈斜面刃，下端刃缘有砍砸崩痕，其他面为光滑的自然原始石面。长10.7 cm，宽9.3 cm，厚6.5 cm。

图269　狮头山遗址采集遗物

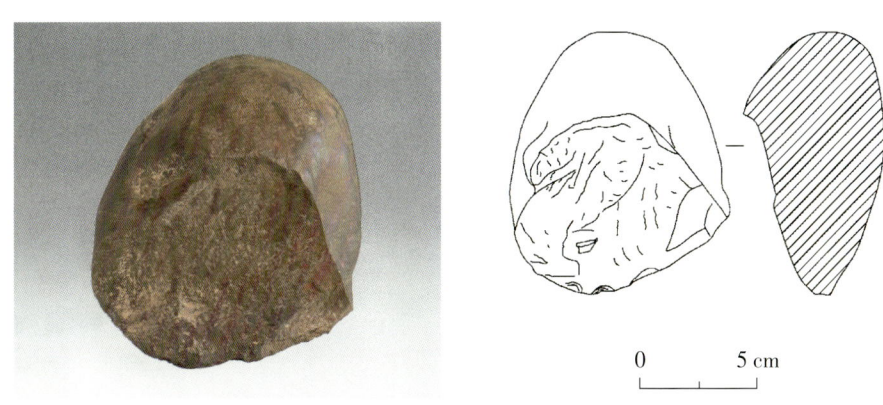

图270　狮头山遗址采集砍砸器（074:采1）

结合考古调查采集遗物，及勘探发现的古窑址遗迹来推断，狮头山遗址是一处以明清时期遗存为主的重要遗址。此外还有少量唐代文物零星分布其间。砍砸器因无伴生陶片出土，无法判断其时代。

三亚岀遗址

遗址编号：075　　行政区划：广州市从化区良口镇石岭村

地理坐标：N23°42′52.9606″，E113°40′55.5801″　海拔：81.680米。

遗址位于良口镇石岭村分水坳西南约200米土名"三亚岀"的山坳内，西邻虾爪山遗址。

分水坳位于良新村西部，西邻苏坑，东邻石床村，北邻S354，地处一东西向山谷内，所在区域地势较平坦，南北两侧为高山。三亚凼位于山谷南缘，是李寨顶山北坡延伸出的一片平缓山坡，长约100米，宽约80米，两侧有小型山岗，地势南高北低，坡度平缓，山上种植有荔枝、龙眼、乌榄等经济作物，地表长满杂草，植被茂盛，保存状况较好。

图271　三亚凼遗址远景（西北—东南）

遗物分布范围约5000平方米，地表采集瓷片17片，以青灰瓷为主，可辨器形有碗。据遗物特征推断，时代为明清时期。

图272　三亚凼遗址采集遗物

虾爪山遗址

遗址编号：076　　行政区划：广州市从化区良口镇石岭村

地理坐标：N23°42′53.3958″，E113°40′46.2136″　　海拔：76.593米

遗址位于良口镇石岭村分水坳西南约500米的虾爪山顶上，东距三亚凼遗址约200米。虾爪

山位于分水坳所在山谷南缘，是峡谷南侧烽火山向西北侧延伸出的一长条状山岗的北端，地势稍高，为圆形小山丘，总面积约15 000平方米。山岗南连群山，北侧为大片低地农田，北邻S354，地势南高北低，山顶海拔约89米，高于周边低地农田10多米，山顶部呈漫圆状，山上种植有荔枝、火龙果，山体表面有较多石英石，土质较为贫瘠，保存状况较好。

图273　虾爪山遗址远景（东北—西南）

图274　虾爪山遗址采集遗物

遗物分布范围约5000平方米，见于山顶位置，地表采集陶片54片、砍砸器1件（076：采1）。陶片均为夹砂硬陶，有深灰、浅灰、灰褐、褐、红褐陶等，纹饰有绳纹、曲折纹、绳纹或曲折纹加附加堆纹（饰附加堆纹的陶片数量较多，计17片，大部分为手抹状条纹，也有零星较规整的带状条纹）、篮纹、叶脉纹、刻划符号、素面等，可辨器形见罐口沿（076：标1）、罐圈足（076：标2）。据陶片特征推断，时代为新石器时代晚期至商代。

076：采1　砍砸器，褐灰砂岩石，石质粗，扁体长条状，一侧厚，对应的另一侧薄，顶端厚，一侧斜收呈把状，下端薄，一侧打击呈刃，其下端面及较薄的侧面有砍砸痕。长17.2 cm，

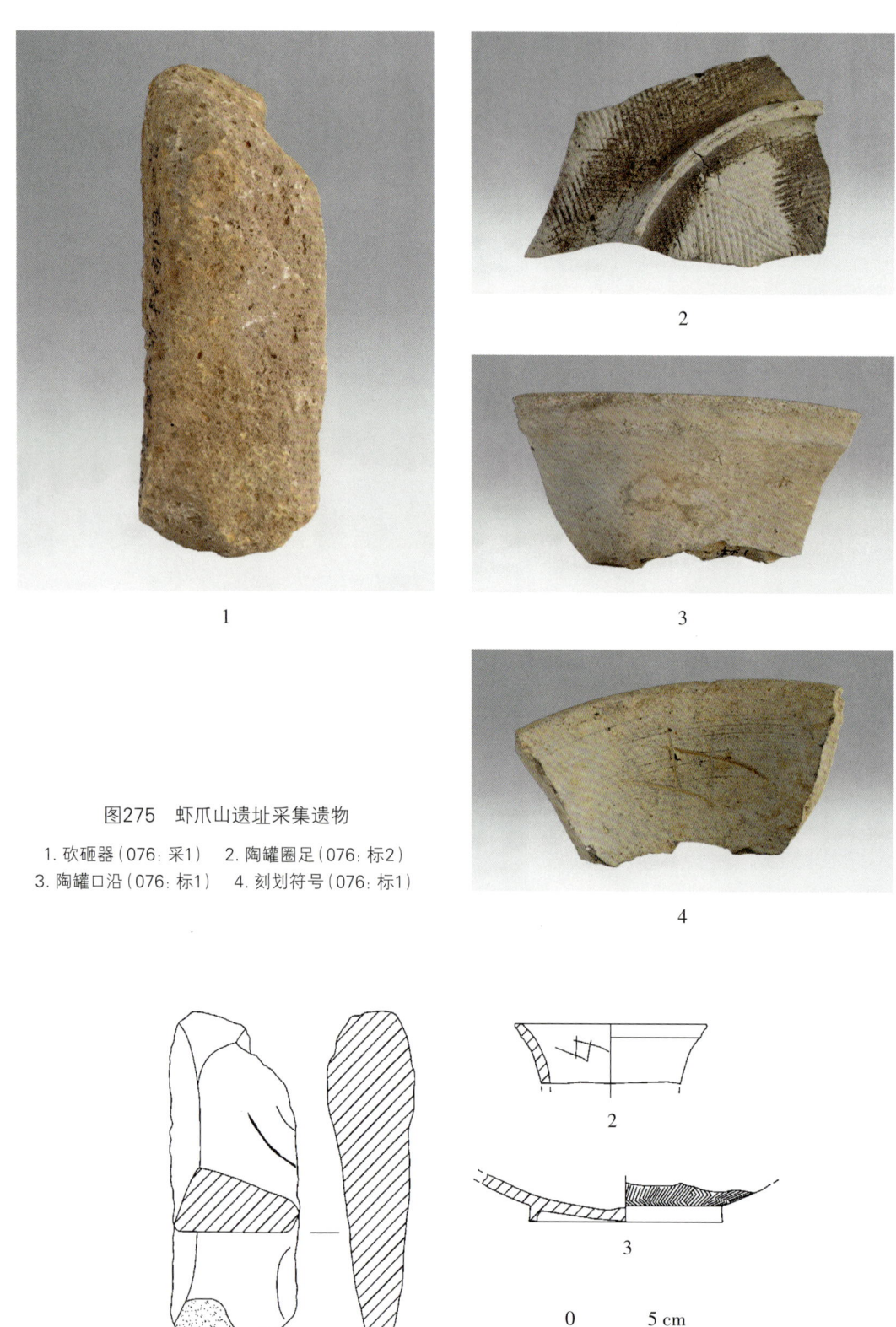

图275　虾爪山遗址采集遗物

1. 砍砸器（076：采1）　2. 陶罐圈足（076：标2）
3. 陶罐口沿（076：标1）　4. 刻划符号（076：标1）

图276　虾爪山遗址采集遗物

1. 砍砸器（076：采1）　2. 陶罐口沿（076：标1）　3. 陶罐圈足（076：标2）

宽6.7 cm，厚4.6 cm。

076：标1　陶罐口沿，不可复原。敞口，卷沿，尖圆唇，高束领下残缺，沿面上部及外沿上部各有一周凹弦纹，沿面有一处菱形刻划符号。夹细砂，浅灰陶，质地硬。复原口径约10 cm，残高3 cm。

076：标2　陶罐圈足，不可复原。上部残缺，仅存下腹近底部及圈足，为弧腹圜底，下附矮直圈足，足跟平直，足底有一周凹槽，器表及外底饰曲折纹，内底有按压痕，应为圈足与器身粘接时用力按压所致。泥质，灰白胎，灰褐陶，质地硬。复原圈足径约10 cm，残高2.4 cm。

图277　虾爪山遗址采集陶片纹饰拓片

1. 绳纹　2. 曲折纹加附加堆纹　3. 曲折纹　4. 刻划符号

狮迳遗址

遗址编号：077　　行政区划：广州市从化区良口镇少沙村

地理坐标：A点，N23°43'11.3628"，E113°38'04.7509"　海拔：99.536米
　　　　　B点，N23°43'08.5519"，E113°38'10.9986"　海拔：96.911米
　　　　　C点，N23°43'09.2788"，E113°38'15.9742"　海拔：91.458米

遗址位于石岭少沙盆地西部，狮子迳亭东约500米处的山谷内，S354南侧。山谷平面呈"凹"字形，谷底为大片山前平缓台地，地势平坦，长约500米，最宽处约250米，总面积近10万平方米。山谷海拔约106米，周边群山环绕，北有斧头近佬山，西有狮子迳亭山，南有亚鸡山。区域内有一条小溪自西北流向东南，小溪现有采沙作业，小溪两侧山势可能做过平整。山谷以种植年橘、火龙果为主，地表植被茂盛。山谷谷底三个区域遗物集中，别为A、B、C三点。

图278　狮迳遗址远景（北—南）

A点位于西端，地形稍高，为一相对高度约3米的小山丘，地表采集少许陶瓷片，据遗物特征分析，可分为2组。

图279　狮迳遗址采集遗物

1组：采集黑灰陶片1片，可辨器形为罐；瓷片2片，饼足、玉壁足碗底残片各1片。该组时代为唐宋时期。

2组：采集瓷片9片，有灰白瓷、黄褐瓷、青花瓷等，可辨器形多为碗底残片。时代为明清时期。

B点位于东端，地势稍高于周边台地，北侧、东侧有高约5米断崖，地表采集遗物以石器为主，另有零星青花瓷片。据遗物特征分析，至少可分为2组。

1组：以石器为主，多为半成品，计3件（077：采1—采3）。参照周边遗址所出同类型石锛推断其时代为新石器时代晚期至商代。

077：采1　石锛，深灰砂岩石，石质稍粗，器表因雨水洗刷呈褐锈色。平面形状呈梯形，上窄下宽，扁条状，顶部平直，下端断缺，未磨制。残长7 cm，宽4.9 cm，厚1.8 cm。

077：采2　砍砸器，黑灰砂岩石，石质细腻，器形光滑，平面形状呈近圆形，扁饼状，下端打击呈刃，用于砍砸。长9 cm，宽8.7 cm，厚3.5 cm。

077：采3　石锛，黄褐砂岩石，石质较粗，呈凹腰近扁体，上端较厚，顶部呈曲尺状，下端一侧稍经磨制呈单面刃。长11.2 cm，宽5.8 cm，厚2.8 cm。

2组：采集少许青花瓷片，明清时期遗物，可辨器形见碗等。

C点位于公路南侧山脚，为山谷北侧山坡，地势北高南低，采集到零星陶瓷片，陶片可辨器形见罐，瓷片可辨器形见碗，均为明清时期遗物。

图280　狮迳遗址采集石器
1. 石锛（077:采1）　2. 砍砸器（077:采2）　3. 石锛（077:采3）

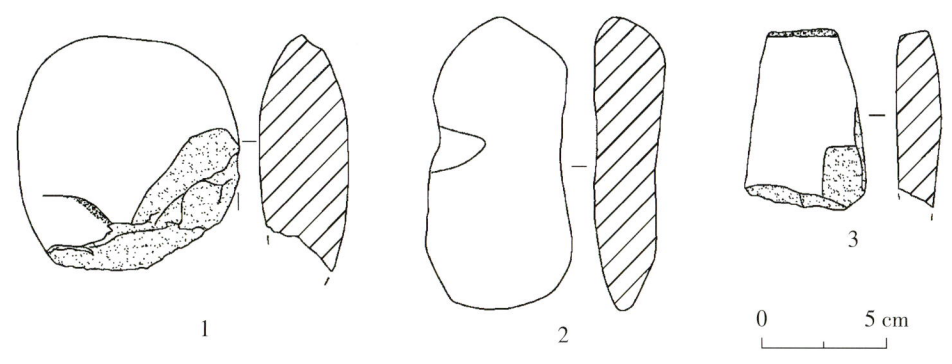

图281　狮迳遗址采集石器
1. 砍砸器（077:采2）　2. 石锛（077:采3）　3. 石锛（077:采1）

综合三个文物点遗存看，狮迳遗址有新石器时代晚期至商代、唐宋、明清三时期遗存，但数量均较少，且文化层堆积状况不明。

南坑遗址

遗址编号：078　　行政区划：广州市从化区良口镇少沙村
地理坐标：N23°43′48.4778″，E113°38′47.1883″　海拔：85.719米

遗址位于上围村北侧约300米的台地上，通往少冲岭水库的水泥公路西侧，当地人称此台地为"南坑"。南坑位于石岭少沙盆地北缘，平面呈舌状，长约200米，宽约130米，总面积约22 000平方米。台地北连群山，西侧有小型山坳，东边为大片开阔农田，台地被开辟为梯

图282　南坑遗址采集遗物

田，以种植水稻为主，梯田向上的坡地现荒置，地表植被茂盛，杂草丛生，因田地开垦和耕作，遗址被破坏较严重，保存状况一般。

遗物散见于台地上，分布范围约20 000平方米，采集遗物见陶片、石器、瓷片等，据遗物特征初步分析，可分为4组。

1组：地表采集陶片1片，石锛1件。陶片为夹细砂灰陶片，质地硬，饰曲折纹，器形不可辨。石锛为黑灰砂岩石，石质粗糙，平面形状呈近梯形，扁体状，上端残断平直，下端呈弧形，一侧打击呈斜面，残长6.1 cm，宽4.1 cm，厚1.3 cm。据遗物特征推断，时代为新石器时代晚期至商代。

2组：采集陶片1片，为夹砂硬陶片，黑灰色，饰方格纹，器形不可辨。时代推断为战国至汉初，属米字纹陶阶段遗存。

3组：采集陶瓷片4片，陶片为黑灰陶，器形不可辨；瓷片为灰瓷片，可辨器形有碗、研磨器底部残片等。据遗物特征推断，时代为唐宋时期。

4组：采集瓷片20片，以青灰瓷为主，另有青瓷片、青花瓷片，可辨器形有碗、杯。时代为明清时期。

松仔山遗址

遗址编号：079	行政区划：广州市从化区良口镇少沙村
地理坐标：N23°43'36.8832"，E113°38'42.2289"	海拔：85.749米

遗址位于良口镇少沙村上围社西南方土名"松仔山"的山岗南侧台地上。台地西北靠松仔山，东邻上围社，南连开阔的农田，地势西北高东南低，随等高线大致呈东西走向，台地上种植有荔枝、龙眼等经济作物，地表植被十分茂盛，部分区域为农田，种植有水稻、果蔬等。遗址保存状况一般，坡地南侧有一条大致东西走向的小溪。

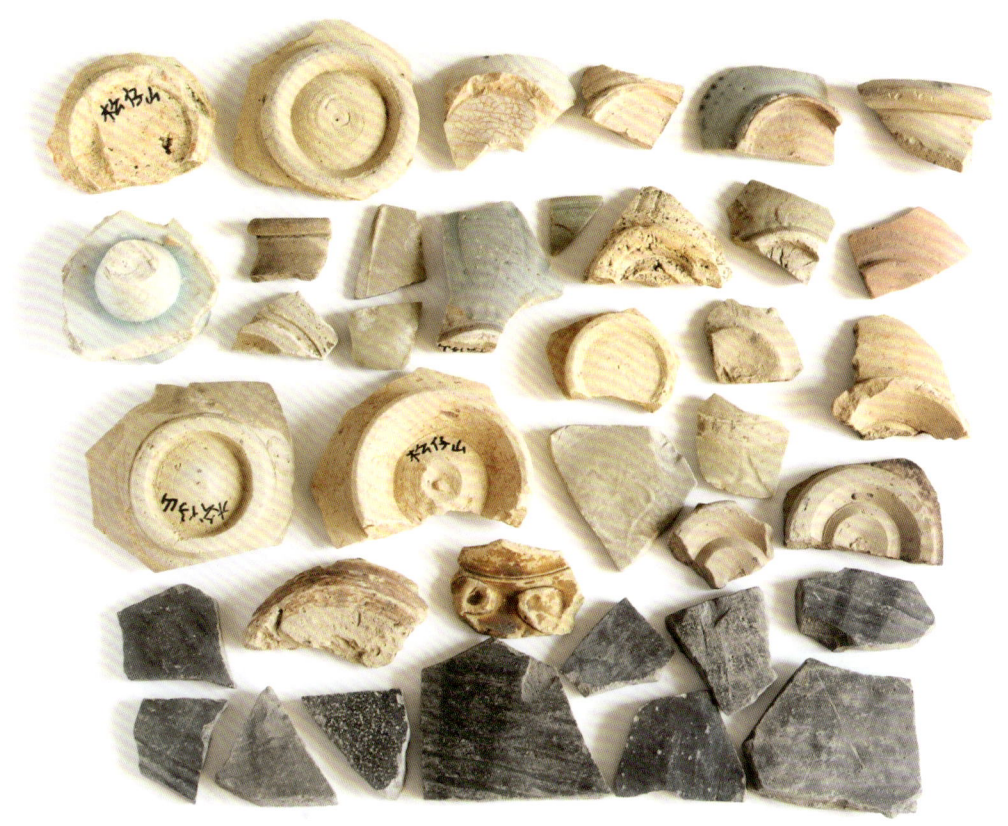

图283　松仔山遗址采集遗物

遗物分布范围12 000平方米，地表采集遗物以晚期陶瓷片为主，据遗物特征初步分析，可分为3组。

1组：采集石锛1件（079：采1），参照周边遗址所出同类型石锛，推断其时代为新石器时代晚期至商代。

079：采1　石锛，青灰砂岩石，石质细腻，平面形状呈近梯形，上窄下宽，顶部斜弧，下端磨制成单面弧刃。长6.3 cm，宽3.8 cm，厚1.5 cm。

 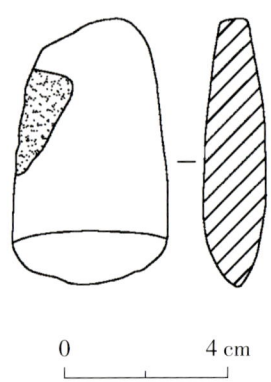

图284　松仔山遗址采集石锛（079：采1）

2组：采集陶瓷片25片。陶片以黑灰陶为主，另有灰陶片，可辨器形见罐；瓷片有黄灰瓷、青瓷、黄褐瓷、影青瓷，可辨器形见碗、灯等。该组时代为唐宋时期。

3组：采集陶瓷片23片，瓷片有青釉瓷、灰白瓷、青花瓷等，可辨器形有碗。时代为明清时期。

门口田遗址

遗址编号：080	行政区划：广州市从化区良口镇少沙村
地理坐标：N23°43′27.8916″，E113°38′47.4203″	海拔：81.759米

遗址位于良口镇少沙村山底下村东侧水稻田及渠边，南距圆仔山遗址约150米，东与下围社隔河相望。遗址所在区域为山底下村东侧的大片台地，因地处村门前而得名"门口田"，台地地势开阔平坦，现为农田，种植有水稻、果蔬等，农田东侧为自北向南的石岭水。遗址因农田耕作，破坏较严重，保存较差。

遗物分布范围约8000平方米，地表采集少许陶瓷片和石器。据遗物特征初步分析，可分为3组。

1组：采集陶片4片，砺石1件（080：采1）。陶片均为夹细砂硬陶，浅灰色，饰绳纹、长方格纹，器形不可辨。时代为新石器时代晚期至商代。

080：采1　砺石，灰白砂岩石，因土壤侵蚀器表呈褐灰色，残存部分呈不规则近梯形，一侧面残断，对应的另一侧面为外弧形，底面平坦，上侧平面中部有脊，两侧磨制成凹弧状。残长19cm，宽16cm，厚6.4cm。

2组：采集陶瓷片5片，陶片多泥质硬陶，可辨器形有罐、器盖等；瓷片为青瓷碗底残片。时代为唐宋时期。

3组：采集瓷片4片，有黄褐瓷、灰白瓷、青花瓷，可辨器形为碗。时代为明清时期。

图285 门口田遗址采集遗物

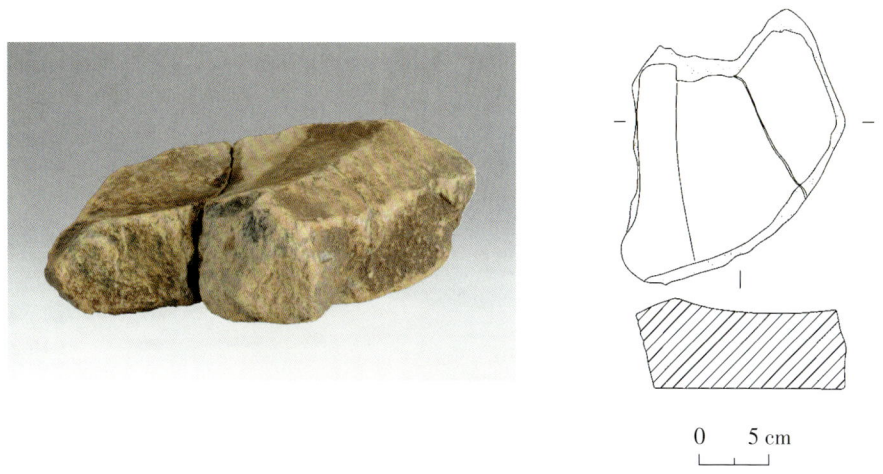

图286 门口田遗址采集砺石（080:采1）

圆仔山遗址

遗址编号：081　　行政区划：广州市从化区良口镇少沙村

地理坐标：N23°43′23.6174″，E113°38′53.4212″　　海拔：78.702米

遗址位于良口镇少沙村下围社南约百米的圆仔山上，东边为老君庙山，南望鸡母场山。

圆仔山是山底下村东南方的一座独立的圆形小山丘，地处石岭少沙盆地中部偏北位置，山丘直径约110米，山顶海拔约90米，相对高度10余米，周边为大面积低矮农田，西侧有通往山底下村的水泥公路。现地表大面积荒置或种植竹子，杂草丛生，仅局部种有荔枝，保存状况较好。

图287　圆仔山遗址远景（东—西）

调查时在东侧山脚位置采集少许陶瓷片，初步分析可分为3组。

1组：采集陶片1片，为夹细砂黄灰陶，质地稍软，器形不可辨。参照周边遗址所出同类型陶片，推断该组时代为新石器时代晚期至商代。

2组：采集瓷片1片，为浅黄釉瓷碗底部残片，为宋代遗物。

3组：采集瓷片4片，有青灰瓷、青花瓷片等，可辨器形有碗。时代为明清时期。

图288　圆仔山遗址采集遗物

山塘子遗址

遗址编号：082　　行政区划：广州市从化区良口镇少沙村
地理坐标：N23°43′39.7638″，E113°39′00.4125″　　海拔：87.560米

遗址位于上围村东侧，格坑东南方山前缓坡台地上，台地土名"山塘子"。山塘子是一

处"凹"字形山坳及其两侧凸出来山体的统称，位于石岭少沙盆地东北侧，东连群山，西侧为农田，再西与上围村相邻，西北与格坑相邻，西南有少沙、下围村，南部为一片农田。山塘子呈南北向，长约350米，宽约200米，区域内地势东高西低，坡度平缓，海拔80~90米。"凹"字形山坳内长满杂草，处于荒置状态，两侧凸出的山岗上种植有荔枝、龙眼、柿子、乌榄等经济作物，其西、南部的

图289　山塘子遗址地表遗物堆积情况

农田内种植有水稻、果蔬等作物，数条山泉溪流从东部山上向下流入农田沟渠内。遗址东部山坡区域保存状况较好，西侧因农田耕作受到破坏，保存状况一般。

图290　山塘子遗址采集遗物

在遗址南部可见厚约0.6米的文化层堆积，包含较多陶瓷片，可能为建筑基址。地表采集较多晚期陶瓷片等遗物，分布范围37 000平方米，据遗物特征初步分析，可分为3组。

1组：采集陶片1片，为泥质硬陶，酱褐釉，饰三角纹（米字纹少一横），器形不可辨。时代为战国至汉初，属米字纹陶阶段遗存。

2组：采集陶瓷片21片，其中黑灰陶片10片，可辨器形仅见罐（敞口，卷沿，唇部残，矮直领，弧方肩残），瓷片有青灰瓷、灰褐瓷，可辨器形仅见碗。时代为唐宋时期。

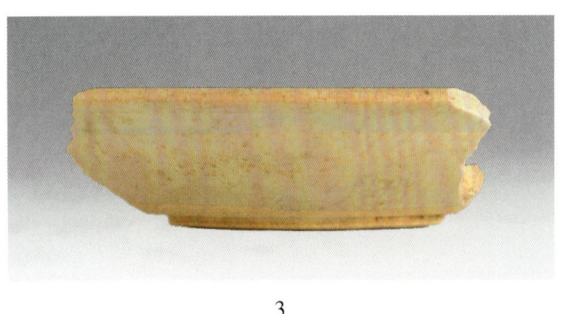

图291 山塘子遗址采集青瓷碗
1.青瓷碗（082：采1） 2.青瓷碗（082：采2） 3.青瓷碗（082：采3）

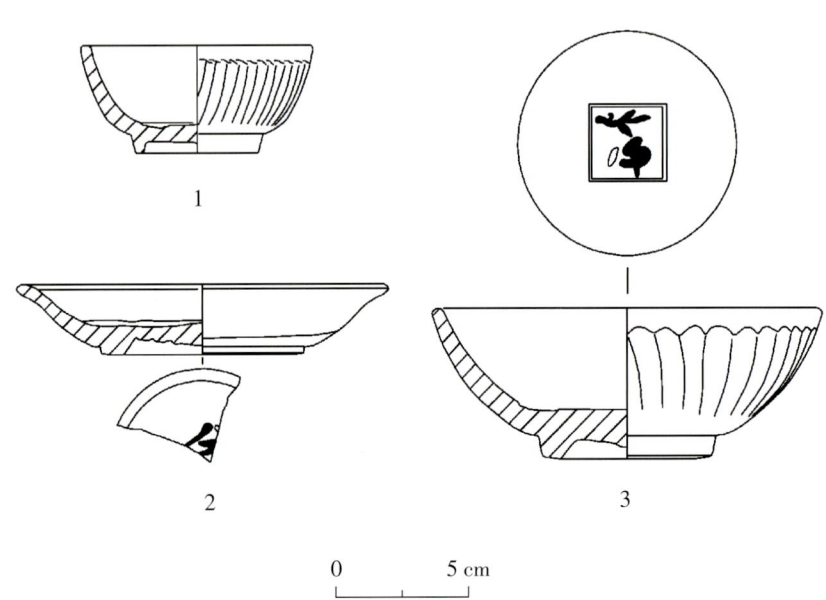

图292 山塘子遗址采集瓷碗
1.青瓷碗（082：采1） 2.青瓷碗（082：采3） 3.青瓷碗（082：采2）

3组：采集瓷片56片，有青瓷、青灰瓷、黄瓷、青花瓷等，可辨器形见碗（082：采1—采3）。时代为明清时期。

082：采1　青瓷碗，形体较小，敞口，厚圆唇，弧腹向下内收，内底略鼓，下附斜直圈足，足跟平直，器表饰菊瓣纹。黄灰胎较厚，内外施青釉，足跟及外底无釉，釉色厚重，光亮，有冰裂纹。口径8.6 cm，底径4.5 cm，高3.8 cm。该碗覆置于一魂瓶口部，其外又覆置一瓷碗（082：采2）。

082：采2　青瓷碗，敞口，厚圆唇，弧壁向下内收，平底，下附斜直圈足，足跟斜削，内缘着地。器表饰菊瓣纹。灰胎，内外施黄灰釉，足跟及外底无釉，釉薄，色暗。口径14.5 cm，底6.2 cm，高5.4 cm。该碗覆置于一魂瓶口部，其下重覆置一碗，为082：采1。

082：采3　青瓷碗，侈口，短折沿，方圆唇，浅弧腹，平底较大，下附极矮直圈足，足跟斜削，内缘着地，外底有一周凹弦纹，中部有墨书，但因残存较小无法辨识。灰白胎，内外施青灰釉不及底，釉色较光亮，有冰裂纹。口径14 cm，底径7.6 cm，高2.5 cm。

（少沙）大冚遗址

遗址编号：083　　行政区划：广州市从化区良口镇少沙村
地理坐标：N23°43'25.3975"，E113°39'04.8420"　海拔：77.632米

遗址位于良口镇少沙村下围村东部，山塘子遗址南部。大冚是一处界于两座山岗之间的山坳，山坳所在地势较平缓，大冚两侧是凸出的低矮山岗，其中北侧山岗是山塘仔遗址所在，南侧山岗呈近椭圆形，海拔约92米，是东北部大山之余脉，山之西坡近坡底种植有荔枝、龙眼、柿子等经济作物，山上及山岗东侧山坳内较大片区域荒置，有些地方种植有年橘。

图293　（少沙）大冚遗址远景（西—东）

山坳西侧台地与两侧山岗坡底均为农田，遗址因农田耕作保存状况一般。

遗物分布范围约38 000平方米，集中于大冚山坳南部及南侧山岗的坡底，采集少许陶瓷片、石器等。据遗物特征初步分析，可分为4组。

1组：采集石锛1件（083：采1）。参照周边遗址所出同类型石锛，推断其时代为新石器时代晚期至商代。

083：采1　石锛，黑灰砂岩，石质细腻，平面形状呈梯形，上窄下宽，顶部圆弧，锛体下端磨制呈单面刃，刃部有残缺。长6.7 cm，宽4.3 cm，厚1 cm。

图294 （少沙）大冚遗址采集遗物

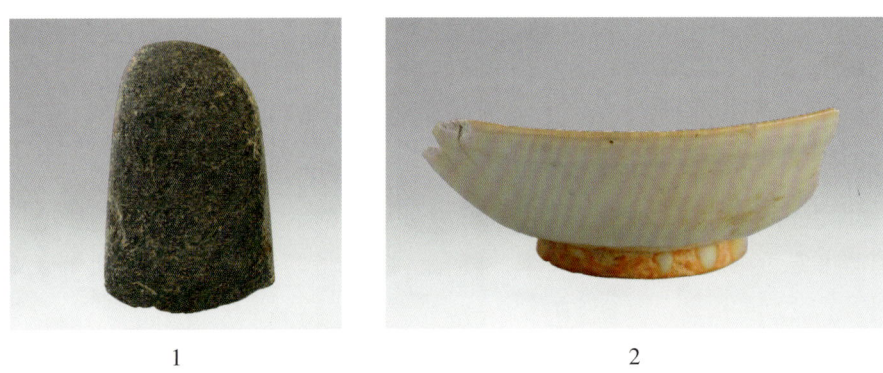

图295 （少沙）大冚遗址采集遗物
1. 石锛（083：采1） 2. 青瓷碗（083：采2）

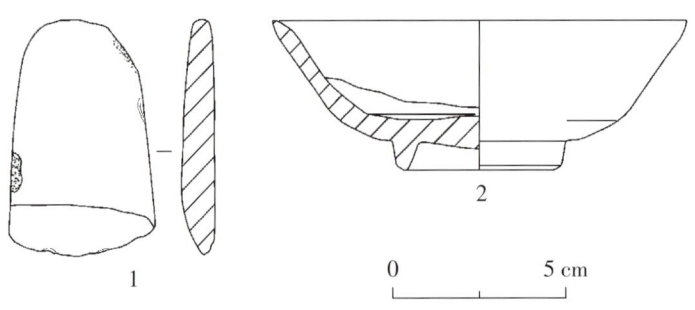

图296 （少沙）大冚遗址采集遗物
1. 石锛（083：采1） 2. 青瓷碗（083：采2）

2组：采集陶片2片，均为泥质硬陶；陶色为中灰、黄灰色，饰方格纹，器形不可辨。时代为战国至汉初，属米字纹陶阶段遗存。

3组：采集陶瓷片4片，陶片为黑灰硬陶，素面无纹；瓷片为饼足碗残片。时代为唐宋时期。

4组：采集瓷片6片，有青瓷、影青瓷、青花瓷片，可辨器形为碗（083：采2）。时代为明清时期。

083：采2　青瓷碗，敞口，尖圆唇，弧腹向下内收，平底，底中部略鼓，下附直圈足。浅灰胎，器表施青灰釉，釉层厚重，釉色光亮，内外施釉不及底。复原口径12 cm，底径4.7 cm，高4.2 cm。

高郎田遗址

遗址编号：084　　　行政区划：广州市从化区良口镇石岭村

地理坐标：N23°43′14.6851″，E113°38′39.7391″　　　海拔：87.897米

遗址位于良口镇石岭村山底下村南约200米处的高郎田一带，东邻鸡母场遗址，西与S354隔河相望。高郎田位于石岭少沙盆地西部，为山底下村南侧一向南延伸的山前台地，台地面积广阔，大致呈东西向，坡度平缓，地势北高南低，北靠山地，南侧为大片低矮农田，西侧有一条溪流向南注入石岭水，台地北侧有水泥村道。现地表呈阶梯状，以种植龙眼、荔枝为主，少许区域种植有水稻等。遗址保存较好，未见有文化层。

图297　高郎田遗址远景（东—西）

遗物分布范围约23 000平方米，主要见于西部区域，地表采集较多文化遗物，见陶片、瓷片、石器等。据遗物特征初步分析，可分为5组。

1组：采集陶片48片、石锛1件（084：采2）、半成品石器1件（整体呈鼠标状，器身光滑，一侧为打击断面，长7.8 cm，宽6.3 cm，厚3.1 cm）。陶片均为夹细砂陶，质地为硬陶及稍软者各半，陶色有浅灰色、中灰、黄灰、灰褐色等，纹饰有绳纹、绳纹加附加堆纹（附加堆纹以绞索状为主，有的两条绞索状附加堆纹加领，另有带状、手抹带状附加堆纹）、曲折纹、篮纹、叶脉纹等，可辨器形有圈足罐底残片（下腹为斜弧腹，矮圈足外撇，足跟内削，外缘着地，足跟面有一周凹槽，器表饰曲折纹；圜底下附矮圈足，圈足略外撇，足跟平直，外底饰交错绳纹，内底有按压的凹坑，应为圈足与器身粘接时按压所致）。据遗物特征推

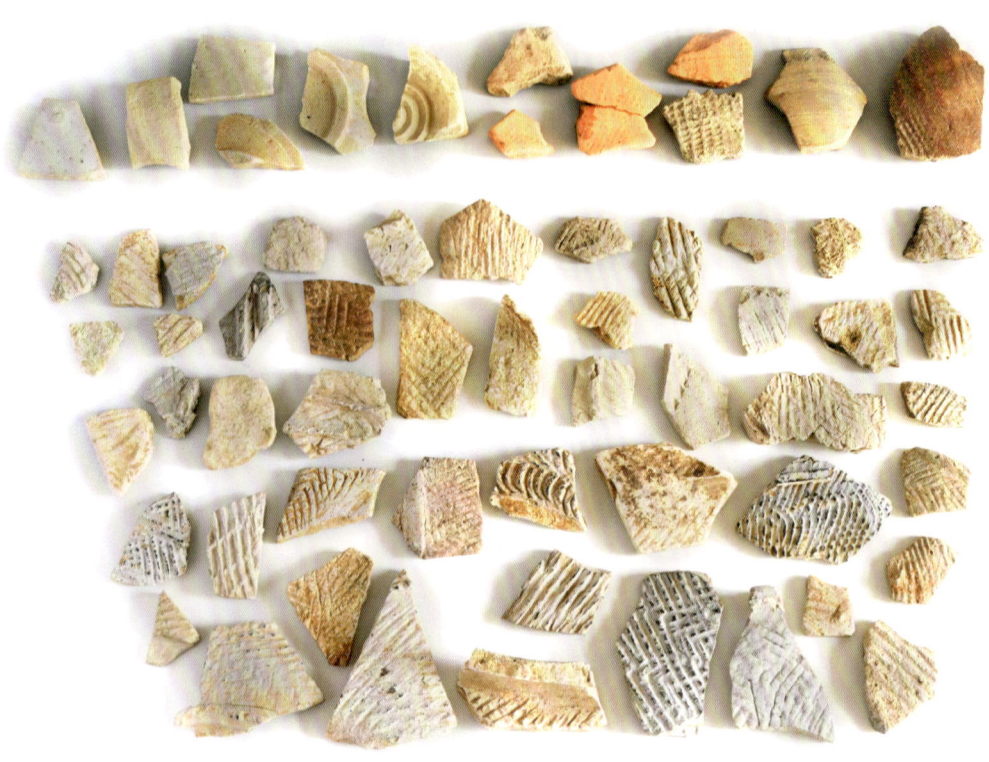

图298　高郎田遗址采集遗物

断，时代为新石器时代晚期至商代。

084：采2　石锛，黄灰砂岩石，石质稍粗。平面形状呈近梯形，上窄下宽，顶部斜直，下端磨制呈单面刃，刃略外弧。长4.6 cm，宽3.5 cm，厚1.5 cm。

2组：采集陶片3片，均为泥质硬陶，灰陶2片，红褐陶1片，饰方格纹2片，饰水波纹1片，器形不可辨。时代为战国至汉初，属米字纹陶阶段遗存。

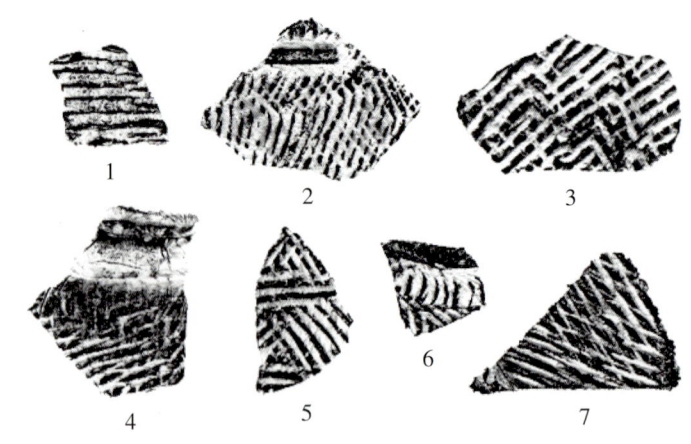

图299　高郎田遗址采集陶片纹饰拓片
1. 篮纹　2、4、5. 曲折纹加附加堆纹　3. 曲折纹
6. 叶脉纹　7. 交错绳纹

3组：采集陶片3片，泥质红陶，质稍软，饰方格纹，器形不可辨。时代为东汉。

4组：采集瓷碗1件（084：采1），为宋代遗物。

084：采1　白瓷碗，敞口，圆唇，唇部做成葵口状，弧壁向下内收，平底略圜，下附直

图300 高郎田遗址采集遗物
1. 白瓷碗（084：采1） 2. 石锛（084：采2）

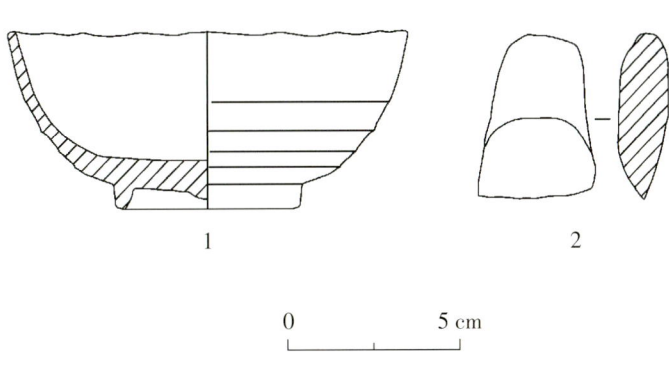

图301 高郎田遗址采集遗物
1. 白瓷碗（084：采1） 2. 石锛（084：采2）

圈足，足跟略斜削，内缘着地，器表旋痕明显似折棱。碗内遍施灰白釉，碗外施釉不及底，釉色光亮。灰白胎。口径11.6 cm，底径5.4 cm，高5 cm。

5组：采集瓷片5片，均为碗之残片。时代为明清时期。

鸡母场遗址

遗址编号：085	行政区划：广州市从化区良口镇石岭村
地理坐标：	A点，N23°43′13.9775″，E113°38′55.2694″　海拔：91.074米
	B点，N23°43′08.6967″，E113°38′58.8505″　海拔：94.489米
	C点，N23°43′10.0707″，E113°39′03.4243″　海拔：96.171米

遗址位于良口镇石岭村瓦厂西北部，西邻高郎田遗址，南望大岭山遗址。瓦厂位于石岭

少沙盆地中部，北邻下围，南接石岭，村西及西北有几座连绵起伏的小山岗，这些山岗独立于盆地平原上，较低矮，海拔92~99米，山岗经工程机械做过平整，现山上多荒置。鸡母场位于山岗群北端，调查时在鸡母场及其南侧两座小山岗采集少许文化遗物，因位置相近，遗物时代相近，故以西北区山岗"鸡母场"命名此遗址，别之为A、B、C点。整个遗址范围约10万平方米，保存状况较好。

A点位于鸡母场遗址区西北部，山体平面呈三瓣花卉状，海拔约94.8米，山上种植有木瓜，但几乎被杂草吞蚀无存，山下种植有竹子，山上植被茂盛，一条石子路由山底通向山内。遗物采集集中于山顶一条山路的断壁上，推测为一座被毁的墓葬，出土陶片数量虽然较多，但属软陶，易碎，疑属两至三件器物碎片。该区域采集到陶纺轮2件（085：采1）、陶片66片。陶片以泥质软陶为主，计64片，夹细砂硬陶仅2片，陶色以红褐色为主，另有灰褐、褐色，纹饰仅见长方格纹2片，其他均为素面，可辨器形有纺轮、豆形器（085：标1）。

图302　鸡母场遗址A、B点远景（南—北）

图303　考古调查队队员清理鸡母场遗址地层剖面

1

2

3

图304　鸡母场遗址A点墓葬及随葬品

1. A点发现墓葬遗迹　2. A点墓葬出土凹圈底罐　3. A点墓葬出土纺轮

据遗物特征推断，时代为新石器时代晚期至商代。

085：采1　陶纺轮，平面呈圆形，圆饼状，直壁，上下面为平面，中部有一圆穿孔。夹细砂，中灰陶，质地较软。外径3 cm，内径0.5 cm，厚0.7 cm。

085：标1　陶豆形器口沿，仅存口部少许，为盘状，不可复原。近直口，斜折沿较宽，方唇，短斜腹，下折收呈圜底状残缺。夹砂，黄褐陶，质地软。残长6.8 cm，残高2.7 cm。

B点位于鸡母场调查区域西部，北邻鸡母场A区，东邻鸡母场C点，山体平面呈圆形，山势平缓，海拔约94米，山顶有一座水池，山基本处于荒置状态，山上杂草较多。地表采集陶片34片、石器2件（085：采2、085：采3）。陶片以泥质陶为主，计32片，夹砂陶仅2片，陶色有浅灰、黄灰、黄褐、褐、深灰色，大部分陶片质地较硬，仅有零星硬陶、软陶，纹饰有长方格纹、长方格加附加堆纹、绳纹、曲折纹、素面，可辨器形有罐（敞口，卷沿，斜方唇，高束领）、圈足罐底残片（下腹呈斜弧状，下附矮圈足外撇，足跟圆弧）。据遗物特征推断，时代为新石器时代晚期至商代。

图305　鸡母场遗址B点采集遗物

085：采2　石刀，中灰砂岩石，石质细腻，薄片状，刀尖及刀后部残断，前部一侧磨制呈斜双面刃，至今刃部锋利，刀背稍厚，残长7.2 cm，宽2.4 cm，厚0.6 cm。

085：采3　石斧，中灰砂岩石，石质较细腻，斧体上部断残，断残面平直，下端刃部呈斜弧双面刃，整个斧体平面呈近平行四边形，扁体状，横截面呈长椭圆形，残长4.2 cm，宽5.7 cm，厚2 cm。

C点位于鸡母场调查区的中东部，西邻鸡母场B点，山体呈近椭圆形，山势较平缓，以东南部最为平缓，海拔约99米，山上基本荒置，杂草丛生，长有几棵松树，在山之东南坡有几处民国时期的墓葬。地表采集器座残片1件（085：标2），据遗物特征推断，时代为新石器时代晚期至商代。

图306 鸡母场遗址采集遗物

1. 陶纺轮（085：采1） 2. 陶豆形器口沿（085：标1） 3. 石刀（085：采2）
4. 石斧（085：采3） 5. 陶器座（085：标2）

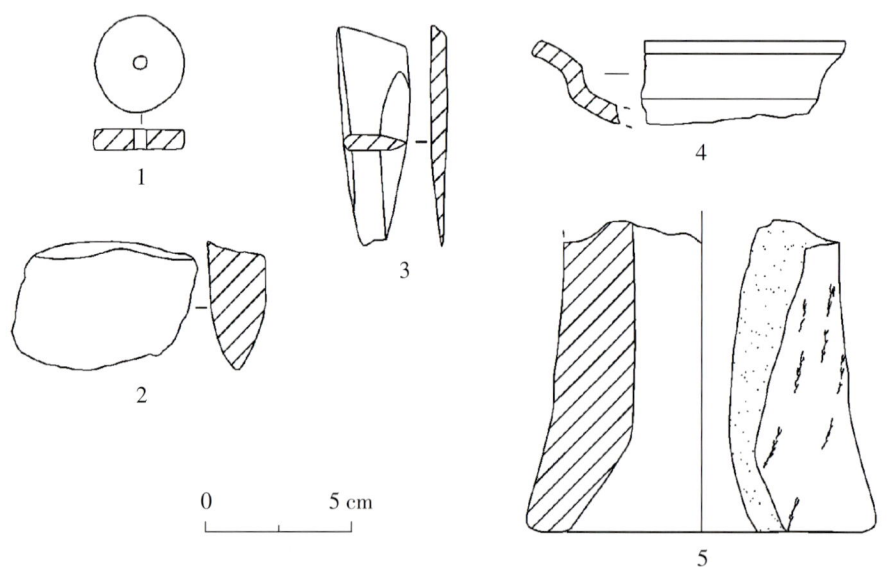

图307 鸡母场遗址采集遗物

1. 陶纺轮（085：采1） 2. 石斧（085：采3） 3. 石刀（085：采2）
4. 陶豆形器口沿（085：标1） 5. 陶器座（085：标2）

085：标2　陶器座，上部残缺，仅存中下部，为中空亚腰形，底部略外撇，器表饰间断粗绳纹。夹砂，浅黄灰陶，质地稍软。复原底径11.8 cm，残高10.2 cm。

大岭山遗址

遗址编号：086　　行政区划：广州市从化区良口镇石岭村

地理坐标：N23°42′59.2784″，E113°39′05.3876″　　海拔：72.578米

遗址位于良口镇石岭二下村（杨梅居）西北部的大岭山上，北邻鸡母场遗址，东侧为水泥村道，西邻S354。大岭山是石岭少沙盆地中南部一座椭圆形的独立小山岗，东西向，总面积约20 000平方米，山势平缓，海拔约93米，相对高度约20米。山上多处荒置，杂草丛生，部分区域长有竹子，仅局部种植有荔枝，山之周边为农田，整体较为平整，种植有水稻、年橘、果蔬等。

图308　大岭山遗址远景（东—西）

遗物分布范围约50 000平方米，见于大岭山东南部及大岭山东部偏南的农田内，地表采集瓷片20片，青灰瓷为主，计11片，另有青瓷、灰白瓷、青花瓷、黑瓷等，可辨器形有碗

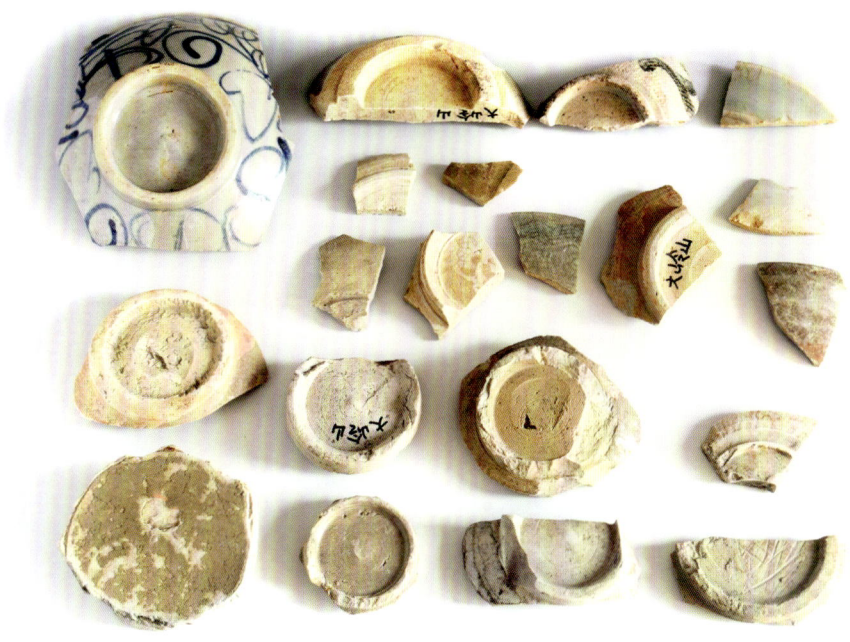

图309　大岭山遗址采集遗物

图310　大岭山遗址采集青花瓷碗（086：采1）

（086：采1）。据遗物特征看，以明清时期为主，另有少量属唐宋时期。

086：采1　青花瓷碗，敞口，圆唇外侈，弧腹向下内收，圜底，下附斜直圈足，圈足近直，足跟平直，除足跟外通体施青灰釉，器外饰青花，器内底部有圈痕。复原口径14.6 cm，底径6.2 cm，高5.4 cm。

（石岭）后山遗址

遗址编号：087	行政区划：广州市从化区良口镇石岭村
地理坐标：N23°42′47.3269″，E113°39′16.0665″	海拔：76.874米

遗址位于良口镇石岭二下村（中元岗）北后山上，其西邻汉田，东接石岭，南靠S354、石岭二下一队和二队，西北与数座小山岗相连。后山位于石岭少沙盆地中南部，为一座椭圆形小山岗，呈西北—东南向，长约300米，宽约150米，总面积约35 000平方米，海拔约94米，相对高度约20米，山势较为平缓，山岗东坡有石岭

图311　（石岭）后山遗址远景（东北—西南）

小学，北坡种植荔枝，其他区域基本荒置，荒置区域多长有竹，杂草丛生。山岗北部、西部为农田，以种植水稻、果蔬为主。

调查时在山之北坡荔枝林内及山顶地表采集少许陶瓷片，据遗物特征推断，可分为2组。

1组：采集黄褐釉陶罐残片1片。时代为宋代。

2组：采集瓷片5片，见青釉瓷、青灰瓷、灰黄瓷、青花瓷等，可辨器形见碗。时代为明清时期。

图312　（石岭）后山遗址采集遗物

陈新围遗址

遗址编号：088　　行政区划：广州市从化区良口镇石岭村

地理坐标：N23°43′15.8588″，E113°39′13.4616″　海拔：68.297米

遗址位于良口镇石岭村陈新围村西北方的山前缓坡台地上，北邻大岬遗址，东南接陈新围村。台地位于石岭少沙盆地东部，为东侧高山发育出的大片山前缓坡台地，北侧有小型山坳，西、南面为广阔的盆地平原，地势东北高西南低，台地随山势呈西北—东南走向，长约450米，宽约150米，总面积近65 000平方米。山下台地种植有年橘、水稻、果蔬等，平缓

图313　陈新围遗址远景（东南—西北）

的坡地上种植有荔枝、龙眼等经济作物，杂草丛生，山坡上较高区域为荒山，可看见山竹林立。遗址保存较好，未见有文化层堆积。

遗物分布范围约70 000平方米，见于山坡近坡底及农田靠山坡处，地表采集少许陶瓷片，据遗物特征初步分析，可分为3组。

1组：采集陶片6片，均为泥质硬陶，陶色有酱褐、灰、黄灰色，纹饰有米字纹、方格纹各3片，器形不可辨。时代为战国至汉初，属米字纹陶阶段遗存。

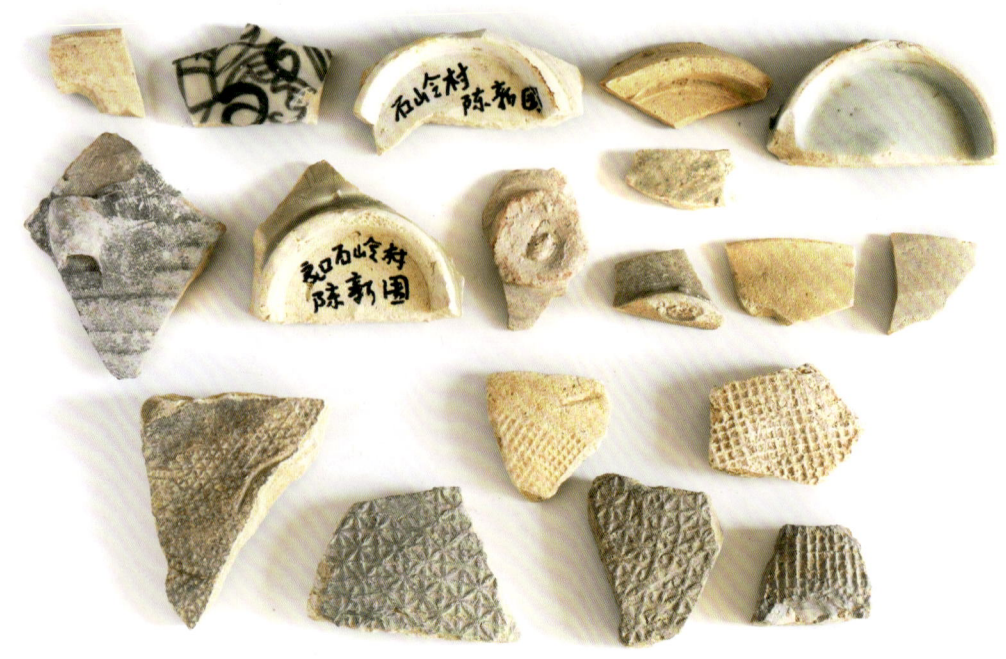

图314　陈新围遗址采集遗物

2组：采集陶片1片，为黑灰陶罐腹部残片。时代为唐代。

3组：采集瓷片11片，有青瓷、黄灰瓷、青花瓷等，可辨器形有碗。时代为明清时期。

庙下遗址

遗址编号：089	行政区划：广州市从化区良口镇石岭村
地理坐标：N23°42′58.3814″，E113°39′32.5713″	海拔：74.533米

遗址位于良口镇石岭村陈新围村南村口，镇龙古庙背后，为石岭少沙盆地东部平地突起的一处较平缓的台地，呈圆形，总面积约13 000平方米。台地北侧为陈新围村，南侧、西侧为地势较低的农田，台地上种植有荔枝、橘子等经济作物，海拔约79米，相对高度约5米。

遗址保存较好，遗物分布范围约10 000平方米，见于山顶位置，地表

图315　庙下遗址远景（南—北）

图316　庙下遗址采集遗物

采集少许陶瓷片，据遗物特征初步分析，可分为2组。

1组：采集陶瓷片7片，陶片有黑灰陶、浅灰陶共5片，可辨器形有罐；瓷片有灰褐瓷、青灰瓷，可辨器形有碗。时代为唐宋时期。

2组：采集陶瓷片11片，其中酱釉陶1片，可辨器形为罐；瓷片以青灰瓷为主，另有青花瓷片，可辨器形有碗、罐等。该组时代为明清时期。

水井岭遗址

遗址编号：090　　行政区划：广州市从化区良口镇石岭村

地理坐标：N23°42′39.3166″，E113°38′58.5930″　海拔：72.624米

遗址位于良口镇石岭村围仔和高龙围之间的山坳处，此处土名"水井岭"。水井岭为一处"凹"字形山坳，连同东侧农田地势平缓，南北两侧为地势相对较陡的山岗，山坳内种植有橘子，山坳东侧农田种植有水稻、果蔬等，山坳北侧有小溪向东注入石岭水。遗址因农田耕作遭受破坏，保存状况一般，未见有文化层。

遗物分布范围约37 000平方米，地表采集少许陶瓷片，据遗物特征初步分析，可分为4组。

1组：采集陶片2片，为夹细砂硬陶，陶色有灰褐、灰白色，纹饰有曲折纹、绳纹加附加堆纹，器形不可辨。时代为新石器时代晚期至商代。

图317 水井岭遗址采集遗物

2组：采集陶片4片，均为泥质硬陶，陶色有浅灰、酱釉色，纹饰有米字纹2片、素面2片，器形不可辨。时代为战国至汉初，属米字纹陶阶段遗存。

3组：采集陶瓷片11片。陶片8片，其中黑灰陶4片、浅灰陶2片、褐釉陶2片，可辨器形有平底罐、碗（敞口，厚圆唇，弧腹向下内收，唇腹相接处有折棱，碗形呈斗笠形）；瓷片3片，均为青灰瓷，可辨器形有碗。该组时代为唐宋时期。

4组：采集瓷片12片，以青灰瓷为主，可辨器形有碗。时代为明清时期。

龙仔遗址

遗址编号：091　　行政区划：广州市从化区良口镇石岭村

地理坐标：N23°42′24.4751″，E113°39′01.2721″　　海拔：69.440米

遗址位于良口镇石岭村楼山下西侧，是一片地势低平的台地，地处石岭少沙盆地西南部，南侧和北侧为高山，农田北侧有一条东西向小溪，一条水泥路可通磻溪。台地面积广阔，地势低矮平缓，现为农田，以种植水稻为主，间有果蔬、花生等作物。遗址因农田耕作破坏，保存较差。遗物散见于农田间，范围约40 000平方米，地表采集到瓷片6片，有青灰瓷、青花瓷，可辨器形有碗。另采集到一枚"大清铜币"。据遗物特征推断，时代为清代。

图318 龙仔遗址采集遗物

（石岭）黄泥塘遗址

遗址编号：092	行政区划：广州市从化区良口镇石岭村
地理坐标：N23°42′27.9871″，E113°39′21.2794″	海拔：62.472米

遗址位于良口镇石岭村楼山下、何迳头村之间，土名"黄泥塘"的台地上。黄泥塘是何迳头村南大山山脚下的一片地势低平的台地，地处石岭少沙盆地南部，南靠高山，北望广阔平原，台地面积较小，东西长约175米，宽约70米，台地上部山坡近荒置，杂草丛生，植被茂盛，台地上种植有橘子及少许蔬菜，山下农田基本上为水稻田，台地边缘有小溪流流经。遗址保存状况一般，文化层堆积状况不明。

图319 （石岭）黄泥塘遗址远景（北—南）

遗物分布范围约10 000平方米，主要集中于台地上，地表采集少许陶瓷片，据遗物特征初步分析，可分为2组。

1组：采集陶瓷片4片，其中陶片2片，为黑灰陶罐残片；瓷片为青瓷碗残片。时代为唐宋时期。

图320 （石岭）黄泥塘遗址采集遗物

2组：采集瓷片4片，有青瓷、青灰瓷等，可辨器形为碗口沿残片。时代为明清时期。

小结

S354沿线共计新发现各期遗址27处，除少许遗址内涵较单一外，大部分皆发现两期以上文化遗存。据各遗址分组情况比对分析可将S354沿线考古学文化遗存分为前后发展的5期，见表4。

表4　S354沿线遗址分期表

遗址	分期				
	新石器时代晚期至商代	战国至汉初	汉代	唐宋	明清
荔仔山					√
（良新）担水㘵	1组			2组	3组
九西岭	1组			2组	3组
福旋岗	√				
上龙岗	1组			2组	3组
矮桥子				1组	2组
大塘边					√
铁岗埔				1组	2组
狮头山				1组	2组

（续表）

遗址	分期				
	新石器时代晚期至商代	战国至汉初	汉代	唐宋	明清
三亚岬					√
虾爪山	√				
狮迳	1组			2组	3组
南坑	1组	2组		3组	4组
松仔山	1组			2组	3组
门口田	1组			2组	3组
圆仔山	1组			2组	3组
山塘子		1组		2组	3组
（少沙）大岬	1组	2组		3组	4组
高郎田	1组	2组	3组	4组	5组
鸡母场	√				
大岭山					√
（石岭）后山				1组	2组
陈新围		1组		2组	3组
庙下				1组	2组
水井岭	1组	2组		3组	4组
龙仔					√
（石岭）黄泥塘				1组	2组

注："√"代表该遗址仅有一组遗存

一期：新石器时代晚期至商代。该期遗存见于14个遗址中，代表性遗址有九西岭、虾爪山、高郎田、鸡母场遗址等。采集遗物以陶片为主，少许石器。陶片以夹细砂陶为主，少许泥质陶，质地多较硬，部分稍软，软陶次之，陶色以灰褐、灰黄、黄褐、灰色居多，少许红褐色，纹饰见长方格纹、曲折纹、绳纹、附加堆纹、叶脉纹、篮纹等，部分有刻划符号，可辨器形有圈足罐、器座、纺轮等。石器有石锛、砍砸器、砺石、石刀、箭镞等。该期遗存与吕田盆地、安山盆地、鸭洞河谷地区同期遗存内涵相近，属同一文化谱系。

二期：战国至汉初。该期遗存见于水井岭等6处遗址中，占总遗址数的22%，各遗址采集遗物均较少，陶片多为泥质硬陶，陶色见灰褐、酱褐、灰陶、红褐色等，纹饰有米字纹（三角格纹）、方格纹、水波纹，陶片碎小器形不可辨，应为陶罐腹部残片。该期遗存属米字纹陶遗存，与吕田盆地同期遗存内涵相同。

三期：汉代。仅见于高郎田遗址，采集少许陶片，为泥质红陶，质稍软，饰方格纹，应为陶罐腹部残片，为东汉遗物。

四期：唐宋时期。见于19个遗址中，以灰黑陶罐／瓮残片和少许青瓷、白瓷器为特征，与吕田盆地、鸭洞河谷地区同期遗存内涵相近。

五期：明清时期。24个遗址中发现明清时期遗存，以九西岭、大塘边窑址为代表。大塘边窑址是从化地区第一个发现的窑址，经初步试掘发现阶级龙窑一座，出土瓷器、垫饼等标本一批，填补了从化流溪河流域瓷器考古的空白，瓷器以碗为主，少量杯、器盖、研磨器等，白瓷居多，少许青花瓷，釉面粗糙易脱落。其他遗址采集遗物多为青花瓷或青灰瓷器残片，器形多为碗。

第五节　桃园盆地

桃园盆地位于从化区中心东北部约10千米处，原桃园镇一带。东邻大岭山林场（石门国家森林公园）和惠州市龙门县，西到云台山至高怀脑顶一带，南与灌村所在盆地隔山接壤，北侧高山外为流溪河干流。盆地略呈东北—西南向，长方形，东西长约11.9千米，南北最宽约3.5千米，总面积约20.6平方千米。其中螺洞山至桃园敬老院一线，可将盆地分为东西两部分。东部较狭窄，呈东西向锥形，东西长5.1千米，南北宽1.8千米；西部宽阔平坦，东西长6.8千米，南北宽3.5千米。桃莲、中田、龙岗、乌土、密石、平岗、龙桥、宣星、源湖等村分布其中，中山大学南方学院位于盆地中北部的老虎形地区。

图321　桃园盆地东部全景（南—北）

盆地地势由四周向中间递减，总体地势东北高，西南低。盆地四周高山环绕，东北部半山丘陵区，山高林密，为大岭山林场所在地，骆驼峰主峰海拔939.3米。盆地南、北两侧耸立长条状山脉，东西连绵约14千米，其中北部东起黄鹿嶂（943.5米），西至云台山（303.2米）；南部东起霸仔山（887.9米），经大尖山，西至猫㘵形（196.0米）一带。高山区多自然植被，山高林密，人迹罕至；低山丘陵区有少量人类活动，种植桉树、毛竹、荔枝、龙眼等。

盆地内地势平坦开阔，桃园水沿岸多发育冲积平原，其中乌土至宣星桃园水沿岸（海拔

图322　桃园盆地西部全景（西南—东北）

44~60米）、龙江至大桥盆地南部一带（海拔50~60米）、凤巢至荷木树桃园水沿岸一带（海拔70~100米）是三片平原分布区，现多开辟为农田，种植水稻、蔬菜、果树等，并有村落分布其间。

盆地南侧边缘平齐，山坡地势较陡，与平原过渡直接，少见缓坡和台地。而盆地北缘山脚则多发育缓坡、台地等，并有少量余脉南延至盆地平原内。缓坡、台地、低矮山岗多被村民开发，种植荔枝、龙眼、橘子等，地表多呈梯田状，农业生产活动对原始地形地貌破坏较大。此次考古调查发现的各期遗址绝大多数分布于盆地北缘的缓坡、台地或小山岗上。

盆地中心偶有一些独立的山岗分布其间。其中鸡笼岗矗立于盆地西部，海拔266米，锥状，平面呈三角形，体量巨大。另盆地内东起螺洞村西侧的门头岭，西至龙岗中学一线，分布10余座小山丘，东西连绵约2.5千米，山岗多漫圆形，海拔80~100米，相对高度20~40米，地势平缓，山上多荒废，杂草丛生。

盆地东南部有一东西向小山谷，名为密石洞，东高西低，四周为高山，海拔200~525米，北与桃园洞仅一山之隔。谷底地势较平缓，海拔91~130米，两侧山脚有大片缓坡及台地，密石村黄屋、陈屋等村落分布其间，密石洞水自东北部高山发源，自东向西横穿峡谷，于西北部出谷地，汇入桃园水。

桃园盆地内主要河流是小海河。小海河，是流溪河流域中集雨面积最大的一条支流，位于流溪河东侧，河长37.5千米，集雨面积260平方千米。据明清县志记载，该河古称曲江水。小海河有3条主要支流，一源于大岭山林场的白芒潭，一源于溉峒，一源于灌村中心山，从化人称"河"为"海"，故名。其中源于白芒潭的支流自东北向西南贯穿桃园盆地，据《从化市志》载，流经桃园镇的小海河支流称为"源湖水"，为便于与发源于溉峒、灌村中心山的支流相别，本报告将"源湖水"称为桃园水。桃园水全长约26千米，流域面积97.4平方千米。桃园水可分上下游两段，上游自源头至桃莲电站附近，流经山地丘陵地区，河道狭窄，河岸陡直，高低落差大，水流湍急，沿线建有白芒潭水库、南大水库。下游位于桃园盆地内，自桃莲电站始至鸡笼岗西部出盆地，全长约14.5千米。流域内地势平坦，河道宽阔，水流较缓，沿途汇入众多发源于两岸高山的溪流，其主要支流有黄竹带水（源于大岭山林场，东西向，长约5千米，于桃莲桥附近入桃园水）、密石洞水（源于大尖山北麓，长约4.3千米，东南—西北向，于石井南部汇入桃园水）、陂头坑水（源于中田村北部陂头坑一带，东北—西南向，长约4.2千米，于凤巢西北部入桃园水）、螺洞水（源于北边山一带，长约3.3千米，南北向，于石螺洞北汇入桃园水）、老虎形水（源于中大南方学院后山，南北向，长约2.6千米，于松塱东入桃园水）、中田里水（长约6.6千米）等。

从莞深高速纵穿盆地东部，有桃园出口可通盆地；X934东起大岭山林场西至桃园镇，东西横穿盆地，为盆地东西向主干道。X301由牛步迳至大桥迳，南北纵穿盆地西部，连接S355与G105。

桃园盆地已掌握的文物资源集中于地上古建和墓葬等，《广州市文物普查汇编·从化市卷》登记的有黄宣德家族墓、宗华宗祠等19处，但未见有地下文物资源线索。

桃园盆地文物资源考古调查工作开始于2014年9月9日，于2014年10月23日结束，除下雨停工、节假日休息等，实际调查时间32天；2015年2月2日、5日，考古调查队又对部分区域进行了复查。合计调查时间为34天。

调查采取区域调查的方法，对盆地和山谷内的低地平原、山前缓坡台地、小山岗及部分高山地区进行拉网式调查，足迹覆盖桃莲、中田、平岗、乌土、龙岗、龙桥、源湖、宣星、密石9个行政村，119个经济社，调查范围约26.3平方千米，共计新发现和复查各期遗址41个，其中先秦两汉时期遗址32个。

横𬒈遗址

遗址编号：093	行政区划：广州市从化区温泉镇密石村
地理坐标：N23°36′47.9560″，E113°43′15.6326″	海拔：110.125米

遗址位于温泉镇密石村江屋西北部，密石小学东侧的横𬒈台地上。台地地处密石洞盆地北缘，北为东西向山脉，呈舌状向南延伸，海拔约120米，相对高度约20米，长200米，宽150米，总面积约30 000平方米。通往黄屋的乡间公路从遗址中穿过，一条小溪自台地南侧流过，台地上种植有荔枝、龙眼、柿子等经济作物，地表植被茂盛。

图324　横𬒈遗址远景（南—北）

遗物分布范围约20 000平方米，见于台地南部，尤以公路两侧较集中，采集陶片85片，以夹细砂陶为主，泥质陶次之，陶质多为软陶，部分质地较硬，陶色以浅灰褐、黄灰色为主，

图325　横𬒈遗址地表采集遗物

另有灰、灰白、褐色等，纹饰以绳纹、曲折纹为主，另素面、篮纹、叶脉纹、间断条纹、长方格纹、绳纹加附加堆纹、曲折纹加附加堆纹、云雷纹等，可辨器形有罐口沿、罐圈足等。据遗物特征推断，时代为新石器时代晚期至商代。

（密石）陈屋遗址

遗址编号：094　　行政区划：广州市从化区温泉镇密石村
地理坐标：石器采集点，N23°36′42.8875″，E113°43′18.7748″　海拔：96.097米
　　　　　方格纹陶片采集点，N23°36′39.8168″，E113°43′16.4232″　海拔：116.927米

遗址位于温泉镇密石村江屋南侧，西距陈屋约200米，地处密石洞盆地南侧山岗及其南侧台地上。山岗呈舌状，自东向西延伸，长400米，宽150米，总面积约60 000平方米，海拔约160米，相对高度约60米，地势东高西低，坡度较大，山上种植有荔枝、龙眼、柿子、橘子等经济作物，地表较为干净。山岗南侧台地地势平坦开阔，种植柿子等。

图326　（密石）陈屋遗址远景（西北—东南）

遗物分布范围约20 000平方米，在山岗西坡北部接近江屋村位置采集到石锛1件；另外在西坡、西南坡较平缓的坡地上采集少许陶瓷片。据遗物特征初步分析，可分为4组。

1组：采集石锛1件（094：采1），参照周边遗址所出同类型石锛，推断时代为新石器时代晚期至商代。

094：采1　石锛，黄褐砂岩石，石质稍粗，平面近梯形，上窄下宽，顶部圆弧，下端磨

 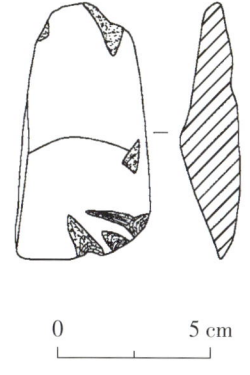

图327　（密石）陈屋遗址采集石锛（094：采1）

图328 （密石）陈屋遗址采集遗物

制呈单面斜弧刃，刃部有残缺。长8 cm，宽4.4 cm，厚2 cm。

2组：采集陶片2片，泥质硬陶，陶色有酱釉、浅灰色，纹饰有方格纹加夔纹、素面，器形不可辨。时代为西周至春秋时期，属夔纹陶阶段遗存。

3组：采集陶片8片，以泥质黑灰陶为主，器形不可辨。时代为唐代。

4组：采集少许青花瓷片，可辨器形见碗底。时代为明清时期。

荷木树遗址

遗址编号：095	行政区划：广州市从化区温泉镇桃莲村
地理坐标：N23° 37' 38.2474"，E113° 44' 07.3594"	海拔：104.502米

遗址位于温泉镇桃莲村荷木树村东侧低矮的台地上，北靠塘仔渡遗址所在山岗，南连桃园盆地，海拔约100米，南侧为东西向小海河。地表种植有荔枝、龙眼、柿子等经济作物，也有少许果蔬等。遗址保存状况一般。

图329 荷木树遗址远景（西南—东北）

遗物分布范围约25 000平方米，地表采集少许陶瓷片，据遗物特征初步分析，可分为3组。

1组：采集陶片2片，夹细砂灰硬陶，饰叶脉纹、绳纹加附加堆纹，器形不可辨。时代为

图330 荷木树遗址采集遗物

新石器时代晚期至商代。

2组：采集陶片8片，泥质硬陶，陶色有黑灰、灰、红褐色等，纹饰见弦纹，可辨器形有罐。时代为唐代。

3组：采集青花瓷、青瓷片5片，可辨器形有碗。时代为明清时期。

罗屋遗址

遗址编号：096	行政区划：广州市从化区温泉镇桃莲村
地理坐标：N23° 37' 22.7706"，E113° 43' 48.3766"	海拔：88.211米

遗址位于温泉镇桃莲村罗屋队西南部，东邻罗屋、新塘，北望荷木树，X934从遗址北侧穿过，西临并塘。遗址地处桃园盆地南侧山前缓坡台地上，海拔介于96～115米，台地面积广阔，呈东西向，地势南高北低，坡度平缓，种植有荔枝、龙眼、柿子等经济作物，地表杂草多被村民清理，小海河于遗址西侧流过。

图331 罗屋遗址远景（西北—东南）

遗物分布范围约30 000平方米，地表采集较多文化遗物，见陶片、瓷片等，据遗物特征初步分析，可分为3组。

1组：采集陶片59片，以夹细砂陶为主，计53片，泥质陶6片，陶质多较硬，陶色有浅灰黄色23片、浅灰色21片、灰色7片，另有灰褐、褐色等，纹饰有绳纹26片、曲折纹10片、叶脉纹5片，另有梯格纹、长方格纹、间断条纹、绳纹加附加堆纹、编织纹、素面等，可辨器形有罐口沿、罐圈足（一

图332　罗屋遗址调查工作照

图333　罗屋遗址采集遗物

件圈足近直，较矮，足跟平直；另一件圈足略外撇，较矮，足跟平直，跟面有凹槽一周，圈足顶部接器底处脱落自然，其上有印痕，为圈足加工成形后再与器身粘接的一个佐证）。时代为新石器时代晚期至商代。

2组：采集陶瓷片14片，陶色有浅灰、黑灰、褐色等，可辨器形有罐；瓷片仅见青釉印花葵口碗口沿1片。时代为唐宋时期。

3组：采集陶瓷片5片，瓷片多为青花瓷，釉色发灰、青灰，可辨器形有碗。时代为明清时期。

图334　罗屋遗址采集陶片纹饰拓片

1. 绳纹　2. 梯格纹

付竹园遗址

遗址编号：097　　行政区划：广州市从化区温泉镇桃莲村
地理坐标：N23° 37' 32.3280"，E113° 43' 45.7675"　　海拔：99.182米

遗址位于温泉镇桃莲村荷木树西南约300米土名"付竹园"的河岸阶地上，居于小海河东岸，北为高山，三面与盆地平原相连，面积约20 000平方米，海拔约100米，地势低矮平缓，其南侧有一条自东向西的小溪注入小海河内，地表种植有荔枝、龙眼、柿子等经济作物，也有果蔬等。

遗物分布范围约5000平方米，地表采集少许陶瓷片，据遗物特征初步分析，可分为3组。

图335　付竹园遗址远景（西南—东北）

图336　付竹园遗址采集遗物

1组：采集陶片3片，均为夹砂细硬陶，陶色有灰白、灰色等，器表饰绳纹，器形不可辨。时代为新石器时代晚期至商代。

2组：采集陶片1片，为罐腹部残片，泥质硬陶，黑灰色。时代为唐代。

3组：采集瓷片5片，见青灰瓷、青花瓷片等，可辨器形为碗（097：标1）。时代为明清时期。

097：标1　青瓷碗，敞口，圆唇，弧腹内收，平底略弧鼓，下附斜直圈足，足跟外缘斜削，内侧平直，外底中部呈鸡心状。浅灰胎，器表施灰白釉，釉色较亮，圈足底无釉。复原

 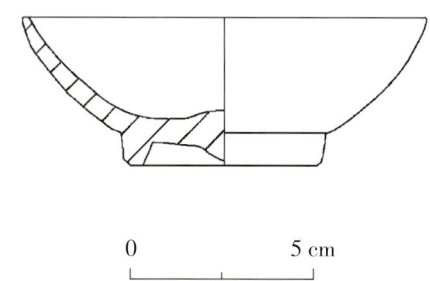

图337　付竹园遗址采集青瓷碗（097:标1）

口径11 cm，底径5.4 cm，高4 cm。

大坡头遗址

遗址编号：098	行政区划：广州市从化区温泉镇桃莲村
地理坐标：N23°37′49.1129″，E113°43′48.9570″	海拔：111.019米

遗址位于温泉镇桃莲村草塘村东北约500米的山坳内，西北为桃源电站，南邻铁岙遗址，山坳东、南、北三面环山，形状不规则，长约250米，宽约200米，总面积约50 000平方米，地势东高西低，海拔介于95～130米，山坳内坡度相对平缓，种植有荔枝、龙眼、柿子、榄等经济作物，地表较为干净，小海河从遗址西侧由北向南穿过，西侧一条水泥路通往南大水库。

图338　大坡头遗址远景（西—东）

地表采集少许陶瓷片，见于山坳北部，分布范围约15 000平方米，据遗物特征初步分析，可分为2组。

1组：采集陶片21片，半成品石器1件。陶片均为夹细砂硬陶；陶色以浅灰色为主，计14片，另灰褐、黄褐、深灰色等；纹饰有长方格纹6片、曲折纹4片，另有绳纹、编织纹、素面等；可辨器形有罐口沿（敞口，卷沿，圆唇，上沿斜直，下沿内折凹收呈束领）。半成品石器为灰白砂岩石，石质细腻，两端断缺，所存为扁体长条状，横截面呈长椭圆形，一侧面前端有磨制的双面刃，残长2.7 cm，宽2.1 cm，厚0.6 cm。据遗物特征推断，时代为新石器时代晚期至商代。

2组：采集青花瓷碗残片2片。时代为明清时期。

图339　大坡头遗址采集遗物

铁䒠遗址

遗址编号：099　　行政区划：广州市从化区温泉镇桃莲村

地理坐标：A点，N23°37′41.5047″，E113°43′48.6717″　海拔：137.777米
　　　　　B点，N23°37′42.8833″，E113°43′55.3582″　海拔：151.492米

遗址位于温泉镇桃莲村草塘东约400米的铁䒠山岗上，北邻大坡头遗址，东连塘仔渡遗址。"铁䒠"地形为一南北向山岗，近椭圆形，长约400米，宽约200米，总面积约80 000平方米。东连数座山岗，南为开阔的桃园盆地，西侧为山谷，谷底为小海河和通往南大水库的水泥公路。山岗海拔148米，相对高度约50米，顶部平坦，坡度较大，现被开辟成梯田，种植荔枝、龙眼等，部分区域杂草、灌木丛生。

遗物分布范围约45 000平方米，见于整个山岗，地表采集大量遗物，其中陶片324片，以夹细砂陶为主，少量泥质陶，质地多较硬，陶色有深

图340　铁䒠遗址远景（南—北）

图341　铁䒠遗址A点清理地层剖面

图342　铁口遗址采集遗物

1. 陶豆口沿（099：标1）　2. 陶罐口沿（099：标3）　3. 陶罐口沿（099：标2）　4. 刻划符号（099：标2）
5. 陶罐口沿（099：标4）　6. 陶罐口沿（099：标7）　7. 陶罐圈足（099：标5）　8. 陶罐圈足（099：标6）

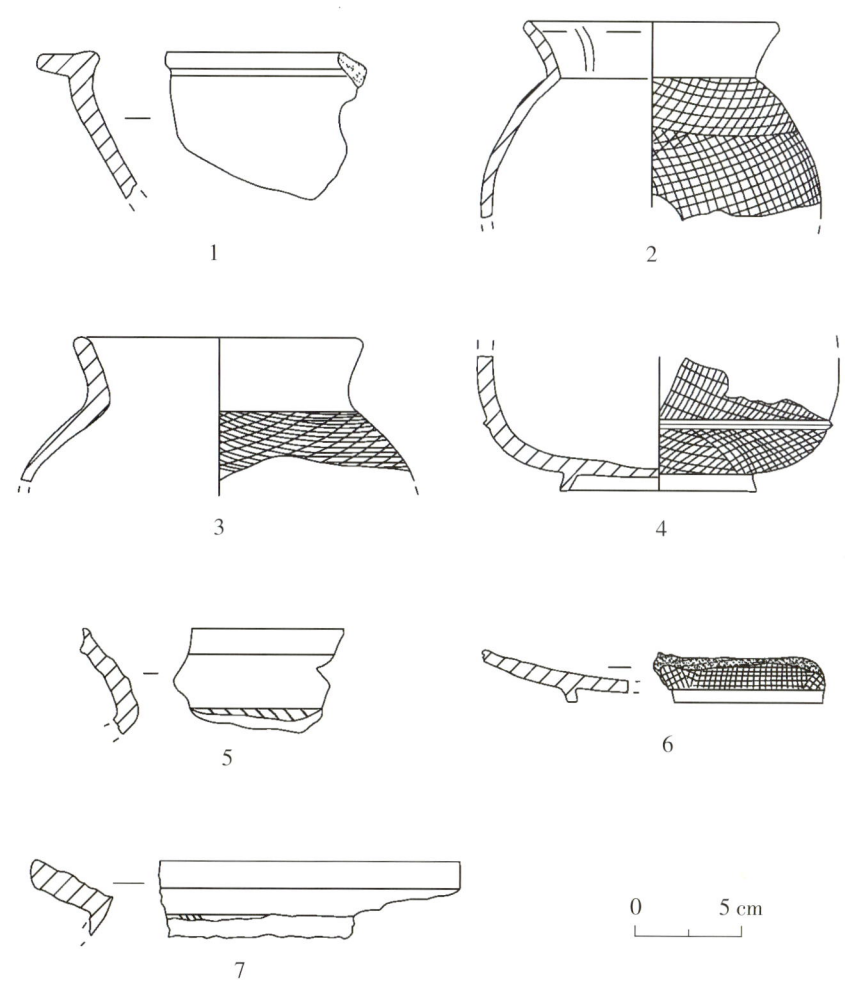

图343 铁Ѽ遗址采集陶器

1.陶豆口沿（099：标1） 2、3、5、7.陶罐口沿（099：标2、099：标3、099：标4、099：标7）
4、6.陶罐圈足（099：标6、099：标5）

灰、浅灰、灰褐、黄灰、黄褐、红褐色等，纹饰以斜长方格纹、方格纹、曲折纹、绳纹（交错绳纹）为主，另有一些网格纹、附加堆纹、叶脉纹、梯格纹、席纹、素面等，可辨器形有罐口沿（099：标2、099：标3、099：标4、099：标7）、罐圈足（099：标5、099：标6），另有豆口沿（099：标1）、杯形器等。半成品石器3件，形状多不规则，1件为箭镞半成品，1件疑为砺石。

099：标1 陶豆口沿，敛口，平折沿较宽，圆唇，斜直腹下残缺。夹砂黑灰陶，质地稍软。残长9.3 cm，残高6.6 cm。（图342：1、图343：1）

099：标2 陶罐口沿，侈口，斜折沿呈领，沿面略弧鼓，圆唇，圆弧腹残缺，内沿面有两条竖向刻划纹，器表饰斜长方格纹。夹砂浅灰陶，质地较硬。复原口径约11.9 cm，腹径约15.9 cm，残高9 cm。（图342：3、图342：4、图343：2）

099：标3　陶罐口沿，侈口，斜折沿微卷呈斜领，圆唇，弧肩残缺，肩部饰斜长方格纹。泥质黄褐陶，质地较软。复原口径约13.3 cm，残高6.5 cm。（图342：2、图343：3）

099：标4　陶罐口沿，侈口，宽斜折沿呈领，沿面有三槽凹旋槽，方唇略外斜，唇面凹弧，外沿折收，唇、沿间有折棱，肩部残缺。夹砂浅红褐陶，质地硬。复原口径约15 cm，残高4.7 cm。（图342：5、图343：5）

099：标5　陶罐圈足，腹及以上残缺，残存下腹呈斜弧内收圜底状，底下附极矮圈足，圈足斜直，足跟着地，器表饰宽方格纹。夹砂，浅紫褐陶，质地稍软。复原圈足径约11 cm，残高2.3 cm。（图342：7、图343：6）

099：标6　陶罐圈足，上腹及口部残缺，残存腹部为圆鼓状，下腹弧收呈圜底，下附矮圈足，圈足外撇，足跟着地，下腹有一周凸起的尖棱状堆塑纹，器表饰斜长方格纹。夹砂浅灰白陶，质地较硬。复原圈足径约9.2 cm，腹径约17 cm，残高6.3 cm。（图342：8、图343：4）

099：标7　陶罐口沿，侈口，宽斜折沿，沿面有4周凹弦纹，厚方唇，肩部残缺，饰

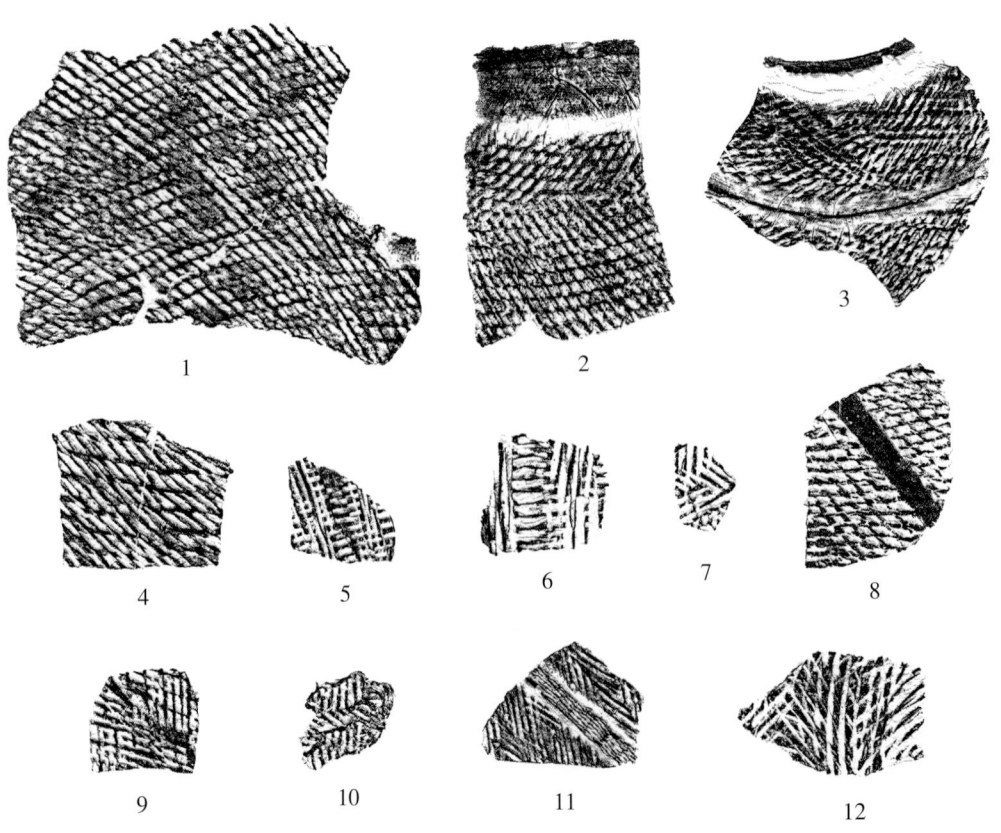

图344　铁山遗址采集陶片纹饰拓片

1、2、4. 长方格纹　3、8. 网格纹加附加堆纹　5、6. 梯格纹　7、9、12. 绳纹
10. 叶脉纹　11. 曲折纹加附加堆纹

绳纹。复原口径约27 cm，残高3.5 cm。（图342：6、图343：7）

据遗物特征推断，时代为新石器时代晚期至商代。

此外，在与该山岗相连的东北约百米的山岗西坡采集陶片2片，为夹细砂硬陶，灰白色，饰叶脉纹、曲折纹，器形不可辨，时代为新石器时代晚期至商代。该山岗面积较小，地势东北高西南低，地表开辟成梯田状，种植三华李等果树，因离铁𨫒遗址（A点）较近，归入铁𨫒遗址内，别为B点。遗址保存较好，未见文化层堆积。

塘仔渡遗址

遗址编号：100　　行政区划：广州市从化区温泉镇桃莲村

地理坐标：N23°37'40.5203"，E113°43'58.7383"　　海拔：158.554米

遗址位于温泉镇桃莲村荷木树北的塘仔渡山岗上。"塘仔渡"地形为一东北—西南向山岗，平面呈椭圆形，长400米，宽约200米，总面积约80 000平方米。山岗北连高山，西边与铁𨫒山岗形成山坳，南边山脚为荷木树村，南眺桃园盆地。山岗海拔161米，相对高度约60米，地势东北高西南低，山顶平坦，山坡坡度较大，呈斜坡状，种植荔枝等，有几条小路通往山顶，地表杂草较少。遗址保存较好。

图345　小海河及塘仔渡遗址远景（西南—东北）

图346　塘仔渡遗址采集遗物

遗物散见于山顶和西侧山坡，范围约40 000平方米，地表采集陶片10片，以夹细砂陶为主，计8片，泥质陶2片，陶色有灰白、灰、浅灰色，纹饰以绳纹为主，另有曲折纹、长方格纹，可辨器形有罐口沿（口微沿，圆唇，斜折沿呈近立领，肩部残）。据遗物特征推断，时代为新石器时代晚期至商代。

长岗遗址

遗址编号：101　　行政区划：广州市从化区温泉镇桃莲村

地理坐标：N23°37′50.4438″，E113°43′29.0744″　　海拔：186.715米

遗址位于温泉镇桃莲村南太草塘村北土名为"长岗"的山岗上。北、西与高山相连，东边为南大水库和泄水峡谷，南眺桃园盆地，山脚为南大、草塘村。该山岗呈东西向，椭圆形，长约450米，宽约300米，面积约135 000平方米，山顶海拔190米，相对高度约90米。山顶较平缓，地势西高东低，近山顶处坡度较大，南坡山

图347　长岗遗址远景（南—北）

图348　长岗遗址采集遗物

脚坡度平缓，山岗现被开辟为梯田状，种植荔枝、柿子等，地表较多石块，杂草和落叶多被清理干净。

遗址分布范围约70 000平方米，见于山顶至半腰的大片区域内，分布密集，地表采集陶片271片、石器4件（101：采1—采4）、残石器1件。陶片以夹砂陶为主，计236片，少量泥质陶，陶色以黄褐、浅灰色为主，另有浅灰白、深灰、灰褐、褐色等，灰陶质地较硬，黄褐陶质地较软，纹饰以绳纹为主，计142片（其内包含交错绳纹、绳纹加附加堆纹18片），曲折纹、素面次之，另有叶脉纹、斜长方格纹、间断条纹、云雷纹、指甲纹、刻划纹等，可辨器形见罐口沿（1. 敞口，直圆唇，斜领较高，肩部残；2. 侈口，宽斜折沿呈领，沿面有数周凹弦纹，厚方圆唇，肩部残；3. 敞口，卷沿，沿面弧鼓，上沿斜折呈盘口状，窄平方唇，外沿上部斜直，沿面凹，下沿内折凹弧呈束领状）、罐圈足（仅存底部，为圜底，下附极矮外撇圈足，底部饰绳纹），部分陶片可见贴塑制作工艺痕迹。

101：采1　石锛，青灰砂岩石，石质较细腻，平面呈近长条状，器身较长，弓背，有较长柄，柄横截面呈椭圆形，顶部圆弧，两肩斜直近无，锛体呈长方形，下端磨制呈单面刃，刃部平直。整器上侧面磨制较光滑，下侧弓背除刃部外未见明显磨制面。长10.5 cm，宽4.6 cm，厚2.3 cm。（图349：1、图350：1）

101：采2　石锛，浅青灰砂岩石，石质较细腻，平面呈近梯形，上窄下宽，顶部有崩

图349　长岗遗址采集遗物

1. 石锛（101：采1）　2. 石锛（101：采2）　3. 石斧（101：采3）　4. 石刀（101：采4）　5. 陶罐口沿（101：标1）

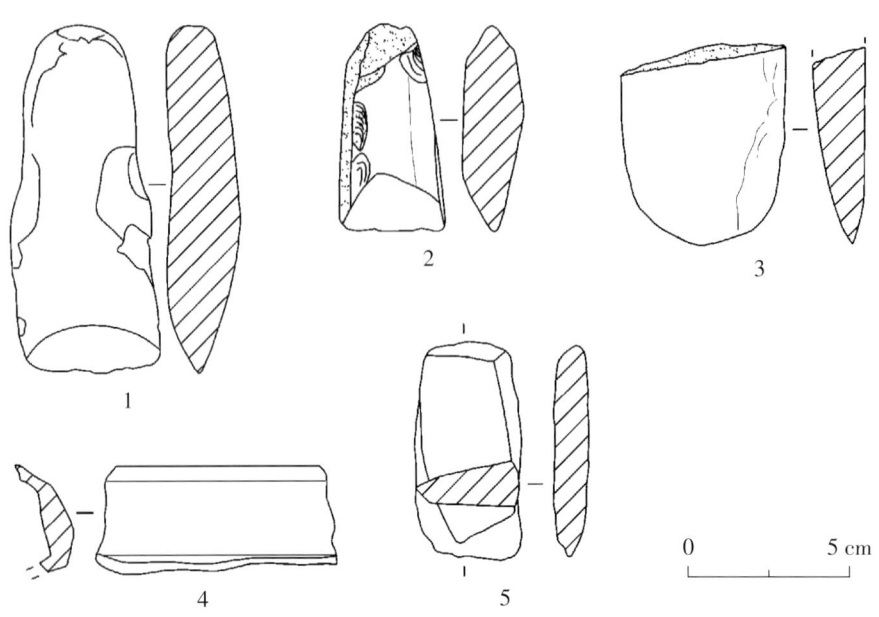

图350　长岗遗址采集遗物

1、2. 石锛（101：采1、101：采2）　3. 石斧（101：采3）　4. 陶罐口沿（101：标1）　5. 石刀（101：采4）

缺，下端磨制成单面刃，刃部平直。长6.2 cm，宽3.3 cm，厚1.9 cm。（图349：2、图350：2）

101：采3　石斧，浅青灰砂岩石，石质细腻，平面呈残椭圆形，上部残断，下部磨制成双面刃，刃呈外弧状，斧下侧面近平，上侧面弧鼓。残长6 cm，宽5.1 cm，厚1.6 cm。（图349：3、图350：3）

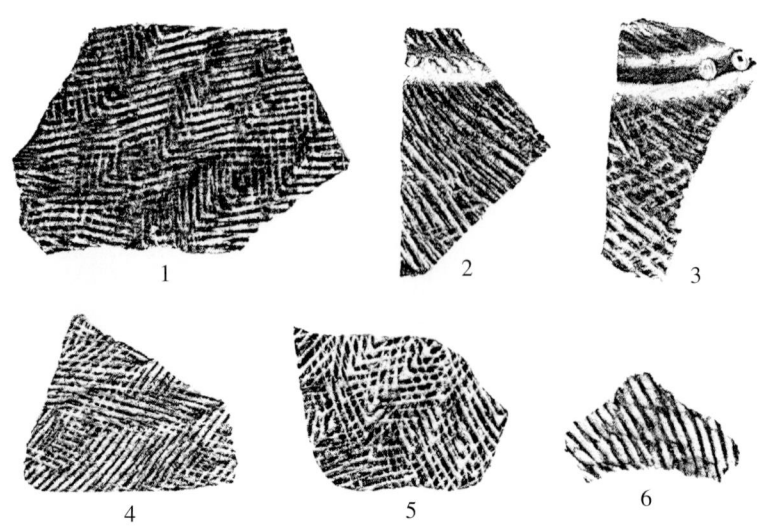

图351　长岗遗址采集陶片纹饰拓片

1、4、5. 曲折纹　2、3. 曲折纹加附加堆纹　6. 斜长方格纹

101：采4　石刀，浅青灰砂岩石，石质稍粗，平面呈近长方形，扁体状，背较厚，前锋斜直，仅前部及前锋有刃，为双面刃。长6.6 cm，宽3.3 cm，厚1.1 cm。（图349：4、图350：5）

101：标1　陶罐口沿，口微敞，短折沿，斜方唇，唇面凹弧，小立领，束颈，肩部残缺。夹细砂浅灰陶，质地较硬。残长7.5 cm，残高3.2 cm。（图349：5、图35：4）

因山岗开辟为梯田，对原始地貌造成破坏，遗址保存状况一般，据遗物特征推断，时代为新石器时代晚期至商代。

南太遗址

遗址编号：102　　行政区划：广州市从化区温泉镇桃莲村

地理坐标：N23°37′42.4771″，E113°43′16.7467″　　海拔：98.847米

遗址位于温泉镇桃莲村南太队西约100米的山坡台地上，西邻米石岭遗址，北靠桃园盆地北缘高山，南面为盆地中央低矮的农田，山脚有灌溉水渠流经。台地呈舌状，南北向，长200米，宽150米，总面积约30 000平方米，海拔100～130米，地势北高南低，开辟成梯田状，种植有荔枝、龙眼等，地表较干净。

图352　南太遗址远景（东南—西北）

遗物分布范围约8000平方米，见于台地南端，地表采集少许陶瓷片，据遗物特征初步分析，可分为2组。

1组：采集陶片4片，均为夹细砂陶，质地较硬，陶色有灰白、浅灰色，饰绳纹、曲折纹、素面，器形不可辨。时代为新石器时代晚期至商代。

2组：采集陶瓷片5片，陶片见灰白陶瓦残片，瓷片可辨器形有青灰瓷碗、青瓷碗、黄褐瓷碗。时代为明清时期。

图353　南太遗址采集遗物

米石岭遗址

遗址编号：103	行政区划：广州市从化区温泉镇桃莲村
地理坐标：N23°37′43.9073″，E113°43′13.2652″	海拔：105.488米

遗址位于温泉镇桃莲村猿啼岭村北部的米石岭一带，东与南太遗址隔一山谷，北邻陂底岭遗址，西望白石山。米石岭是桃园盆地北侧高山伸出的一座近椭圆形山岗，长约300米，宽约200米，总面积约60 000平方米，山岗海拔约133米，相对高度约35米，地势北高南低，坡度平缓，山坡呈斜坡状，种植荔枝、龙眼等，地表杂草较盛，一条灌溉水渠环绕山脚。遗物散布范围约45 000平方米。

图354　米石岭遗址近景（东—西）

地表采集陶片44片，夹细砂陶为主，计30片，泥质陶12片，质地多较硬，陶色以浅灰白色为主，黄褐色次之，另有灰褐、中灰、黄灰、褐色等，纹饰以绳纹、素面为主，另有方格纹、长方格纹、曲折纹、间断条纹、叶脉纹等，可辨器形见罐口沿（103：标1、103：标2）。

图355　米石岭遗址采集遗物

图356 米石岭遗址采集陶器

1. 陶罐口沿（103：标1） 2. 陶罐口沿（103：标2）

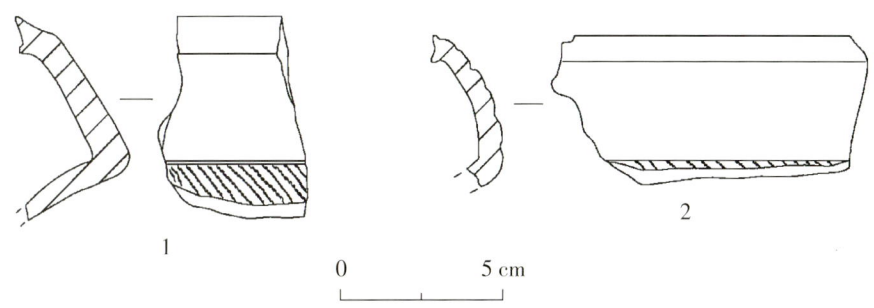

图357 米石岭遗址采集陶器

1. 陶罐口沿（103：标1） 2. 陶罐口沿（103：标2）

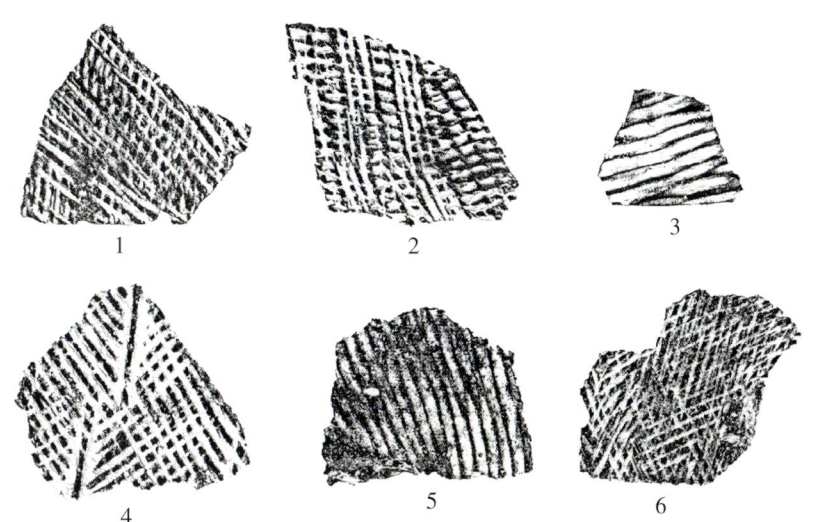

图358 米石岭、陂底岭、白石山遗址采集陶片纹饰拓片

1、2. 斜长方格纹（103） 3. 篮纹（103） 4. 曲折纹（104） 5. 篮纹（104） 6. 交错绳纹（108）

103：标1　陶罐口沿，侈口，宽斜折沿呈斜领，上沿略外侈，方唇，唇面凹弧，唇下内折斜收，唇、外沿间有折棱，斜直肩，肩部饰绳纹。夹细砂灰白陶，质地较硬。残宽4.6 cm，残高6 cm。（图356：1、图357：1）

103：标2　陶罐口沿，敞口，卷沿，沿面弧鼓，有数周凹弦纹，斜方唇，唇面凹弧，斜领，束颈，肩部残缺。夹细砂灰白陶，质地较硬。残宽9.8 cm，残高4.4 cm。（图356：2、图357：2）

遗址保存较好，未见文化层堆积，据遗物特征推断，时代为新石器时代晚期至商代。

陂底岭遗址

遗址编号：104	行政区划：广州市从化区温泉镇桃莲村
地理坐标：A区，N23°37′50.0127″，E113°43′06.6459″	海拔：125.354米
B区，N23°37′55.4372″，E113°42′59.527″	海拔：105.143米

遗址位于温泉镇桃莲村猿啼岭村北约200米的陂底岭一带，东南邻米石岭遗址，西眺白石山。陂底岭是桃园盆地北侧高山南坡余脉，呈不规则长条状，南北向延伸，长约500米，宽约200米，总面积约100 000平方米。海拔约125米，相对高度约30米。地势东高西低，北高南低，坡度平缓。山坡种植有荔枝、龙眼、柿子等，地表较干净。因遗址面积较大，其间又有山谷分隔，按遗物分布情况将南坡、西坡及山顶所在区域暂定为陂底岭遗址A区，将西北部伸出的小山岗定为陂底岭遗址B区，遗物分布总范围约60 000平方米。

图359　陂底岭遗址远景（西—东）

A区地表采集遗物见陶片、瓷片、石器等，据遗物特征初步分析，可分为4组。

1组：采集陶片26片、石网坠1件（104：采1）。陶片以夹细砂陶为主，计22片，泥质陶4片，质地多较硬，陶色有浅灰、灰白、灰、黄灰、红褐色等，纹饰有绳纹、叶脉纹、绳纹加附加堆纹、间断条纹、长方格纹、曲折纹等，器形不可辨。时代为新石器时代晚期至商代。

104：采1　石网坠，褐色砂岩石，石质较细腻。平面呈圆角长方形，薄饼状，器身中部两侧有对称的用于系绳的打击小缺口。长8.7 cm，宽7 cm，厚1.8 cm。（图361）

2组：采集陶片1片，泥质硬陶，酱釉色，素面，为罐腹残片。时代为西周至春秋时期，属夔纹陶阶段遗存。

图360　陂底岭遗址采集遗物

3组：采集瓷片2片，为饼足碗底部残片。时代为唐宋时期。

4组：采集瓷片2片，为青瓷、青花瓷片，可辨器形见碗。时代为明清时期。

遗址B区地表采集陶片11片，均为夹细砂陶，质地较硬，陶色有浅灰、深灰、灰白泛黄色等，纹饰有篮纹、绳纹、绳纹加附加堆纹、篮纹加附加堆纹、曲折纹等，器形不可辨。遗物面貌较统一，时代为新石器时代晚期至商代。

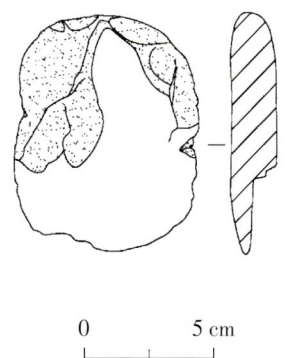

图361　陂底岭遗址采集石网坠（104∶采1）

温牛岽遗址

遗址编号：105　　行政区划：广州市从化区温泉镇桃莲村

地理坐标：N23°38′40.4322″，E113°44′43.3754″　海拔：174.834米

遗址位于温泉镇桃莲村南大水库东岸土名"温牛岽"的缓坡台地上。南大水库位于桃园盆地东北部，是桃园盆地内小海河的一个源头，周边为高山，水库呈近"8"字形。温牛岽台地海拔介于170~230米，呈不规则形，总面积约90 000平方米，地势东高西低，坡度平缓，地表种植有荔枝、龙眼等。台地上发现一座清代交椅墓，规模小，为石块垒砌，享堂拢环正中嵌砖质墓碑一方，墓主姓名已被抹除，依碑文知该墓所在山岗为温牛岽。

图362　温牛岽遗址近景（东—西）

遗物分布范围约15 000平方米，见于台地中间位置，采集少许瓷片，有青花瓷、酱褐瓷等，可辨器形见罐、碗，依形态判断时代为明清时期。

山顶口遗址

遗址编号：106　　行政区划：广州市从化区温泉镇中田村

地理坐标：N23°38′07.7447″，E113°42′40.7023″　海拔：114.908米

遗址位于温泉镇中田村和顺陂北约1000米的山顶口台地一带。和顺陂北分布大片缓坡台地，地处桃园盆地北缘，北为东西走向高山，东边为高山向南伸出的较矮山岗，西、南为较开阔的山前台地，东南方毗白石山，西南方接横刀石山。面积广阔，长约800米，宽约250米，总面积近18万平方米，属于"从化市水果标准化示范园"范围，主要种植桂味荔枝。两条溪流自高山发源，于台地北边交汇后向南注入小海河，东边一条南北向水泥路通往和顺陂村庄。

图363　山顶口遗址远景（南—北）

图364　山顶口遗址采集遗物

山顶口遗址位于台地北侧，海拔约128米，地势东高西低，坡度平缓，分布较多砂砾岩石，种植荔枝等，地表散落较多树叶，局部生长有杂草。遗物分布范围约10 000平方米，地表采集少许陶瓷片，据遗物特征初步分析，可分为3组。

1组：采集陶片3片，有夹细砂陶2片、泥质陶1片，质地较硬，陶色有灰白、浅灰色等，纹饰有曲折纹、绳纹，器形不可辨。时代为新石器时代晚期至商代。

2组：采集瓷片1片，为饼足碗残片，施褐釉。时代为唐宋时期。

3组：采集瓷片4片，有青白瓷、青灰瓷、青花瓷等，可辨器形有碗。时代为明清时期。

山塘窝遗址

遗址编号：107　　　行政区划：广州市从化区温泉镇中田村

地理坐标：N23°37′52.7719″，E113°42′37.1263″　　海拔：96.763米

遗址位于温泉镇中田村和顺陂村北约500米的缓坡台地上，北距山顶口遗址约400米，南距白石山遗址A点约100米。山塘窝遗址与山顶口遗址同在一片大台地上，位于台地南端，东邻白石山，西望横刀石山，遗址海拔约100米，地势东高西低，坡度平缓，地表种植龙眼、柿子等，杂草丛生。

图365　山塘窝遗址远景（北—南）

遗物分布范围约8000平方米，地表采集少许陶瓷片，据遗物特征初步分析，可分为3组。

1组：采集陶片6片，均为夹细砂陶，质地较硬，陶色有灰、黄灰色等，纹饰有长方格纹、曲折纹、叶脉纹、绳纹，器形不可辨。时代为新石器时代晚期至商代。

2组：采集陶片1片，为泥质黑灰素面陶，器形不可辨。时代为唐代。

3组：采集瓷片2片，有青花瓷、灰瓷片，可辨器形有碗，时代为明清时期。

图366　山塘窝遗址采集遗物

白石山遗址

遗址编号：108　　行政区划：广州市从化区温泉镇中田村

地理坐标：A点测点，N23°37′49.1704″，E113°42′36.9471″　　海拔：105.532米

遗址位于温泉镇中田村和顺陂村北约600米的白石山西南坡及山前台地上。白石山为盆地北部一独立近椭圆形山丘，因山出产较多白石而得名，海拔约175米，山之东半部山势较陡峭，西半坡山势平缓，发源于北边高山的溪流自北向南流过白石山东侧的山凹，后折向西自白石山南边山脚流过。山之南坡种植火龙果，其他区域种植荔枝、龙眼等。调查时在西南坡及坡下农田内均采集到文化遗物，依遗物位置不同别为A、B、C点。

图367　白石山遗址远景（南—北）

A点位于白石山西北坡，地势较为平缓，地势东南高西南低，与山塘窝遗址相邻，地表种荔枝、柿子等，遗物分布范围约2500平方米，地表采集少许陶瓷片，据遗物特征初步分析，

图368　白石山遗址采集遗物

可分为3组。

1组：采集陶片6片，均为夹细砂陶，质地较硬，陶色有灰褐、浅灰、灰白色等，纹饰有绳纹、绳纹加附加堆纹、素面等，器形不可辨。时代为新石器时代晚期至商代。

2组：采集青瓷碗残片1片。时代为宋代。

3组：采集瓷片1片，为青花瓷碗残片。时代为明清时期。

B点位于白石山西南坡近坡底处。西北望横刀石山，地势平缓，地表种植荔枝、龙眼，遗物分布范围约2500平方米，地表采集少许陶瓷片，据特征初步分析可分为2组。

1组：采集陶片1片，为夹细砂灰陶，质地较硬，饰绳纹，器形不可辨。时代为新石器时代晚期至商代。

2组：采集瓷片5片，有青瓷、青花瓷等，可辨器形有碗。时代为明清时期。

C点位于白石山西南坡坡底农田内，地势低矮，遗物分布范围约6000平方米，采集遗物可分为2组。

1组：采集陶瓷片3片，瓷片见灰瓷碗残片。时代为唐宋时期。

2组：采集瓷片4片，有青瓷、青花瓷等，可辨器形有碗。时代为明清时期。

横刀石山遗址

遗址编号：109　　　行政区划：广州市从化区温泉镇中田村
地理坐标：N23°37′48.1427″，E113°42′31.0235″　　海拔：103.191米

遗址位于温泉镇中田村格塘北约500米的横刀石山一带，西南距傅家庄约300米。横刀石

山是桃园盆地北部一处低矮的圆形小山丘，海拔116米，相对高度约20米，总面积约120 000平方米，山岗西北坡较陡，山脚有发育于北边高山的溪流，其余各坡坡度极缓，散漫成大片台地，东接山顶口、山塘窝所在大台地南端，有灌溉水渠相隔，东边远望白石山，南边缓坡台地一直延伸到溪流边。现地表种植荔枝、柿子等，局地杂草丛生，散落少量废弃房屋。

图369　横刀石山遗址远景（东北—西南）

遗物见于南边缓坡台地上，分布范围约20 000平方米，地表采集少许陶瓷片，据遗物特征初步分析，可分为2组。

1组：采集陶瓷片7片，其中陶片有黑灰、浅灰陶，可辨器形有平底罐底；瓷片有青白瓷，可辨器形有碗。时代为唐宋时期。

图370　横刀石山遗址采集遗物

2组：采集瓷片3片，有青瓷、青灰瓷、青花瓷，可辨器形有碗。时代为明清时期。

马流山遗址

遗址编号：110　　行政区划：广州市从化区温泉镇中田村

地理坐标：N23°37′38.4259″，E113°42′19.9782″　　海拔：85.962米

遗址位于温泉镇中田村傅家庄村南侧的马流山上，东北距横刀石山遗址约200米。马流山是桃园盆地北部一长条状山岗，东北—西南走向，长250米，宽约80米，总面积约20 000平方米。山岗海拔88米，相对高度约15米，岗顶平坦，东北与横刀石山周边台地相连，南坡地

势较陡，一条东西向溪流流经南侧山脚。山顶及山坡种植有荔枝、龙眼、柿子等，地表较多杂草。

遗物分布范围约15 000平方米，多见于山顶，地表采集少许陶瓷片等遗物，据遗物特征初步分析，可分为4组。

图371　马流山遗址远景（西—东）

1组：采集陶片21片、残石器1件。陶片以夹细砂陶为主，计16片，泥质陶5片，质地多较硬，陶色有浅黄灰、灰、灰褐、深灰、灰白色等，纹饰有绳纹、曲折纹、长方格纹、斜长网格纹、编织纹，可辨器形有罐圈足、罐口沿（侈口，卷沿，斜方唇，直领较高，肩部残缺）。残石器为褐色砂岩石，疑为石锛柄部残片。据遗物特征推断，时代为新石器时代晚期至商代。

2组：采集陶片1片，为泥质硬陶，黄褐色，饰方格纹，器形不可辨。时代为西周至春秋时期，属夔纹陶阶段遗存。

3组：采集陶片5片，为泥质硬陶，黑灰色，可辨器形有罐。时代为唐代。

4组：采集瓷片3片，有青瓷片等，可辨器形有碗。时代为明清时期。

图372　马流山遗址采集遗物

（中田）大㘭遗址

遗址编号：111　　行政区划：广州市从化区温泉镇中田村

地理坐标：N23° 37′ 52.2805″，E113° 42′ 14.7681″　　海拔：80.739米

遗址位于温泉镇中田村根竹山村东约百米的大㘭农田内，东南距傅家庄约200米。大㘭为桃园盆地北部一地势低矮的大片平地，北部为盆地北缘高山，东接横刀石山，西为根竹山，南与盆地平原相连，面积开阔，南北长约500米，东西宽约200米，总面积近10万平方米。区域内海拔约80米，地表主要种植荔枝、龙眼、柿子等经济作物，间有果蔬等，一条东北—西南走向溪流将大㘭分为东西两部分，遗址位于溪流西北侧一农田内，地势低平，地表种植蔬菜等。

地表采集陶片2片，为夹细砂陶，黄灰色，质地较硬，饰曲折纹、复线刻划纹，器形不可辨，分布范围仅数平方米。据遗物特征推断，时代为新石器时代晚期至商代。

图373　（中田）大㘭遗址远景（西南—东北）

图374　（中田）大㘭遗址采集遗物

桃红里遗址

遗址编号：112　　行政区划：广州市从化区温泉镇中田村

地理坐标：A点，N23° 37′ 44.7356″，E113° 41′ 54.5406″　　海拔：79.503米
　　　　　B点，N23° 37′ 40.0378″，E113° 41′ 45.277″　　海拔：81.437米

遗址位于温泉镇中田村桃红里队东边农田和北边山坡上。桃红里位于桃园盆地北部，北靠高山，西边为南北向长条状的石螺山，东、南与盆地平原相连，东南方有溪流流经。区域内地势平坦，平均海拔约75米。调查时在村东、村北两个位置分别采集到少许文化遗物，别为A、B点。

A点位于村东约100米的农田内，地势低平，种植水稻、果蔬、花卉等，遗物分布范围约900平方米，采集遗物初步分析，可分为2组。

1组：采集陶瓷片7片，陶片有灰陶、黑灰陶、褐陶，可辨器形有罐；瓷片有灰白瓷碗底部残片。时代为唐宋时期。

2组：采集瓷片3片，有青瓷、灰白瓷，可辨器形有碗。时代为明清时期。

图375　桃红里遗址B点远景（南—北）

B点位于村北侧山坡上，地势西北高东南低，海拔约85米，坡度平缓，地表种植荔枝等，遗物分布范围约1500平方米，采集遗物初步分析可分为2组。

1组：采集瓷片1片，为青瓷碗残片。时代为宋代。

2组：采集瓷片7片，有青灰瓷、青花瓷、灰瓷片，可辨器形有碗。时代为明清时期。

图376　桃红里遗址采集遗物

马留山遗址

遗址编号：113	行政区划：广州市从化区温泉镇中田村
地理坐标：N23°37′04.7575″，E113°41′48.5225″	海拔：69.9043米

遗址位于温泉镇中田村凤巢村东南马留山山脚的台地上，台地南连马留山，北接凤巢

村，小海河自东北流过，台地呈东西向，地势南高北低，海拔约80米，坡度平缓。台地上以种植荔枝、龙眼、橘子等经济作物为主，间有果蔬等。遗物分布在村东、村南周边台地上，东西长250米，南北宽100米，总面积约25 000平方米，地表采集少许陶瓷片，据遗物特征初步分析，可分为3组。

图377　马留山遗址远景（东—西）

1组：采集陶片1片，为夹细砂陶，灰白色，质地较硬，饰曲折纹，器形不可辨。时代为新石器时代晚期至商代。

2组：采集陶瓷片6片，陶片有浅灰陶；瓷片有灰瓷、青灰瓷等，可辨器形有罐、碗等。时代为唐宋时期。

3组：采集陶瓷片19片，瓷片有青花瓷、青瓷、灰白瓷等，可辨器形有碗、杯等。时代为明清时期。

图378　马留山遗址采集遗物

螺洞山遗址

遗址编号：114	行政区划：广州市从化区温泉镇平岗村
地理坐标：N23° 37′ 11.9996″，E113° 41′ 28.7753″	海拔：63.252米

遗址位于温泉镇平岗村石螺洞村东南侧螺洞山东北坡山脚处，东距凤巢村约300米。螺洞

山由两座小山相连呈近"8"字形，海拔110～127米，山岗北坡较陡峭，东北坡、南坡、西南坡较平缓，东侧山脚有南北向水渠。遗址所在区域地势较平缓，山上种植有荔枝、龙眼等经济作物，地表植被茂盛，杂草丛生，山坡东侧为农田，种植水稻、果蔬等。

图379　螺洞山遗址远景（东南—西北）

遗物散布范围约5000平方米，主要见于山坡与农田相接的断崖处，据遗物特征初步分析，可分为2组。

1组：采集瓷片4片，有灰白瓷、青瓷，可辨器形有碗、厚唇盏。时代为宋代。

2组：采集瓷片10片，有影青瓷、青瓷、青灰瓷、黄褐瓷，可辨器形有碗、盘。时代为明清时期。

图380　螺洞山遗址采集遗物

松山顶遗址

遗址编号：115　　行政区划：广州市从化区温泉镇平岗村

地理坐标：N23°36′40.1615″，E113°41′19.3488″　　海拔：78.235米

遗址位于温泉镇平岗村龙江里村南约400米的松山顶一带。松山顶为桃园盆地高山伸出的

一处低矮山岗，海拔约100米，相对高度约30米。平面呈近长方形，长约200米，宽约100米，总面积约20 000平方米。东部与高山相连，南、北为山坳，西部为宽广的台地，山之南坡、北坡、西坡较为平缓，所在区域以种植荔枝、龙眼为主，间有柿子、橘子等，地表植被较为茂盛。

图381　松山顶遗址近景（南—北）

遗物分布范围约1000平方米，见于山岗南坡西部近山顶处，地表采集少许陶瓷片，据遗物特征初步分析，可分为2组。

1组：采集陶瓷片9片，陶片有黑灰、浅灰、酱黄釉陶，可辨器形有罐、盆；瓷片有青瓷、黄褐瓷，可辨器形有碗、饼足碗。时代为唐宋时期。

2组：采集瓷片5片，有灰白瓷、青白瓷、青瓷等，可辨器形有碗。时代为明清时期。

图382　松山顶遗址采集遗物

芦荻角遗址

遗址编号：116　　行政区划：广州市从化区温泉镇平岗村

地理坐标：黄裂谷，N23°36′15.2975″，E113°41′04.4832″　海拔：92.489米
　　　　　芦荻角东侧，N23°36′00.3062″，E113°40′43.0132″　海拔：71.647米

遗址位于温泉镇平岗村芦荻角队东侧的狭长形山前台地上，从芦荻角东北约600米的黄裂

谷一直延伸至芦荻角东侧，呈东北—西南向带状分布，全长约1000米，宽约100米。台地东临高山，北、西与开阔的桃园平原相连，地势东高西低，坡度平缓。遗址地表种植荔枝、龙眼等，间杂少量菜地。遗物主要见于东北端土名"黄裂谷"的山岗上，该山岗自东向西延伸，平面呈舌状，海拔约80米，相对高度10余米，地表采集遗物见陶片、瓷片、铜钱等，据遗物特征初步分析，可分为2组。

图383　芦荻角遗址东部近景（西北—东南）

1组：采集陶瓷片50片、铜钱13枚。陶片均为泥质硬陶，陶色以黑灰色为主，计37片，另有灰褐、浅灰色等，陶片多素面，部分器表饰弦纹，可辨器形有瓮、罐、研磨器等。瓷片有灰瓷、灰黄瓷、黄褐瓷等，可辨器形有碗。铜钱多粘连在一起，可辨识的有"宣和通宝""元祐通宝""皇宋通宝"（116∶采2）等。据遗物特征和铜钱推断，该组时代为唐宋时期。

116∶采2　铜钱，13枚。可辨识的有"宣和通宝"为篆书对读，轮廓清晰，钱径3 cm，孔

图384　芦荻角遗址采集遗物

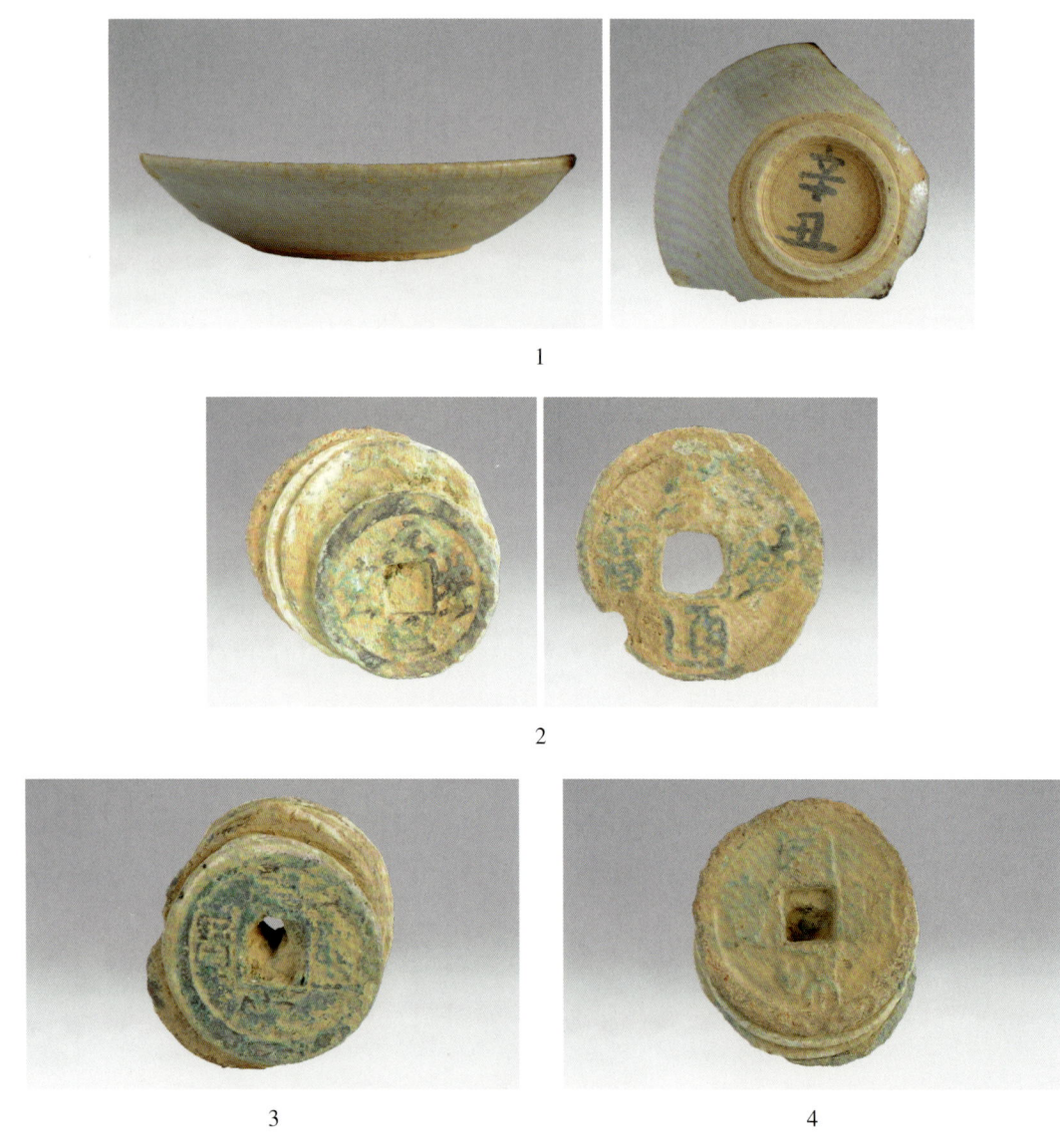

图385　芦荻角遗址采集遗物
1. 青瓷碗（116：采1）　2. 元祐通宝（116：采2）　3. 皇宋通宝（116：采2）　4. 宣和通宝（116：采2）

径0.7 cm，肉厚0.15 cm；"元祐通宝"为草书旋读，轮廓清晰，钱径2.8 cm，孔径0.6 cm，肉厚0.15 cm；"皇宋通宝"为楷书对读，轮廓清晰，钱径2.5 cm，孔径0.7 cm，肉厚0.15 cm。（图385：2、图385：3、图385：4）

2组：采集陶瓷片29片，陶片多为灰陶，可辨器形有罐；瓷片有青瓷、黄褐瓷、白瓷、青花瓷等，可辨器形有碗（116：采1）、杯、罐等。时代为明清时期。

116：采1　青瓷碗，侈口，圆唇，浅斜直腹，底较大，平底中部微弧鼓，下附极矮圈足，足跟斜削，内缘着地，器表轮痕明显似旋纹，外底有墨书"辛丑"。器表施青灰釉，釉色光亮，遍布冰裂纹，底部无釉。复原口径10.9 cm，底径5 cm，高2.3 cm。（图385：1）

网顶遗址

遗址编号：117　　　行政区划：广州市从化区温泉镇平岗村

地理坐标：N23°37′39.1857″，E113°41′17.6750″　　海拔：56.861米

遗址位于温泉镇平岗村石螺洞村北约500米的网顶一带，水泥公路东侧。网顶为一广阔的山前台地，位于桃园盆地东北隅，东靠南北走向的螺洞山，西侧有较开阔农田，一条水泥公路沿台地西缘向北延伸，西边远望仙人骑鹤山，台地南距小海河约200米。台地东端有一圆形小山丘，整个台地地势东高西低，西坡呈陡坎状，坡度较平缓，部分地段开辟为梯田状，地表种植荔枝、龙眼等。

图386　网顶遗址远景（南—北）

遗物分布范围约35 000平方米，见于台地中部偏西位置，据遗物特征初步分析，可分为3组。

图387　网顶遗址采集遗物

1组：采集陶片2片，半成品石器1件。陶片为夹细砂陶，质地较硬，灰白色，饰绳纹、长方格纹，可辨器形有罐圈足（直圈足较矮，足跟平直，足面略凹）。半成品石器为扁片状，器形不可辨。据遗物特征推断，时代为新石器时代晚期至商代。

2组：采集陶瓷片39片，陶片以黑灰陶为主，少许浅灰陶、黄褐陶，饰弦纹，可辨器形有罐、碗、饼足碗。瓷片以青灰瓷为主，另有灰瓷，可辨器形有碗。时代为唐宋时期。

3组：采集瓷片3片，有青灰瓷、青花瓷，可辨器形有碗、杯。时代为明清时期。

门头岭遗址

遗址编号：118　　行政区划：广州市从化区温泉镇平岗村

地理坐标：N23°37′21.1969″，E113°41′02.3705″　　海拔：70.671米

遗址位于温泉镇平岗村石螺洞村西约300米的门头岭上，北距新屋仔约200米，网顶遗址位于其东北方约600米处。门头岭是石螺洞西边一低矮山丘，平面呈椭圆形，长约300米，宽约150米，总面积约45 000平方米，山顶海拔81米，相对高度约20米，西北方为圆锥状的仙人骑鹤山，西侧与数个低矮的圆形小山丘相连，其东边有一片农田，小海河自南边山脚流过。

图388　门头岭遗址远景（东南—西北）

遗物主要分布于门头岭东坡，地势西高东低，坡度较小，地表种植有荔枝、龙眼、桉树等，局部裸露，范围约35 000平方米，地表采集遗物见陶片、瓷片、石器等，据遗物特征初步分析，可分为5组。

1组：采集陶片7片，均为夹砂软陶，陶色为黄褐、黄灰色，素面无纹，可辨器形为罐腹残片。陶片特征显示出粤北石峡文化特征，时代推断为新石器时代晚期。

2组：采集陶片30片、石锛1件（118：采2）、半成品石器1件。陶片均为夹细砂陶，质地软、硬各半，陶色以浅灰泛白色为主，另有黄灰、中灰、灰褐、黄褐、深灰、黑灰色等，纹饰有绳纹14片、曲折纹8片，另有篮纹、绳纹加附加堆纹、素面等，器形不可辨。时代为新石器时代晚期至商代，晚于1组。

118：采2　石锛，黄灰砂岩石，石质稍粗，平面呈近梯形，顶部微弧，锛体下端磨制成单面斜直刃，整器加工粗糙。长3.8 cm，宽2.4 cm，厚0.9 cm。（图390：2、图391：2）

3组：采集陶片5片，均为泥质硬陶，陶色有酱褐、灰褐、浅灰、褐色，纹饰有米字纹、

图389　门头岭遗址采集遗物

方格纹、弦纹加水波纹、曲折纹，可辨器形见罐口沿（118：标1、118：标2）、器盖（敞口，圆唇，短斜壁略凹曲，漫弧顶残缺，顶部饰弦纹加水波纹）。时代为战国至汉初，属米字纹陶阶段遗存。

118：标1　陶罐口沿，卷沿，圆唇，弧肩残缺，肩部饰米字纹。泥质酱褐硬陶，浅灰胎。复原口径约20 cm，残高5.8 cm。（图390：3、图391：3）

118：标2　陶罐口沿，短卷沿，圆唇，短斜直肩，弧鼓腹残缺，肩、腹部饰方格纹。泥质灰褐硬陶，浅灰胎。复原口径约13 cm，残高5 cm。（图390：4、图391：4）

4组：采集陶片1片，为灰陶罐残片。时代为唐代。

5组：采集瓷片3片，有青瓷、青花瓷，可辨器形见碗。时代为明清时期。

118：采1　青瓷碗，敞口，圆唇，斜弧腹，平底，下附斜直圈足，足跟平直。浅灰胎，器表施青灰釉，釉色光亮，内外施釉不及底。口径10 cm，底径5 cm，高3.5 cm。（图390：1、图391：1）

图390 门头岭遗址采集遗物
1. 青瓷碗（118：采1） 2. 石锛（118：采2） 3. 陶罐口沿（118：标1） 4. 陶罐口沿（118：标2）

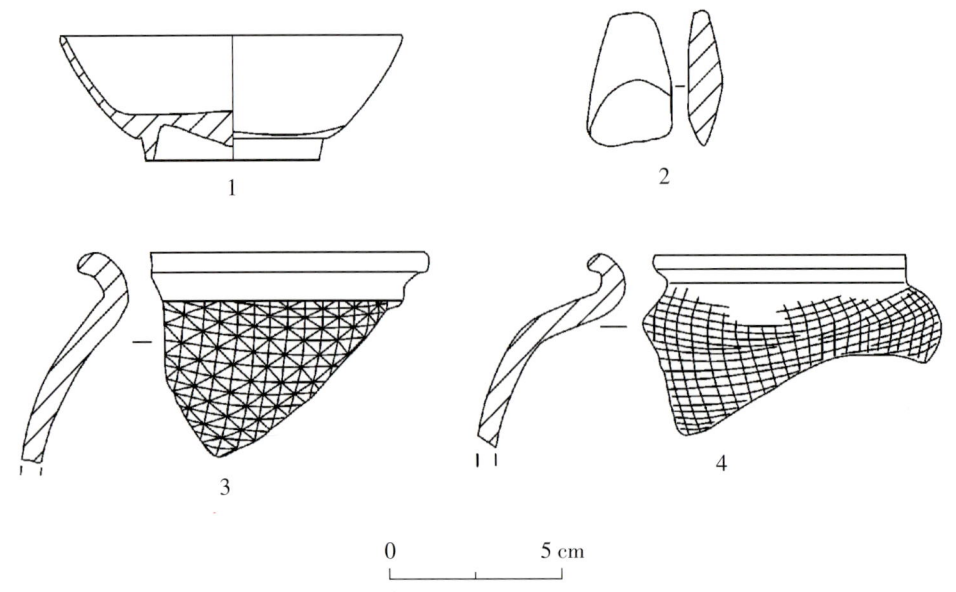

图391 门头岭遗址采集遗物
1. 青瓷碗（118：采1） 2. 石锛（118：采2） 3、4. 陶罐口沿（118：标1、118：标2）

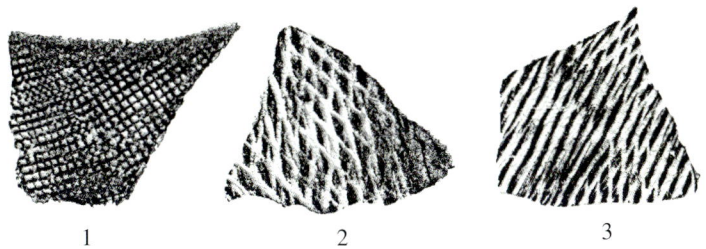

图392　门头岭、鲢鱼山遗址采集陶片纹饰拓片

1. 方格纹（118）　2. 绳纹（120）　3. 篮纹（120）

尧田山遗址

遗址编号：119　　　行政区划：广州市从化区温泉镇平岗村

地理坐标：N23°37′13.1726″，E113°40′59.3313″　　海拔：87.350米

遗址位于温泉镇平岗村石螺洞队西约500米的尧田山上，北距门头岭遗址约百米。尧田山是一近圆形山丘，位于仙人骑鹤山以南小山丘群的东南角，总面积约20 000平方米，海拔79.9米，相对高度20余米，北坡与门头岭相连，坡度平缓，东坡坡度较陡，直达小海河边，南坡山顶坡度较陡，山脚坡度变缓一直延伸至小海河，呈一级阶梯状，西坡与西边山丘间有一南向开口山坳。小海河于尧田山东边山脚自北向南流去，后折向西，于尧田山东南边呈"几"字形转弯。尧田山地表大部分种植荔枝、柿子等果树，南坡大面积种植桉树，地表较多杂草。

遗物分布范围约5000平方米，见于山北缓坡上，地表采集少许陶瓷片，据遗物特征初步分析，可分为2组。

图393　尧田山遗址采集遗物

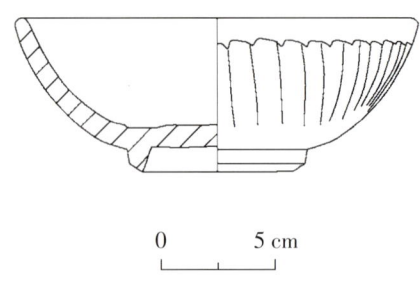

图394　尧田山遗址采集青瓷碗（119∶采1）

1组：采集陶片2片，为黑灰陶罐残片。时代为唐代。

2组：采集陶瓷片8片，瓷片有灰瓷、青瓷、青花瓷等，可辨器形有碗（119∶采1）、杯。时代为明清至民国时期。

119∶采1　青瓷碗，敞口，圆唇，弧腹内收，平底，下附斜直圈足，足跟斜削，内缘着地，器表饰纵向菊瓣纹，内外施青釉，釉色光亮。复原口径15 cm，底径6.6 cm，高5.6 cm。（图394）

鲢鱼山遗址

遗址编号：120	行政区划：广州市从化区温泉镇平岗村
地理坐标：N23°37′02.6423″，E113°40′55.8045″	海拔：97.191米

遗址位于温泉镇平岗村石螺洞队西边，平岗小学（现被改造成和丰农庄）北边的鲢鱼山上，东南距小学仅100余米。鲢鱼山为一处近似东西向椭圆形的山岗，长约400米，宽约150米，总面积近60 000平方米，山顶海拔95.2米，相对高度约35米，其北坡地势陡峭，山脚有小海河自东向西流过，北望尧田山、门头岭遗址；东、南坡地势平缓，山前皆为开阔的

图395　鲢鱼山遗址远景（南—北）

平地，南边不远即为X934，其西南坡与西边另一山岗间形成马鞍状山坳。鲢鱼山种植较多荔枝，地表杂草丛生，在鲢鱼山西南坡中部位置有一条小路通往山顶，地表较干净。

图396　鲢鱼山遗址采集遗物

图397　鲢鱼山遗址采集石器
1. 石镞（120：采1）　2. 石饼（120：采2）

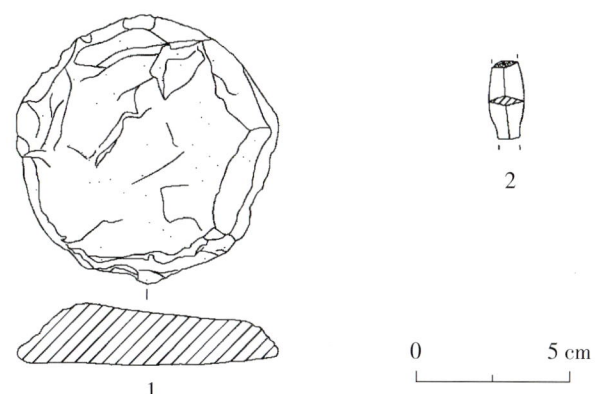

图398　鲢鱼山遗址采集石器
1. 石饼（120：采2）　2. 石镞（120：采1）

调查时在小路上采集少许遗物，分布范围仅约60平方米，其中陶片28片、残石镞1件（120：采1）、石饼1件（120：采2）。陶片以夹砂细陶为主，泥质陶7片，质地多较硬，陶色有浅灰、灰白、灰褐色等，纹饰以绳纹为主，另有篮纹、曲折纹、素面等，可辨器形有罐口沿（口微敞，卷沿，圆唇，立领，肩部残缺，残存肩部饰绳纹）。据遗物特征推断，时代为新石器时代晚期至商代。

120：采1　石镞，黑灰砂岩石，石质细腻，两端残缺，仅存中间一段，长条扁体形，两面中部起脊，横截面呈菱形，残长2.4 cm，宽1.1 cm，厚0.3 cm。（图397：1、图398：2）

120：采2　石饼，深灰砂岩石，石质较细腻，打制呈圆饼状，底面较平，有打击放射线，上侧面略弧鼓，有打击疤痕，径约8.2 cm，厚约1.8 cm。（图397：2、图398：1）

背底山遗址

遗址编号：121　　　行政区划：广州市从化区温泉镇平岗村

地理坐标：N23°36′47.5192″，E113°40′21.2823″　　海拔：74.771米

遗址位于温泉镇平岗村金鸡队东边，因此山位于金鸡村背后，故名"背底山（背后山）"，北挨瓦窑村，东望平岗村西平社，南距镇平岗约500米。背底山由桃园盆地中心两座独立山丘组合而成，总面积近90 000平方米，东北侧山岗呈马鞍形，海拔79.8米，相对高度约20米，西南侧山岗呈圆形，海拔约80米，相对高度20余米。背底山西坡较陡，山脚紧挨村庄，其间有一条灌溉水渠；北坡与东边的坪地岗相连，坡度极缓，向北一直蔓延至瓦窑村后，接小海河南岸的河岸阶地；南坡坡度介于西坡、北坡之间，南侧为大片平地，现地表种植荔枝、龙眼等果树，南部地表杂草丛生，仅采集少量遗物，北部区域地表较干净，采集大量遗物，遗物分布总面积约90 000平方米。

图399　背底山遗址远景（西南—东北）

据遗物特征初步分析，可将采集遗物分为3组。

1组：采集陶片264片、石器4件（121：采1—采4）、半成品石器6件。陶片以泥质陶居多，夹细砂陶次之，质地多较硬，陶色有黄褐、浅灰、灰褐、浅黄灰、灰、浅黑灰色等，纹饰以绳纹、曲折纹、云雷纹为主，另有卷云纹、绳纹加附加堆纹、曲折纹加附加堆纹、篮纹、卷云纹加附加堆纹、篮纹加附加堆纹、回字纹、圆圈纹、重三角加附加堆纹、重菱形加对角线纹、素面等，可辨器形有罐口沿（1. 敞口，折沿，沿面弧鼓，斜方唇，斜领，肩部

图400　背底山遗址采集遗物

图401　背底山遗址采集石器

1. 石锛（121∶采1）　2. 石戈（121∶采2）　3. 砍砸器（121∶采3）　4. 残石器（121∶采4）

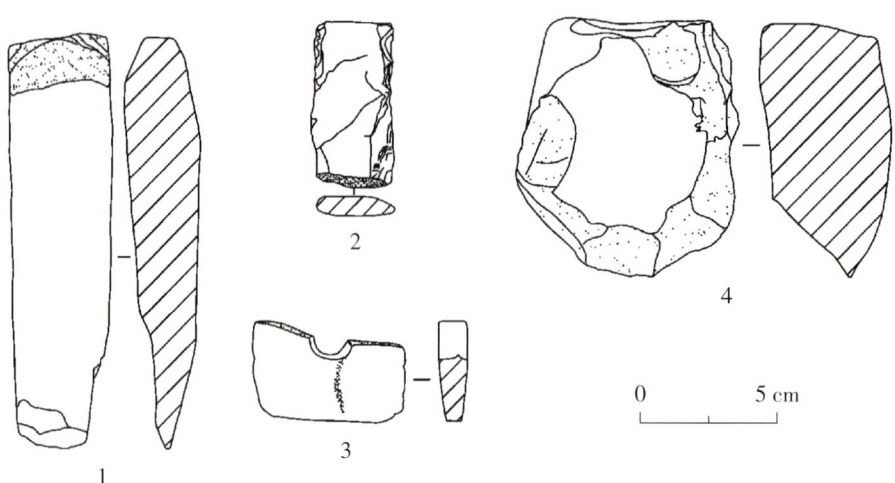

图402　背底山遗址采集石器

1. 石锛（121：采1）　2. 残石器（121：采4）　3. 石戈（121：采2）　4. 砍砸器（121：采3）

残缺；2. 侈口，斜折沿呈领，斜方唇，唇面有一周凹槽，残存肩部饰绳纹；3. 敞口，卷沿，斜方唇，领部残缺）。半成品石器中剥片状石器较多。该组时代为新石器时代晚期至商代。

121：采1　石锛，浅灰砂岩石，石质较细腻。整体呈长条状，略内弧，上厚下薄，顶部斜直，下端磨制成单面弧刃。长14.7 cm，宽3.8 cm，厚2.8 cm。（图401：1、图402：1）

121：采2　石戈，褐灰砂岩石，石质稍粗，扁体长条状，一端残缺，残缺端器中残存一双面对钻的穿孔，对应的另一端面平直，上

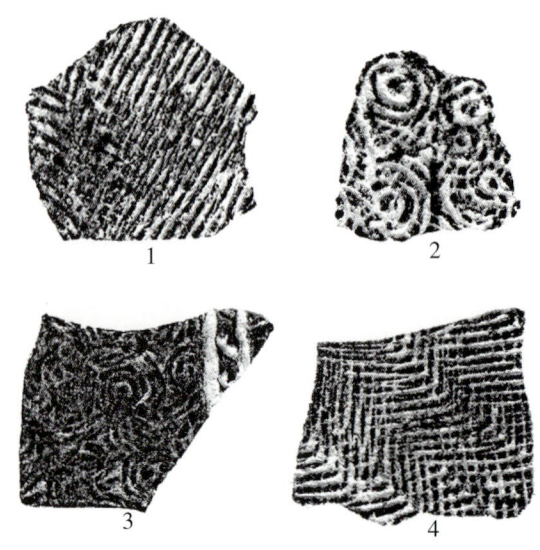

图403　背底山遗址采集陶片纹饰拓片

1. 绳纹　2. 圆圈纹　3. 圆圈纹加附加堆纹　4. 曲折纹

下平面磨制成中部弧鼓，两侧呈刃状，整器较为光滑。残长3.6 cm，宽5.7 cm，厚1.05 cm。（图401：2、图402：3）

121：采3　砍砸器，褐色砂岩石，石质细腻，石器原可能为砺石，下侧面弧鼓状，上侧面略凹弧，似砺石磨面，两侧面近直，与两侧面对应的侧面呈弧边，由上向下打击呈单面斜刃缘，刃缘有数处明显的打击崩疤。长9.2 cm，宽7.9 cm，厚4.8 cm。（图401：3、图402：4）

121：采4 残石器，青灰砂岩石，石质细腻，扁体长条状，整器为打制而成，未经磨制，扁体有打击崩疤。长5.8 cm，宽3.1 cm，厚1.2 cm。（图401：4、图402：2）

2组：采集陶片2片，为黑灰陶罐残片和灰陶饼足碗残片。时代为唐代。

3组：采集瓷片3片，为青花瓷碗、青瓷碗残片等。时代为明清时期。

锅盖岭遗址

遗址编号：122　　行政区划：广州市从化区温泉镇乌土村

地理坐标：N23°37′09.5382″，E113°40′47.9641″　　海拔：68.461米

遗址位于温泉镇乌土村上围社东约300米的锅盖岭上，仙人骑鹤山南边，东南与鲢鱼山遗址隔小海河相望。锅盖岭是小海河北边一圆形山丘，形似锅盖而得名，山顶海拔81.2米，相对高度20余米，东、南坡坡度较陡，北、西两面坡度平缓，小海河自山丘南坡山脚流过，周边与数座小山丘相连。现地表种植荔枝、龙眼、

图404　锅盖岭遗址远景（南—北）

图405　锅盖岭遗址采集遗物

柿子等，大片区域被杂草、落叶覆盖，仅山顶偏南一隅等少数区域有泥土裸露，山顶有现当代合葬墓一座。遗址保存状况较好。

遗物分布范围约20 000平方米，主要见于山顶，地表采集遗物以陶片为主，另有石器、瓷片、铜钱等，据遗物特征初步分析，可分为2组。

1组：采集陶片83片、石器2件。陶片以夹细砂陶为主，计76片，泥质陶仅7片，其中63片质地较硬，质地稍软者20片，陶色以灰黑、浅灰色为主，另有灰褐、灰白、中灰、黄褐、深灰色等，纹饰以绳纹为主，另有叶脉纹、曲折纹、绳纹加附加堆纹、曲折纹加附加堆纹、云纹、素面等，器形不可辨。石器有石锛（122：采1）、砺石（褐色砂岩石，石质细腻，平面形状呈残长条状，扁体，其中三个边为断残面，上侧面有磨制痕，残长12 cm，宽9.5 cm，厚2.4 cm）。该组时代为新石器时代晚期至商代。

122：采1　石锛，浅灰砂岩石，石质稍粗，平面形状呈近梯形，有柄，顶部斜弧，一侧有窄溜肩，另一侧溜肩略出近无，锛体下端磨制呈单面刃，刃平直。长8.7 cm，宽5.2 cm，厚2.3 cm。（图406）

2组：采集瓷片2片，铜钱1枚。瓷片为瓷碗残片，铜钱为日本"宽永通宝"，保存较好。时代为明清时期。

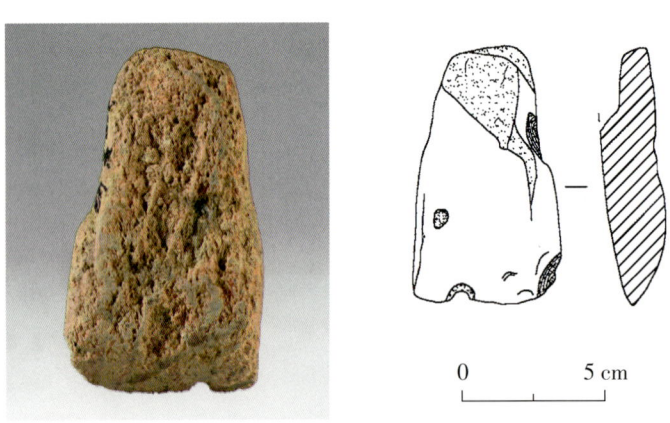

图406　锅盖岭遗址采集石锛（122：采1）

背补岭遗址

遗址编号：123　　　行政区划：广州市从化区温泉镇乌土村
地理坐标：N23°37′27.7670″，E113°40′10.2858″　　海拔：63.154米

遗址位于温泉镇乌土村松塱队北侧的背补岭台地上。背补岭是桃园大盆地北缘石榴花山向南延伸出的山前坡地，呈不规则形，总面积约60 000平方米，北端海拔69.9米，相对高度10余米，北靠石榴花山，南临松塱队，东望仙人骑鹤山，西边为舌状南突的山公嘴台地，南边

为开阔的大平原。台地北边石榴花山南坡有松塱石场，台地东侧有通往中山大学南方学院的水泥公路，东边缘坡脚有一条小溪，已干涸。整个台地地势北高南低，坡度极其平缓，地表种满龙眼、火龙果等，地面落叶杂草较多，附近有养鸡场、农家山庄等。

图407　背补岭遗址远景（南—北）

遗物分布范围约20 000平方米，集中于中部偏南位置，地表采集遗物初步分析可分为2组。

1组：采集陶片21片，均为泥质陶，质地多较硬，陶色以浅灰色为主，另有灰白、黄褐、黑灰、褐色等，纹饰以绳纹为主，另有篮纹、曲折纹、绳纹加附加堆纹、素面等，可辨器形仅见罐圈足（仅存圈足，为撇状，足跟平直）。时代为新石器时代晚期至商代。

2组：采集陶片1片，为黑灰陶平底罐底残片。时代为唐代。

图408　背补岭遗址采集遗物

山公嘴遗址

遗址编号：124　　行政区划：广州市从化区温泉镇乌土村

地理坐标：N23°37′18.8064″，E113°39′58.4084″　海拔：73.409米

遗址位于温泉镇乌土村松塱队西约300米处，西距太子角村300余米。山公嘴是石榴花山南坡伸出的低矮山岗，南北向，平面呈水滴状，南北长约300米，最宽处约150米，总面积约

30 000平方米。山岗海拔71米，相对高度约20米。山岗北靠石榴花山，其北端与石榴花山南坡相连，地势略高，山岗顶部较平坦，其余东、南、西三面呈断崖状，坡度较陡，周边为低矮平坦的平原。山岗东侧有发源于北边石榴花山的小溪流，南端横亘东西走向的村级公路，西坡山脚有通往石场的水泥路。山岗上种满荔枝、龙眼等果树，并有少量火龙果等，地表较多杂草和落叶。

图409　山公嘴遗址远景（东—西）

遗物见于整个山岗，范围约30 000平方米，地表采集遗物见陶片、石器等。据遗物特征初步分析，可分为2组。

图410　山公嘴遗址采集遗物

1组：采集陶片56片、石凿1件（124：采1）。陶片以夹细砂陶为主，计52片，泥质陶4片，质地多较硬，陶色有浅黑灰、浅灰泛白、浅灰、灰、黄褐、褐色等，纹饰以绳纹为多，另有曲折纹、叶脉纹、曲折纹加附加堆纹、绳纹加附加堆纹、长方格纹、斜长网格纹、斜长网格加附加堆纹、菱格凸点纹、篮纹、附加堆纹、圆圈纹、素面等，可辨器形有罐口沿（敞口，卷沿，斜方唇，唇下内折，束领较高，领下残缺）、罐圈足（残存呈圜底状，下附矮直斜圈足，足跟平直）。时代为新石器时代晚期至商代。

124：采1　石凿，黑灰砂岩石，石质细腻，两端残断，残存呈长条扁体状，一端略厚，两侧面及一侧平面磨制较光滑，形体较小。残长3.3 cm，宽1.7 cm，厚0.5 cm。

2组：仅采集陶片1片，为泥质硬陶，酱褐色，饰菱格凸点纹，器形不可辨。时代为西周至春秋时期，属夔纹陶阶段遗存。

在山公嘴山岗南约100米的平地上，亦采集新石器时代晚期至商代陶片1片，为夹细砂浅灰陶，质地较硬，表面饰绳纹，该区域地势低平，海拔约55米。地理坐标：N23°37′11.4288″，E113°40′01.5296″。海拔：56.880米。

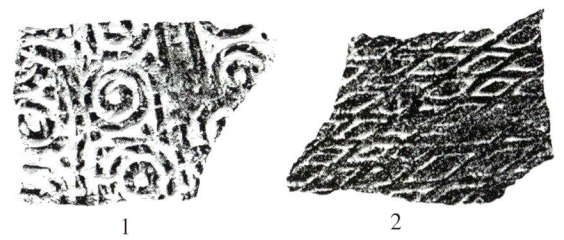

图411　山公嘴遗址采集陶片纹饰拓片
1. 圆圈纹　2. 菱格凸点纹

（乌土）圆山仔遗址

遗址编号：125　　行政区划：广州市从化区温泉镇乌土村、源湖村
地理坐标：N23°37′10.7942″，E113°40′08.8340″　海拔：53.697米

遗址位于温泉镇乌土村松塱村南约300米处，东距乌土村委会约300米。圆山仔为桃园盆地中心一低矮小山岗，南邻小海河，近圆形，总面积约5000平方米，海拔65米，相对高度10余米，坡度平缓，地表长满杂草，周边为大片平地，种植荔枝、龙眼等果树。

调查时在圆山仔北侧山脚发现少许陶瓷片，分布范围约1000平方米，初步分析可分为2组。

图412　（乌土）圆山仔遗址采集遗物

1组：采集陶瓷片27片，陶片以黑灰陶为主，另有零星浅灰陶，饰弦纹，为罐腹部残片；瓷片有青瓷片、酱釉瓷，可辨器形有碗、罐。时代为唐宋时期。

2组：采集瓷片5片，釉色见青灰、青黄等，可辨器形有碗。时代为明清时期。

（龙桥）山塘遗址

遗址编号：126　　行政区划：广州市从化区温泉镇龙桥村

地理坐标：N23°35′45.3735″，E113°40′13.6274″　　海拔：51.667米

遗址位于温泉镇龙桥村南星队（蛟龙围）南约800米处，桃园盆地南侧高山北坡的山前台地上，处于肖山下村至三多里村之间，呈东西长条状分布，长约1000米，宽约200米。遗址南侧为桃园盆地南侧高山，土名大围角，海拔约232米，山势相对较为陡峭，山北为宽阔的盆地。遗址所在的山前台地地势南高北低，坡度较为平缓，海拔58～80米，主要种植荔枝、龙眼等经济作物，也有柿子、火龙果、果蔬等，地表植被较茂盛，杂草丛多。

在长约1000米、宽约200米范围内皆采集有零星陶瓷片，初步分析可分为2组。

1组：采集陶瓷片9片，陶片为泥质硬陶，陶片有黑灰、灰陶，饰弦纹，可辨器形有罐；瓷片为青瓷碗残片。该组时代为唐宋时期。

2组：采集瓷片2片，为青瓷片，可辨器形有碗。时代为明代。

图413　（龙桥）山塘遗址采集遗物

石桥头遗址

遗址编号：127　　行政区划：广州市从化区温泉镇龙岗村

地理坐标：N23°35′52.5018″，E113°39′20.3559″　海拔：46.029米

遗址位于温泉镇龙岗村石桥头村北的鸡笼岗东南坡的缓坡台地上，北距延庆里遗址约300米。鸡笼岗位于桃园盆地西部，是一座平面形状呈近三角形的圆锥状山岗，海拔约266米，周边为开阔的盆地，小海河从山岗北侧自东向西流过，山岗西侧有一条小溪，自南向北注入小海河内。遗址紧临村庄，属鸡笼岗东南坡缓坡台地，地势西高东低，海拔55～80米，

图414　石桥头遗址远景（南—北）

坡度较平缓，山上种植荔枝、龙眼等经济作物，地表杂草部分被村民耕作清除，东侧有一处养鸡场。南侧为X301。

遗物分布范围约15 000平方米，地表采集陶片5片，质地均较硬，其中泥质陶4片、夹细砂陶1片，陶色有浅灰、浅黄泛白、褐色等，纹饰有曲折纹、梯格纹、叶脉纹，器形不可辨。据遗物特征推断，时代为新石器时代晚期至商代。

图415　石桥头遗址采集遗物

延庆里遗址

遗址编号：128　　行政区划：广州市从化区温泉镇龙岗村

地理坐标：N23°35′59.9358″，E113°39′26.8193″　海拔：56.313米

遗址位于温泉镇龙岗村延庆里村西南侧，鸡笼岗东坡，西南距石桥头遗址约300米，东为

图416　延庆里遗址采集遗物

大盆地，其南侧有鸡笼岗伸出的近圆形小山岗，北侧有鸡笼岗伸出的长条状小山岗，地势西高东低，坡度较陡，地表主要种植荔枝、龙眼，间有柿子、橘子等，大部分区域地表杂草被清除。

遗物分布范围约1000平方米，地表采集少许陶片，据遗物特征初步分析，可分为2组。

1组：采集陶片6片，质地均较硬，夹细砂陶4片、泥质陶2片，陶色有灰褐、黄褐色等，纹饰有绳纹、曲折纹，器形不可辨。时代为新石器时代晚期至商代。

2组：采集陶片1片，为泥质硬陶，酱灰色，饰复线刻划纹，器形不可辨。时代为西周至春秋时期。

锣鼓山遗址

遗址编号：129	行政区划：广州市从化区温泉镇龙岗村	
地理坐标：	南区，N23°36'37.7409"，E113°39'08.0465"	海拔：72.325米
	北区，N23°36'43.3434"，E113°39'05.7670"	海拔：56.185米

遗址位于温泉镇龙岗村鸡笼岗和源湖村之间的锣鼓山上，南距下屋村约300米，北临小海河。锣鼓山由南北两座椭圆形山岗相连组成，平面呈水滴状，南北长约400米，最宽处约200米，总面积约50 000平方米。南侧山岗海拔约71米，相对高度约20米，整个山岗地势平缓，坡度较小，南坡向南蔓延出大片平缓台地，周边为

图417　锣鼓山遗址远景（西—东）

低矮的农田，小海河自山岗东侧流过，山上以种植荔枝、龙眼等经济作物为主，也有少许乌榄、橘子等，山上大部分区域疏于管理而杂草丛生。遗址保存状况较好。

遗物见于整个山岗及南侧台地上，分布范围约60 000平方米，两座山岗采集遗物相别，暂定为南、北两区。其中南区地表采集遗物较多，据遗物特征初步分析，可分为4组。

1组：采集陶片84片，夹细砂陶为主，计68片，泥质陶16片，质地多较硬，陶色以灰褐色为主，另有浅灰、灰白、黄褐、褐、灰色等，纹饰以绳纹为主，另有曲折纹、长方格纹、绳纹加附加堆纹、曲折纹加附加堆纹、间断条纹、弦纹、刻划符号、素面等，可辨器形有罐口沿（敞口，卷沿，斜方唇，唇面凹弧，唇下缘折收，斜领）、圈足底（略外撇，足跟平直）。该组时代为新石器时代晚期至商代。

2组：仅采集陶片1片，为泥质硬陶，酱釉色，器表饰弦纹，应为器盖残片。时代为汉代。

3组：采集陶瓷片9片，陶片均为泥质硬陶，陶色有黑灰、灰褐、褐色等，器形不可辨；瓷片有黄灰瓷、青灰瓷等，可辨器形有碗。该组时代为唐宋时期。

4组：采集瓷片6片，有灰白瓷、青花瓷、青瓷等，可辨器形有碗、杯、罐等。时代为明清时期。

图418　锣鼓山遗址南区采集遗物

北区地表采集少许陶片，据遗物特征初步分析，可分为2组。

1组：采集陶片5片，均为夹细砂陶，质地较硬，陶色有灰、灰白、黄灰色等，纹饰有绳纹、绳纹加附加堆纹、网格纹、梯格纹，器形不可辨。时代为新石器时代晚期至商代。

图419　锣鼓山遗址北区采集遗物

2组：采集陶片18片，均为泥质黑灰陶，部分陶片表饰弦纹，可辨器形有罐。时代为唐代。

两仔山遗址

遗址编号：130	行政区划：广州市从化区温泉镇宣星村
地理坐标：南区，N23°36′41.1983″，E113°38′44.9844″	海拔：73.715米
北区，N23°36′46.7090″，E113°38′43.4202″	海拔：65.346米

遗址位于温泉镇宣星村一队东北约1000米处的两仔山上，东与锣鼓山遗址隔河相望。两仔山位于桃园盆地西北隅，由两座圆形山岗相连组成，故称"两仔山"，平面呈近"8"字形，南北长约600米，东西宽约240米，总面积约14万平方米。山岗北为桃园盆地北缘高山，大广高速自遗址北侧横穿，小海河于两仔山东侧流过，周边为低矮的台地和平地。其中

图420　两仔山遗址远景（西南—东北）

南侧山岗海拔约85米，北坡、东南坡以种植火龙果为主，其他区域以种植荔枝、龙眼为主，

部分区域地表植被茂盛；北侧山岗海拔约76米，山坡上以种植荔枝、龙眼等经济作物为主，因疏于管理，大部分区域杂草、灌木丛生。因两座山位置相近，遗物特征相似，归为一处遗址，以南区、北区别之。遗址保存状况较好。

遗物见于整座山岗，以南区居多，分布总面积约14万平方米，其中在南侧山岗山顶、东南坡、南坡发现遗物较多，采集较多遗物，见石器、陶片、瓷片等，据遗物特征初步分析，可分为3组。

图421　两仔山遗址调查工作照（西—东）

图422　两仔山遗址南区采集遗物

1组：采集陶片172片、石镞1件（130：采1）、石铲1件（130：采2）、半成品石镞1件。陶片以夹细砂为主，计144片，泥质陶28片，质地多较硬，少量为软陶，陶色有灰、黄褐、浅黄泛白、灰褐、灰白泛褐、褐、灰白、浅灰、红褐色等，纹饰以曲折纹为多，另有绳纹、长方格纹、叶脉纹、梯格纹、曲折纹加附加堆纹、绳纹加附加堆纹、篮纹、素面等，可辨器形有罐口沿（1.微敞口，圆唇，近直领略凹弧，肩部残缺；2.侈口，卷沿，斜方唇，领较高；3.近盘口，圆唇，外沿上部近直，下折收，束领较高）、罐圈足（圜底，下附外撇状圈足，足跟圆弧)。该组时代推断为新石器时代晚期至商代。

130：采1　石镞，黄褐砂岩石，石质较细腻，柳叶形，镞头、铤残断，中部起脊，横面呈棱形。残长5.4 cm，宽1.6 cm，厚0.5 cm。（图424：1、图425：3）

130：采2　石铲，黄褐砂岩石，石质较细腻，平面呈近长方形，扁体，整器较粗糙。长10.5 cm，宽6.8 cm，厚1.3 cm。（图424：2、图425：2）

2组：采集陶片28片，均为泥质硬陶，陶色有红褐、灰、褐色，纹饰仅见方格纹、素面，可辨器形有罐口沿（130：标1）。时代为东汉时期。

130：标1　陶罐口沿，敞口，尖唇，外沿面斜，斜直肩，折腹，器表饰方格纹加戳印纹，泥质硬陶，红褐色。复原口径约15 cm，残高8.5 cm。（图424：3、图425：1）

图423　两仔山遗址北区采集遗物

1

2

3

图424　两仔山遗址采集遗物

1. 石镞（130：采1）　2. 石铲（130：采2）　3. 陶罐口沿（130：标1）

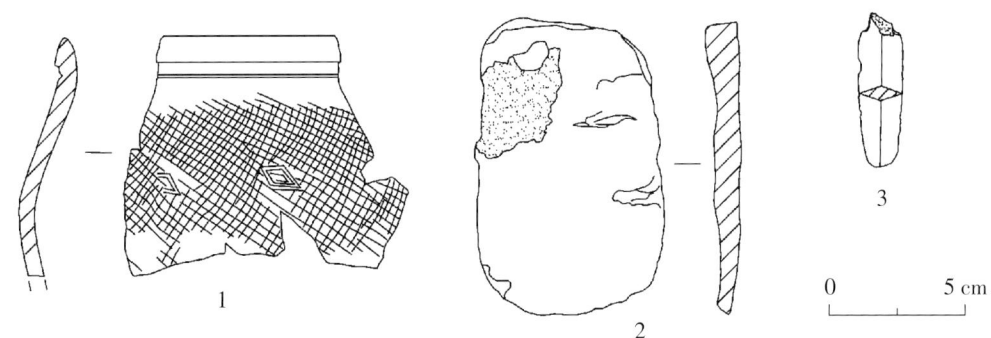

图425　两仔山遗址采集遗物

1. 陶罐口沿（130：标1）　2. 石铲（130：采2）　3. 石镞（130：采1）

3组：采集陶瓷片2片，陶片为浅灰陶，可辨器形为罐；瓷片为青瓷碗残片。时代为唐宋时期。

北区在山岗近山顶、南坡、东坡采集陶片39片，夹细砂陶为主，计34片，泥质陶5片；质地多较硬；陶色有黄褐、浅黄泛白、灰褐、浅黄灰、灰、红褐色等；纹饰有绳纹、斜长方格纹、曲折纹、梯格纹、网格纹、弦纹、曲折纹

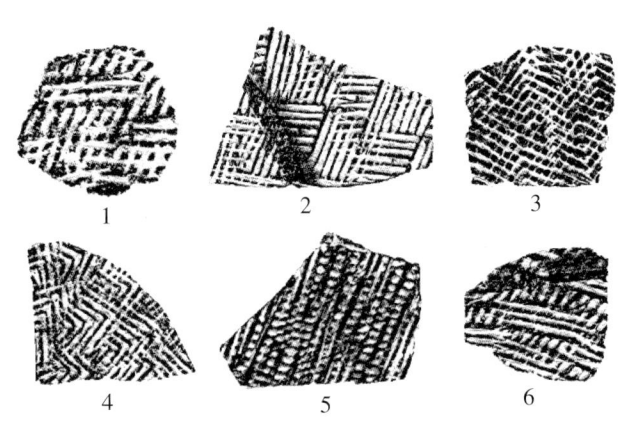

图426　两仔山遗址采集陶片纹饰拓片

1、3、4. 曲折纹　2. 席纹加附加堆纹　5. 方格纹　6. 梯格纹

加附加堆纹、篮纹、编织纹、素面等；可辨器形有罐口沿（侈口，斜折沿较宽呈领，沿面有五周凹槽弦纹，方唇较厚）、罐圈足（圜底，下附矮圈足，圈足近直，足跟平直，外底饰绳纹）。时代推断为新石器时代晚期至商代。

（宣星）庙山遗址

遗址编号：131　　行政区划：广州市从化区温泉镇宣星村

地理坐标：N23°36′17.3228″，E113°38′33.1260″　海拔：53.202米

遗址位于温泉镇宣星村东侧的庙山上。庙山是宣星村东侧一座呈东西向椭圆状的小山丘，因山岗南坡曾有一座小庙而得名庙山。山岗东西长约240米，南北宽约120米，总面积约28 000平方米，山顶海拔约61米，相对高度约20米，岗顶较平缓，四坡坡度较陡，山上遍植荔

枝、龙眼等果树。小海河自遗址东侧山脚流过，南侧为水泥公路。遗址保存状况较好。

遗物见于整座山岗，分布范围约28 000平方米，以东侧居多，地表采集遗物见陶片、石器、瓷片等，据遗物特征初步分析，可分为3组。

1组：采集陶片47片、石锛1件（131：采1）。陶片以夹细砂为主，

图427　（宣星）庙山遗址远景（西北—东南）

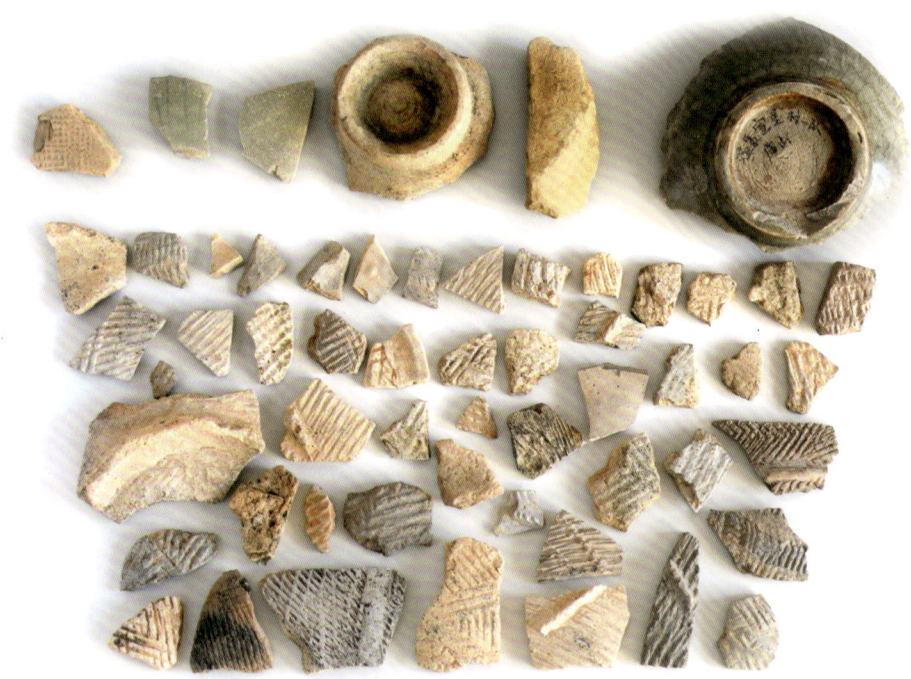

图428　（宣星）庙山遗址采集遗物

 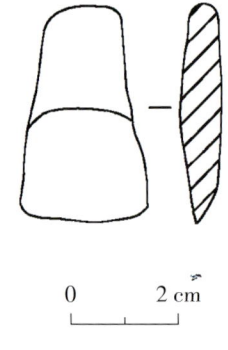

图429　（宣星）庙山遗址采集石锛（131：采1）

计36片，泥质陶10片，夹粗砂陶1片，质地中软、硬陶各半，陶色以黄褐、浅灰色为主，另有浅灰白、灰褐、浅灰黑、褐色等，纹饰以曲折纹、绳纹为主，另有篮纹、长方格纹、绳纹加附加堆纹、曲折纹加附加堆纹、间断条纹、网格纹、方格纹、叶脉纹、素面等，可辨器形见罐圈足（弧腹圜底，下附矮直圈足，足跟斜削，外缘着地，器外及外底饰绳纹）。该组时代为新石器时代晚期至商代。

131：采1 石锛，浅灰砂岩石，石质较细腻，形态小，平面呈近梯形，有柄，顶部平直，两侧溜肩略出近无，锛体下端磨制呈单面刃。长3.9 cm，宽2.4 cm，厚0.8 cm。（图429）

2组：采集陶片2片，均为泥质硬陶，纹饰有方格纹、素面，可辨器形见平底罐底。时代为汉代。

3组：采集瓷片4片，其中青瓷片3片、灰瓷片1片，可辨器形有碗。时代为明清时期。

（源湖）圆墩岭遗址

遗址编号：132　　行政区划：广州市从化区温泉镇源湖村

地理坐标：N23° 37′ 14.9168″，E113° 39′ 16.8200″　　海拔：66.000米

遗址位于温泉镇源湖村四队北约300米处，大广高速与X301于遗址西北侧交会。圆墩岭是桃园盆地西北侧高山伸向盆地的一座近圆形小山岗，北靠高山，南为桃园盆地，西连数座小山丘，山岗总面积约18 000平方米，山顶海拔69.9米，相对高度约20米，山顶较为平缓，坡度平缓。山上

图430　（源湖）圆墩岭遗址远景（南—北）

图431　（源湖）圆墩岭遗址采集遗物

种植有荔枝、龙眼等经济作物,地表杂草丛生,山岗顶部有一高压铁塔。遗址保存较好。

遗物见于山岗西南坡,范围约10 000平方米,地表采集陶片19片,夹细砂陶为主,计11片,泥质陶8片,质地多较硬,部分稍软,陶色有黄褐、浅黄灰、灰、深灰色等,纹饰有长方格纹8片、绳纹7片、曲折纹2片、网格纹1片、编织纹1片,器形不可辨。据遗物特征推断,时代为新石器时代晚期至商代。

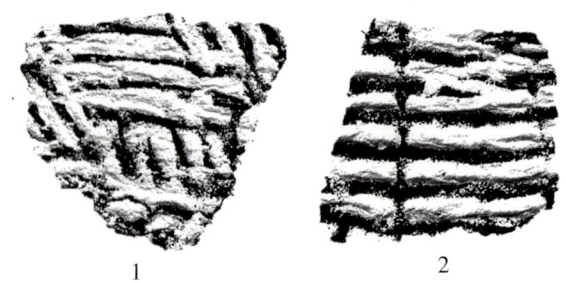

图432 （源湖）圆墩岭遗址采集陶片纹饰拓片
1. 曲折纹　2. 长方格纹

牛步迳遗址

遗址编号：133	行政区划：广州市从化区温泉镇源湖村
地理坐标：N23°37′28.8920″，E113°38′34.2904″	海拔：98.310米

遗址位于温泉镇源湖村西北约1.5千米处，X301与G105交叉口东侧的山岗上。山岗位于流溪河南岸，东连高山，北为流溪河河谷，西侧隔X301与云台山相望。山岗海拔108米，相对高度约60米，地势东高西低，坡度较陡，地表种植荔枝、火龙果等。保存状况较好。

图433　牛步迳遗址远景（西南—东北）

图434　牛步迳遗址采集遗物

遗物分布范围约8000平方米，见于山顶位置，地表采集陶片17片、砺石1件（133：采1）、石锛1件（133：采2）。陶片以夹砂陶为主，计14片，泥质陶3片，质地较软，陶色以黄褐色为主，计13片，灰黑色4片，可辨器形有圈足器（仅存圈足，为斜直圈足外撇，足跟平直较窄）。陶片显示出粤北石峡文化文化特征，时代推断为新石器时代晚期。

133：采1　砺石，浅灰褐砂岩石，石质细腻，平面呈近长方形，一端为圆弧状，另一端残断，两侧面较窄呈近直面，四面磨砺呈凹弧状。残长12.7 cm，宽8.7 cm，厚4.2 cm。（图435：1、图436：1）

133：采2　石锛，浅黄灰砂岩石，石质较细腻。平面形状呈近"凸"字形，有短柄，上窄下宽，顶部斜直，两肩极溜似无，下端磨制成单面刃，刃部中间有崩疤。长7.3 cm，宽4.9 cm，厚1.3 cm。（图435：2、图436：2）

图435　牛步迳遗址采集石器
1. 砺石（133：采1）　2. 石锛（133：采2）

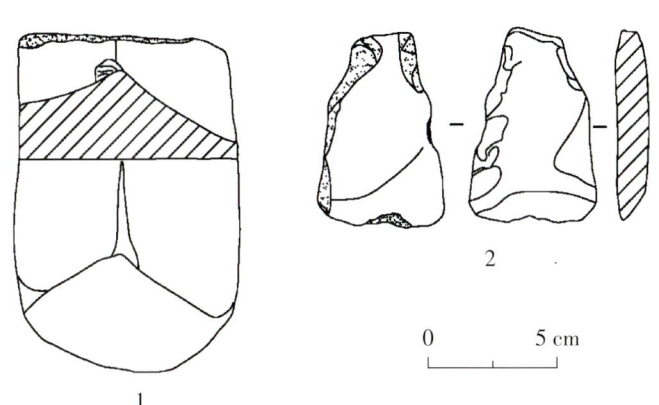

图436　牛步迳遗址采集石器
1. 砺石（133：采1）　2. 石锛（133：采2）

小结

桃园盆地调查发现各期遗址共计41个，据各遗址分组情况比对分析可将盆地内考古学文化遗存分为前后发展的6期，见表5。

表5 桃园盆地遗址分期表

遗址	分期					
	新石器时代晚期至商代	西周至春秋	战国至汉初	汉代	唐宋	明清
横𠘧	√					
（密石）陈屋	1组	2组			3组	4组
荷木树	1组				2组	3组
罗屋	1组				2组	3组
付竹园	1组				2组	3组
大坡头	1组					2组
铁𠘧	√					
塘仔渡	√					
长岗	√					
南太	1组					2组
米石岭	√					
陂底岭	1组	2组			3组	4组
温牛𠘧						√
山顶口	1组				2组	3组
山塘窝	1组				2组	3组
白石山	1组				2组	3组
横刀石山					1组	2组
马流山	1组	2组			3组	4组
（中田）大𠘧	√					
桃红里					1组	2组
马留山	1组				2组	3组
螺洞山					1组	2组
松山顶					1组	2组
芦荻角					1组	2组

（续表）

遗址	分期					
	新石器时代晚期至商代	西周至春秋	战国至汉初	汉代	唐宋	明清
网顶	1组			2组	3组	
门头岭	1组	2组	3组		4组	5组
尧田山					1组	2组
鲢鱼山	√					
背底山	1组				2组	3组
锅盖岭	1组					2组
背补岭	1组				2组	
山公嘴	1组	2组				
（乌土）圆山仔					1组	2组
（龙桥）山塘					1组	2组
石桥头	√					
延庆里	1组	2组				
锣鼓山	1组			2组	3组	4组
两仔山	1组			2组	3组	
（宣星）庙山	1组			2组		3组
（源湖）圆墩岭	√					
牛步迳	√					

注："√"代表该遗址仅有一组遗存

一期：新石器时代晚期至商代。32个遗址发现该期遗存，代表性遗址有横𡉏、罗屋、铁𡉏、长岗、门头岭、背底山、锅盖岭、两仔山遗址等。多数遗址采集遗物较丰富，遗物分布范围广，以陶片为主，有少量石器。陶片主要为夹细砂陶；多数质地较硬，部分稍软；陶色以灰色为主，见灰褐、深灰、浅灰、灰黄、灰白色等，另有红褐、黄褐色等；常见纹饰有曲折纹、绳纹、附加堆纹、长方格纹、篮纹、叶脉纹、梯格纹、素面等，另有间断条纹、云雷纹、圆圈纹、回字纹、卷云纹、网格纹、编织纹等，部分陶片可见刻划符号；陶器为手制，部分可见贴塑痕迹；可辨器形多为罐口沿和圈足罐底。石器种类丰富，有石锛、箭镞、砺石、石斧、石刀、网坠、石饼、石镢、石戈、砍砸器、器形不明石器等。该批遗存与吕田、安山、鸭洞河谷地区同期遗存内涵相近，属同一文化谱系，时代约相当于中原地区的商代。除以各种印纹为装饰的圈足罐类遗存外，在门头岭、牛步迳两处遗址，还发现少量夹粗砂软陶、泥质陶，陶质细腻，夹砂较粗，质地软，陶色有黄褐、黄灰色，素面，可辨器形为罐、显示出粤北石峡文化特色。时代为新石器时代晚期，略早于印纹陶遗存。

二期：西周至春秋。存见于（密石）陈屋等5处遗址中，采集遗物极少，每个遗址偶见一至两片碎陶片，皆为泥质硬陶，灰褐色为主，纹饰见夔纹、方格纹、菱格凸点纹等，器形不可辨，应为罐类器腹残片，属夔纹陶阶段遗存。

三期：战国至汉初。仅见于门头岭遗址，采集少许陶片，泥质硬陶，酱褐、灰褐、浅灰陶色，纹饰见米字纹、方格纹、弦纹加水波纹，可辨器形有罐、器盖等。属米字纹陶阶段遗存。

四期：汉代。存见于锣鼓山、两仔山、（宣星）庙山遗址，采集少许陶片，以两仔山采集遗物为特征，为泥质红褐硬陶，器表饰方格纹、戳印纹，为敞口尖唇斜直肩平地罐，陶片分布集中，疑似墓葬随葬品。

五期：唐宋时期。该期遗见于24个遗址，代表性遗址有芦荻角、网顶、（乌土）圆山仔等。采集遗物以陶罐/瓮残片和青瓷、青灰瓷器碎片为主，另有少量铜钱等。陶片为泥质硬陶，陶色以灰黑色为主，器表多有黑色陶衣，另有灰褐陶、酱褐陶等，部分器形饰弦纹，可辨器形多为罐/瓮，少量研磨器、柄足碗等。瓷片有青瓷、青灰瓷、黄褐瓷、青白瓷等，部分有印花、刻划花装饰，器形多为碗，少量罐。芦荻角遗址采集宋代铜钱数十枚，可见"宣和通宝""元祐通宝""皇宋通宝"等，为两宋时期铜钱。

六期：明清时期。该期遗存见于27个遗址中，采集遗物以瓷片为主，有青花瓷、青瓷、青灰瓷等，器形有碗、杯等。

第六节 灌村盆地

灌村盆地位于从化区中心东部约10千米处，原灌村镇一带，东邻增城派潭镇，北与桃园盆地隔山接壤，南、西与江埔街道相邻，是温泉镇最大的盆地。盆地整体呈东西向，周边高山环绕，多高山丘陵，海拔100～877.9米，其北侧横亘长条状山脉，大尖山、崖婆石、蛇仔形、陈山顶、崩岗顶、高怀脑顶东西相连，分桃园盆地、灌村盆地于南北两侧，地势东高西低，最高峰大尖山（海拔877.9米）矗立盆地东北部。盆地南部（溉峒河谷、新南峡谷南部）高耸的凤凰山（748.3米）、安天指宝山（496.5米），为灌村和江埔街道分界线，区域内高山连绵，沟壑纵横，地势陡峭。西南部竹田山、大脑山、望花楼一线，海拔126～250米，为较矮的丘陵区。东西两端均有开口，其东部可延伸至增城派潭镇，两者地形地貌相似；西南小海河沿岸有豁口，接通灌村盆地和江埔街道低地平原区。盆地南部有两个南北向的峡谷，一位于灌村盆地东南部，石坑圩南部，呈南北长条状；一位于灌村盆地西南部，百足岭南部，呈南北"三叉形"。灌村盆地主体及其南部两峡谷整体呈"板凳"状，盆地主体为"板凳面"，两峡谷为"板凳腿"。

盆地主体（"板凳面"）呈东西长条状，东到从化、增城分界线的石坑水库一带，北到大尖山、蛇仔形、崩岗顶、高怀脑顶南坡山脚，西至江埔、温泉交界的培岭山一带，南至蜞山、虾塘顶、百足岭、望花楼山北。东西长约11.3千米，宽1.5～2千米，总面积约14.7平方

图437　灌村盆地南星村周边全景（北—南）

千米。盆地地势四周高中间低，东部高西部低。其地形地貌可依次分为周边高山丘陵区、低地平原区、缓坡台地区。高山丘陵区位于盆地四周，海拔100～877米，大尖山海拔最高，矗立盆地东北部。高山区山高林密，多自然植被，低山区部分区域经开荒种植荔枝、龙眼、橘子、桉树等，地表杂草丛生。有部分小型山脉向盆地内延伸。低地平原区位于盆地中心，小海河支流（灌村水）沿岸，呈东西向沿河分布，海拔35～50米，地势平坦开阔，多开辟为农田，种植水稻、果蔬等。缓坡台地介于平原和高山丘陵间，面积广阔，沿等高线呈东西向分布，海拔40～80米，地势由南北两侧向中心递减，坡度较缓。地表多种植荔枝、龙眼、桉树等，地表杂草茂盛。现代村落多分布其间。灌村水自盆地东部发源，自东向西横穿盆地中央，流经石坑、南星、石南、石海等村，在埔鹅岗东部与溉峒水汇合后再折向南，汇入小海河主河道，向南入江埔街道并汇入流溪河，全长12千米，流域面积26.2平方千米。

新南峡谷（东部"板凳腿"，因新南村占峡谷大部分面积，本文为便于描述，名之曰"新南峡谷"）位于盆地东南部，呈南北长条状，长约4.1千米，宽0.4～1.4千米。峡谷地势南高北低，海拔50～120米，其东、南、西三面环山，海拔240～748米，南靠凤凰山，西边隔白面石、虾塘顶与溉峒河谷隔山相邻，东侧茅尖哥、金山顶为派潭镇与温泉镇分界线，峡谷北向开口，面向灌村盆地。朝盖水从南部的凤凰山北麓发源，自北向南纵穿峡谷，并于峡谷北部汇入灌村水，全长5.6千米，流域面积约11平方千米。峡谷两岸高山区，山高林密，坡度较陡，低山区坡度较缓，东西两侧多有高山余脉深入峡谷内，朝盖水沿岸有小片冲积平原，地势平缓，现多开辟为农田。峡谷两侧边缘平原与高山间，发育一些缓坡及台地。温泉镇南平、新南村坐落峡谷中。

溉峒河谷，位于灌村盆地西南部，呈南北向，长约4.1千米、宽0.5～1.6千米。河谷四面

图438　新南峡谷全景（南—北）

图439　溉峒河谷北部全景（东南—西北）

环山，海拔160~484米，北与灌村盆地有百足岭相隔，东与新南峡谷隔山接壤，南靠安天指宝山，西边竹田山、大脑山一线分灌村和江埔为东西侧。因有高山余脉延伸入谷底内，河谷被分为"三叉形"。其中东部分支位于东南部，南北向，长约1.1千米，宽约0.3千米，四面环山，山高林密，谷底发育缓坡和台地，坡度平缓，多开辟为农田，种植蔬菜、水稻等；西北有开口，可通溉峒河谷，有溪流自南部白面石一带发源，自东北向西南，流经山谷，于新村南侧汇入溉峒水，龙新村山塘口、杨屋等村坐落其间。西部分支位于西南部，西南—东北

图440　溉峒河谷南部全景（东北—西南）

向，长条状，地势由西南向东北递减，东侧与溉峒河谷有长条状山岗——松山相隔，有溪流自南部安天指宝山一带发源，自西南向东北，流经溉峒西侧山谷，于下村附近汇入溉峒水，谷底地势平缓，现为农田，以种植蔬菜为主，间有少量水稻等。中部分支呈南北长条状，南起田咀社，北至百足岭山脚，长4.1千米，宽0.5~1.0千米，两侧山地环绕，多种植荔枝、龙眼等果树，谷底地势南高北低，多台地地形，地势平坦，峡谷边缘有山前缓坡发育，峡谷中间有村级公路贯穿，龙新、新田村坐落其间，溉峒水发源于峡谷南部的安天指宝山与凤凰山之间的紫竹寮一带，自北向南纵贯溉峒河谷，在谷地北侧遇百足岭阻挡折向西，流经灌村北侧，并在灌村西北与灌村水交汇，全长9.2千米，流域面积15.7平方千米。

从莞深高速纵穿盆地东部，有灌村出口可通盆地；S355从东南向西北贯穿盆地，西接江埔街道，东通增城派潭镇，为盆地中央主干道。另有乡村公路连接"板凳腿"。

灌村盆地已掌握的文物资源集中于地上古建和墓葬等，《广州市文物普查汇编·从化市卷》登记的有黎氏宗祠等9处，但未见有地下文物资源线索。

灌村盆地文物资源考古调查工作开始于2014年11月18日，至2015年1月24日结束；2015年2月6日，对部分遗址进行补拍照片和复查。除下雨停工、节假日休息等，实际田野调查时间为52天。

调查采取区域调查的方法，对盆地和峡谷内的低地平原、山前缓坡台地、小山岗及部分高山地区进行调查，足迹覆盖8个行政村，101个经济社，调查范围约29.4平方千米，共计新发现各期遗址79个。

鹅颈遗址

遗址编号：134　　行政区划：广州市从化区温泉镇南平村

地理坐标：N23°33′21.6197″，E113°42′53.4675″　　海拔：69.064米

遗址位于温泉镇南平村磨盘与柴山之间的鹅颈台地上，从莞深高速西侧，西距村公路约150米。鹅颈台地地处新南峡谷南部，凤凰山北麓山脚，地势低平，面积广阔，海拔76米，地表种植荔枝等果树，间有少许菜地。

遗物分布范围仅1000平方米，见于台地中间位置，地表采集少许陶瓷片，据遗物特征初步分析，可分为2组。

1组：采集陶片1片，泥质硬陶，灰褐色，饰三角格纹，器形不可辨。时代为战国至汉初，属米字纹陶阶段遗存。

2组：采集陶瓷片各1片，陶片为黑灰陶片；瓷片为灰瓷碗残片。时代为唐宋时期。

图442　鹅颈遗址采集遗物

多头隐遗址

遗址编号：135　　行政区划：广州市从化区温泉镇南平村

地理坐标：N23°33′14.8924″，E113°42′38.1948″　　海拔：101.605米

遗址位于温泉镇南平村八斗村后（西南侧）的多头隐山岗上。该山岗是峡谷西侧高山伸向峡谷内的一处长舌状山岗，西连高山，东面峡谷。八斗村建于山脚，山岗长约200米，宽约130米，总面积约25 000平方米，山顶海拔113米，相对高度约50米，地势西高东低，山岗顶部较为平坦，山坡陡峭，山上以种植荔枝、柿子为主，另有竹子、果蔬等。

图443　多头隐遗址远景（东—西）

图444 多头隐遗址采集遗物

遗物分布范围约3500平方米，见于山顶东部，地表采集陶片7片，其中夹砂陶4片、泥质陶3片，质地多较硬，陶色有灰白、灰、黑灰色等，纹饰有绳纹、斜长方格纹、素面、曲折纹，器形不可辨。据遗物特征推断，时代为新石器时代晚期至商代。

柴山遗址

遗址编号：136　　行政区划：广州市从化区温泉镇新南村

地理坐标：N23°33′32.0406″，E113°42′56.8884″　海拔：79.816米

遗址位于温泉镇新南村柴山社背后的山岗（土名"背后山"）及村南台地（土名"小田䂖"）上，北距信号岭遗址约200米。背后山为峡谷东侧高山伸向谷底的一舌状山岗，呈东南—西北走向，西北侧紧挨柴山社民房，西为开阔峡谷，山岗东部被从莞深高速破坏。山顶海拔约100米，相对高度约30米，残长约150米，宽约120米，现存总面积约15 000平方

图445 柴山遗址远景（西北—东南）

米。山岗地势东高西低，南坡坡度较大，北坡平缓。地表种植荔枝、柿子等果树，地表较多杂草。小田䂖是村南、背后山西侧的低矮台地，海拔约70米，主要种植荔枝、橘子等，地表干净。在小道上以及周围树荫下均发现有陶片。

遗物分布范围约25 000平方米，多见于背后山西北侧缓坡及小田䂖周边台地。背后山山顶采集陶片18片，均为泥质硬陶，陶色有灰褐色7片、酱釉色4片、黑灰色4片、灰色2片、红褐色1片，纹饰以方格纹为主，计10片，另有夔纹菱形凸点纹、方格纹加弦纹加篦点纹、弦纹加

图446　柴山遗址采集遗物

篦点纹、重圈纹、素面等，器形不可辨。据遗物特征推断，时代为西周至春秋时期，属夔纹陶阶段遗存。

山下小田岬一带地表采集陶片9片，均为泥质硬陶，陶色有酱黄、深灰、浅灰、浅黄灰、灰白色等，纹饰以方格纹为主，计6片，另有重菱形纹、夔纹，器形不可辨。遗物特征与柴山相近，时代为西周至春秋时期，属夔纹陶阶段遗存。

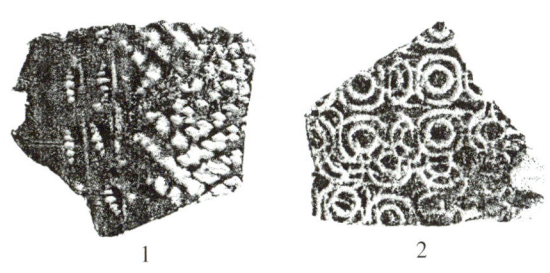

图447　柴山遗址采集陶片纹饰拓片
1.方格纹加弦纹加篦点纹　2.重圈纹

信号岭遗址

遗址编号：137	行政区划：广州市从化区温泉镇新南村
地理坐标：N23°33′39.6984″，E113°42′59.1639″　海拔：88.726米	

遗址位于温泉镇新南村凰洞社东约400米的信号岭上，南距柴山遗址约200米。信号岭是峡谷东部高山伸向谷底的一椭圆形山岗，因山顶建有信号发射塔而得名，呈东南—西北走向，长约300米，宽约150米，山体东部被从莞深高速公路破坏，残存面积约25 000平方米。山顶海拔约93米，相对高度约30米，山顶较平坦，各坡坡度较陡。山岗土质为黄沙土，被开垦成梯田，种植荔枝、龙眼、桉树等，局部杂草茂盛。

遗物见于整座山岗，范围约25 000平方米，地表采集遗物见陶片、石器、瓷片等，据遗物特征初步分析，可分为5组。

1组：采集陶片9片、残石锛1件。陶片均为夹细砂陶，质地多较硬，陶色有深灰、浅灰、褐、灰褐色等，纹饰以绳纹为主，另有篮纹、叶脉纹、圆圈纹等，器形不可辨。残石锛为扁体残长条状，两端残断，中部

图448　信号岭遗址远景（西—东）

图449　信号岭遗址采集遗物

起脊，横截面呈菱形。该组时代为新石器时代晚期至商代。

2组：采集陶片1片，泥质硬陶，灰色，饰重圈纹，器形不可辨。时代为西周至春秋，属夔纹陶阶段遗存。

3组：采集陶片1片，泥质硬陶，灰褐色，器表饰米字纹，为罐类器残片。时代为战国至汉初，属米字纹陶阶段遗存。

4组：仅采集陶片1片，为浅灰陶罐残片。时代为唐代。

5组：采集陶瓷片5片，其中陶片为罐腹残片；瓷片有青瓷、青花瓷片，可辨器形见碗。时代为明清时期。

石鼓遗址

遗址编号：138　　行政区划：广州市从化区温泉镇新南村
地理坐标：N23°33'56.1456"，E113°42'59.9530"　　海拔：62.827米

遗址位于温泉镇新南村石古塘社南侧的一小丘及周边台地上，该区域土名"石鼓"，其东临从莞深高速公路，南与信号岭遗址相望。石鼓一带整体地势西高东低，面积较广阔，小丘高出周围台地3~4米，顶部被平整过，周边台地地势平缓，种植荔枝、橘树等，地表杂草较少，但落叶较多。遗物分布范围约25 000平方米，见于小丘及周围台地上，地表采集少许陶瓷片，据遗物特征初步分析，可分为2组。

1组：采集陶瓷片15片，陶片有黑灰陶、浅灰陶、褐陶，饰弦纹、素面，可辨器形有罐；瓷片有青灰瓷、影青瓷，可辨器形有碗。时代为唐宋时期。

2组：采集瓷片5片，有青瓷片、灰瓷片、青花瓷等，可辨器形有碗。时代为明清时期。

图450　石鼓遗址采集遗物

唐角山遗址

遗址编号：139　　行政区划：广州市从化区温泉镇新南村
地理坐标：A点，N23°33'57.1562"，E113°42'39.9584"　　海拔：87.570米
　　　　　B点，N23°33'56.5818"，E113°42'33.9866"　　海拔：75.306米

遗址位于温泉镇新南村凰洞社北约400米的唐角山一带，北距新屋社约500米，西接峡谷

西部高山，东邻乡间公路及新南村委会。唐角山是峡谷西侧高山伸向峡谷内的一平面呈"8"字形的山岗，主岗位于东侧，是一座近圆形小山岗，海拔约86米，相对高度约25米，西侧为坡式台地，地势西高东低，坡度较缓。区域内以种植荔枝为主，另有柿子、乌榄等，地表有较多杂草。遗物分布范围约50 000平方米，见于东侧

图451　唐角山遗址远景（东南—西北）

图452　唐角山遗址采集遗物

山岗顶部、西侧坡式台地，因采集点位置不同，别为A、B点。

其中A点地表采集少许陶瓷片，据遗物特征初步分析，可分为5组。

1组：采集陶片4片，均为夹细砂黑灰陶，质地较软，1片饰绳纹，其他为素面，器形不可辨。陶片显示粤北石峡文化特色，时代约为新石器时代晚期。

2组：采集陶片2片，泥质、夹砂各1片，纹饰为绳纹、曲折纹，器形不可辨。时代为新石器时代晚期至商代，晚于1组。

3组：采集陶片11片，均为泥质硬陶，陶色有灰、褐色两种，纹饰有夔纹、方格纹、夔纹加弦纹、方格纹加篦点纹，器形不可辨。时代为西周至春秋时期，属夔纹陶阶段遗存。

4组：采集陶片1片，泥质灰硬陶，器表饰米字纹，器形不可辨。时代为战国至汉初，属

米字纹陶阶段遗存。

5组：采集陶瓷片5片，陶片为黑灰陶罐残片；瓷片为青瓷碗残片。时代为唐宋时期。

B点地表采集遗物较少，可分为2组。

1组：采集陶片8片，均为夹细砂陶，质地较硬，陶色有酱黄、灰、黑灰、灰白色等，纹饰有曲折纹、叶脉纹、素面，可辨器形见罐口沿（敞口，上沿上侈呈近盘口状，圆唇，外沿上部斜凹曲，下沿折弧收呈束领状，领下部残缺）。时代与A点2组相当，约为新石器时代晚期至商代。

2组：采集陶片2片，有黑灰陶1片、灰黄陶1片。时代为唐代。

图453　唐角山、林山遗址采集陶片纹饰拓片

1. 夔纹加弦纹（139）　2. 夔纹加弦纹加菱格凸点纹（141）

虾塘遗址

遗址编号：140　　　行政区划：广州市从化区温泉镇新南村

地理坐标：N23°34′08.8994″，E113°42′29.4557″　海拔：99.883米

遗址位于温泉镇新南村新屋社新南小学西侧的虾塘山岗上，南距唐角山遗址约400米。虾塘是峡谷西侧高山伸向峡谷内的一处近圆形小山岗，海拔约92米，相对高度20米，总面积约10 000平方米，该山岗山势稍陡峭，山顶较为平坦，山上以种植荔枝为主，另有柿子、竹子等，山上植被

图454　虾塘遗址远景（东—西）

图455　虾塘遗址采集遗物

茂盛，杂草丛生。

遗物分布范围约3000平方米，见于山顶位置，地表采集少许陶瓷片，据遗物特征初步分析，可分为3组。

1组：采集陶片2片，为夹细砂陶，质地较硬，陶色有灰白、红褐色，饰绳纹，器形不可辨。时代为新石器时代晚期至商代。

2组：采集陶片1片，泥质硬陶，酱釉色，饰方格纹，器形不可辨。时代为西周至春秋，属夔纹陶阶段遗存。

3组：采集瓷片2片，青瓷、灰白瓷各1片，可辨器形有碗。时代为明清时期。

林山遗址

遗址编号：141　　行政区划：广州市从化区温泉镇新南村

地理坐标：N23°34′16.1360″，E113°42′30.8637″　　海拔：86.834米

遗址位于温泉镇新南村楼下社村西的林山山岗上，南距虾塘遗址约200米，西接高山，东临村庄。林山是峡谷西部高山伸向峡谷内的一个长舌状小山岗，海拔约82米，相对高度约20米，总面积约15 000平方米，山岗地势西高东低，坡度平缓，山顶较平坦，以种植荔枝为主，另有柿子、

图456　林山遗址远景（东南—西北）

图457　林山遗址采集遗物

竹子等，山上建有一座自来水水塔。

遗物分布范围约10 000平方米，见于山岗东坡、东南坡及山顶位置，地表采集到少许陶瓷片和石器，据遗物特征初步分析，可分为3组。

1组：采集陶片8片、石镞1件（141：采1）、砺石1件（141：采2）、残石器1件。陶片均为泥质硬陶，陶色有灰、酱黄、灰褐、酱釉色等，纹饰有方格纹、夔纹、夔纹加方格纹、夔纹加弦纹加菱格凸点纹，器形不可辨。残石器为扁体长条状。据遗存特征推断时代为西周至春秋时期，属夔纹陶阶段遗存。

141：采1　石镞，黑灰砂岩石，石质细腻，平面呈柳叶形，前端收尖，后端残断，中部起脊，横截面呈棱形。残长4.7 cm，宽1.4 cm，厚0.5 cm。（图458：1、图459：2）

图458　林山遗址采集石器

1. 石镞（141：采1）　2. 砺石（141：采2）

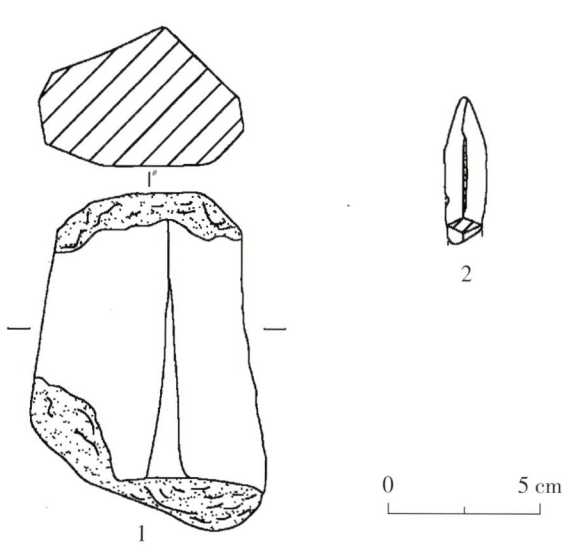

图459　林山遗址采集石器

1. 砺石（141：采2）　2. 石镞（141：采1）

141：采2　砺石，褐灰砂岩石，石质较细腻，平面呈近梯形，一端面近平直，另一端面残断，其他侧面均磨制成凹弧状。残长10.8 cm，宽7.7 cm，厚4.8 cm。（图458：2、图459：1）

2组：采集瓷片3片，有青瓷、黑釉瓷、灰瓷等，可辨器形见碗、盏。时代为宋代。

3组：采集瓷片2片，有青褐瓷、青灰瓷，可辨器形见碗。时代为明清时期。

大古石遗址

遗址编号：142　　　行政区划：广州市从化区温泉镇新南村

地理坐标：N23°34′10.5283″，E113°43′16.0952″　　海拔：70.852米

遗址位于温泉镇新南村石古塘社东北约400米的大古石一带，从莞深高速公路东侧。大古石是峡谷东侧山岗西坡山脚的一坡式台地，东西向长条状，长约500米，宽约200米，总面积约10万平方米。台地海拔约75米，相对高度约15米，地势北高南低，坡度平缓，北侧有乡间公路沿伸至新南村楼下、路口社村口，南侧有一东西向小溪。台地以种植荔枝、橘子为主，另有柿子、龙眼、竹子、蔬菜等，地表杂草大部分被清除。

图460　大古石遗址远景（西—东）

遗物分布范围约30 000平方米，据遗物特征初步分析，可分为3组。

图461　大古石遗址采集遗物

1组：采集陶片1片、残石镞1件。陶片为夹细砂陶，质地较硬，黑灰色，饰绳纹，器形不可辨。残石镞为浅灰砂岩，平面呈残长条形，两端断缺，中间起脊，横截面呈长菱形，残长2.1 cm，宽1.4 cm，厚0.5 cm。时代为新石器时代晚期至商代。

2组：采集陶片1片，泥质硬陶，黑灰色，饰米字纹，器形不可辨。时代为战国至汉初，属米字纹陶阶段遗存。

3组：采集陶瓷片各1片，陶片为浅灰陶罐残片，瓷片为褐瓷饼足碗残片。时代为唐宋时期。

沙龙岗遗址

遗址编号：143　　行政区划：广州市从化区温泉镇新南村

地理坐标：N23°34′07.8782″，E113°43′00.0734″　　海拔：59.694米

遗址位于温泉镇新南村石古塘社北侧的沙龙岗上，从莞深高速公路西侧。沙龙岗是峡谷中部平地上一处孤立的山岗式台地，周边为地势低平的农田，山岗平面形状呈近椭圆形，长约80米，宽约60米，总面积约4800平方米，台地相对高度仅3~6米，山顶平缓，种植荔枝，地表较干净。遗物见于整个山岗，分布范围约4500平方

图462　沙龙岗遗址远景（北—南）

图463　沙龙岗遗址采集遗物

米，地表采集少许陶片，据遗物特征初步分析，可分为3组。

1组：采集陶片4片、残石锛1件（青灰色泥岩，较细腻，刃部残缺）。陶片为泥质硬陶，灰褐、酱釉、黑灰色等，器表饰夔纹、方格纹、叶脉纹，器形不可辨。时代为西周至春秋时期，属夔纹陶阶段遗存。

2组：采集陶片2片，泥质硬陶，陶色有酱釉、灰色，饰米字纹，器形不可辨。时代为战国至汉初，属米字纹陶阶段遗存。

3组：采集陶片2片，泥质黑灰陶，器表饰弦纹，为罐腹部残片。时代为唐代。

江车遗址

遗址编号：144　　行政区划：广州市从化区温泉镇新南村

地理坐标：N23°34′24.0908″，E113°42′35.7368″　　海拔：91.295米

遗址位于灌村盆地东侧峡谷北部，石坑到南平乡间公路西侧的江车山岗上，其北邻张屋，南连路口、楼下、新屋社，东靠毓秀、福田社，西侧约200米即是峡谷西侧高山区。江车为峡谷内一座近三角形山岗，总面积约50 000平方米，山顶海拔约92米，相对高度约35米，山坡坡度较平缓，山上种植荔枝、竹子、柿子等，地表植被茂盛，杂草丛生。

图464　江车遗址远景（西—东）

遗物分布范围约50 000平方米，主要集中于山顶位置，采集大量各期陶片，另有少许瓷片、石器等，据遗物特征初步分析，可分为4组。

1组：采集陶片38片、残石矛1件（144：采2）、砺石1件（144：采1）。陶片以夹细砂陶为主，计32片，泥质陶6片，质地较硬的有31片，质地稍软者7片，陶色以灰白色稍多，计12片，另有浅灰、灰褐、黄褐、黑灰、褐、黄灰色等，纹饰以绳纹为主，计18片，另有曲折纹、梯格纹、网格纹、席纹等，可辨器形有罐口沿、罐圈足、器足。据遗物特征推断，时代为新石器时代晚期至商代。

144：采1　砺石，褐灰砂岩石，石质较细腻，呈近长方体，一端断裂，另一端呈圆角状，底面较平整，其他面均磨成凹弧状。残长12.3 cm，宽8.6 cm，厚5.8 cm。（图466：2、图467：1）

144：采2　残石矛，浅灰砂岩石，石质细腻，平面呈残长条状，扁体状，两面中部起脊，横截面呈长菱形，残长6.3 cm，宽3 cm，厚0.7 cm。（图466：3、图467：3）

图465　江车遗址采集遗物

2组：采集陶片133片，泥质陶为主，计130片，夹砂陶仅3片，均为硬陶，陶色以灰色为主（浅灰、深灰、灰褐色等），另有红褐、酱褐、黄褐色等，纹饰以夔纹、方格纹为主，另有曲折纹、重圈纹、菱格凸点（块）纹、重菱形纹、篦点纹加弦纹、网格纹、云雷纹、戳印重圈纹、弦纹、刻划纹、复线交叉凸点纹等，部分为两三种纹饰组合纹，可辨器形有豆（144：标1）、器盖、罐等。时代为西周至春秋，属夔纹陶阶段遗存。

图466　江车遗址采集遗物

1. 陶豆（144：标1）　2. 砺石（144：采1）　3. 残石矛（144：采2）

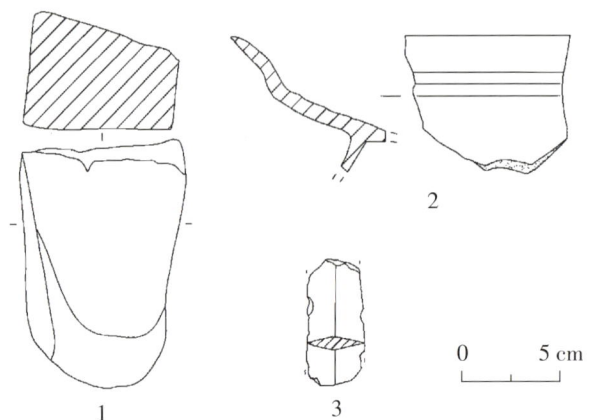

图467　江车遗址采集遗物

1. 砺石（144:采1）　2. 陶豆（144:标1）　3. 残石矛（144:采2）

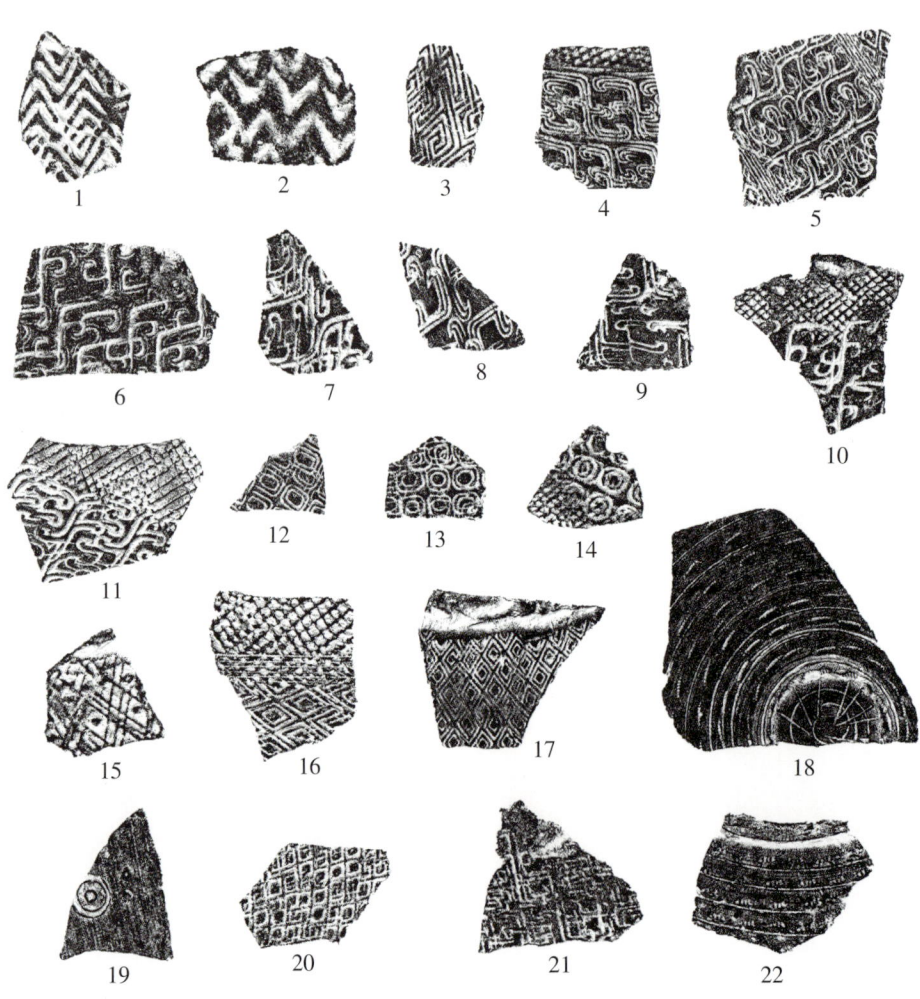

图468　江车遗址采集陶片纹饰拓片

1、2. 曲折纹　3. 云雷纹　4、10、11. 夔纹加方格纹　6~9. 夔纹　5. 夔纹加菱格凸点纹　12、13. 重圈纹
14. 重圈纹加方格纹　15. 复线交叉凸点纹　16. 菱格凸点纹加弦纹加方格纹　17、20. 菱格凸点纹
18. 刻划纹　19. 戳印重圈纹　22. 篦划纹加弦纹

144:标1　陶豆，侈口尖唇，曲腹，下接外撇状圈足，圈足残缺，不可复原。泥质灰硬陶。复原口径19 cm，残高6.7 cm。（图466：1、图467：2）

3组：采集瓷片4片，为饼足、玉璧足碗残片。时代为唐宋时期。

4组：采集瓷片3片，为青灰瓷碗残片。时代为明清时期。

㞢尾遗址

遗址编号：145　　行政区划：广州市从化区温泉镇新南村

地理坐标：A点，N23° 34' 47.7753"，E113° 42' 10.9945"　　海拔：33.642米
　　　　　B点，N23° 34' 51.1733"，E113° 42' 04.3429"　　海拔：44.792米

遗址位于温泉镇新南村岭咀社南的㞢尾台地及西侧平缓台地上，南邻灌村盆地南侧高山，小海河于台地北侧流经。㞢尾台地面积广阔，地势低矮平缓，海拔约52米，地表种植有荔枝、橘子、果蔬等，南布至张屋的乡间公路从遗址中部穿过。遗物主要见于岭咀社南边的山前台地上，此外在岭咀社西约50米的农田内亦有少量遗

图469　㞢尾遗址远景（西北—东南）

图470　㞢尾遗址采集遗物

物分布，别为A、B点。

A点遗物分布范围约15 000平方米，采集少许陶瓷片，据遗物特征初步分析，可分为3组。

1组：采集陶片23片，泥质硬陶22片，仅1片为夹细砂陶，皆为硬陶，陶色有灰褐、深灰、浅灰、红褐色等，纹饰有夔纹、重菱形纹、方格纹加菱形凸点纹、方格纹、方格纹加重圈纹、篦点纹、篦点纹加重菱形纹等，可辨器形有罐口沿（145：标1）等。该组时代为西周至春秋时期，属夔纹陶阶段遗存，其时代尚可细分为前后两段，尤以夔纹区别较明显。

145：标1　陶罐口沿，侈口，斜折沿，沿面有两周凹旋槽，平方唇，外沿略外弧，斜直肩残缺，肩部饰篦点纹、弦纹、重菱形凸点纹，泥质灰白硬陶。残长10.4 cm，残高4.5 cm。（图471：1、图472：2）

2组：采集瓷片3片，有灰瓷、青灰瓷等，可辨器形见碗、碟（145：采1）。时代为明清时期。

图471　冚尾遗址采集遗物
1.陶罐口沿（145：标1）　2.青瓷碟（145：采1）

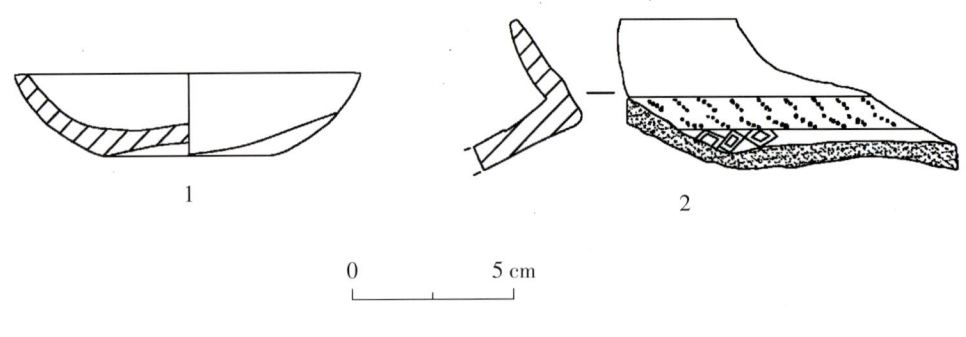

图472　冚尾遗址采集遗物
1.青瓷碟（145：采1）　2.陶罐口沿（145：标1）

145：采1 青瓷碟，敞口，平方唇微上弧，浅弧腹内收，平底内凹。浅灰胎，器表施青灰釉，釉色光亮，遍布冰裂纹，施釉不及底，颜色发红。复原口径10.7 cm，底径5.2 cm，高2.4 cm。（图471：2、图472：1）

B点遗物分布范围仅数平方米，采集少量陶瓷片，据遗物特征初步分析，可分为2组。

1组：采集陶片2片，泥质灰硬陶，饰夔纹加方格纹、方格纹，器形不可辨。时代为西周至春秋时期，属夔纹陶阶段遗存。

2组：采集瓷片1片，为青黄瓷碗底部残片。时代为宋代。

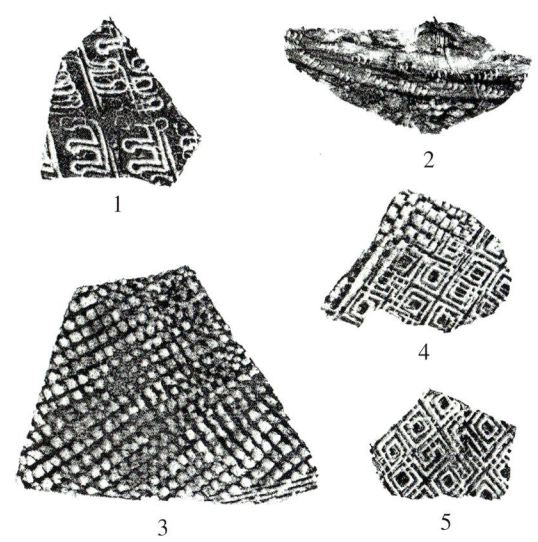

图473 凼尾遗址采集陶片纹饰拓片
1. 夔纹 2. 篦点纹 3. 方格纹
4. 重菱形凸点纹加方格纹 5. 重菱形凸点纹

牛头岭遗址

遗址编号：146	行政区划：广州市从化区温泉镇石坑村
地理坐标：N23°34'20.2669"，E113°43'00.1573"	海拔：81.027米

遗址位于温泉镇石坑村新池里后山牛头岭上，北望江边田，南邻石古塘。牛头岭是灌村盆地东侧高山伸向峡谷内的山岗，从莞深高速于山岗东部穿过。山岗平面近圆形，总面积约45 000平方米，山顶海拔约96米，相对高度35米，山岗东连高山，地势东高西低，南坡较陡峭，北、西坡坡度平缓，蔓延出大片台地。山上以种植荔枝为主，另有龙眼、柿子、竹子

图474 牛头岭遗址远景（西南—东北）

等，植被茂盛，杂草丛生。遗物见于山岗西南坡、西坡近山顶处，分布范围约8000平方米，据遗物特征初步分析，可分为2组。

1组：采集陶片48片，以夹细砂陶为主，计39片，泥质陶9片，质地以硬陶为主，计37片，质地稍软11片，陶色以浅黄灰色较多，计18片，另有褐色13片、浅灰、灰、灰褐、红褐

图475　牛头岭遗址采集遗物

色等，纹饰以绳纹为主，计35片，另有绳纹加附加堆纹、弦纹、素面，器形不可辨。据遗物特征推断，时代为新石器时代晚期至商代。

2组：采集陶片2片，均为泥质硬陶，陶色有浅灰、酱釉色，纹饰有夔纹、方格纹加篦点纹加弦纹，器形不可辨。时代为西周至春秋时期，属夔纹陶阶段遗存。

猪仔岽遗址

遗址编号：147　　　行政区划：广州市从化区温泉镇石坑村

地理坐标：A点，N23°34'19.2078"，E113°43'06.8712"　海拔：118.009米
　　　　　B点，N23°34'21.9979"，E113°43'10.7639"　海拔：99.850米

遗址位于温泉镇石坑村江边田东南约600米的猪仔岽山岗上，大古石遗址北侧，西与牛头岭遗址隔路相望。猪仔岽是峡谷东侧一长条状山岗，东西向，长约400米，宽约300米，总面积约120 000平方米。山岗东连高山，西与牛头岭连绵相接，荔从高速从两山鞍部位置穿过，山岗海拔约136米，相对高度约65米，

图476　猪仔岽遗址A点远景（西南—东北）

山势较陡峭。山岗北坡有一山坳，清代墓碑显示地名为"猪仔岽"，山上种植荔枝、竹子，整个山岗地表植被茂盛，杂草丛生。调查时在山岗顶部和北坡两个地方采集到少许遗

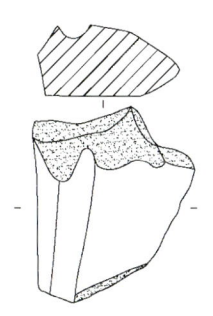

图477　猪仔山遗址采集砺石（147：采1）

物，别为A、B点。

A点位于山顶，遗物分布范围约6000平方米，地表采集少许陶片，据遗物特征初步分析，可分为2组。

1组：采集陶片2片，为夹细砂硬陶，黄褐色，饰绳纹，器形不可辨。时代为新石器时代晚期至商代。

2组：采集陶片1片，为泥质硬陶，浅灰褐色，饰夔纹加弦纹加菱格凸点纹，器形不可辨。时代为西周至春秋，属夔纹陶阶段遗存。

B点位于山岗北坡半腰，地表仅采集砺石1件（147：采1），无伴出陶片。据特征推断时代为新石器时代晚期至商代。

147：采1　砺石，褐色砂岩石，石质稍粗，平面呈不规则形，两端为断裂面，底部平面近平，三面磨砺呈凹弧面。残长11.4 cm，残宽9.7 cm，厚4.1 cm。（图477）

大陂田遗址

遗址编号：148　　行政区划：广州市从化区温泉镇石坑村
地理坐标：N23°34′12.3114″，E113°42′52.2372″　　海拔：53.391米

遗址位于温泉镇石坑村田心和新南村石古塘之间的大片低矮台地上，北邻田心、新池里，南接石古塘社，西靠南北向溪流，东侧为一片地势低平的农田。当地人称之为"大陂田"，地势低矮，呈南北长条状，南北长约400米，东西宽约150米，海拔约60米，高出周边农田0.5~1米。台

图478　大陂田遗址远景（西—东）

图479　大陂田遗址采集遗物

地地表较为平坦，以种植荔枝为主，另有龙眼、红薯、花生、果蔬等。遗物分布范围广阔，总面积约50 000平方米，地表采集较多陶瓷片等。据遗物特征初步分析，可分为5组。

1组：采集陶片4片，均为夹细砂硬陶，陶色有浅灰白、灰、灰褐色等，纹饰有绳纹3片、方格纹1片，器形不可辨。据遗物特征推断，时代为新石器时代晚期至商代。

2组：采集陶片36片，均为泥质硬陶，陶色以深褐色为主，次为黄褐色，另有深灰、浅灰色等，纹饰以方格纹、夔纹为主，另有素面、方格纹加弦纹、弦纹加曲波纹、刻划纹、网格

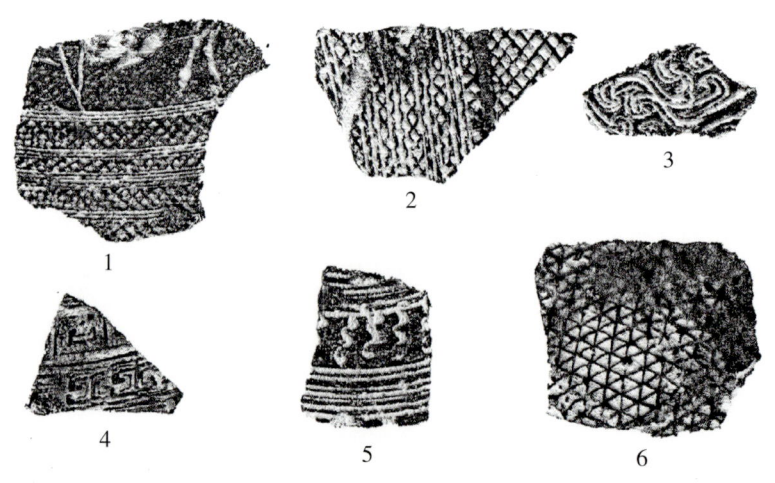

图480　大陂田、龙田遗址采集陶片纹饰拓片

1.方格纹加弦纹（148）　2.方格纹（148）　3、4.夔纹（148）　5.水波纹加弦纹（151）　6.三角格纹（151）

纹等，可辨器形见罐口沿（侈口，斜折沿，内沿凹弧，外沿弧鼓，圆唇，肩部残缺）、罐底（斜腹，平底略内凹，底部有刻划纹）等。时代为西周至春秋时期，属夔纹陶阶段遗存。

3组：采集陶片3片，均为泥质硬陶，陶色有灰褐、深灰色等，器表饰方格纹2片、三角格纹1片，器形不可辨。时代为战国至汉初，属米字纹陶阶段遗存。

4组：采集陶瓷片8片，陶片可辨器形有罐、碗（下腹斜弧，大饼足，内底近平，泥质，黄褐陶）。时代为唐宋时期。

5组：采集陶瓷片10片，陶片可辨器形有罐；瓷片有青灰瓷，可辨器形有碗。时代为明清时期。

大榕树遗址

遗址编号：149　　行政区划：广州市从化区温泉镇石坑村

地理坐标：N23°34′30.6870″，E113°43′01.7885″　　海拔：50.242米

遗址位于温泉镇石坑村江边田东边约200米的缓坡台地上，东侧紧邻从莞深高速公路。台地因其西侧长有一棵大榕树而得名，呈缓坡状，长舌形，长约400米，宽约150米，总面积约60 000平方米。台地东南与猪仔岽相连，地势东南高西北低，坡度极缓，高速公路将长舌状台地分为东西两部分，地表以种植荔枝为主，山上植被茂盛，杂草丛生，山坟林立。

遗物分布范围约1000平方米，见于紧邻高速公路西侧的台地上，地表采集少许陶片，据遗物特征初步分析，可分为2组。

1组：采集陶片2片，泥质硬陶，陶色为灰褐、酱褐色，纹饰有方格纹、夔纹，器形不可辨。时代为西周至春秋，属夔纹陶阶段遗存。

2组：采集陶片1片，为泥质硬陶，黑灰色，器形不可辨，为唐代遗物。

图481　大榕树遗址采集遗物

檐岭遗址

遗址编号：150　　行政区划：广州市从化区温泉镇石坑村

地理坐标：N23° 34' 40.6326"，E113° 43' 13.3960"　　海拔：109.021米

遗址位于温泉镇石坑村江联社东约400米的檐岭上，北连江边田遗址，西邻从莞深高速公路，高速与S355互通将该山岗围入环形互通内。檐岭是灌村盆地东部一圆锥状山岗，总面积约12万平方米，山顶海拔约118米，相对高度约60米，山岗坡度较陡峭，以种植荔枝为主，另有少许龙眼、竹子等，地表杂草丛生，东西坡各有高压线铁塔一座。

图482　檐岭遗址远景（北—南）

遗物分布范围仅数平方米，见于山顶一座现代土葬墓周边，地表采集陶片5片，为泥质软陶，黄褐色，饰曲折纹，器形不可辨。据陶片断裂痕看应该属于同一器物，时代为新石器时代晚期至商代。

图483　檐岭遗址采集遗物

龙田遗址

遗址编号：151　　行政区划：广州市从化区温泉镇石坑村

地理坐标：N23° 34' 25.4486"，E113° 42' 52.8474"　　海拔：48.696米

遗址位于温泉镇石坑村新池里北侧土名"龙田"的台地上，北邻牛头岭遗址。新池里东接牛头岭山岗，北靠江边社，东北侧为大片缓坡台地。台地面积广阔，海拔约56米，地势东高西低，低矮平缓，以种植荔枝为主，地表杂草丛生，一条小溪穿遗址而过。遗物分布范围约10 000平方米，采集较多陶瓷片等，据遗物特征初步分析，可分为3组。

1组：采集陶片2片，泥质硬陶，浅灰、灰褐色各1片，器表饰方格纹、网格纹，器形不可辨。时代为西周至春秋，属夔纹陶阶段遗存。

图484　龙田遗址采集遗物

2组：采集陶片35片，以泥质陶为主，计22片，夹细砂陶13片，均为硬陶，陶色有褐灰色10片、酱釉色9片、浅灰色8片，另有褐红、黄灰、灰、灰白色等，纹饰以方格纹为多，计18片，另有三角格纹、米字纹、弦纹、水波纹加弦纹、素面，器形不可辨。时代为战国至汉初，属米字纹陶阶段遗存。

3组：采集陶瓷片9片，其中陶片均为泥质硬陶，陶色有灰、黑灰、褐色，可辨器形有罐；瓷片有褐瓷玉璧足碗底残片。时代为唐宋时期。

江边田遗址

遗址编号：152　　　行政区划：广州市从化区温泉镇石坑村

地理坐标：N23°34′49.3611″，E113°43′16.4929″　　海拔：53.048米

遗址位于温泉镇石坑村江边田社东北约600米处，灌村收费站西侧，北临S355，檐岭北坡山脚。檐岭北坡山脚有地势低平的台地，呈缓坡状，东西长条状，地势南高北低，一条小溪自东部石坑水库向西从台地北侧流过。台地以种植荔枝为主，间杂蔬

图485　江边田遗址远景（东北—西南）

图486 江边田遗址采集遗物

菜、柿子、竹子等，地表杂草丛生。遗物呈东西长条状分布，长约150米，宽约80米，总面积约12 000平方米，地表采集少许陶瓷片。据遗物特征初步分析，可分为4组。

1组：采集陶片7片，泥质硬陶，陶色有酱釉、灰褐、灰白色等，饰方格纹、夔纹、菱格凸点纹，器形不可辨。时代为西周至春秋时期，属夔纹陶阶段遗存。

2组：采集陶片3片，泥质硬陶，灰褐色，饰方格纹，为罐类器残片。时代为战国至汉初，属米字纹陶阶段遗存。

3组：采集陶瓷片9片，陶片有黑灰、浅灰陶，纹饰有弦纹，为罐腹部残片；瓷片为青瓷片，可辨器形有碗。时代为唐宋时期。

4组：采集瓷片5片，有青瓷、影青瓷、青花瓷、褐釉瓷，可辨器形有碗底残片。时代为明清时期。

水庭山遗址

遗址编号：153　　行政区划：广州市从化区温泉镇石坑村

地理坐标：A点，N23°34′32.7628″，E113°42′27.5563″　海拔：53.262米
　　　　　B点，N23°34′27.8031″，E113°42′26.7841″　海拔：61.171米

遗址位于温泉镇石坑村张屋南侧台地上，南邻江车遗址，西连水庭山，东为水泥村道和小溪。台地地势低矮平缓，海拔约66米，以种植荔枝为主，另有橘子、蔬菜等，地表较干

净。调查时在张屋南侧台地和西南方约300米的缓坡台地上分别采集到陶瓷片等遗物，别为A、B点。

A点遗物分布集中，面积约30 000平方米，地表采集较多陶瓷片，据遗物特征初步分析，可分为4组。

1组：采集陶片6片，均为泥质硬陶，陶色为灰褐、黄灰、酱釉色，纹饰有夔纹、方格纹、弦纹加篦点纹，

图487　水庭山遗址A点远景（北—南）

图488　水庭山遗址采集遗物

器形不可辨。时代为西周至春秋，属夔纹陶阶段遗存。

2组：采集陶片55片，以泥质陶为主，夹细砂陶次之，均为硬陶，陶色以灰褐色为主，另有深灰、浅灰、酱褐、黄灰、褐色等，纹饰见方格纹、米字纹、弦纹、素面等，器形多不可辨。时代为战国至汉初，属米字纹陶阶段遗存。

3组：采集陶瓷片16片，陶片均为泥质硬陶，有灰、黑灰陶，部分陶片饰弦纹，可辨器形见罐；瓷片有灰白瓷、灰瓷，可辨器形见碗、器盖。时代为唐宋时期。

4组：采集瓷片4片，有酱褐瓷、青瓷、灰瓷，可辨器形有碗。时代为明清时期。

B点距A点约300米，遗物分布范围约100平方米，仅采集少许陶瓷片，其中早期遗物仅见陶片2片，为夹细砂陶，灰陶、褐陶各1片，纹饰有绳纹、素面，器形不可辨。时代为新石器时代晚期至商代。

图489　水庭山遗址B点远景（东南—西北）

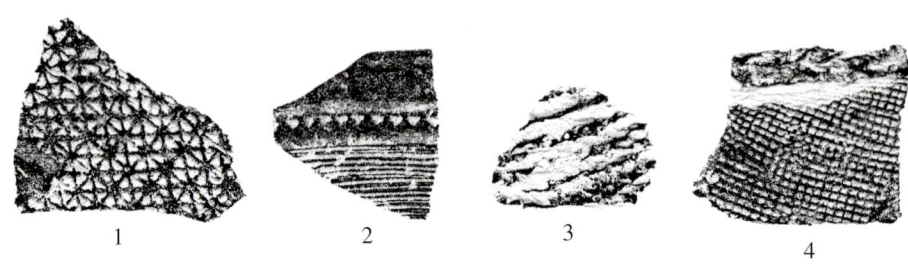

图490　水庭山遗址采集陶片纹饰拓片

1. 米字纹　2. 弦纹　3. 绳纹　4. 方格纹

黄洞岭遗址

遗址编号：154	行政区划：广州市从化区温泉镇石坑村
地理坐标：N23°35′06.6543″，E113°43′24.1309″	海拔：61.038米

遗址位于温泉镇石坑村梁屋东约百米的黄洞岭台地上，北为鸡公髻山南延的长舌状山岗，周边皆为低矮平缓的台地，海拔约70米，台地上种植荔枝，附近耸立一座高压线铁塔。遗物分布范围仅约100平方米，地表采集少许陶瓷片。据遗物特征初步分析，可分为2组。

1组：采集陶片1片，为夹细砂硬陶，灰白色，饰曲折纹，器形不可

图491　黄洞岭遗址远景（西—东）

辨。时代为新石器时代晚期至商代。

2组：采集陶片2片，有灰陶1片、酱黄釉陶1片，素面无纹，可辨器形有平底罐。时代为唐宋时期。

图492　黄洞岭遗址采集遗物

鸡公髻南遗址

遗址编号：155	行政区划：广州市从化区温泉镇石坑村
地理坐标：N23°35′24.3172″，E113°43′13.0235″	海拔：95.209米

遗址位于温泉镇石坑村北部、鸡公髻山南坡山脚的缓坡台地上，西距千家村约150米，南邻黄埔社。台地北靠海拔370米的鸡公髻山，南面开阔的灌村盆地，地势北高南低，坡度较平缓，山上种植荔枝、竹子等，地表植被茂盛，杂草丛生。遗物分布范围仅约100平方米，地表采集陶片2片，泥质硬陶，褐陶、灰陶各1片，饰夔纹、方格纹加云雷纹，器形不可辨。据遗物特征推断时代，为西周至春秋时期，属夔纹陶阶段遗存。

图493　鸡公髻南遗址远景（南—北）

图494　鸡公髻南遗址采集遗物

鸡公髻西遗址

遗址编号：156　　行政区划：广州市从化区温泉镇石坑村

地理坐标：N23°35′44.7950″，E113°43′01.3572″　　海拔：99.4708米

遗址位于温泉镇石坑村邱屋东北约500米处，西距从莞深高速马留山隧道入口约300米，因地处鸡公髻西坡而得名。遗址所在山岗东靠高耸的鸡公髻山，西面开阔的灌村盆地，地势东高西低，坡度较陡，山岗海拔约100米，相对高度约20米，发源于大尖山的溪流自山岗西侧山脚流过，山岗上种植有荔枝、竹子等，地表杂草茂盛，另有较多橘叶。在小溪岸边采集一片菱形凸点纹陶片，泥质硬陶，酱褐色；在小溪东侧山岗顶部采集到一片方格纹加夔纹加弦纹陶片，泥质硬陶，灰褐色，遗物分布范围约5000平方米。据陶片特征推断时代，为西周至春秋时期，属夔纹陶阶段遗存。

图495　鸡公髻西遗址远眺（西—东）

图496　鸡公髻西遗址采集遗物

高栋遗址

遗址编号：157　　行政区划：广州市从化区温泉镇石坑村

地理坐标：N23°35′34.5026″，E113°42′28.2911″　　海拔：93.146米

遗址位于温泉镇石坑村水边社东北约500米的"高栋"山岗上。高栋山为灌村盆地北部一独立的椭圆形山岗，北为高山，南面开阔的灌村盆地，山岗呈东西向，长约600米，最宽约250米，地势东高西低，海拔约125米，相对高度约50米，山顶中部及南坡坡度平缓，山上种植有橘子等果木，局部新开垦为梯田，南侧山脚有东北—西南向小溪。

遗物分布范围约1200平方米，见于山顶中西部位置，地表采集少许陶瓷片和石器，据遗物特征初步分析，可分为3组。

1组：采集石锛1件（157：采1），无伴出陶片。据特征推断时代，为新石器时代晚期至商代。

157：采1 石锛，黑灰色砂岩，石质细腻，平面呈长方形，扁条状，两端磨制成单面刃，刃部残，整器光滑。残长5 cm，宽3.9 cm，厚0.8 cm。（图499：1、图500：1）

2组：采集陶瓷片5片，陶片有黑灰陶、灰褐陶，饰弦纹，可辨器形有罐；瓷片有青瓷片，可辨器形有碗。时代为唐宋时期。

图497 高栋遗址远景（西南—东北）

图498 高栋遗址采集遗物

1

2

图499 高栋遗址采集遗物

1. 石锛（157：采1） 2. 青瓷碗（157：采2）

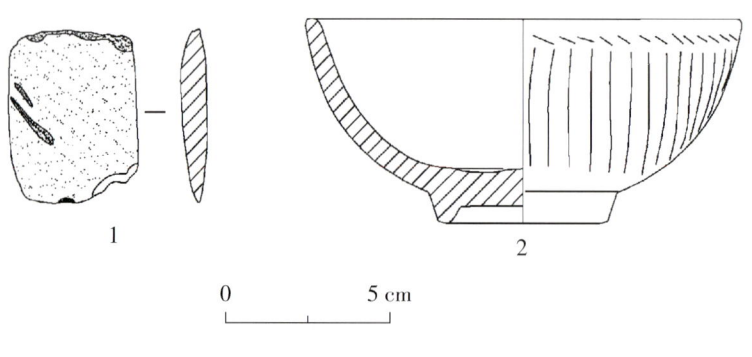

图500　高栋遗址采集遗物

1. 石锛（157：采1）　2. 青瓷碗（157：采2）

3组：采集瓷片11片，有青花、青瓷等，可辨器形有碗（157：采2）、盘。时代为明清时期。

157：采2　青瓷碗，敞口，厚圆唇，弧腹向下内收，小平底，下附斜直圈足，足跟平直，器外饰纵向菊瓣纹，器表施影青釉，釉层厚重，釉色光亮，有冰裂纹，浅灰白胎。复原口径13.1 cm，底径5.1 cm，高6 cm。（图499：2、图500：2）

榕山遗址

遗址编号：158　　行政区划：广州市从化区温泉镇石坑村

地理坐标：N23°35′07.5401″，E113°41′56.3358″　　海拔：52.301米

遗址位于温泉镇石坑村田寮社西北约200米的榕山上，东北距长安社约300米。榕山是灌村盆地中西部一独立山岗，平面呈水滴状，南部被农庄破坏，残长约200米，东西最宽约150米。山岗海拔约63米，相对高度10多米，周边为低矮农田，东、南、西侧被水渠环绕，S355于遗址南侧经过。山岗几乎为荒山，有桉树、松树等，地表杂草丛生，仅南坡、北坡少许被垦辟为果林，种植荔枝。

图501　榕山遗址远景（西—东）

遗物分布范围约20 000平方米，集中于南部，据遗物特征初步分析，可分4组。

1组：采集陶片4片，有夹细砂硬陶、夹粗砂软陶，陶色有浅黄灰、黑灰、灰白色等，纹饰有绳纹、间断条纹、素面，可辨器形有陶罐口沿（158：标1）。时代为新石器时代晚期至商代。

图502 榕山遗址采集遗物

158：标1 陶罐口沿，盘形口，圆唇，外沿上部近直，下部斜折呈斜领状，直腹略内收残缺，腹部饰绳纹。夹砂浅黄灰软陶。残长6.3 cm，残高5.7 cm。（图503：2、图504：1）

2组：采集陶片11片，皆为泥质硬陶，陶色以灰色为主，另有灰褐、黄褐色等，器表多饰方格纹，少量口沿外侧可见网格纹，器形可见有罐等。时代为西周至春秋时期，属夔纹陶阶段遗存。

3组：采集陶片21片，以泥质硬陶为主，少量陶质稍软，陶色见灰褐、深灰、浅灰、红褐、酱褐色等，纹饰以方格纹、米字纹为主，另有方格对角线纹、复线方格对角线纹、素

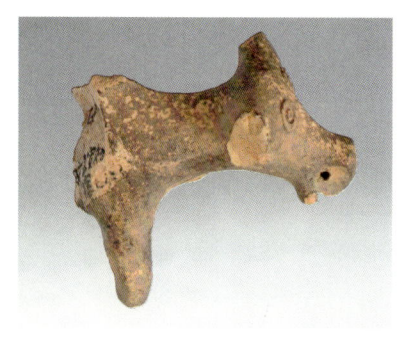

1　　　　　　　　　　2

图503 榕山遗址采集陶器

1. 陶牛俑（158：采1）　2. 陶罐口沿（158：标1）

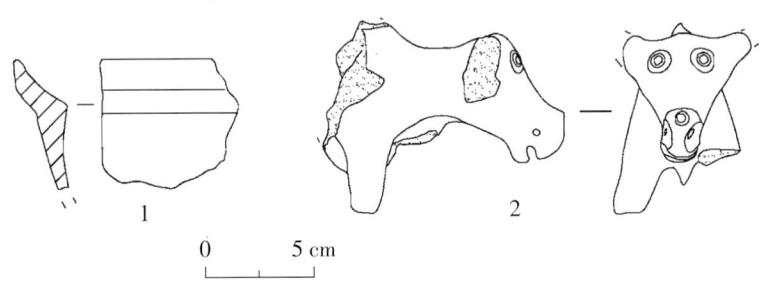

图504　榕山遗址采集陶器

1. 陶罐口沿（158：标1）　2. 陶牛俑（158：采1）

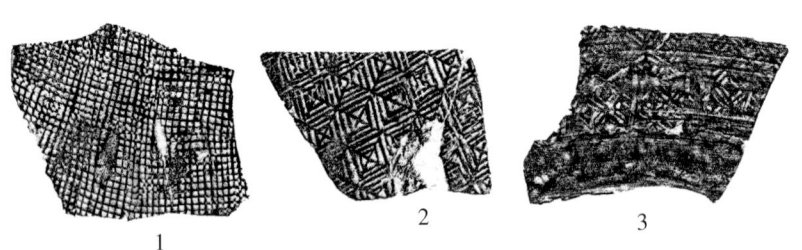

图505　榕山遗址采集陶片纹饰拓片

1. 方格纹　2、3. 复线方格对角线纹

面等，可辨器形有平底罐、陶牛俑（158：采1）等。时代为战国至汉初，属米字纹陶阶段遗存。

158：采1　陶牛俑，仅存牛肩及头部，肩后及一条长腿残缺。头、嘴前伸，两耳竖立残缺上部，双目外塑，鼻子有穿孔，鼻前正中有圆形凹槽表示鼻环，嘴微张。泥质浅灰胎，灰褐硬陶。残长10.9 cm，厚6.3 cm，残高8.4 cm。（图503：1、图504：2）

4组：采集陶片1片，为黑灰陶罐口沿，侈口，窄折沿，圆唇；唇下有凹弦纹一周，矮领，斜弧肩残缺，为唐代遗物。

此外，在榕山北侧约100米处的低矮台地上采集方格纹陶片1片，因距榕山遗址较近，归为一处，据陶片特征分析可归入榕山3组，属米字纹陶阶段遗存。

晒塘遗址

遗址编号：159	行政区划：广州市从化区温泉镇石坑村
地理坐标：N23°35′23.1138″，E113°42′29.5613″	海拔：58.470米

遗址位于温泉镇石坑村水边社东边开阔的平缓台地上，当地人称此台地为"晒塘"。北

距高栋遗址约300米，西邻水边村、果园社、长兴社，南距S355约300米，东侧为石坑进入大尖山水电站的水泥公路。台地地势低矮平坦，海拔约62米，北部略高，以种植荔枝为主，另有龙眼、橘子、黄皮及果蔬等，地表杂草较少。遗物分布范围南北长约400米，东西宽约250米，总面积近10万平方米，地表采集少许陶瓷片，另

图506　晒塘遗址远景（北—南）

图507　晒塘遗址采集遗物

有残石锛1件。据遗物特征初步分析，可分为3组。

1组：采集石锛1件（159：采1），无伴出陶片，参照周边遗址所出同类型石锛推断，该组时代为新石器时代晚期至商代。

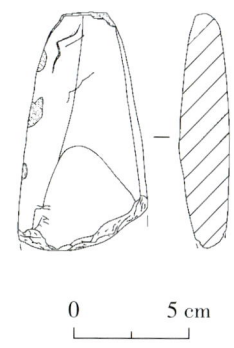

图508　晒塘遗址采集石锛（159：采1）

159：采1　石锛，青灰砂岩，石质细腻。平面呈近梯形，上窄下宽，顶部平直，一侧平面由器中向下打制呈斜面状，下端刃部残缺，整器较为光滑。残长9.9 cm，宽5.6 cm，厚2.2 cm。（图508）

2组：采集陶瓷片16片，陶片为泥质硬陶，有黑灰、浅灰色，部分器表饰弦纹，可辨器形见瓮、罐；瓷片以青灰瓷为主，可辨器形有碗。时代为唐宋时期。

3组：采集陶瓷片7片，瓷片多为青灰瓷，可辨器形有碗。时代为明清时期。

猪牯岭遗址

遗址编号：160　　行政区划：广州市从化区温泉镇龙新村

地理坐标：N23°33′58.1321″，E113°41′38.6861″　　海拔：104.785米

遗址位于温泉镇龙新村山塘口社南侧的猪牯岭上，东临山塘社，北望山间小盆地。猪牯岭遗址与大路遗址、圆墩岭遗址同位于溉峒河谷东部一南北向小盆地中，此盆地土名"狗坐石"。猪牯岭位于盆地南缘，为一平面大致呈水滴状山岗，南接高山，北望狗坐石盆地，西侧山脚有小溪流经。山岗呈南北向，北部较宽，南部较窄，长约260米，最宽处约140米，总面积约28 000平方米。山岗海拔约115米，相对高度约45米，岗顶较平缓，山坡坡度较陡。山岗地表被开垦为阶梯状，种植荔枝等，局部杂草丛生。

图509　猪牯岭遗址远景（西—东）

调查在山顶地表采集陶片2片，夹细砂陶，质地较硬，为浅灰、红褐陶，饰长方格纹、编织纹，器形不可辨。据遗物特征推断，时代为新石器时代晚期至商代。

图510　猪牯岭遗址M1发掘工作照

此外，在山顶东部一断壁上发现土坑墓一座，编号M1。因果农挖梯田种植果树，土坑墓已遭到破坏，墓坑仅残留北端一部分，随葬品裸露于地表。M1为竖穴土坑墓，平面呈长方形，墓口较宽，墓底较窄，残长48 cm，宽85 cm，残深5~24 cm，方向约120°。上部被破坏，

开口层位不详，打破生土层，填土为灰色细沙土，质地疏松，包含有较多植物根茎。墓底一角放置有随葬器物，已残碎，计陶片201片，均为泥质软陶，橙红色，纹饰有绳纹、曲折纹、席纹、绳纹加附加堆纹、曲折纹加附加堆纹、刻划纹、素面，可辨器形为卷沿罐。据墓葬形制和随葬品特征分析，墓葬时代为新石器时代晚期至商代。

图511　猪牯岭遗址M1全景

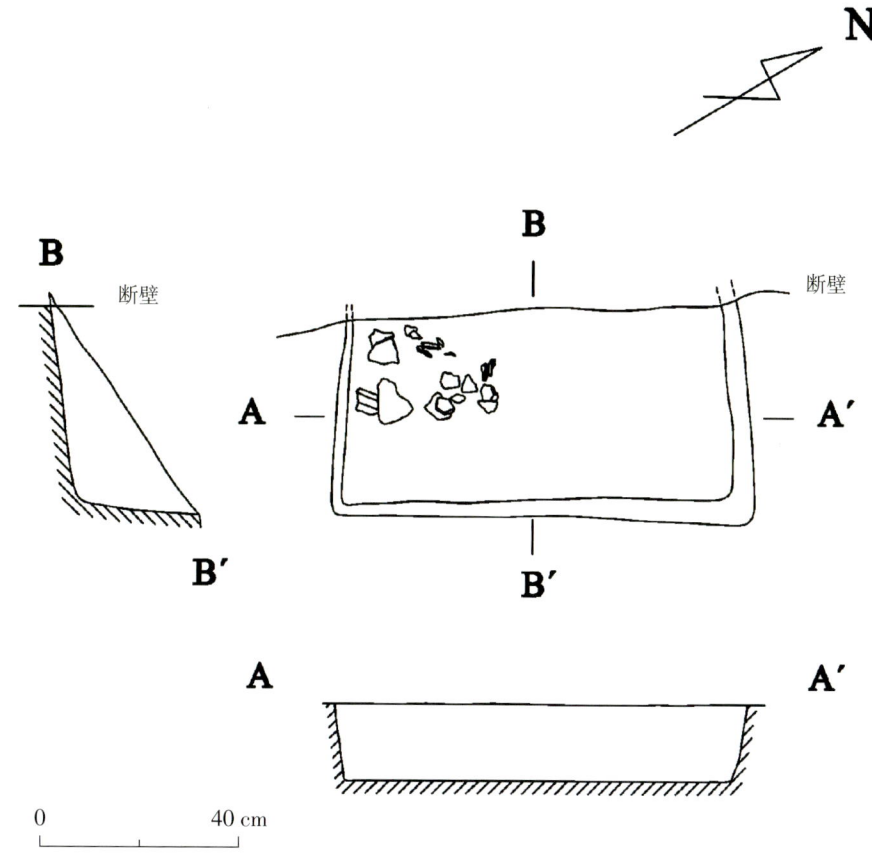

图512　猪牯岭遗址M1平剖面图

据遗物分布范围推断遗址面积约10 000平方米。遗址地表因开辟梯田部分遭到破坏，保存状况一般。

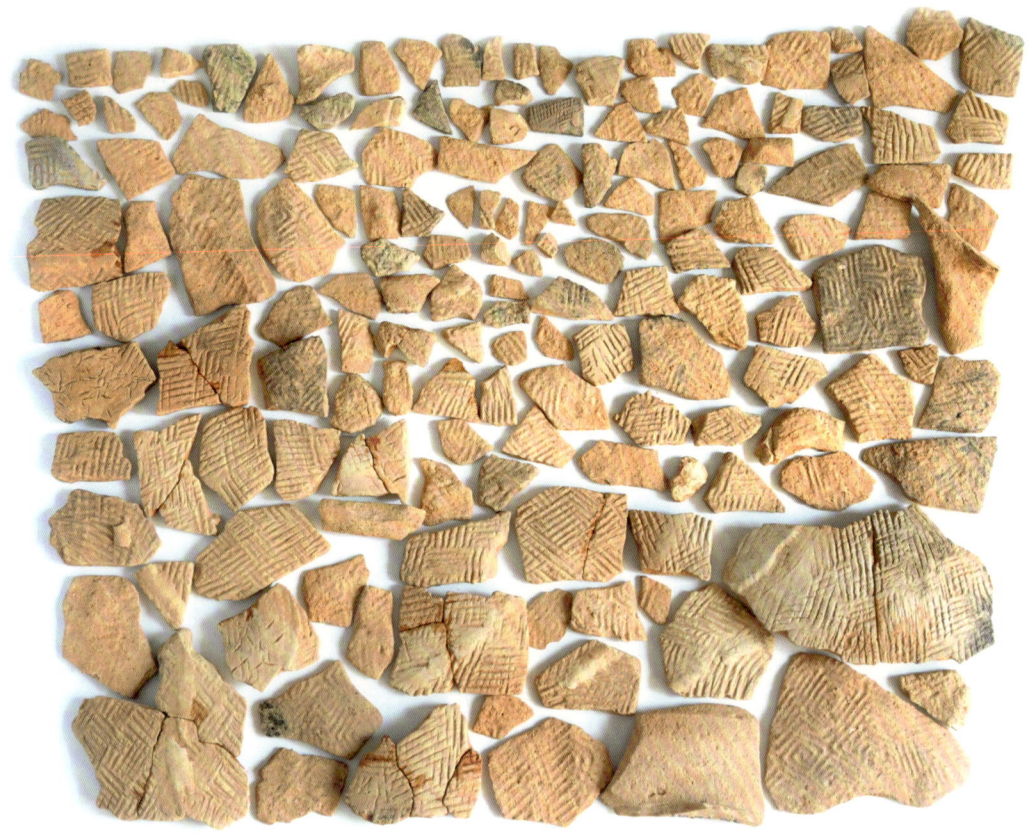

图513　猪牯岭遗址M1出土陶片

大路遗址

遗址编号：161	行政区划：广州市从化区温泉镇龙新村
地理坐标：N23°33′13.2086″，E113°41′34.0845″	海拔：55.619米

遗址位于温泉镇龙新村杨屋社南侧台地上，因过去有大路通过此台地而得名"大路"。台地地处狗坐石盆地北缘东侧，南临蚁屯村，北距圆墩岭遗址约150米。台地平面略呈扇形，东连高山，西临盆地，南侧与西侧有河流围绕。台地海拔介于60～70米，地势东高西低，坡度极缓。现地表主要为农田，呈梯田状，种植有水稻、橘子、荔枝、龙眼、黄皮、蔬菜

图514　大路遗址远景（东—西）

图515　大路遗址采集遗物

等。遗物分布范围约10 000平方米，见于台地中部位置，地表采集少许陶瓷片和石器1件，据遗物特征初步分析，可分为3组。

1组：采集石器1件（161：采1），参照周边遗址同类型器推断，时代为新石器时代晚期至商代。

161：采1　石斧，浅黄灰砂岩，石质较细腻，平面呈椭圆形，顶部残断，下端磨制成单面弧刃。残长5 cm，宽5.4 cm，厚0.9 cm。

2组：采集陶片1片，为泥质灰硬陶，饰方格纹，器形不可辨。时代为西周至春秋时期，属夔纹陶阶段遗存。

3组：采集陶瓷片9片，陶片有黑灰陶、灰陶、浅灰陶，可辨器形有平底罐；瓷片为饼足碗残片。时代为唐宋时期。

（龙新）圆墩岭遗址

遗址编号：162	行政区划：广州市从化区温泉镇龙新村
地理坐标：N23°33′19.0695″，E113°41′34.6536″	海拔：76.177米

遗址位于温泉镇龙新村杨屋社北侧土名"圆墩岭"的山岗上，南距大路遗址约150米。圆墩岭位于狗坐石盆地北缘，为盆地东侧高山西延的一小山岗，地势东高西低，南面盆地，其北侧有水泥公路通往后山。山岗平面呈长舌状，东西向，长约120米，宽约80米，总面积约9000平方米，山

图516　（龙新）圆墩岭遗址远景（西北—东南）

岗海拔约78米，相对高度约20米，岗顶平缓，山坡坡度较陡。山岗土质为灰色沙土，地表被开垦成梯田种植荔枝树，其北部及西部破坏较严重。

遗物分布范围约6000平方米，在山岗顶部及南侧山坡采集3片，均为泥质硬陶，1片为浅黄灰陶，饰夔纹加方格纹；1片为灰陶，饰夔纹；1片为灰褐陶，素面，为圈足豆残片。据遗物特征推断，时代为西周至春秋时期，属夔纹陶阶段遗存。

图517　（龙新）圆墩岭遗址采集遗物

下梅墩遗址

遗址编号：163　　　行政区划：广州市从化区温泉镇龙新村

地理坐标：N23°33′08.9890″，E113°41′04.8495″　　海拔：65.251米

遗址位于温泉镇龙新村蔡屋西北部，东临潘屋，北邻龙新小学，西为溉峒河谷，新田至田咀的乡间公路从遗址中部南北穿过。下梅墩与北侧养夯遗址同位于溉峒河谷东南部一呈南北向长条状的台地上，西侧为地势低平的农田，台地与农田之间有明显的断壁，东侧为山岗，山岗前有坡式台地，溉峒河于台地西侧流经。台地面积广阔，南北长约1000米，宽约150米，总面积近15万平方米。台地海拔约65米，相对高度约5米，顶部平缓，村级公路由中部穿过，现台地上种植有荔枝、龙眼、蔬菜等。下梅墩位于台地中部偏南位置，地表种植荔枝等，局部为农田。遗物分布范围南北长约250米，东西宽约100米，总面积约25 000平方米。据遗物特征初步

图518　下梅墩遗址远景（东南—西北）

图519　下梅墩遗址近景（南—北）

图520　下梅墩遗址采集遗物

分析，可分为3组。

1组：采集陶片19片，以泥质陶为主，计16片，夹细砂陶3片，均为硬陶，陶色有酱釉、灰黄、灰褐、浅灰色，纹饰有方格纹、米字纹、三角格纹、弦纹、素面，可辨器形有罐。时代为战国至汉初，属米字纹陶阶段遗存。

2组：采集陶瓷片41片，其中陶片均为泥质硬陶，以黑灰陶为主，另有灰陶、褐陶等，部分器表饰弦纹，可辨器形有罐；瓷片有青瓷、青灰瓷，可辨器形有碗。时代为唐宋时期。

3组：采集陶瓷片7片，以青瓷片为主，可辨器形有碗。时代为明清时期。

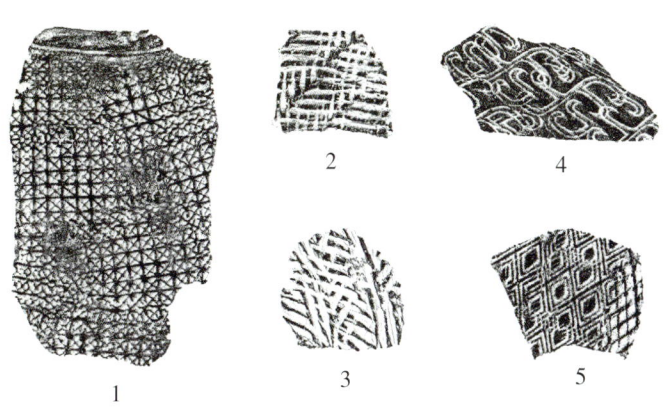

图521　下梅墩、里鱼塘、田咀、洞仔遗址采集陶片纹饰拓片
1. 米字纹（163）　2. 叶脉纹（165）　3. 叶脉纹（167）
4. 夔纹（166）　5. 方格纹加重菱形凸点纹（166）

石博见遗址

遗址编号：164　　行政区划：广州市从化区温泉镇龙新村

地理坐标：N23°32′55.5303″，E113°41′03.2020″　海拔：73.293米

遗址位于温泉镇龙新村旱冚西约300米的农田里，当地人称"石博见"，东北距下梅墩遗址约300米。石博见位于溉峒河谷南部，地形为缓坡台地，长、宽分别约300米，总面积约70 000平方米，台地海拔约70米，周边地势低矮平缓，多开辟为农田，一条溪流自南向北从台地西侧流过，村级公路于台地东部穿过，台地上种植有荔枝、红薯、蔬菜等。遗物分布范围约1000平方米，在台地西侧断壁处采集少许陶片。据遗物特征初步分析，可分为2组。

图522　石博见遗址远景（东北—西南）

1组：采集陶片1片，为泥质硬陶，灰褐色，饰方格纹，器形不可辨，推断其年代为西周至春秋时期，属夔纹陶阶段遗存。

2组：采集陶片5片，为泥质硬陶，黑灰色，饰弦纹，应为罐之腹部残片，年代为唐代。

图523　石博见遗址采集遗物

里鱼塘遗址

遗址编号：165　　行政区划：广州市从化区温泉镇龙新村

地理坐标：N23°33′04.3240″，E113°41′14.9198″　海拔：130.194米

遗址位于温泉镇龙新村蔡屋东边的里鱼塘山岗顶部，北邻后背山遗址，南邻洞仔遗址，西北与下梅墩遗址相邻。里鱼塘是溉峒河谷东侧一椭圆形山岗，向东翻过高山为狗坐石盆地，南北两侧为西向开口山坳，西边山脚为蔡屋、潘屋，西面为溉峒河谷。山岗南北长约300

米，东西宽约250米，总面积约70 000平方米。山顶海拔约132米，相对高度60米，山势较陡峭，山上以种植荔枝、龙眼为主，另有柿子、乌榄、竹子等，地表植被茂盛，杂草丛生。遗物分布范围约13 000平方米，见于山顶位置。据遗物特征初步分析，可分为2组。

图524　里鱼塘遗址远景（西南—东北）

1组：采集陶片21片，均为夹细砂硬陶，陶色有浅灰、浅黑灰色等，纹饰有绳纹、曲折纹、叶脉纹、曲折纹加附加堆纹、素面，器形不可辨。年代为新石器时代晚期至商代。

2组：采集陶片5片，均为泥质硬陶，陶色有灰褐、酱釉色，纹饰有方格纹、菱形凸点加弦纹加夔纹，器形不可辨。年代为西周至春秋时期，属夔纹陶阶段遗存。

图525　里鱼塘遗址采集遗物

洞仔遗址

遗址编号：166　　行政区划：广州市从化区温泉镇龙新村

地理坐标：N23°32′49.7057″，E113°41′13.3089″　　海拔：100.091米

遗址位于温泉镇龙新村旱㟁南侧土名"洞仔"的山岗上，西邻龙眼树，北距里鱼塘遗址

约500米。洞仔是溪峒河谷东南侧高山的西坡，山岗东连高山，西面为溪峒河谷，南北两侧为西向开口的山坳。山岗由东向西延伸，平面呈椭圆形，东西长约200米，南北宽约150米，总面积约23 000平方米，山岗顶部海拔约120米，相对高度约60米。山岗地势东高西低，坡度较陡，现地表开辟为梯田，种植荔枝、龙眼等，局部杂草丛生。遗物分布范围约

图526　洞仔遗址远景（西北—东南）

17 000平方米，集中于山岗西坡中部位置。据遗物特征初步分析，可分为2组。

1组：采集陶片2片、半成品石器1件。陶片中泥质、夹细砂陶各1片，质地较硬，纹饰有绳纹、间断条纹，器形不可辨；半成品石器为片状，打击而成，器形不可辨。据遗物特征推断，年代为新石器时代晚期至商代。

2组：采集陶片26片，均为泥质硬陶，陶色以浅灰色为多计10片，另有酱褐、灰、深灰、灰褐色等，纹饰以方格纹为多计13片，另有夔纹、网格纹、重菱形纹加方格纹、重菱形凸点纹、篦点纹、重菱形凸点纹加方格纹、重圆圈纹，可辨器形有罐口沿（侈口，斜折沿呈领，沿面略弧鼓，圆唇，残存肩领相接处饰篦点纹）、圈足豆（圜底，下附喇叭状圈足，足底起台，外底及下腹饰方格纹）。该组年代为西周至春秋时期，属夔纹陶阶段遗存。

图527　洞仔遗址地表采集遗物

田咀遗址

遗址编号：167　　行政区划：广州市从化区温泉镇龙新村
地理坐标：N23°32′30.2804″，E113°41′04.6450″　　海拔：106.095米

遗址位于温泉镇龙新村田咀社南边约150米的山岗上，西北与榄核顶遗址隔山谷相望，相距约250米。山岗地处溉峒河谷最南端，南与高山相连，北望开阔的溉峒河谷，东西两侧为山坳，有小溪流经，台地东侧有一条乡间水泥路，田咀社位于山岗北坡山脚。山岗平面呈南北向长舌状，长约300米，宽约150米，总面积约40 000平方米，南端海拔约110米，相

图528　田咀遗址远景（西—东）

对高度约40米，地势南高北低，坡度平缓，局部呈阶梯状，山岗上种植有荔枝、黄皮等，地表杂草丛生。

遗物分布范围约12 000平方米，见于山岗南端中部位置，采集陶片35片、残石环1件（167：采1）。陶片均为夹细砂陶，以硬陶为主，计33片，仅2片质地稍软，陶色以浅灰泛

图529　田咀遗址采集遗物

图530　田咀遗址采集遗物
1. 陶罐口沿（167：标1）　2. 残石环（167：采1）

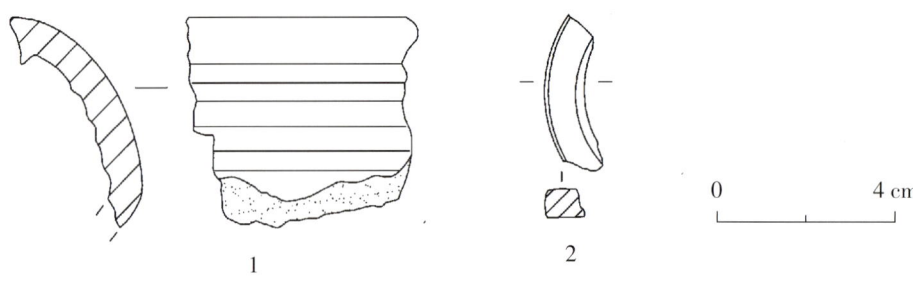

图531　田咀遗址采集遗物
1. 陶罐口沿（167：标1）　2. 残石环（167：采1）

黑为主，计17片，灰色10片，另有浅灰白、黄灰、黄褐、褐色等，纹饰以叶脉纹为主，计19片，另有绳纹、梯格纹、曲折纹、条纹、长方格纹、素面等，可辨器形有器座、罐口沿（167：标1）等。据遗物特征推断，年代为新石器时代晚期至商代。

167：采1　残石环，仅残存一段，黑灰砂岩，石质细腻，磨制光滑，横截面呈长方形，外缘较圆滑，内径为单面钻。残长3.5 cm，厚0.7 cm。（图530：2、图531：2）

167：标1　陶罐口沿，敞口，卷沿，斜方唇，唇面有凹槽，领较高，束领，肩部残缺，领部饰凹弦纹。夹细砂浅灰陶，质地较硬。残宽5.3 cm，高4.6 cm。（图530：1、图531：1）

榄核顶遗址

遗址编号：168　　行政区划：广州市从化区温泉镇龙新村
地理坐标：N23°32′39.3615″，E113°40′57.8334″　海拔：101.763米

遗址位于温泉镇龙新村田咀社西约100米的榄核顶台地上，东南距田咀遗址约250米，北

邻龙井口，东望田咀社。榄核顶台地位于溉峒河谷南端西侧，为河谷西侧高耸的老虎仔形山向东延伸形成的山前缓坡台地，平面呈椭圆形，南北长300米，东西宽180米，总面积约48 000平方米。台地平均海拔约115米，相对高度约30米，台地地势平缓，西高东低，被开辟成数阶梯田，以种植果蔬为主，有黄皮、荔枝等，

图532　榄核顶遗址远景（南—北）

因疏于管理，大部分区域地表植被茂盛，杂草丛生，台地另有一处养鸭场。台地南、东侧边缘有小溪环绕。

遗物分布范围约4000平方米，见于台地中部偏北，养鸭场东侧，地表采集陶片7片，以夹细砂陶为主，计6片，泥质陶1片，陶色有灰白6片，灰色1片，纹饰有曲折纹、绳纹、绳纹加附加堆纹、斜长方格纹、素面，器形不可辨。据遗物特征推断，时代为新石器时代晚期至商代。

图533　榄核顶遗址采集遗物

吓塘遗址

遗址编号：169　　　行政区划：广州市从化区温泉镇龙新村
地理坐标：N23°33′07.0367″，E113°40′51.7290″　　海拔：94.020米

遗址位于温泉镇龙新村吓塘社西侧山岗顶部，其北邻温屋，东邻吓塘，西北与杨梅田社相邻。山岗是溉峒河谷南侧高山向盆地的延伸，平面呈三角形，边长约400米，山顶海拔116米，山岗南与高山相连，北侧、东侧为地势平缓的台地、农田，西边与松山形成山坳。遗址

位于三角形山岗东侧小山包顶部，平面近圆形，海拔约103米，相对高度约40米，山顶较为平缓，山坡坡度较陡。地表以种植荔枝、龙眼为主，另有柿子、香蕉、竹子等，山上植被茂盛，杂草丛生。

遗物分布范围约8000平方米，集中于山岗顶部，地表采集陶片12片、砺石1件（169：采1）。陶片以夹细

图534　吓塘遗址远景（东北—西南）

图535　吓塘遗址采集遗物

砂陶为主，计10片，泥质陶仅2片，质地多较硬，陶色有灰褐、灰、黄灰、灰白、红褐色等，纹饰有绳纹、曲折纹、网格纹、素面，器形不可辨。据遗物特征推断，时代为新石器时代晚期至商代。

169：采1　砺石，浅褐灰砂岩石，石质较细腻，平面呈近梯形，侧面磨砺呈凹弧状。残长12 cm，宽9.4 cm，厚5.8 cm。（图536）

 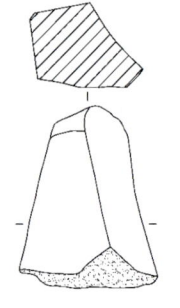

图536　吓塘遗址采集砺石（169：采1）

杨梅田遗址

遗址编号：170　　行政区划：广州市从化区温泉镇龙新村
地理坐标：N23°33'13.2420"，E113°40'41.9295"　海拔：55.957米

遗址位于温泉镇龙新村杨梅田南侧三角形山岗西坡坡脚下，北邻杨梅田社，西侧为狭长的峡谷，东侧、北侧为山岗，遗址所在区域为山岗前的坡式台地，呈南北向狭长形，南北长约230米，东西宽约90米，总面积约18 000平方米。台地海拔约60米，相对高度约10米，坡度平缓，地势略东高西低，现地表以种植荔枝、火龙果

图537　杨梅田遗址远景（西北—东南）

图538　杨梅田遗址采集遗物

为主。遗物见于整个台地，分布范围约18 000平方米。据遗物特征初步分析，可分为2组。

1组：采集陶片22片，均为泥质硬陶，陶色有深灰、浅灰、灰褐、黄褐色等，纹饰有夔纹、菱格凸点纹、方格纹、重菱形纹、重菱形纹加弦纹加篦点纹、弦纹加夔纹、篦点纹加弦纹、方格纹加菱格凸点纹、方格纹加重菱形纹、网格纹、复线刻划纹、重方格纹、素面等，

可辨器形有罐、豆圈足（仅存豆下部喇叭状足，足跟起台，圈足内侧有刻划符号）。时代为西周至春秋时期，属夔纹陶阶段遗存。

2组：采集陶片12片，均为泥质硬陶，以黑灰色为主，少许酱褐、黄褐、黄灰色，可辨器形有罐、饼足碗底部残片。时代为唐代。

此外，另有石器残片1件，为石器崩裂片，残方形扁片状，上侧面磨制光滑，下侧面为崩裂面，具体年代待考，属先秦时期遗物。

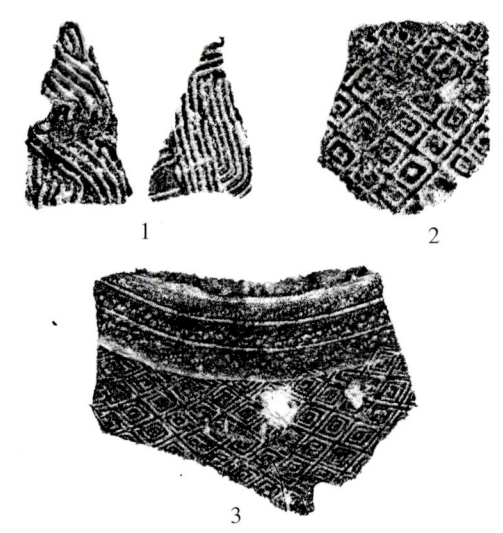

图539　杨梅田遗址采集陶片纹饰拓片

1. 复线刻划纹　2. 重方格纹　3. 重菱形纹加弦纹加箅点纹

鹿景遗址

遗址编号：171　　行政区划：广州市从化区温泉镇新田村

地理坐标：N23°33′25.3676″，E113°41′18.9925″　　海拔：74.604米

遗址位于温泉镇新田村上村社47号房屋西侧鹿景山岗上，西邻塘仔遗址，南与后背山遗址隔河相望。鹿景是溪峒河谷东部高山西向延伸出的一椭圆形山岗，东北侧与高山相连，南、西面为沟谷，谷底发育溪流，东面山脚紧邻上村社47号房屋，现为农庄。山岗长约200米，宽约100米，总面积约20 000平方米。山顶海拔约110米，相对高度约50米，地势东北高西南低，山势坡度较陡峭。山上种植有荔枝、葡萄、柿子等，除葡萄园地表杂草被清除，相对较为干净外，其他大部分区域被荒草覆盖。

遗物分布范围约7000平方米，位于山岗南端山顶葡萄园内，地表采集陶片2片、砺石1件。陶片为泥质硬

图540　鹿景遗址远景（南—北）

图541　鹿景遗址采集遗物

陶，灰褐色，饰方格纹，器形不可辨。遗址保存状况较好，未见文化层堆积，砺石呈不规则形，只有一侧面有磨制的凹弧面。据陶片特征推断时代为西周至春秋时期，属夔纹陶阶段遗存，砺石年代不详。

破塘遗址

遗址编号：172　　行政区划：广州市从化区温泉镇新田村
地理坐标：N23°33′36.2479″，E113°41′20.4449″　　海拔：61.837米

遗址位于温泉镇新田村山岗社东北约450米山谷内，西邻塘仔遗址，南邻鹿景遗址。山谷土名"破塘"，位于溪峒河谷东部，呈南北向，两侧高山耸立，南向开口，一条小溪于谷底自北向南注入溪峒河。遗址位于破塘中部东侧一山前台地上，北靠一椭圆形小山岗，东西两侧为山坳，并有小溪流经，台地

图542　破塘遗址采集遗物

呈舌状，南北向，长约120米，北端最宽约90米，总面积约8700平方米，海拔约60米，相对高度约5米，台地现呈阶梯陡坎状，种植橘子、蔬菜等，地表植被被清除。

遗物见于台地北端，分布范围约5000平方米，地表采集陶片2片，为夹细砂软陶，黄灰色，纹饰有绳纹、间断条纹，器形不可辨。据遗物特征推断，时代为新石器时代晚期至商代。

塘仔遗址

遗址编号：173　　行政区划：广州市从化区温泉镇新田村
地理坐标：N23°33′33.4465″，E113°41′12.7395″　　海拔：131.716米

遗址位于温泉镇新田村山岗社东侧后山岗上，当地人称"塘仔"。塘仔位于溪峒河谷中部东侧，东为破塘山谷，北与群山相连，南与大闹山隔峡谷相望，西面为开阔的溪峒河谷，山岗社位于塘仔西南山脚，黄罒遗址、养夯遗址、后背山遗址、破塘遗址、鹿景遗址分布遗址周边。塘仔平

图543　塘仔遗址远景（西—东）

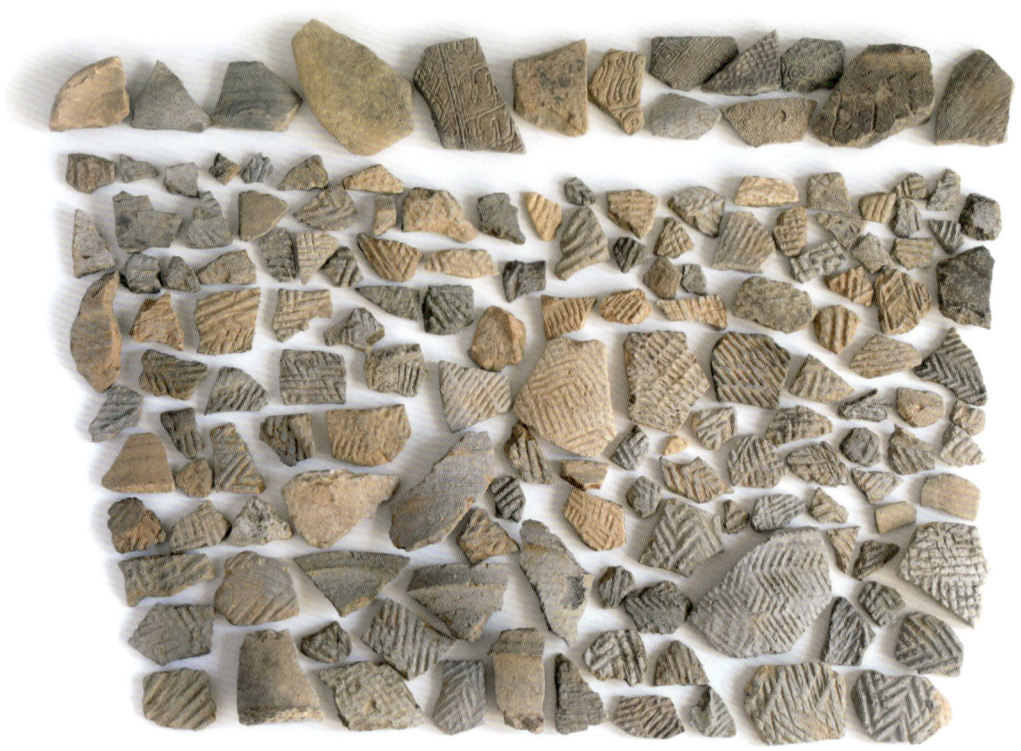

图544 塘仔遗址采集遗物

面呈椭圆形,南北向,长约530米,宽约400米,山顶海拔约149米,相对高度约90米,山势较陡峭,山顶稍平缓,山上以种植荔枝为主,另有竹子、柿子等作物,地表大部分区域被杂草覆盖。遗物散见于山岗大部分区域,面积近10万平方米,集中于山顶南部位置,地表采集大量陶片和数件石器,据遗物特征初步分析,可分为2组。

1组:采集陶片141片、石锛1件(173:采1)、石戈1件(173:采2)、砺石1件(173:采3)、半成品石器2件。陶片以夹细砂陶为主,计131片,泥质陶仅10片,大部分质地较硬,少量为软陶,陶色以灰色为主,计60片,另有灰褐30片、灰白12片、黄褐12片以及深灰、黄灰、红褐等,纹饰绳纹为主,计46片,曲折纹29片,另有叶脉纹、长方格纹、网格纹、绳纹加附加堆纹、曲折纹加附加堆纹、篮纹、编织纹、网格纹加圆圈纹、素面等,可辨器形有罐口沿(敞口,卷沿,上沿上侈近盘口状,宽方唇,唇面凹,唇下内折,斜领,肩部残缺)。据遗物特征推断,时代为新石器时代晚期至商代。

173:采1 石锛,褐灰砂岩,石质较细腻,平面呈"凸"字形,有柄较长,顶部平直略残,两肩较窄,一肩为溜肩,一肩近直,锛体下端磨制成单面刃,刃部略外弧。长9.6cm,宽6.5cm,厚1.9cm。(图545:1、图546:1)

173:采2 石戈,浅灰砂岩,石质细腻,平面呈残长方形,扁体状,一端残断,有圆形两面对钻穿孔,残存近半,两平面弧鼓,整器磨制光滑。残长4cm,宽4.5cm,厚1.6cm。(图545:2、图546:3)

173:采3 砺石,浅灰页岩,石质细腻,平面呈长条状,两端为打击断裂面,上、下面

图545　塘仔遗址采集石器

1. 石锛（173∶采1）　2. 石戈（173∶采2）　3. 砺石（173∶采3）

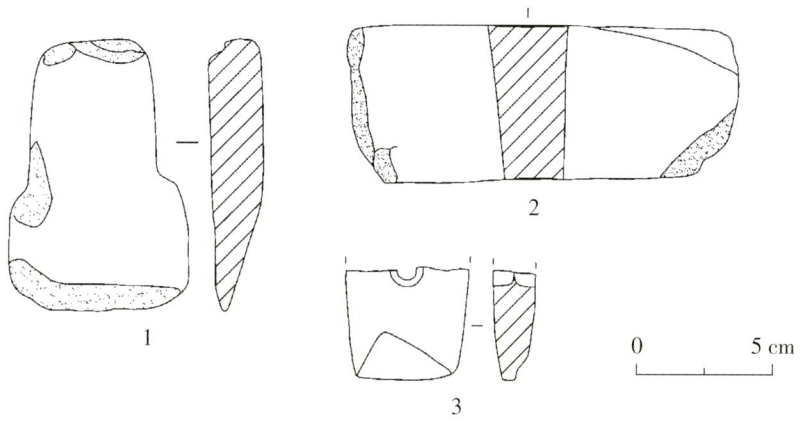

图546　塘仔遗址采集石器

1. 石锛（173∶采1）　2. 砺石（173∶采3）　3. 石戈（173∶采2）

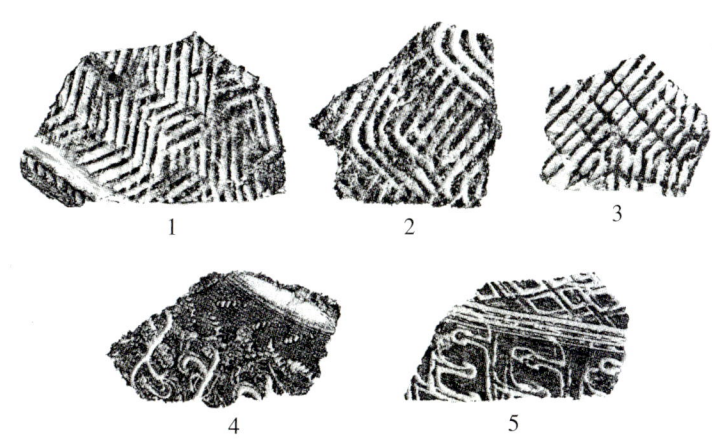

图547　塘仔遗址采集陶片纹饰拓片

1. 曲折纹加附加堆纹　2. 绳纹　3. 长方格纹　4. 夔纹加篦点纹　5. 夔纹加弦纹加菱形凸块纹

平整，两侧面较窄，侧面磨制成凹弧状。长14.3 cm，宽5.5 cm，厚2.9 cm。（图545：3、图546：2）

2组：采集陶片13片，为泥质硬陶，陶色有酱褐、红褐、灰褐等，饰夔纹、夔纹加篦点纹、夔纹加弦纹加菱格凸块纹、重菱形凸点纹、方格纹加重圈纹、方格纹等，可辨器形有曲壁豆、罐口沿。时代为西周至春秋时期，属夔纹陶阶段遗存。

遗址保存状况较好，未见文化层堆积。据地形地貌和遗物散落特征分析，该遗址为墓葬区可能性大。

后背山遗址

遗址编号：174　　行政区划：广州市从化区温泉镇新田村

地理坐标：山顶，N23° 33' 15.4503"，E113° 41' 15.7004"　　海拔：121.010米
　　　　　坡脚台地，N23° 33' 22.9556"，E113° 41' 13.0989"　　海拔：60.175米

遗址位于温泉镇新田村东南约300米土名"后背山"（大闹山）的山岗上，后背山地处溉峒河谷中部东侧，北与塘仔遗址相望，东为狗坐石盆地，南邻里鱼塘遗址，西邻养夯遗址和龙新小学。山岗呈东西向，长条状，长约700米，宽约350米，总面积近20万平方米。山岗海拔约138米，相对高度约80米，山岗北坡、东坡较

图548　后背山遗址远景（北—南）

为陡峭，西坡、南坡较为平缓，山上种植荔枝，地表杂草丛生，植被茂盛。遗物分布范围广阔，总面积约13万平方米，见于山岗顶部、北坡、西坡、西北坡山脚台地上，尤以山顶和西北坡脚台地分布密集。山顶区域采集遗物据特征初步分析可分为3组。

1组：采集陶片89片、石器2件（174：采1和174：采2）、半成品石器2件。陶片以夹细砂陶为主，计68片，泥质陶21片，硬陶75片，软陶14片。陶色以灰黄为主，计28片，另有灰褐24片，黄褐20片，以及灰、褐、黑灰、深灰、红褐色等。纹饰以绳纹为主，计40片，曲折纹22片，另有绳纹加附加堆纹、曲折纹加附加堆纹、叶脉纹、长方格纹、网格纹、间断条纹、篮纹、卷云纹、梯格纹、素面等，可辨器形有罐口沿（174：标2）、罐圈足。据遗物特征推断，时代为新石器时代晚期至商代。

174：采1　石锛，浅褐黄砂岩，石质较细腻，平面形状呈近"凸"字形，有柄，柄细，顶部圆弧，锛体为近半圆形，下端刃部略磨呈单面刃。长5.3 cm，宽4 cm，厚1 cm。（图551：1、图552：1）

174：采2　石斧，浅黄灰砂岩，石质粗，平面形状呈近梯形，上窄下宽，顶部圆弧，下

图549　后背山遗址山顶采集遗物

端打制呈刃，整器粗糙，未经磨制。长5.7cm，宽3.7cm，厚1.4cm。（图551：2、图552：3）

174：标2　陶罐口沿，大敞口，卷沿，圆唇，外沿上部近直有折棱，下部折收呈高束领状，斜直肩残缺，肩部饰篮纹。夹细砂浅黄灰陶，质地较硬。残长6.1cm，厚5.8cm。（图551：4，图552：4）

2组：采集陶片35片，以泥质陶为主，计32片、夹砂陶3片，皆为硬陶，陶色有酱褐色10片、灰色9片、褐色6片、灰褐色4片，另有深灰、红褐色等，纹饰有夔纹9片、方格纹6片、重菱形纹3片、菱格凸点纹3片、曲折纹2片，另有方格纹加菱格凸点纹、夔纹加弦纹加重菱形纹、夔纹加弦纹加方格纹、夔纹加方格纹、篦点纹、弦纹、篦点纹加戳印圆圈纹、篦点纹加菱格凸点纹、素面等，可辨器形有罐口沿（174：标1）。据遗物特征推断，时代为西周至春秋，属夔纹陶阶段遗存。

174：标1　陶罐口沿，敞口，斜折沿呈领，圆唇，斜直肩残缺，肩部饰篦点纹、菱形凸点纹，残存沿面有三个戳印点，泥质灰硬陶。残长8.1cm，残高4.6cm。（图551：3，图552：2）

3组：采集陶片4片，皆为泥质硬陶，灰褐陶1片，红褐陶1片，灰陶2片，器表饰米字纹、三角格纹、方格纹，器形不可辨。该组时代为战国至汉初，属米字纹陶阶段遗存。

山脚台地采集少量陶片，据特征初步分析可分为3组。

1组：采集陶片8片，均为泥质硬陶，灰陶为主，少量灰褐、灰黄陶，纹饰有夔纹1片，方格纹7片，器形不可辨。时代为西周至春秋时期，属夔纹陶阶段遗存。

图550　后背山遗址山脚采集遗物

2组：采集陶片8片，均为泥质硬陶，陶色以灰褐、深灰色为主，另有浅灰、褐色等，纹饰有方格纹、三角格纹、米字纹、素面等，可辨器形见罐口沿，时代为战国至汉初，属米字纹陶阶段遗存。

3组：唐代陶片1片，灰黑色，器形不可辨。

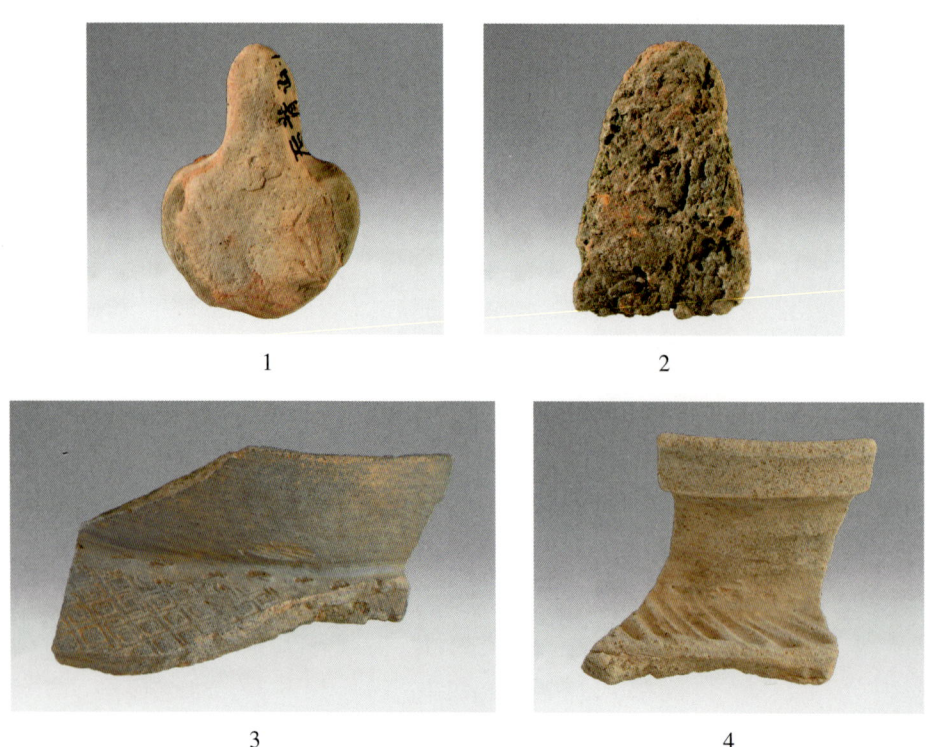

图551　后背山遗址采集遗物
1. 石锛（174∶采1）　2. 石斧（174∶采2）　3. 陶罐口沿（174∶标1）　4. 陶罐口沿（174∶标2）

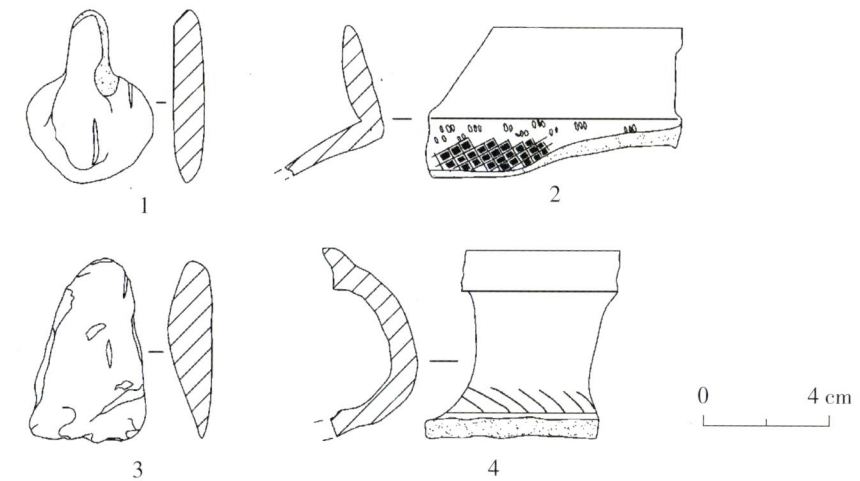

图552 后背山遗址采集遗物

1. 石锛（174: 采1） 2、4. 陶罐口沿（174: 标1、174: 标2） 3. 石斧（174: 采2）

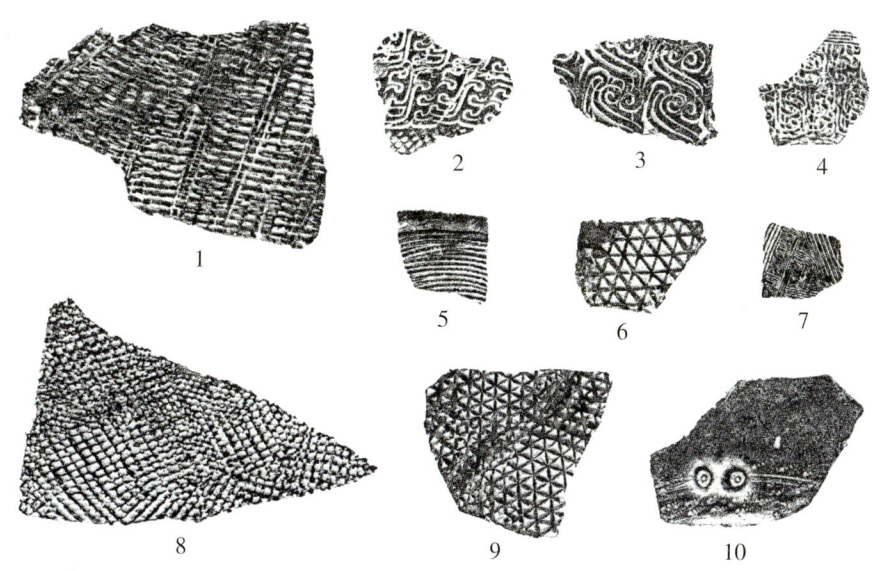

图553 后背山遗址采集陶片纹饰拓片

1. 长方格纹 2. 夔纹加方格纹 3、4. 夔纹 5. 重弦纹 6、9. 三角格纹
7. 复线刻划纹 8. 方格纹 10. 篦点纹加戳印圆圈纹

养夯遗址

遗址编号：175　　行政区划：广州市从化区温泉镇新田村

地理坐标：N23°33′21.9055″，E113°41′01.9520″　　海拔：60.063米

遗址位于温泉镇新田村山岗社南边约150米土名"养夯"的台地上，遗址与龙新小学、

下梅墩遗址同位于溉峒河谷东南部长条状大台地上。养夯位于台地北端，东邻后背山遗址，北望山岗社，西面为开阔的盆地，南邻龙新小学。台地地势平缓，海拔60米，相对高度约5米，边缘有陡坎，台地北侧有溪流穿过，村级公路于遗址中部穿过，台地中部有一座信号塔，台地上种植荔枝、柿子、竹子等。遗址被房屋和公

图554　养夯遗址远景（东北—西南）

图555　养夯遗址采集遗物

路破坏较严重，保存状况一般，地表采集遗物见于公路两侧，集中于东部，范围南北长约270米，东西宽150米，总面积约40 000平方米。据遗物特征初步分析，可分为5组。

1组：采集陶片18片、石器3件。陶片以夹细砂陶为主，计11片、泥质陶7片，均为硬陶，陶色以灰色为主，计8片，另有灰褐、浅灰、黑灰、浅黄灰色等，纹饰以绳纹较多计6片，另有长方格纹、曲折纹、网格纹、素面，可辨器形有罐口沿、罐圈足（圈足外撇，足底起台，足跟较宽）。石器中仅1件可辨为石镞（残条形，扁体，两面中部起脊，残长2.1 cm，宽1.9 cm，厚0.5cm）。时代为新石器时代晚期至商代。

2组：采集陶片4片，均为泥质硬陶，陶色有灰、灰褐、黄灰色，纹饰有席纹、重圈纹、篦点纹加弦纹加刻划纹，器形不可辨。时代为西周至春秋时期，属夔纹陶阶段遗存。

3组：采集陶片4片，泥质硬陶，3片灰褐陶，1片灰黄陶，器表饰米字纹、方格纹，器形

不可辨。时代为战国至汉初，属米字纹陶阶段遗存。

4组：采集陶瓷片24片，陶片均为泥质硬陶，以黑灰陶为主，另有灰陶片，纹饰有弦纹，可辨器形有瓮口沿（口较大，敛口，内斜折沿较高呈领，平方唇，斜弧肩较广，肩部饰弦纹，泥质，黑灰陶）、罐；瓷片有青瓷碗残片。时代为唐宋时期。

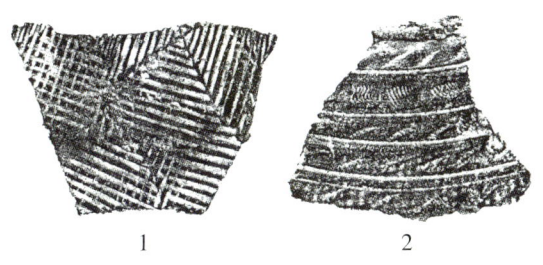

图556　养夯遗址采集陶片纹饰拓片
1. 席纹　2. 篦点纹及弦纹加刻划纹

5组：采集瓷片6片，有青灰瓷、青瓷、影青瓷、黄褐瓷，可辨器形仅见碗。时代为明清时期。

松山遗址

遗址编号：176　　　行政区划：广州市从化区温泉镇新田村

地理坐标：A点，N23°33′21.6436″，E113°40′38.4493″　海拔：83.625米
　　　　　B点，N23°33′10.7302″，E113°40′32.4984″　海拔：75.774米

遗址位于温泉镇新田村螺江社西侧松山上，西邻赤岭遗址，东距杨梅田遗址约200米。松山是溯峒河谷西南边老虎仔形高山北向余脉，行政规划上，以山顶（山脊）为界限，山顶（山脊）以东一侧为新田村螺江社所有，而西边一侧为新田村高田社所有。其整体形状呈长条状，南端有一缺口，北端延伸至螺江社民房背后，方向大致为西南—东北向，长约

图557　松山遗址远景（东—西）

850米，宽约150米，总面积约12万平方米。最高点海拔为94.3米，位于西南端，相对高度约30米。山顶较为平缓，东坡坡度较陡，而西坡坡度较缓，并蔓延出大片台地。松山东西两侧均为较低平的台地和谷地，且两侧谷地内均有河流以及公路穿过。目前，地表多被开垦成梯田状，以种植荔枝为主，树下落叶堆积较厚，杂草丛生。按采集遗物位置不同，分为A、B点。

A点位于松山北端偏东一侧的坡地上，地势西南高，东北低，坡度平缓。该区域采集少量陶片，分布范围约8000平方米。据遗物特征初步分析，可分为2组。

1组：采集陶片6片，均为夹细砂陶，质地较硬，陶色有浅灰、深灰色，纹饰有绳纹、长方格纹、叶脉纹、素面，器形不可辨。时代为新石器时代晚期至商代。

图558 松山遗址采集遗物

2组：采集陶片1片，为黑灰陶罐腹部残片。时代为唐代。

B点位于松山中部东南部坡地上，地势西高东低，坡度陡峭，采集陶片1片，为泥质软陶，饰网格纹，器形不可辨；另有石锛1件（176：采1）。据遗物特征推断，时代为新石器时代晚期至商代，与A点1组年代相当。

176：采1 石锛，浅黄灰泛白，层凝灰岩，石质细腻，平面呈"凸"字形，有肩，柄较长，顶部平直，刃部残缺，整器磨制光滑。残长6.6 cm，宽5.3 cm，厚1.7 cm。（图559）

由于整个松山目前地表上的落叶堆积较厚，加之杂草较多，发现遗物少，但结合地形地貌及调查经验判断，松山遗址的范围应涵盖该山岗大部分区域。

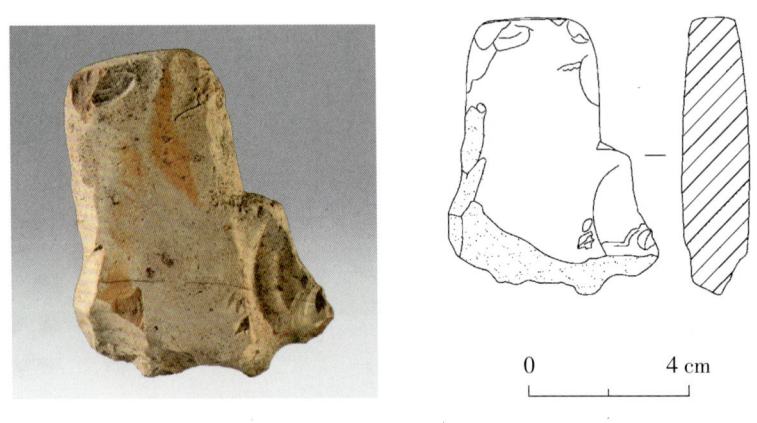

图559 松山遗址采集石锛（176：采1）

赤岭遗址

遗址编号：177　　行政区划：广州市从化区温泉镇新田村
地理坐标：N23°33′16.8086″，E113°40′28.8044″　　海拔：62.606米

遗址位于温泉镇新田村高田社南边约800米处的赤岭台地上，东靠松山遗址。赤岭位于溯峒河谷西部，为松山西坡蔓延出的平缓台地，东侧以松山山脚为界，西以断崖为界，大致呈南北向长条状分布，长约500米，宽约80米，总面积约40 000平方米。台地海拔约62米，相对高度约5米，地势由东向西倾斜，坡度平缓。台地西侧为低矮的谷地，南北向长条状，谷底有河流穿过，并流经台地西侧，此外，还有一条公路沿着谷地中心南北向穿过。目前，台地主要被开垦成梯田状，种植有荔枝、黄皮等，表土土质为灰色沙土。遗物分布范围约15 000平方米，地形呈南北长条状分布。据遗物特征初步分析，可分为5组。

图560　赤岭遗址采集遗物

1组：采集石锛1件（177：采1），石质和器形与松山B点采集石锛类同。时代为新石器时代晚期至商代。

177：采1　石锛，层凝灰岩，石质细腻，平面形状呈"凸"字，有柄，顶部平直略弧，两肩斜直，锛体下部残缺，整器磨制较光滑。残长4.9 cm，宽4.5 cm，厚1.8 cm。（图561）

2组：采集陶片8片，均为泥质硬陶，陶色有灰褐、灰色，纹饰见夔纹、方格纹、间断条纹、素面，可辨器形有罐口沿、豆口沿。时代为西周至春秋时期，属夔纹陶阶段遗存。

3组：采集陶片3片，均为泥质硬陶，陶色有灰褐、灰色等，纹饰有方格纹、米字纹、三角格纹，可辨器形见带矮柱足器底。时代为战国至汉初，属米字纹陶阶段遗存。

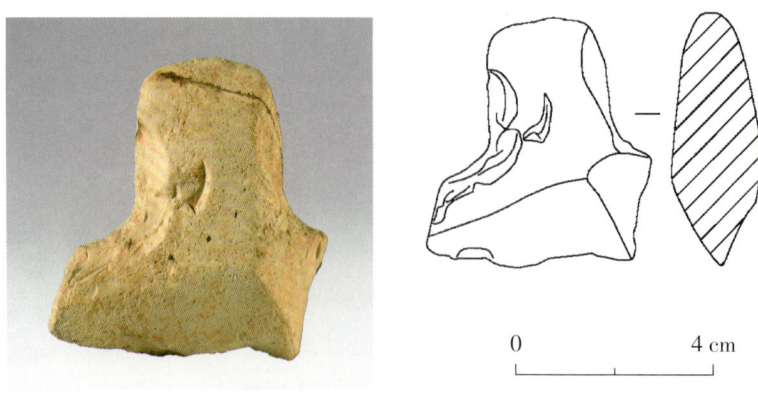

图561　赤岭遗址采集石锛（177：采1）

4组：采集陶瓷片14片，其中陶片均为泥质硬陶，以黑灰陶为主，可辨器形有罐；瓷片为饼足碗底残片。时代为唐宋时期。

5组：采集陶瓷片4片，其中瓷片有青灰瓷、酱黄瓷等，可辨器形有罐、碗。时代为明清时期。

放牛岭遗址

遗址编号：178　　行政区划：广州市从化区温泉镇新田村

地理坐标：N23°33′02.5022″，E113°40′36.0447″　海拔：70.574米

遗址位于温泉镇新田村螺江社南约800米的放牛岭山岗东北坡上，东北距杨梅田遗址约300米。放牛岭位于溉峒河谷西南部，南连高山，北面为溉峒河谷，西北方为松山，东北为吓塘遗址所在三角形山岗，山岗平面呈不规则形，海拔高约170米，地形较为崎岖，地势南高北低，坡度较陡。放牛岭东侧山脚有水泥村道经过，东边为小河谷，谷底发育溪流。

图562　放牛岭遗址远景（北—南）

遗物分布范围约7500平方米，见于放牛岭东北坡近山脚位置，该区域地势西南高东北低，坡度较缓。据遗物特征初步分析，可分为2组。

1组：采集陶片6片，以夹细砂陶为主，计5片，泥质陶1片，质地均较硬，陶色有灰、灰褐、褐、灰白色等，纹饰有绳纹、曲折纹、叶脉纹、网格纹、带状指甲圆圈纹，器形不可

图563　放牛岭遗址采集遗物

辨。时代为新石器时代晚期至商代。

2组：采集陶片1片，为黑灰陶罐残片。时代为唐代。

饭鹅达遗址

遗址编号：179　　行政区划：广州市从化区温泉镇新田村

地理坐标：N23°34'01.4762"，E113°40'02.1991"　　海拔：81.142米

遗址位于温泉镇新田村高围社益农漂染厂西约450米土名"饭鹅达"山岗顶部。饭鹅达地处溉峒河谷西北部，西距山行1号遗址约300米，北邻东西长条状百足岭，南连高山，东望益农漂染厂。山岗平面略呈不规则三角形，总面积约33 000平方米，海拔约90.8米，相对高度约40米，山势较为陡峭，坡度较大，溉峒河自山岗北侧山脚自东向西流过。山岗因无人管

图564　饭鹅达遗址远景（西南—东北）

理而成为荒山，山上种植有荔枝、竹子、柿子等，植被茂盛，杂草丛生，东坡部分经烧荒可见裸露地表。

遗物分布范围约3500平方米，在山岗西北坡近坡顶区域采集陶片23片，以夹细砂陶为主，计22片，仅1片泥质陶，质地均较硬，陶色有灰、浅黑灰、褐、灰白色等，纹饰以曲折纹为多计12片，另有叶脉纹、长方格纹、素面，可辨器形有罐口沿、圈足（圜底，矮直圈足外

图565 饭鹅达遗址采集遗物

撇，足跟平直）。据遗物特征推断，时代为新石器时代晚期至商代。

黄岽遗址

遗址编号：180　　　行政区划：广州市从化区温泉镇新田村

地理坐标：N23°33′46.3454″，E113°40′55.9621″　　海拔：46.903米

遗址位于温泉镇新田村上村社东边土名"黄岽"的山岽里，西北距背底隐遗址约300米，南邻山岗社。黄岽地处溉峒河谷东北部，位于高山西坡山脚下，南、北为东西向山岗，中间下凹形成山坳，向西开口，呈长方形，海拔约58米，地势东高西低，坡度较平缓，山坳中间有小溪流经。现山坳内以种植荔枝为主，另有橘子、黄皮、蔬菜等，地表杂草较少。遗物

图566 黄岽遗址远景（西南—东北）

分布范围约25 000平方米，多见于村庄进山的小路两侧缓坡上，地表采集少许陶瓷片。据遗物特征初步分析，可分为4组。

1组：采集陶片1片，为泥质硬陶，浅灰色，饰曲折纹，器形不可辨。时代为新石器时代晚期至商代。

图567 黄䂭遗址采集遗物

2组：采集陶片28片，均为泥质硬陶，陶色有灰褐、黄褐、深灰、浅灰色，纹饰以米字纹、方格纹为主，可辨器形有平底罐底。时代为战国至汉初，属米字纹陶阶段遗存。

3组：采集陶瓷片14片，陶片均为泥质硬陶，以黑灰陶为主，另有浅灰陶，部分饰弦纹，可辨器形有罐；瓷片仅见灰白瓷饼足碗残片。时代为唐宋时期。

4组：采集瓷片2片，为青瓷碗残片。时代为明清时期。

背底隐遗址

遗址编号：181	行政区划：广州市从化区温泉镇新田村
地理坐标：N23°33′50.9426″，E113°40′50.7035″	海拔：76.139米

遗址位于温泉镇新田村上村社北侧的背底隐山坡上，西邻新田小学，北、东为溉峒河谷北缘高山，东南距黄䂭遗址约300米。背底隐为村后山坡土名，地势北高南低，海拔介于60～110米间，坡度平缓，山坡以种植荔枝为主，地表有少许杂草，另有一层枯叶。遗物分布范围约4500平方米，地表采集少许陶瓷片，初步分析可分

图568 背底隐遗址远景（南—北）

图569 背底隐遗址采集遗物

为2组。

1组：采集陶片4片，均为泥质硬陶，陶色有酱釉、酱褐、浅黄色，纹饰有方格纹、细方格纹加弦纹、网格纹加弦纹，器形不可辨。时代为西周至春秋时期，属夔纹陶阶段遗存。

2组：采集瓷片1片，为青灰瓷碗残片。时代为明清时期。

下古岭遗址

遗址编号：182　　行政区划：广州市从化区温泉镇新田村

地理坐标：N23°34′05.5891″，E113°40′28.0619″　　海拔：48.053米

遗址位于温泉镇新田村田塘社北约300米，溉峒河东岸的下古岭台地上。下古岭地处溉峒河谷北端出入口，村级公路西侧，其西邻高围，东南邻田塘，北侧为东西向百足岭，溉峒河于台地西侧流过，东边为上古岭山岗。台地地势低矮平坦，呈南北向，长约500米，宽约100米，海拔约52米，仅高于溉峒河数米，台地现种植有荔枝、橘子、蔬菜等，地表杂草

图570 下古岭遗址远景（北—南）

稀少。遗物分布东到村级公路，西到河边，北到百足岭山脚，范围约23 000平方米。据遗物特征初步分析，可分为4组。

1组：采集陶片1片，为夹细砂陶，浅黄灰色，饰长方格纹，器形不可辨。时代为新石器

图571　下古岭遗址采集遗物

时代晚期至商代。

2组：采集陶片10片，均为泥质硬陶，以灰陶为主，少许为灰褐色，饰夔纹、方格纹、方格纹加弦纹及素面等，可辨器形见罐等。时代为西周至春秋时期，属夔纹陶阶段遗存。

3组：采集陶片3片，均为泥质灰硬陶，2片饰方格纹，1片饰米字纹，可辨器形有罐口沿。时代为战国至汉初，属米字纹陶阶段遗存。

4组：采集陶瓷片23片，其中陶片均为泥质硬陶，纹饰有弦纹，陶色有黑灰、灰、黄褐色等，可辨器形有罐、器盖；瓷片以青瓷为主，另有灰瓷片，可辨器形有碗，多为饼足或璧足。时代为唐宋时期。

农业耕作对遗址原始地貌造成部分破坏，遗址保存状况一般。依村民所挖排水沟断壁看，地表至生土层厚约30 cm。

黄坭田遗址

遗址编号：183　　　行政区划：广州市从化区温泉镇南星村

地理坐标：A点，N23°34′38.4613″，E113°40′58.6127″　海拔：37.907米
　　　　　B点，N23°34′42.5463″，E113°41′05.7977″　海拔：42.861米

遗址位于温泉镇南星村新围仔社西边农田里，西距黄坭田社约450米，北邻南星村。遗址所在区域为地势低矮平缓的河岸一级台地，地处灌村盆地中部南缘，小海河于遗址北侧流

经，南边为盆地南缘高山，台地海拔约45米，相对高度不超过5米，通往新田村村级公路将遗址分为东西两部分。遗址西侧多种植荔枝、香蕉，东侧以农田为主，种植蔬果等。遗物分布范围约30 000平方米，见于公路两侧台地上。据遗物特征初步分析，可分为4组。

图572　黄埿田遗址远景（西南—东北）

1组：采集陶片36片，以夹细砂陶为主，计28片，泥质陶8片，质地多较硬，陶色有黄灰、灰白、灰、酱釉、红褐色等，以纹饰计有绳纹12片、曲折纹12片、叶脉纹12片，另有绳纹加附加堆纹、长方格纹、素面，器形不可辨。时代为新石器时代晚期至商代。

2组：采集陶片3片，均为泥质硬陶，陶色有褐、深灰、灰色等，纹饰有方格纹、素面，可辨器形有平底罐底。时代为西周至春秋时期，属夔纹陶阶段遗存。

3组：采集青瓷片2片，可辨器形有璧足碗底。时代为宋代。

4组：采集陶瓷片7片，可辨器形有罐、碗、器盖等。时代为明清时期。

此外，在遗址东北约100米，通往新围仔社公路北侧台地上采集到陶片2片，均为泥质硬陶，有褐陶、浅灰陶，饰绳纹、方格纹，器形不可辨。依形态推断时代与遗址2组相当，为西周至春秋时期。

图573　黄埿田遗址采集遗物

(南星)圆山仔遗址

遗址编号:184	行政区划:广州市从化区温泉镇南星村
地理坐标:N23°34′30.9108″,E113°41′19.8853″	海拔:78.041米

遗址位于温泉镇南星村新围仔社西南约150米的圆山仔山岗上,东邻上冚遗址,南邻关竹园遗址,西南距六里社约300米。圆山仔位于灌村盆地中部南缘,小海河南岸,南为盆地南缘高山及山前缓坡台地,其北、东、西连开阔的灌村盆地平原。山岗平面呈椭圆形,西北—东南向,长约230米,宽约170米,总面积约33 000

图574 (南星)圆山仔遗址远景(西南—东北)

图575 (南星)圆山仔遗址采集遗物

平方米。山岗海拔约74米,相对高度约30米,山之北坡较陡,西坡、南坡坡度平缓,并与南侧山前缓坡台地相连,山上、台地以种植荔枝、竹子为主,另有龙眼、橘子等,山上植被茂盛,杂草丛生。调查在岗顶及南坡台地采集少许陶瓷片,据遗物特征初步分析,可分为4组。

1组:采集陶片2片,见于岗顶,为夹细砂硬陶,陶色有灰褐、浅灰色,纹饰有曲折纹、叶脉纹,可辨器形有罐圈足(仅存底部少许,为圜底,下附矮圈足,圈足斜直外撇,足跟略残，器底及下腹外饰曲折纹）。时代为新石器时代晚期至商代。

2组：采集陶片1片，为泥质硬陶，浅灰色，饰弦纹，器形为钵口沿（敛口，厚圆唇，弧腹外斜残）。时代为汉代。

3组：采集陶片2片，为泥质硬陶，陶色有黑灰、褐色，可辨器形有碗。时代为唐代。

4组：采集瓷片7片，有青瓷、青褐瓷、青花瓷，可辨器形有碗、盘等。时代为明清时期。

关竹园遗址

遗址编号：185　　行政区划：广州市从化区温泉镇南星村

地理坐标：A点，N23°34′24.8126″　E113°41′21.4070″　海拔：49.891米

　　　　　B点，N23°34′27.2650″　E113°41′29.2597″　海拔：57.278米

遗址位于温泉镇南星村新围仔社西南约450米的关竹园一带，北邻（南星）圆山仔遗址和上岇遗址，东邻担水岇遗址，西距六里社约250米。关竹园为灌村盆地南缘高山北坡延伸出的缓坡台地，随等高线呈东西走向，面积广阔，北面为开阔的灌村盆地，南与高山相连，西侧有一小型山坳，台地向东一直延伸至岭咀社南侧。台地海拔约60米，相对高度10多米，地势南高北低，坡度极缓。现台地地表多种植有荔枝、龙眼等，局部杂草灌木丛生。调查在关竹园台地东西两片区域分别采集少许文化遗物，相距约200米，别为A、B点。

图576　关竹园遗址A点远景（西—东）

图577　关竹园遗址A点采集瓷碗

A点位于西侧，为一平面略呈舌状的低矮山岗，地势稍高，南高北低，西侧有一凹谷，地表采集少许遗物。据遗物特征初步分析，可分为3组。

1组：采集陶片1片，另有残石锛1件。陶片为夹细砂灰黄软陶，器表可见模糊长方格纹。残石锛，黄灰砂岩，平面呈梯形，刃部残断，残长5.7 cm，宽4.7 cm，厚3 cm。据遗物特征推断，该组时代为新石器时代晚期至商代。

2组：采集陶片7片，均为泥质黑灰硬陶，部分器表饰弦纹，应为罐腹残片。时代为

图578　关竹园遗址A点采集遗物

唐代。

3组：采集瓷碗2件（185：采1、185：采2）。时代为明代。

185：采1　青瓷碗，敞口，厚圆唇，弧腹向下内收，圜底，下附外斜直圈足，足跟斜削，内缘着地，器内底部有方形似印章装饰，内似有花纹。灰白胎，器表施青釉，釉色光

图579　关竹园遗址采集青瓷碗

1.青瓷碗（185：采1）　2.青瓷碗（185：采2）

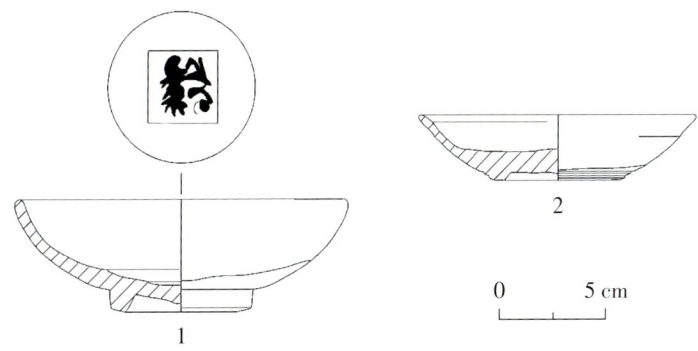

图580　关竹园遗址采集青瓷碗

1.青瓷碗（185：采1）　2.青瓷碗（185：采2）

亮，下腹、内底、圈足无釉露胎呈砖红色。复原口径15.2 cm，底径6.4 cm，高5 cm。（图579：1、图580：1）

185：采2　青瓷碗，侈口，折沿，圆唇，浅斜直腹，大平底，底中部略弧鼓，下附极矮斜圈足，足跟平直。器表施青灰釉，釉色较亮，局部有冰裂纹，内外施釉不及底。口径12.9 cm，底径6.3 cm，高2.9 cm。（图579：2、图580：2）

B点位于东侧，坡度平缓，地表采集陶片2片。据遗物特征分析，可分为2组。

1组：采集泥质硬陶1片，灰褐色，饰方格纹，器形不可辨。据遗物特征推断，时代为战国至汉初，属米字纹陶阶段遗存。

2组：采集泥质灰黄硬陶1片，器表有黄褐釉。时代为唐宋时期。

上岜遗址

遗址编号：186　　行政区划：广州市从化区温泉镇南星村
地理坐标：N23° 34' 34.6002"，E113° 41' 28.6530"　海拔：56.021米
西北方格纹陶片采集点，N23° 34' 42.0392"，E113° 41' 17.1126"　海拔：39.387米

遗址位于温泉镇南星村新围仔社东约300米的上岜一带，西邻圆山仔，南邻关竹园遗址，东南距担水岜遗址约200米。上岜地处灌村盆地中部南缘，为地势低矮的河岸一级台地，南边为盆地南缘高山及北侧山前缓坡台地，地势南高北低，小海河于台地北侧流经，连接新围仔与岭咀的村级公路经过遗址北侧。台地海拔约50米，相对高度小，地表有荔枝、橘子、桉

图581　上岜遗址A点远景（北—南）

树等，局部有蔬果。遗物分布范围约16 000平方米，集中于圆山仔西侧、公路南侧台地上。据遗物特征初步分析，可分为4组。

1组：采集陶片1片，为夹细砂硬陶，浅灰色，饰绳纹，器形不可辨。时代为新石器时代晚期至商代。

2组：采集陶片6片，均为泥质硬陶，陶色有酱釉、灰褐、浅灰、黑灰色，纹饰有方格纹、夔纹、曲折纹、卷云纹，器形不可辨。时代为春秋时期，属夔纹陶阶段遗存。

3组：采集陶瓷片11片，陶片均为泥质硬陶，有浅黄灰、浅灰、黑灰色，饰弦纹、堆塑纹，可辨器形有罐等；瓷片见青瓷，可辨器形有碟（186：采1）等。时代为唐宋时期。

186：采1　青瓷碟，敞口，圆唇，浅腹，上腹斜直，下腹折收，平底内凹，内底釉下有刻划花纹，通体施青釉，器外底部无釉。复原口径11.8 cm，底径6.4 cm，高2.4 cm。

图582　上㞡遗址采集遗物

4组：采集碗底部残片1片。为明清时期遗物。

此外，在遗址西北约300米、公路北侧屋后采集一片方格纹陶片，为泥质灰褐硬陶，时代与遗址2组相当，为西周至春秋时期。

（南星）担水㞡遗址

遗址编号：187　　行政区划：广州市从化区温泉镇南星村

地理坐标：（清代墓前）N23° 34' 32.7168"，E113° 41' 33.1432"　　海拔：55.734米

遗址位于温泉镇南星村新围仔社东南约600米的担水㞡一带，北距大围社约250米，西邻上㞡、关竹园遗址。担水㞡为灌村盆地南缘高山北坡延伸出的缓坡台地，北面为开阔的灌村盆地，南与高山相连。台地平面呈南北向椭圆形，总面积约45 000平方米，台地平均海拔约60米，相对高度10多米，地势南高北低，坡度极缓。现台地地表多种植有荔枝、龙眼等，杂草灌木丛生。

图583　（南星）担水㞡遗址采集遗物

遗物分布范围仅约70平方米，见于台地中间一座清代墓葬周边，采集陶片2片，均为夹细砂陶，黄褐陶、灰陶各1片，饰绳纹、梯格纹，器形不可辨。据遗物特征推断，时代为新石器时代晚期至商代。

形头遗址

遗址编号：188　　行政区划：广州市从化区温泉镇南星村

地理坐标：N23°34′43.2382″，E113°41′57.6350″　　海拔：48.248米

遗址位于温泉镇南星村南布村东约450米的形头一带，西邻南布，东北邻岭咀，遗址西有圆山仔、担水氹、关竹园遗址，东北有岜尾遗址。形头为灌村盆地南缘高山北坡山前台地，小海河南岸，沿等高线呈东西长条状。海拔约60米，相对高度10多米，地势南高北低，坡度较缓，台地西侧有小溪向北注入小海河，北侧为

图584　形头遗址远景（东北—西南）

图585　形头遗址地表采集遗物

南布至岭咀的乡间公路。现台地被开辟成梯田状，种植有荔枝、龙眼、橘子等，局部杂草灌木丛生。遗物分布范围约25 000平方米，呈东西向分布。据遗物特征初步分析，可分为5组。

1组：采集陶片3片，夹细砂硬陶，陶色有黄灰、酱褐、灰褐色，纹饰有曲折纹、重菱格纹、重圆圈纹，器形不可辨。时代为新石器时代晚期至商代。

2组：采集陶片36片，泥质硬陶，分陶色计有灰黄色12片，灰色6片，褐色6片，深灰色6片，灰褐色3片，浅黄灰泛白色3片，纹饰以方格纹为多计15片，另有夔纹、重菱形纹、方格纹加重菱形纹、方格纹加曲折纹、复线刻划纹、方格纹加夔纹、菱形凸点纹、篦点纹、重菱形纹加弦纹、弦纹加篦点纹、圆圈纹、复线栉纹、素面，可辨器形有豆（1. 直口，平方唇，上腹直，下腹折弧收残，上腹饰5周凹弦纹，内腹饰弦纹加篦点纹，器表施青釉已氧化为灰黄色；2. 仅存圈足，为圜底状，下附外撇状圈足，较高，足底起台，足跟平直）。时代为西周至春秋时期，属夔纹陶阶段遗存。

3组：采集陶片4片，均为泥质硬陶，陶色有灰、灰褐色，纹饰有回字对角线纹、米字纹、素面，可辨器形有豆。时代为战国时期至汉初，属米字纹陶阶段遗存。

4组：采集陶瓷片10片，陶片均为泥质硬陶，以黑灰色为主，纹饰有弦纹，应为罐之腹部残片；瓷片有黄褐碗底残片。时代为唐宋时期。

5组：采集瓷片4片，为青灰瓷碗残片。时代为明清时期。

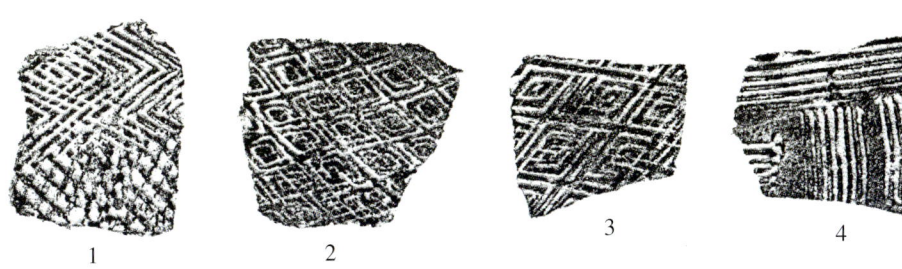

图586　形头遗址采集陶片纹饰拓片
1.曲折纹加方格纹　2、3.重菱形纹　4.复线刻划纹

莲叶渡龟遗址

遗址编号：189　　　行政区划：广州市从化区温泉镇南星村

地理坐标：A点，N23°34′29.2820″，E113°40′48.1303″　海拔：45.522米
　　　　　B点，N23°34′31.9528″，E113°40′53.2546″　海拔：40.346米

遗址位于温泉镇南星村黄坭田社南边百足岭东北山脚缓坡台地上，北距黄坭田约350米，东北为黄坭田遗址。百足岭位于灌村盆地南部，为一东西长条状山岗，长约2.5千米，海拔161米，小海河自山岗北侧山脚自东向西流过，东边为南星村通往溉峒河谷村级公路，山岗山脚

发育一些缓坡台地。莲叶渡龟是百足岭东北山脚台地土名（该区域有一民国年间墓葬，碑文记叙该山土名莲叶渡龟，故以此为遗址名称），因采集位置不同，将遗址分为A、B两点。

图587　莲叶渡龟遗址远景（东北—西南）

其中A点位于山岗东北角山坡上，地势南高北低，地表被修整为梯田状，旁边有一座新重修的大型近现代墓葬（墓主李振昭），于墓葬东侧山坡上采集陶片1片，为泥质硬陶，黄褐色，饰方格纹加弦纹加蟠螭纹，为尊／罐残片。时代为春秋时期，属夔纹陶阶段遗存。

B点位于A点东北方约150米的河岸阶地上，与黄坭田遗址同位于小海河南岸一级台地上，地势低矮平缓，北邻小海河，B点遗物分布范围约2500平方米。据遗物特征初步分析，可分为2组。

图588　莲叶渡龟遗址A点采集遗物

图589　莲叶渡龟遗址B点采集遗物

1组：采集陶片1片，为泥质硬陶，红褐色，饰方格纹，器形不可辨。时代为西周至春秋时期，与A点采集陶片年代相当，属夔纹陶阶段遗存。

2组：采集陶片4片，有灰陶、黑灰陶、黄灰陶，可辨器形有罐，为唐代遗物。

另有残石器1件，时代特征不明显，年代待考，为灰褐砂岩，石质细腻，平面形状呈残长条状，两端断裂，两侧面平直，上侧面近弧，下侧面有崩缺，长4.4 cm，宽4.9 cm，厚2.3 cm。

公路下遗址

遗址编号：190　　行政区划：广州市从化区温泉镇南星村

地理坐标：N23°34′54.9008″，E113°39′32.0176″　　海拔：43.096米

遗址位于温泉镇南星村黄坭田社西部偏南约200米台地上，因位于S355下边而得名"公路下"，南与石孙山遗址隔河相望。公路下台地地处灌村盆地北部广阔台地的中部，北为灌村盆地北缘高山，南邻小海河，地势低矮平缓，海拔约40米。台地上以种植荔枝为主，另有黄皮等，地表杂草多被清理。

图590　公路下遗址远景（北—南）

遗物分布范围约15 000平方米，地表采集陶片9片，均为泥质硬陶，陶色有酱釉、黄褐色，纹饰有夔纹、方格纹，器形不可辨。据遗物特征推断，时代为西周至春秋时期，属夔纹陶阶段遗存。

图591　公路下遗址采集遗物

蜈蚣岭遗址

遗址编号：191　　行政区划：广州市从化区温泉镇石海村

地理坐标：N23°34′17.1005″，E113°39′29.4097″　　海拔：49.726米

遗址位于温泉镇石海村灌村社东约500米的蜈蚣岭上，东邻杉𠮿遗址，西与泥子山隔溉峒河相望。蜈蚣岭是灌村盆地南部百足岭西端西延出的一座小山岗，东连百足岭，北接大片台地，南为东西向山谷，溉峒河于山岗南侧流经。山岗平面略呈圆形，总面积约18 000平方米，海拔约54米，相对高度约15米，山岗岗顶地势平缓，山坡坡度极缓，山顶有一座民国时

图592　蜈蚣岭遗址远景（西南—东北）

期的交椅墓，依墓碑碑文记述该山土名"从化官村蜈蚣岭"。山上以种植荔枝为主，另有橘子、龙眼、竹子等，植被茂盛，杂草丛生。遗物分布范围约33 000平方米，见于蜈蚣岭及其周边缓坡台地上，其中山顶及东坡采集遗物以早期为主，西北方缓坡台地采集遗物以晚期为主。据遗物特征初步分析，可分为5组。

图593　蜈蚣岭遗址采集遗物

1组：采集陶片13片、石锛1件（191：采1）、半成品石器1件。陶片均为夹细砂硬陶，陶色以灰褐色为主，计7片，另有灰、褐、红褐、黄灰色等，纹饰有绳纹、弦断曲折纹、弦断条纹、弦纹、方格纹、素面等，器形不可辨。半成品石器砍砸器，平面呈长条状，纵截面呈三角形，上厚下薄，顶部较平，下端为打制的弧形刃。据遗物特征推断，时代为新石器时代晚期至商代。

191：采1　石锛，仅存中部，黄灰砂岩，石质细腻，平面呈梯形，扁体状，上窄下略宽，有柄，柄上部残，锛体较短，单面直刃，刃部有残缺。残长3.8 cm，宽3 cm，厚1.1 cm。（图594：2、图595：2）

2组：采集陶片14片，以泥质陶为主，计12片、夹细砂陶仅2片，均为硬陶，陶色有灰褐、灰、浅黄灰、红褐色，纹饰有方格纹、方格纹加弦纹、夔纹、水波纹加弦纹、素面，可辨器形有罐口沿、瓮口沿（191：标1）。时代为西周至春秋时期，属夔纹陶阶段遗存。

191：标1　陶瓮口沿，大敞口，卷沿，斜方唇，唇面凹弧，斜领较高残缺，领部外沿饰方格纹，泥质浅黄灰硬陶。残长9.6 cm，残高4.2 cm。（图594：1、图595：1）

3组：采集陶片1片，泥质硬陶，红褐色，器表饰米字纹，器形不可辨。时代为战国至汉

图594　蜈蚣岭遗址采集遗物

1. 陶瓮口沿（191：标1）　2. 石锛（191：采1）

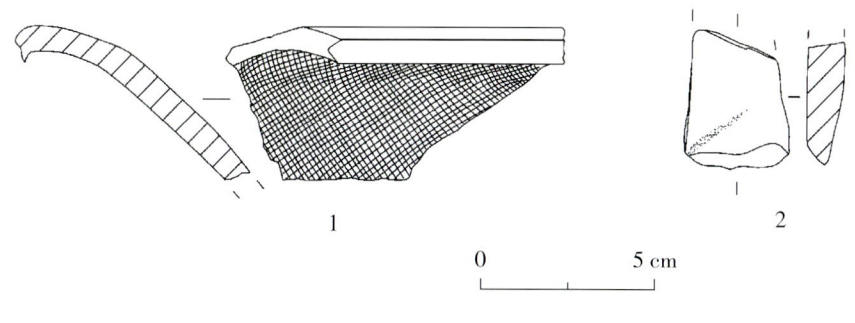

图595　蜈蚣岭遗址采集遗物

1. 陶瓮口沿（191：标1）　2. 石锛（191：采1）

初，属米字纹陶阶段遗存。

4组：采集陶瓷片42片，其中陶片以黑灰陶为主，少许灰陶、黄灰陶，可辨器形有平底罐底、饼足碗；瓷片有青瓷、灰瓷、灰白瓷等，可辨器形有碗。时代为唐宋时期。

5组：采集瓷片11片，有青瓷、灰黄瓷，可辨器形有碗、器盖等。时代为明清时期。

山形1号遗址

遗址编号：192　　行政区划：广州市从化区温泉镇石海村

地理坐标：N23°34′04.8331″，E113°39′49.1893″　　海拔：58.596米

遗址位于温泉镇石海村灌村社东约1000米山岗北坡，因其南侧高山土名"山形"而得名，为与其西侧同处山形北坡遗址相分别，而以阿拉伯数字1、2、3命名之，遗址东距饭鹅达遗址约300米，西距山形2号遗址约300米。山形位于灌村盆地南部，北与百足岭隔溉峒河相望，东南为溉峒河谷，西、南与群山相连。山形1号遗

图596　山形1号遗址远景（西北—东南）

图597　山形1号遗址采集遗物

址所在区域位于山形东北部，南靠高山，北临东西向河谷，地势南高北低，平均海拔约60米，坡度较缓，溉峒河流经山北坡脚，有连接灌村和高围社的水泥公路经过。遗址现地表被开荒，开辟成梯田，种植有橘子等。

遗物分布范围约20 000平方米，地表采集陶片34片，均为泥质硬陶，陶色以酱黄为主，计16片，另有灰褐、灰、深灰、红褐色等，纹饰以方格纹为主，计17片，另有夔纹、夔纹加方格纹、夔纹加弦纹、曲折纹、篦点纹加方格纹、弦纹、素面，可辨器形有器盖、罐、豆等。时代为西周至春秋，属夔纹陶阶段遗存。

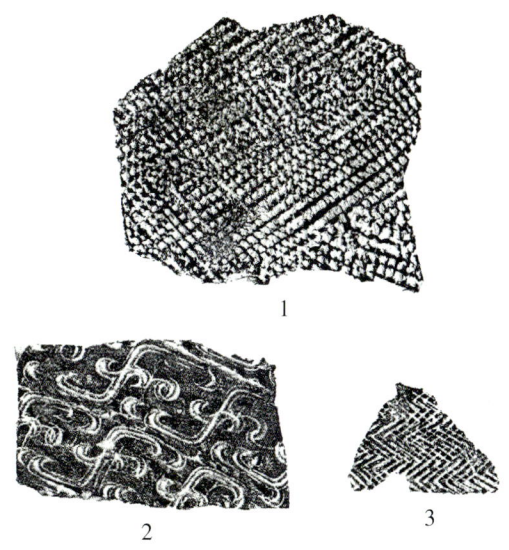

图598　山形1号遗址采集陶片纹饰拓片
1. 方格纹　2. 夔纹　3. 曲折纹

山形2号遗址

遗址编号：193　　行政区划：广州市从化区温泉镇石海村
地理坐标：N23°33′58.2541″，E113°39′38.3023″　海拔：96.644米

遗址位于温泉镇石海村灌村社东部山形北坡山半腰处，东距山形1号遗址约300米，西距山形3号遗址约300米，北邻杉氹、蜈蚣岭遗址。遗址所在区域南连群山，北面东西向峡谷，东边为一小凹谷，海拔约100米，相对高度约60米，地势南高北低，坡度较大，现地表种植有荔枝、橘子等，山体碎石裸露。

调查仅在一处开挖的橘子树树坑内采集陶片1片，为夹细砂浅灰陶，饰绳纹，器形不可辨，据陶片特征推断时代为新石器时代晚期至商代。遗址保存状况较好，遗物分布范围不详，未见文化层堆积。

山形3号遗址

遗址编号：194　　行政区划：广州市从化区温泉镇石海村
地理坐标：N23°34′01.7982″，E113°39′29.2994″　海拔：42.611米

遗址位于温泉镇石海村灌村社东南约700米处，东邻山形2号遗址，西北距泥子山遗址约400米，北与蜈蚣岭遗址隔河相望。遗址所在位置为山形西北侧山脚的一小型山坳，向东北开

口，其余各面群山环绕，山坳内地势低平，海拔约40米，与周边高山相对高差约60米，溉峒河于山坳北侧流经，现地表被开辟为农田，种植有荔枝、橘子、蔬菜等。

遗物分布范围约9000平方米，地表采集陶片17片，均为泥质硬陶，陶色以酱釉为主，计7片，另有酱黄、灰褐、灰、灰白色等，纹饰以米字纹为主，计11片，另有方格纹、水波纹加弦纹、素面，器形不可辨。据遗物特征推断，时代为战国至汉初，属米字纹陶阶段遗存。

图599　山形3号遗址远景（北—南）

图600　山形3号遗址采集遗物

泥子山遗址

遗址编号：195　　行政区划：广州市从化区温泉镇石海村

地理坐标：N23°34′13.5106″，E113°39′19.5008″　　海拔：56.607米

遗址位于温泉镇石海村灌村社东南侧泥子山北端，东南距山形1号遗址约400米，西邻灌村社老屋，东与蜈蚣岭遗址隔河相望。泥子山是灌村盆地南侧高山伸入盆地的一长舌状山岗，南北向，长约200米，宽约100米，总面积约17 000平方米，山岗南连群山，北面为灌村盆地，东为峡谷，地势南高北低，山顶海拔约56米，岗顶平缓，东西坡坡度较陡。现山岗以种植荔枝为主，另有竹子、柿子等。山上植被茂盛，地表裸露较多碎石块。遗物分布范围约

8000平方米，见于泥子山北端。据遗物特征初步分析，可分为2组。

1组：采集陶片2片，为夹细砂硬陶，有褐陶、浅灰陶，纹饰有曲折纹、绳纹，器形不可辨。时代为新石器时代晚期至商代。

2组：采集陶片33片，除1片陶质稍软外，其余皆为泥质硬陶，陶色以灰色为主，另有少量灰褐、红黄色，器表可见纹饰有夔纹、方格纹两种，另有夔纹加方格纹，器形不可辨。据遗物特征推断，时代为春秋时期，属夔纹陶稍晚段遗存。

图601　泥子山遗址远景（东南—西北）

图602　泥子山遗址采集遗物

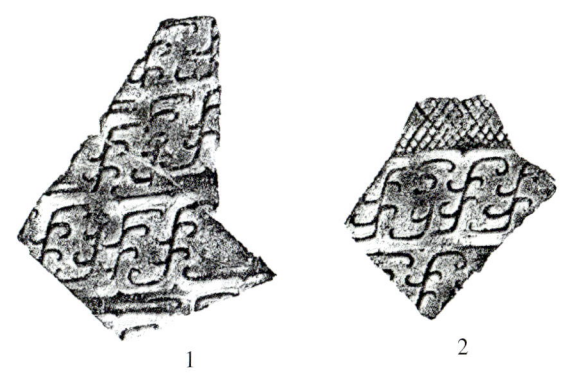

图603　泥子山遗址采集陶片纹饰拓片

1. 夔纹　2. 夔纹加方格纹

后龙山脚遗址

遗址编号：196　　行政区划：广州市从化区温泉镇石海村

地理坐标：N23°34'06.8564"，E113°39'13.5050"　　海拔：54.090米

遗址位于温泉镇石海村灌村社旧围南部后龙山西坡山脚，北距旧围约300米，东北邻泥子山遗址，西北距圆墩山遗址约230米。后龙山为灌村盆地南侧高山向北延伸出的长条状山岗，南北向，遗址位于后龙山西部山脚一处山坳内，山坳北向开口，海拔约50米，与周围高山相对高差约50米，山坳内地势低平，种植有荔枝、龙眼、蔬菜等，地表植被较茂盛。调查仅在山坳内小路旁采集陶片1片，为泥质硬陶，灰褐色，饰夔纹，器形不可辨，据陶片特征推断时代为西周至春秋时期，属夔纹陶阶段遗存。

圆墩山遗址

遗址编号：197　　行政区划：广州市从化区温泉镇石海村

地理坐标：山顶，N23°34'12.6793"，E113°39'07.3817"　　海拔：54.706米

西坡山脚，N23°34'11.9397"，E113°39'03.9142"　　海拔：45.445米

遗址位于温泉镇石海村灌村社南侧的圆墩山上，北接灌村，西邻大路下遗址，东距泥子山遗址约350米。圆墩山为灌村盆地南部一座近圆形小山岗，南临高山，周边为较平缓台地，山岗总面积约5000平方米，山顶海拔约57米，相对高度约18米，山顶较平缓，坡度较陡，现山上种植荔枝、龙眼、橘子等作物，地表杂草丛生，植被茂盛，另有一层枯叶。遗物

图604　圆墩山遗址远景（东北—西南）

分布范围约10 000平方米，调查在山顶和西坡近坡脚采集少许遗物，据遗物特征初步分析，可分为3组。

1组：采集陶片2片，其中夹细砂红褐陶1片，饰方格纹；泥质酱釉硬陶1片，饰云雷纹。时代为西周至春秋时期，属夔纹陶阶段遗存。

2组：采集陶片4片，有泥质陶3片，夹细砂陶1片，均为硬陶，陶色有黑灰、酱釉、红褐色，纹饰有方格纹、米字纹，器形不可辨。时代为战国时期至汉初，属米字纹陶阶段遗存。

3组：采集陶片4片，有黑灰陶、黄灰陶、灰白陶等，饰弦纹、堆塑，可辨器形有罐、盆、魂瓶。时代为唐宋时期。

图605　圆墩山遗址采集遗物

大路下遗址

遗址编号：198　　行政区划：广州市从化区温泉镇石海村

地理坐标：N23°34′09.3131″，E113°38′51.8283″　　海拔：34.724米

遗址位于温泉镇石海村灌村社西约200米开阔台地上，因过去有大路经过此地而得名"大路"。大路台地地处灌村盆地西南部，西邻石海河，南侧为灌村盆地南侧高山，东与圆墩山遗址相邻。台地属于小海河东侧河岸阶地，地势低平，地形平坦开阔，海拔约36米，台地上种植有荔枝、橘子等经济作物，也有蔬菜等，东西向水泥公路将遗址分为南北两部分，其中南部台地高出周围农田约半米。遗物分布范围约45 000平方米，地表采集遗物见陶、瓷、石器。据遗物特征初步分析，可分为4组。

图606　大路下遗址远景（南—北）

图607　大路下遗址断面发现陶碗

1组：采集石斧1件（198：采1），参照周边遗址所出同类器物，

图608　大路下遗址采集遗物

图609　大路下遗址采集遗物
1. 石斧（198：采1）　2. 陶碗（198：采2）

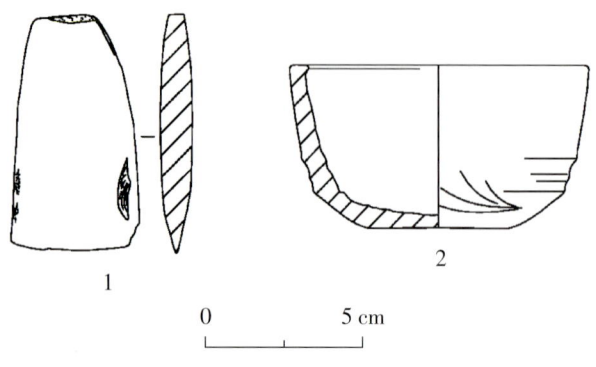

图610　大路下遗址采集遗物
1. 石斧（198：采1）　2. 陶碗（198：采2）

推断时代为新石器时代晚期至商代。

198：采1　石斧，黑灰砂岩，石质细腻。平面呈梯形，扁体状，上窄下宽，顶部平直，下端磨制成双面刃，刃略弧，刃部依然锋利，整器磨制光滑。长7.1 cm，宽4 cm，厚1 cm。（图609：1、图610：1）

2组：采集陶片17片，均为泥质硬陶，陶色以酱褐色为主，另有灰褐、灰白色等，纹饰以夔纹为主，计4片，另有方格纹、菱形凸点纹，无可辨器形。时代为西周至春秋，属夔纹陶阶段遗存。

3组：采集陶片2片，均为泥质硬陶，灰色，器表饰米字纹、方格纹各1片，另有完整陶碗1件（198：采2）。时代为战国时期至汉初，属米字纹陶阶段遗存。

198：采2　陶碗，微敞口，平方唇略内侈，上腹斜直，下腹折收，平底略内凹，器表轮痕明显似弦纹，折腹处有四条细线纹刻划纹似符号。夹砂硬陶，浅灰胎，灰褐色。口径9.4 cm，底径4.4 cm，高4.9 cm。（图609：2、图610：2）

4组：采集陶瓷片7片，陶片均为泥质硬陶，有灰褐、黑灰、褐色等，部分器形饰弦纹，可辨器形见平底罐；瓷片仅见青瓷碗腹部残片。时代为唐宋时期。

来鱼头遗址

遗址编号：199	行政区划：广州市从化区温泉镇石海村
地理坐标：N23°34′05.5917″，E113°38′07.1535″	海拔：70.447米

遗址位于温泉镇石海村下围社南边的来鱼头山岗上，北邻下围社，南邻江埔街上围社，东邻枫洞社。来鱼头山岗位于灌村盆地西部，江埔街与温泉镇交界地带，西连群山，东、南、北三面为开阔的平原地带，石海河于山岗东侧流经，山岗平面呈橄榄形，南北向，长约450米，宽约290米，总面积约82 000平方米。由南北两座小山岗连接组成，北山岗海拔

图611　小海河及来鱼头遗址远景（北—南）

86.2米，南山岗海拔72.9米，相对高度40~50米，山岗东、北、西坡地势陡峭，南坡相对较为平缓。种植荔枝、竹子、龙眼等，地表植被茂盛，局部杂草灌木丛生。遗物分布范围约82 000平方米，见于整座山岗，集中分布于北山岗南坡和南山岗东南坡。据遗物特征初步分析，可分为2组。

1组：采集陶片39片，以夹细砂陶为主，计23片，泥质陶16片；硬陶26片，质地稍软13

图612　来鱼头遗址采集遗物

片；陶色以浅黄灰为主，计13片，灰色10片，另有灰褐、黄褐、红褐、灰白色等；纹饰以绳纹较多计12片，另有长方格纹8片，曲折纹5片，篮纹3片，另有云雷纹、曲折纹加附加堆纹、梯格纹、重菱形凸点纹、素面等，器形不可辨。时代为新石器时代晚期至商代。

2组：采集陶片9片，以泥质陶为主，计7片，夹砂陶2片，硬陶7片，质地稍软者2片（夹砂陶），陶色有红褐、褐、灰色，纹饰有方格纹、夔纹、方格纹加弦纹、方格纹加菱格凸点纹、素面，器形不可辨。时代为西周至春秋时期，属夔纹陶阶段遗存。

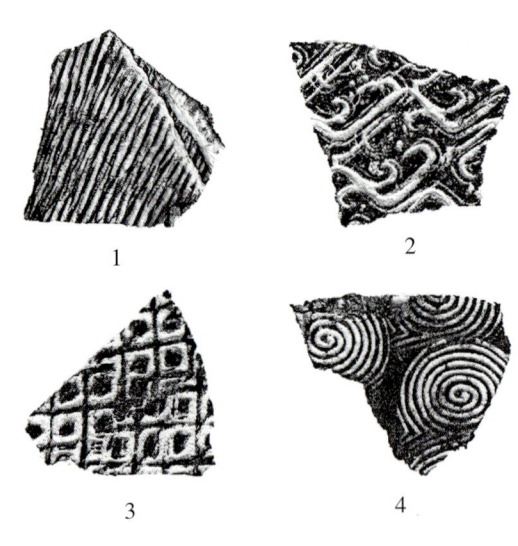

图613　来鱼头、六潭、埔鹅岗遗址采集陶片纹饰拓片

1. 篮纹加附加堆纹（199）　2. 夔纹（199）
3. 菱格凸块纹（200）　4. 卷云纹（201）

六潭遗址

遗址编号：200	行政区划：广州市从化区温泉镇石海村
地理坐标：N23°34′56.2499″，E113°38′06.5046″	海拔：31.766米

遗址位于温泉镇石海村六潭社村南台地上，南邻黄沙埔。台地地处灌村盆地西北部一南

北向峡谷内，东连群山，西临小海河，台地地势低矮平坦，总面积约25 000平方米，海拔约39米，相对高度仅数米，台地上以种植荔枝、橘子为主，另有水稻、蔬菜等作物。调查在台地上采集少量陶片。据遗物特征初步分析，可分为2组。

图614　六潭遗址远景（东—西）

1组：采集陶片2片，为泥质硬陶，陶色有酱褐、灰褐色，饰方格纹加弦纹、菱格凸块纹，器形不可辨。时代为西周至春秋时期，属夔纹陶阶段遗存。

2组：采集陶片1片，为泥质浅灰陶，素面，应为罐耳残片。时代为唐代。

图615　六潭遗址采集遗物

埔鹅岗遗址

遗址编号：201　　行政区划：广州市从化区温泉镇石海村

地理坐标：N23°34′34.0977″，E113°38′43.8389″　海拔：45.407米

遗址位于温泉镇石海村枫洞、信洞东部的埔鹅岗东北坡及东北山脚台地上。埔鹅岗为灌村盆地西部一座独立的山岗，北邻石海工业区、大瓜围、S355，西邻信洞、枫洞，东望开阔的灌村盆地，小海河于山岗东侧山脚流经，西侧山脚有灌溉水渠。山岗平面呈圆弧三角形，南北向，东西宽约450米，南北长约580米，总面

图616　埔鹅岗遗址远景（南—北）

积约17万平方米。山顶海拔约90米，相对高度55米，山北坡被取土破坏，西坡较平缓，东坡较陡，山上大部分为荒山，无人管理，也有小部分区域垦辟为梯田，以种植荔枝为主，另有桉树、杉树、竹子等。遗物分布在两个区域，在山岗东北山脚台地上采集少许陶片。据遗物特征分析，可分为2组。

图617　埔鹅岗遗址采集遗物

1组：采集陶片1片，为夹砂软陶，黑灰胎，红褐色，素面，器形不可辨。时代为新石器时代晚期至商代。

2组：采集陶片3片，为泥质硬陶，褐胎灰色，饰夔纹、方格纹加弦纹、素面，器形不可辨。时代为西周至春秋时期，属夔纹陶阶段遗存。

此外，在山岗东北坡半腰采集饰卷云纹陶片1片，泥质灰黄陶，器形不可辨，时代与2组相当，为西周至春秋时期，属夔纹陶阶段遗存。

（石海）黄泥塘遗址

遗址编号：202	行政区划：广州市从化区温泉镇石海村
地理坐标：N23°34′23.6874″，E113°38′24.2775″	海拔：33.126米

遗址位于温泉镇石海村信洞东侧的黄泥塘台地上。黄泥塘地处灌村盆地西部，北邻S355，南邻枫洞，西邻信洞，东侧为埔鹅岗，西距石海河约500米。台地地势低平，海拔约35米，台地上以种植荔枝为主，另有橘子、水稻、蔬菜等。调查在台地中北部采集少许陶瓷片，分布范围约15 000平方米。据遗物特征初步分析，可分为4组。

图618　（石海）黄泥塘遗址远景（东—西）

1组：采集陶片6片，以夹细砂陶为主，计5片，泥质陶仅1片，陶片均为硬陶，陶色有灰

图619 （石海）黄泥塘遗址采集遗物

白、灰、浅灰、灰褐色等，纹饰有绳纹、曲折纹、曲折纹加附加堆纹、弦纹、素面，器形不可辨。时代为新石器时代晚期至商代。

2组：采集陶片1片，为泥质硬陶，酱褐色，饰方格纹，为罐口沿残片。时代为战国至汉初，属米字纹陶阶段遗存。

3组：采集陶瓷片5片，陶器可辨器形有罐，瓷器可辨器形有饼足碗残片等。时代为唐宋时期。

4组：采集瓷片3片，为青瓷碗残片。时代为明清时期。

石孙山遗址

遗址编号：203　　　行政区划：广州市从化区温泉镇石南村

地理坐标：A点，N23°34′26.5737″，E113°40′33.8941″　海拔：55.202米

　　　　　B点，N23°34′29.3584″，E113°40′28.0748″　海拔：35.031米

遗址位于温泉镇百足岭北坡东部山脚缓坡台地上，台地土名"石孙山"，东与百足岭莲叶渡龟遗址相距约500米，北与公路下遗址隔河相望。石孙山台地沿等高线呈东西向分布，南为百足岭，北面为灌村盆地，小海河于坡脚流过。该区域地势南高北低，坡度较缓，平均海拔约60米，较小海河高约20米。现地表种有荔枝、橘子等作物，地表植被茂盛，杂草丛生。因采集遗物位置不同，将遗址分为A、B点。

A点位于东部山坡上，地势相对较陡，位置偏高，地表采集少许陶片。据遗物特征，可分为2组。

1组：采集陶片1片，为夹细砂硬陶，灰色，饰曲折纹，器形不可辨。时代为新石器时代

图620　石孙山遗址采集遗物

晚期至商代。

2组：采集陶片6片，均为泥质硬陶，陶色有褐、浅黄褐、浅灰色，纹饰有重圆圈纹、夔纹、网格纹加弦纹、方格纹加曲折纹、篦点纹加弦纹，可辨器形有器盖（敛口，圆唇，外斜直壁，漫弧顶，顶部饰篦点纹加弦纹）。时代为西周至春秋时期，属夔纹陶阶段遗存。

B点位于A点西部约100米处，靠近河边，地势平缓。地表采集遗物可分为2组。

1组：采集陶片4片、石镞1件（203：采1）。陶片均为泥质硬陶，陶色有褐、灰色，饰方格纹、圆圈纹，器形不可辨。据遗物特征推断，时代为西周至春秋时期，属夔纹陶阶段遗存。

203：采1　石镞，青灰砂岩，石质细腻，镞体平面呈三角形，前端镞尖残断，两面中部起脊，横截面呈棱形，镞体后端平直，正中有铤。残长4.3cm，宽2.2cm，厚0.7cm。（图621）

2组：采集瓷片2片，有灰瓷片、青瓷片，可辨器形有碗。时代为宋代。

 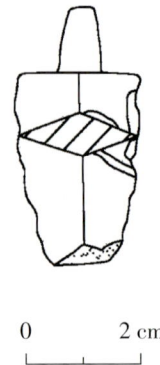

图621　石孙山遗址采集石镞（203：采1）

茶岭遗址

遗址编号：204　　行政区划：广州市从化区温泉镇石南村

地理坐标：A点，N23°34′21.2866″，E113°39′58.8799″　海拔：53.453米

　　　　　B点，N23°34′27.3835″，E113°40′10.0781″　海拔：27.998米

遗址位于温泉镇石南村茶岭社东部和南部台地上，百足岭中部北坡，西距茶岭社约300米，东距石孙山遗址约500米，北与石南村隔河相望。因遗物采集位置不同，将其别为A、B点。

其中A点位于茶岭社南约100米的橘子林内，该区域海拔约50米，地势南高北低，坡度平缓，地表种植荔枝、橘子等。调查在1000平方米范围内地表采集陶片2片，为泥质硬陶，酱褐色，饰方格纹，器形不可辨。据遗物特征推断，时代为西周至春秋时期，属夔纹陶阶段遗存。

图622　茶岭遗址A点采集遗物

B点位于茶岭社东部约300米台地上，西南距A点约350米，该区域海拔约30米，南为百足岭，北距小海河约300米。台地地势南高北低，坡度平缓，面积开阔，地表种植荔枝、橘子、蔬菜等。调查在约1500平方米范围内采集陶片3片，均为泥质硬陶，陶色有黑灰、灰、黄褐色，纹饰有方格纹、刻划纹、卷云纹，器形不可辨。据遗物特征推断，时代为西周至春秋时期，属夔纹陶阶段遗存。

遗址A、B两点相距较远，采集遗物少，中间大片区域因植被茂盛难以发现文化遗物，但不排除有遗物分布的可能。

图623　茶岭遗址B点采集遗物

杉𠙶遗址

遗址编号：205	行政区划：广州市从化区温泉镇石南村
地理坐标：N23°34′18.4490″，E113°39′38.3238″	海拔：65.793米

遗址位于温泉镇石南村茶岭社西边约350米的杉𠙶山岗上，西邻蜈蚣岭遗址。杉𠙶为百足岭西端北延的一座山岗，南连百足岭，北望灌村盆地，小海河于北侧山脚流经，西侧与蜈蚣岭间有小山坳。山岗平面近椭圆形，长约170米，宽约120米，总面积约15 000平方米。山岗海拔约70米，相对高度约40米，山顶平缓，坡度较

图624　杉𠙶遗址远景（东—西）

缓，地势南高北低，山上种植有荔枝、龙眼、竹子等，地表植被茂盛，杂草丛生。遗物分布范围约9000平方米，见于山北坡及山顶位置。据遗物特征初步分析，可分为2组。

图625　杉𠙶遗址采集遗物

1组：采集陶片1片，为夹砂灰硬陶，饰绳纹，器形不可辨。时代为新石器时代晚期至商代。

2组：采集陶片27片，砺石1件。陶片均为泥质硬陶，陶色有浅灰、深灰、酱褐、红褐色等，纹饰见重菱形纹、夔纹、夔纹加弦纹、夔纹加弦纹加方格纹、重菱形纹加弦纹加夔纹、重菱形凸点纹、菱格凸点纹、方格纹等，器形不可辨。砺石为长条状，两端残断，有磨砺凹弧面。据遗物特征推断，时代为西周至春秋时期，属夔纹陶阶段遗存。

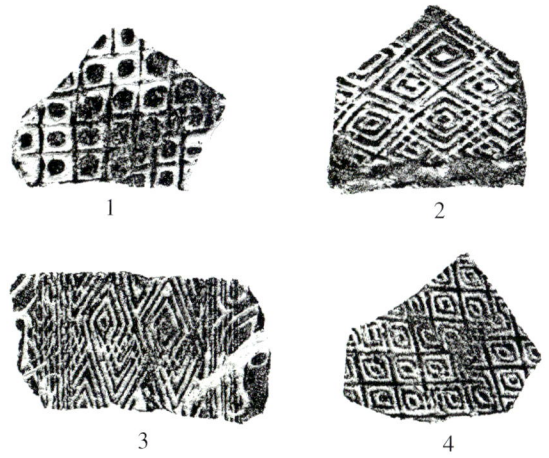

图626　杉𠚎遗址采集陶片纹饰拓片
1.菱格凸点纹　2.重菱形纹　3.重菱形纹加弦纹加夔纹
4.重菱形凸点纹

旱地遗址

遗址编号：206　　行政区划：广州市从化区温泉镇石南村
地理坐标：N23°34′40.9924″，E113°38′52.2611″　海拔：36.234米

遗址位于温泉镇石南村旱地埔社南边台地上，西南距埔鹅岗遗址约300米。旱地铺社位于灌村盆地西部，北邻S355，西南邻大瓜围社，东为石海工业区，南邻石海河。遗址所在台地位于村南至石海河之间，海拔约36米，地势低矮平坦，台地上种植有荔枝、橘子，另有蔬菜等。遗物分布范围约9000平方米。据遗物特征初步分析，可分为2组。

图627　旱地遗址远景（西南—东北）

1组：采集陶片22片、石斧（206：采1）1件。陶片均为夹细砂硬陶，陶色多为灰白色，纹饰有长方格纹8片、绳纹6片、网格纹3片、曲折纹2片、素面3片，器形不可辨。时代为新石器时代晚期至商代。

206：采1　石斧，青灰砂岩，黄褐铁锈色，平面近梯形，上窄下宽，顶部平直较厚，锛面略凹弧，刃部残。残长6.4 cm，宽4.7 cm，厚1.1 cm。（图629）

2组：采集陶片1片，为泥质硬陶，红褐色，饰米字纹，器形不可辨。时代为战国至汉

图628　旱地遗址采集遗物

图629　旱地遗址采集石斧（206：采1）

初，属米字纹陶阶段遗存。

芒顶遗址

遗址编号：207　　行政区划：广州市从化区温泉镇石南村

地理坐标：A点，N23°34′33.0854″，E113°39′19.7405″　海拔：33.796米
　　　　　B点，N23°34′31.0455″，E113°39′25.0883″　海拔：36.099米

遗址位于温泉镇石南村白沙社南边土名"芒顶"的广阔台地上，北距白沙社约350米，

东邻新围社，南邻蜈蚣岭遗址。芒顶位于灌村盆地西部，小海河和溉峒河之间，面积广阔平坦，地势低平，海拔35～38米，高于周边农田约5米，台地现为农田，种植有荔枝、橘子、蔬菜等，因采集位置不同，将其别为A、B两点，两点相距约100米。

图630　芒顶遗址远景（北—南）

其中A点位于北边，遗物分布范围约500平方米。据遗物特征初步分析，可分为2组。

1组：采集陶片1片，为夹细砂硬陶，酱褐色，饰绳纹，器形不可辨。时代为新石器时代晚期至商代。

2组：采集陶片3片，为泥质硬陶，有灰陶、灰褐陶，素面无纹，可辨器形有罐。时代为唐代。

B点位于南部，遗物分布范围约100平方米。据遗物特征初步分析可分为2组。

图631　芒顶遗址采集遗物

1组：采集陶片1片，为夹细砂硬陶，浅灰色，饰曲折纹，器形不可辨。时代为新石器时代晚期至商代。

2组：采集陶片1片，为泥质硬陶，灰褐色，饰弦纹，器形不可辨。时代为唐代。

（石南）新围遗址

遗址编号：208　　　行政区划：广州市从化区温泉镇石南村
地理坐标：N23°34′37.5136″，E113°39′32.8808″　　海拔：50.166米

遗址位于温泉镇石南村新围社西侧一座小山岗上，东邻新围社，西北距白沙社约350米，北邻塘面遗址。山岗平面呈椭圆形，长约180米，宽约100米，东部被村庄破坏。山顶海拔约44米，相对高度约5米，地势低矮平缓。山岗东侧有一小型足球场，西侧山脚有小海河流经，北有小溪流经，南侧有进村村级公路，山上现种植有荔枝、乌榄、竹子等。遗物分布范围约

20 000平方米，见于山岗及公路南侧台地上，集中于足球场西侧山坡上，地表采集遗物见陶、瓷、石器。据遗物特征初步分析，可分为5组。

1组：采集陶片11片、石器5件。陶片均为夹细砂陶，质地较硬，陶色有深灰、灰褐、灰黄、红褐等，纹饰以绳纹为主，另有叶脉纹、编织纹、弦纹加附加堆纹，器形不可辨。石器有石斧1件（208：采1）、石锛1件

图632　（石南）新围遗址近景（西—东）

（208：采2）、砺石2件（208：采3），另一件器形不可辨。时代为新石器时代晚期至商代。

208：采1　石斧，黑灰砂岩，石质细腻，平面呈梯形，上窄下宽，顶部为圆弧形，下端磨制呈双面刃，刃平直，整器较为光滑。长5.1 cm，宽4.2 cm，厚0.7 cm。（图634：1、图635：1）

208：采2　石锛，褐灰砂岩，石质稍粗，平面呈梯形，上窄下宽，顶部崩缺，下端为单面刃，刃部部分残缺，整器较为粗糙，未见明显磨制痕。长9.8 cm，宽5.4 cm，厚2.7 cm。（图634：2、图635：3）

208：采3　砺石，褐色砂岩，石质较细腻，平面呈长方形，上、下平面磨制成凹弧状。长8.3 cm，宽10.3 cm，厚3.4 cm。（图634：3、图635：4）

2组：采集陶片13片，均为泥质硬陶，陶色有酱釉、灰褐、深灰、灰、褐色，纹饰以方格

图633　（石南）新围遗址地表采集遗物

图634 （石南）新围遗址采集遗物

1. 石斧（208：采1） 2. 石锛（208：采2） 3. 砺石（208：采3） 4. 陶罐口沿（208：标1）

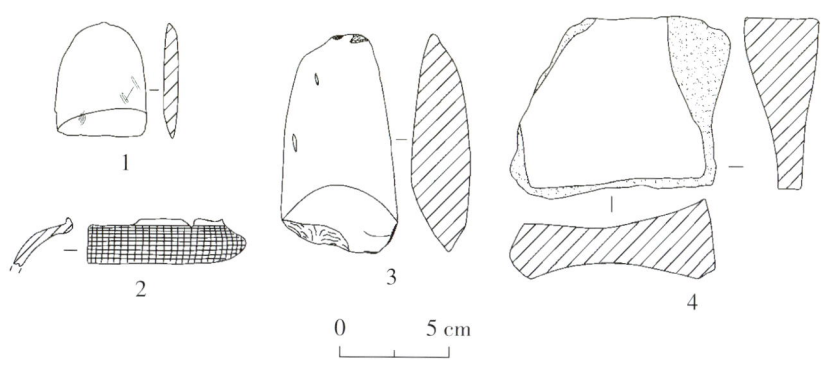

图635 （石南）新围遗址采集遗物

1. 石斧（208：采1） 2. 陶罐口沿（208：标1） 3. 石锛（208：采2） 4. 砺石（208：采3）

纹为主，计10片，另有夔纹加弦纹、夔纹加方格纹、菱格凸点纹，可辨器形有罐口沿（208：标1）。时代为西周至春秋时期，属夔纹陶阶段遗存。

208：标1 陶罐口沿，侈口，短斜折沿近无，尖圆唇，斜折肩残缺，

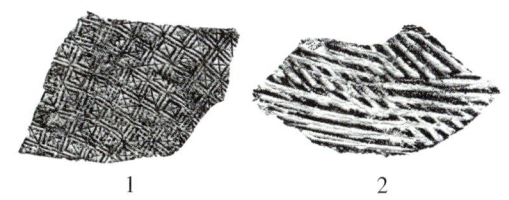

图636 （石南）新围遗址采集陶片纹饰拓片

1. 回字对角线纹 2. 绳纹

肩部饰方格纹。泥质硬陶，浅灰胎，酱釉色。残长7.3 cm，残高2.2 cm。（图634：4、图635：2）

3组：采集陶片11片，均为泥质硬陶，陶色有酱褐色5片、灰褐2片、深灰2片、褐色1片、浅黄灰1片，纹饰有回字对角线纹7片、米字纹1片、方格纹1片、复线米字纹1片、复线米字纹加方格纹1片，器形不可辨。时代为战国时期至汉初，属米字纹陶阶段遗存。

4组：采集陶瓷片5片，有黑灰陶罐残片、青釉瓷饼足碗残片。时代为唐宋时期。

5组：采集陶瓷片各1片，陶片为罐腹残片，瓷片为碗残片。时代为明清时期。

塘面遗址

遗址编号：209　　行政区划：广州市从化区温泉镇石南村

地理坐标：断面，N23°34′43.5433″，E113°39′32.3452″　海拔：36.172米

　　　　　米字纹陶片，N23°34′41.6442″，E113°39′27.4754″　海拔：40.697米

遗址位于温泉镇石南村高松社和白沙社之间塘面一带，北为S355，南邻新围社。塘面为灌村盆地西部北缘的平缓台地，小海河北部，面积广阔，地势低矮平缓，海拔38～39米，台地上种植有荔枝、橘子、竹子、蔬菜等，地表杂草较少。调查在60 000平方米范围内皆有文化遗物分布，在台地南部边缘断崖上可见1米多厚文化层，包含较多陶瓷片，调查采集少

图637　塘面遗址断面所见文化层堆积

图638　塘面遗址采集遗物

许陶瓷片。据遗物特征初步分析，可分为3组。

1组：采集陶片2片；见于遗址西南部，为泥质硬陶，酱褐色、深灰色各1片，饰米字纹、方格纹，器形不可辨。时代为战国时期至汉初，属米字纹陶阶段遗存。

2组：采集陶瓷片7片，陶片以黑灰陶为主，另有灰陶，饰弦纹，可辨器形有罐；瓷片有灰瓷、青瓷，可辨器形有饼足碗。时代为唐宋时期。

3组：采集瓷片7片，以青花瓷为主，另有灰瓷、灰白瓷，可辨器形有碗、盘。时代为明清时期。

据地表遗物分布特征及断面所见文化层堆积情况判断，塘面遗址是一处以晚期遗存为主的遗址。

（石南）大岜遗址

遗址编号：210　　行政区划：广州市从化区温泉镇石南村

地理坐标：N23°34′54.9008″，E113°39′32.0176″　　海拔：43.096米

遗址位于温泉镇石南村新围社北约600米的大岜台地上，东南距高松社约400米，南邻塘面遗址。大岜地处灌村盆地西部，盆地北侧高山南坡下平缓的台地上，S355北侧，台地面积广阔，沿等高线呈东西向分布，地势北高南低，海拔约49米，坡度平缓，台地上以种植荔枝为主，另有竹子等。山上植被茂盛，杂草丛生。遗物分布

图639　（石南）大岜遗址远景（南—北）

图640　（石南）大岜遗址采集遗物

范围约8000平方米。据遗物特征初步分析，可分为3组：

1组：采集陶片3片，有泥质陶2片，夹细砂陶1片，均为硬陶，陶色有浅灰、灰褐，纹饰有长方格纹，器形不可辨。时代为新石器时代晚期至商代。

2组：采集陶片1片，为夹细砂硬陶，酱褐色，饰方格纹，器形不可辨。时代为西周至春秋时期，属夔纹陶阶段遗存。

3组：采集瓷片1片，为灰瓷碗底部残片。时代为宋代。

高车遗址

遗址编号：211	行政区划：广州市从化区温泉镇石南村
地理坐标：N23°34′37.3939″，E113°40′03.0750″	海拔：44.178米

遗址位于温泉镇石南村松安社东南侧河岸台地上，土名"高车"，紧邻村庄，南侧有小海河灌村支流自东向西流过。台地海拔约39米，地势低矮平缓，地表以种植荔枝为主，另有黄皮、蔬菜等。

遗物分布范围约4500平方米，地表采集陶片7片，均为泥质硬陶，陶色有褐、黑灰、黄褐、黄灰色，纹饰有米字纹、方格纹、曲折纹，器形不可辨。据遗物特征推断，时代为战国至汉初，属米字纹陶阶段遗存。

图641　高车遗址采集遗物

汤屋遗址

遗址编号：212　　行政区划：广州市从化区温泉镇石南村

地理坐标：西侧遗物集中区，N23° 34' 57.2244"，E113° 39' 58.5948"　海拔：62.013米
　　　　　东侧遗物集中区，N23° 34' 53.5211"，E113° 40' 02.3183"　海拔：51.168米

遗址位于温泉镇石南村汤屋社北侧缓坡台地上，南邻石南村汤屋社，东侧为石南村白茅岇。台地地处灌村盆地西部，北靠灌村盆地北侧高山，南面为灌村盆地，西侧有南向开口山坳，内有干涸池塘一座。台地地势宽阔而平缓，海拔约59米，台地上以种植荔枝为主，另有龙眼、橘子、竹子等，地表杂草相对较少，S355于其南侧经过。

图642　汤屋遗址远景（西南—东北）

遗物分布范围约30 000平方米，集中分布于遗址的东西两侧，东侧遗物分布相对密集，地表采集陶片29片，均为泥质硬陶，陶色有酱釉、深灰、灰褐色，纹饰以网格纹为主，计10片，另有方格纹、复线三角纹、方格纹加云雷纹、夔纹、夔纹加方格纹、凸点菱格纹、夔纹

图643　汤屋遗址采集遗物

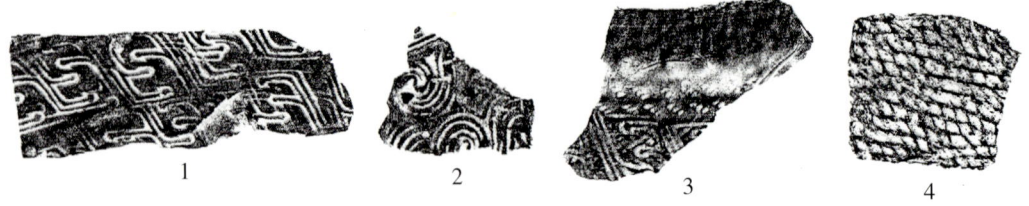

图644 汤屋遗址采集陶片纹饰拓片
1. 夔纹 2. 卷云纹 3. 夔纹加篦点纹 4. 方格纹

加篦点纹、卷云纹、云雷纹，可辨器形有罐口沿（直口，圆唇，立领，溜肩残缺，肩部饰篦点纹加夔纹）。据遗物特征推断，时代为西周至春秋时期，属夔纹陶阶段遗存。

小结

灌村盆地调查发现各期遗址共计79个，据各遗址分组情况比对分析可将盆地内考古学文化遗存分为前后发展的6期，见表6。

表6 灌村盆地遗址分期表

遗址	分期					
	新石器时代晚期至商代	西周至春秋	战国至汉初	汉代	唐宋	明清
鹅颈			1组		2组	
多头隐	√					
柴山		√				
信号岭	1组	2组	3组		4组	5组
石鼓					1组	2组
唐角山	1组 2组	3组	4组		5组	
虾塘	1组	2组				3组
林山		1组			2组	3组
大古石	1组		2组		3组	
沙龙岗		1组	2组		3组	
江车	1组	2组			3组	4组
岜尾		1组			2组	3组
牛头岭	1组	2组				

（续表）

遗址	分期					
	新石器时代晚期至商代	西周至春秋	战国至汉初	汉代	唐宋	明清
猪仔山	1组	2组				
大陂田	1组	2组	3组		4组	5组
大榕树		1组			2组	
檐岭	√					
龙田		1组	2组		3组	
江边田		1组	2组		3组	4组
水庭山	1组	2组	3组		4组	5组
黄洞岭	1组				2组	
鸡公髻南		√				
鸡公髻西		√				
高栋	1组				2组	3组
榕山	1组	2组	3组		4组	
晒塘	1组				2组	3组
猪牯岭	√					
大路	1组	2组			3组	
（龙新）圆墩岭		√				
下梅墩			1组		2组	3组
石博见		1组			2组	
里鱼塘	1组	2组				
洞仔	1组	2组				
田咀	√					
榄核顶	√					
吓塘	√					
杨梅田		1组			2组	
鹿景		√				
破塘	√					
塘仔	1组	2组				
后背山	1组	2组	3组		4组	
养夯	1组	2组	3组		4组	5组

（续表）

遗址	分期					
	新石器时代晚期至商代	西周至春秋	战国至汉初	汉代	唐宋	明清
松山	1组				2组	
赤岭	1组	2组	3组		4组	5组
放牛岭	1组				2组	
饭鹅达	√					
黄㟍	1组		2组		3组	4组
背底隐		1组				2组
下古岭	1组	2组	3组		4组	
黄坭田	1组	2组			3组	4组
（南星）圆山仔	1组			2组	3组	4组
关竹园	1组		2组		3组	4组
上㟍	1组	2组			3组	4组
（南星）担水㟍	√					
形头	1组	2组	3组		4组	5组
莲叶渡龟		1组			2组	
公路下		√				
蜈蚣岭	1组	2组	3组		4组	5组
山形1号		√				
山形2号	√					
山形3号			√			
泥子山	1组	2组				
后龙山脚		√				
圆墩山			1组	2组	3组	
大路下	1组	2组	3组		4组	
来鱼头	1组	2组				
六潭		1组			2组	
埔鹅岗	1组	2组				
（石海）黄泥塘	1组		2组		3组	4组
石孙山	1组	2组			3组	
茶岭		√				

（续表）

遗址	分期					
	新石器时代晚期至商代	西周至春秋	战国至汉初	汉代	唐宋	明清
杉㘵	1组	2组				
旱地	1组		2组			
芒顶	1组				2组	
（石南）新围	1组	2组	3组		4组	5组
塘面			1组		2组	3组
（石南）大㘵	1组	2组			3组	
高车			√			
汤屋		√				

注："√"代表该遗址仅有一组遗存

一期：新石器时代晚期至商代。 见于51个遗址，代表性遗址有牛头岭、猪牯岭、塘仔、后背山、来鱼头等遗址。采集遗物有陶片和石器两类。陶片以夹细砂陶为主，泥质陶次之，质地多为硬陶，部分质地稍软，少量软陶；陶色以灰黄、深灰、浅灰色为主，另有灰白、红褐、黄褐、灰褐、黑灰色等；纹饰常见曲折纹、绳纹、附加堆纹、长方格纹，另有叶脉纹、重圈纹、篮纹、梯格纹、席纹、网格纹、条纹、卷云纹等。可辨器形多为敞口长颈罐口沿或罐圈足底。石器可见砺石、石锛、石镞、石矛、石环、石戈及一些不可辨器形石器。该期遗存与吕田、安山、桃园盆地所见同期遗存内涵相近，时代相当，约当于中原地区的商代。除以上印纹陶圈足罐类遗存外，唐角山遗址发现少许显示石峡文化特色夹砂软陶片，器形不可辨，时代为新石器时代晚期。

二期：西周至春秋。 见于51个遗址，代表性遗址有柴山、江车、㘵尾、大陂田、洞仔、杨梅田、后背山、形头、山形1号、泥子山、汤屋遗址等。采集遗物为陶片，泥质硬陶，陶色以灰褐色或酱褐色为主，另见黄褐、深灰、浅灰、黄灰、红褐色等，器表常见纹饰有夔纹、方格纹、菱格凸点纹、篦点纹、重圈纹、重菱形纹或以上两至三种纹饰组合纹，另有刻划纹、云雷纹、网格纹等，部分陶片器表有刻划符号。可辨器形多为罐，少见器盖、豆等。该期遗存属典型夔纹陶遗存，时代约相当于中原的西周至春秋时期。

三期：战国至汉初。 见于27个遗址，代表性遗址有龙田、水庭山、榕山、黄㘵、山形3号遗址等。采集遗物以泥质硬陶为主，少量夹细砂陶，陶色以灰褐色为主，另有深灰、浅灰、酱褐、黄灰、红褐色等，纹饰以方格纹、米字纹（包括米字纹变体纹，如复线方格对角线纹、方格对角线纹、三角格纹）为主，另有水波纹、弦纹等，可辨形器多为罐，另榕山遗址采集陶牛俑1件。该期遗存属典型米字纹陶阶段遗存，时代相当于战国至汉初。

四期：汉代。仅见于（南星）圆山仔遗址，采集泥质硬灰陶片1片，为陶钵口沿残片，饰弦纹，为汉代遗物。

五期：唐宋时期。见于45个遗址，代表性遗址有石鼓、晒塘、下古岭、蜈蚣岭、下梅墩、荞夯、塘面遗址等。采集遗物见陶片和瓷片。陶片以泥质灰硬陶为特色，部分器表施黑衣，饰弦纹，可辨器形以罐、瓮等为主，另有少量器盖、研磨器等。瓷片以青瓷、青灰瓷为主，少量灰白瓷，可辨器形多为碗，部分青瓷底为饼足底或玉璧底。

六期：明清时期。该期遗存见于25个遗址，采集遗物见泥质硬陶，陶色见灰、酱釉色等，可辨器形多为罐。瓷器多为青花瓷，青瓷次之，可辨器形以碗为主。明清时期遗物多与早期遗物一并采集，但并未完全采集，故而遗址数量偏少。

第七节 卫东片区

卫东片区位于从化东北部，温泉镇与良口镇接壤处，北邻良口洛溪洞，西邻温泉度假村，南与桃园盆地隔山接壤，向东为山地丘陵地带。因流溪河干流自区域内自北向南呈"S"转弯，卫东片区整体地形地貌沿流溪河沿岸呈"S"形分布。其东西、南北均长约3000米。卫东村黄迳、黄围、桥栏、隔海、三层、其兴里等居其中。

图645　卫东片区全景（东南—西北）

卫东片区整体地势由四周向中部递减，周边山地丘陵环绕，海拔最高，介于100~250米，山脉走势无定向，将卫东片区分割细碎。高海拔区地势较陡，坡度稍大；低海拔区流溪河沿岸部分区域地势陡峭，大部分山脚发育成缓坡或延伸出小型山岗，地势稍缓，地表多种植荔枝、龙眼等。

流溪河沿岸发育河岸冲积阶地，其中黄迳周边、三层、隔海向南至卫东村委会间有大片冲积平原，地形平坦，地势开阔，海拔约48米，现多开辟为农田，种植水稻、火龙果、蔬菜等，其间沟渠纵横。

阶地与山地丘陵间有缓坡或山岗余脉，缓坡海拔多48~100米，坡度平缓，村落多坐落在山脚边缘。部分山岗余脉向平原区延伸，多呈舌状，地势平缓。此次调查发现遗址多位于山前缓坡及小型山岗余脉上。

流溪河呈"S"转弯流经区域北部，河宽70~200米，隔海河心洲位置建有卫东电站（拦

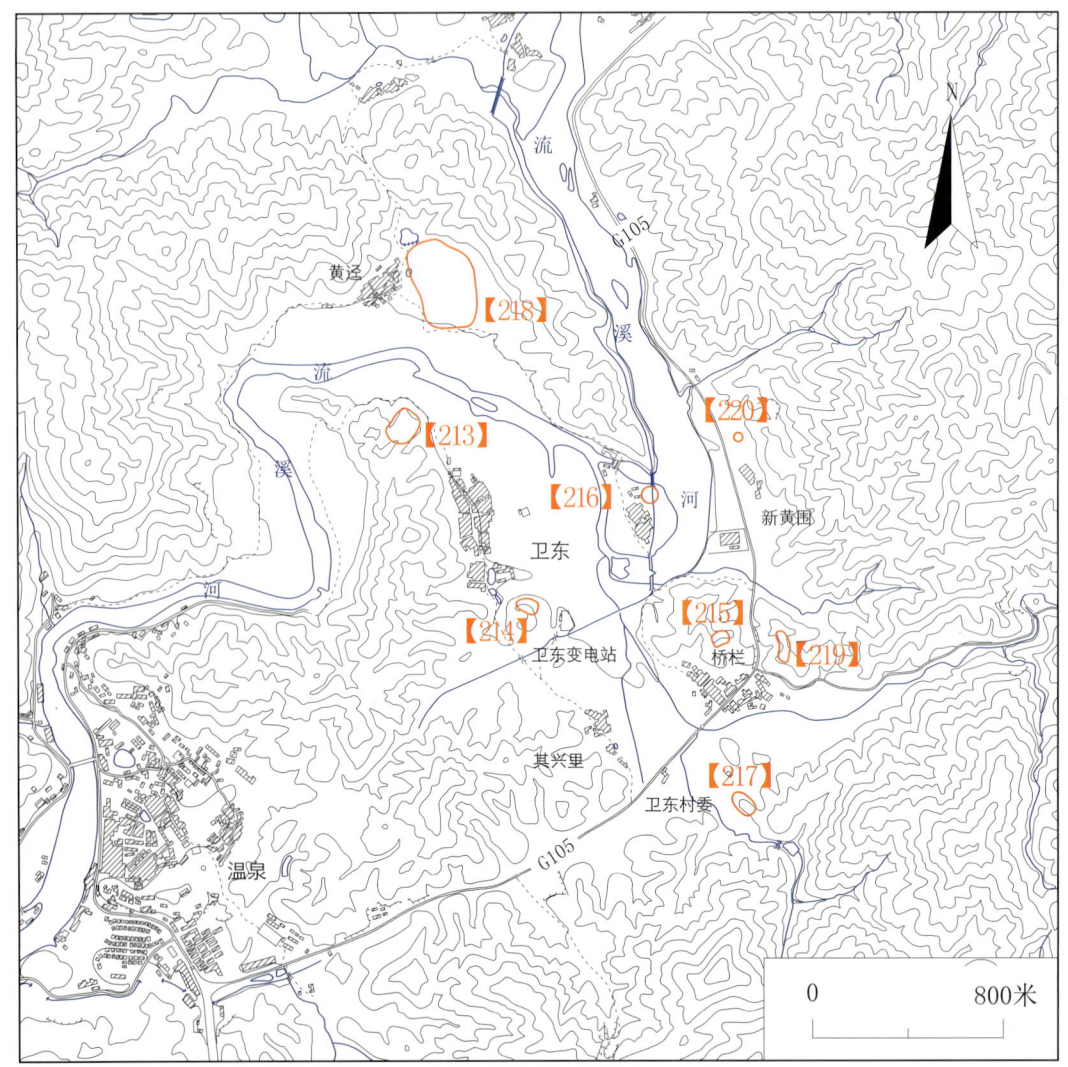

图646　卫东片区遗址分布图

河坝）。卫东片区流溪河河漫滩堆积大量鹅卵石，其中黄蜡石尤为典型，是当地独特的自然资源。发源于东部飞天蜈蚣山一带的溪流，自东北向西南流经三夫田、桥栏，于隔海南侧汇入流溪河。

G105于片区南部纵穿而过，在建的大广高速纵穿西部区域。

卫东片区已掌握的文物资源有2005年进行大广高速沿线调查时发现的瓦厂坝遗址和《广州市文物普查汇编·从化市卷》登记的秀庭高公祠。其中瓦厂坝遗址于2008年10月进行过考古勘探。

此次考古调查开始于2015年1月20日，止于1月25日，历时6天。调查采取区域调查的方法，对卫东片区的低地平原、山前缓坡台地、小山岗及部分高山地区进行徒步调查，足迹涵盖卫东村周边3.5平方千米的区域，共计复查和新发现各期遗址8处。

（卫东）庙山遗址

遗址编号：213　　行政区划：广州市从化区温泉镇卫东村

地理坐标：N23°39'47.9684"，E113°39'41.8736"　海拔：96.720米

遗址位于温泉镇卫东村三层社西北约400米的庙山顶上。三层社位于温泉镇东北部，流溪河南岸，西侧为一座南北向、长条状山岗，海拔162米，地势南高北低，坡度极陡。山岗北、西邻流溪河，东为流溪河河漫滩，南为连绵起伏的高山，大广高速从山岗东坡穿过，山上种植有荔枝、竹子等，山上植被茂盛，杂草丛生。庙山位于该山岗东北部，因山脚有

图647　（卫东）庙山遗址全景（南—北）

"应近古庙"而得名，山岗海拔约100米，相对高度约50米，顶部平坦，山坡坡度极大，种植有荔枝、竹子等，地表杂草较盛。

遗物分布范围约15 000平方米，见于山岗顶部。据遗物特征初步分析，可分为2组。

1组：采集陶片7片，均为夹细砂软陶，陶色有黄灰、黑灰、黄褐、灰白色，均素面无纹，器形不可辨。时代为新石器时代晚期至商代。

图648　（卫东）庙山遗址采集遗物

2组：采集陶片5片，均为泥质灰硬陶，纹饰有方格纹、细方格纹加弦纹，器形不可辨。时代为战国至汉初，属米字纹陶阶段遗存。

白虎岭遗址

遗址编号：214　　行政区划：广州市从化区温泉镇卫东村

地理坐标：N23°39′24.3658″，E113°40′00.2357″　　海拔：76.328米

遗址位于温泉镇卫东村三层社东南部，土名"白虎岭"山岗上，北距卫东小学约100米。白虎岭为一座独立的小山岗，西、南连群山，北面是流溪河南岸开阔的河岸阶地，东为卫东渡槽，进入三层社村道于山岗西侧经过，南距G105约900米。山岗平面呈圆形，面积约45 000平方米，海拔约82米，相对高差约30米，山之北坡相对较陡，部分区域因雨水滑坡，几

图649　白虎岭遗址远景（北—南）

为荒山，山之南坡相对平缓，山上种植有荔枝、竹子，还有几座现代墓葬，地表植被茂盛，杂草丛生，另有较多枯叶。

遗物分布范围约4000平方米，见于山顶北部区域，地表采集陶片10片，其中夹细砂陶6片，泥质陶4片，陶色有灰、灰白、灰褐色，纹饰有绳纹、曲折纹、长方格纹，器形不可辨。遗址保存状况较好，未见文化层堆积，据遗物特征推断，时代为新石器时代晚期至商代。

图650　白虎岭遗址采集遗物

屋背遗址

遗址编号：215　　行政区划：广州市从化区温泉镇卫东村

地理坐标：N23°39′19.7675″，E113°40′28.1918″　　海拔：93.912米

遗址位于温泉镇卫东村桥栏社北侧后山顶上，东距桥栏遗址约250米。桥栏位于温泉镇东北部，卫东村委会北边，其北侧有一座平面近三角形山岗，由数座小山岗构成，北邻流溪河，东为群山，西望三层社，南侧山脚为桥栏社，G105经过山岗东侧山脚。山岗海拔约120米，相对高度约65米，山岗坡度较大，地表植被茂盛，灌木丛生。

图651　屋背遗址全景（南—北）

遗物分布范围约3000平方米，位于山岗南部近山顶位置，临近桥栏村庄，该区域海拔约90米，山势较平缓，地势北高南低，地表种植荔枝、竹子等。地表采集陶片10片，以夹细砂陶为主，计9片，泥质陶1片，陶色有浅灰、灰白、黄灰色，纹饰有绳纹、曲折纹、绳纹加附加堆纹，器形不可辨。遗址保存状况较好，未见文化层堆积，据遗物特征推断，时代为新石器时代晚期至商代。

图652　屋背遗址采集遗物

隔海遗址

遗址编号：216　　行政区划：广州市从化区温泉镇卫东村

地理坐标：N23°39′38.7073″，E113°40′18.1641″　　海拔：46.972米

遗址位于温泉镇卫东村隔海社北侧。隔海位于卫东村北部，为一座被流溪河环绕的河中

小岛，北为群山，流溪河于小岛周边环绕而过。小岛平面呈椭圆形，长约400米，宽约300米，总面积约9万平方米，地势低矮平坦，海拔46～48米。村庄位于小岛中南部，北侧有卫东电站，南侧建有拦河大坝，一条水泥村道南北纵穿小岛，岛上建有旅游服务区，小岛局部种植有荔枝、竹子

图653　隔海遗址远景（北—南）

图654　隔海遗址采集遗物

等。遗物分布范围约1000平方米，位于村庄北侧果园内，遗物集中分布区域高于周边地面约半米，可能为房屋废弃堆积，采集少许陶瓷片。据遗物特征初步分析，可分为2组：

1组：采集陶瓷片21片，陶片均为泥质硬陶，以黑灰色为主，可辨器形有平底罐底、研磨器；瓷片为灰瓷碗底部残片。据遗物特征推断，时代为唐宋时期。

2组：采集瓷片3片，有青瓷片、灰瓷片，可辨器形有碗。时代为明清时期。

石草塘遗址

遗址编号：217　　行政区划：广州市从化区温泉镇卫东村

地理坐标：N23°38′58.0760″，E113°40′32.6585″　　海拔：69.669米

遗址位于温泉镇卫东村委东边约300米的石草塘山岗上。石草塘位于G105东侧一东西向

山坳内，三面环山，东面与高耸群山相连，西面为卫东村所在谷地，山岗平面呈长舌状，东西向，长约150米，宽约50米，地势东高西低，坡度平缓。山岗西侧为一片地势低平的谷地，已用水泥栏杆加铁丝围蔽，应为开发用地。山岗上种植有荔枝，周边有竹子。遗物分布范围约4000平方米，位于长舌状山岗中北部，地表采

图655　石草塘遗址远景（西北—东南）

图656　石草塘遗址采集遗物

集少许陶片。据遗物特征初步分析，可分为2组。

1组：采集陶片14片，以夹细砂陶为主，计12片，泥质陶2片，质地均较硬，陶色有褐、浅灰、黄褐色等，纹饰有绳纹、曲折纹、曲折纹加绞索状附加堆纹、篮纹、素面，可辨器形有罐圈足、罐口沿（敞口，卷沿较高，圆唇，上沿近直，面略凹，下沿内折凹收呈束领状）。时代为新石器时代晚期至商代。

2组：采集陶片1片，为泥质硬陶，灰褐色，饰复线刻划纹，器形不可辨。据陶片特征推断时代为西周至春秋，属夔纹陶阶段遗存。

瓦厂坝遗址（复查）

遗址编号：218　　行政区划：广州市从化区温泉镇卫东村
地理坐标：N23°39′47.2528″，E113°40′01.8934″　　海拔：57.045米

遗址位于温泉镇卫东村黄迳东边瓦厂坝的台地上。台地南边靠流溪河北岸，北与塘坡下

相连，西邻黄迳队，东北部被黄猄岭大山环绕，形成比较宽阔的缓坡台地，较为平坦，塘坡下南坡呈阶梯状。地表种植荔枝、水稻、花生和蔬菜等，流溪河岸边及塘坡周边为竹林。大广高速公路于村东南北向纵穿台地，使得遗址被破坏殆尽。

2005—2007年，广州市文物考古研究所对拟建设的大广高速公路施工沿线进行考古调查时发现，2008年10月19—29日对遗址进行了考古勘探。经

图657　瓦厂坝遗址采集遗物

过勘探，瓦厂坝的地层可分3层，土质土色均比较复杂，大部分都是冲积淤积层，但未勘探出早期的遗址和遗物。地表遗物分布范围较广，地表上采集少许陶瓷片。据遗物特征初步分析，可分为2组。

1组：采集陶片3片，均为泥质硬陶，有褐陶、浅灰陶，饰米字纹、方格纹以及素面，器形不可辨。时代为战国至汉初，属米字纹陶阶段遗存。

2组：采集陶瓷片4片，有黑灰陶罐残片2片，饼足碗底残片2片。时代为唐宋时期。

桥栏遗址

遗址编号：219　　行政区划：广州市从化区温泉镇卫东村

地理坐标：N23°39′17.6809″，E113°40′38.8742″　　海拔：104.222米

遗址位于温泉镇卫东村桥栏东边山岗顶部，西距屋背遗址约250米，西南距卫东村委约600米。此山岗为流溪河东岸高山西延出的一座小山岗，东连群山，北为流溪河，西与桥栏相连，南邻一小型谷地，G105于山岗西侧山脚经过，路旁有"桃姐农庄"。山岗平面近舌状，南北向，长约400米，宽约300米，总面积约9万平

图658　桥栏遗址远景（西南—东北）

图659 桥栏遗址采集遗物

方米，山顶海拔约113米，相对高度约50米，地势陡峭，除南坡局部开辟为荔枝林、火龙果林外，其他区域杂草灌木丛生。

遗物见于山岗顶部偏西区域，在近山顶处小片区域内（面积仅4～6平方米，周边均为杂草）采集陶片7片，有夹砂细陶4片，泥质陶3片，按陶色分有浅灰5片，褐色1片，黑灰色1片，按纹饰分有绳纹3片、篮纹1片、篮纹加附加堆纹1片、曲折纹1片、曲折纹加附加堆纹1片，器形不可辨。据遗物特征推断，时代为新石器时代晚期至商代。

新黄围遗址

遗址编号：220　　行政区划：广州市从化区温泉镇卫东村

地理坐标：N23°39′48.3744″，E113°40′30.2917″　　海拔：50.524米

遗址位于温泉镇卫东村新黄围北侧山前缓坡台地上，北邻瑞锋农庄大门，其西邻G105和流溪河，东侧为高山，南北均为开发的农庄饭店。遗址所在台地位于流溪河东岸，地势东高西低，随等高线呈南北走向，台地北侧大半被瑞锋农庄所占，所存面积较小，约几百平方米，台地上种植有荔枝、火龙果。地表采集陶片、瓷片各1片，可分为2组。

图660 新黄围遗址远景（西南—东北）

1组：采集陶片1片，为夹细砂硬陶，浅灰色，饰绳纹，器形不可辨。时代为新石器时代晚期至商代。

2组：采集瓷片1片，为青花碗残片。时代为明清时期。

小结

卫东片区复查和新发现各期遗址共计8个，据各遗址分组情况比对分析可将片区内考古学文化遗存分为前后发展的5期，见表7。

表7 卫东片区遗址分期表

遗址	时代				
	新石器时代晚期至商代	西周至春秋时期	战国时期至汉初	唐宋	明清
（卫东）庙山	1组		2组		
白虎岭	√				
屋背	√				
隔海				1组	2组
石草塘	1组	2组			
瓦厂坝			1组	2组	
桥栏	√				
新黄围	1组				2组

注："√"代表该遗址仅有一组遗存

一期：新石器时代晚期至商代。卫东片区共计在6个遗址发现该期遗存，采集遗物皆为陶片，夹细砂陶为主，少量泥质陶，硬陶和软陶各半，陶色有深灰、浅灰、黄灰、灰褐色等，纹饰有绳纹、曲折纹、篮纹、附加堆纹、素面等，可辨器形有罐圈足、敞口卷沿罐口沿等。该期遗存与上游吕田、安山盆地及周边桃园盆地同时期遗存内涵相近，时代相当于中原地区的新石器时代晚期至商代。

二期：西周至春秋时期。仅见于石草塘遗址，采集复线刻划纹陶片1片，器形不可辨，类似纹饰见于博罗横岭山墓地出土陶器，时代为西周至春秋时期，与夔纹陶遗存年代相当。

三期：战国时期至汉初。见于庙山和瓦厂坝遗址，采集遗物为陶片，均为泥质硬陶，灰色，饰米字纹、方格纹，器形不可辨，为米字纹陶遗存，时代为战国时期至汉初。

四期：唐宋时期。见于隔海和瓦厂坝遗址，以隔海遗址采集遗物为代表，有陶片和瓷片两种，陶片为泥质灰黑硬陶，可辨器形见平底罐、研磨器等；瓷片为灰瓷、青瓷碗残片。遗存特征与其他区域相同。

五期：明清时期。据调查情况，见于隔海遗址、新黄围遗址，采集少许青瓷、灰瓷碗残片。

第八节　留田坑谷地

留田坑谷地位于从化区江埔街高峰村东北方的留田坑一带，地处小海河东岸，北与灌村接壤，东与溾峒盆地隔大脑山，南邻高峰村。谷地大致呈东南—西北向，北、东、南三面环山，西向开口，长约2000米，宽约500米。总体地势东高西低，谷底较平缓，山岗多种植橘子、荔枝等，谷底开辟为农田，种植水稻、蔬菜、瓜果等，禾塘、留田坑坐落其中。谷底有溪流横穿，发源于高峰村留田坑社东南的天井岽一带，自东南向西北流经禾塘、留田坑，于龟山南侧汇入小海河，全长约3700米，在河流北岸有发源于青禾岽、龟岽的小溪汇入，流域面积约4.3平方千米。

调查以留田坑谷地周边山岗台地为主，调查时间为2015年1月21日至25日，共计5天，共新发现各期遗址6处。

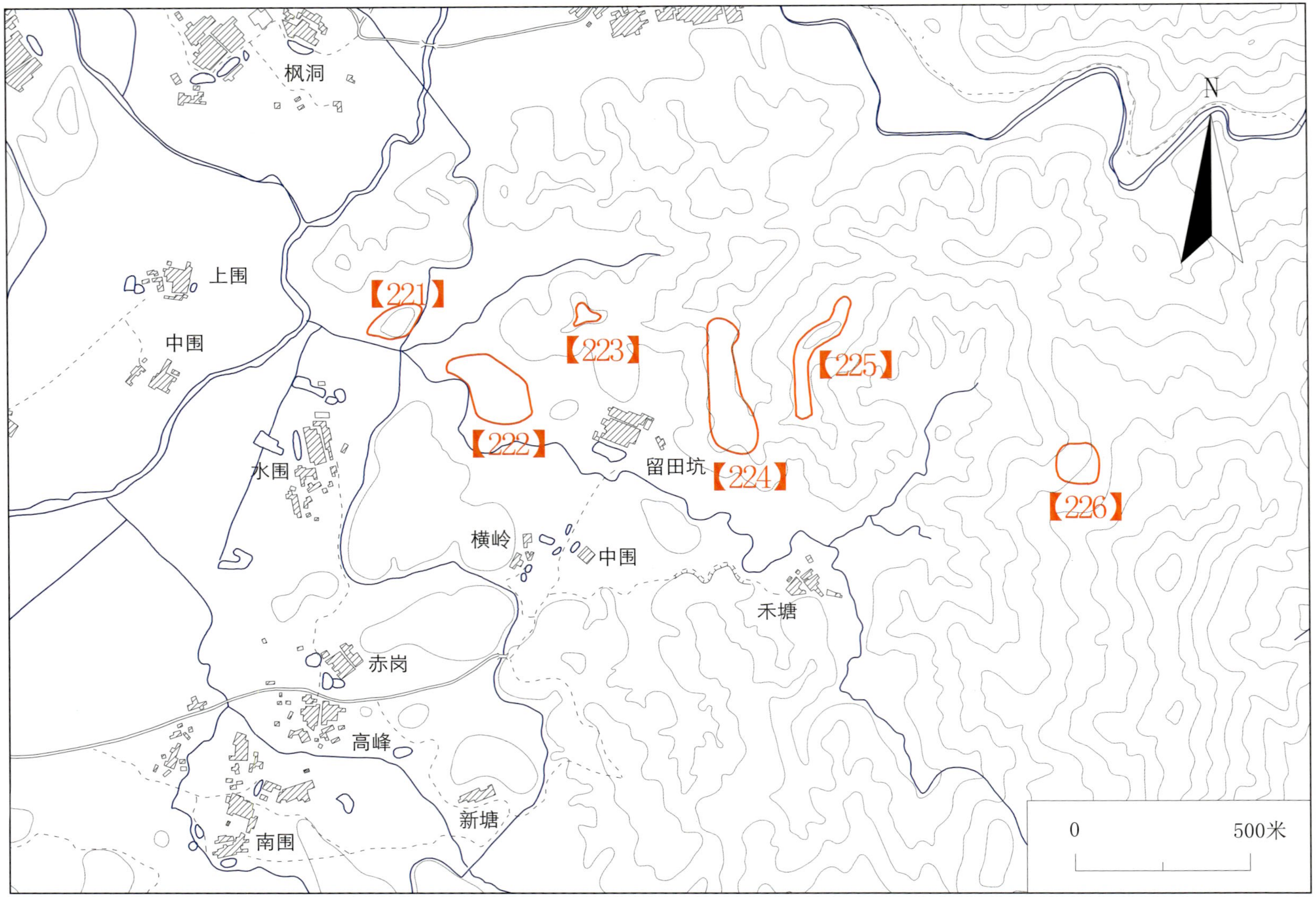

图661 留田坑盆地遗址分布图

龟山遗址

遗址编号：221　　行政区划：广州市从化区江埔街高峰村

地理坐标：N23°33′46.5401″，E113°38′41.5382″　海拔：51.243米

遗址位于江埔街高峰村留田坑社西北约600米龟山上，东邻龟岜遗址，北为灌村盆地，西距小海河主河道约200米，高峰水自山岗南侧山脚流经。山岗平面呈不规则椭圆形，总面积约17 000平方米，山顶海拔55.8米，相对高度25米。山岗顶部较平坦，山势坡度平缓，部分山体边缘陡直。地表种植有桉树、橘子等，大部分杂草

图662　龟山遗址远景（西北—东南）

图663　龟山遗址采集陶片

丛生，有灌溉水渠于山岗东侧经过。遗物分布范围约13 000平方米，集中于山顶位置。据遗物特征初步分析，可分为2组：

1组：采集陶片13片，均为夹砂软陶，陶色有黄褐、灰褐色，素面无纹，器形不可辨。时代为新石器时代晚期至商代。

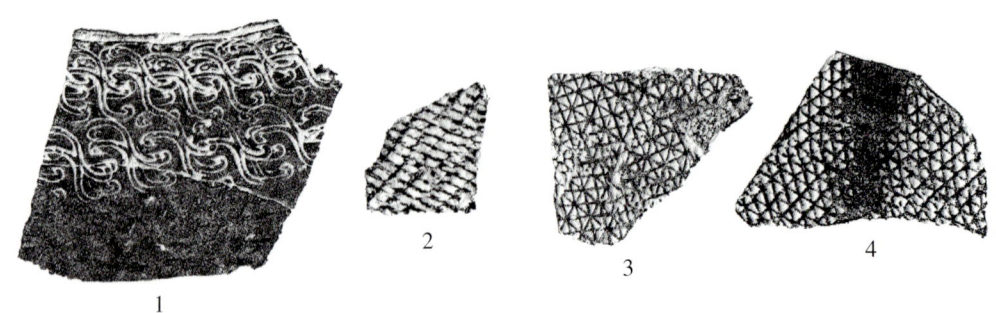

图664　龟山、龟冚遗址采集陶片纹饰拓片
1. 夔纹（龟山）　2. 斜长方格纹（龟冚）　3、4. 米字纹（龟冚）

2组：采集陶片7片，均为泥质硬陶，陶色有褐、浅灰、黄褐色等，按纹饰计有夔纹1片，方格纹5片，篦点纹加方格纹加弦纹1片，器形不可辨。时代为西周至春秋时期，属夔纹陶阶段遗存。

龟冚遗址

遗址编号：222　　行政区划：广州市从化区江埔街高峰村

地理坐标：N23°33′38.59″，E113°38′52.61″　海拔：52.30米

遗址位于江埔街高峰村留田坑社西北面约350米的缓坡台地，台地因位于龟山南侧、地势低矮，故名"龟冚"。龟冚西邻龟山，东邻毛毡岗，三面环山，地势平缓，面积广阔。现地表多经开荒，种植荔枝、橘子等果木，局部有杂草。调查在龟冚北、南面分别采集较多文化遗物，别为北区、南区，范围约70 000平方米。

图665　龟冚遗址北区远景（北—南）

北区地表采集少许陶瓷片，可分为3组：

1组：采集陶片6片，有泥质硬陶4片，夹砂硬陶2片，按陶色计有灰褐色3片，褐陶、中灰、酱褐色各1片，纹饰有米字纹3片，复线米字纹1片，方格纹1片，素面陶1片，可辨器形见罐口沿（222：标1）、器足（222：标2）。时代为战国时期至汉初，属米字纹陶阶段遗存。

222：标1　陶罐口沿，微敞口，斜折沿极短，斜方唇，短直肩近平，弧腹残缺，肩、腹部饰方格纹，泥质硬陶，灰胎酱釉色。残长9.4 cm，残高3.7 cm。（图667：1、图668：1）

图666　龟山遗址北区采集遗物

图667　龟山遗址北区采集陶器
1. 陶罐口沿（222：标1）　2. 陶器足（222：标2）

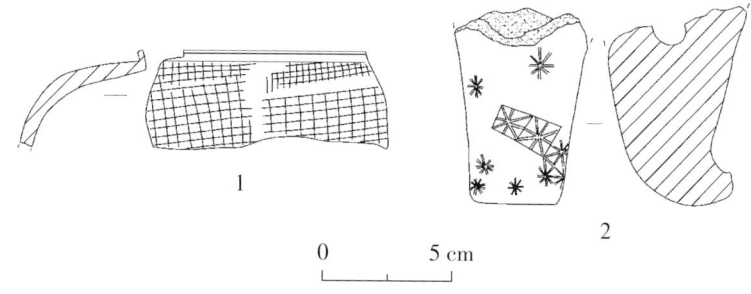

图668　龟山遗址北区采集陶器
1. 陶罐口沿（222：标1）　2. 陶器足（222：标2）

222：标2　陶器足，呈圆柱状，上粗下细，上部残断，断面有一横向穿孔残痕，下部收为圆角四边形，尾部外卷呈兽蹄状，器表饰复线米字纹，夹砂灰褐硬陶。残长7.5 cm，宽5.4 cm。（图667：2、图668：2）

2组：采集陶片14片，以黑灰陶为主，另有灰陶片，可辨器形有罐。时代为唐代。

3组：采集瓷片6片，以黄褐瓷为主，可辨器形有碗、杯。时代为明清时期。

南区采集陶片较多，据遗物特征分析，可分为4组：

1组：采集陶片2片，均为夹细砂灰陶，薄胎，质地较硬，纹饰均为斜方格纹，器形不可辨。时代为新石器时代晚期至商代。

2组：采集陶片19片，夹细砂灰陶2片，其余为泥质灰陶，多厚胎、质地硬，纹饰含米字纹11片，方格纹7片，弦加波浪纹1片，器形不可辨。时代为战国至汉初，属米字纹陶阶段遗存。

3组：采集陶片33片，泥质黑皮灰陶居多，另有少量泥质灰陶及泥质黑皮红陶，饰粗弦纹，部分素面，口沿及腹部残片居多，可辨器物罐。时代为唐代。

4组：采集数片青釉瓷片，施釉不及底，可辨器形为碗。时代为明清时期。

图669　龟冚遗址南区采集遗物

毛毡岗遗址

遗址编号：223　　行政区划：广州市从化区江埔街高峰村

地理坐标：N23°33′45.86″，E113°38′59.84″　　海拔：87米

遗址位于江埔街高峰村留田坑社北部约300米的毛毡岗山顶，西面邻龟岽遗址，东距鸭仔岽浦遗址约400米。毛毡岗平面呈不规则圆锥形，北、西为龟岽，地势低矮，留田坑坐落南侧山脚。山岗顶部海拔约86米，相对高度约50米。山势较陡，经开荒成梯田，种植荔枝、橘子等，地表裸露较干净。

图670　毛毡岗遗址远景（东—西）

遗物分布范围约1000平方米，见于山顶，采集陶片5片，均为泥质黄灰软陶，薄胎，素面，器形不可辨。据遗物特征推断，时代为新石器时代晚期至商代。

图671　毛毡岗遗址采集遗物

鸭仔岽浦遗址

遗址编号：224　　行政区划：广州市从化区江埔街高峰村

地理坐标：N23°33′39.71″，E113°39′11.84″　　海拔：89米

遗址位于江埔街高峰村留田坑社北偏东约300米的鸭仔岽浦山岗西坡，西距毛毡岗遗址约

400米。鸭仔岇浦为一相对高度80多米的小山丘，与毛毡岗相连，呈倒V状，中部为鱼塘。山岗西坡地势陡峭，坡度较大，现被开垦为梯田，种植果树，地表落叶遍布，杂草丛生，在局部农田和果树下有少量裸露地表。遗物见于西坡，总面积约45 000平方米。地表采集石器与各期陶片共计120件。据遗物特征初步分析，可

图672　鸭仔岇浦遗址远景（南—北）

图673　鸭仔岇埔遗址采集遗物

分为3组。

1组：采集石器2件，均残缺，砺石1件（224：采1），穿孔石器1件（224：采2）。陶片共计111片，以夹砂灰陶为主，泥质灰陶次之，另含泥质红陶、夹砂黑褐陶、夹砂灰皮黑陶、夹砂红皮黑陶，质地多较软，纹饰以素面为主，计72片，绳纹21片，方格纹7片，曲折纹2片，叶脉纹2片，网格纹2片，交错绳纹2片，绳纹加附加堆纹3片，可辨器形有罐口沿（224：采3）、豆等。时代为新石器时代晚期至商代。

224：采1　砺石，现状平面近三角形，磨痕明显。（图674：2、图675：1）

224：采2　穿孔石器，扁平体，侧面磨痕明显，一端成磨刃状，中上部有钻孔。（图674：3、图675：3）

图674 鸭仔㘭浦遗址采集遗物
1. 陶罐口沿（224：采3） 2. 砺石（224：采1） 3. 穿孔石器（224：采2）

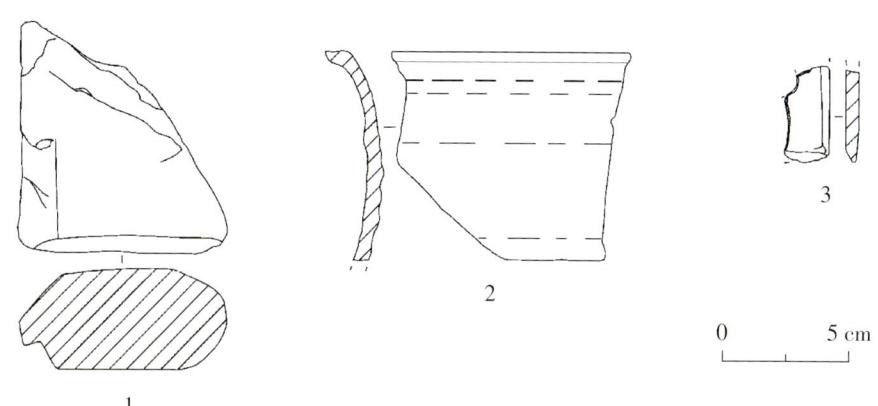

图675 鸭仔㘭浦遗址采集遗物
1. 砺石（224：采1） 2. 陶罐口沿（224：采3） 3. 穿孔石器（224：采2）

224：采3 陶罐口沿，泥质灰陶，敞口，窄平沿，平方唇，高竖颈。（图674：1、图675：2）

2组：采集陶片6片，均为泥质灰硬陶，有明显轮制痕迹，多为素面，仅1片饰刻划纹，可辨器形有罐口沿等。时代为战国至汉初，属米字纹陶阶段遗存。

3组：采集陶片1片，为泥质黑皮灰陶，为盆口沿残片。时代为唐代。

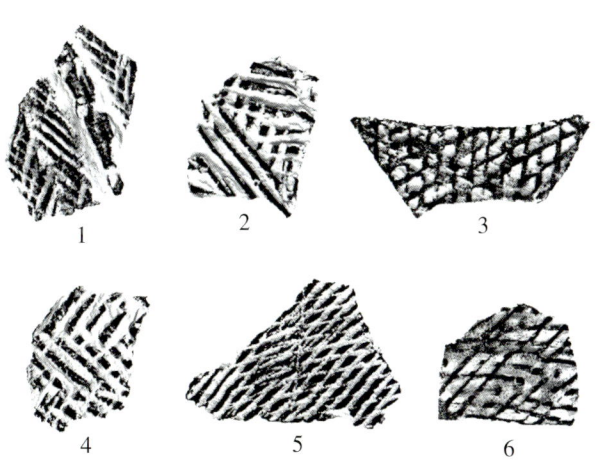

图676 鸭仔㘭浦遗址采集陶片纹饰拓片
1. 绳纹加附加堆纹 2、4. 曲折纹 3、6. 网格纹 5. 交错绳纹

柿子岽遗址

遗址编号：225	行政区划：广州市从化区江埔街高峰村
地理坐标：N23°33′47.09″，E113°39′26.71″	海拔：134.47米

遗址位于江埔街高峰村留田坑社东北面约775米柿子岽山岗上，西距鸭仔岽浦遗址约500米，北与灌村接壤。柿子岽为一东北—西南向山脉，西南与鸭仔岽浦相连，中间隔一鱼塘，东面为一南向开口山坳。山岗海拔约126.6米，相对高度约100米，山岗岗顶较平缓，东坡地势陡峭，现被承包种植砂糖橘，开垦为阶梯状，地表裸

图677　柿子岽遗址远景（南—北）

图678　柿子岽遗址采集遗物

露。采集遗物分布在山顶平地及山脊上，范围约20 000平方米。据遗物特征初步分析，可分为3组。

1组：采集陶片48片，均为夹砂灰陶，多薄胎，质地硬者为主，少量质地稍软，纹饰以曲折纹为主，计39片，另有绳纹、叶脉纹、绳纹加附加堆纹、素面等，可辨器物有敞口罐口沿（225：标1）、罐圈足（225：标2）。时代为新石器时代晚期至商代。

图679　柿子岌遗址采集陶器

1.陶罐口沿（225：标1）　2.陶罐圈足（225：标2）

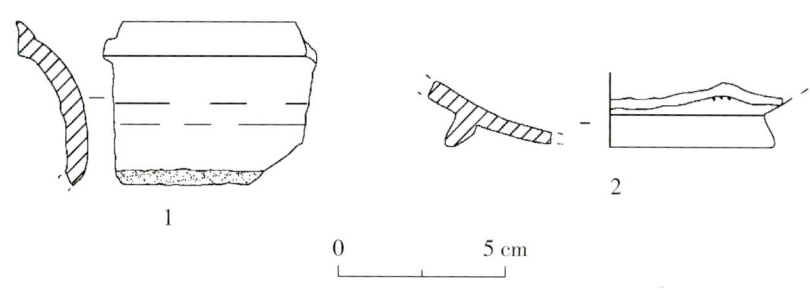

图680　柿子岌遗址采集陶器

1.陶罐口沿（225：标1）　2.陶罐圈足（225：标2）

225：标1　陶罐口沿，夹细砂灰陶，敞口厚方唇，唇面凹，下折收，竖领，肩部残缺。（图679：1、图680：1）

225：标2　陶罐圈足，仅存底部少许，圜底，下腹矮斜圈足，夹砂黄灰陶，内底有粘接圈足的压痕，外底饰斜长方格。（图679：2、图680：2）

2组：采集陶片8片，均为泥质灰硬陶，多饰夔纹，饰夔纹加菱格凸点纹加弦纹1片，饰刻划纹加方格纹1片，器形不可辨。时代为西周至春秋时期，属夔纹

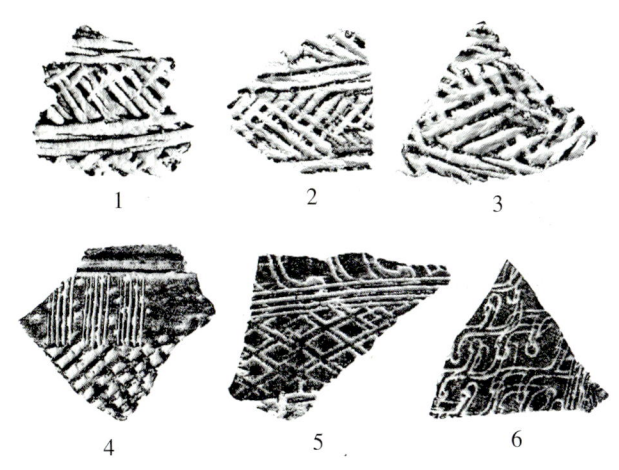

图681　柿子岌遗址采集陶片纹饰拓片

1~3.叶脉纹　4.刻划纹加方格纹
5.夔纹加弦纹加菱格凸块纹　6.夔纹

陶阶段遗存。

3组：采集灰白瓷碗残片1片，为明代遗物。

勤婆㟼遗址

遗址编号：226　　行政区划：广州市从化区江埔街高峰村

地理坐标：N23°33′31.94″，E113°39′48.25″　　海拔：135.3米

遗址位于江埔街高峰村留田坑社东面约1200米的勤婆㟼山岗顶部，东、北面与灌村接壤，西面与柿子㟼遗址隔山坳相望。勤婆㟼山岗整体呈西北—东南向，与柿子㟼遗址所在山体相连。山岗顶部海拔约150米，相对高度约100米。山顶地势平缓，西坡坡度陡峭，现整体开荒种植砂糖橘，地表干净。遗址保存状况较好，开垦梯田对遗址略有破坏，文化层堆

图682　勤婆㟼遗址远景（南—北）

图683　勤婆㟼遗址采集遗物

积状况不明。采集遗物见于山顶，呈南北长条状分布，面积约30 000平方米。据遗物特征初步分析，可分为2组。

1组：采集陶片50片，均为夹砂褐陶，质地稍软，纹饰以素面为主，计48片，绳纹2片，纹饰较模糊，陶片碎小，可辨器形有罐口沿（小口卷沿，斜方唇，矮直领，溜肩，下部残缺，素面）等。另有半成品石器3件，器形无法辨认。据遗物特征推断，时代为新石器时代晚期至商代。

2组：采集陶瓷片3片，其中泥质灰陶2片，素面；青釉瓷片1块，莲花瓣凸显于器表，为碗残片。时代为唐宋时期。

小结

留田坑谷地调查发现各期遗址共计6个，据各遗址分组情况比对分析，可将该区域考古学文化遗存分为前后发展的5期，见表8。

表8　留田坑谷地遗址分期表

遗址	分期				
	新石器时代晚期至商代	西周至春秋	战国至汉初	唐宋	明清
龟山	1组	2组			
龟㞢	1组		2组	3组	4组
毛毡岗	√				
鸭仔㞢浦	1组		2组	3组	
柿子㞢	1组	2组			3组
勤婆㞢	1组			2组	

注："√"代表该遗址仅有一组遗存

一期：新石器时代晚期至商代。该期遗存见于留田坑谷地发现的每个遗址中，以鸭仔㞢浦、柿子㞢等遗址为代表。采集遗物以陶片为主，多为夹细砂陶，少许夹粗砂陶、泥质陶，硬陶、软陶各占一半，陶色见黄褐、灰褐色等，纹饰以曲折纹和素面为主，少量绳纹、叶脉纹、附加堆纹、网格纹等，可辨器形为敞口罐口沿、圈足罐底、豆等，石器器形不可辨。留田坑谷地发现陶片中夹砂软陶所占比例大，与上游吕田、安山、桃园盆地等同期遗存夹细砂硬陶占比大的情况有所出入，到底是同期遗存不同类型器物陶质的差异，还是文化发展的阶段性差异，有待更深入研究探讨。

二期：西周至春秋。该期遗存见于龟山、柿子岬遗址，采集少许陶片，皆为泥质硬陶，灰褐、灰陶等，饰夔纹为主，另有方格纹、刻划纹、菱格凸点纹或以上两至三种纹饰组合纹，器形不可辨，属夔纹陶类遗存。

三期：战国至汉初。该期遗存见于龟岬和鸭仔岬浦遗址，采集少许陶片，泥质硬陶，灰陶为主，纹饰见刻划纹、方格纹、米字纹等，可辨器形有罐、器足等，属米字纹陶遗存。龟岬遗址采集器表饰复线米字纹器足，器形较特殊，整个流域仅采集1件。

四期：唐宋时期。以龟岬遗址采集遗物为代表，以泥质灰黑陶为主，灰陶次之，可辨器形有罐等，另有饰莲瓣纹青瓷碗残片。该区域唐宋时期遗存与周边地区同期遗存内涵相近。

五期：明清时期。考古调查时在龟岬、柿子岬两个遗址发现该期遗存，采集遗物以瓷片为主，有黄褐瓷、灰白瓷等，器形为碗、杯等。

第九节　凤凰水流域

　　凤凰水为小海河江埔街道段众多支流之一。位于江埔街东部，夹于从樟一路（S256）与派街高速（S16）之间，全长约12.50千米，河道宽约14.20米，流域面积约34.5平方千米。

　　凤凰水发源于东部的凤凰山一带，自东南向西北流经凤二村、凤一村、汉田村、钓鲤村、鹊塱村、黄围村、新潭村，于下罗村北部注入小海河，流域内大小支流共计数十条。凤凰水流域整体地势为南、北侧高山环绕、地势陡峭，中部相对低矮平坦，东侧狭窄，往西逐步开阔。上游段贴近南侧高山，经汉田村后向北拐进钓鲤村，其后地势逐渐开阔，中游的鹊塱村、和睦村片区为开阔平原，河岸阶地与高山间多有一些坡度较平缓的山麓台地和相对高度较小的山丘，下游的城建学院、下罗村片村已为城市化开发。河谷平原及河岸阶地多开辟为农田，种植水稻等；缓坡台地及低矮山岗地表种植荔枝、龙眼等果树，高山上有竹林及自然植被等。凤凰水流域发现遗址较为集中区域为大塱支流区。大塱区域山势较高，山体下切形成一狭长山谷，支流从中而过，自东南向西北于鹊塱村注入凤凰水，于大塱区两侧山顶发现较为集中的遗址群。

　　凤凰水流域目前已掌握的文物资源仅有《广州市文物普查汇编·从化市卷》记录的公祠、书院、炮楼等，未见地下遗址等文物资源。

　　凤凰水流域文物资源田野调查工作开始于2015年1月27日，于3月14日结束，实际田野调查时间共计17天。以凤凰水两岸河岸阶地、平原、山前台地、较低矮的小山丘、部分已开荒的高山为主。新发现各期遗址25处。

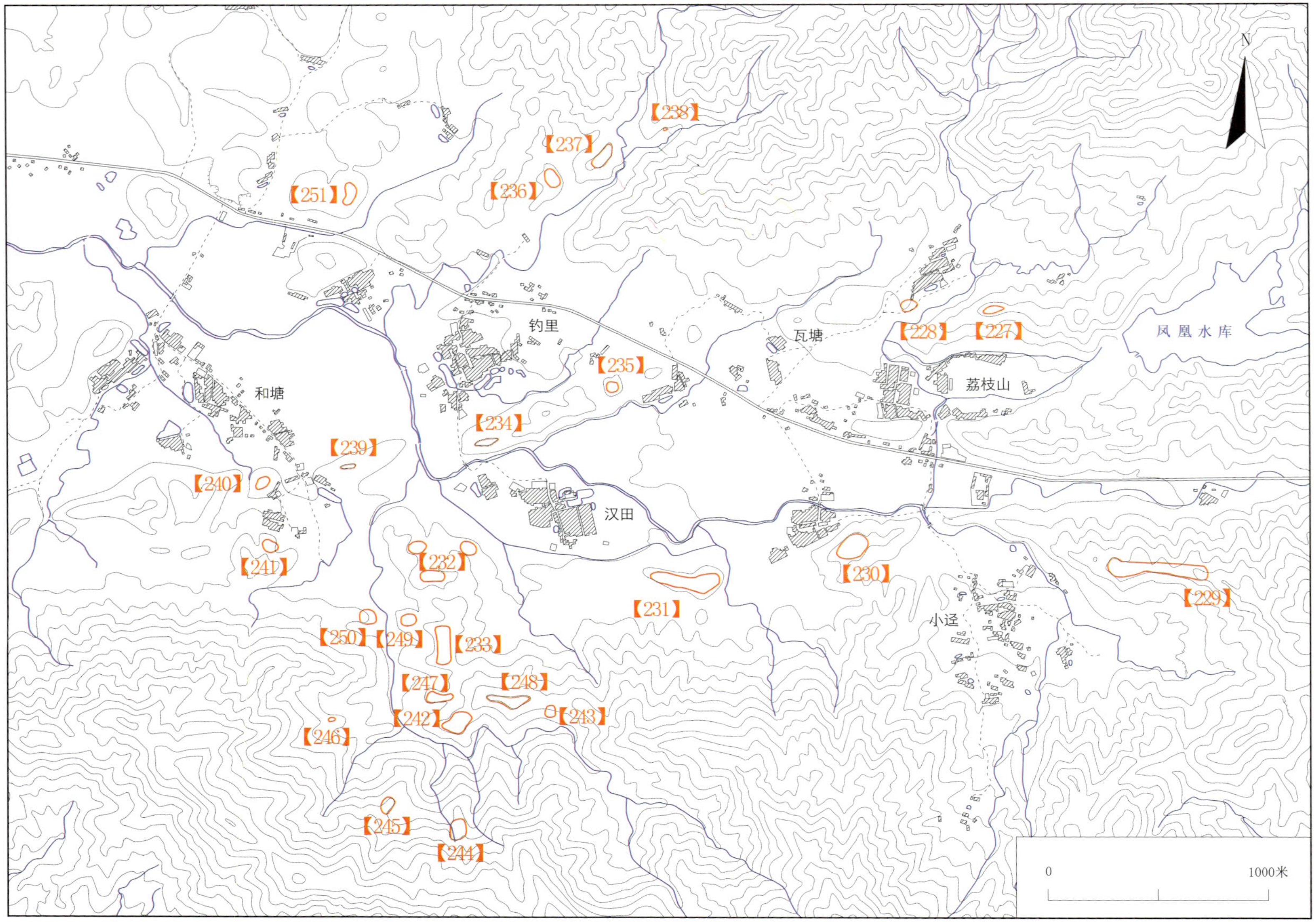

图684 凤凰水流域遗址分布图

对面山遗址

遗址编号：227　　行政区划：广州市从化区江埔街凤二村

地理坐标：N23°31′1.97″，E113°40′19.18″　　海拔：124.29米

遗址位于江埔街凤二村长腰岭社东约百米的对面山山顶，东距凤凰水库约900米，南面为凤一村，西面400米为瓦塘山。对面山为凤凰水上游北岸一东西走向山脉，长条状，东与茶园背山相连，长约1000米、宽约350米，山岗整体地势东高西低，南北坡较陡，山顶海拔158.2米，相对高度约60米。地表原种植荔枝，但多年来未

图685　对面山遗址远景（南—北）

图686　对面山遗址采集遗物

有继续利用，逐步荒废，因而遍地落叶枯枝。北侧山脚有溪流流经，向南汇入凤凰水。

遗物分布范围约2000平方米，见于山顶平地，采集石锛1件（227：采1），陶片5片。陶片多为夹砂灰硬陶，泥质红褐陶1片，质地较软，纹饰分曲折纹3片、绳纹2片，器形不可辨。据遗物特征推断，时代为新石器时代晚期至商代。

227：采1　石锛，青灰石质，有柄，柄部平直，体型较长，上窄下宽呈梯形，平面近

 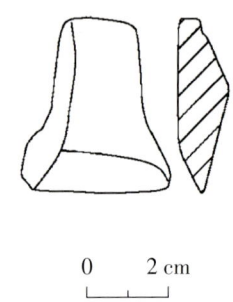

图687　对面山遗址采集石锛（227:采1）

"凸"字状，肩部不明显，锛体较短，刃部平直，单面刃，锛面一侧成斜直状，一侧成近平折下垂状与锛刃处相接，器形完整。通高2.9 cm，宽1~2.5 cm。（图687）

（凤二）新屋遗址

遗址编号：228	行政区划：广州市从化区江埔街凤二村
地理坐标：N23°31′5.27″，E113°40′15.52″	海拔：98.10米

遗址位于江埔街凤二村长腰岭社南侧平地上，属新屋社土地，介于瓦塘山和对面山之间的山坳内。平地海拔约100米，地势较平缓，现为私人承包养鸡场，地表干净。

调查在地表采集陶片1片，夹细砂灰陶，薄胎，质地较硬，饰曲折纹，器形难辨。时代为新石器时代晚期至商代。

图688　（凤二）新屋遗址远景（东—西）

牛半壁遗址

遗址编号：229	行政区划：广州市从化区江埔街凤一村
地理坐标：N23°30′26.09″，E113°40′45.41″	海拔：177.30米

遗址位于江埔街凤一村江下社东侧的牛半壁山上，西距派街高速双凤出口约500米。牛半壁山位于凤凰水上游，介于从樟一路（S256）和S16派街高速之间，平面呈锥状，东西走向，

长约2000米,东宽西窄,南北两侧均为山坳谷,山岗地势东高西低,东段大金岭海拔340米,西段约80米,落差达200余米。现山岗大部分植被茂盛、杂草丛生,山脊较平缓,现主要种植果树(荔枝、砂糖橘等),其余各坡坡势较陡。

遗物见于牛半壁山中部山脊上,呈东西长条状分布,范围约25 000平

图689　牛半壁遗址远景(南—北)

图690　牛半壁遗址采集遗物

方米,采集陶片21片,夹细砂灰陶,薄胎,质地较硬,纹饰含曲折纹18片,素面2片,曲折纹加附加堆纹1片,碎片较小,无可辨认器形。据遗物特征推断,时代为新石器时代晚期至商代。

背夫岭遗址

遗址编号:230　　　行政区划:广州市从化区江埔街凤一村

地理坐标:N23°30′27.39″,E113°40′2.45″　海拔:121.40米

遗址位于江埔街凤一村金钱山村(凤凰古围)东南侧的背夫岭上,东邻派街高速双凤出

口，西距大冚遗址约700米。背夫岭地处凤凰水南岸，南靠高山，北面为凤凰水谷地，东眺牛半壁山，东面为小迳山谷小盆地，凤凰水流经山岗北侧山脚，派街高速于山岗南侧经过。山岗平面呈椭圆形，长约580米、宽约250米，山顶海拔约120米，相对高度约60米。背夫岭整体开发为梯田状，坡度较缓，山顶平坦宽敞，山腰上多为近现代瓮棺。

图691　背夫岭遗址远景（南—北）

遗物见于山顶位置，分布范围约11 000平方米，采集陶片22片，多为夹细砂灰陶，薄胎，质地较硬，按纹饰计曲折纹17片，叶脉纹2片，绳纹1片，素面2片，陶片碎小器形不可辨。据遗物特征推断，时代为新石器时代晚期至商代。

图692　背夫岭遗址采集遗物

（凤一）大冚遗址

遗址编号：231	行政区划：广州市从化区江埔街凤一村
地理坐标：N23°30′25.65″，E113°39′51.96″	海拔：79.13米

遗址位于江埔街凤一村金钱山村（凤凰古围）西南约350米的大冚山上，西距汉田村约

300米，东与背夫岭遗址相距约700米。大岲位于凤凰水南岸，地处凤凰水谷地东端，南靠海拔650米的小鹩鸪山，北面开阔的盆地，平面呈水滴状，东西向，长约470米，宽100～270米，山顶海拔89米，相对高度约40米。山顶较平缓，略分东西两个小山丘，北坡平缓，南坡较陡，派街高速经过山岗南侧山脚。现山顶经开垦种植果树，地表有大量落叶枯枝。

遗物分布范围约17 000平方米，见于山顶。据遗物特征初步分析，可分为2组。

1组：采集陶片2片，均为夹细砂灰陶，薄胎，质地较硬，饰叶脉纹与绳纹，器形难辨。时代为新石器时代晚期至商代。

2组：采集陶片3片，泥质灰陶1片，黑皮灰陶2片，一片为口沿残片，另一片为器柄，可辨器形有罐。时代为清代。

图693　（凤一）大岲遗址远景（南—北）

图694　（凤一）大岲遗址采集遗物

大山谷北遗址

遗址编号：232	行政区划：广州市从化区江埔街汉田村
地理坐标：N23°30′22.6332″，E113°39′10.3608″	海拔：92.03米

遗址位于江埔街汉田村西南约400米的大山谷山北部。大山谷山地处凤凰水南岸，为凤凰水谷地南侧高山的北坡余脉，呈不规则舌状延伸，因派街高速的修建（从中部穿过）将其分为南、北两部分。北部呈不规则形，海拔90多米，相对高度约40米，山岗地势南高北低，坡度

图695　大山谷北遗址远景（北—南）

图696　大山谷北遗址采集遗物

较平缓。东坡植被茂盛、杂草丛生，其余部分经开荒种植果树，地表落叶遍地。调查在北部三个区域采集少许遗物，别为A、B、C点。

其中A点位于东北坡山脚位置，地势西高东低，坡势较缓，种植玉兰等林木。地表采集陶片1片，夹细砂硬陶，饰叶脉纹，器形不可辨。

B点位于西北坡，地势稍陡，种植荔枝等。采集陶片11

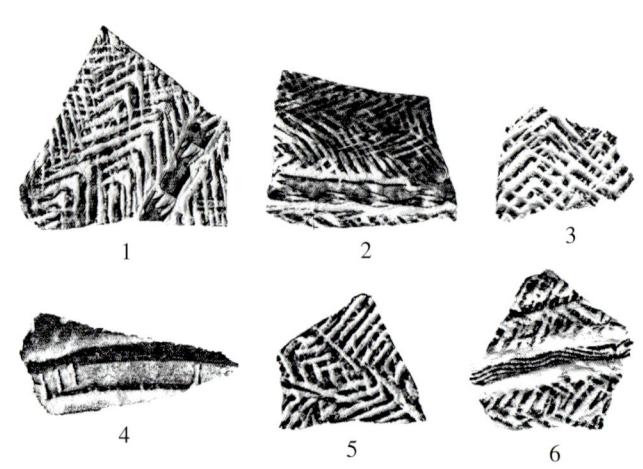

图697　大山谷北、大山谷南遗址采集陶片纹饰拓片

1、2、6. 曲折纹加附加堆纹（233）　3. 曲折纹（232）
4. 刻划纹（233）　5. 叶脉纹（233）

片，夹细砂灰硬陶，含曲折纹8片，绳纹3片，1片依断面为贴塑制法，陶片碎小，器形均不可辨。

C点位于南坡，地势北高南低，种植荔枝等，地表枯叶较多。采集陶片14片，均为夹细砂灰陶，质地较硬，以曲折纹居多，另有素面加附加堆纹、绳纹，器形不可辨。

三点采集遗物内涵相近，据遗物特征推断，时代为新石器时代晚期至商代。

大山谷南遗址

遗址编号：233　　行政区划：广州市从化区江埔街汉田村

地理坐标：N23°30'7.758"，E113°39'14.5332"　　海拔：112.87米

遗址位于江埔街汉田村西南约700米的大山谷山南部，北与大山谷地遗址隔高速相望，相距约350米，周边分布有田寮山、汉田山、冯公山等遗址。山岗南部大致呈椭圆形，南北向，长约450米，宽约380米，地势中间高四周低，岗顶海拔约122米，较平缓。地表经开荒呈梯田状，地表裸露，采集大量陶片。据遗物特征初

图698　大山谷南遗址远景（南—北）

图699　大山谷南遗址采集遗物

步分析，可分为2组。

1组：采集陶片71片，以夹细砂灰陶为主，泥质灰陶15片，质地多较硬，纹饰含曲折纹42片，素面（口沿残片10片）、曲折纹加附加堆纹10片、叶脉纹加附加堆纹2片、篮纹1片、绳纹3片、叶脉纹2片、刻划纹1片，多为碎片，可辨器形有罐口沿、罐圈足。时代为新石器时代晚期至商代。

2组：采集陶片2片，泥质红皮灰硬陶，素面1片，隆凸处饰加篦划长点纹1片，器物类型

不可辨。时代为西周至春秋时期，属夔纹陶阶段遗存。

西云耳岭遗址

遗址编号：234	行政区划：广州市从化区江埔街钓鲤村
地理坐标：N23°30′44.45″，E113°39′4.49″	海拔：78.05米

遗址位于江埔街钓鲤村南部的云耳岭山岗西端，故而得名。云耳岭位于凤凰水北岸，为平地凸起一长条状山岗，略呈东北—西南向，钓鲤、汉田村分居其山北、山南，西眺福旋岭。云耳岭东西绵延约1000米、宽约200米，山顶海拔102米，中间高东西两端低，南北坡坡势较陡。山岗原经开发，种植荔枝等，现已荒废，遍布

图700　西云耳岭遗址远景（南—北）

近半米高杂草，大部分区域无法通行。遗址位于云耳岭西端山顶，海拔约78米，坡势较缓，地表因修建通信塔和水塔而相对干净。

遗物分布范围约3000平方米，采集陶片14片，均为泥质灰硬陶，纹饰计有方格纹5片、宽席纹4片、云雷纹3片、重菱形凸点纹1片、复线波曲纹1片，可辨器形见口沿（尖圆唇与肩齐，外饰篦点纹及斜方格纹，内饰复线波曲纹）。据遗物特征推断，时代为西周至春秋时期，属夔纹陶阶段遗存。

图701　西云耳岭遗址采集遗物

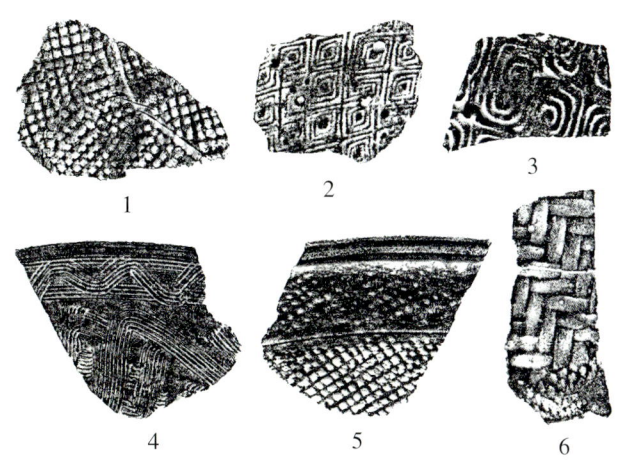

图702　西云耳岭遗址采集陶片纹饰拓片
1、5. 方格纹　2. 重菱形凸点纹　3. 云雷纹　4. 复线波曲纹　6. 宽席纹加方格纹

东云耳岭遗址

遗址编号：235　　行政区划：广州市从化区江埔街钓鲤村

地理坐标：N23°30′50.86″，E113°39′21.45″　　海拔：101.56米

遗址位于江埔街钓鲤村南侧的云耳岭山岗东端，与西云耳岭遗址相邻。云耳岭东端由两座近圆形山丘相连构成，S356从北端经过，东江村坐落山岗东南角。遗址位于偏西山丘顶部，海拔85米，相对高度约30米，坡度平缓。地表杂草丛生，植被茂盛。

调查在地表采集陶片1片，夹细砂灰陶，薄胎，质地稍软，饰绳纹，器形不可辨。据陶片特征推断，时代为新石器时代晚期至商代。

图703　东云耳岭遗址远景（北—南）

（钓鲤）背后山遗址

遗址编号：236　　行政区划：广州市从化区江埔街钓鲤村

地理坐标：N23°31′25.87″，E113°39′16.63″　　海拔：82.67米

遗址位于江埔街钓鲤村小岭咀北侧的背后山山顶上，因居于村北后山而得名"背后

山"，东与菠萝山遗址相邻。背后山地处凤凰水河谷北缘，距河流约1000米，平面呈不规则形，西、北、东三面环山，南面为河谷平地，山顶海拔约88米，相对高度30多米，地势较平缓，山岗东侧有山坳聚水成池塘，南侧山脚有溪流向南汇入凤凰水。现地表以种植荔枝为主，遍布杂草落叶。

图704　（钓鲤）背后山遗址远景（南—北）

遗物见于岗顶位置，分布范围约4500平方米，采集陶片19片，均夹细砂灰陶，质地较硬，纹饰含素面（口沿残片7片）、曲折纹6片、间断条纹（或梯格纹）4片、绳纹1片、叶脉纹1片，器形不可辨。据遗物特征推断，时代为新石器时代晚期至商代。

图705　（钓鲤）背后山遗址采集遗物

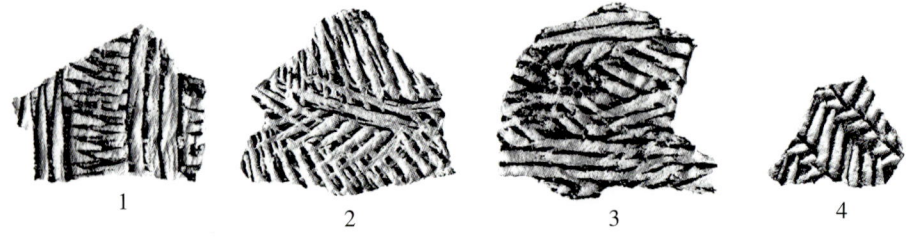

图706　（钓鲤）背后山遗址采集陶片纹饰拓片

1. 梯格纹　2、3. 绳纹　4. 叶脉纹

菠萝山遗址

遗址编号：237　　行政区划：广州市从化区江埔街钓鲤村
地理坐标：N23°31'30.65"，E113°39'26.98"　　海拔：103.34米

遗址位于江埔街钓鲤村小岭咀东北约450米的菠萝山上，西邻背后山遗址，东距东边岽约250米。菠萝山位于凤凰水河谷北缘，三面环山，平面呈椭圆形，长约300米、宽约170米，其西边山坳有池塘一方，南侧有东北—西南向河谷，谷底发育溪流向南汇入凤凰水。山岗以种植荔枝为主，地表遍布杂草落叶。

图707　菠萝山遗址远景（东—西）

遗物见于岗顶位置，范围约5500平方米，采集陶片38片，均为夹细砂灰陶，多薄胎，质地较硬，其中素面（口沿残片）2片，其余均饰曲折纹，陶片较碎小，器形不可辨。据遗物特征推断，时代为新石器时代晚期至商代。此外，还采集清乾隆通宝1枚，圆廓方孔，表面锈蚀，字迹模糊。

图708　菠萝山遗址采集遗物

东边岽遗址

遗址编号：238　　行政区划：广州市从化区江埔街钓鲤村

地理坐标：N23°31′31.91″，E113°39′34.61″　海拔：122.88米

遗址位于江埔街钓鲤村小岭咀东北约800米的东边岽一带，西邻菠萝山遗址。东边岽地处凤凰水河谷北缘，为一东北—西南向狭长山谷，两岸山地、丘陵耸立，多种植荔枝，但均已长满半人高杂草，无法通行；谷底狭窄，有山溪流经。

图709　东边岽遗址远景（东—西）

发现遗物位置为路旁的一处断面，为近期山泥倾泻堆积所成，分布范围仅百余平方米，采集陶片15片，夹细砂灰陶，除1片质地稍软外其余均质硬，纹饰多为曲折纹，另有曲折纹加附加堆纹、绳纹等，可辨器形有罐圈足（仅存圈足，极矮，斜直，足跟宽平）。据遗物特征推断，时代为新石器时代晚期至商代。

图710　东边岽遗址采集遗物

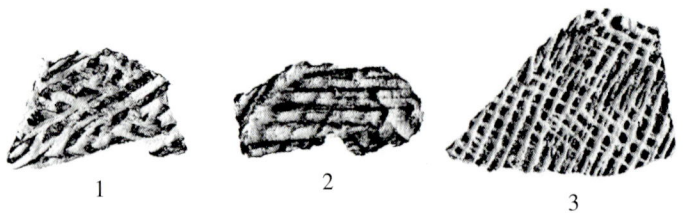

图711　东边岽遗址采集陶片纹饰拓片

1. 曲折纹　2、3. 交错绳纹

福旋岭遗址

遗址编号：239	行政区划：广州市从化区江埔街鹊塱村

地理坐标：N23° 30' 41.31"，E113° 38' 43.99"　　海拔：85.21米

遗址位于江埔街鹊塱村福旋岭社东侧的福旋岭上，东距西云耳岭遗址约600米，西与圆靓仔遗址隔福旋岭相望。福旋岭为凤凰水南岸一凸起的孤立山丘，周边为低矮农田，山岗平面呈米粒状，略东西向，长约470米、宽约120米。山顶海拔约75米，高于周边平地约25米。其北坡坡势较陡，南坡较缓。山岗现被开辟成梯田，种植荔枝，地表遍布落叶枯枝。

图712　福旋岭遗址远景（东—西）

调查在山顶位置采集陶片4片，分布范围约1000平方米，其中夹细砂灰陶3片、泥质灰陶1片，质硬，含交错绳纹3片、绳纹1片，器形不可辨。据遗物特征推断，时代为新石器时代晚期至商代。

图713　福旋岭遗址采集遗物

圆靓仔遗址

遗址编号：240	行政区划：广州市从化区江埔街鹊塱村

地理坐标：N23° 30' 39.19"，E113° 38' 31.56"　　海拔：104.87米

遗址位于江埔街鹊塱村福旋岭社西侧约150米的圆靓仔山丘上，东邻福旋岭，后龙山居于其南侧约300米处。圆靓仔为凤凰水河谷南缘一独立小山丘，西与一纺锤状山岗相连，平面略呈椭圆形，面积约15 000平方米。山丘顶海拔较低，约72米，相对高度约25米。地势中间高四周低，山势坡度平缓。地表种植荔枝，近期有火烧清理痕迹，地表较干净。

遗物见于山顶位置，分布范围约2500平方米，采集陶片7片，夹细砂灰硬陶，质地稍软2片，按纹饰计有绳纹2片（1片有指甲戳印痕迹）、绳纹加附加堆纹1片、曲折纹加附加堆纹1

图714　圆靓仔遗址采集遗物

片、斜长方格纹2片、曲折纹1片，器形不可辨。据遗物特征推断，时代为新石器时代晚期至商代。

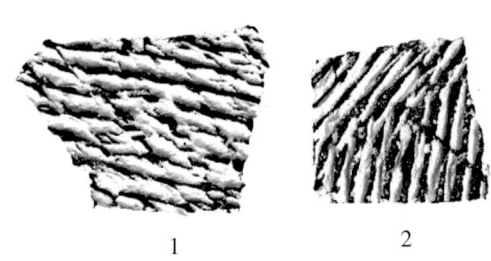

图715　圆靓仔遗址采集陶片纹饰拓片
1. 绳纹　2. 斜长方格纹

（鹊塱）后龙山遗址

遗址编号：241	行政区划：广州市从化区江埔街鹊塱村
地理坐标：N23°30'30.47"，E113°38'31.89"	海拔：89.33米

遗址位于江埔街鹊塱村福旋岭南侧的后龙山上，北距圆靓仔遗址约300米。后龙山地处凤凰水河谷南缘，南与高山相连，北面为开阔盆地，东邻大岭里，派街高速从山岗南侧经过，山岗平面呈不规则圆形，直径约350米，山顶海拔120米，相对高度60多米，山坡坡势较陡，现整体被

图716　（鹊塱）后龙山遗址远景（南—北）

开垦为梯田，种植荔枝，地表较干净。

调查在北坡山腰采集陶片1片，夹砂灰硬陶，饰粗绳纹，器形不可辨。据陶片特征推断时代为新石器时代晚期至商代。

黄草山遗址

遗址编号：242　　行政区划：广州市从化区江埔街鹊塱村
地理坐标：N23°30′2.78″，E113°39′4.03″　　海拔：147.50米

遗址位于江埔街鹊塱村福旋岭东南约1200米的黄草山上，北距汉田村约800米，奥背山、田寮山、牛角岭等遗址分布其四周。黄草山地处凤凰水河谷南缘山区，牛角岭峡谷东侧，四周群山相连，南靠海拔416米的双凤山，田寮社坐落山岗西侧山脚。田寮所在的牛角岭一带是鹊塱村大队生产队重点培植砂糖橘区域，呈东南—西

图717　黄草山遗址远景（东—西）

图718　黄草山遗址采集遗物

北狭长形，两岸山高林密，谷底狭窄，有发源自东南方小鹧鸪山的溪流流经，谷底有水泥村道通往山中的下肚一带。黄草山近期开荒，有明显的挖掘机清理修整痕迹，现种植有砂糖橘幼苗。

遗物遍布黄草山的西、南坡，范围约9000平方米，采集陶片65片，夹细砂灰陶、硬质陶为主，11片质地稍软，纹饰以曲折纹居多计47片，另有斜长方格纹3片、曲折纹加附加堆纹4片、叶脉纹4片、网格纹2片、斜方格纹1片、素面4片，可辨器形有罐口沿（242：标1）等。据遗物特征推断时代为新石器时代晚期至商代。

242：标1　陶罐口沿，卷沿，上沿外侈，圆唇，外延上部凹曲，下部折收，高竖领，肩部残缺，饰弦纹。（图719）

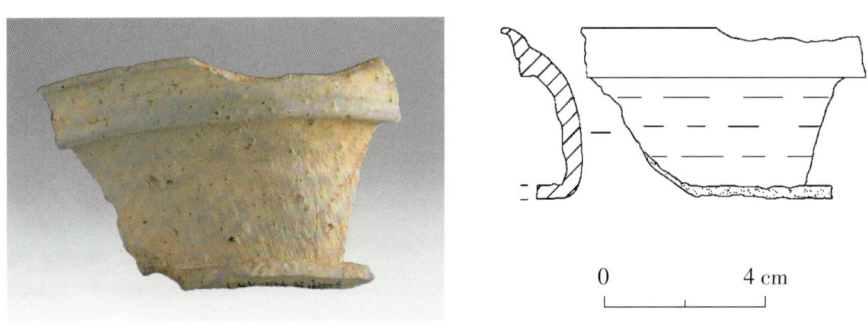

图719　黄草山遗址采集陶罐口沿（242：标1）

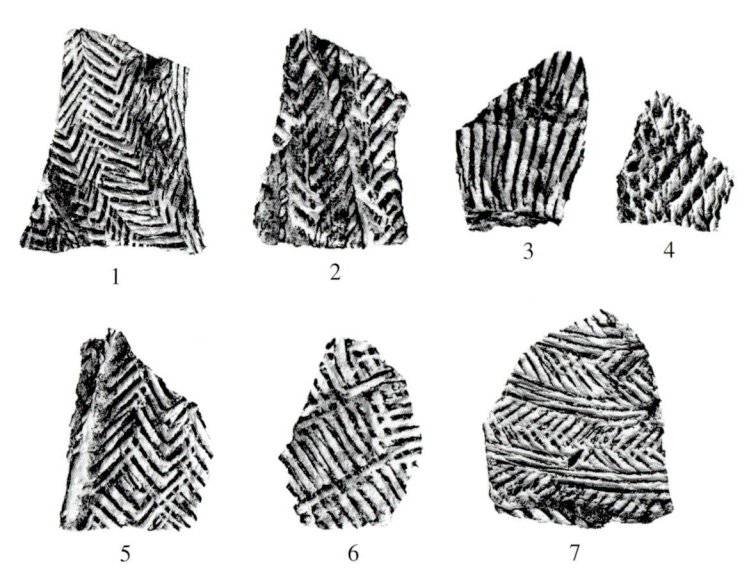

图720　黄草山遗址采集陶片纹饰拓片

1. 曲折纹　2、5. 曲折纹加附加堆纹　3、6. 斜长方格纹　4. 斜方格纹　7. 叶脉纹

大罂社东遗址

遗址编号：243　　行政区划：广州市从化区江埔街鹊塱村

地理坐标：N23°30′5.53″，E113°39′17.49″　　海拔：168.92米

遗址位于江埔街鹊塱村福旋岭东南约1500米的无名山岗上，因属大罂生产队所辖且位置居东故名，西距黄草山遗址约350米，北邻汉田山遗址，东南与下肚社相距约600米。山岗位于牛角罂峡谷北侧，呈东西向走势，山岗南坡地势较缓，北高南低，近期因开荒而地表裸露，南侧山脚有溪流和水泥村道经过。

图721　大罂社东遗址远景（西南—东北）

遗物分布范围约2000平方米，采集陶片5片，夹细砂灰硬陶，纹饰含素面（口沿部位）2片、叶脉纹2片、刻划网格纹加箆点纹1片，可辨器形有罐口沿（圆唇高竖领，残缺）等。据遗物特征推断，时代为新石器时代晚期至商代。

图722　大罂社东遗址采集遗物

奥背山遗址

遗址编号：244　　行政区划：广州市从化区江埔街鹊塱村

地理坐标：N23°29′47.36″，E113°39′2.67″　　海拔：249.20米

遗址位于江埔街鹊塱村福旋岭东南约1600米的奥背山北坡山腰小台地上，北距黄草山遗址约400米，西邻大罂社南遗址。奥背山地处凤凰水河谷南缘，南靠海拔416米的双凤山，北侧为牛角罂小凹谷。调查在奥背山北坡山腰一台地采集少许遗物，该区域海拔约240米，地势南

高北低，坡度较陡，地表种植砂糖橘。

遗物分布范围约6000平方米，采集陶片5片，其中夹细砂灰陶4片，泥质灰陶1片，质地较硬，饰曲折纹4片、绳纹加附加堆纹1片，陶片碎小，器形不可辨。据遗物特征推断，时代为新石器时代晚期至商代。

图723　奥背山遗址采集遗物

大岜社南遗址

遗址编号：245	行政区划：广州市从化区江埔街鹊岜村
地理坐标：N23°29′50.80″，E113°38′51.93″	海拔：230.12米

遗址位于江埔街鹊岜村福旋岭东南约1500米处的一无名山岗北坡，因属大岜生产队所辖且位置居南故名，东北距黄草山约500米，东邻奥背山遗址。山岗位于牛角岜峡谷南侧，南靠海拔407米的凤影山，北面为凤凰水河谷，遗址位于山岗北坡，局部地形呈北突的山脊，地势南高北低，坡度陡峭，周边种植大量砂糖橘。

图724　大岜社南遗址远景（南—北）

遗物分布范围约3500平方米，见于山脊顶部较平坦处，采集陶片5片，夹细砂灰陶，质地较硬，纹饰有曲折纹3片、弦断条纹（或称梯格纹）2片，器形不可辨。据遗物特征推断，时代为新石器时代晚期至商代。

图725　大岜社南遗址采集遗物

牛角㞢遗址

遗址编号：246	行政区划：广州市从化区江埔街鹊塱村
地理坐标：N23°30'3.43"，E113°38'44.16"	海拔：138.71米

遗址位于江埔街鹊塱村福旋岭社南约1000米的一无名山岗东坡，东与黄草山隔峡谷相望，相距约500米。山岗地处凤凰水河谷南缘山区，牛角㞢峡谷西侧，西靠海拔396米的零丁石，区域内地势西高东低，坡度较大，周边种植砂糖橘。调查于靠近山脚的一处现代墓旁采集陶片1片，夹细砂灰陶，质地较硬，饰绳纹，片碎小，器形不可辨。据特征推断，时代为新石器时代晚期至商代。

图726 牛角㞢遗址采集遗物

田寮山遗址

遗址编号：247	行政区划：广州市从化区江埔街鹊塱村
地理坐标：N23°30'7.08"，E113°38'58.24"	海拔：115.52米

遗址位于江埔街鹊塱村福旋岭社东南约1000米的田寮山上，北距大山谷南遗址约150米，南与黄草山遗址隔山坳相邻，相距约百米。田寮山地处凤凰水河谷南缘山区，平面略呈宽舌状，东西向，东连数座山岗，西至牛角㞢峡谷，田寮社坐落在山岗南侧山坳内，岗顶海拔约114米，地势较缓。山上以种植荔枝及砂糖橘为主，山脚种植蔬菜。

图727 田寮山遗址远景（东—西）

遗物见于山顶，分布范围约4000平方米。据遗物特征初步分析，可分为2组。

1组：采集陶片3片，均为泥质灰陶，质地较硬，饰绳纹2片、梯格纹1片，陶片碎小，器形不可辨。时代为新石器时代晚期至商代。

2组：采集陶片2片，均为泥质红皮灰硬陶，厚胎，素面，属器物底残片，平底内凹，器形不可辨。据陶片特征推断，时代为汉代。

图728　田寮山遗址采集遗物

汉田山遗址

遗址编号：248　　行政区划：广州市从化区江埔街鹊塱村

地理坐标：N23°30′6.72″，E113°39′6.32″　海拔：183.84米

遗址位于江埔街鹊塱村福旋岭社东南约1400米的汉田山顶部，东距大𰣲社东遗址约300米。汉田山地处凤凰水河谷南缘山区，牛角𰣲峡谷东侧，平面呈椭圆形，东西向，南接黄草山，西靠田寮山，山顶海拔约187米，地势中间高四周低。山岗原种植荔枝，现逐渐改种砂糖橘，地表较为干净。

图729　汉田山遗址远景（东—西）

遗物见于山顶平地上，分布范围约7000平方米，采集陶片6片，夹细砂灰陶，硬质陶2片，其余质地稍软，饰绳纹1片、长方格纹5片，器形不可辨。据陶片特征推断，时代为新石器时代晚期至商代。

图730　汉田山遗址采集遗物

冯山公遗址

遗址编号：249　　行政区划：广州市从化区江埔街鹊塱村
地理坐标：N23°30′20.95″，E113°38′53.02″　海拔：73.22米

位于江埔街鹊塱村东南约700米的冯山公山岗上，东邻大山谷南遗址，西与同锣泉遗址相望。冯山公地处凤凰水河谷南缘，牛角岜峡谷入口东侧，平面呈舌状，东接大山谷山，向西延伸至峡谷，北邻派街高速江埔路段，西侧山脚谷底有水泥村道和溪流。山岗海拔约90米，地势东高西低，岗顶较平缓，种植荔枝等，地表遍布杂草枯枝，近期因修建坟墓和水

图731　冯山公遗址远景（东—西）

图732　冯山公遗址采集遗物

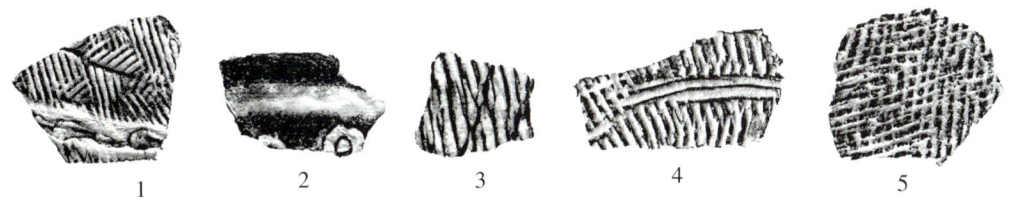

图733　冯山公、同锣泉遗址采集陶片纹饰
1. 叶脉纹加附加堆纹（249）　2. 圆圈纹（249）　3. 篮纹（249）　4. 梯格纹（249）　5. 交错绳纹（250）

池，地表杂草被清理干净。

遗物见于山顶平地，分布范围约3000平方米，采集陶片28片，夹细砂灰陶、黄灰陶，质地多较硬，纹饰含曲折纹14片、绳纹4片、梯格纹3片、绳纹加附加堆纹3片、素面加附加堆纹1片、叶脉纹加附加堆纹1片、篮纹1片、圈点纹（圆圈纹）1片，陶片碎小，器形不可辨。据陶片特征推断，时代为新石器时代晚期至商代。

同锣泉遗址

遗址编号：250　　行政区划：广州市从化区江埔街鹊塱村

地理坐标：N23°30′18.69″，E113°38′49.38″　　海拔：78.21米

遗址位于江埔街鹊塱村福旋岭东南约600米的同锣泉山岗上，北邻大岭里，东与冯山公遗址隔峡谷相望。同锣泉地处凤凰水河谷南缘，牛角岬北端，位于牛角岬峡谷谷首西侧，属高山北向延伸入谷底的余脉，东西向，长舌状，北为大岭里村落，南侧有小型山坳。区域海拔约75米，地势西高东低，坡度平缓。地表经清理后种植砂糖橘幼苗，较干净。

图734　同锣泉遗址远景（东—西）

图735　同锣泉遗址采集遗物

遗物见于山岗东端坡脚位置，分布范围约4500平方米，采集陶片17片，除1片为夹粗砂黄灰陶外，其余均为夹细砂灰陶，以硬陶为主，质地稍软3片，饰曲折纹10片、素面3片、绳纹2片、长方格1片、叶脉纹1片，可辨器形有罐（口沿残片）等。据遗物特征推断，时代为新石器时代晚期至商代。

黄塘山遗址

遗址编号：251　　行政区划：广州市从化区江埔街黄围村
地理坐标：N23°31′24.41″，E113°38′45.87″　　海拔：83.94米

遗址位于江埔街黄围村涩塱社西南约500米的黄塘山上，西距狗尾社约200米，南距S356约150米。黄塘山地处凤凰水北岸，由东、西两座小山丘相连构成，平面呈横"8"字形，东西长400米、南北宽200米，总面积近80 000平方米，其中东侧山岗海拔68米，西侧海拔65米，整体地势中间高四周低，中间形成鞍部，坡度皆较平缓。山岗四周分布众多与其山体形

图736　黄塘山遗址远景（东—西）

图737　黄塘山遗址采集遗物

制类似的小山丘，S356于山岗南侧经过，有小溪流经东侧山脚，西、东边皆为低矮农田，东南有一水泥厂。黄塘山整体开垦成梯田状，每级高度不整，种植有荔枝、火龙果、枇杷等，地表大部分被落叶覆盖。

遗物见于东侧山岗顶部，范围约5000平方米，采集残石镞2件（251：采1、251：采2）。另有陶片14件，夹细砂灰陶，硬陶与软陶数量相当，纹饰计有曲折纹6片、绳纹4片、曲折纹加附加堆纹3片、卷云纹1片。据遗物特征推断，时代为新石器时代晚期至商代。

251：采1　石镞，青灰色，石质细腻，两断缺，断面呈菱形，中部起脊，两边刃，磨制精美。长1.8 cm，宽1.6 cm，高0.5 cm。（图738：1、图739：1）

251：采2　石镞，青灰色，石质细腻，两断残缺，断面呈菱形，中部起脊，两边刃，磨制精美。长1.5 cm，宽2 cm，高0.6 cm。（图738：2、图739：2）

图738　黄塘山遗址采集石镞
1. 石镞（251：采1）　2. 石镞（251：采2）

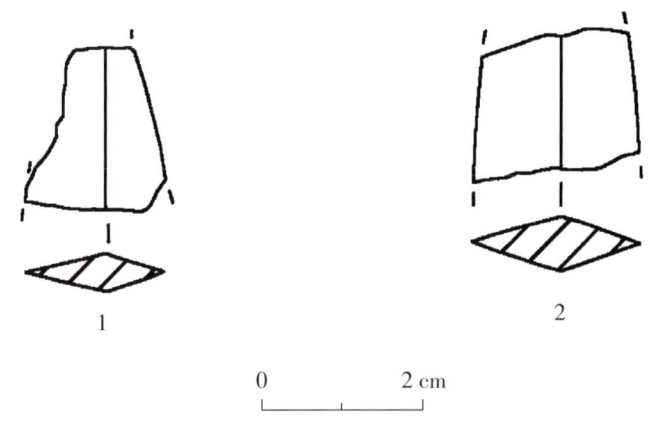

图739　黄塘山遗址采集石镞
1. 石镞（251：采1）　2. 石镞（251：采2）

小结

凤凰水流域调查发现各期遗址共计25个，据各遗址分组情况比对分析可将该区域考古学文化遗存分为前后发展的4期，见表9。

表9　凤凰水流域遗址分期表

遗址	分期			
	新石器时代晚期至商代	西周至春秋	汉代	明清
对面山	√			
（凤二）新屋	√			
牛半壁	√			
背夫岭	√			
（凤一）大岽	1组			2组
大山谷北	√			
大山谷南	1组	2组		
西云耳岭		√		
东云耳岭	√			
（钓鲤）背后山	√			
菠萝山	√			
东边岽	√			
福旋岭	√			
圆靓仔	√			
（鹊塱）后龙山	√			
黄草山	√			
大塱社东	√			
奥背山	√			
大塱社南	√			
牛角岽	√			
田寮山	1组		2组	
汉田山	√			
冯山公	√			
同锣泉	√			
黄塘山	√			

注："√"代表该遗址仅有一组遗存

一期：新石器时代晚期至商代。本期遗存见于24个遗址中，占比96%，代表性遗址有大山谷南、菠萝山、冯公山等。采集遗物以陶片为主，少许石器。陶片以夹细砂陶、硬陶为主，部分质地稍软，陶色有灰褐、黄灰、深灰、浅灰色等，纹饰有曲折纹、绳纹、梯格纹、附加堆纹、叶脉纹、篮纹、圆圈纹、长方格纹、素面等。可辨器形多为圈足罐、敞口罐口沿。石器有石镞、石锛、砺石等。该期遗存与吕田、安山、桃园、灌村等盆地同期遗存内涵相同，属同一谱系。

二期：西周至春秋时期。该期遗存见于大山谷南和西云耳岭遗址，采集少许陶片，皆为泥质灰硬陶，纹饰见篦点纹、方格纹、宽席纹、云雷纹、重菱形凸点纹、复线曲波纹等，器形多不可辨。该期遗存与夔纹陶类遗存伴出，时代相当。

三期：汉代。仅见于田寮山遗址，采集平底罐陶片。

四期：明清时期。因该区域调查以早期遗存为主，明清时期遗存仅见于（凤一）大岙遗址。

第十节　锦洞水河谷

锦洞水位于江埔街南部，为小海河江埔街段东部的一条支流。河流全长约11.30千米，河道宽约18.20米，发源于锦一村东南部群山中，主要有两处源流，一是源自西侧海拔600米的大尖峰一带，流向为西南向东北；一是源自东侧海拔460米的拿借形一带，流向为东南向西北。二源流于锦一小学东侧汇合后，自东南向西北流经锦一村、锦二村、锦三村，在南方村附近注入小海河。锦洞水的较大支流共计8条，左右两侧呈叶脉形分布，主河道及支流流域面积约25.9平方千米。

锦洞水东南部为高山区，其东北、西南侧山地丘陵环绕，共同构成一个狭长的河谷地形，地势东南高西北低。东南部高山区海拔300～600米，山高林密，地势较陡峭，锦洞水源头各溪流河道狭窄，坡降较大。河谷两侧山岗丘陵海拔介于70～200米，地势较南部高山区缓和，山上亦多自然植被，仅低山区被村民开垦利用。

河谷全长7.3千米，宽200～1000米，上游较窄，下游不断开阔。谷底海拔最低，介于30—100米间，地势相对平缓，地形以河岸阶地为主，多开辟为农田，种植水稻、蔬菜、柑橘等，村庄大部分坐落于河道两岸。

两岸山地丘陵与河谷之间发育山前缓坡、台地，部分山岗余脉延伸入河谷内。整个河谷，其上游两侧山岗坡度均较陡，河谷边缘陡直，缓坡和台地较低；下游随着海拔和坡度变缓，河谷两岸的缓坡台地发育较多。低矮山岗和缓坡台地，多经开辟种植荔枝、砂糖橘等，地表多枯叶，杂草较多。

锦洞水流域目前已掌握的文物资源仅有《广州市文物普查汇编·从化市卷》记录的公祠3处、书舍1处，未见地下遗址等记载。

锦洞水流域文物资源田野调查工作开始于2015年3月17日，于3月21日结束，实际田野调查时间共计5天。以锦洞水两岸河岸阶地、平原、山前台地、较低矮的小山丘、部分已开荒的高山为主，足迹覆盖锦一村、锦二村、锦三村共计3个行政村，47个村民小组，范围约9平方千米。新发现各期遗址18处，集中于中上游地区的南部缓坡和山岗上。

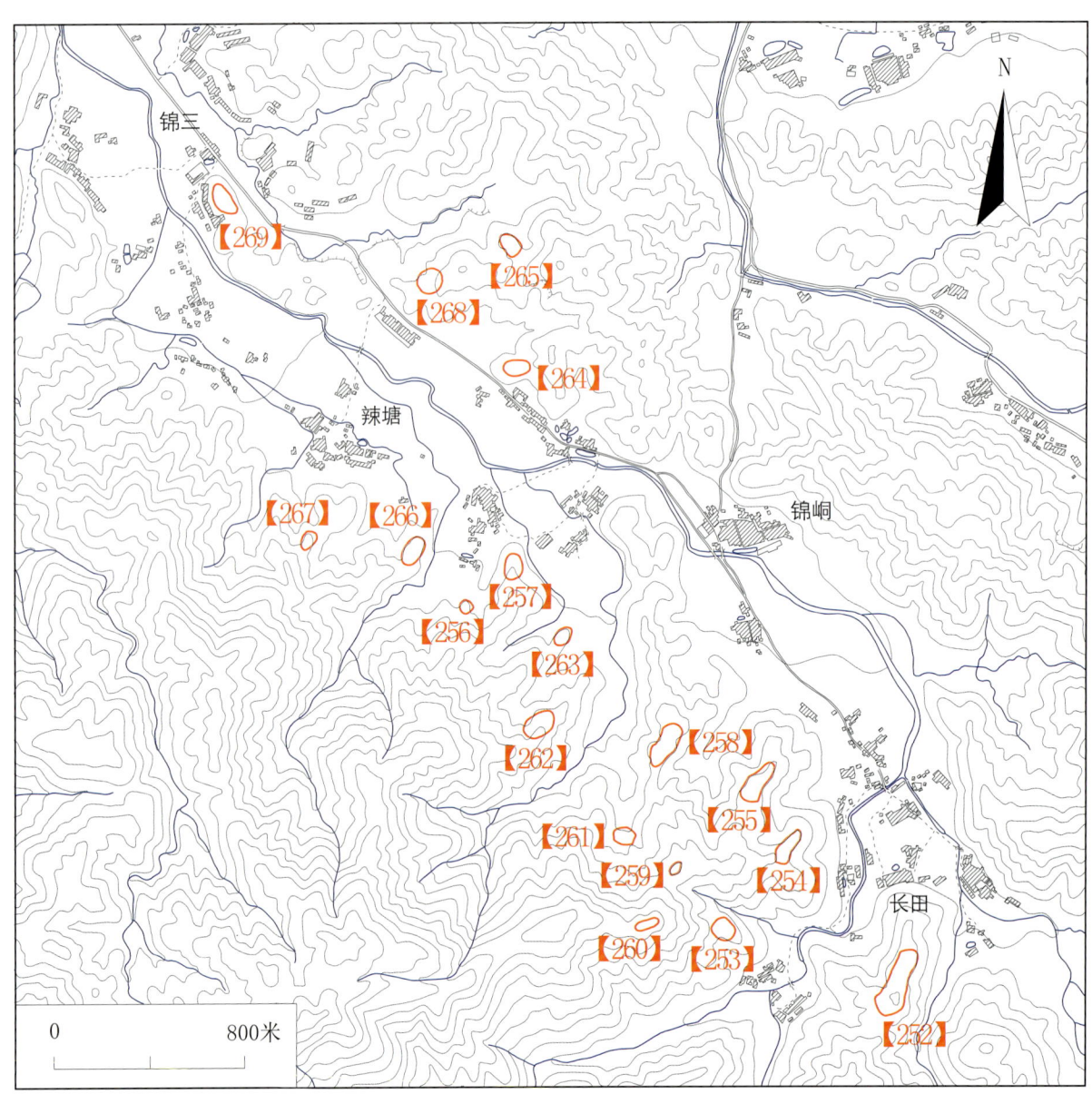

图740　锦洞水河谷遗址分布图

屋头窝遗址

遗址编号：252　　行政区划：广州市从化区江埔街锦一村

地理坐标：N23°28′26.22″，E113°36′57.94″　　海拔：212.68米

遗址位于江埔街锦一村长田社正南部的屋头窝山岗顶部，距长田社约350米。屋头窝地处锦洞水上游，为河谷东端一靴形山岗，长约600米、宽约580米。山岗南倚高山，北面狭长的锦洞水河谷，东西两侧为狭窄山坳，饭彩岭、水产田居山岗东坡山脚，蓝田、邱屋等坐落其西侧山脚，山坳底部有锦洞水支流流经。山岗最

图741　屋头窝遗址远景（南—北）

高点位于南侧，海拔201米，山顶呈南北长条状，地势南高北低，山岗东、北坡地势陡峭，坡面已开荒种植砂糖橘与柿子，西坡坡度较缓。

遗物见于近山顶位置，分布范围约20 000平方米。原种植荔枝等。近期因伐树烧荒，地表裸露，采集陶片3片，为夹细砂灰硬陶，饰曲折纹2片，素面1片，器形不可辨。据遗物特征推断，时代为新石器时代晚期至商代。

图742　屋头窝遗址采集遗物

（锦一）南山遗址

遗址编号：253　　行政区划：广州市从化区江埔街锦一村

地理坐标：N23°28′36.38″，E113°36′33.39″　　海拔：201.21米

遗址位于江埔街锦一村南山社西北约150米的山岗东坡上，西距山顶的林场遗址约250

米。山岗位于锦洞水上游，河谷西侧东北—西南向小山坳内，西连海拔367米的大峒山，东与屋头窝隔山坳相望，南山村坐落山脚下，锦洞水于山坳底部流经。山岗平面呈舌状，向东延伸，为山脊地形，中间高两边低，顶部较平坦，海拔约196米，坡度较平缓。山岗山坡上多为新种植的砂糖橘，山顶及山脊上为桉树林。

图743　（锦一）南山遗址远景（南—北）

遗物分布范围约6500平方米，见于山脊顶端，周边有少许荔枝，地表较干净，采集陶片12片，多为夹细砂灰褐硬陶，黄灰陶质地稍软2片，纹饰有曲折纹9片、叶脉纹2片、梯格纹1片，可辨器形有罐圈足（253：标1）等。据陶片特征推断，时代为新石器时代晚期至商代。

253：标1　陶罐圈足，仅存底部少许，矮圈足，外斜，足跟平直，外底饰曲折纹。

图744　（锦一）南山遗址采集遗物

图745　南山、圹丫㘵遗址采集陶片纹饰拓片
1、2. 曲折纹（253）　3、4. 曲折纹（255）

牛湖窝遗址

遗址编号：254　　行政区划：广州市从化区江埔街锦一村
地理坐标：N23°28′44.89″，E113°36′41.30″　海拔：202.28米

遗址位于江埔街锦一村高禾塘西侧的牛湖窝山岗顶部，东距高禾塘约200米，北与圹丫岜遗址相距约250米。牛湖窝地处锦洞水上游，河谷西侧，自西南向东北延伸，长约350米。整体地势西高东低，西南连接高山，北、东南侧为山坳，村庄沿东坡山脚分布。山岗顶部海拔约181米，地势较平缓，多种植荔枝等；山坡地势陡峭，多竹子和柿子树，地表落叶较多。

图746　牛湖窝遗址远景（东—西）

调查在山坡断面清理出疑似灰坑遗迹，遗物见于山顶位置，分布范围约7500平方米，采集陶片9片，夹细砂灰陶、褐陶，质地较硬6片，质地稍软3片，纹饰有曲折纹6片、叶脉纹3片，可辨器形有圈足罐等。据陶片特征推断时代为新石器时代晚期至商代。

图747　牛湖窝遗址断面暴露灰坑遗迹（东—西）

图748　牛湖窝遗址采集遗物

圹丫岽遗址

遗址编号：255　　行政区划：广州市从化区江埔街锦一村

地理坐标：N23°28′53.83″，E113°36′37.10″　　海拔：189.33米

遗址位于江埔街锦一村西塘下南约300米的圹丫岽山岗上，南与牛湖窝相距约250米。圹丫岽地处锦洞水上游，河谷西侧，平面呈宽舌状，自西南向东北延伸，长约500米、宽约350米，整体地势西高东低，西南连接高山，西北侧为山坳，东、北邻锦洞水河谷，锦一村坐落东侧谷底，有村道和锦洞水经过。圹丫岽山顶海拔180~

图749　圹丫岽遗址远景（东—西）

200米，坡度较缓，山坡则坡度较大，其中北坡均已被开荒，山脚种植荔枝，山腰以上多为新种植的砂糖橘。

遗物见于圹丫岽东坡近山顶处，靠近一处清代墓碑，地表落叶繁多，范围约10 000平方米，采集陶片9件，夹细砂灰陶，质地多稍软，按纹饰计有曲折纹5片、绳纹2片、方格纹1片、叶脉纹1片，器形不可辨。据遗物特征推断，时代为新石器时代晚期至商代。

图750　圹丫岽遗址采集遗物

高浪遗址

遗址编号：256　　行政区划：广州市从化区江埔街锦二村

地理坐标：N23°29′21.53″，E113°35′55.93″　　海拔：80.97米

遗址位于江埔街锦二村高浪社南约150米的山岗北坡山腰处，东北与蝇咀遗址同处一座山

岗上，相距约170米。高浪地处锦洞水河谷南岸，南有蝇咀，北踞圆岭，围成一北向开口的三角形小山坳，高浪居于坳谷中部。遗物见于蝇咀山岗西段北坡山腰处，地势南高北低，坡度较缓，现被开垦为梯田，种植荔枝等果木，地表较干净。

遗物分布范围约2000平方米，采集陶片14片。据遗物特征初步分析，可分为2组。

图751　高浪遗址近景（西北—东南）

图752　高浪遗址采集遗物

1组：采集陶片4片，均为夹细砂灰硬陶，饰曲折纹2片、曲折纹加附加堆纹1片、叶脉纹1片。时代为新石器时代晚期至商代。

2组：采集陶片10片，皆为泥质硬陶，陶色见灰褐、深灰、浅灰色，器表饰夔纹3片、方格纹4片、重圈纹2片、水波纹1片，器形均不可辨。时代为西周至春秋时期，属夔纹陶阶段遗存。

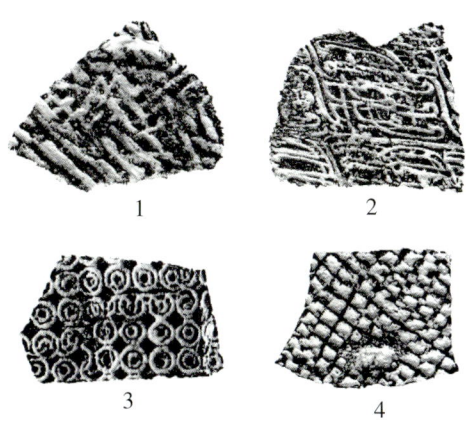

图753　高浪遗址采集陶片纹饰拓片

1.曲折纹　2.夔纹　3.重圈纹　4.方格纹

蝇咀遗址

遗址编号：257　　行政区划：广州市从化区江埔街锦二村

地理坐标：N23°29'26.28"，E113°36'1.93"　　海拔：97.79米

遗址位于江埔街锦二村新围社西约100米的蝇咀山岗北端，西南与高浪遗址同处一座山岗，相距约150米，北邻新塘下社。蝇咀地处锦洞水中游，河谷南岸，为河谷南缘山体余脉，自西南向北延伸入河谷内，平面呈尖舌状，绵延500余米，宽约200米。蝇咀地势南高北低，山顶及山坡地势较缓，整体被开垦为梯田状，主要种植荔枝、砂糖橘，地表干净。

遗物见于蝇咀北端，范围约6500平方米，于梯田断壁上发现陶片共计118片，以夹细砂陶为主，多为硬陶，陶色为灰、灰褐色，按纹饰可见夔纹59片、方格纹38片、方格纹加夔纹15片、方格纹加云纹2片、云纹1片、方格纹加云纹加弦纹1片、素面2片，可辨器形有豆口沿（敞口，窄平沿，圆唇，曲壁，下残缺）、豆柄（257：标1、257：标2）、盆口沿（257：标3）、罐等。

图754　蝇咀遗址采集遗物

257：标1　陶豆柄，仅存下部，柄较粗，圈足成喇叭状，圈足内有刻划符号。（图755：1、图756：2）

257：标2　陶豆柄，仅存下部，柄较粗，圈足成喇叭状，圈足内有刻划符号。（图755：2、图756：3）

257:标3　陶盆口沿,敛口,外翻卷沿,圆唇,弧鼓腹,下残缺。(图755:3、图756:1)
据遗物特征推断,时代为西周至春秋时期,属夔纹陶阶段遗存。

图755　蝇咀遗址采集陶器
1. 陶豆柄及刻划符号(257:标1)　2. 陶豆柄及刻划符号(257:标2)　3. 陶盆口沿(257:标3)

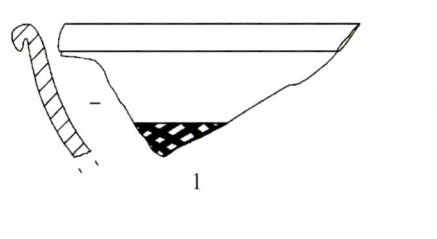
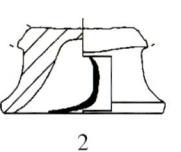

图756　蝇咀遗址采集陶器
1. 陶盆口沿(257:标3)　2. 陶豆柄(257:标1)　3. 陶豆柄(257:标2)

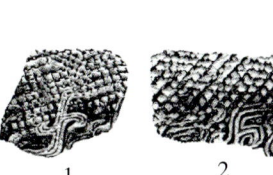
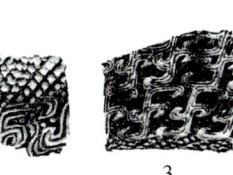

图757　蝇咀遗址采集陶片纹饰拓片
1~3. 夔纹加方格纹　4. 夔纹　5. 方格纹

黄山岽东遗址

遗址编号：258　　行政区划：广州市从化区江埔街锦二村

地理坐标：N23°29′0.42″，E113°36′21.00″　　海拔：155.83米

遗址位于江埔街锦二村新围社东南约900米的黄山岽山岗南端，东距圹丫岽遗址约200米。黄山岽地处锦洞水中游，为河谷南岸高山余脉，长条状，自南向北延伸入河谷内，绵延约1000米，整体地势南高北低，其南端最高点海拔约170米。山岗南连高山，西侧有近南北向狭长形山坳，宽约百米，山地底部有溪流向北汇入锦洞水，东侧为锦洞水河谷。现山岗整体被开垦为梯田，种植荔枝、砂糖橘、柿子、龙眼与少量蔬菜等，地表遍布落叶。

图758　黄山岽东遗址远景（南—北）

遗物见于山岗南端西南坡，分布范围约10 000平方米，采集陶片4片，夹细砂灰陶3片，泥质灰陶1片，质地略软，纹饰有三线菱形纹、网格纹、交错绳纹和素面，器形不可辨。据遗物特征推断，时代为新石器时代晚期至商代。

图759　黄山岽东遗址采集遗物

林场北遗址

遗址编号：259　　行政区划：广州市从化区江埔街锦二村

地理坐标：N23°28′44.42″，E113°36′26.09″　　海拔：259.72米

遗址位于江埔街锦二村新围社南约1500米的山区，东距高禾塘社约650米，因位于其南部约150米的林场山北而得名。遗址所在区域海拔254米，周边群山连绵，地势较平缓，现整体

被开垦为梯田，种植荔枝、砂糖橘、柿子、龙眼与少量蔬菜等，地表遍布落叶。

遗物分布范围约1500平方米，见于山脊顶部，采集陶片12片，以夹细砂灰陶为主，1片夹粗砂陶和1片泥质陶（均素面），质地较硬，按纹饰计有素面6片、曲折纹2片、篮纹2片、弦断条纹1片、间断条纹加附加堆纹1片，可辨器形有罐等。据遗物特征推断，时代为新石器时代晚期至商代。

图760　林场北遗址远景（西—东）

图761　林场北遗址采集遗物

林场遗址

遗址编号：260	行政区划：广州市从化区江埔街锦二村
地理坐标：N23°28′36.85″，E113°36′20.48″	海拔：325.43米

遗址位于江埔街锦二村新围社南约1600米的林场山上，北距林场北遗址约150米，东南与南山社相距约400米。林场山地处锦洞水上游，河谷南部山区中，南连锦洞水源头的尖峰顶，北面为河谷，整体地势西高东低。山岗海拔约317.8米，高于河谷约200米，地势较陡，山腰到山顶均开垦为梯田种植砂糖橘，地表遍布落叶。

调查于山顶位置采集砺石1件（260：采1），另有陶片6片。陶片有夹细砂灰硬陶2片，饰曲折纹、曲折纹加附加堆纹，泥质褐陶4片，饰叶脉纹。

260：采1　砺石，灰色，石质坚硬细腻，打磨光滑，横截面呈椭圆形，底部平整，两端切口整齐，纵截面呈梯形，长6 cm，宽1～2 cm，高1.2～2.5 cm。（图763）

图762 林场遗址采集遗物

 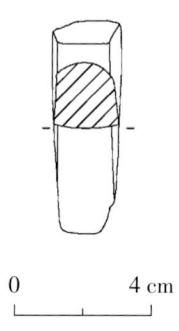

图763 林场遗址采集砺石（260：采1）

据遗物特征推断，时代为新石器时代晚期至商代。

马头营遗址

遗址编号：261	行政区划：广州市从化区江埔街锦二村
地理坐标：N23°28′56.69″，E113°36′15.47″	海拔：150.84米

遗址位于江埔街锦二村新围社南约1200米的马头营一带，黄山岽东、林场北遗址位于其东侧，南邻林场遗址。马头营为锦洞水上游、河谷南岸山区中一山坳，位于黄山岽西侧狭长形坳谷南端，南依群山，北接黄山岽山，东连林场山，整体地势南高北低，两侧高中间低。现被开垦为梯

图764 马头营遗址远景（东—西）

图765 马头营遗址采集遗物

田，种植砂糖橘、荔枝、火龙果等，坡度较平，地表杂草落叶较多。

遗物分布范围约5000平方米，采集陶片6片，夹细砂灰硬陶，饰曲折纹3片、叶脉纹1片、绳纹加附加堆纹1片、篮纹1片，器形不可辨。据陶片特征推断，时代为新石器时代晚期至商代。

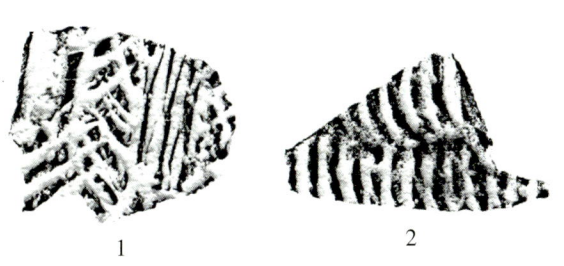

图766 马头营遗址采集陶片纹饰拓片
1. 曲折纹　2. 叶脉纹

黄山岙西遗址

遗址编号：262　　行政区划：广州市从化区江埔街锦二村
地理坐标：N23°29′3.25″，E113°36′6.24″　　海拔：175.39米

遗址位于江埔街锦二村新围社南约700米的无名山岗上，因地处黄山岙西部而得名，北距杨梅岙遗址约300米。遗址所在山岗地处锦洞水中上游，为河谷西侧高山余脉，平面呈舌状，自西南向东北延伸，长约500米、宽约250米，整体地势西高东低，西南连接高山，东邻黄山岙西侧狭长形坳谷。山岗海拔100~180米，

图767 黄山岙西遗址远景（东—西）

图768　黄山㘭西遗址采集遗物

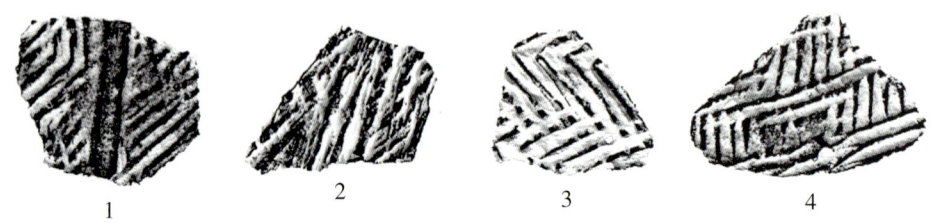

图769　黄山㘭西、杨梅㘭遗址采集陶片纹饰拓片

1. 曲折纹加附加堆纹（262）　2. 绳纹（262）　3. 曲折纹（263）　4. 梯格纹（263）

坡度较缓，整体被开垦成梯田，以种植砂糖橘、荔枝、火龙果等为主。采集遗物位置为山岗南侧山顶，海拔180米，曾进行过清理和烧荒，地表较为干净。

遗物分布范围约10 000平方米，采集陶片7片，其中夹细砂灰陶5片，泥质灰陶2片，质地较硬，按纹饰计有绳纹5片、篮纹1片、曲折纹加附加堆纹1片。据遗物特征推断，时代为新石器时代晚期至商代。

杨梅㘭遗址

遗址编号：263　　行政区划：广州市从化区江埔街锦二村

地理坐标：N23°29′15.65″，E113°36′10.61″　　海拔：102.10米

遗址位于江埔街锦二村新围社南约350米的杨梅㘭山岗上，东北距蝇咀遗址约200米，南距黄山㘭西约300米。杨梅㘭地处锦洞水中上游，为河谷西侧高山余脉，平面呈尖舌状，自西南向东北延伸，长约450米、宽约150米。地势西南高东北低，西南连接高山，东邻黄山㘭西侧狭长形坳谷，北眺锦洞水河谷，西有小型山坳。遗物见于山岗北端，该区域海拔约106米，坡度

较缓，整体被开垦成梯田，以种植砂糖橘、荔枝、火龙果等为主，地表遍布落叶，杂草繁多。

遗物分布范围约4000平方米，采集陶片6件，夹细砂灰陶为主，泥质陶1片，按纹饰计有曲折纹3片、素面2片、梯格纹1片，器形不可辨。据陶片特征推断，时代为新石器时代晚期至商代。

图770　杨梅岽遗址远景（东—西）

图771　杨梅岽遗址采集遗物

汉岽遗址

遗址编号：264　　行政区划：广州市从化区江埔街锦二村
地理坐标：N23°29′49.58″，E113°36′0.90″　　海拔：98.09米

遗址位于江埔街锦二村高围社北侧后山顶部，当地人称"汉岽"，西邻村道。汉岽山岗地处锦洞水上游，为河谷北侧山地余脉，平面呈椭圆形，自东向西延伸，长约220米、宽约130米，山顶海拔约95米，相对高度约35米。高围社坐落南侧山脚，山岗西端直抵水泥村道边。汉岽地势较

图772　汉岽遗址远景（北—南）

图773 汉㘭遗址采集遗物

平缓，主要种植砂糖橘、荔枝、龙眼等，地表较为干净，部分区域曾有清理。

遗物见于山顶位置，范围约5500平方米。据特征初步分析，可分为2组。

1组：于断壁地层中采集直领鼓腹圈足罐1件（264：标1），残碎，部分可拼合。时代为新石器时代晚期至商代。

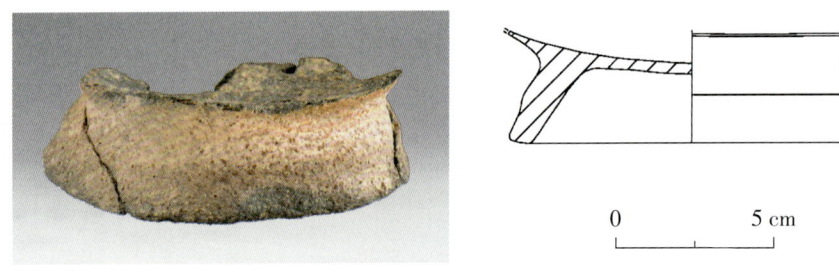

图774 汉㘭遗址采集陶罐圈足（264：标1）

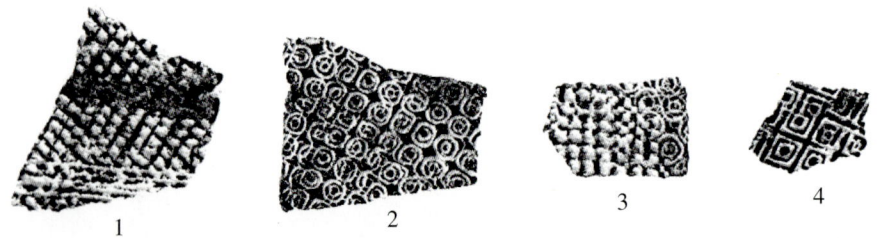

图775 汉㘭、屋场山遗址采集陶片纹饰拓片

1. 细方格纹加弦纹（264） 2. 重圈纹（265） 3. 重圈纹加方格纹（265） 4. 重菱形凸点纹（265）

264:标1　陶罐圈足，圜底矮圈足，圈足外撇，夹粗砂软陶，黑灰胎黄褐色，表面有方格压印纹。（图774）

2组：于地表采集陶片3片，均为泥质灰硬陶，饰细方格纹2片、细方格纹加弦纹1片，器形不可辨。时代为西周至春秋，属夔纹陶阶段遗存。

屋场山遗址

遗址编号：265　　行政区划：广州市从化区江埔街锦二村
地理坐标：N23°30′2.66″，E113°35′54.81″　海拔：136.55米

遗址位于江埔街锦二村高围社北面约550米的屋场山上，西距丹竹凹约480米。屋场山地处锦洞水中游，为河谷北侧山岗余脉，平面呈椭圆形，略呈东西向，长约700米、宽约300米，其东连山岗，南、北两侧为山坳，西连长条状山丘直抵河谷中央。遗物见于屋场山东端北坡，海拔约104米，坡度较缓，山顶大面积平

图776　屋场山遗址远景（南—北）

图777　屋场山遗址采集遗物

地，以种植荔枝、砂糖橘、龙眼等果树以及黄花梨等绿化用树为主，地表较为干净。

遗物分布范围约5500平方米，据遗物特征初步分析，可分为2组。

1组：采集石凿1件（265：采1），陶片21片。陶片含夹细砂灰陶11片、泥质灰陶10片，大部分质地较软，纹饰有绳纹6片、曲折纹3片、叶脉纹3片、曲折纹加附加堆纹4片、绳纹加附加堆纹3片、素面2片，可辨器形有罐口沿（敞口圆唇，高竖颈，下残缺）。据遗物特征推断，时代为新石器时代晚期至商代。

265：采1　石凿，整体呈三棱柱状，一端残断，断面呈长方形，另一端收窄，弧端，三侧面一面平直，其余二面呈一定弧度。长约12 cm，宽约4 cm，高约4 cm。（图778）

2组：采集陶片9片，均为泥质灰硬陶，按纹饰计有篦点纹1片、重圈纹加方格纹1片、重菱形凸点纹1片、重圈纹1片、方格纹1片、素面4片，器形不可辨。时代为西周至春秋时期，属夔纹陶阶段遗存。

 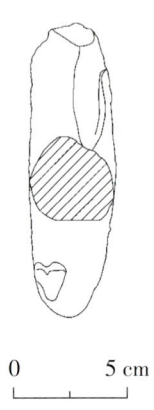

图778　屋场山遗址采集石凿（265：采1）

圆岭遗址

遗址编号：266　　行政区划：广州市从化区江埔街锦二村

地理坐标：N23° 29' 30.96"，E113° 35' 49.89"　　海拔：84.93米

遗址位于江埔街锦二村高浪社西约200米的圆岭山岗上，东距蝇咀遗址约350米。圆岭地处锦洞水中游，河谷南岸，为河谷南缘山体余脉，自西南向北延伸入河谷内，平面呈舌状，绵延500余米，宽约250米。山岗西南连高山，南北两侧为山坳谷，北面锦洞水河谷，东侧山脚有溪流向北汇入锦洞水，整体地势由西南向东北递减，山顶较平缓，山坡坡度较陡。遗物见于山岗北端东坡一带，海拔约115米。现山岗被开垦为梯田，主要种植荔枝、砂糖橘，地表遍布落叶杂草。

遗物分布范围约8000平方米，据遗物特征初步分析，可分为2组。

图779 圆岭遗址采集遗物

1组：采集陶片3片，泥质灰陶2片，饰绳纹1片，饰曲折纹1片，夹细砂灰褐陶1片，饰绳纹，器形不可辨。时代为新石器时代晚期至商代。

2组：采集陶片6片，均为泥质硬陶，灰褐为主，少许黑陶，饰方格纹4片、水波纹加弦纹1片、素面1片，器形不可辨。据陶片特征推断，时代为西周至春秋时期，属夔纹陶阶段遗存。

辣塘南遗址

遗址编号：267　　行政区划：广州市从化区江埔街锦二村
地理坐标：N23°29'29.66"，E113°35'34.24"　　海拔：128.04米

遗址位于江埔街锦二村辣塘社南250米的无名山岗上，因位置而得名辣塘南遗址，东距圆岭遗址约400米。山岗地处锦洞水中游，河谷南岸，为河谷南缘山体余脉，自西南向北延伸入河谷内，南北两侧为山坳谷，北面锦洞水河谷，整体地势由西南向东北递减。山岗平面呈舌状，长400余米，宽100～200米，南端较窄，北端椭圆形，山顶海拔124米，坡度较平缓。山脚及山坡种植荔枝、砂糖橘，山顶未被开垦，多为竹林。遗物见于山岗南端山脊上，该区域海拔约125米，地表遍布半米高杂草。

图780 辣塘南遗址采集遗物

调查在局部裸露地表采集陶片2片，均为泥质硬陶，灰陶饰夔纹加弦纹加重菱形纹1片；黑褐陶1片，素面，器形不可辨。据遗物特征推断，时代为西周至春秋时期，属夔纹陶阶段遗存。

屋场西遗址

遗址编号：268　　　行政区划：广州市从化区江埔街锦二村

地理坐标：N23°30′1.16″，E113°35′45.39″　　海拔：82.65米

遗址位于江埔街锦二村丹竹凹北侧的屋场山西端，故而得名"屋场西遗址"，东距屋场山遗址约270米。屋场山西端地势东高西低，坡度较缓，村道贴西侧山脚经过，北部为一东西向狭长形山谷，南面是开阔的锦洞水河谷，西边与河谷中间长约1000米的条状山丘相连。现山岗西坡被整体开垦种植荔枝，地表遍布落叶枯枝。

图781　屋场西遗址远景（南—北）

图782　屋场西遗址采集遗物

遗物见于屋场山西坡近山顶处，分布范围约8000平方米，采集陶片12片，质地均略软，泥质陶3片，夹砂陶9片，陶色见灰白、黑、灰色等，纹饰有绳纹、素面等，器形不可辨。据遗物特征推断，时代为新石器时代晚期至商代。

(锦三)陈屋遗址

遗址编号：269　　行政区划：广州市从化区江埔街锦三村
地理坐标：N23°30′11.45″，E113°35′20.47″　　海拔：78.74米

遗址位于江埔街锦三村陈屋社东侧后山岗上，北侧紧挨锦三小学。山岗位于锦洞水河谷中部，东南延伸约1000米与屋场山相连，水泥村道紧贴北侧山脚，锦洞水于西侧150米处流经。山岗平面近似半月形，面积约25 000平方米，山顶海拔68米，相对高度约25米，地势较平缓，现种砂糖橘，地表尚算干净。

图783　（锦三）陈屋遗址远景（东—西）

遗物见于北端山顶，采集陶片2片，可分为2组。

1组：采集泥质灰白硬陶1片，饰编织纹。时代为新石器时代晚期至商代。

2组：采集夹细砂灰褐硬陶1片，饰方格纹。时代为西周至春秋时期，属夔纹陶阶段遗存。

图784　（锦三）陈屋遗址采集遗物

小结

锦洞水河谷调查发现各期遗址共计18个，据各遗址分组情况比对分析可将该区域考古学文化遗存分为前后发展的2期，见表10。

表10　锦洞水河谷流域遗址分期表

遗址	分期	
	新石器时代晚期至商代	西周至春秋
屋头窝	√	
（锦一）南山	√	

（续表）

遗址	分期	
	新石器时代晚期至商代	西周至春秋
牛湖窝	√	
圹丫山	√	
高浪	1组	2组
蝇咀		√
黄山岖东	√	
林场北	√	
林场	√	
马头营	√	
黄山岖西	√	
杨梅岖	√	
汉岖	1组	2组
屋场山	1组	2组
圆岭	1组	2组
辣塘南		√
屋场西	√	
（锦三）陈屋	1组	2组

注："√"代表该遗址仅有一组遗存

一期：新石器时代晚期至商代。整个区域有18个遗址，共计16个遗址发现该期遗存，占比89%，且多数遗址仅见本期遗存。代表性遗址有屋场山等，其余各遗址采集遗物多较少。采集遗物以陶片为主，另有少量石器。陶片以夹细砂陶为主，泥质陶次之，夹粗砂陶最少；陶质硬陶居多，部分质地稍软，软陶最少；纹饰有曲折纹、绳纹、附加堆纹、篮纹、叶脉纹、梯格纹、长方格纹、间断条纹及以上两三种纹饰组合纹。可辨器形多为罐口沿、圈足罐等。石器见石凿、砺石等。该期遗存内涵与吕田、桃园、灌村、凤凰水区域同期遗存相同。

二期：西周至春秋。见于7处遗址中，代表性遗址有蝇咀遗址等。采集陶片为主，泥质硬陶、灰褐、灰陶居多，纹饰见夔纹、方格纹、重圈纹、水波纹、云纹、重菱形凸点纹及以上两种纹饰组合纹等，可辨器形有豆柄、盆口沿、罐/瓮等，属夔纹陶阶段遗存。

第十一节　沙溪河流域

沙溪河为流溪河太平镇段东部的一条支流，长约16.80千米，河道宽12.70米，流域面积约63.5平方千米。河流发源于太平镇东部与福和镇交界处的沙溪河库东部山区，大体自东向西依次流经太平镇红石村、颜村、钱岗村、文阁村、飞鹅村、高埔村、太平村等，于太平村西侧注入流溪河。沙溪河流域整体地势东高西低，中上游多山地丘陵，下游为低矮河岸平原，依地形地貌可将沙溪河分为东、中、西三段。东段位于上游，自源头至沙溪河库一带，河道两侧为高低起伏的山地丘陵，海拔最高近500米，河流水流湍急、坡降大。

中段位于河流中游，东起红石村，西至水井口北侧。河道两侧多缓坡阶地，海拔25～90米，地势平缓；两岸则为山岗丘陵，海拔100～350米，大致呈东西走向，构成一个向西开口的山间河谷地形。河谷长7900米，宽250～1300米，其中东部红石村一带较狭窄，西部钱岗村、文阁村、飞鹅村一带较宽阔。两岸山地丘陵多种植荔枝、砂糖橘等果木，低矮台地和河岸阶地多被开辟成梯田，种植水稻等，村落沿河道而建，Y592村道横贯整个河谷。

西段位于河流下游，东起水井口北侧，西至流溪河，河道曲折蜿蜒，两侧为低矮的河岸阶地地形，海拔22～25米，另有少许海拔30米左右的小山丘。河道周边植被茂盛，有荔枝、龙眼等，并有少许农田，S118位于河道北侧约500米处，两侧房屋、工厂林立。

沙溪河南部有一条主要支流，源头有两处，一源自东部的分水村一带，自东向西延S118一路横穿；一源自东南的秋枫村一带，自东南向西北流去，二河流汇合于沙元埔南侧，后折向西北注入沙溪河。支流两岸山岗、丘陵环绕，构成狭长形河谷，海拔介于60～150米，多为近圆形小山岗，坡度较缓，谷底宽200～600米，地势平缓。谷底多被开辟为农田，种植水稻、蔬菜等；山丘多被开辟成梯田，种植荔枝、龙眼等果木，较高海拔地带有桉树、竹林等。

沙溪河流域目前已掌握的文物资源仅有《广州市文物普查汇编·从化市卷》记录的（宋）郭判院夫妇合葬墓、郭大章夫妇合葬墓、陆氏大宗祠，多为墓葬和古建筑，不见地下遗址资料。

沙溪河流域文物资源田野调查工作开始于2015年4月6日，于4月10日结束，田野调查时间共计5天。调查以沙溪河两岸河岸阶地、平原、山前台地及较低矮的小山丘为主，足迹覆盖红石村、颜村、钱岗村、文阁村、飞鹅村、高埔村、太平村，共计新发现各时期遗址15处。

高庙遗址

遗址编号：270　　行政区划：广州市从化区太平镇文阁村

地理坐标：N23°26′08.26″，E113°32′05.21″　　海拔：92.97米

遗址位于太平镇文阁村、钱岗村北边的高庙山岗上，东邻格田社，西南与凤棱山相望，相距约250米。高庙山居于沙溪河中段，为河谷北缘一低矮山岗，北、东、西群山环绕，南抵河谷边缘，文阁村、高庙村位于山岗南侧谷底平地上。山岗平面呈舌状，东北—西南向，海拔介于75～90米，地势北高南低，坡度较缓，现山坡上种植荔枝等果木，地表长满蕨草，局部有少量松树等。

图786　高庙遗址远景（西—东）

遗物见于山岗南坡山腰处，采集石锛1件（270：采1），层凝灰岩，黄白色，质地细腻坚硬，残存部分平面呈三角形，两面磨制光滑，单面刃。长6 cm，厚1.6 cm，刃部残存1.3 cm。（图787）

石锛无伴出陶片等遗物，参照周边遗址所出同类型器推断时代为新石器时代晚期至商代。

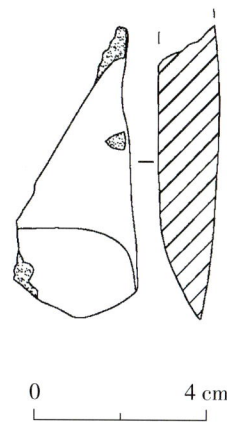

图787　高庙遗址采集石锛（270：采1）

凤棱山遗址

遗址编号：271	行政区划：广州市从化区太平镇文阁村
地理坐标：N23°25′59.95″，E113°32′00.44″	海拔：65.45米

遗址位于太平镇文阁村北边的凤棱山上，东南距钱岗古村约600米，西南与影田村相距约550米。凤棱山居于沙溪河中段，为河谷北缘一长条状山岗，北连群山，南为河谷低矮平原，呈东西向，长约820米，宽约230米，山顶海拔105米，高于河谷约65米。山岗坡度较陡，现种植有荔枝等果木，地表杂草、落叶密布。山南坡脚有小溪流经，并有水泥村道横穿而过。

遗物见于山岗东端山顶，该区域地势较缓，种植荔枝等，西侧有一间砖房，地表覆盖一层落叶。遗物分布范围约15 000平方米，据其特征初步分析可分为2组。

1组：采集陶片2片，均为泥质灰陶，质地略软，分别饰梯格纹加附加堆纹和绳纹，器形不可辨。时代为新

图788　凤棱山遗址远景（东—西）

图789　凤棱山遗址采集遗物

图790　凤棱山遗址采集陶豆圈足及刻划符号（271：标1）

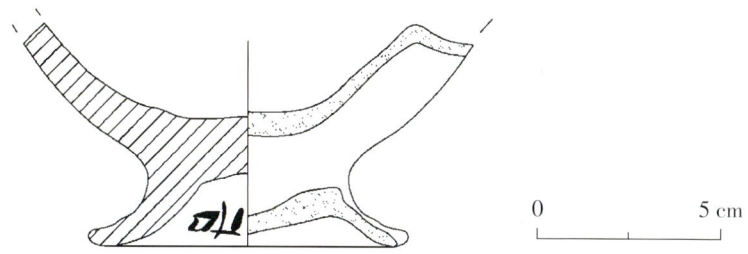

图791　凤棱山遗址采集陶豆圈足（271：标1）

石器时代晚期至商代。

2组：采集圈足豆底残片1片（271：标1），底部内侧有刻划符号。据陶豆特征推断时代为西周至春秋时期，属夔纹陶阶段遗存。

271：标1　陶豆圈足，上部残缺，仅存下腹为弧腹向下内收，圜底，下腹粗柄喇叭状圈足，圈足外撇较甚，圈足内底有刻划符号。（图790、图791）

虾头岽北遗址

遗址编号：272　　　行政区划：广州市从化区太平镇钱岗村
地理坐标：N23°25′14.60″，E113°32′20.64″　　海拔：81.58米

遗址位于太平镇钱岗村南约1300米的虾头岽山北侧小山岗上，南邻高平村，东近夹死蚁沟涧。山岗为钱岗和高平的界山，地处沙溪河谷中段南缘，周围群山环绕，平面呈不规则形，山顶海拔约78.8米，坡度较缓。现山坡经开垦成梯田，种植柠檬树等，地表落叶杂草较少。

遗物分布范围约13 000平方米，见于山顶位置。据遗物特征初步分析，可分为2组。

图792　虾头岽遗址远景（北—南）

1组：采集陶片2件，夹细砂灰陶，质地略软，纹饰均为叶脉纹，器形不可辨。时代为新石器时代晚期至商代。

2组：采集陶片7件，陶罐1件（272：采1），薄胎素面灰陶6件，质地与陶罐相同。时代为明清时期。

图793　虾头岡北遗址采集遗物

272：采1　陶罐，泥质硬陶，黄褐色，敛口、圆鼓腹、平底，带流、鋬，口沿下有一圈凸弦纹，功能应为药壶。口径4.8 cm，腹径7 cm，底径5.4 cm。（图794）

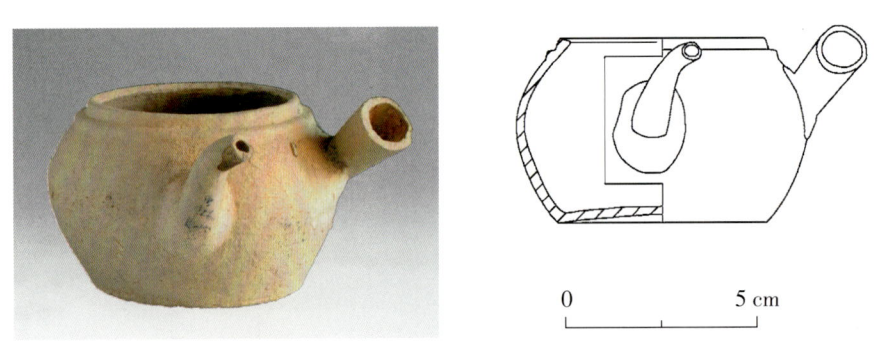

图794　虾头岡北遗址采集陶罐（272：采1）

面山遗址

遗址编号：273	行政区划：广州市从化区太平镇钱岗村
地理坐标：N23°25′40.55″，E113°32′20.57″	海拔：50.12米

遗址位于太平镇钱岗村正南约500米的面山上，西邻圩场岭遗址，东眺文阁南遗址。面山位于沙溪河中游南岸，为河谷南缘一独立小山岗，南与群山相连，东、西侧各有一南北向沟涧，底部有小溪向北汇入沙溪河，北眺钱岗、文阁村庄。山岗平面呈圆形，直径约450米，山顶海拔100米，高于河岸约60米，山势由中间向四周递减，山顶坡度大，山脚较缓。山上现植

图795　面山遗址采集遗物

被茂盛，地表杂草丛生。

遗物见于山岗北坡山脚位置，分布范围约15 000平方米。据遗物特征初步分析，可分为2组。

1组：采集陶片21片，泥质灰硬陶，纹饰以方格纹为主，计14片，另有重菱形纹、重菱形凸点纹、方格纹加重菱形凸点

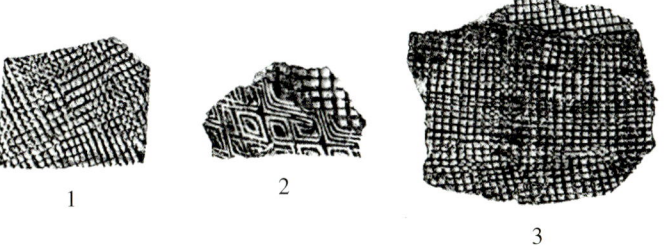

图796　面山遗址、文阁南遗址采集陶片纹饰

1.方格纹（273）　2.方格纹加重菱形凸点纹（273）　3.方格纹（275）

纹，可辨器形有罐口沿等，时代为西周至春秋时期，属夔纹陶阶段遗存。

2组：采集陶片1片，泥质硬陶，灰褐色，器表饰三角格纹，器形不可辨。时代为战国时期至汉初，属米字纹陶阶段遗存。

圩场岭遗址

遗址编号：274	行政区划：广州市从化区太平镇钱岗村
地理坐标：N23°25′38.86″，E113°32′11.39″	海拔：53.51米

遗址位于太平镇文阁村正南方约450米的圩场岭山岗上，东邻面山，南距虾头岽北遗址约550米。圩场岭位于沙溪河中游南岸，距主河道约200米，为河谷南缘高山余脉，自南向北伸入河谷内，东侧与面山相隔一小沟涧，涧底有小溪，北、西侧为低矮的农田。山岗平面呈椭

圆形，长约280米、宽约190米，山顶海拔67米，高于河岸约25米，山势较平缓。山上种植荔枝等，地表杂草、落叶密布，局部区域散布有许多大块岩石。

遗物见于山顶位置，分布范围约25 000平方米，采集陶片8片，均为泥质硬陶，灰褐色，按纹饰计有方格纹3片、米字纹1片、三角格纹2片、素面2片，可辨器形有素面平底罐。据遗物特征推断，时代为战国时期至汉初，属米字纹陶阶段遗存。

图797　圩长岭遗址远景（北—南）

图798　圩长岭遗址采集遗物（北—南）

文阁南遗址

遗址编号：275	行政区划：广州市从化区太平镇钱岗村
地理坐标：N23°25′42.86″，E113°32′26.35″	海拔：62.00米

遗址位于太平镇钱岗村南约250米的缓坡台地上，当地人称该区域为文阁村南，故名。台地居于沙溪河中游南岸，南靠面山，西距面山遗址约150米，东侧有小溪流经。整体地势南高北低，海拔约50米，坡度平缓，周边种植荔枝等。

采集陶片2片，可分为2组。

图799　文阁南遗址采集遗物

1组：采集陶片1片，夹细砂陶，质地略软，饰方格纹，器形不可辨。时代为新石器时代晚期至商代。

2组：采集陶片1片，泥质灰硬陶，饰方格纹，器形不可辨。时代为西周至春秋，属夔纹陶阶段遗存。

钱岗南遗址

遗址编号：276	行政区划：广州市从化区太平镇钱岗村
地理坐标：N23°25'43.09"，E113°32'32.95"	海拔：53.30米

遗址位于太平镇钱岗村南约300米河岸台地上，自钱岗村南向村东南过水泥桥约100米的道路及两侧，西距文阁南遗址约150米。台地位于沙溪河南岸，西邻面山，东接数座小山丘，道路两侧地势较平，两侧地表植被较多，均种植有荔枝。

遗物见于道路周边，采集陶片1片，泥质灰硬陶，饰方格纹，器形不可辨。时代为西周至春秋时期，属夔纹陶阶段遗存。

图800　钱岗南遗址采集遗物

颜村遗址

遗址编号：277	行政区划：广州市从化区太平镇颜村
地理坐标：N23°26'26.96"，E113°32'50.94"	海拔：55.11米

遗址位于太平镇颜村东北约500米的无名山岗上，因靠近颜村而得名。山岗地处沙溪河北岸，为沙溪河谷北缘高山余脉，北连高山，自北向南延伸入河谷内，平面呈"Y"字形，南北长约650米，东西最宽达400米。山顶海拔约122米，高于河谷约70米。山顶坡度较缓，山坡近山脚位置地势较陡。现山体被开垦为梯田，种植荔枝等，地表落叶、杂草密布。

图801　颜村遗址远景（西北—东南）

遗物见于岗顶偏西位置，采集陶片2片，泥质灰硬陶，饰绳纹1片，饰长方格纹1片，器形不可辨。时代为新石器时代晚期至商代。

图802　颜村遗址采集遗物

大岭㘵遗址

遗址编号：278	行政区划：广州市从化区太平镇颜村
地理坐标：N23°26′42.30″，E113°33′02.50″	海拔：121.44米

遗址位于太平镇颜村东北约1200米的大岭㘵一带，西南与颜村遗址相距约500米。大岭㘵地处沙溪河谷北缘山区，东接禁头峰，西抵王㘵顶，为两山所夹的鞍部，南北各有小型坳谷，南眺沙溪河谷。大岭㘵海拔介于130～180米，顶部地势平缓开阔，南北侧山坡则地势陡峭。现种植荔枝等，地表较干净。

图803　大岭㘵遗址远景（东—西）

调查于鞍部顶采集陶片2片，均为夹细砂灰硬陶，饰曲折纹、绳纹加附加堆纹，可辨器形有罐圈足。时代为新石器时代晚期至商代。

图804　大岭㘵遗址采集遗物

图805　大岭㘵、大头岗、牛下水遗址采集陶片纹饰拓片

1. 曲折纹（278）　2. 夔纹（279）　3. 米字纹（280）　4. 复线刻划纹（280）

大头岗遗址

遗址编号：279　　行政区划：广州市从化区太平镇钱岗村

地理坐标：N23°25′55.09″，E113°32′51.06″　　海拔：62.78米

遗址位于太平镇钱岗村东边1000米的大头岗上。大头岗地处沙溪河南岸，为沙溪河谷中段南缘一小山岗，平面呈舌状，东西向，东靠海拔141米的大山顶，西眺河谷低地平原，南侧有一东西向小山坳。山岗上植被茂盛，杂草丛生，遗物见于大头岗北侧山坳内及平地上。

图806　大头岗遗址采集遗物

遗物分布范围约20 000平方米，采集陶片6片。据遗物特征初步分析，可分为2组。

1组：采集陶片5片，泥质灰硬陶，饰夔纹、方格纹等，器形不可辨。时代为西周至春秋，属夔纹陶阶段遗存。

2组：采集陶片1片，泥质灰硬陶，饰三角格纹，器形不可辨。时代为战国时期至汉初，属米字纹陶阶段遗存。

牛下水遗址

遗址编号：280　　行政区划：广州市从化区太平镇红石村

地理坐标：N23°26′26.57″，E113°33′55.59″　　海拔：69.46米

遗址位于太平镇红石村牛下水社东北约200米的无名山岗上，西距郑屋约200米，东眺红石村。山岗地处沙溪河谷东端，为河谷北缘高山余脉，自东北向西南延伸入河谷内，平面呈长舌状，长约400米，山顶海拔约96米。整体地势东北高西南低，坡度较平缓，山岗西侧与

图807　牛下水遗址采集遗物

郑屋间有小山坳，东、南为低矮的河谷平原，有小溪流经山岗东、西坡山脚，向南汇入沙溪河。现台地种植荔枝，地表有落叶，部分区域经过清理。

遗物见于山岗南坡，分布范围约20 000平方米，采集陶片20片，均为泥质灰硬陶，主要纹饰为米字纹计11片，另有方格纹4片、弦纹2片、弦断篦划纹加锯齿纹2片、素面1片，可辨器形见陶盒盖（280：标1）。据遗物特征推断，时代为战国时期至汉初，属米字纹陶阶段遗存。

280：标1　陶盒盖，残存盒盖中部，漫弧顶，器中有圆形立钮，钮顶凹弧，泥质灰硬陶，饰凹弦纹和三角形戳印纹，器钮直径3.3 cm。（图808）

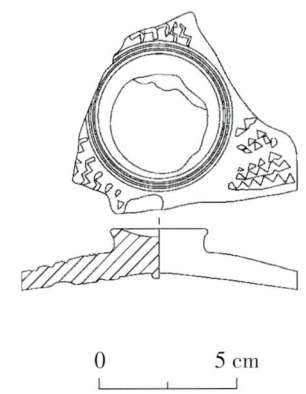

图808　牛下水遗址采集陶盒盖（280：标1）

茅车岭遗址（复查）

遗址编号：281　　行政区划：广州市从化区太平镇飞鹅村
地理坐标：N23°24′36.36″，E113°31′08.50″　　海拔：55.29米

遗址位于太平镇飞鹅村东升庄南部约300米的茅车岭北坡及山前台地上，东距沙元埔约700米，北邻沙溪河支流小坑河。茅车岭为沙溪河谷南部一独立山岗，南连群山，西为顺发石场所在山坳，东邻大㘵尾，北面小坑河河谷。山岗平面呈横"8"字形，由东西两座山岗组合成，长650米、宽400米，东端海拔92米，西端海拔97米。

图809　茅车岭遗址远景（北—南）

遗物见于东端山岗北坡及山前台地上，地势南高北低，呈缓坡状，地表经修整种植有荔枝、木兰等，并搭建有少许鸡棚。

遗址于2008年发现，是年7—8月，为配合广州市北三环高速公路建设，广州市文物考古研究所对遗址进行勘探，初步探明遗址集中于山岗北坡及山前台地上，分布范围约50 000平方米。

图810　茅车岭遗址勘探工作照（东—西）

经勘探，地层堆积厚度由山脚向山顶递减，大体可分为3层：①层，表土层，灰土，土质松散，厚30～150 cm，为现代耕土和扰土层，地表采集少量陶瓷片与现代杂物。②层，黄土，土质较软，含细砂较重，厚70～100 cm，在该层的几个探孔都出土有纹饰陶片，其中一探孔出有1块罐底残片。③层，厚50～90 cm，黄土发红，土质紧密，含大量颗粒石砂，无伴出遗物，该层下即为生土。

调查在地表采集少许陶片、石器等，据遗物特征初步分析，可分为4组。

1组：采集陶片9片，见于山前台地上，邻小坑河，均为夹细砂陶，8片灰硬陶，饰绳纹3片、篮纹4片、长方格纹1片；1片灰黄陶，质较软，饰绳纹。时代为新石器时代晚期至商代。

2组：采集陶片15片，以泥质陶为主，计12片，夹细砂陶3片，质地均为硬陶；按陶色计有酱褐5片、灰4片、红褐4片、灰褐2片；按纹饰计有方格纹4片、方格纹加重菱形纹1片、重菱形纹2片、重菱形纹加弦纹1片、夔纹2片、夔纹加方格纹加弦纹1片、重菱形凸点纹加方格

图811　茅车岭遗址采集1组遗物

纹1片、素面3片,可辨器形有罐。时代为西周至春秋时期,属夔纹陶阶段遗存。

3组:采集陶片35片,以泥质陶为主,计23片、夹细砂陶12片,均为硬陶;按陶色计有酱褐11片、褐12片、灰5片、黄褐5片、红褐2片,纹饰以方格纹为主,计25片、米字纹2片、三角格纹3片、弦纹1片、素面4片,可辨器形有罐、器盖。时代为战国时期至汉初,属米字纹陶阶段遗存。

4组:采集陶片22片,均为泥质硬陶,陶色有红褐、褐、灰、黄褐、浅灰色等,纹饰有方格纹4片,其他均为素面,可辨器形有罐口沿(281:标1)、钵形器(281:采1)等。时代为汉代。

图812　茅车岭遗址采集2、3组陶片

图813　茅车岭遗址采集4组陶片

图814　茅车岭遗址采集陶器

1. 钵形器（281：采1）　2. 陶罐口沿（281：标1）

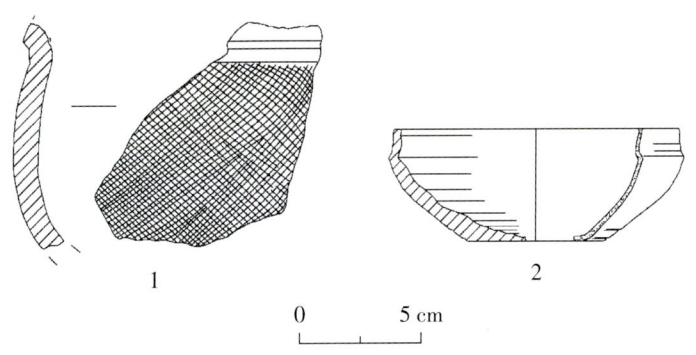

图815　茅车岭遗址采集陶器

1. 陶罐口沿（281：标1）　2. 钵形器（281：采1）

图816 茅车岭遗址采集陶片纹饰拓片
1. 夔纹 2. 夔纹加方格纹加弦纹 3. 方格纹加重菱形纹 4. 重菱形凸点纹加方格纹
5. 重菱形纹加弦纹 6~9. 方格纹 10、11. 三角格纹

281：采1 钵形器，直口，平方唇，上腹浅直略凹缺，下腹弧收，平底略内凹，器内壁及残存的底部轮制痕明显。泥质红褐硬陶。复原口径11.6 cm，底径5.5 cm，高4.4 cm。（图814：1、图815：2）

281：标1 陶罐口沿，敞口，卷沿，沿面略残，斜方圆唇，唇缘下端内折接矮直领，溜肩，弧腹残缺，肩、腹饰方格纹。残长9.1 cm，残高8.7 cm。（图814：2、图815：1）

新村西遗址

遗址编号：282　　行政区划：广州市从化区太平镇秋枫村

地理坐标：N23° 23' 46.44"，E113° 32' 36.44"　　海拔：57.90米

遗址位于太平镇秋枫村新村西约100米的小山丘上，南距秋枫村约500米，北与大冚尾遗址

相距约200米。山丘位于沙溪河南侧支流源头一带，东连群山，南邻河谷，西与圆墩岭、简贝岭相邻，平面呈腰果形，海拔约67米，相对高度约20米，坡度平缓，现种植荔枝等果木，地表杂草较盛。溪流从南侧山脚流经，向西汇入沙溪河支流。

遗物见于山丘南坡，范围约10 000平方米，采集陶片1片，陶拍1件（282：采1）。陶片为夹细砂灰硬陶，饰席纹，器形不可辨。据遗物特征推断，时代为新石器时代晚期至商代。

282：采1　陶拍，夹砂红陶，通身素面，整体近似蘑菇状，由长方形握钮与伞状拍体组成，握钮置于拍体中部，拍体由平面向下斜弧收形成圜状，拍体上平面残缺。陶拍通高3.8 cm，宽7～8 cm，握钮长2.7 cm，宽1 cm，高1.3 cm。（图817、图818）

图817　新村西遗址采集陶拍（282：采1）

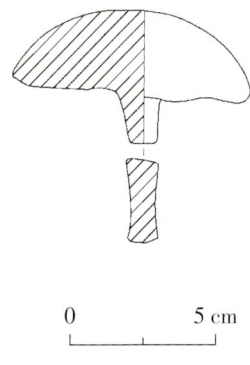

图818　新村西遗址采集陶拍（282：采1）

大冚尾遗址

遗址编号：283　　行政区划：广州市从化区太平镇秋枫村

地理坐标：N23°23′58.19″，E113°32′36.18″　　海拔：66.07米

遗址位于太平镇秋枫村大冚尾社西南约160米的小山丘上，南距秋枫村约900米。山丘位

于沙溪河南部支流源头一带，河谷东侧，周边丘陵环绕，北侧有东西向山坳，底部为农田，有溪流流经，西为简贝岭。山丘平面呈椭圆形，面积约22 000平方米，山顶海拔约57米，坡度平缓，地表植被茂盛，杂草丛生，局部可见较多碎石。

遗物见于近山顶处，范围约10 000平方米，采集陶片2片，泥质灰硬陶，饰方格纹、米字纹各1片。时代为战国至汉初，属米字纹陶阶段遗存。

图819　大岇尾遗址调查（西南—东北）

图820　大岇尾遗址采集遗物

（秋枫）圆墩岭遗址（复查）

遗址编号：284　　行政区划：广州市从化区太平镇秋枫村

地理坐标：N23°23′41.8″，E113°32′47.8″　　海拔：56.7米

遗址位于太平镇秋枫村高田社东约250米的圆墩岭上，南距秋枫村约800米。圆墩岭位于沙溪河南部支流源头一带，河谷东岸，东邻新村西、大岇尾遗址，西与简贝岭、大岔口相对，溪流于西南侧山脚流经。平面呈椭圆形，长约200米，宽约150米，山顶海拔56.7米，相对高度20多米。山顶曾经被挖掘、整平，余泥覆盖堆积在北坡，山坡种有荔枝、龙眼，其他地方长满杂草，山岗东坡发现有几座近现代墓。

图821　（秋枫）圆墩岭遗址远景（北—南）

遗址于2008年被发现，是年7—8月，为配合广州市北三环高速公路建设，广州市文物考古研究所对遗址进行勘探，面积约7000平方米，初步探明遗址地层堆积情况。

地层可分为3层：①层，厚15~20 cm，地表土，土色呈灰色含细砂，土质松软，土内无包含物。②层，黄土，土质松软且较纯，土内无包含物，厚120~155 cm。③层，原生土，以下是山岗土，土内含大量的小石子，土质较硬、紧密。

调查在山岗北坡覆土层采集陶片7片，砺石8件（284：采1、284：采2）、残石斧1件（284：采3）、穿孔

图822　（秋枫）圆墩岭遗址勘探工作照（北—南）

图823　（秋枫）圆墩岭遗址采集遗物

残石器1件（284：采4）。陶片有夹细砂硬陶4片、夹粗砂软陶3片，纹饰有曲折纹、素面，器形不可辨。

284：采1　砺石，黄褐砂岩，石质较细腻，呈长方体，两端为断裂面，四侧面均磨制成凹弧面。残长9.3 cm，宽5 cm，厚3.4~5 cm。（图824：2、图825：1）

284：采2　砺石，黄褐砂岩，石质较细腻，长条扁体形，两端面为断裂面，下侧面近平，上侧面磨成斜弧状，使得一侧面较厚呈背，另一侧较薄呈刃状。残长7.5 cm，宽4.8 cm，厚0.6~2 cm。（图825：2）

284：采3　石斧，黄褐砂岩，石质细腻，整器光滑。残存为石斧一角，平面呈残条形，

图824 （秋枫）圆墩岭遗址采集石器
1. 石斧（284：采3）　2. 砺石（284：采1）

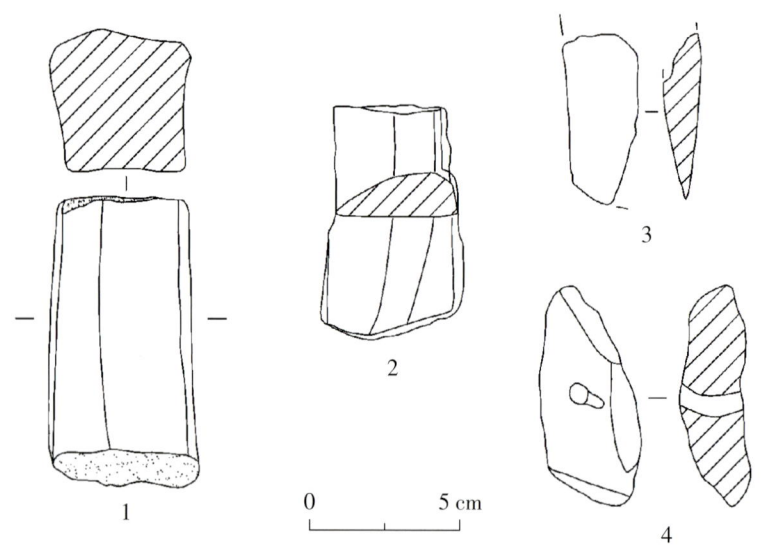

图825 （秋枫）圆墩岭遗址采集石器
1. 砺石（284：采1）　2. 砺石（284：采2）　3. 石斧（284：采3）　4. 穿孔石器（284：采4）

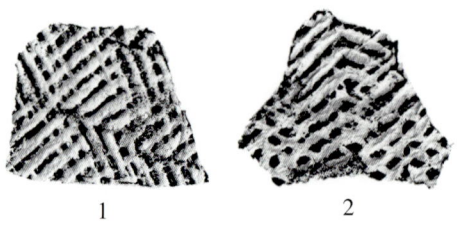

图826 （秋枫）圆墩岭遗址采集陶片纹饰拓片
1、2. 曲折纹

截面呈梯形，上部宽，下部磨制成双面刃，刃部呈弧形，锋利。残长5.4 cm，残宽2.5 cm，厚1.2 cm。（图824：1、图825：3）

284：采4　穿孔石器，褐色砂岩，石质较细腻。石器形状不规则，大致呈匕首状，在较厚的背部下有圆形对穿孔，穿孔呈弧形对穿，除此之外无加工痕，用途不明。长7 cm，宽3.3 cm，厚2.1 cm。（图825：4）

据遗物特征推断，时代为新石器时代晚期至商代。

小结

沙溪河流域调查发现各期遗址共计15个，据各遗址分组情况比对分析可将该区域考古学文化遗存分为前后发展的5期，见表11。

表11　沙溪河流域遗址分期表

遗址	分期				
	新石器时代晚期至商代	西周至春秋	战国至汉初	汉代	明清
高庙	√				
凤棱山	1组	2组			
虾头岽北	1组				2组
面山		1组	2组		
圩场岭			√		
文阁南	1组	2组			
钱岗南		√			
颜村	√				
大岭岽	√				
大头岗		1组	2组		
牛下水			√		
茅车岭	1组	2组	3组	4组	
新村西	√				
大岽尾			√		
（秋枫）圆墩岭	√				

注："√"代表该遗址仅有一组遗存

一期：新石器时代晚期至商代。该期遗存见于9个遗址，代表性遗址有（秋枫）圆墩岭等。采集遗物以陶片为主，少量石器。陶片多为夹细砂陶，少量泥质陶，质地稍软，部分为硬陶，陶色以灰陶色为主，有深灰、浅灰、黄灰、灰褐色之分，纹饰有长方格纹、绳纹、曲折纹、附加堆纹、梯格纹、叶脉纹及以上纹饰组合纹，器形多不可辨，可见圈足罐底、陶拍等。石器有石锛、砺石、石斧等。该期遗存与凤凰水流域、锦洞水河谷等区域同期遗存内涵相近，时代相当。

二期：西周至春秋时期。该期遗存见于6个遗址，代表性遗址有面山遗址、茅车岭遗址等，采集陶片多为泥质硬陶，少量夹细砂陶，陶色有酱褐、灰褐、红褐、灰陶色等，纹饰有夔纹、方格纹、重菱形纹、菱格凸点纹、重菱形凸点纹、弦纹、篦点纹或以上多种纹饰组合纹，部分器表有刻划符号，可辨器形有陶圈足豆、罐口沿等，属夔纹陶阶段遗存。

三期：战国时期至汉初。调查于6个遗址采集该期遗物，代表性遗址有圩场岭、牛下水、茅车岭遗址等，采集遗物皆为泥质硬陶，灰褐色、灰色居多，纹饰有方格纹、米字纹、三角格纹、复线刻划纹、弦纹、三角戳印纹及以上多种纹饰组合纹，可辨器形有平底罐、陶盒盖等，属米字纹陶阶段遗存。

四期：汉代。见于茅车岭遗址，采集陶片皆为泥质硬陶，陶色有红褐、灰褐、黄褐、浅灰色等，纹饰以素面为主，部分饰方格纹，可辨形器有钵形器、敞口卷沿罐口沿等。

五期：明清时期。调查仅在虾头㘵北采集明清时期药壶1件，薄胎素面灰陶，黄褐色，带柄。

第十二节　流溪河其他区域

除了在流溪河上游的吕田盆地、安山盆地、桃园盆地等遗址集群分布区域外，在流溪河上游西北部的高山区，流溪河下游的低地平原、丘陵区，还散布着60多处各时期的遗址，虽不成集群状态分布，但这些遗址亦值得关注和重视。有的遗址内涵极其丰富，如经过考古发掘的横岭遗址，地处流溪河中下游主河道附近，发掘出一批重要的新石器时代晚期至商代早期的墓葬等遗迹；有的遗址地处海拔极高的深山之中，超出以往对该区域内早期遗址分布规律的认识，如石桥岭遗址，地处楠木河源头，海拔约430米；有的遗址发现晋南朝时期的砖室墓，出土一批陶瓷器等遗物，填补了从化流溪河晋南朝时期考古发现的空白。以上遗址因分布零散，不构成集群特征，皆归入"其他区域"一类介绍。

一、吕田镇

石桥岭遗址

遗址编号：285　　行政区划：广州市从化区吕田镇东联村

地理坐标：N23°55′19.3645″，E113°56′50.3360″　　海拔：431.629米

遗址位于吕田镇东联村新龙社东北约500米，土名"石桥岭"山岗南坡山脚台地上。石桥岭位于吕田镇北部山区，北与韶关新丰县接壤，地处一狭长形深山峡谷中，东北—西南走向，长约1500米。两岸高山环绕，谷底地势平缓，楠木河源头溪流纵穿谷底，山脚发育少许缓坡和台地，东联村新围社、高龙社等村社坐落峡谷南端。石桥岭居峡谷中段北缘，为峡

图827　石桥岭遗址所在山谷全景（北—南）

谷北侧高山南延余脉，地势北高南低，平面呈舌状。遗址位于山岗南端舌头位置，呈阶梯台地状，地势平缓，两侧均为低矮谷地，南侧有溪流流经，台地现为小片农地，以种植红薯为主，保存状况较差。

调查在台地上采集陶瓷片各1片，分布范围约200平方米。据遗物特征，可分为2组。

1组：采集陶片1片，为夹细砂硬陶，浅灰色，纹饰为绳纹，器形不可辨。时代为新石器时代晚期至商代。

2组：采集瓷片1片，为青灰瓷片，器形不可辨。时代为明清时期。

暗前遗址

遗址编号：286　　行政区划：广州市从化区吕田镇东联村

地理坐标：N23°54′02.2396″，E113°54′51.2634″　　海拔：366.617米

遗址位于吕田镇东联村连塘队（暗前）西侧台地上。暗前位于吕田镇北部山区，地处一

图828 暗前遗址采集遗物

东西向狭长形山谷中，峡谷东连东联村，西接东坑村，长约3500米，宽约150米，两岸高山耸立，地势陡峭，谷底地势较缓，有楠木河上游支流横穿峡谷，山脚发育少许缓坡和台地，暗前、大坝、茶山下等村社点缀其间。暗前居河谷中部南侧，地势南高北低，其西侧有平缓坡式台地，台地种植红薯、花生、豆类等，保存状况一般。

调查在台地上采集少量陶瓷片，据遗物特征，可分为2组。

1组：采集陶瓷片17片，以灰黑陶为主，计14片、橙红色陶饼足器底1片、饼足灰瓷碗口沿1片、青瓷碗口沿1片。该组时代为唐宋时期。

2组：采集陶瓷片5片，其中灰陶片3片、灰瓷片2片。该组遗存时代为明清时期。

旱水鬼遗址

遗址编号：287　　行政区划：广州市从化区吕田镇份田村

地理坐标：N23°50′47.5266″，E113°56′26.9123″　　海拔：213.967米

遗址位于吕田镇份田村果仔岇社东侧台地上，台地土名"旱水鬼"。果仔岇位于吕田镇北部山区，份田村东部，地处一狭长山谷中，山谷呈东北—西南走向，长约3千米，两岸高山耸立，地势陡峭，谷底有溪流横穿，于果仔岇西边注入竹坑水。峡谷两岸山脚发育少量缓坡和台地，林屋、潘屋、果仔岇等村社点缀其间。旱水鬼位于果仔岇东侧，峡谷西端，为峡谷南侧山脚小片坡式台地，北侧紧邻村级水泥路，台地地势平缓，被垦辟为梯田，种植三华李。2008年，广州市文物考古研究所在进行大广高速广州段沿线考古调查勘探时，曾在遗

址东侧茶仔岭进行考古勘探，未发现文化遗物。

遗址地表所采集遗物，据特征分析可分为3组。

1组：采集陶片4片，均为夹细砂陶，陶色有浅灰白、深灰色，表面饰斜长方格纹、绳纹，器形不可辨。该组时代推断为新石器时代晚期至商代。

图829　旱水鬼遗址远景（西北—东南）

图830　旱水鬼遗址采集遗物

2组：采集陶瓷片30片，陶片均为泥质，以灰黑、浅灰色为主，可辨器形有罐口沿（1. 敞口，卷沿，圆唇，矮斜领，斜广肩以下残缺；2. 直口微敞，卷沿，方唇，矮直领，溜肩残缺）、盆口沿（敛口，平方唇内斜，弧腹残缺）、饼足碗底。时代为唐代。

3组：采集陶瓷片4片，瓷片为青花瓷残片，器形可见碗。时代为明清时期。

背扶山遗址

遗址编号：288　　行政区划：广州市从化区吕田镇份田村

地理坐标：N23°50′27.8265″，E113°56′14.9171″　　海拔：265.336米

遗址位于吕田镇份田村老围社西北约250米的山岗上，山岗土名"背扶山"。背扶山地

处吕田镇北部山区，在建大广高速K115+600标段北侧，西距X262约500米。山岗平面呈圆形，四周群山环绕，东西两侧为狭长沟壑，山顶海拔262米，坡度较陡，山坡杂草丛生，一条小路可通往山顶，山坡上有数座高压线塔，地形地貌保存较好。

调查在山顶地表采集陶片4片、残石镞1件，遗物分布范围约10 000

图831 背扶山遗址远景（东南—西北）

图832 背扶山遗址采集遗物

平方米。陶片均为夹细砂陶，陶色有黄褐（软陶）、浅灰色（质硬），纹饰有绳纹、绳纹加附加堆纹、素面，器形不可辨。石镞残损严重，黄褐色砂岩，石质细腻，镞头及尾部铤均残缺，推测呈柳叶形，镞体中脊两面刃，横截面呈长菱形，两翼后部收窄呈圆柱状铤，残长

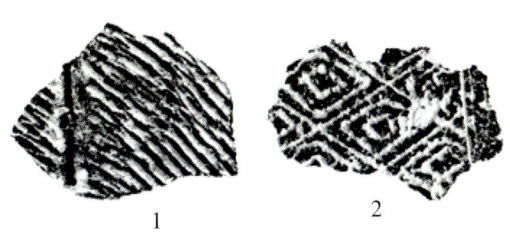

图833 背扶山、弱子岽遗址采集陶片纹饰
1. 绳纹加附加堆纹（288） 2. 重菱形凸点纹（289）

3.8cm，宽1.6cm，厚0.6cm。据遗物特征推断，时代为新石器时代晚期至商代。

弱子岽遗址（复查）

遗址编号：289　　行政区划：广州市从化区吕田镇份田村

地理坐标：A点，N23°50′19.7000″，E113°56′34.3510″　　海拔：215.145米
　　　　　B点石锛采集点，N23°50′18.7210″，E113°56′22.8805″　　海拔：210.419米

遗址位于吕田镇份田村老围、新围南边，土名"弱子岽"的缓坡及台地上。份田村老

围、新围位于吕田镇北部山区，份田村南部，地处一深山狭长山谷中，山谷呈东北—西南向，长约2000米，两岸高山耸立，地势陡峭，谷底有溪流横穿，于小水口位置注入竹坑水。峡谷两岸山脚发育少量缓坡和台地，老围、新围等村社坐落山谷尾部。遗址为2005—2007年进行大广高速广州段考古调查时发现，并在2008年进行过考古勘探，2015年2月进行复查。因遗物采集点位置不同，分别为A、B点。

图834　弱子岽遗址全景（西北—东南）

其中主体A点弱子岽位于峡谷西端南缘，为南侧高山山脚缓坡台地，南近松锅岭，西与新围尾背岭相接，北隔溪与新围社相望，地势较为平缓，种植有柿子、三华李、节瓜、豆角、玉米等农作物，南侧后山种有杉树、竹子，局部杂草丛生。地表采集少量陶瓷片，分布范围约15 000平方米。据遗物特征分析，可分为3组。

图835　弱子岽A点采集遗物

1组：采集陶片2片，均为夹砂硬陶，陶色为黄褐、灰褐色，表面饰篮纹、重菱形凸点纹，器形不可辨。时代推断为西周至春秋时期。

2组：采集陶片1片、瓷片2片。陶片为泥质黑灰硬陶，表面饰弦纹；瓷片有青灰瓷片、青黄瓷碗底部残片。时代为唐宋时期。

3组：采集青灰瓷片1片，为碗底残片。时代为明清时期。

B点位于A点西部，老围社南侧对面，为山脚小片台地，地形狭窄，呈阶梯状，种植蔬菜、水稻等，小溪于台地北侧流经。地表仅采集石锛1件

图836　弱子岽遗址采集石锛（289∶采1）

（289：采1）。石锛无伴出陶片等遗物，参考周边同类型石锛，推断时代为新石器时代晚期至商代。

289：采1　石锛，深灰色砂岩，石质较细腻，平面呈梯形，上部柄较长，呈梯形，顶部平直，锛体呈方形，下部磨制呈单面直刃，刃部较短。长8.6 cm，宽3.6 cm，厚2 cm。（图836）

木岭遗址

遗址编号：290　　行政区划：广州市从化区吕田镇竹坑村

地理坐标：N23°49′43.7150″，E113°55′09.6036″　　海拔：207.486米

遗址位于吕田镇竹坑村洽水塘（洽二社）北约500米山岗上，山岗土名"木岭"。木岭地处吕田盆地西北部竹坑水河谷内，河谷呈南北向，狭长形，两岸群山环绕，竹坑水纵穿谷底，向南穿山后于狮象村大围社汇入吕田河。木岭为河谷北侧高山南延余脉，长舌状，居于河谷西岸，北连群山，东西两侧均为峡谷地形，东侧山脚坐落花卉养殖基地，南与凸头角相交。山岗体量较大，南北长约550米，遗址所在中部位置海拔约219米，地势北高南低，坡度平缓，山岗上以种植李子为主，另有柿子、竹子等，其中西坡山岗杂草大部分被清除，东坡疏于管理而杂草丛生，保存状况较好。

图837　木岭遗址远景（西南—东北）

图838　木岭遗址采集遗物

调查在上述长舌状山岗西南坡地表采集陶片5片，分布范围约15 000平方米。陶片均为夹细砂陶，陶色为浅灰白、黄褐色各半，质地较硬，纹饰有绳纹、叶脉纹、曲折纹加附加堆纹，器形不可辨。另有泥质硬陶1片，深灰色，饰交错绳纹加手抹带状附加堆纹，器形不可辨。据遗物特征推断，时代为新石器时代晚期至商代。

小勺子山遗址（复查）

遗址编号：291	行政区划：广州市从化区吕田镇竹坑村
地理坐标：N23° 50' 8.5524"，E113° 54' 46.2168"	海拔：230.549米

遗址位于吕田镇竹坑村洽水塘西北2000米处的小勺子山上，北距竹坑电站约500米。小勺子山地处吕田北部山区中，周边群山环绕，南为鱼塘，北与勺子山相接，西侧为南北向山谷，谷底有溪流流经。小勺子山平面呈不规则椭圆形，长约200米，宽约150米，山顶海拔约260米，相对高差60多米。山岗地势陡峭，种有少量的柿子、橘子等。遗址为2005—2007年进行大广高速广州段考古调查时发现，2008年10月11日—14日，曾在此进行考古勘探，在该岗的西南坡靠山顶处发现有南朝时期的陶片和散乱的碎砖块。遗址保存状况较好，疑似有墓葬分布，时代为南朝。

二、良口镇

高埔山遗址

遗址编号：292	行政区划：广州市从化区良口镇合群村
地理坐标：N23° 46' 55.9623"，E113° 37' 13.4053"	海拔：307.210米

遗址主体位于良口镇合群村高埔塘西侧高埔山东坡及坡前台地上。合群村位于良口镇西北部，东邻达溪村，地处一东西向山谷中，山谷长约1500米，南北宽100～800米，周边为地势较陡峭的大山，海拔324～378米，山上植被相当茂盛，多数属荒山，谷底地势较平坦，海拔高度约278米，山前发育一些缓坡和台地，谷底分布有高埔塘、背阴、黄竹窝、良银、禾塘尾等社，达溪河自西向东横贯谷底。

图839　高埔山遗址远景（东—西）

高埔山位于山谷西侧，西连群山，东面为峡谷，为一近椭圆形山岗，海拔约370米，遗址位于高埔山东坡山脚及山前台地上，地势西高东低，东侧为村庄和低矮农田。

遗物分布范围南北长约280米、宽约150米，总面积约28 000平方米，地表采集陶瓷片等遗物。据遗物特征分析，可分为3组。

1组：采集陶片29片，陶片均为夹细砂硬陶，陶色有黄灰、中灰、黄褐、浅灰、褐色，纹饰有绳纹、曲折纹、长方格纹、网格纹加附加堆纹（手抹状附加堆纹）、曲折纹加附加堆纹（附加堆纹为绞索状、带状）、叶脉纹、素面等，可辨器形有罐口沿（敞口，卷沿，下沿近直呈领，上沿外侈，斜方唇，唇面凹弧，肩部残）、罐圈足（仅存底部及圈足，圈

图840　高埔山遗址调查工作照

图841　高埔山遗址采集遗物

足矮直，足跟平直，内底靠圈足侧有一处凹坑，应为圈足与器身粘接时用力按压所致）。该组时代推断为新石器时代晚期至商代。

2组：采集陶瓷片9片，陶片有黑灰陶6片、青瓷片3片，可辨器形见饼足碗。时代为唐宋时期。

3组：采集陶瓷片16片，其中陶片6片，可辨器形有罐（卷沿外侈呈斜领，沿面上部凹弧，斜方唇，斜弧腹）；瓷片有青瓷、灰白瓷、黄灰瓷、酱釉瓷，可辨器形有碗（292：采1）。时代为明清时期。

292：采1　青瓷碗，侈口，折沿，圆唇，浅斜腹，大平底，下附极矮的直圈足，足跟斜削，内缘着地，器表有凹弦纹，外底有墨书，因残缺无法辨识，疑为"公正"。器表施青灰釉，釉色较光亮，有冰裂纹，内外施釉不及底。口径12.8cm，底径7.2cm，高2.5cm。（图842、图843）

图842　高埔山遗址采集青瓷碗（292：采1）

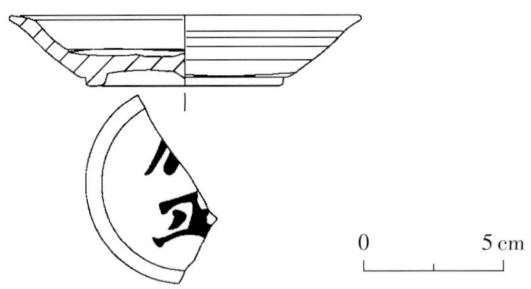

图843　高埔山遗址采集青瓷碗（292：采1）

张洞遗址

遗址编号：293　　行政区划：广州市从化区良口镇和丰村

地理坐标：A点，N23°48′22.0935″，E113°41′58.2743″　海拔：316.207米
　　　　　B点，N23°48′08.3346″，E113°42′02.9246″　海拔：315.933米

遗址位于良口镇和丰村张洞村西侧、南侧山坡及农田内。张洞、大塘，位于和丰北部，南邻苦竹脚，地处一片南北向狭长的山谷内，长约800米、宽约100米，谷底地势较为平坦，海拔约320多米，房屋和农田散布其中，北斗水自北向南纵穿谷底，山谷周边群山环绕，海拔368~403米，植被茂盛。调查在山谷南、北两个位置分别采集到少许文化遗物，

别为A、B点。

A点位于张洞西侧山坡上，地势西高东低，坡度较缓，现为农田。遗物分布范围约3000平方米，采集少量瓷片，有影青瓷、青花瓷，可辨器形仅见碗。时代为明清时期。

B点位于张洞南约650米的山坳内，溪流经东侧台地上，地势低矮平缓，现为农田，种植有蔬菜等。遗物

图844　张洞遗址远景（南—北）

图845　张洞遗址采集遗物

分布范围约30 000平方米，采集到少许碎陶片及青花瓷片2片，器形不可辨。时代为明清时期。

苦竹脚遗址

遗址编号：294　　　行政区划：广州市从化区良口镇和丰村

地理坐标：N23°47′38.5123″，E113°41′53.3334″　　海拔：308.363米

遗址位于良口镇和丰村苦竹脚村南侧台地上。苦竹脚，位于和丰村南部，北邻张洞、大塘，南邻旱田，地处一片南北走向的山谷内，长约650米、宽约160米，谷底地势较为平坦，海拔约311米，房屋位于山谷北侧，南侧大片台地被开辟成梯田，以种植蔬菜、水稻为

主。北斗水自北向南纵穿谷底，水泥村道于山谷东侧经过，山谷周边群山环绕，海拔353～407米，植被茂盛。

调查在村南侧农田内采集少许陶瓷片，分布范围25 000平方米，瓷片见青瓷、青花瓷等，可辨器形有碗等。时代为明清时期。

图846　苦竹脚遗址远景（北—南）

图847　苦竹脚遗址采集遗物

旱田遗址

遗址编号：295　　行政区划：广州市从化区良口镇和丰村

地理坐标：N23°47′21.2336″，E113°42′15.3517″　　海拔：276.68米

遗址位于良口镇和丰村旱田村北橘树田里。旱田，位于良口镇北部，和丰村南边，北邻苦竹脚，南邻北斗，地处一片南北向山谷内，海拔约260米，周边群山环绕，海拔289～382米，虽名为旱田，但村之东北部山上还有泉水涌出，出水较为丰富。谷底中部有水泥村道，西侧有北斗水自北向南流经。

在村口及村北台地上，采集陶瓷片7片，陶片可辨器形有盆；瓷片有青花瓷碗、杯残片。时代为明清时期。

北斗围遗址

遗址编号：296　　行政区划：广州市从化区良口镇和丰村
地理坐标：N23°46′38.5384″，E113°42′43.1897″　　海拔：160.981米

遗址位于良口镇和丰村北斗围北侧山谷内，和丰水电站东边台地上。北斗村位于良口镇北部，北邻旱田，地处一东北—西南走向的山谷内，山谷长约800米、宽约250米，谷底地势相对较为平缓，北斗水自东北向西南从谷底中部穿过，谷底海拔约161米，峡谷两侧高山环绕，山势相对较陡峭，山体现荒置，地表植被茂盛。北斗围位于山谷中部，周边台地多被

图848　北斗水及北斗围远景（东南—西北）

开辟为梯田，种植荔枝、龙眼、柿子、橘子、水稻等。遗物分布在和丰水电站东边台地上，台地位于北斗水东侧，呈南北向，长约300米、宽约120米，地势东高西低，台地被开辟成梯田，种植橘子、蔬菜、水稻等。

2015年1月8日—28日，为配合牛路水库工程建设，广州市文物考古研究院对遗址进行考古勘探和试掘。经勘探，摸清了遗址地层堆积状况；在遗址东部区域发现清代建筑基址，出土"乾隆通宝"、青花瓷片、灰瓦片等文化遗物。此外，在遗址地表还采集少许陶瓷片、石器等遗物。

1. 地层堆积情况

北斗围遗址，除东部区域发现的清代建筑基址区域地层可分三层外，其余地方皆为两层。①层为表土层，厚10～50cm；②层为生土层。

现以TG4南壁说明北斗围遗址地层堆积情况。

①层，地表扰土层，灰褐色，土质较松，厚28cm左右，含植物根系等；②层，沙土层，黄褐色，土质较硬，含碎陶瓷片，厚10～15cm，清代房屋基址开口于该层下；③层，沙土层，红褐色，土质较硬，未向下试掘，厚度不详，房屋基址打破该层。

2. 遗迹

勘探、试掘在遗址东部区域发现

图849　北斗围遗址房屋基址全景（北—南）

清代房屋基址一座和局部的红烧土堆积现象。

房址位于TG4西南部,方向0°,呈近长方形,因延伸至探沟外,其长、宽不详。房址开口于②层下,打破③层。房址内填土为灰褐色,土质较疏松,包含炭粒、碎砖、土坯等,厚10~20 cm,出土"乾隆通宝"1枚,另有素面泥质灰陶片,可辨器形有盆、缸等器物。探方北部发现疑

图850　北斗围遗址TG3②层下发现红烧土堆积现象
（东—西）

图851　北斗围遗址采集遗物

似房址的隔墙,宽44 cm。房址底部东边发现柱洞6个,成排分布,间隔约40 cm,其中一个稍大,直径22 cm左右,深20 cm左右;其余5个直径16 cm左右,深18 cm左右。据开口层位及遗迹遗物特征推断,房址时代为清代晚期。

3. 遗物

调查在地表采集陶瓷片13片,石器2件。据遗物特征分析,可分为2组。

1组：采集石锛1件（296：采2）。石锛无伴出陶片,参照周边遗址所出同类器形,时代推断为新石器时代晚期至商代。

296：采2　石锛,黑灰砂岩,石质较细腻,平面呈梯形,上窄下宽,顶部圆弧,下端磨制成单面刃,整器加工粗糙,器身有多处疤痕。长8.1 cm,宽5.5 cm,厚1.4 cm。（图852：2、

图853：2）

2组：采集陶瓷片13片，石权1件（296：采1）。陶片为酱褐釉陶罐残片，瓷片均为青花瓷，可辨器形为碗底残片。该组遗物与TG4发现的清代房址所出遗物特征相仿，时代推断为清代。

296：采1　石权，浅灰页岩，石质较细腻，近馒头状，底为平面，顶端有桥状系。底径13.4cm，高7.5cm。（图852：1、图853：1）

据调查勘探情况看，整个遗址范围约30 000平方米。北斗围遗址处于牛路水库淹没区。

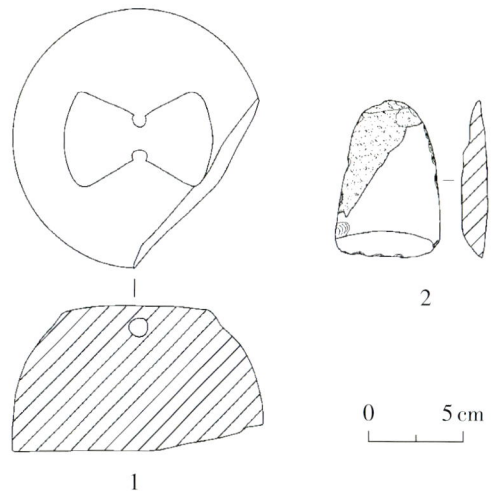

图852　北斗围遗址采集石器
1. 石权（296：采1）　2. 石锛（296：采2）

图853　北斗围遗址采集石器
1. 石权（296：采1）　2. 石锛（296：采2）

牛路水库遗址

遗址编号：297　　行政区划：广州市从化区良口镇和丰村

地理坐标：N23°45′45.2358″，E113°42′02.2331″　　海拔：123.093米

遗址位于良口镇和丰村北斗围西南约1500米，牛路水库坝址北约200米处，西距水尾洞村约2000米。该区域是一处南北向的山谷，北斗水自东北向西南从山谷中部穿过，山谷周边为高山，谷底东部有一大片缓坡，地势东高西低，坡度较平缓，山岗上种植有荔枝、龙眼、橘子、红薯等，地表杂草丛生，植被茂盛。遗物分布范围约20 000平方米，见于山谷东侧山岗南坡，地表采集少许陶瓷片。

2015年1月8日—28日，为配合牛路水库工程建设，广州市文物考古研究院对遗址进行考古勘探和试掘。经勘探，摸清了遗址地层堆积状况，并发现清代水车石构件等遗存。

1. 地层堆积情况

经勘探、试掘，牛路水库遗址地层可分两层：

①层，褐色或灰褐色地表扰土层，土质较松，厚10~60cm，含植物根系等；②层，红褐色泥沙质黏土土层，土质较硬且纯净，系生土层。

2. 遗迹

经勘探，在遗址东南部地表发现石构件1件，在清理过程中发现较多瓷片及陶片，后经村民辨认，此构件为打稻米用的水车基础部件，年代为清代。初步判断该处存在清代遗存，面积约200平方米。

图854　牛路水库遗址远景（南—北）

图855　牛路水库遗址清理后的石构件全景（南—北）

3. 遗物

地表采集陶瓷片12片，陶片有灰褐釉陶等，可辨器形见盆口沿；瓷片见青花瓷片、酱黄釉瓷片、灰白瓷片，可辨器形有碗底等。据遗物特征推断，时代为明清时期。

图856　牛路水库遗址采集遗物

东洞遗址

遗址编号：298　　行政区划：广州市从化区良口镇团丰村

地理坐标：N23°47′30.7788″,E113°40′52.3848″　海拔：335.125米

遗址位于良口镇团丰村东洞村松树围及凤祥里周边。东洞村位于良口镇西北部，西南邻达溪，东北与和丰相邻。地处一处较大的山谷内，谷底地势较平坦，海拔约338米，周边为地势较陡峭的大山，山上植被相当茂盛。在东洞小学（团丰小学）南侧松树围，凤祥里（该围屋已拆除无存）采集少许陶瓷片。据遗物特征分析，可分为2组。

1组：采集陶片2片，为黑灰、浅灰陶罐残片时代为唐代。

2组：采集瓷片7片，有青花瓷、青灰瓷、灰白瓷片，可辨器形有碗。时代为明清时期。

图857　东洞遗址采集陶片

黄围遗址

遗址编号：299　　行政区划：广州市从化区良口镇达溪村

地理坐标：N23°46′45.3972″, E113°39′44.1180″　海拔：250.532米

遗址位于良口镇达溪村黄围社东侧农田内。达溪村位于良口镇西北部，西邻合群村，地处一东西向山谷中，长约1200米、宽250～400米，山谷周边为地势较陡峭的大山，山上植被相当茂盛，谷底地势平坦开阔，海拔约246米，达溪水自西向东横穿山谷。黄围位于山谷西侧，达溪水南岸，调查在黄围东侧农田内采集青灰瓷、青花瓷残片4片，可辨器形见碗。依

遗物特征推断，时代为明清时期。遗物分布范围约15 000平方米。遗址保存状况一般，未见文化层堆积。

牛轭洞遗址

遗址编号：300　　行政区划：广州市从化区良口镇赤树村

地理坐标：N23°44′6.9576″，E113°41′15.5400″　海拔：165.325米

遗址位于良口镇赤树村牛轭洞后山北坡。牛轭洞，位于赤树村东约2000米处，地处一小型山坳中，牛路水流经山坳北侧，通往赤树村水泥村道于山坳东侧呈"几"字形转弯，山坳地势较低平，海拔约169米，周边为地势较陡峭的大山，山上植被相当茂盛。村后（村南）山北坡山势相对较平缓，该区域现闲置，为荒山，种植桉树。

调查在北坡近坡底采集到4片陶瓷片，1片为陶罐残片，1片为陶碗残片，2片为青瓷碗残片，依遗物器形特征判断为明清时期遗物，分布范围约4000平方米，遗址保存状况一般。

氹江遗址

遗址编号：301　　行政区划：广州市从化区良口镇赤树村

地理坐标：N23°44′28.9957″，E113°39′45.8972″　海拔：175.398米

遗址位于良口镇赤树村赤树队西北狭长形山谷中，东南距赤树村约400米，北邻瓦田寨。赤树村位于良口镇西北部深山中，地处一西北—东南向峡谷中，谷底地势狭窄，宽100~150米，长约1000米，山谷周边为高耸的群山，山上植被茂盛，谷底地势较平缓，多被开辟为梯田，种植有年橘、水稻、荔枝、龙眼、柿子、花生等。谷底有牛路水流经，并有平行于溪流的水泥村道。氹江位于赤树村西

图858　氹江遗址东区远景（西北—东南）

北约400米处，为牛路水两岸平缓台地，地势由两侧向谷底倾斜，呈西北—东南向狭长形。

2015年1月8日—28日，为配合牛路水库工程建设，广州市文物考古研究院对遗址进行考古勘探和试掘。经勘探，摸清了遗址地层堆积状况，并发现清代窑室3座，地表采集唐宋至明清时期陶瓷片等遗物，遗址范围约35 000平方米。

1. 地层堆积情况

经勘探试掘，在遗址东区东南部发现文化层堆积，保存面积约1000平方米。该区域地层可分为四层：

①层，灰褐色地表扰土层，土质较松，厚10~50 cm，含植物根系等；②层，厚30~80 cm，灰褐色或褐色土层，土质较松，含烧土、草木灰、素面灰陶片、红陶片，遗物碎小，器形不辨；③层，灰褐色淤积土层，土质较松，厚20~50 cm，未发现包含物，该层在遗址东区北部不存在；④层，灰褐色沙石层，系生土层。

遗址西区地层与东区略有不同，可分为三层：

①层，灰褐色或黑褐色地表扰土层，土质较松，厚20~40 cm，含植物根系等；②层，为黄褐色沙质黏土土层，土质较松，厚10~70 cm，未发现包含物；③层，为灰褐色沙层或沙石层，局部淡黄色黏土层，土质较硬且纯净，系生土层。

2. 遗迹

经勘探试掘，在遗址东区南部、西区南部、西区西南部发现3座明清时期窑室，编号分别为Y1、Y2、Y3。

Y1，位于东区南部。窑室平面呈圆形，火堂呈长方形，南北向，开口①层下，窑室上口直径3.6米，下部稍向内收，底距地表深1.5米，内部堆积烧土、草木灰等，窑壁烧结面厚10 cm左右。火堂位于窑室南部，南端已破坏，残长2.4米，宽1.4米，底距地表1.2米，内部堆积以花土为主，含少量草木灰，斜坡状。初步判断该处为明清时期烧砖瓦用的窑，其他结构不详。

Y2，位于西区西南部田埂断崖处。窑室平面呈圆形，窑道呈长方形，方向90°，开口①层下，窑室上口直径4.0米，下口不详，底部距地表1.8米，内部堆积大量碎砖夹红烧土、灰土，窑壁底部向内稍收，烧结面厚10 cm左右，内部堆积砖，宽18 cm，厚7 cm，长度不详，素面。火门位于窑室东壁，宽50 cm，高度不详。窑道位于窑室东部，长4.0米，宽2.0米，底距地表0.6~1.2米，斜坡状。初步判断为明清砖瓦窑。

图859　氹江遗址Y2清理后全景（东—西）

Y3，位于西区南部。平面窑室呈椭圆形，窑道呈长方形，方向东西向0°，开口①层下，窑室上口长径3.4米，短径3.0米，下部壁向内稍收，残存深度35 cm，烧结面厚8 cm左右。东北、西北壁各设一烟道，长、宽均为60 cm，窑室内堆积红烧土、草木灰、碎砖块、瓦片等，包含物相对较少。窑道设窑室南部，长3.6米，宽1.0米，深60~95 cm，斜坡状。整个窑址保存相对较差，初步判断为明清砖瓦窑。

3. 遗物

考古调查在地表采集少许陶瓷片，可分2组。

1组：采集陶片7片，为黑灰、灰白陶，可辨器形有罐口沿（直领，厚圆唇）。时代为唐宋时期。

2组：采集陶瓷片20片，陶片有酱釉陶，可辨器形有罐；瓷片有青花瓷、灰白瓷、影青瓷片，可辨器形有碗。时代为明清时期。

图860　岇山遗址Y3清理后全景（西—东）

遗址位于牛路水库淹没区，时代为唐至明清时期。

麦塘岇遗址

遗址编号：302　　行政区划：广州市从化区良口镇磻溪村
地理坐标：N23°41′44.5379″，E113°38′02.6208″　海拔：66.866米

遗址位于良口镇磻溪村湖边队西南部的麦塘岇，北邻香粉社，西北为威格诗度假酒店。磻溪位于良口镇的西南，其西与佛冈县接壤，北邻新围仔，东北与石岭相邻，东南与米埗相邻，地处东西向的磻溪河谷内，海拔约86米。磻溪河自西向东从谷地中部穿过，向东注入流溪河。河谷周边为高山，海拔140~397米，山势较陡峭。麦塘岇为湖边村西南部一小山坳，地处河谷西部，南边为高山，北部为村庄，山坳内发育小型台地，地势平坦，海拔约72.2米，种植有荔枝、橘子等作物。

图861　麦塘岇遗址远景（北—南）

遗物分布范围约10 000平方米，地表采集少许陶瓷片。据遗物特征初步分析，可分为2组。

1组：采集陶瓷片16片，陶片有黑灰陶、灰陶、釉陶，可辨器形有罐；瓷片有青釉瓷、青灰瓷、黑瓷，可辨器形有碗。时代为唐宋时期。

2组：采集瓷片13片，有青瓷、青灰瓷、灰黄瓷、灰白瓷等，可辨器形有碗、罐。时代为明清时期。

图862　麦塘山遗址采集遗物

象拔卷湖遗址

遗址编号：303	行政区划：广州市从化区良口镇磻溪村
地理坐标：N23°41′48.3435″，E113°38′19.6785″	海拔：69.765米

遗址位于良口镇磻溪村湖边村东部，土名"象拔卷湖"的台地上，东邻凤腾里。象拔卷湖是磻溪河谷南缘一处山前台地，呈东西长条状，长约200米，宽约70米，台地南连高山，北部为村庄所在地，地势略由南向北倾斜，台地现被开辟成梯田，种植有水稻、橘子等，保存状况一般。

图863　象拔卷湖遗址远景（北—南）

遗物分布范围约14 000平方米，采集遗物可分为2组。

1组：采集陶片4片，为泥质黑灰陶，纹饰有弦纹，应为罐腹部残片。时代为唐代。

2组：采集瓷片5片，有青瓷、青灰瓷、青花瓷片等，可辨器形有碗。时代为明清时期。

图864　象拔卷湖遗址采集遗物

清宁庙遗址

遗址编号：304　　行政区划：广州市从化区良口镇磻溪村
地理坐标：N23° 41' 50.5287", E113° 38' 29.7480"　　海拔：49.698米

遗址位于良口镇磻溪村凤腾里村东部，清宁庙门前的小台地上。台地地处磻溪河谷中部南缘，地势平缓，南部为高山，北部为村庄，西侧有一条南北向的小溪。台地面积较小，约2500平方米，台地上种植有水稻、果蔬等，保存状况较差。

调查在台地农田内采集少许陶瓷片，可分为2组。

1组：采集陶片1片，为夹细砂浅灰硬陶，饰曲折纹，器形不可辨。时代为新石器时代晚期至商代。

2组：采集陶瓷片各1片，陶片为酱釉罐残片，瓷片为青花瓷碗口沿残片。时代为明清时期。

龙潭口遗址

遗址编号：305　　行政区划：广州市从化区良口镇磻溪村
地理坐标：斜头，N23° 41' 52.5757", E113° 38' 43.3801"　　海拔：60.878米 　　　　　龙潭口，N23° 41' 51.7405", E113° 38' 49.8858"　　海拔：54.210米

遗址位于磻溪村围仔与龙星之间，磻溪河谷中部，磻溪河从遗址中部穿过，遗址所在

区域西半部为新屋所有，土名为"斜头"，地形为长椭圆形低矮山丘，长约300米，宽约120米，总体地势南高北低，磻溪河于山丘北侧呈"几"字形转弯；遗址东半部属龙星所有，为大片河岸台地，土名"龙潭口"，东西长条状，长约250米，宽约100米，地势平缓，种植有水稻、年橘、荔枝等作物。遗址东西长约450米，南北宽约100米，总面积近45 000平方米，遗物集中在西部斜头和东部龙潭口两片区域。

斜头采集少许陶瓷片，陶片为黑灰陶罐残片，瓷片以青瓷片为主，可辨器形有碗、器盖。时代为唐宋时期。

龙潭口采集遗物较多，集中于台地西侧，据遗物特征分析，可分为3组。

1组：采集陶片1片，为夹细砂灰白硬陶，饰曲折纹，器形不可辨。时代为新石器时代晚期至商代。

2组：采集陶瓷片20片，泥质硬陶18片，有黑灰陶、灰陶，纹饰有弦纹；瓷片有灰黄饼足碗残片、青灰瓷碗残片。时代为唐宋时期。

3组：采集陶瓷片35片。瓷片有青灰瓷、酱釉瓷等，可辨器形有碗、器盖等。时代为明清时期。

图865　龙潭口遗址采集遗物

山仔岇遗址

遗址编号：306　　行政区划：广州市从化区良口镇米埗村

地理坐标：N23°41′52.8129″，E113°39′15.4349″　　海拔：58.954米

遗址位于良口镇米埗村黄田埔西部约200米处，土名"山仔岇"的台地上。山仔岇位于磻溪河谷东部，为两个圆形小山岗之间的平缓台地，山岗较为平缓，高度约80米，遗址所在台地现为农田，种植有荔枝、橘子、柿子、甘蔗、水稻、李子等，台地南侧有东西向村级公路，遗址保存状况一般。

图866　山仔岇遗址远景（东—西）

遗物分布范围约5000平方米，采集少许陶瓷片。据遗物特征分析，可分为3组。

1组：采集陶片3片，夹细砂陶2片，泥质陶1片，均为硬陶，陶色有深灰、褐色，纹饰有方格纹、细弦纹加水波纹、素面，器形不可辨。时代为战国晚期至汉初，属米字纹陶晚段遗存。

2组：采集陶瓷片12片，陶片以黑灰陶为主，另有褐陶，为罐腹部残片；瓷片均为青釉瓷，釉色光亮，其中3片有印花。时代为唐宋时期。

3组：采集瓷片10片，有青灰瓷、青瓷、青花瓷，可辨器形有碗、杯。时代为明清时期。

图867　山仔岇遗址采集遗物

黄㺒岭遗址

遗址编号：307　　行政区划：广州市从化区良口镇米埗村
地理坐标：N23°40′34.2650″，E113°39′46.1021″　　海拔：60.494米

遗址位于良口镇米埗村黄㺒岭东边，北距庙㠓遗址约250米。黄㺒岭队地处东西走向的洛溪洞谷地南缘，山谷南北两岸高山耸立，谷底较平缓，洛溪河自西向东注入流溪河。遗址所在位置为黄㺒岭北坡山脚发育的开阔台地，南靠海拔157米的黄㺒岭，东临流溪河，西侧为一新建小区，北侧洛溪河自西向东流经。台地平面呈长方形，东西向，长约250米，宽约120米，海拔约52米。台地上种植有荔枝、橘子，另有零星蔬菜等。该区域疏于管理，地表杂草、灌木丛生，保存状况较好。

遗物散见整个台地，分布面积约30 000平方米，地表采集陶片19片，均为夹细砂陶，陶色以褐色为主，计12片，另有黄褐、浅灰色等，质地均较硬，纹饰以绳纹为多，另有曲折纹、绳纹加附加堆纹、长方格纹、素面，器形不可辨。据遗物特征推断，时代为新石器时代晚期至商代。

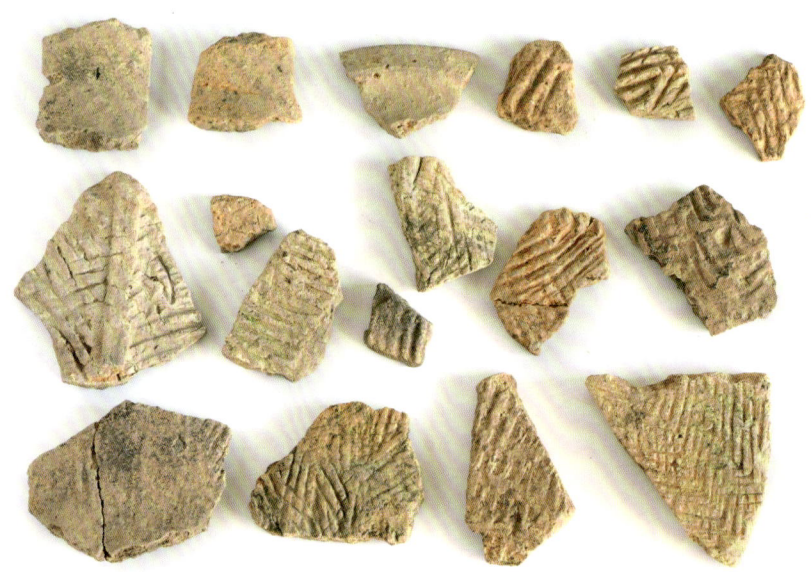

图868　黄㺒岭遗址采集遗物

（米埗）庙㠓遗址

遗址编号：308　　行政区划：广州市从化区良口镇米埗村
地理坐标：N23°40′44.0199″，E113°39′49.0941″　　海拔：86.317米

遗址位于良口镇米埗村新龙里西侧、洛二队西北侧，土名庙㠓的山岗上，南与黄㺒岭遗址

相望，东距流溪河约500米。庙㘵地处洛溪洞谷地东部，为一南北向山岗，地势北高南低，北为洛溪洞谷地北缘高山，南侧洛溪河自西向东流过。山岗大致呈椭圆形，南北向，长约300米，宽约200米，总面积约60 000平方米。山顶海拔约90米，相对高度约50米，岗顶较平坦，山坡坡度较平缓，山岗西侧有一养鸡场，山坡及山顶杂草丛生。

图869　（米埗）庙㘵遗址远景（西南—东北）

遗物见于山顶，分布范围约12 000平方米，在山顶一个水池周边地表采集陶片8片，均为夹细砂陶，陶色有灰褐、黄褐、浅灰色，质地多较硬，纹饰有绳纹、曲折纹、篮纹、素面，器形不可辨。据遗物特征推断，时代为新石器时代晚期至商代。

图870　（米埗）庙㘵遗址采集遗物

围不底遗址

遗址编号：309　　行政区划：广州市从化区良口镇高沙村

地理坐标：N23°40′31.6242″, E113°42′43.9269″　　海拔：153.428米

遗址位于良口镇高沙村元山队东侧后山台地上，台地土名"围不底"。元山位于良口镇西南部深山中，隶属于高沙村，与高沙村带头社地处一处东南—西北向的山谷内，海拔48~153米，峡谷周边高山环绕，谷底发育一些缓坡和台地。围不底位于元山东侧后山上，为一开阔台地，长约120米，宽约100米，总面积约10 000平方米，地势东高西低，地势较平缓，

遗址东侧一条小溪流向山脚，与村庄之间有一条泥土路。现地表杂草丛生，仅泥土路旁开挖一条沟渠，有新土暴露。

遗物分布范围约10 000平方米，集中于沟渠两侧，采集少许陶瓷片，以陶片为主。据遗物特征分析，可分为2组。

图871　围不底遗址全景（西北—东南）

1组：采集陶片13片，以泥质陶为主，计9片，夹细砂陶4片，泥质陶质地稍软，夹细砂陶质地较硬，陶色有灰白、黄褐、青灰色等，纹饰有曲折纹、绳纹、素面，器形不可辨。该组时代为新石器时代晚期至商代。

2组：采集1片黑瓷碗底残片，时代为宋代。

图872　围不底遗址采集遗物

圆墩遗址

遗址编号：310　　行政区划：广州市从化区良口镇高沙村

地理坐标：A点西坡，N23° 40' 56.6956"，E113° 41' 10.6388"　海拔：47.201米
　　　　　A点山顶，N23° 40' 55.6544"，E113° 41' 09.3191"　海拔：75.730米
　　　　　B点，N23° 40' 55.1518"，E113° 41' 16.3627"　海拔：81.548米

遗址位于良口镇高沙村高沙队西南部约600米，土名圆墩的山岗上。圆墩是流溪河南岸

高山伸出的一处近圆形小山岗，总面积约14 000平方米，山顶海拔约76米，相对高度约25米。山岗北侧紧邻G105，南侧为连绵起伏的高山，东侧为高沙村高沙队村前台地，台地地势低平，为荒废农田。山岗西北侧被G105破坏，呈断崖状，其余各坡坡势陡峭，山岗现为荒山，山上种植少许荔枝，地表杂草、灌木、竹子丛生，

图873　圆墩遗址A点远景（东北—西南）

图874　圆墩遗址采集遗物

保存状况较好。

遗物分布范围约13 000平方米，见于山岗西坡山脚下、东坡山脚下及东坡半山腰、山顶，地表采集到陶片32片，均为夹细砂陶，陶色有中灰、灰褐、黄褐、褐、黄灰色等，质地以硬陶为主，少量质地稍软，纹饰以绳纹为主，计25片，其中包含有绳纹加附加堆纹，另有曲折纹、篮纹、素面，器形不可辨。

在东坡近坡底一处小路边上清理断面一处，可将地层分为三层：①层，表土层，5~15cm，灰黄色，土质较疏松，夹较多砂砾和植物根系，出土新石器时代晚期至商代陶片1片，为夹细砂浅灰硬陶，饰绳纹，器形不可辨。②层，文化层，厚10~20cm，黄色沙质土壤，较

硬，出土新石器时代晚期至商代陶片7片，均为夹细砂陶，陶色以黄褐色为主，硬陶居多，纹饰有绳纹3片、素面3片、曲折纹加附加堆纹1片，可辨器形见罐口沿（敞口，圈沿，斜方唇，束领，肩部残缺）。③层，生土层，土质坚硬，纯净。

另外在圆墩东约150米山岗半山腰采集陶片1片，为夹细砂浅灰硬陶，饰绳纹加附加堆纹，将其作为B点归入圆墩遗址，而山岗主体定为A点。

图875　圆墩遗址A点地层剖面

据地层堆积情况及采集遗物推断，该遗址时代为新石器时代晚期至商代。

热水遗址

遗址编号：311　　　行政区划：广州市从化区良口镇高沙村
地理坐标：N23°41′27.7596″，E113°42′22.2213″　海拔：74.805米

遗址位于良口镇高沙村热水队东边，东临广州马术场。遗址所处地形为一小山岗，舌形向西延伸，长约250米，宽约70米，南北两侧为较高山岗，之间形成狭小山谷，遗址西边为热水村，流溪河和G105于热水村西边经过。山岗地势西高东低，坡度较陡,.相对高度5~10米，地表被开辟为梯田状，种植荔枝、青梅等果木，土壤为黄色沙壤。

调查仅在山岗西端采集夹砂灰黄陶1片，疑为器座残片，时代为新石器时代晚期至商代。

塘料遗址（复查）

遗址编号：312　　　行政区划：广州市从化区良口镇塘料村
地理坐标：N23°24′51.25″，E113°24′52.33″　海拔：57.72米

遗址位于良口镇塘料村塘料社西侧，凤凰山（又名风火岭）东南麓台地上。塘料，明朝严氏建村，村民在村前挖塘七口，并养鱼灌溉农田，盛产米粮，米用斗量，因"米"字与"斗"字合写为"料"字，故取名"塘料"。塘料村位于良口镇西南部，流溪河西岸，其西邻高沙、米埗，东邻良明。地处一较大的谷底内，地势较为平坦，海拔58~62米，谷地北侧为高山环绕，东、南方有流溪河，谷地内除塘料外，有中华英豪学校、广州市烈军属疗养院、胜利水电站等。遗址所在台地南临流溪河，东北边已建成凤凰山温泉酒店、中华英豪学校，

西、南方有大片耕地。台地南北长约800米，东西距离约140米，面积约11万平方米。2013年8月，广州市文物考古研究所对广州从化流溪温泉规划区域内的项目建设用地范围进行考古调查时发现，采集少量陶片和瓦当，时代为明代。2014年9月，考古调查队对台地进行复查，未采集到文化遗物。遗址保存状况一般，文化层堆积状况不明。

新兴遗址

遗址编号：313	行政区划：广州市从化区良口镇北溪村
地理坐标：N23°50′28.0664″，E113°51′06.9385″	海拔：207.866米

遗址位于良口镇北溪村新兴社东侧台地上。新兴社位于良口镇东北部土名"京坑"的峡谷内，其北邻田螺岽，西南与北溪相邻，东侧与吕田镇交界，包含有新华、东明、温屋、新兴等社，峡谷呈东北—西南走向，一条小河自东北向西南从村中穿过，向西注入楠木河，峡谷周边为高山，其中西部南侧山岗北坡相对较平缓，西部谷底较宽阔平整，周边高山几乎荒置，周边梯田及谷底多种植水稻、橘子等，也不乏果蔬、红薯、花生等作物。遗址位于新兴社东侧、山谷南侧一处缓坡台地上，台地长约80米，宽约40米，总面积约3000平方米，台地北侧为水泥公路和小溪，西侧为村落。台地地势南高北低，坡度较平缓，种植水稻、红薯等作物。

图876　新兴遗址远景（西北—东南）

图877　新兴遗址采集遗物

调查在梯田内采集少许陶瓷片,据遗物特征分析,可分为2组。

1组:采集陶片2片,为黑灰陶罐残片。时代为唐代。

2组:采集瓷片5片,有灰白瓷、灰褐瓷,可辨器形有碗、器盖等。时代为明清时期。

大墩山遗址

遗址编号:314　　行政区划:广州市从化区良口镇石明村

地理坐标:N23°52′07.0114″,E113°48′41.7224″　　海拔:297.499米

遗址位于良口镇石明村石明盆地中部略偏西,旧围村西侧、松华里南侧,土名"大墩山"的山岗上。石明村位于良口镇东北部,地处一处较广阔的峡谷内,楠木河支流自西北向东南从村内穿过,盆地周边为高山,多荒置,山上植被十分茂盛,部分被开辟成梯田,种植橘子,谷底地势相对低平,海拔280多米,以种植水稻为主,另有果蔬等。大墩山位于盆地西部,为一独立的椭圆形山岗,长约200米,宽约160米,总面积约25 000平方米,山顶海拔约309米,相对高度约20米,山坡坡度较平缓,山上大部分区域荒置,仅西南坡被垦辟为橘子林。山岗西侧有一小型养殖场,周边有数座类似小山岗环绕。

图878　大墩山遗址所在石明盆地全景(东—西)

图879　大墩山遗址远景(西—东)

遗物分布范围约1000平方米,见于山岗西南坡,地表采集少许陶瓷片。据遗物特征分析,可分为3组。

1组:采集陶片8片,均为夹细砂软陶,陶色有灰褐、黄灰、灰白色,纹饰有长方格纹、绳纹、素面,可辨器形见罐口沿(侈口,斜折沿呈领,厚方唇,唇面有一周凹槽)、罐圈足(仅存少许圈足,矮直圈足外撇,足跟圆弧)。该组时代为新石器时代晚期至商代。

2组:采集陶片2片,夹细砂灰黄陶,质地较硬,器表饰米字纹,器形不可辨。时代为战国晚期至汉初,属米字纹陶晚段遗存。

3组:采集瓷片7片,以青花瓷为主,另有青白瓷,可辨器形见碗。时代为明清时期。

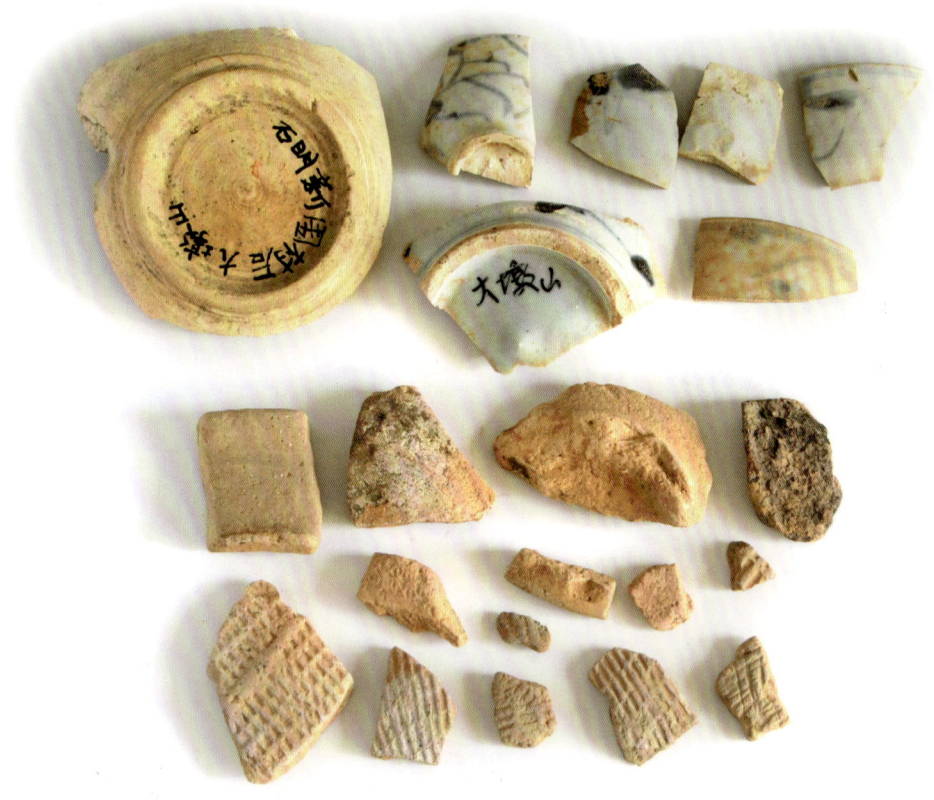

图880　大墩山遗址采集遗物

下湾背遗址

遗址编号：315　　行政区划：广州市从化区良口镇石明村

地理坐标：N23°52′26.8828″，E113°48′58.1023″　海拔：294.260米

遗址位于良口镇石明村大坡头社东侧山岗西南坡，石明盆地东缘，南邻下湾社，因位于下湾后山而得名"下湾背"。该山平面呈不规则形，西北—东南走向，海拔约339米，相对高度约60米，山上大部分荒置。遗址所在西南坡地势东高西低，坡度较大，被开辟为梯田，种植有橘子、红薯、花生等作物，山脚为低地农田。

图881　下湾背遗址远景（西—东）

遗物散布于山岗西南坡近坡脚位置，范围约12 000平方米，地表采集陶瓷片、石器等。据遗物特征分析，可分为3组。

图882 下湾背遗址采集遗物

1组：采集陶片21片、石器2件（315：采1、315：采2）、半成品石器（石料）6件。陶片均为夹砂硬陶，陶色有中灰、浅灰、红褐、黄灰、褐色等，纹饰有绳纹、篮纹、网格纹、曲折纹、素面，可辨器形有陶支座（仅存中部亚腰）、罐圈足（圜底，下附矮圈足，足跟稍宽，足壁内外凹收、外底饰曲折纹）。据遗物特征推断，时代为新石器时代晚期至商代。该

1　　　　　　　　　　　　2

图883 下湾背遗址采集石器

1. 砍砸器（315：采1）　2. 残石器（315：采2）

遗址地表分布较多石器、石器半成品、石料等，初步判断为一处石器加工厂。

315：采1 砍砸器，深灰砂岩，石质稍粗，圆柱状，有一侧为小平面。两端有砍砸痕。长21.9cm，径约4.5cm。（图883：1、图884：1）

315：采2 残石器，深灰砂岩，石质稍粗，扁体长条状，有打击疤，未经磨制。长10.5cm，宽3.8cm，厚1.5cm。（图883：2、图884：2）

2组：采集陶片1片，泥质黑灰硬陶，器形不可辨。时代为唐代。

3组：采集青花瓷碗底残片1片。时代为明清时期。

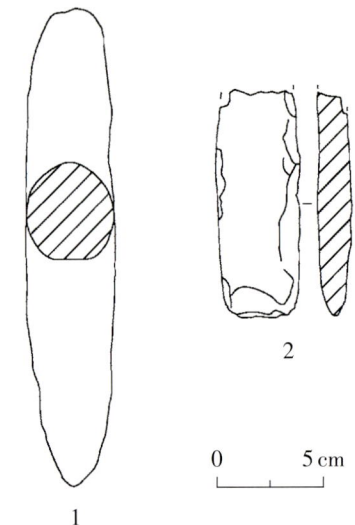

图884 下湾背遗址采集石器
1. 砍砸器（315：采1） 2. 残石器（315：采2）

围佬遗址

遗址编号：316	行政区划：广州市从化区良口镇长流村
地理坐标：A点，N23°50′16.2090″，E113°46′13.2988″	海拔：269.833米
B点，N23°50′09.5594″，E113°46′13.6977″	海拔：269.936米

遗址位于良口镇长流村所在谷地西端山岗的东坡。长流村位于良口镇东北部，北邻乐明，南邻梅树，X287从村内穿过，地处一不规则峡谷内，周边为高山，多荒置，仅少许区域被开垦为梯田，种植橘子、红薯、果蔬等，谷底以种植水稻为主，汾田水自北向南从村内穿过。围佬是峡谷西侧海拔427米的高山，山体高大，地势陡峭，山上多荒置，植被茂盛，杂草

图885 围佬遗址远景（东—西）

丛生，其中东坡中部形成的山坳为村庄，南北两侧被开垦为梯田，以种植蔬菜为主。遗址位于村庄西侧，山岗东坡，因被中部村庄形成的山坳相隔而成为南、北两部分，故分为A、B两点。

其中A点位于长流长一社15号房子后的山坡上，山坡平面呈舌状，东西向，长约200米，

宽约100米，总面积约18 000平方米，地势西高东低，坡度较大。A点地表采集陶片20片，均为夹细砂硬陶，陶色有灰、褐、灰褐、浅灰白、红褐色等，纹饰有曲折纹、绳纹、篮纹、素面等，器形不可辨。据遗物特征推断，时代为新石器时代晚期至商代。

图886　围佬遗址A点采集遗物

B点位于A点北侧，为地势较矮的山岗，东西走向，地势西高东低，采集陶片32片、石锛1件（316：采1）。陶片以夹细砂陶为主，计31片，泥质陶仅1片，陶色有深灰、褐、黄灰、青灰、浅灰色，质地多较硬，纹饰有绳纹、曲折纹、曲折纹加附加堆纹、长方格纹、素面等，器形不可辨。采集遗物与A点特征相同，时代为新石器时代晚期至商代。

图887　围佬遗址B点采集遗物

316：采1　石锛，浅灰白砂岩，石质较细腻，平面呈梯形，上部有柄，顶部斜弧，柄呈梯形，上窄下宽，两侧溜肩近无，锛体呈长方形，下端磨制成单面直刃，一角残缺，整器加工较粗糙。长9.2cm，宽4.1cm，厚1.7cm。（图888）

围佬遗址采集遗物分布在南北长约400米、东西宽约150米的山坡上，总面积约30 000平方米。遗址保存状况较好。

 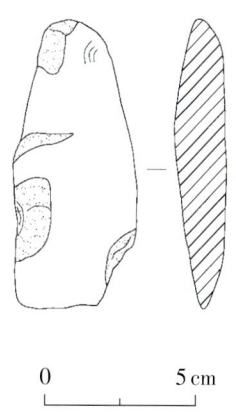

图888　围佬遗址采集石锛（316：采1）

图889　围佬遗址采集陶片纹饰拓片

1、2. 曲折纹　3. 绳纹

（长流）后山遗址

遗址编号：317	行政区划：广州市从化区良口镇长流村
地理坐标：N23°50′02.0803″，E113°46′33.4439″	海拔：287.207米

遗址位于良口镇长流村所在峡谷东侧山岗的南坡，X287K20+600米处，西距围子社约250米。后山是峡谷东侧高山伸向谷底的一处椭圆形山岗，东西长约300米，南北宽约200米，总面积约47 000平方米，海拔约300米，相对高度约50米。山岗东连群山，北面峡谷，整体地势东北高、

图890　（长流）后山遗址远景（南—北）

图891　（长流）后山遗址采集陶片

西南低，山势陡峭，山上大部分区域荒置，植被茂盛，仅南坡、西南坡种植橘子，保存状况较好。

遗物分布较为集中，范围约1200平方米，见于西南坡近山顶位置，地表采集陶片24片，以夹细砂陶为主，计21片，泥质3片，质地多较硬，陶色有浅黄灰、褐、浅灰、灰白色等，纹饰有长方格纹、绳纹、长方格或绳纹加附加堆纹、叶脉纹、篮纹、曲折纹等，器形不可辨。据遗物特征推断，时代为新石器时代晚期至商代。

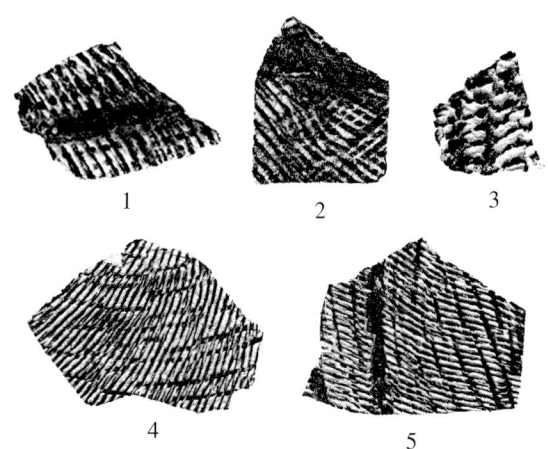

图892 （长流）后山遗址采集陶片纹饰拓片
1. 绳纹加附加堆纹 2. 交错绳纹 3. 叶脉纹
4. 斜长方格纹 5. 斜长方格纹加附加堆纹

梅树遗址

遗址编号：318	行政区划：广州市从化区良口镇梅树村
地理坐标：N23°49'03.1555"，E113°45'58.8561"	海拔：173.516米

遗址位于良口镇梅树村新村东侧，紧邻村庄的缓坡台地上。梅树村位于良口镇东北部，地处一不规则峡谷内，峡谷周边为高山，多为荒山，汾田水自东北向西南从村中穿过，原村庄位于X287南侧，现建新村位于X287北侧一处平缓的坡上。梅树遗址所在台地北连高山，南邻汾田水和X287，大致呈东西向，长约150米，宽约100米，总面积约15 000平方米，台地海拔约170米，相对高度仅数米，地表种植有橘子、红薯等，西侧有南北向小溪注入汾田水。

调查在台地上仅采集到陶片1片，为夹细砂硬陶，浅灰白色，饰绳纹加附加堆纹，器形不可辨。据陶片特征推断时代为新石器时代晚期至商代。

上光洞遗址

遗址编号：319	行政区划：广州市从化区良口镇良新村
地理坐标：N23°43'35.0645"，E113°43'53.9309"	海拔：120.228米

位于良口镇东北部高龙围村北边后山上，X287东侧，西临流溪河，并与良口中学隔河相望，南边山脚为高龙围村。山岗呈椭圆形，长约250米，宽约200米，总面积约39 000平方米。山顶海拔123米，相对高度约60米，山岗坡度较大，多被修整为梯田，种植荔枝、橘子等果

树，地表较干净。

遗物主要分布于山顶位置，面积约20 000平方米，采集陶片29片，砺石1件。陶片均为夹细砂硬陶，陶色有灰褐、深灰、浅灰、中灰、黄灰色等，纹饰有绳纹、曲折纹、篮纹、曲折纹加手抹状附加堆纹、素面，可辨器形有罐口沿（敞口，卷沿，圆唇，领较高）、罐圈足（圜底，下附外撇

图893　上光洞遗址远景（东南—西北）

图894　上光洞遗址采集遗物

状矮圈足，足跟平直）。砺石为青灰砂岩，残存一角，呈三角扁体，下侧面平整，上侧磨制成凹弧状。据遗物特征推断，时代为新石器时代晚期至商代。

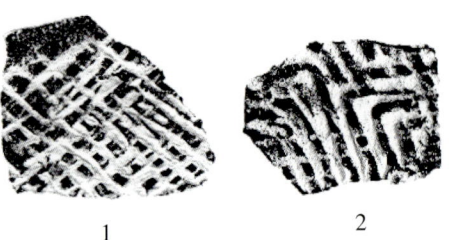

图895　上光洞遗址采集陶片纹饰拓片
1. 交错绳纹　2. 曲折纹

高龙围遗址

遗址编号：320　　行政区划：广州市从化区良口镇良新村

地理坐标：N23°43′40.1378″，E113°44′08.3073″　海拔：101.843米

遗址位于良口镇良新村高龙围东北部，良口加油站北侧缓坡台地上，西邻上光洞遗址。台地平面呈椭圆形，面积约14 000平方米，北边为高山，地势北高南低，坡度较平缓，南边为村庄和G105。地表种植荔枝等果木，地表较干净，有一座高压电塔。

图896　高龙围遗址远景（南—北）

遗物分布范围约10 000平方米，采集少许陶瓷片。据遗物特征初步分析，可分为2组。

1组：采集陶片2片，均为夹细砂灰褐陶，质地较硬，素面无纹，器形不可辨。时代为新石器时代晚期至商代。

2组：采集瓷片6片，可辨器形仅见碗。时代为明清时期。

图897　高龙围遗址采集遗物

三、流溪河林场

上黄谷田遗址

遗址编号：321　　行政区划：广州市流溪河林场谷星村

地理坐标：N23°49′78.3500″，E113°47′54.9133″　　海拔：390.442米

遗址位于广州市流溪河林场谷星村上黄谷田队所在谷地内。上黄谷田位于良口镇东北部，隶属于谷星村，其北邻乐明，西邻长流、梅树，东邻北溪，南邻谷星、下黄谷田。村庄地处一处不规则的小型峡谷内，谷地方圆300米，总面积约70 000平方米。谷底海拔约394米，峡谷内三条小溪在村口交汇，自东北向西南流向谷星。村庄周边高山多荒置，杂草、灌木丛生，地表植被十分茂盛，高山下为梯田，以种植橘子、水稻为主，另有蔬菜等作物。

调查在梯田内采集一片明代青灰釉瓷碗底部残片，在房屋前一处神台上发现一件近圆形穿孔石器（321：采1），据村民介绍为修建房屋开挖地基时发现，穿孔石器年代待考。参照广东同类石器标本，推断时代为先秦时期。遗址保存状况一般。

321：采1　穿孔石器，黑灰砂岩，石质较细腻，圆饼状，中部有穿孔，两面钻。外径14～16.7cm，内径约1.9cm，厚4.2cm。（图898）

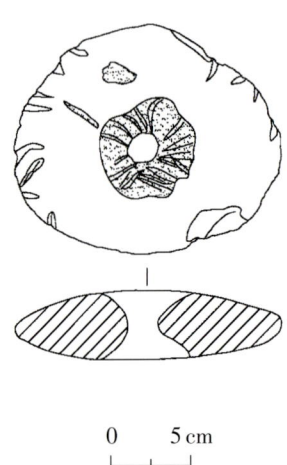

图898　上黄谷田遗址采集穿孔石器（321：采1）

四、温泉镇

威山遗址（复查）

遗址编号：322　　行政区划：广州市从化区温泉镇乌石村

地理坐标：N23°36′45″，E113°37′19″　　海拔：67.4米

遗址位于温泉镇乌石村西约500米的威山上，为温泉镇乌石村、城郊街麻三村共有，北为高山，南连广阔平原，西北遥望牛栏岗。威山是流溪河北岸一长条状山岗，由两座低矮的椭圆形山丘组成，呈东北—西南走向，长约500米，宽约200米，总面积约65 000平方米。南侧山岗海拔61米，北侧山岗海拔58米，高于周边地表约25米，山岗地势平缓，部分区域

图899　威山遗址远景（东南—西北）

呈阶梯状，地表种植荔枝等果树，杂草丛生，落叶密布，山岗分布较多近现代瓮棺。山岗北部和南部均有一条与山体近似平行的水渠流经，南侧为大片农田。2013年11月至12月，广州市文物考古研究所对广州从化新城一期规划范围进行考古调查时发现，调查采集的遗物有泥质陶片和青瓷片，陶片纹饰有绳纹和素面两种。2015年1月19日，考古调查队对遗址进行复查，发现地表分布较多明清到近现代的陶瓷片，采集少许遗物。

遗址保存状况较好，未见文化层堆积。根据采集遗物特征初步分析，可分为2组。

1组：以泥质灰陶为主，纹饰有绳纹和素面两种。时代为新石器时代晚期至商代。

2组：以陶瓷片为主，陶片多灰陶、酱釉陶，可辨器形有罐等；瓷片为青花瓷碗残片。时代为明清时期。

春林遗址（复查）

遗址编号：323　　行政区划：广州市从化区温泉镇乌石村

地理坐标：N23°27′28″，E113°37′35″　　海拔：63.9米

遗址位于温泉镇乌石村大围乌石村委南边约100米处的台地上，南临流溪河河堤，东侧为居民房屋，乌石村大围社西南部。台地地势低矮平坦，周边分布着大片的荔枝林。

2013年11月至12月，广州市文物考古研究所对广州从化新城一期规划范围进行考古调查时发现，在台地上采集到一块冰裂纹的青瓷残片，时代为宋代。2015年1月19日，对遗址进行复查，未采集到遗物。遗址保存状况一般。

矮山遗址（复查）

遗址编号：324　　行政区划：广州市从化区温泉镇云星村
地理坐标：N23°26′22″，E113°36′17″　　海拔：59.6米

遗址位于温泉镇云星村新园里西部，横岭西北部，西临流溪河，东望毛园。矮山是一个缓坡丘陵，海拔约59米，山上布满茂密的植被，有竹子、滴水观音以及杂草，环境潮湿，山脚及山坡有几座废弃的房子。遗址周边均被鱼塘和荔枝林所环绕。2013年11月至12月，广州市文物考古研究所对广州从化新城一期规划范围进行考古调查，在西坡发现一处文化层堆积，文化层中包含有碎陶片；在东坡发现一处宋代墓葬，已经盗扰，山体断面处的墓葬墓底铺有一层青石灰，可见部分遗骨，在墓葬附近发现有古代遗物5件，为陶制香炉，完整件1套，2件缺盖，还有1块顶盖碎片；地表采集遗物有夹砂粗陶和矮圈足陶器残底座。2015年1月19日，考古调查队对遗址进行了复查。据首次采集遗物特征推断，遗址时代为唐宋时期。

横岭遗址（复查）

遗址编号：325　　行政区划：广州市从化区温泉镇云星村
地理坐标：N23°35′55.5576″，E113°37′27.2748″　　海拔：70.258米

遗址位于从化区北部，地处温泉镇新园村的南边。西南与已被隆鑫摩托车厂占据多半的鸡心岭相连，东南与G105相接，西北为新园村，北边是毛园村，东北方向有预制场，西边不远处是流溪河，东西向横亘于流溪河的东岸与G105之间。山岗平面不太规则，东西长达800米，南北宽约200米，最高处海拔88.5米。山顶自西向东有三个缓坡台地，上部种植有松树、杉树等。山岗的南麓呈斜坡状凹凸，由西向东自然形成两个山坳，局部为梯田状，其上杂草茂密间有杂树和果苗。北坡较为陡峭，长满杂草和杂树。西南坡地上有一片竹林，南中

图900　横岭遗址发掘前全景（东—西）

图901　横岭遗址东区发掘探方航拍全景

部的山脚下多为荔枝园，其间有一条略呈南北向的古沟壑。东南部山脚为阶梯状缓平台地，土层肥沃，果树茂密。

2007年，广州市文物考古研究所对大广高速建设用地进行考古调查时首次发现，于2008年11月1日—15日，进行了考古勘探，发现新石器时代晚期、唐至明清时期的文化遗存。2013年7月3日—12月10日，广州市文物考古研究所对横岭遗址进行抢救性考古发掘工作，发掘面积共4630平方米，清理出距今4000年前后的新石器时代晚期至商代早期的灰坑、灰层遗迹多处，墓葬51座，出土陶、石器数百件。

此次考古发掘将发掘区分为西区（Ⅰ区）、中区（Ⅱ区）和东区（Ⅲ区）三个发掘区，新石器时代晚期至商代早期遗存主要分布在东区。

1. 文化层堆积情况

东区地层堆积较为深厚，呈坡状堆积，多是自然冲积而成，主要分6层。现以T1940东壁为例介绍如下：

①层，为现代表土层。为黄灰色，土质较硬，根据土质、土色的差别又细分为①a、b两层。包含物有植物根茎、草木灰、石块等。

②层，为明清文化层。灰褐色沙黏土，质软，较细腻，均呈局部分布，总趋势自山岗高地向低部往下倾斜，薄厚不均。包含物不多，除有先商时期的陶片外，还伴出明清瓷片等。

图902　横岭遗址T1940探方东壁剖面

③层，为商代早期文化层。土色大致为褐红色或灰红色，质地较硬，结构密集，包含物多为小石子或粗砂，部分堆积近底部粗砂密集，石子增多。根据土质、土色差别可细分为③a、③b、③c层等。堆积形势自山岗高处向下渐厚，当为自然冲积而成。出土陶片较碎小，以绳纹为主，曲折纹次之，叶脉纹和圆涡纹较少，多数陶片上可见附加堆纹。

④层，为新石器时代晚期文化层。以粗砂和小石块为主，夹杂一些灰红色或红黄色的沙质土斑，分布不均，山岗高处堆积较厚，向下渐薄，近底部大石块增多，当为自然冲积层。出土陶片以曲折纹为主，绳纹和条纹次之，多数陶片上仍有附加堆纹。

⑤层，为新石器晚期文化层。灰红土，微黏性，质地较硬且细密，该层仅分布在山腰以下的部分探方，依山势自高而低向下呈倾斜状堆积，高处堆积较薄，往下渐厚。该层包含遗物较少，泥质硬陶和夹砂陶片伴出，常见曲折纹和条纹。

⑥层，为自然冲积层。主要是粗砂堆积，结构较单纯，质地较硬且细密，以颗粒状小石子为主，石子颗粒比较均匀，间夹少量的大石头。该层仅分布在近山脚的部分探方，自高而低向下呈倾斜状堆积，不见任何文化遗迹和遗物。该层下就是山体岩石层。

2. 重要遗迹

东区发现新石器时代晚期至商代早期的灰坑19座，还清理了一条灰沟，编号为G1，另有一些分布无规律的柱洞。特别是在东部山顶上发现并清理出49座新石器晚期的墓葬，编号分别为M4～M52。这些墓葬集中分布于山顶，其数量之多，规模之大，东西排列有序，据此可以判定东区山顶应该是横岭遗址的一处墓地。也是横岭考古发掘的重大收获，此次发掘已将东区山顶平台全面揭露，墓地四至基本明确。现将东区的遗迹现象分别介绍如下：

灰坑遗迹：新石器时代晚期至商代早期的灰坑19座，编号分别是H1、H2、H3、H4、H5、H6、H7、H8、H9、H10、H14、H15、H16、H21、H25、H26、H27、H29和H30。

H6：位于T2038的西南部，圆形内斜壁圜平底，坑底有人为堆放的石块。属新石器时代晚期的灰坑遗迹。

H7：位于T1939的北中部，椭圆形内斜壁平底，坑底有人为堆放的石块。属新石器时代晚期的灰坑遗迹。

H9：位于T1939的西北部，不规则形内斜壁圜底，坑底有人为堆放的石块。属新石器时代晚期的灰坑遗迹。

墓葬遗迹：东区山顶上发现并清理出49座新石器时代晚期至商代早期的墓葬，编号分别为M4～M52。均为长方形竖穴土坑，其墓坑都是开挖在风化的岩石中，坑壁明显，大致顺山势呈东西向分布，排列有序，随葬陶罐、釜、鼎、豆、盘及石锛、镞、凿、环等生活生产类的器物。

初步判断，墓地北部排列的墓葬多数规模较大，墓坑较深，墓口一般长度为1.80～2.90米，宽度为0.70～1.50米，底深为0.50～0.80米，基本都是随葬完整陶器；而南部排列墓葬墓坑相对小且浅，墓口一般长度为1.30～1.80米，宽度为0.40～0.70米，底深

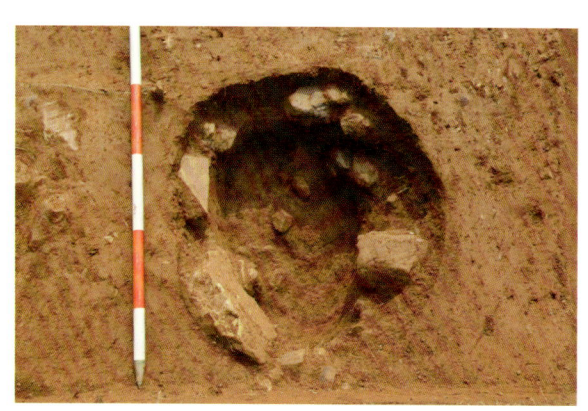

图903　横岭遗址H6底平面全景

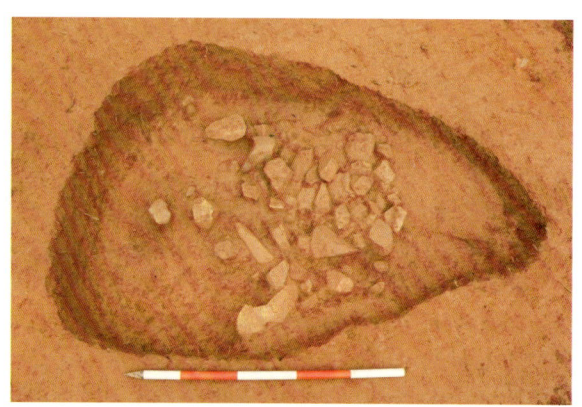

图904　横岭遗址H7底平面全景

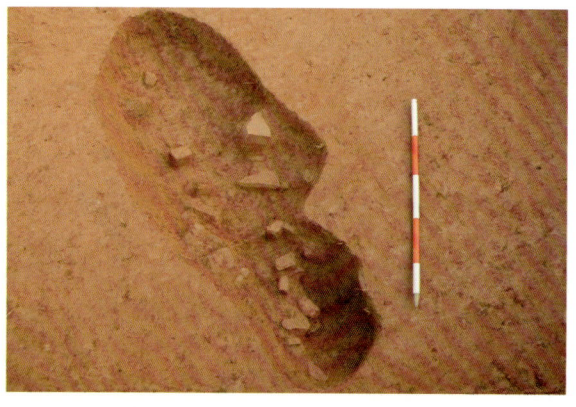

图905　横岭遗址H9底平面全景

图906　横岭遗址M10底平面全景（俯视）

图907　横岭遗址M5底平面全景（俯视）

图908　横岭遗址M5随葬器物特写（俯视）

图909　横岭遗址M14底平面全景（俯视）

图910　横岭遗址M14随葬器物特写（俯视）

图911　横岭遗址M24底平面全景（俯视）

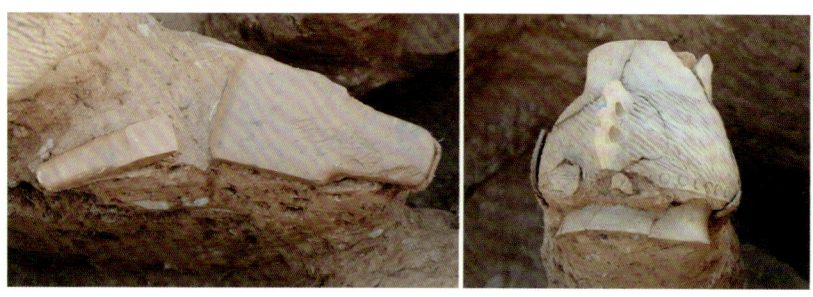

图912　横岭遗址M24随葬器物特写（俯视）

图913　横岭遗址M25底平面全景（俯视）

图914　横岭遗址M27底平面全景（俯视）

图915　横岭遗址M34底平面全景（俯视）

图916　横岭遗址M34随葬器物特写（俯视）

图917　横岭遗址M34随葬器物特写（俯视）

图918　横岭遗址M39底平面全景（俯视）

图919　横岭遗址M39随葬石锛特写

图920　横岭遗址M45底平面全景（俯视）

图921　横岭遗址M45随葬器物特写（俯视）

图922　横岭遗址M50底平面全景（俯视）

图923　横岭遗址M50随葬器物特写（俯视）

为0.20~0.40米，随葬陶器有完整器和残器两类，可能与二次埋藏的习俗有关。

横岭遗址的考古发掘，是广东史前考古最重要的发现，其排列有序的新石器时代晚期墓地的完整揭露，为研究新石器时代晚期的埋藏习俗和人们当时的生活居住状况提供了很好的实物资料。同时，为研究珠江三角洲史前考古学文化交流融合推进岭南社会历史演进的脉络提供了珍贵的实证材料，更为考证该遗址先民族属，以及粤北、粤东史前考古学文化的交流融合提供了重要线索。

横岭遗址文化性质较为单纯，虽然同类遗存在珠三角区域已有所发现，但此次考古发掘揭露面积大，出土各类遗物丰富，特别是在横岭东区山顶发现一处保存基本完整的新石器时代晚期至商代早期的墓地，揭露墓葬49座，为已发掘的考古遗址中仅见，是探索珠江三角洲地区新石器时代晚期的社会组织、经济形态和文化面貌的重要考古资料，具有非常高的学术价值。

根据调查勘探及发掘的总体情况来看，其新石器时代晚期至商代早期的文化遗存分布范围东西长近500米，南北宽约150米，面积超过70 000平方米。

冲口遗址

遗址编号：326	行政区划：广州市从化区温泉镇温泉村

地理坐标：山顶，N23°35′45.3628″，E113°38′41.7784″ 海拔：60.334米
　　　　　北侧陶片采集位置，N23°37′52.5501″，E113°38′38.3027″ 海拔：54.258米

遗址位于温泉镇温泉村冲口社东侧山岗上，东邻G105，北为开发的高尔夫球场，西距流溪河主河道约400米。遗址平面呈椭圆形，东西向，长190米，宽140米，总面积约17 000平方米。山顶海拔62.8米，相对高度约20米，山之南坡、东坡种植火龙果，西坡、北坡及山顶种植荔枝，地表有杂草，一条灌溉水渠环绕山岗东侧。

图924　冲口遗址远景（东—西）

图925　冲口遗址采集遗物

遗物分布范围约10 000平方米，见于西北坡、坡顶区域，地表采集陶片5片，均为夹细砂硬陶，陶色有灰、浅灰、浅黄褐色，纹饰有绳纹、曲折纹、曲折纹加附加堆纹、素面，器形不可辨。据遗物特征推断，时代为新石器时代晚期至商代。

另外，在遗址所在山岗北侧一小山丘西坡采集到1片米字纹陶片，泥质硬陶，灰褐色，时代为战国至汉初，属米字纹陶阶段遗存。该区域所在山丘大部分被高尔夫球场破坏，西坡山脚为灌溉水渠。

（温泉）山塘遗址

遗址编号：327　　行政区划：广州市从化区温泉镇温泉村

地理坐标：N23°38′46.6534″，E113°39′18.2951″　　海拔：80.143米

遗址位于温泉镇温泉村上围社南侧山岗南坡，山岗土名"山塘"，地处温泉镇东部，北为温泉镇建筑区，东连群山，东南侧有一在建工地，南邻旧G105，西距流溪河主河道约700米。山岗平面呈不规则长条状，东北—西南走向，长约500米，宽200米，总面积约11万平方米，山顶海拔约111米，相对高度约55米，山顶较平缓，山坡坡度大，地势东北高西南低，山上种植有荔枝、火龙果，杂草较少，但枯叶遍地。

图926　（温泉）山塘遗址远景（南—北）

遗物分布范围约15 000平方米，见于山岗南坡，呈长条状分布，该区域平面呈舌状南突，地势北高南低，坡度极大。地表采集陶片6片，均为夹细砂硬陶，陶色有灰褐、浅黑灰色，纹饰有绳纹、曲折纹、曲折纹加附加堆纹、弦纹，可辨器形有罐圈足（圜底，下附矮圈足，圈足外撇，足跟平直）。遗址保存状况较好，未见文化层堆积，据遗物特征推断，时代为新石器时代晚期至商代。

图927　（温泉）山塘遗址采集遗物

五、城郊街

白坭塘遗址

遗址编号：328　　行政区划：广州市从化区城郊街矮岭村

地理坐标：N23°38′31.0884″，E113°32′34.9692″　海拔：70.689米

遗址位于城郊街矮岭村白坭塘南侧山岗顶部，南距矮岭村约1500米。山岗为从化城区北部山区丘陵间一独立小山岗，向北进入高山丘陵区，周边为连绵起伏的小山丘，西邻老虎岽，东为三角岭、四角岭，大窝、高塱居其南侧山脚。山岗平面略呈倒三角形，南北长800米，东西宽200～500米，整体地势北高南低，最高点位于北侧，海拔约90米，除北坡较陡外，其余坡度较平缓。村道经过山岗西侧山脚，东、西两侧山脚各有溪流自北向南汇入流溪河。山顶有一座信号塔。

图928　白坭塘遗址远景（西北—东南）

遗物见于北侧山顶位置，该区域经机械翻整，地表裸露，采集陶片1片，夹细砂灰白陶，质地稍软，饰曲折纹，器形不可辨。时代为新石器时代晚期至商代。

图929　白坭塘遗址采集遗物

王岭遗址

遗址编号：329　　行政区划：广州市从化区城郊街麻村

地理坐标：N23°37′15.97″，E113°36′023.84″　海拔：49.90米

遗址位于城郊街麻村禾塘庄北约500米的王岭山岗南坡台地上，西距关联小学约900米，东邻八乡水利灌渠。王岭地处流溪河西岸，距主河道约1100米，处于北部山区和南部流溪河

沿岸平原的过渡地带，平面呈椭圆形，海拔约66米，遗址位于其南侧台地上，海拔约40米，地势平坦缓和，地表种植有荔枝，落叶厚实。

遗物分布范围1000平方米，据遗物特征初步分析，可分为2组。

1组：采集陶片6片，以夹细砂灰褐陶为主，泥质陶1片，质地均较

图930　王岭遗址远景（南—北）

图931　王岭遗址采集遗物

硬，纹饰有篮纹5片、长方格纹1片，器形不可辨。时代为新石器时代晚期至商代。

2组：采集陶片3片，均为泥质硬陶，陶色为灰褐和褐色，饰细方格纹2片、三角格纹1片，器形不可辨。时代为战国至汉初，属米字纹陶阶段遗存。

图932　王岭遗址采集陶片纹饰拓片
1. 长方格纹　2. 方格纹　3. 三角格纹

西山遗址

遗址编号：330　　行政区划：广州市从化区城郊街西和村
地理坐标：N23°38′10.34″，E113°35′03.39″　海拔：77.42米

遗址位于城郊街西和村木梅岭东北约500米的西山山岗上，南距西山塱约1000米，北邻禾

狐岽山塘。西山地处从化城区所在平原与北部山区过渡地带，向北入山地丘陵，周边环绕连绵的小山丘，向南进入流溪河沿岸平原地带，西侧有大片蔬菜基地。山岗平面近圆形，直径约250米，山顶海拔86米，地势中间高四周低，坡度较缓，地表经开垦种植有经济林木，地表较干净。山岗南部有溪流流经，东南有鱼塘，山脚有水泥村道。

调查在丘陵南部山腰处采集陶片1片，夹细砂灰陶，质地略软，薄胎，纹饰为曲折纹，器形不可辨。时代为新石器时代晚期至商代。

大塘遗址

遗址编号：331　　　行政区划：广州市从化区城郊街城康村

地理坐标：N23°39′09.12″，E113°33′19.91″　　海拔：55.87米

遗址位于城郊街城康村大塘社东北约100米的台地上。大塘位于从化北部山区与流溪河沿岸平原过渡地带，一南北向山坳内，向北进入山区，南连平原，龙潭河于村南分为东、西两支，大塘被其东西环绕。村东部山前台地势北高南低，坡度较缓，呈台阶状，开发为农田，龙潭河东支流经台地东侧，有水泥村道向北

图933　大塘遗址远景（南—北）

图934　大塘遗址采集遗物

图935　大塘遗址采集陶罐口沿（331：标1）

进入山区。

遗物分布范围约1000平方米，据遗物特征初步分析，可分为2组。

1组：采集陶片3片，为泥质灰硬陶，饰夔纹、重菱形凸点纹、篦点纹，可辨器形有罐口沿（331：标1）。时代为西周至春秋，属夔纹陶阶段遗存。

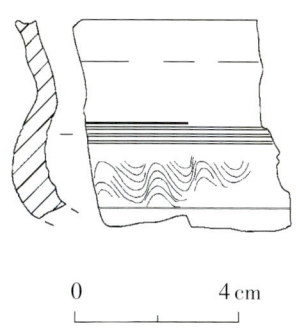

图936　大塘遗址采集陶片纹饰拓片
1. 方格纹　2. 米字纹

331：标1　陶罐口沿，敞口，平方唇，唇面凹，矮斜领，弧鼓腹残缺，饰重菱形凸点纹。（图935）

2组：采集陶片26片，均为泥质灰陶，多为硬陶，纹饰以方格纹为主，另有米字纹、弦纹加水波纹、弦纹，器形不可辨。时代为战国至汉初，属米字纹陶阶段遗存。

六、江埔街

大陂田北遗址

遗址编号：332　　　行政区划：广州市从化区江埔街凤院村
地理坐标：N23°33′32.15″，E113°37′35.09″　海拔：35.93米

遗址位于江埔街凤院村望天狮山南边山脚的大陂田台地上，东距凤院苗场约200米，西与德福里遗址相距约500米。大陂田为小海河北岸的大片河岸阶地，北依望天狮山，海

拔32～35米，地势平缓开阔，原种植水稻，20世纪八九十年代开始转种荔枝，现地表遍布落叶。

调查于大陂田北侧进行，望天狮山山脚一处菜地内采集1片陶片，夹细砂灰褐硬陶，饰米字纹，器形不可辨。据特征推断时代为战国至汉初，属米字纹陶阶段遗存。

德福里遗址

遗址编号：333　　行政区划：广州市从化区江埔街凤院村

地理坐标：N23°33′32.49″，E113°37′13.44″　　海拔：42.88米

遗址位于江埔街凤院村龟尾岗南侧山脚，南距德福里约100米，东距大陂田北遗址约500米。遗址所在区域为小海河北岸阶地与望天狮山的过渡地带，东与大陂田相连，地势平坦开阔，现种植荔枝、橘子、蔬菜，荔枝林落叶遍布，蔬菜田则较为干净。2015年4月，当地村民在修建灌溉水渠时于龟尾岗南麓发现砖室墓一座，后广州市文物考古研究院对古墓周边进行考古勘探，弄清文化层堆积，并发现晋朝墓一座（M1）、南朝墓一座（M2），并对M1进行清理，出土一批晋南朝至明清时期陶、瓷、铁器等重要文物10多件（套）。

图937　德福里遗址远景（南—北）

1. 文化层堆积情况

①层为褐灰土，含有红褐色土颗粒，土质结构疏松，出土有现代砖瓦片和较多的植物根系，现代堆积土。厚度为25～60cm。

②层为浅灰土，黏质土，土质较硬，包含有少量石块和现代陶瓷片等，为现代堆积土。深度为25～65cm，厚度15～60cm。

③层为褐黄土，较致密，出土有大量明清时期的陶瓷残片。深度为40～120cm，厚度为0～45cm。

④层为青灰土，土质结构致密，无遗物出土，该层土打破M1的北端。深度100～120cm，厚0～40cm。

⑤层为褐灰土，土质结构较紧密，出土有青釉陶片，青灰砖残块，为M1的废弃堆积，M1开口在该层之下。深度110～130cm，厚度为0～75cm。⑤层以下为浅黄色生土层，深度为150～175cm。

2. 遗迹

M1，已发掘，为砖室墓。开口于⑤层下，打破生土层。墓向148°。墓坑呈"凸"字形，长654cm，宽222～346cm，墓道位于墓坑的南端。砖室墓由墓室、耳室、甬道、封门组成。墓室呈长方形，两侧壁从底部开始向上斜收起券，券顶已坍塌，铺地砖为横向平铺，墓壁为单隅结砌，后壁下部偏左侧有一壁龛。耳室位于墓室的东侧，近方形，券顶保存较好，为横直券顶，铺地砖为横向平铺。甬道位于墓室的南端，券顶已坍塌，铺地砖为纵向平铺。封门位于甬道南端，为内封门。封门砖为人字形卧砖，残存两层。墓室内堆积为黄褐色沙质土，结构疏松，含有残砖块。墓室所用之砖呈青灰色，夹细砂质，较硬。规格一般长32～33cm，宽18～19.5cm，厚5～6cm。砖面多饰绳纹，侧面或端头饰鱼纹、钱纹、圆环纹、菱格纹及吉祥字组合。吉祥字有"富寿"等。出土釉陶罐3件、灯盏2件、器盖1件、铜钱一串约6枚。据墓葬形制及出土物文物分析为晋朝墓。

图938　德福里遗址M1全景（东南—西北）

M2：未发掘，位于M1北侧，勘探结果显示墓葬呈南北向，长4.5米，宽1.2米，距现地表深约0.5米，单室砖墓，墓道位于墓室南端，现已被破坏结构不详，内填花土。碎砖，深度不详，初步推断为南朝墓葬。

3. 遗物

发掘出土晋南朝至明清时期文物12件（套），采集铁棺铁3枚及一批重要的晋代墓标本砖。其中M1晋代墓中出土釉陶罐3件、灯盏2件；并在T1③层出土六朝至明时期釉陶器及瓷器7件。

此外，在墓葬东南方地表采集陶片3片，均为泥质灰硬陶，饰弦纹，为钵残片，可复原（333：采1）。时代为战国至汉初，属米字纹陶阶段遗存。

333：采1　陶钵，敛口，圆唇，上腹鼓，下腹收，平底，底部有刻划符号。器表饰弦纹，轮制痕迹明显。（图939、图940）

图939　德福里遗址采集陶钵及刻划符号（333：采1）

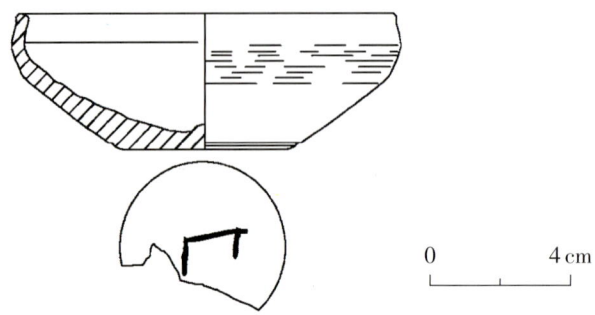

图940　德福里遗址采集陶钵（333：采1）

综合调查、勘探、发掘情况分析，德福里遗址是一处包含战国至汉初、晋南朝、明清三个时期遗存的重要遗址。特别是已发掘的晋朝M1，填补了从化区晋南朝考古发现的空白，意义重大。

鹅公头遗址

遗址编号：334　　行政区划：广州市从化区江埔街黄围村

地理坐标：N23°32′18.04″，E113°39′21.96″　海拔：178.95米

遗址位于江埔街黄围村新围社东侧的鹅公头山顶，西南距村委会约1000米，东与八公窝岭遗址相距约700米。鹅公头山位于小海河支流——高峰水的上游，四周群山环绕，西面黄围村所在坳谷，高峰水于山岗北侧流经，东面为下耕口农田，南临水泥村道。平面呈不规则形，山顶海拔约

图941　鹅公头遗址远景（北—南）

图942 鹅公头遗址采集遗物

164米，相对平缓，地势中间高四周低，山坡坡度较大，现整体开垦为梯田，每级高度不整，种植荔枝、砂糖橘、桃、桉树等。

遗物见于山顶及山坡梯田断壁上，范围约15 000平方米，采集石饼1件（334：标1），陶片29片。陶片多为夹细砂陶，泥质陶3片，以质地稍软的为主，陶色为灰褐、黄灰色，按纹饰

图943 鹅公头遗址采集遗物

1. 石饼（334：标1）　2. 陶纺轮（334：标2）　3. 陶罐圈足（334：标3）　4. 陶罐口沿（334：标4）

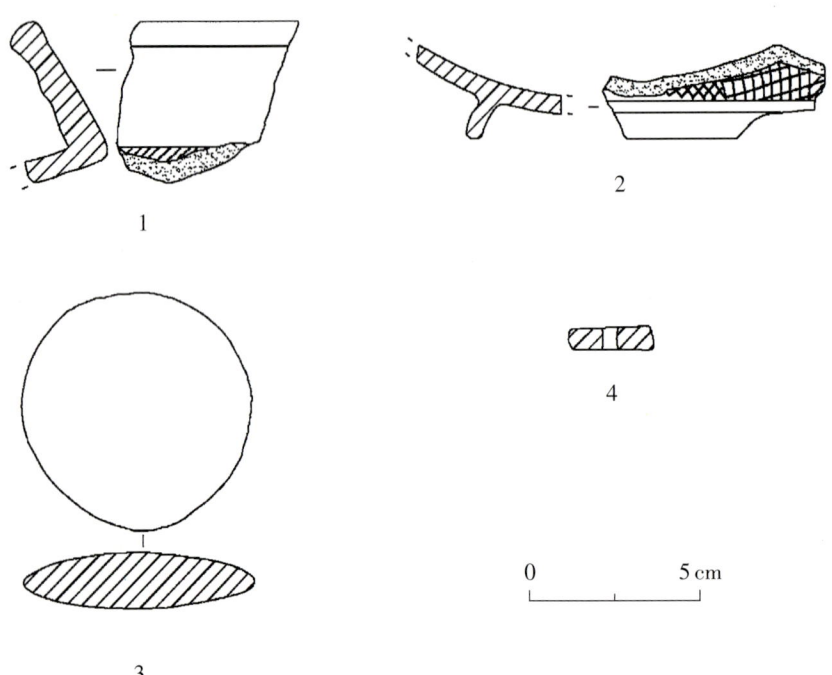

图944 鹅公头遗址采集遗物
1.陶罐口沿（334：标4） 2.陶罐圈足（334：标3） 3.石饼（334：标1） 4.陶纺轮（334：标2）

计有席纹8片、斜长方格纹6片、素面7片、曲折纹4片、曲折纹加附加堆纹1片、绳纹1片、篮纹2片。可辨器形有纺轮1件（334：标2）、矮领罐口沿（334：标4）、罐圈足（334：标3）等。

334：标1 石饼，青灰色细砂岩，石质细腻，边缘光滑。直径6.7 cm，厚1.7 cm。（图943：1、图944：3）

图945 鹅公头遗址采集陶片纹饰拓片
1.斜长方格纹 2.席纹

334：标2 陶纺轮，夹细砂软陶，青灰色，算珠形。直径2.3 cm，孔径0.4 cm，厚0.7 cm。（图943：2、图944：4）

334：标3 陶罐圈足，仅存少部圈足，凹圜底，下腹矮圈足，略外弧，足跟圆弧，外底饰曲折纹加指甲印纹。（图943：3、图944：2）

334：标4 陶罐口沿，侈口，宽斜折沿，厚方圆唇，斜直肩残缺，肩部饰绳纹。（图943：4、图944：1）

鹅公头遗址地表采集遗物较丰富，内涵较统一，据遗物特征推断，时代为新石器时代晚期至商代。

八公窝岭顶遗址

遗址编号：335　　行政区划：广州市从化区江埔街黄围村

地理坐标：N23°32′15.63″，E113°39′51.77″　海拔：273.12米

遗址位于江埔街黄围村南岜社东侧八公窝岭山顶部，西距村庄约300米，距鹅公头遗址约700米。八公窝岭山地处高峰水上游，周围群山环绕，东倚海拔496米的安天指宝山，西侧为南岜所在山坳，高峰水于山岗南侧山脚流经。山顶海拔约290米，较平缓，呈南北狭长形，地势中间高四周低，山坡较陡峭。现山岗整体被开垦为梯田，每级高度不整，种植荔枝、砂糖橘、桃、桉树等。

调查在通往山顶一山间小路断壁上采集石矛1件（335：采1），周围落叶繁多，杂草丛生，未采集更多遗物。

335：采1　石矛，两端残，深灰色细砂岩，石质细腻，两边刃，中部有脊，横剖面呈菱形，磨制精美。长11.3cm，宽3.6cm，厚1cm。据其特征初步推断为新石器时代晚期至商代。（图948）

图946　八公窝岭顶遗址远景（南—北）

图947　八公窝岭顶遗址地表发现石器

 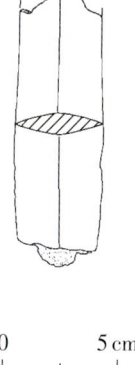

图948　八公窝岭顶遗址采集石矛（335：采1）

矮岭遗址

遗址编号：336　　行政区划：广州市从化区江埔街上围村

地理坐标：N23°29′26.74″，E113°37′49.54″　　海拔：125.55米

遗址位于江埔街上围村车下社北侧的矮岭山岗上，西距高潭村约200米，东距麦洞约500米。矮岭地处江埔街罗洞水中游，位于河谷东侧，为东侧零丁石山西坡山脚余脉，平面呈椭圆形，面积约15 000平方米，山顶海拔约110米，相对高度约35米，地势中间高四周低，山坡坡度较缓。罗洞水自山岗西侧流经，车下、高潭沿河流两岸分布，山南接村道。现山坡整体被开垦为梯田，种植砂糖橘，山顶尚未开发，地表尚算干净。

采集遗物地点位于山腰，地表因种植砂糖橘而有翻动，采集陶片4片，分布范围约2000平方米。陶片均为泥质灰黄软陶，3片可拼合，饰交错绳纹加附加堆纹，器形不可辨。据遗物特征推断，时代为新石器时代晚期至商代。

图949　矮岭遗址远景（南—北）

图950　矮岭遗址采集遗物

泥鳅㘭遗址

遗址编号：337　　行政区划：广州市从化区江埔街上罗村

地理坐标：N23°30′4.56″，E113°37′9.34″　　海拔：102.41米

遗址位于江埔街上罗村金鸡社北侧泥鳅㘭山岗顶部，西距归龙山南遗址约600米。泥鳅㘭地处罗洞水中游，为河谷东岸一椭圆形小山岗，东连高山，南为罗洞水河谷，北侧为一东西向狭长山坳，金鸡社居其南侧山脚，派街高速自山岗北侧约百米处经过。山岗大致呈东西向，长230米，宽约150米，山顶海拔约102米，地势中间高四周低，山坡坡度较大。泥鳅㘭山北侧面对高速，修成坡状，南面被开垦为梯田，种植竹、荔枝、龙眼等。

遗物见于南坡靠近山顶位置，分布范围约10 000平方米，采集陶片23片，夹细砂灰陶，

质地稍软15片，质地较硬8片，按纹饰计有曲折纹6片、长方格纹6片、绳纹5片、素面4片、方格纹1片、篮纹1片，器形不可辨。据遗物特征推断，时代为新石器时代晚期至商代。

图951　泥鳅山遗址远景（南—北）

图952　泥鳅山遗址采集遗物

归龙山南遗址

遗址编号：338　　　行政区划：广州市从化区江埔街下罗村

地理坐标：N23°30′8.18″，E113°36′40.13″　　海拔：68.08米

遗址位于江埔街下罗村火介园北约200米山前台地上，因居归龙山南而得名，东距泥鳅山遗址约600米。遗址所在台地地处罗洞水中游，河谷东岸，三面环山，西面溪流，地势东高西低，坡度平缓，临河边缘呈断崖状。地表种植荔枝、龙眼等，遍地落叶，杂草丛生。

调查于一棵荔枝树下采集陶片1片，为夹细砂灰硬陶，饰绳纹，器形不可辨。时代推断为新石器时代晚期至商代。

七、街口街

老泥山遗址

遗址编号：339	行政区划：广州市从化区街口街赤草村
地理坐标：N23°30′26.49″；E113°34′07.07″	海拔：87.79米

遗址位于街口街赤草村凤凰社东南400米的老泥山南坡，南侧紧邻村道，西距G105约500米，北近得宝陶瓷石材厂。老泥山地处流溪河东部，为一圆锥状山岗，山顶海拔182米，相对高度约150米，山岗近山顶位置地势陡峭，坡度较大，地表较多碎石，山脚坡度平缓。遗址位于山岗南坡，海拔约90米，地势北高南低，坡度适中，山坡被开垦为梯田，种植有荔枝树，地表干净。

地表采集陶片1片，泥质黑皮灰陶，器形不可辨，年代应为唐代；另有一枚铜钱"□庆通宝"，年代可能是明清时期。

面房遗址

遗址编号：340	行政区划：广州市从化区街口街赤草村
地理坐标：N23°30′2.16″，E113°34′30.57″	海拔：128.06米

遗址位于街口街赤草村面房岇东南侧紧邻面房、三坑村的几座山岗上，西侧紧邻G105，北为派街高速，东邻三坑、面房等村社。面房岇为一西向开口的长条状山坳，西抵流溪河沿岸，南北两侧为山地丘陵。2013年11月至12月，为配合地铁14号线邓村车辆段工程建设，广州市文物考古研究所对工程用地范围进行考古调查和勘探时发现。邓村车辆段占地33.95公

图953　面房遗址东区局部自然环境（东—西）

顷，呈西北—东南向，长方形，西抵G105，东到面房、三坑村西侧，包括面房岇大部及东南侧部分山岗，其中面房岇海拔约50米，地势低矮平缓，东高西低，原为农田；山岗海拔约136米，相对高度80多米，坡度较陡，山岗间有小型山坳、鞍部等，地势低缓，原地表种植有果树、桉树等，因工程建设施工已毁。

经调查、勘探，在面房岗东南部紧邻面房、三坑村的几座山岗上发现一批遗迹、遗物和文化层堆积。其中文化层堆积可分为4层：①层为近现代表土层，④层为生土层，②③层多为黄色含砂土层，出土有陶片、石器等文化遗物。

图954　面房遗址探沟试掘现场（北—南）

采集遗物见陶片和石器，陶片多为夹细砂硬陶，少许软陶，陶色有灰、灰褐、灰黑色等，纹饰有绳纹、曲折纹、叶脉纹、长方格纹等，可辨器形有罐、纺轮等。石器可见有石镞、石环、石戈、石矛、石锛等。

邓村车辆段内遗址分布范围约50 000平方米，但不排除延伸到工程用地范围内，此外在遗址所在山岗西北侧一三角形山岗东北坡经勘探亦发现有少许早期文化遗存，采集陶片、石器等文化遗物。

据调查、勘探发现的遗存内涵推断，遗址时代为新石器时代晚期至商代。

1

2

3

4

5

图955　面房遗址地层出土遗物

1. 纺轮　2. 石凿　3. 石环　4. 石矛　5. 石镞

八、太平镇

冶炼厂遗址

遗址编号：341　　行政区划：广州市从化区太平镇三百洞村

地理坐标：N23°30′0.41″，E113°33′35.07″　　海拔：68.02米

遗址位于太平镇三百洞村从化钽铌冶炼厂宿舍区之间的一座小山丘上，西南距邓村约650米，北距G105约450米。山丘地处流溪河东岸，平面呈宽舌状，东连群山，南侧为东西向低谷，北侧有一方池塘，冶炼厂坐落在西南侧山脚。山顶海拔约70米，相对高度约30米，地势较低矮平缓，近期被开垦种植砂糖橘苗，山坡散布

图956　冶炼厂遗址远景（南—北）

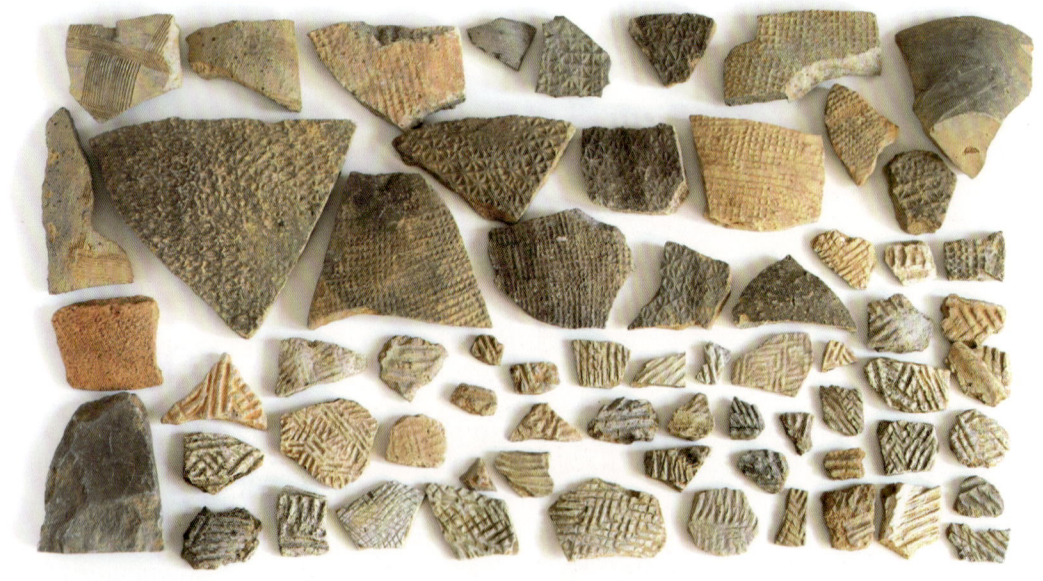

图957　冶炼厂遗址采集遗物

碎石。

遗物遍布整座山丘，范围约12 000平方米。据遗物特征初步分析，可分为3组。

1组：采集陶片55片、砍砸器1件（341∶采1）。陶片以夹细砂陶为主，泥质陶6片，质地

多较软，陶色主要为灰陶、灰褐陶，纹饰以曲折纹、梯格纹、篮纹为主，另有曲折纹加附加堆纹、叶脉纹、重菱形纹、绳纹、素面、绳纹加附加堆纹，器形不可辨。时代为新石器时代晚期至商代。

341：采1　砍砸器，灰色细砂岩，石质细腻，一端断裂，平面呈梯形，横截面呈长方形，两面平滑，其中一面有砍砸坑状痕。长3～6cm，高7cm，厚1.7cm。（图958）

2组：采集陶片24片，均为泥质灰褐硬陶，纹饰以方格纹为主，米字纹、刻划纹次之，水波纹加弦纹1片，可辨器形有平底罐。时代为战国至汉初，属米字纹陶阶段遗存。

3组：采集陶片1片，泥质灰陶，器表饰黑色陶衣。时代为唐代。

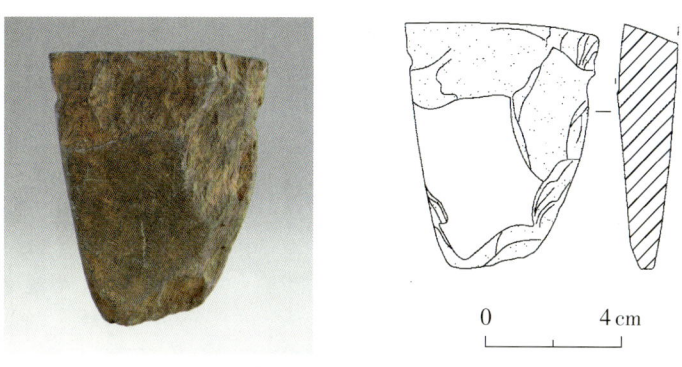

图958　冶炼厂遗址采集砍砸器（341：采1）

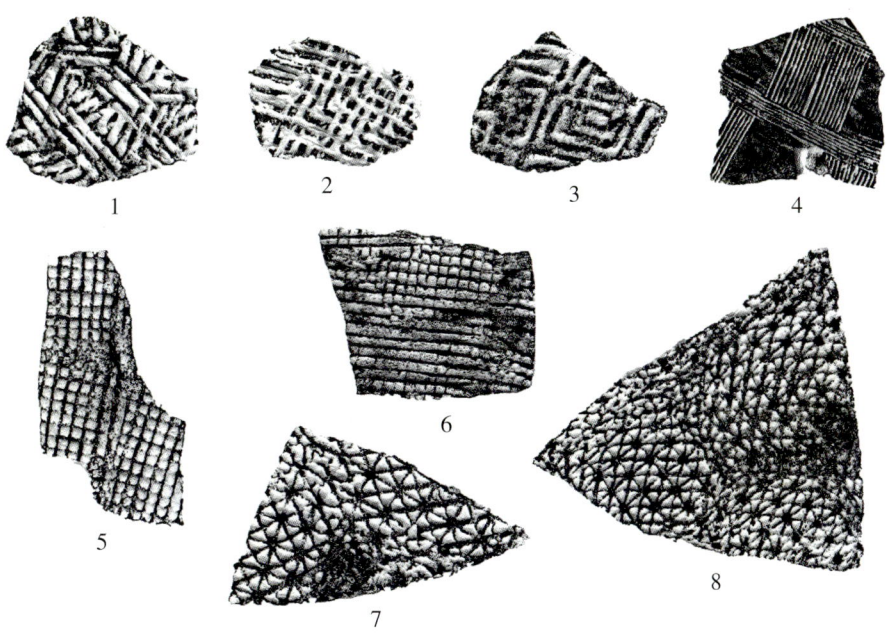

图959　冶炼厂遗址采集陶片纹饰拓片

1.梯格纹　2.曲折纹　3.重菱形纹　4.复线刻划纹　5、6.方格纹　7、8.米字纹

（湖光）背后山遗址

遗址编号：342　　行政区划：广州市从化区太平镇湖光村

地理坐标：N23°28′24.36″，E113°30′42.76″　海拔：45.58米

遗址位于太平镇湖光村湖田七队（狮形庄）西侧的背后山上，北距G105约400米。背后山为流溪河东部一低矮山丘，西、南为连绵起伏的小山丘群，北面为流溪河沿岸平原，东部有小型坳谷，谷底有流溪河支流。山岗平面呈水滴形，长约350米，宽约150米，山顶海拔64米，相对高度约35米，山岗西坡较陡，山顶及东坡

图960　（湖光）背后山遗址远景（北—南）

图961　（湖光）背后山遗址采集遗物

坡度平缓，山坡现种植荔枝等，地表落叶密布。

遗物见于北坡山顶位置，分布范围约9000平方米，采集少许陶片。据陶片特征初步分析，可分为2组。

1组：采集陶片1片，夹砂灰硬陶，饰绳纹，器形不可辨。时代为新石器时代晚期至商代。

2组：采集泥质硬陶6片，灰褐陶5片，红褐陶1片，按纹饰计饰细方格

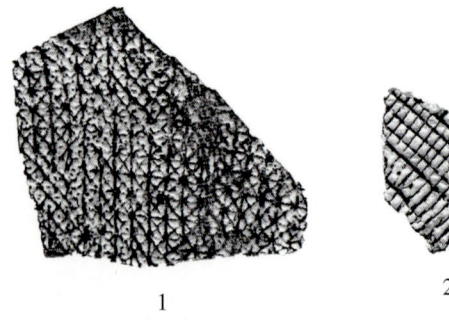

图962　（湖光）背后山遗址、黄土岭遗址
采集陶片纹饰拓片

1. 米字纹（342）　2. 长方格纹（344）

纹4片，饰米字纹2片。时代为战国至汉初，属米字纹陶阶段遗存。

鹿子岗遗址

遗址编号：343　　行政区划：广州市从化区太平镇共星村
地理坐标：N23°27′03.55″，E113°32′01.61″　海拔：66.80米

遗址位于太平镇共星村鹿子岗村庄西南约250米的小山岗上，西与黄土岭相连。山岗地处太平镇东北部丘陵地带中心位置，南边为牛肚、长冚山岗，北边为鹿子岗和黄庄所在小型山坳，多被辟为农田。山岗平面呈舌状，南北走向，长约250米，山顶海拔约65米，坡势平缓。山地及北坡现被开辟为梯田，种植绿化树等，地表

图963　鹿子岗遗址远景（西—东）

图964　鹿子岗遗址采集遗物

裸露，东、西坡种植有荔枝、桉树等，局部杂草茂盛。

遗物见于山地及缓坡上，范围约25 000平方米，采集陶片51片，多为夹细砂灰陶、灰褐陶，以软陶为主，以纹饰计主要有梯格纹19片，另有曲折纹12片、素面6片、长方格纹2片，其他还有绳纹加附加堆纹、水波纹、叶脉纹、篮纹、圆涡纹等，可辨器形有罐圈足（仅存底

部少许，圜底下腹圈足，足跟斜外延着地）、敞口圆唇罐口沿（外沿上部斜直略凹下折收，竖领，下残缺）。据遗物特征推断，时代为新石器时代晚期至商代。

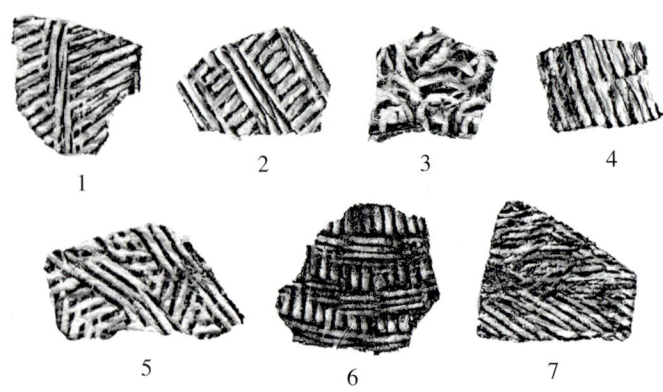

图965　鹿子岗遗址采集陶片纹饰拓片
1、4.篮纹　2、6.梯格纹　3.圆涡纹　5、7.交错绳纹

黄土岭遗址

遗址编号：344	行政区划：广州市从化区太平镇共星村
地理坐标：N23°27′00.49″，E113°31′49.90″	海拔：59.88米

遗址位于太平镇共星村刘庄东南约300米的黄土岭上，东与鹿子岗遗址相邻，北距黄庄约550米。黄土岭地处太平镇东北部丘陵地带中心位置，南边为长冚山岗，北边为鹿子岗和黄庄所在小型山坳，多被辟为农田，西侧山脚有南北向溪流。山岗平面呈不规则三角锥状，东西走向，长约350米，山顶海拔约78米，近山顶位置地势陡峭，山脚坡度平缓，西坡延伸出大片坡式台地。山顶及山坡皆开辟为梯田，种植桉树苗等，地表裸露，有山路通山顶。

遗物见于西坡，海拔约60米，地势较平缓，采集陶片2片，夹细砂灰硬陶，饰长方格纹，器形不可辨。据陶片特征推断，时代为新石器时代晚期至商代。

图966　黄土岭遗址远景（南—北）

图967　黄土岭遗址采集遗物

埋头岭遗址

遗址编号：345　　行政区划：广州市从化区太平镇木棉村

地理坐标：N23°29′58.12″，E113°30′16.59″　　海拔：97.99米

遗址位于太平镇木棉村西约700米的埋头岭上，西北距大广高速约470米。埋头岭地处流溪河西岸，东与围脑岭、南岭、后龙山、石眉岭相连，构成东北—西南向长条状山岗，长7000米，宽300~700米，海拔60~150米，东边为流溪河干流及沿岸平原，海拔20多米，地势平坦开阔，山脚为流溪河西灌渠；西侧为低矮的农田，海拔20多米，田间溪流、水渠纵

图968　埋头岭遗址远景（南—北）

横，有大广高速经过。埋头岭位于长条状山岗西南端，又名"石仔简"，海拔83米，坡度较缓，种植有荔枝，地表较多碎石。

图969　埋头岭遗址采集遗物

遗物见于山顶脊背上，分布范围约18 000平方米。据遗物特征初步分析，可分为2组。

1组：采集陶片2片，夹细砂灰硬陶，饰长方格纹，器形不可辨。时代为新石器时代晚期至商代。

2组：采集陶片19片，均为泥质灰褐硬陶，纹饰有菱格凸点纹、菱格凸点加方格纹、方格纹、方格纹加重菱形纹、曲折纹加云雷纹、曲折纹、弦纹等，器形不可辨。时代为西周至春

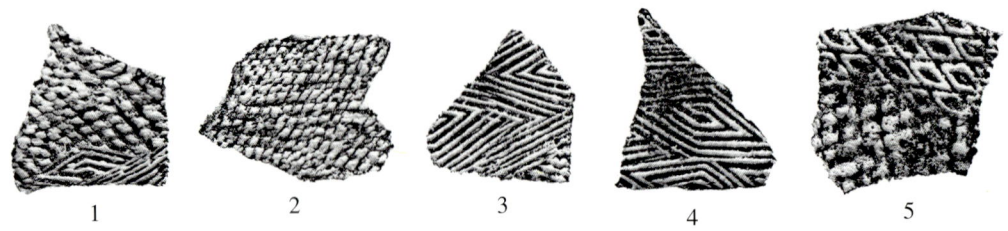

图970 埋头岭遗址采集陶片纹饰拓片
1、3、4. 方格纹加重菱形纹　2. 方格纹　5. 菱格凸点纹加方格纹

秋时期，属夔纹陶阶段遗存。

小结

经初步分析，可将流溪河其他区域的考古学文化遗存分为前后发展的6期，见表12。

表12　流溪河其他区域遗址分期表

遗址	分期					
	新石器时代晚期至商代	西周至春秋	战国至汉初	晋南朝	唐宋	明清
石桥岭	1组					2组
暗前					1组	2组
旱水鬼	1组				2组	3组
背扶山	√					
弱子岽	1组	2组			3组	4组
木岭	√					
小勺子山				√		
高埔山	1组				2组	3组
张洞						√
苦竹脚						√
旱田						√
北斗围	1组					2组
牛路水库						√
东洞					1组	2组

（续表）

遗址	分期					
	新石器时代晚期至商代	西周至春秋	战国至汉初	晋南朝	唐宋	明清
黄围						√
牛轭洞						√
氹山					1组	2组
麦塘山					1组	2组
象拔卷湖					1组	2组
清宁庙	1组					2组
龙潭口	1组				2组	3组
山仔山			1组		2组	3组
黄猄岭	√					
（米埗）庙山	√					
围不底	1组				2组	
圆墩	√					
热水	√					
塘料						√
新兴					1组	2组
大墩山	1组		2组			3组
下湾背	1组				2组	3组
围佬	√					
（长流）后山	√					
梅树	√					
上光洞	√					
高龙围	1组					2组
上黄谷田	1组					2组
威山	1组					2组
春林					√	
矮山					√	
横岭	√					
冲口	1组		2组			
（温泉）山塘	√					
白坭塘	√					

（续表）

遗址	分期					
	新石器时代晚期至商代	西周至春秋	战国至汉初	晋南朝	唐宋	明清
王岭	1组		2组			
西山	√					
大塘		1组	2组			
大陂田北			√			
德福里			1组	2组		3组
鹅公头	√					
八公窝岭顶	√					
矮岭	√					
泥鳅㘭	√					
归龙山南	√					
老泥山					1组	2组
面房	√					
冶炼厂	1组		2组		3组	
（湖光）背后山	1组		2组			
鹿子岗	√					
黄土岭	√					
埋头岭	1组	2组				

注："√"代表该遗址仅有一组遗存

一期：新石器时代晚期至商代。见于40个遗址中，有近一半遗址仅见该期遗存。代表性遗址有高埔山、围佬、（长流）后山、横岭、冶炼厂、鹿子岗等。采集遗物以陶片为主，少量石器。陶片以夹细砂陶为主，少量泥质陶和夹粗砂陶，多数为硬陶，少量质地稍软。夹粗砂陶多为软陶，陶色有灰、黄褐、灰褐、灰黑色等，纹饰有长方格纹、绳纹、曲折纹、附加堆纹、叶脉纹、梯格纹、篮纹、网格纹、席纹、素面等，可辨器形有器座、圈足罐、纺轮等。石器以下湾背遗址采集遗物为代表，采集较多石器半成品，可能当时为石器加工厂，石器类型见石锛、石斧、穿孔石器、箭镞、砺石、石戈、石矛、石环等。从遗址内涵看，流溪河流域其他地区考古学文化遗存内涵与其他十一大区域相近，属同一文化谱系，总体时代相当于中原地区的商代。

二期：西周至春秋时期。该期遗存仅见于3个遗址，一个位于上游吕田北部山区之中，两个位于下游平原丘陵地带，以埋头岭遗址采集遗物为代表，陶片为泥质硬陶，灰褐色，纹饰有菱格凸点纹、方格纹、夔纹、云雷纹等，器形不可辨，属夔纹陶阶段遗存。

三期：战国时期至汉初。该期遗存见于9个遗址中，较二期遗址数量增多，多分布于流溪河下游温泉、江埔、城郊、太平的丘陵地带，海拔较低。以大塘、冶炼厂、（湖光）背后山遗址为代表，采集陶片多为泥质硬陶，陶色以灰褐色为主，纹饰有米字纹、方格纹、弦纹、水波纹等，陶片碎小，器形不可辨，应多为陶罐／瓮器腹残片，属米字纹陶阶段遗存。

四期：晋南朝。见于吕田小勺子山和江埔街德福里遗址，其中小勺子山遗址仅进行调查和勘探，发现疑似晋南朝墓砖；德福里遗址发现两座晋南朝砖室墓，发掘一座，出土釉陶罐3件、灯盏2件、器盖1件、铜钱一串约6枚。德福里晋南朝墓葬是从化地区首次经正式考古发掘发现的晋南朝时期遗存，填补了从化地区该阶段考古发现的空白。

五期：唐宋时期。该期遗存见于17个遗址中，遗物与流溪河流域十一大区域采集遗物内涵相近，以灰黑陶罐／瓷残片和各类青瓷、青灰瓷碗残片为特征。从分布规律看，唐宋时期遗存多见于上游吕田、良口发现的遗址中，而下游则相对少见，这与下游考古调查多关注早期考古遗存有关，多未采集唐宋以降的遗物。整体来看，唐宋时期遗存较战国时期至汉初遗存在遗址数量和分布地域广度上都有提高，有一个明显的大发展期。

六期：明清时期。见于28个遗址中，占总遗址数的一半左右。本期遗存内涵以各类釉陶罐、青花瓷为特征，遗址主要分布于上游吕田、良口境内，而下游则较少发现，而从实地调查情况看，明清时期遗存见于整个流溪河流域。

第三章 从化其他区域调查成果

第一节　潖江（二）河流域

潖江（二）河是从化的第二大河流，因属于北江支流潖江河的一条分支，故又称为潖江（二）河。辖区内河长29.5千米，集雨面积320平方千米，河床平均坡降1／145。潖江（二）河的发源地为从化西部鳌头与花都交界的羊石顶（山峰名）一带。该河在山上流下后，自南向北流经鳌头的象新、桥头、白兔、鳌头圩，到鳌头沙湖的三甲与支流沙迳水汇合，又经龙潭的龙聚、龙潭圩，到龙潭的横江桥头再加入另一支流民乐河，遂形成潖江（二）河干流。该河再经龙潭的下芦塘、乌石厦、上西岭，至龙潭的聚龙庙，流入佛冈县龙山的水口埔，于龙山圩下注入北江支流滔江河主流，然后流向清远市江口，再汇入北江，最后经珠江三角洲河网进入南海。该河及其支流从南到北流经辖区内鳌头、民乐、龙潭镇的大部分地区，流域面积占全市总面积的16%。流域内耕地面积约8.5万亩（约56.67平方千米），人口共约9万人。

潖江（二）河流域地形地貌以丘陵、台地为主，海拔一般在300米以下，呈起伏状。潖江（二）河在西部发源，顺着地势由南往北流出市西北端进入潖江河，其两侧亦有小面积的冲积平原，高程降至海拔50米以下，地势平坦开阔，平原呈南北长条状，宽约1000米，现多被开辟为农田，种植水稻等。河流东西两侧为连绵起伏的山地、丘陵，海拔介于50～300米，坡度较适中，地表植被覆盖率高，低山缓坡台地区种植荔枝、龙眼、桉树等。潖江（二）河支流众多，有黄罗河、民乐河、黄茅水、沙迳水、蓝和水、爱群水、五洞水等7条，其中以黄罗河和民乐河较大。众多支流自两侧山地、丘陵间发育，由两侧向中心汇入主河道，河流冲切山体，使得区域内沟谷纵横，河谷两侧多缓坡台地，为现代人类居住和地下遗址资源的分布提供载体。

潖江（二）河流域考古调查由中山大学考古调查队负责，调查在流域内共计复查、新发现各期遗址8处，其中复查1处。

（新围）新围遗址

遗址编号：346　　行政区划：广州市从化区鳌头镇新围村

地理坐标：N23°39′43.31″，E113°29′00.35″　　海拔：72.26米

遗址位于鳌头镇新围村东北约600米处，西距瓦岭约300米，介于后龙山和潭颈岭之间，海拔80多米，地势东高西低，呈缓坡状，东西两侧为民乐河河谷，南距X286约500米。现山坡种植荔枝，山顶平地被开辟为养鸡场，地表干净。

遗物广泛分布于山顶平地各处，范围约6000平方米，采集陶片35片，

图971　（新围）新围遗址远景（南—北）

图972　（新围）新围遗址采集遗物

以夹细砂陶为主，少量泥质陶，质地多较硬，陶色为灰色和灰褐色，纹饰以绳纹为主，另有绳纹加附加堆纹、曲折纹加附加堆纹、曲折纹、条纹加附加堆纹、叶脉纹、素面，陶片多数碎小，器形不可辨。另有石锛1件（346：采1）。据遗物特征推断，时代为新石器时代晚期至商代。

1　　　　　　2

图973　（新围）新围遗址采集陶片纹饰拓片

1. 交错绳纹加附加堆纹　2. 曲折纹

346：采1　石镞，残存铤部，石质坚硬细腻，呈青灰色，两面磨光，中间有脊，刃部不明显，横截面呈菱形，残长2.4cm，厚0.4cm。

（新围）后龙山遗址（复查）

遗址编号：347　　行政区划：广州市从化区鳌头镇新围村
地理坐标：N23°39′41.0″，E113°28′46.2″　海拔：60.0米

遗址位于鳌头镇新围村龙颈塘东侧后龙山上。后龙山为原民乐镇东部一低矮的小山岗，龙颈塘、新围、大屋等社环绕其西、南、东三面山脚，东北与潭颈岭等山岗相连，X286于山岗南部经过，南距民乐河约500米。山岗平面呈圆形，直径约400米，山顶海拔约90米，相对高度约45米，地势中间高四周低，除南坡较陡外，其余各坡坡度较缓。现山岗经开垦种植绿化苗木。

据《广州市文物普查汇编·从化市卷》载，1983年10月当地村民李荣生在山侧取土建房，挖至1米深的黄色土层时发现一把双肩石斧，长约13.5cm，宽7cm，厚约2.5cm。石斧表面光滑，其手柄表面则较为粗糙，整个器物呈暗黄色，斧身三边磨成刀刃状。出土地下泥土是填堆层，杂有被焚烧过的谷壳、木炭灰等物，并伴有瓦砾。

复查时未采集到文化遗物，据之前采集遗物特征推断，时代为新石器时代晚期至商代。

高塱遗址

遗址编号：348　　行政区划：广州市从化区鳌头镇沙迳村
地理坐标：N23°37′45.47″，E113°22′12.29″　海拔：49.40米

遗址位于鳌头镇沙迳村高塱队村西100米的山岗北坡。山岗地处潖江河西南部支流沙迳水中游，为河谷南岸高山余脉，平面呈舌状，自南向北延伸入沙迳水河谷，地势南高北低，坡度较大，北侧山脚有村道经过。山岗种植荔枝，地表杂草茂盛，有泥土路可通山顶。

图974　高塱遗址采集遗物

遗物见于道路上，采集陶片2片，均为泥质灰硬陶，饰长方格纹，器形不可辨。据遗物特征推断，时代为新石器时代晚期至商代。

茶山遗址

遗址编号：349	行政区划：广州市从化区鳌头镇沙迳村
地理坐标：N23°38′02.99″，E113°22′35.92″	海拔：57.67米

遗址位于鳌头镇沙迳村以北400米的茶山南部山顶。茶山地处潖江河西南部支流沙迳水中下游，为河谷北岸山岗余脉，自北向南延伸入河谷内，东西两侧为小型山坳，南侧直抵沙迳水边。山岗平面呈椭圆形，长约450米，宽约370米，山顶海拔约79米，地势中间高四周低，东坡陡峭，西坡缓和。山上种植园林树种，山脚

图975　茶山遗址远景（南—北）

图976　茶山遗址采集遗物

是池塘和养殖场，地表干净，只有少量蕨类植物，土壤中含有较多碎石。

遗物见于茶山南部山顶，分布范围约3500平方米，采集陶片共计43片，夹细砂陶为主，泥质陶7片，质地多较软，陶色为灰色或浅灰色，纹饰有绳纹、篮纹、长方格纹、曲折纹、绳纹加附加堆纹、席纹、梯格纹、素面等。据遗物特征推断，时代

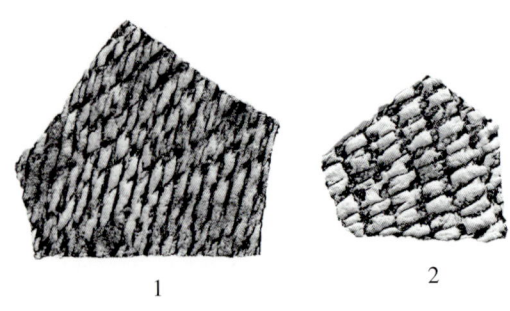

图977　茶山遗址采集陶片纹饰拓片

1.斜长方格纹　2.长方格纹

为新石器时代晚期至商代。

鱼脊岭遗址

遗址编号：350　　行政区划：广州市从化区鳌头镇上西村

地理坐标：N23°42'31.48"，E113°23'10.46"　　海拔：59.14米

遗址位于鳌头镇上西村南约300米的鱼脊岭上，东距后山遗址约350米，西与樟木脚相距约300米。鱼脊岭地处浧江（二）河河谷西岸，平面呈不规则形，南连群山，北为浧江河支流大塘水河谷，大塘水于谷底自西向东流经，东西侧因水土流失而成沟涧。山顶海拔约52米，坡度较缓，种

图978　鱼脊岭遗址远景（东—西）

图979　鱼脊岭遗址采集遗物

植有荔枝等，地表较干净，局部种植有花生等。

采集遗物包含石器与陶片，分布范围约5000平方米。陶片21片，泥质陶为主，夹细砂陶次之，质地均略软，陶色以灰色和灰白色为主，纹饰以方格纹为主，另有曲折纹、长方格纹、网格纹、素面，可辨器形有尊形器口沿（敞口，平折沿，沿面略凹弧，斜方唇，高斜领残缺）。石器1件（350：采1），为砍砸器。据遗物特征推断，时代为新石器时代晚期至

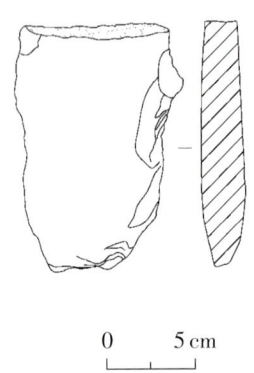

图980　鱼脊岭遗址采集砍砸器（350：采1）

商代。

350：采1　砍砸器，青灰色含少量石英，呈梯形扁体状，上部有长柄，下部残缺，石器边缘有砍砸坑状痕。长12.7cm，宽6~9.2cm，厚1.8cm。（图980）

（乌石）后山遗址

遗址编号：351　　行政区划：广州市从化区鳌头镇乌石村

地理坐标：N23°42′30.35″，E113°23′23.38″　海拔：42.25米

遗址位于鳌头镇乌石村庙窝社西侧后山上，故而得名。山岗地处潖江（二）河河谷西缘，平面呈不规则形，北为大塘水河谷，西连群山，东接潖江河谷平原，西侧有沟涧。山岗海拔约40米，地势平缓，周围有稀疏的荔枝树，空地大面积种植花生，地表干净。

采集遗物包含石器与陶片，分布范围约2 500平方米。据遗物特征分析，可分为2组。

图981　（乌石）后山遗址远景（西—东）

1组：采集陶片47片，砺石1件（351：采1）。陶片以夹细砂陶为主，泥质陶11片，夹砂陶1片，硬陶31片，其他质地略软，陶色为灰色或灰白色，饰绳纹13片、曲折纹9片、长方格纹8片、绳纹加附加堆纹4片、篮纹4片，另有方格纹、席纹、网格纹、素面等。该组时代推断为新石器时代晚期至商代。

图982 （乌石）后山遗址采集遗物

351：采1 砺石，深灰色，石质坚硬，表面粗糙，石头上有较多矿物石英。两侧打磨光滑有棱，棱残余长度分别为2cm和5cm。

2组：采集陶片8片，6片为泥质灰硬陶，饰夔纹、方格纹、篦点纹；质地稍软2片，夹砂黑陶，器形不可辨。时代为西周至春秋时期，属夔纹陶阶段遗存。

图983 （乌石）后山遗址采集陶片纹饰拓片
1. 绳纹加附加堆纹　2. 绳纹　3. 网格纹
4. 长方格纹　5. 席纹

上围遗址

遗址编号：352	行政区划：广州市从化区鳌头镇潭口村
地理坐标：N23°39′24.19″，E113°30′14.55″	海拔：108.37米

遗址位于鳌头镇潭口村上围社北侧后山上，东南距上围南遗址约400米，北距莹壁石场约350米。山岗地处从化区西北部山区之中，介于潖江河与流溪河流域分界处，平面呈椭圆形，南北向，北为佛冈与从化交界山区，西邻原民乐镇，南为连绵起伏的小山丘。山岗山顶海拔约108米，地势中间高四周低，坡度平缓，上围村坐落在南坡山脚，东西侧为南向开口的

山坳，底部有溪流流经。现山坡种植有荔枝等，自山脚有水泥阶梯通向山顶，山顶地表有较多落叶。

遗物见于山顶，范围约5500平方米，采集陶片21片，以夹细砂陶为主，仅2片泥质陶，质地多略软，硬陶8片，陶色为灰色和灰褐色，饰曲折纹5片、绳纹11片、曲折纹加附加堆纹4片、绳纹加附加堆纹1片，可辨

图984　上围遗址远景（东—西）

图985　上围遗址采集陶片

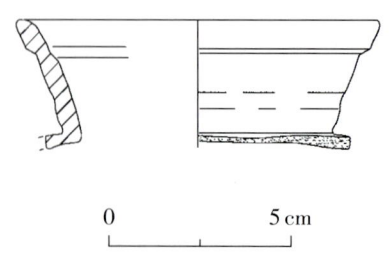

图986　上围遗址采集陶罐口沿（352∶标1）

器形有罐口沿（352：标1）。

352：标1　陶罐口沿，素面夹细砂硬陶，敞口，斜方唇，唇下折收，斜领，肩部残缺，饰绳纹。残高3.8cm。（图986）

据遗物特征推断，时代为新石器时代晚期至商代。

上围南遗址

遗址编号：353　　行政区划：广州市从化区鳌头镇潭口村

地理坐标：N23°39'10.03"，E113°30'23.13"　　海拔：73.20米

遗址位于鳌头镇潭口村上围社东南约200米的平坦台地上，东邻三联石场。台地位于从化区西北部山区丘陵中，潭口村东部，北靠群山，南为连绵起伏的小山丘，西侧为上围社所在小型山坳，溪流自台地北侧流经。台地现为闲置状态的稻田，零星种植蔬菜，地表土壤经过翻动。

调查采集陶片1件，泥质浅黄灰胎褐陶，质软，饰曲折纹，器形不可辨。时代为新石器时代晚期至商代。

图987　上围南遗址远景（南—北）

图988　上围南遗址采集遗物

小结

潖江（二）河流域仅复查和新发现8处遗址，与流溪河流域300处遗址的数量相差甚大，这与此次考古调查以流溪河流域为主要调查区域的目标设计有关，从化西北部地区的潖江（二）河流域是未来考古的重点区域。已发现的8处遗址据遗物特征分析，可分为2期，各期文化内涵与流溪河流域同期遗存相近，应属同一文化谱系（见表13）。

表13　潖江（二）河流域遗址分期表

遗址	分期	
	新石器时代晚期至商代	西周至春秋
（新围）新围	√	
（新围）后龙山	√	
高塱	√	
茶山	√	
鱼脊岭	√	
（乌石）后山	1组	2组
上围	√	
上围南	√	

注："√"代表该遗址仅有一组遗存

一期：新石器时代晚期至商代。该期遗存见于8处遗址，其中7处遗址仅见该期遗存，内涵较单纯。采集遗物以陶片为主，少量石器。陶片以夹细砂陶为主，泥质陶次之，陶质以硬陶居多，其他质地稍软，陶色以灰色和灰褐色为主，纹饰以绳纹、曲折纹、长方格纹居多，另有附加堆纹、方格纹、席纹、网格纹、篮纹、叶脉纹、梯格纹、素面等，可辨器形有圈足罐、尊形器等。石器有石镞、石斧、砺石等。遗存时代与流溪河流域同期遗存相近。

二期：西周至春秋。仅见于（乌石）后山遗址，采集泥质灰硬陶片，饰方格纹、夔纹、篦点纹，属典型夔纹陶遗存。

单就已发现的8处遗址内涵看，潖江（二）河流域先秦考古学文化以新石器时代晚期至商代为主，稍晚的夔纹陶遗存发现少，而后战国至汉初的米字纹陶遗存未见，更晚的晋南朝、唐宋时期也不见。潖江（二）河流域考古学文化谱系研究有待将来更细致的考古工作的开展。

第二节　三村盆地（莲麻河流域）

三村盆地位于从化东北部山区，吕田镇东北部，距镇区约7.0千米。东邻惠州市龙门县地派镇，南邻吕田盆地，北接塘基村，西与G105相通。平面呈"V"字形，东西长约2.1千米，南北最宽约1.2千米，盆地总面积约2.1平方千米。吕田镇三村的苏王、老围、分窿、铁岭、大坝、塘面、村门夫、杨梅塘、墩脚下、白石嘴、苦竹窝等社坐落其间。

盆地周边高山、丘陵环绕，海拔300～700米，三顶帽（460.5米）、穿都岽坳（357.9米）、下岭山（713.5米）、三角架（766.5米）、大岭头（588.4米）、蟥岭（444.1米）、五马归槽（490.2米）等山脉起伏连绵，绕盆地一周，构成独立的盆地地貌。高山大部分荒置，长满山竹、松树、桉树、藤蔓等，局部经开垦种植李子、橘子、柿子等果木，地表多杂草。

盆地地势西高东低，海拔248～264米，地形狭窄。谷底有三村水流经。三村水为莲麻河支流，发源于盆地西北部的黄沙岽（五马归槽）一带，海拔490.2米。自西北向东南，于三村盆地中部折向西行，在大水桥附近汇入莲麻河出从化境。流域面积16.5平方千米，河长10.0千米，沿途有多条溪流汇入，主要支流有三羊坑水（发源于桂峰山北麓的大岭头、三角架一带，自北向南流经三羊坑谷地、龙颈围等地，于杨梅塘南部入三村水，长约3.2千米）、马铃径水（发源于盆地南部的大岭头一带，自北向南，在龙颈围北侧汇入三村水，长约2.5千米）、黄狮岽水（发源于盆地南部的下岭山一带，大致由南向北，于孤坟坛北部汇入三村水，长约2.4千米）、廖洞水（发源于盆地北部的三顶帽一带，自西北向东南流经廖洞，于吊枕东部汇入三村水，长约1.8千米）等。

三村水沿岸发育小片冲积平原，多被开垦为农田，种植水稻等作物。盆地南部边缘分布大片缓坡台地，大致呈东西向，地势南高北低，台地表较平缓，但多被北向延伸的小山岗分割，其间沟壑相间，山溪流经。台地多被开辟为农田，种植香蕉、水稻、李子、柿子等，局部荒废。

此外，盆地南部有三羊坑谷地，南北狭长形，长约750米，宽约350米，海拔400多米，两岸群山环绕，山石耸立，山谷地势南高北低，谷底发育少量缓坡及台地，黄屋、张屋、枫树背、大望坐落其中，三羊坑水自南向北纵贯谷地，向北汇入三村水，有水泥路向南通往桂峰村。

S353横穿盆地而过，西接G105，向东通往龙门县地派镇，为盆地最主要外出干道，盆地南部有村道连接吕田盆地的桂峰村。

三村盆地已掌握的文物资源集中于地上古建，《广州市文物普查汇编·从化市卷》登记的有儒林第等2处，但未见有地下文物资源线索。考古调查队于2014年11月5日、2014年11月13

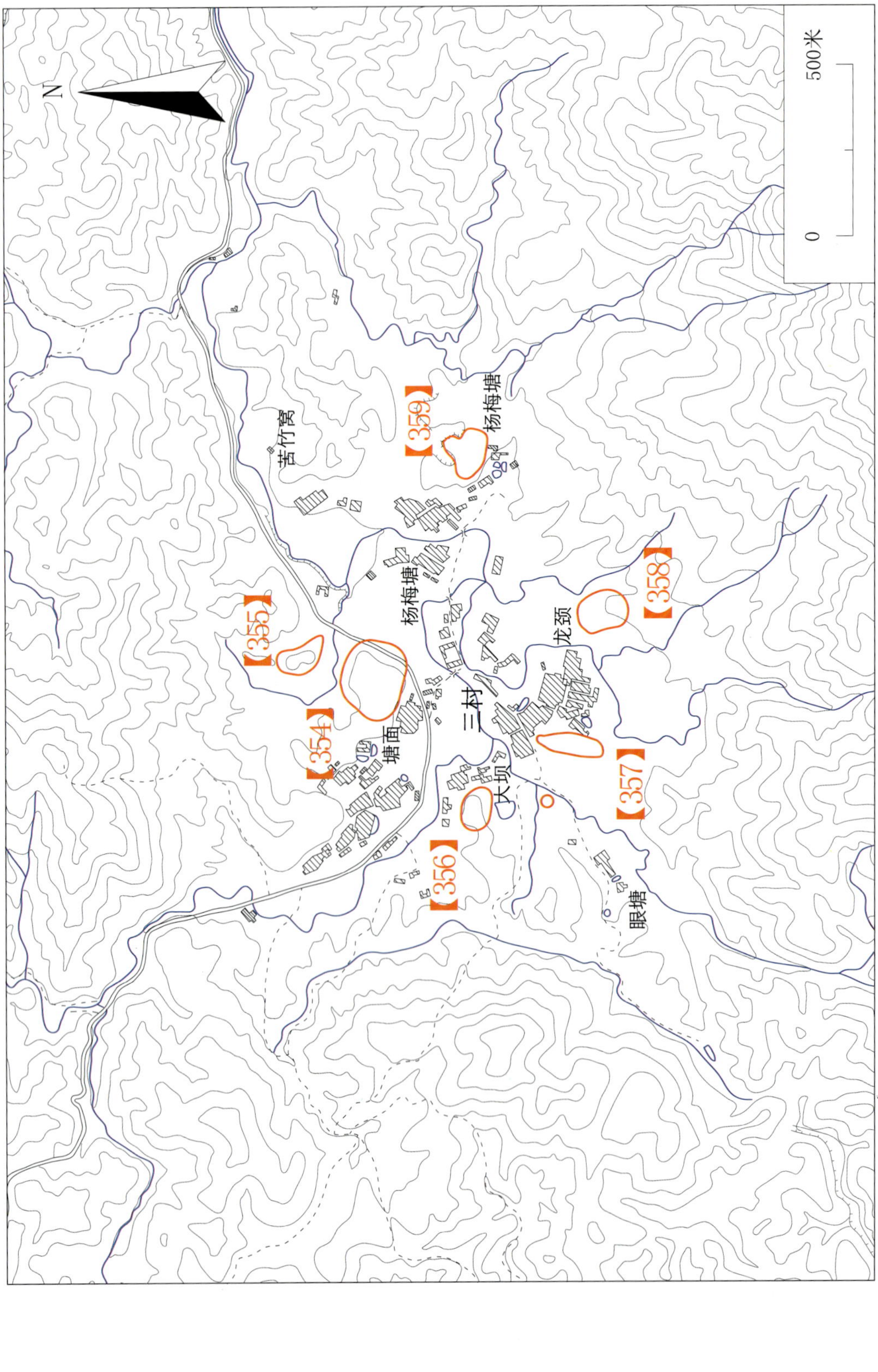

图989　三村盆地遗址分布图

日对三村盆地进行调查，合计调查时间为2天。调查采取区域调查的方法，对盆地内的低地平原、山前缓坡台地、小山岗及部分高山地区进行拉网式调查，足迹涵盖三村村11个村民小组和桂峰村山羊坑社，调查范围合计约2.3平方千米（三村盆地调查范围2.0平方千米，山羊坑谷地调查范围0.3平方千米）。共计新发现各期遗址7个，其中先秦两汉时期遗址6个。

头龙山遗址

遗址编号：354　　行政区划：广州市从化区吕田镇三村村

地理坐标：N23°50′19.8420″，E114°01′09.8305″　　海拔：296.616米

遗址位于吕田镇三村村塘面社东北侧后山岗上，山岗土名"头龙山"。处于三村盆地中部偏北，平面呈不规则长条状，长450米，宽200米，顶部较为平缓，海拔为296米，周边坡度较陡，南、东侧为断崖。山岗向西北侧延伸，北侧山脚下有一条小河流，远处为较开阔的低洼地带，东南侧为大片低矮农田区，主要种植水稻，西南侧为塘面村民房，S353从山岗南侧经过。山岗多荒置，主要种植有李子、桉树、杉树等，此外还长满了野竹子，杂草丛生。山顶建有一座信号塔，山上多近现代瓮棺。

图990　头龙山遗址远景（南—北）

调查在该山岗东南部山顶及S355南侧台地地表采集少量陶瓷片，分布范围约30 000平方米，据遗物特征，可分为3组。

1组：采集陶片6片，均为夹细砂陶，以灰褐陶为主，其他为浅灰陶，质地均

图991　头龙山遗址采集遗物

较硬，纹饰有斜长方格纹、叶脉纹、素面，可辨器形见罐口沿（侈口，宽斜折沿，圆唇）。时代推断为新石器时代晚期至商代。

2组：采集黑灰陶片1片。时代为唐代。

3组：采集青花瓷3片，均为碗底部残片。时代为明清时期。

图992　头龙山、黄岭遗址采集陶片纹饰

1. 叶脉纹（355）　2. 斜长方格纹（354）　3. 交错绳纹（354）

黄岭遗址

遗址编号：355　　行政区划：广州市从化区吕田镇三村村

地理坐标：N23°50′25.0758″，E114°01′15.8031″　　海拔：250.868米

遗址位于吕田镇三村村塘面社东北部、头龙山遗址东侧黄岭山岗上。黄岭地处三村盆地北部，居于一大型山坳中，为北侧高山延伸的长条状山岗，因曾有黄姓居住于山岗上而得名。黄岭南北向走势，细长条状，长约300米，宽35～80米，顶部平坦，边缘陡直，两侧为地势低矮的谷地，西侧谷底有溪流流经，周边高山环绕，S353于山岗南约50米处经过。山岗现荒弃，植被茂盛、杂草丛生，部分区域可见有明清时期建筑碎砖瓦片。

调查在山岗南端地表采集陶片4片，另有半成品石器1件，遗物分布范围约10 000平方米。陶片均为夹细砂硬陶，浅灰色，纹饰有绳纹、叶脉纹。半成品

图993　黄岭遗址远景（东—西）

图994　黄岭遗址采集遗物

石器呈扁体长条状，完成剥片，未做进一步修整。据遗物特征推断，时代为新石器时代晚期至商代。

分窿遗址

遗址编号：356　　　行政区划：广州市从化区吕田镇三村村

地理坐标：A点，N23°50′08.6946″，E114°00′59.5465″　海拔：270.607米
　　　　　B点，N23°50′02.6168″，E114°00′59.6256″　海拔：265.321米

遗址位于吕田镇三村盆地西部，北邻大坝，东眺龙颈。因采集点位置不同别为A、B点。其中A点位于大坝南侧山岗，为盆地西侧高山东延入盆地的低矮山岗，西与高山相接，东面三村盆地，山岗平面呈椭圆形，山顶海拔约288.5米，相对高度约25米，其北坡地势陡峭，南、东坡地势较缓，现呈梯田状，大部分因疏于管理而荒

图995　分窿遗址远景（东南—西北）

置，山岗上种植竹子、李子、柿子等，山下种植有蔬菜、橡胶、水稻等。

地表采集到少许陶瓷片，分布范围约1000平方米，对遗物特征进行分析，可分为3组。

1组：采集陶片1片，为泥质灰褐胎硬陶，内侧浅灰色，外侧似酱釉色，表面饰米字纹。时代为战国至汉初，属米字纹陶阶段遗存。

2组：采集陶瓷片13片，陶、瓷片数量相当，其中陶片均为泥质黑灰硬陶，部分表面饰弦纹，器形不可辨；瓷片有3片为青灰瓷，可辨器形有碗、盏（356：采1）、研磨器。该组时代为唐宋时期。

356：采1　青瓷盏，可复原，敞口，厚圆唇，斜弧腹向下内收，平底略内凹。器表施青釉，釉层部分脱落。复原口径8.4cm，底径3.6cm，高2.1cm。（图996）

 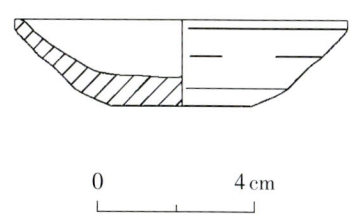

图996　分窿遗址采集青瓷盏（356：采1）

3组：采集瓷片4片，均为青灰瓷，为碗口沿残片。时代为明清时期。

B点位于A点南约200米公路旁，为盆地西侧高山延伸入盆地的缓坡台地，地势西高东低，北侧有东西向溪流，东侧有水泥村道经过。现地表呈阶梯梯田状，种植有蔬菜、红薯等，杂草较盛。调查在一田边土埂采集陶片1片，为泥质褐陶，外施深灰色陶衣，表面饰方格纹，器形不可辨。时代为战国至汉初，属米字纹陶阶段遗存。

龙颈遗址

遗址编号：357	行政区划：广州市从化区吕田镇三村村
地理坐标：N23°49′57.1316″，E114°01′05.4238″	海拔：264.804米

遗址位于吕田镇三村村楼子社（龙颈围）西侧山岗上，因近龙颈而得名。山岗地处三村盆地西部，南与盆地南部山脉相连，东眺三村盆地，西与分窿遗址相邻，儒林第坐落在山岗东侧龙颈围村。山岗形体较小，长约200米，宽约80米，顶部平坦，相对高度约5米，现局部山岗种植橘子等果木，大部分荒置，植被茂盛、杂草丛生，保存状况一般。

图997　龙颈遗址远景（西南—东北）

图998　龙颈遗址采集遗物

调查在山岗东坡下的一条小路上采集到少许陶瓷片，分布范围5000平方米。据遗物特征分析，可分为3组。

1组：采集陶片2片，为泥质灰硬陶，方格纹和米字纹各1片，器形不可辨。时代为战国至汉初，属米字纹陶阶段遗存。

2组：采集青瓷片3片，可辨器形见碗。时代为宋代。

3组：采集瓷片2片，为青花瓷，可辨器形见碗、烟斗等。时代为明清时期。

大石头遗址

遗址编号：358　　行政区划：广州市从化区吕田镇三村村

地理坐标：N23°49′57.0993″，E114°01′19.1500″　　海拔：277.633米

遗址位于吕田镇三村村楼子社东南约百米山岗北坡，因有大石而得名"大石头"。山岗地处三村盆地南缘，为南侧高山北延余脉，南连高山，北面盆地，视野开阔，东侧有北向开口沟谷，谷底发育溪流，西侧为大片低矮平缓台地。山岗平面呈舌状，体量巨大，南北长近500米，地势南高北低，坡面现被开辟成梯田，

图999　大石头遗址远景（北—南）

图1000　大石头遗址采集遗物

种植水稻、三华李等，局部荒废长有杂草，有土路通往楼子社，保存状况一般。

遗物采集区位于山岗北坡中部位置，在该山坡北部小路周边地表采集少许陶瓷片，分布范围约15 000平方米。据遗物特征分析，可分为2组。

1组：采集陶瓷片6片，其中陶片3片，为泥质灰黑硬陶，素面无纹，1片为罐底部残片；瓷片3片，为青灰瓷，可辨器形为碗。时代为唐宋时期。

2组：采集瓷片5片，均为青灰瓷碗底部残片，其中1片碗底残片外底见墨书"记"。时代为明清时期。

平岭围遗址

遗址编号：359	行政区划：广州市从化区吕田镇三村村
地理坐标：N23°50′10.1135″，E114°01′35.2822″	海拔：284.034米

遗址位于吕田镇三村村杨梅塘东侧后山坡地上，土名"平岭围"。平岭围坡地地处三村盆地东部，介于盆地与南侧高山之间，南靠高山，北眺盆地，东侧有沟壑。坡地面积广阔，顶部较平缓，海拔280多米，相对高度约30米。略呈南高北低状，现被开辟为梯田，以种植水稻为主，另种植

图1001　平岭围遗址远景（北—南）

图1002　平岭围遗址采集遗物

少许李子、花生、红薯等，保存状况一般。

地表采集陶片1片，青花瓷16片。据遗物特征分析，可分为2组。

1组：采集陶片1片，为夹细砂浅灰软陶，表面饰曲折纹。时代为新石器时代晚期至商代。

2组：采集青花瓷16片，可辨器形有碗（359：采1）、盘等。时代为明清时期。

359：采1　青花瓷碗，可复原，侈口，圆唇，弧腹向下内收，大平底，下附矮直圈足。黄褐胎，胎质较粗，内外施青白釉不及底，釉色光亮，有冰裂纹开片，碗内壁有青花。口径22.4cm，底径9.6cm，高5.4cm。（图1003）

 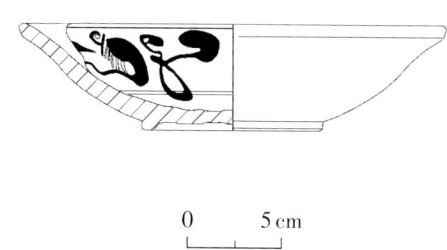

图1003　平岭围遗址采集青花瓷碗（359：采1）

大望遗址

遗址编号：360	行政区划：广州市从化区吕田镇桂峰村
地理坐标：N23°49′22.8453″，E114°01′16.3464″　海拔：410.274米	

遗址位于吕田镇桂峰村三羊坑社（大望）西侧山岗北坡山脚。三羊坑社位于桂峰村北部群山中，由黄屋、张屋、枫树背、大望等小村落组成，地处一南北向高山谷地中，海拔400多米，两岸群山环绕，山石耸立，山谷地势南高北低，谷底发育少量缓坡及台地，有溪流自北向南注入三村盆地，并汇入莲麻河，有水泥村道连接桂峰村。大望位于谷地北端，村落建

图1004　大望遗址远景（北—南）

于一山脚缓坡上，地势南高北低，周边台地被开辟为梯田，梯田上种植有柿子、水稻、山竹等，地表多长满杂草。调查在大望西边一土路上采集石锛1件（360：采1），其原始出土位置

不详。该区域地势陡峭，地表植被茂盛、杂草丛生。遗址范围不详，石锛无伴出陶片，对比周边遗址同类型石锛，推断时代为新石器时代晚期至商代。

360：采1　石锛，青灰石，石质稍粗，平面呈长方形，锛体上部稍窄，下部磨制单面弧刃。长7.5cm，宽4.5cm，厚1.6cm。（图1005）

图1005　大望遗址采集石锛（360：采1）

小结

三村盆地调查发现各期遗址共计7个，据各遗址分组情况比对分析可将该区域考古学文化遗存分为前后发展的4期，见表14。

表14　三村盆地遗址分期表

遗址	分期			
	新石器时代晚期至商代	战国至汉初	唐宋	明清
头龙山	1组		2组	3组
黄岭	√			
分窿		1组	2组	3组
龙颈		1组	2组	3组
大石头			1组	2组
平岭围	1组			2组
大望	√			

注："√"代表该遗址仅有一组遗存

一期：新石器时代晚期至商代。该期遗存见于4处遗址中，以头龙山、黄岭为代表，但采集遗物均较少，以陶片为主，另有少许石器。陶片皆为夹细砂陶，陶质多较硬，陶色为灰褐、浅灰两种，器表饰斜长方格纹、叶脉纹、绳纹、曲折纹等，可辨器形为罐。石器有石锛、半成品等。该期遗存与流溪河流域一期遗存内涵相近，时代相同，属同一文化谱系。

二期：战国至汉初。见于分窿、龙颈两处遗址中，遗物为泥质灰硬陶片，器表饰米字纹、方格纹，陶片碎小，器形不可辨。该期遗存与流溪河流域三期相近，时代相同，属米字纹陶遗存。

三期：唐宋时期。见于分窿、大石头等4处遗址中，采集遗物以灰黑陶罐／瓷残片和青瓷碗残片为特征，与流溪河流域同期遗存内涵相同。

四期：明清时期。见于多数遗址，采集遗物以青花瓷片为主，可见碗、烟斗、盘等。

第三节　鱼洞盆地

鱼洞盆地地处桂峰山南麓，吕田镇东南部约8000米深山中，西接吕田镇，北、东、南三面与惠州市龙门县相连。盆地平面呈不规则扇形，为山间小盆地，东西长约1000米，南北最宽约2000米，盆地总面积约1.3平方千米。吕田镇鱼洞行政村坐落其间。在清朝时期该地在从化县与龙门县的交界处，无人管辖，后由两县商议定名为"礼仪洞"，表示友好之意，归从化县管理。因"礼仪"与"鲤鱼"谐音，故称"鲤鱼洞"，于1950年该地正式更名"鲤鱼洞"，简称"鱼洞"。

盆地周边群山环绕，地势陡峭，海拔600~1000米。北靠1000多米的桂峰山，东邻寒山顶，西为背夫顶，南与龙门县相隔500多米群山。山上植被茂盛，多种植毛竹等。

盆地内整体地势北高南低。盆地西北部发育大片平缓坡地，海拔510~620米，地势北高南低，现多被开辟为农田，种植水稻等作物，田间沟渠纵横。盆地西部、南部边缘较平直，地势较陡，仅在山脚一带有狭窄缓坡和台地，亦多被开辟为农田。盆地中间，地势平坦，介于509~520米，呈岗式台地地形，村落便位于其上，呈南北向分布。盆地东南部海拔最低，地势低洼，发源于东部寒山顶一带的溪流，自东向西流经盆地，后折向南纵穿群山后，于铁岗镇汇入增江支流铁岗水。有水泥山道向西通往吕田镇。

2008年年底，在鱼洞盆地调查时，采集石锛1件，确认有先秦遗存，2012年和2014年进行复查。

鲤鱼洞遗址（复查）

遗址编号：361　　行政区划：广州市从化区吕田镇鱼洞村

地理坐标：（石锛采集点）N23°46′43.2456″，E114°01′29.4537″　　海拔：511.532米

遗址位于鱼洞村林屋社及罗屋社周边山岗台地上。遗址于2008年年底首次发现，在林屋周边一山岗路边发现磨制石锛1件。2014年8月复查，在村北、东侧山岗上及村南低洼的农田，采集到瓷片4片。

初步分析，可将采集遗物分为2组。

1组：采集石锛1件（361：采1）。时代为新石器时代晚期至商代。

361：采1 石锛，青灰石，石质细腻，平面呈长方形，上部略窄，扁体状，横截面呈长椭圆形，顶部残，下端磨制呈单面弧刃，通体磨制光滑，锛上部两侧有打击疤痕。长11.5cm，宽5.1cm，厚2.4cm。（图1008）

2组：采集瓷片4片，有青灰瓷片和青花瓷片，可辨器形见碗。时代为明清时期。

图1006 鱼洞盆地自然环境（北—南）

图1007 鲤鱼洞遗址采集遗物

图1008 鲤鱼洞遗址采集石锛（361：采1）

结语

一、从化地区考古学文化编年及序列

考古学文化编年及序列研究是考古学研究的基础，聚落、农业经济、人口生态、社会结构、宗教信仰、思想艺术等社会文明问题的阐释和研究，只有建立在相应的考古学文化编年和时空格局基础上才具有意义。而对考古遗存依据特征进行分期断代和分类整理，以构建其时空框架，进而明晰其文化内涵、来龙去脉及与周边文化关系的研究，构成了考古学文化编年及序列研究的核心内容。

报告在介绍从化流溪河流域及其他区域调查发现的遗址时，将各遗址采集遗物依形态特征进行分组描述，并参考整个珠三角地区既有考古学发现和研究成果推断出各组遗存的大致时代，为后期构建以流溪河流域为主的从化地区考古学文化分期奠定了基础。

从化地区共调查及复查了361处遗址，根据前文对调查成果的梳理和分析，我们认为，从化地区古文化的发展经历了新石器晚期至商代、西周至春秋、战国至汉初、汉代、晋南朝、唐宋、明清等7个时期，见表15。

表15　从化地区遗存分期表

遗址	分期						
	新石器时代晚期至商代	西周至春秋	战国至汉初	汉代	晋南朝	唐宋	明清
吕田盆地	一期	二期	三期	四期		五期	六期
安山盆地	一期	二期	三期				
鸭洞河谷	一期	二期	三期			四期	五期
S354沿线	一期		二期	三期		四期	五期
桃园盆地	一期	二期	三期	四期		五期	六期
灌村盆地	一期	二期	三期	四期		五期	六期
卫东片区	一期	二期	三期			四期	五期

(续表)

遗址	分期						
	新石器时代晚期至商代	西周至春秋	战国至汉初	汉代	晋南朝	唐宋	明清
留田坑谷地	一期	二期	三期			四期	五期
凤凰水流域	一期	二期		三期			四期
锦洞水河谷	一期	二期					
沙溪河流域	一期	二期	三期	四期			五期
流溪河其他区域	一期	二期	三期		四期	五期	六期
潖江（二）河流域	一期	二期					
三村盆地	一期		二期			三期	四期
鱼洞盆地	一期						二期

（一）新石器时代晚期至商代

此次调查共发现新石器时代晚期至商代遗址265处，其中吕田盆地27处，安山盆地7处，鸭洞河谷20处，S354沿线14处，桃园盆地32处，灌村盆地51处，卫东片区6处，留田坑谷地6处，凤凰水流域24处，锦洞水河谷16处，沙溪河流域9处，流溪河其他区域40处，三村盆地4处，潖江（二）河流域8处，鱼洞盆地1处。（图1009）

这一时期的文化遗存在流溪河流域11大自然地理单元、三村盆地、其他区域以及潖江（二）河等地区均有分布，范围极广。从采集遗物来看，从化区域内的新石器时代晚期至商代文化内涵较为一致，未见明显的区域性差别。陶质多为夹细砂陶，泥质陶次之，夹粗砂陶最少；质地多较硬，部分掷地有声，烧成温度极高；有相当比例陶片质地稍软，软陶最少；陶色以各种成色灰陶为主，见灰褐、深灰、浅灰、黄灰、灰黑、灰白色等，另有少量红褐、黄褐色等；纹饰以曲折纹、绳纹、长方格纹、篮纹、附加堆纹、叶脉纹、梯格纹等纹饰为主，另有少量间断条纹、云雷纹、圆圈纹、回字纹、卷云纹、网格纹、编织纹等，还有部分素面。部分陶片可见刻划符号。陶器为手制，部分可见贴塑痕迹。可辨器形多为罐口沿和圈足罐底，另见少量鼎足、器座、豆、壶、釜、纺轮等器，几乎不见平底或三足器。

石器种类丰富，以石锛为最大宗，形制、大小各异，另有箭镞、砺石、石斧、石刀、网坠、石饼、石镢、石戈、石矛、砍砸器、穿孔石器、石环、石凿及器形不明石器等，石器多青灰色细砂岩，与从化溪流中常见的河卵石石质相同，推测其原材料应该为就近取材。此次调查在安山盆地的马蹄岭遗址、吕田石明盆地的下湾背遗址等采集较多石器原石、半成品及成品，两遗址均位于盆地边缘，距离河流较近，推测此处为石器加工场。此外，在九西岭遗址、松山遗址等处采集少量双肩石锛，层凝灰岩石质，区别于从化地区绝大多数石器材质，

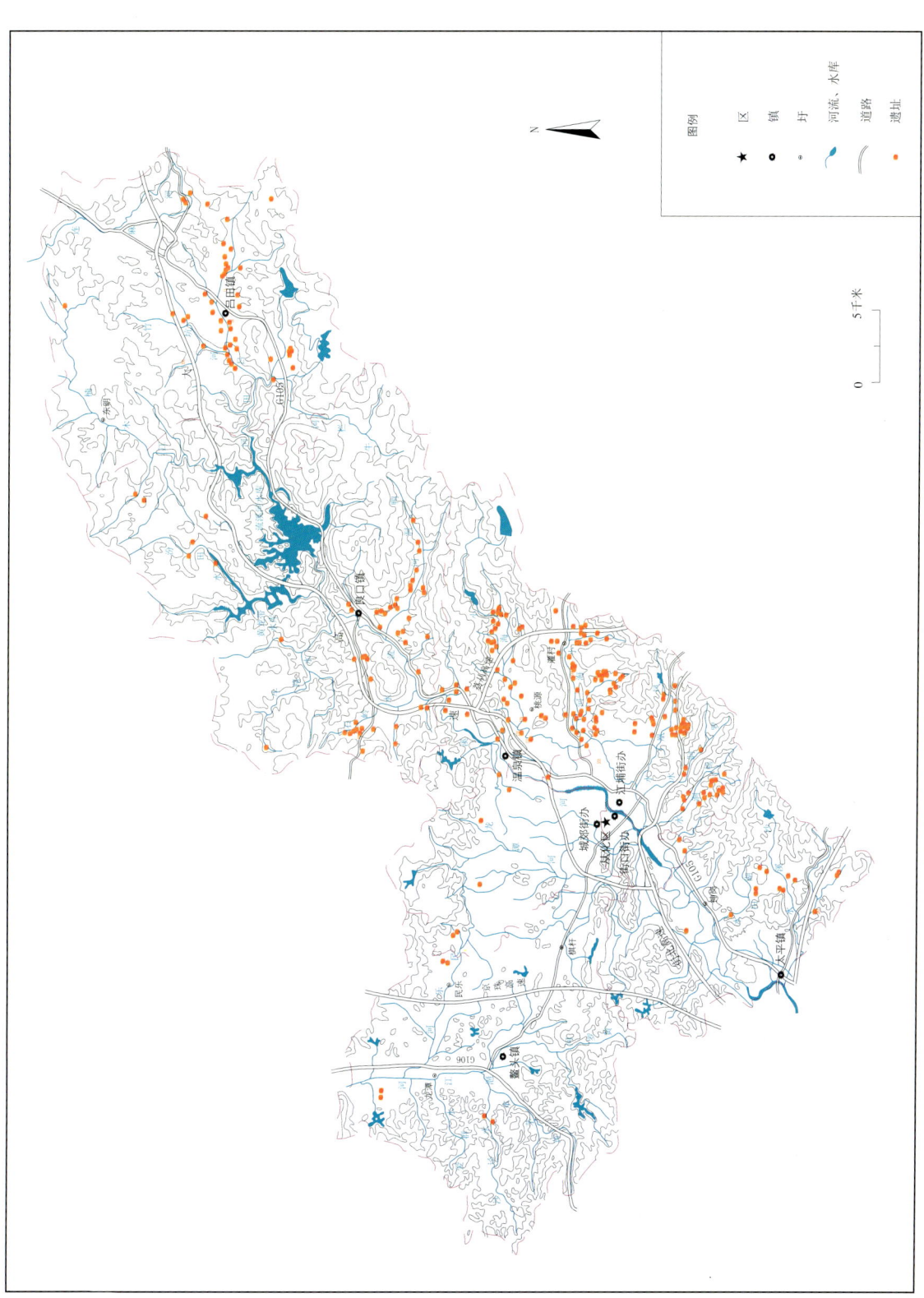

图1009 从化新石器时代晚期至商代遗址分布图

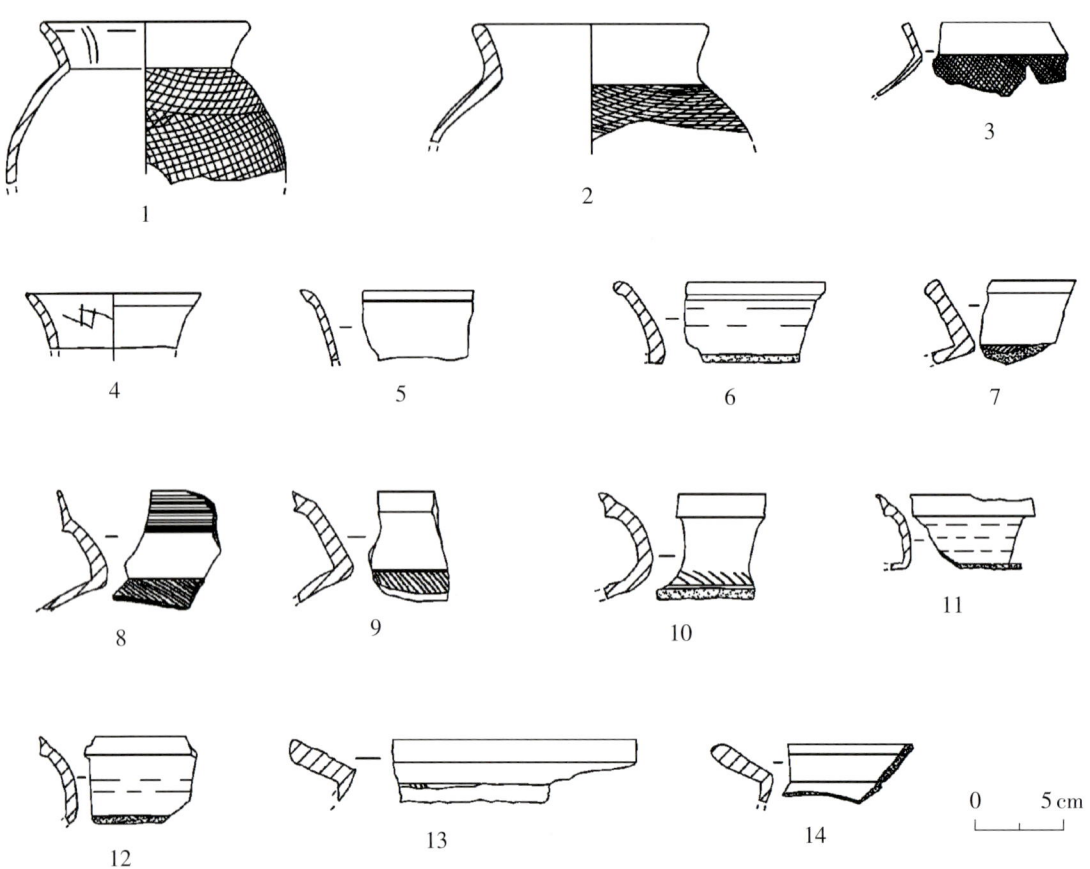

图1010 从化新石器时代晚期至商代遗物（陶罐口沿）

1. 099：标2 2. 099：标3 3. 039：标1 4. 076：标1 5. 032：标6 6. 032：标2 7. 334：标4 8. 034：标1
9. 103：标1 10. 174：标2 11. 242：标1 12. 225：标1 13. 099：标7 14. 019：标1

而与南海西樵山所见石材一致，据学者研究，以层凝灰岩双肩石器为代表的西樵山石器制品在先秦时期盛行于珠三角地区，此次从化地区层凝灰岩双肩石锛的发现说明新石器时代晚期至商代，从化地区与西樵山地区存在着产品交换活动[1]。

该期普遍发现的以叶脉纹、曲折纹、长方格纹、绳纹为主要装饰的印纹陶遗存广见于整个珠三角地区，与佛山河宕[2]、高要茅岗[3]、从化横岭[4]、南海鱿鱼岗[5]、东莞村头[6]

---

[1] 杨式挺. 试论西樵山文化[J]. 考古学报, 1985(1)：9—32.
[2] 杨豪, 等. 广东高要县茅岗水上建筑遗址[J]. 文物, 1983(12)：31—46.
[3] 广东省博物馆, 佛山市博物馆. 佛山河宕遗址：1977年冬至1978年夏发掘报告[M]. 广州：广东人民出版社, 2006.
[4] 广州市文物考古研究院考古发掘材料.
[5] 李孜, 李岩. 广东南海市鱿鱼岗贝丘遗址的发掘[J]. 考古, 1997(6)：65—76.
[6] 李岩. 东莞村头遗址第二次发掘简报[J]. 文物, 2000(9)：25—34.

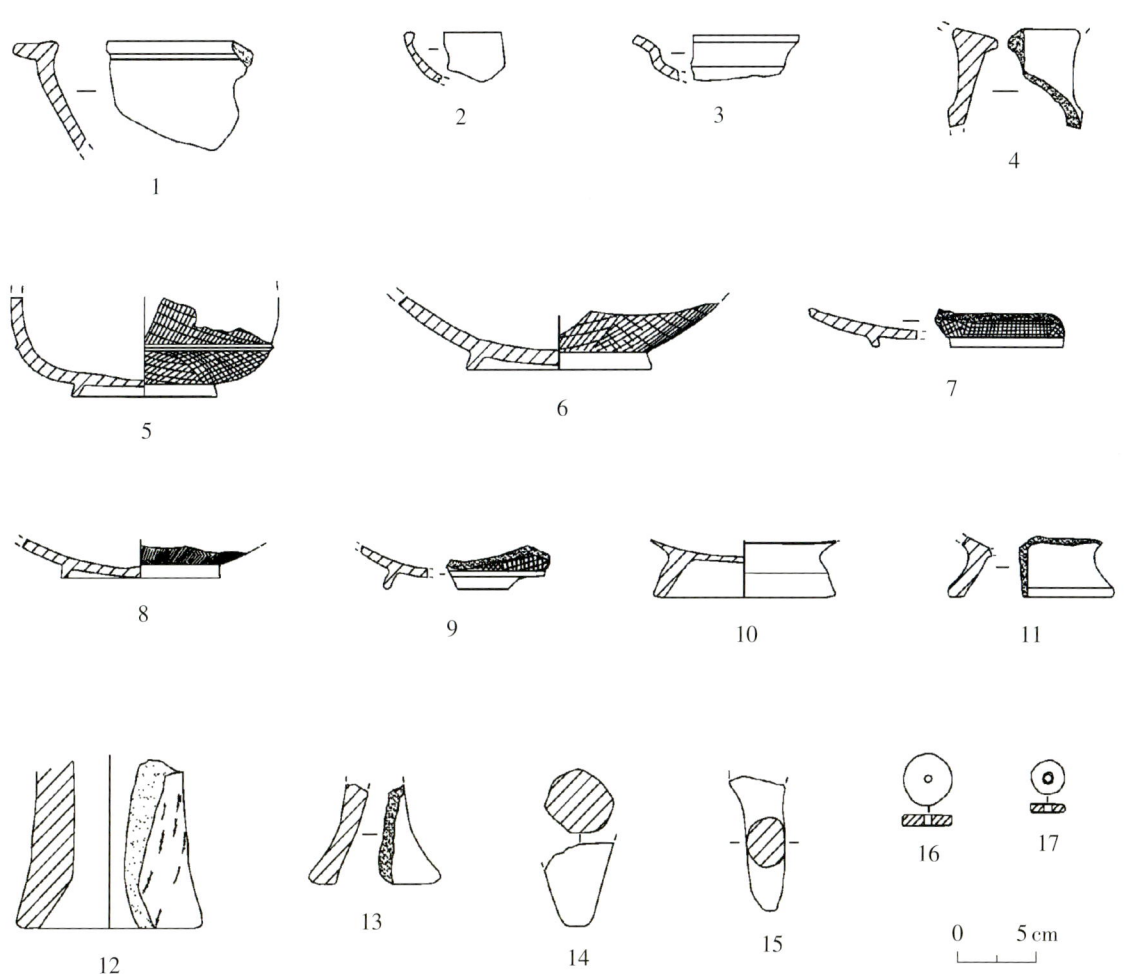

图1011　从化新石器时代晚期至商代遗物（陶器）

1-3.陶豆口沿（99：标1、032：标5、085：标1）　4.陶豆圈足（032：标4）　5-11.陶罐圈足（099：标6、043：标1、099：标5、076：标2、334：标3、264：标1、032：标1）　12、13.陶器座（085：标2、039：标2）　14.陶支脚（034：标2）　15.鼎足（039：标3）　16、17.陶纺轮（085：采1、039：采2）

等遗址所出印纹陶遗存时代和内涵相当，并与粤东虎头埔文化[1]有着极大的相似性，而该类遗存的时代多为新石器时代晚期或商代中晚期，绝对年代距今3000—4200年。除印纹陶遗存外，调查在部分遗址（太平山、新屋、钟鼓岩、山下村遗址等）采集少量夹粗砂细泥陶片，陶质较软、夹砂颗粒较大，陶色以灰黄、灰白为主，显示出与粤北石峡文化[2]相类似的特征，因此本期年代上限可能早到石峡文化时期。此次调查以地表踏查为主，采集遗物多为碎

---

[1] 揭阳考古调查队，揭阳市文化广电新闻出版局. 揭阳考古（2003—2005）[M]. 北京：科学出版社，2005.
[2] 广东省文物考古研究所，广东省博物馆，广东省韶关市曲江区博物馆. 石峡遗址——1973—1978年考古发掘报告[M]. 北京：文物出版社，2014.

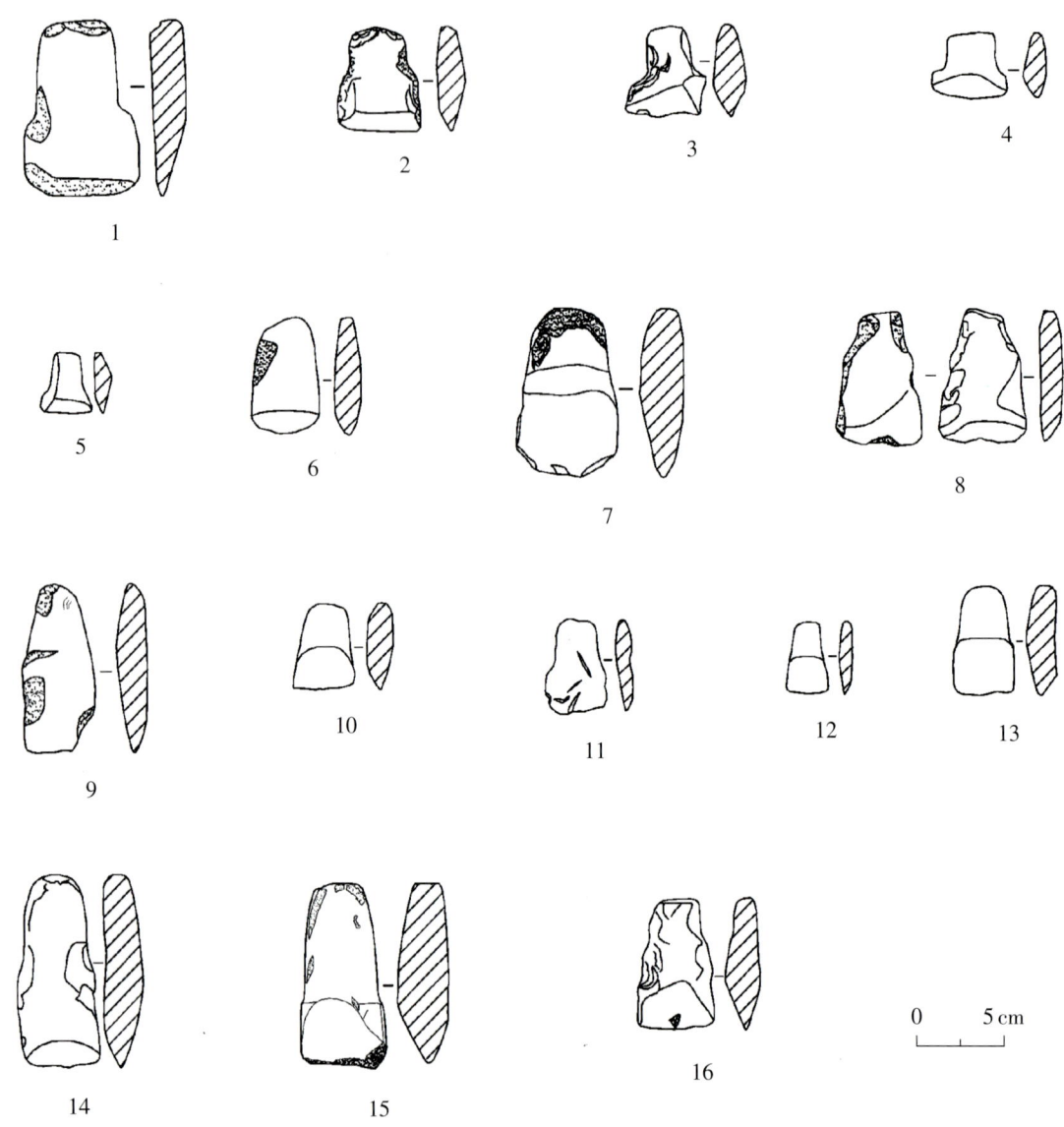

图1012　从化新石器时代晚期至商代遗物（石锛）

1.173:采1　2.068:采1　3.177:采1　4.064:采1　5.227:采1　6.079:采1　7.028:采3
8.133:采2　9.316:采1　10.084:采2　11.019:采1　12.131:采1　13.030:采1
14.101:采1　15.008:采1　16.027:采1

片，陶器器形多不可辨，文化层堆积情况多不明，保守起见，将该类遗存的年代统归为新石器时代晚期至商代。（图1010、图1011、图1012）

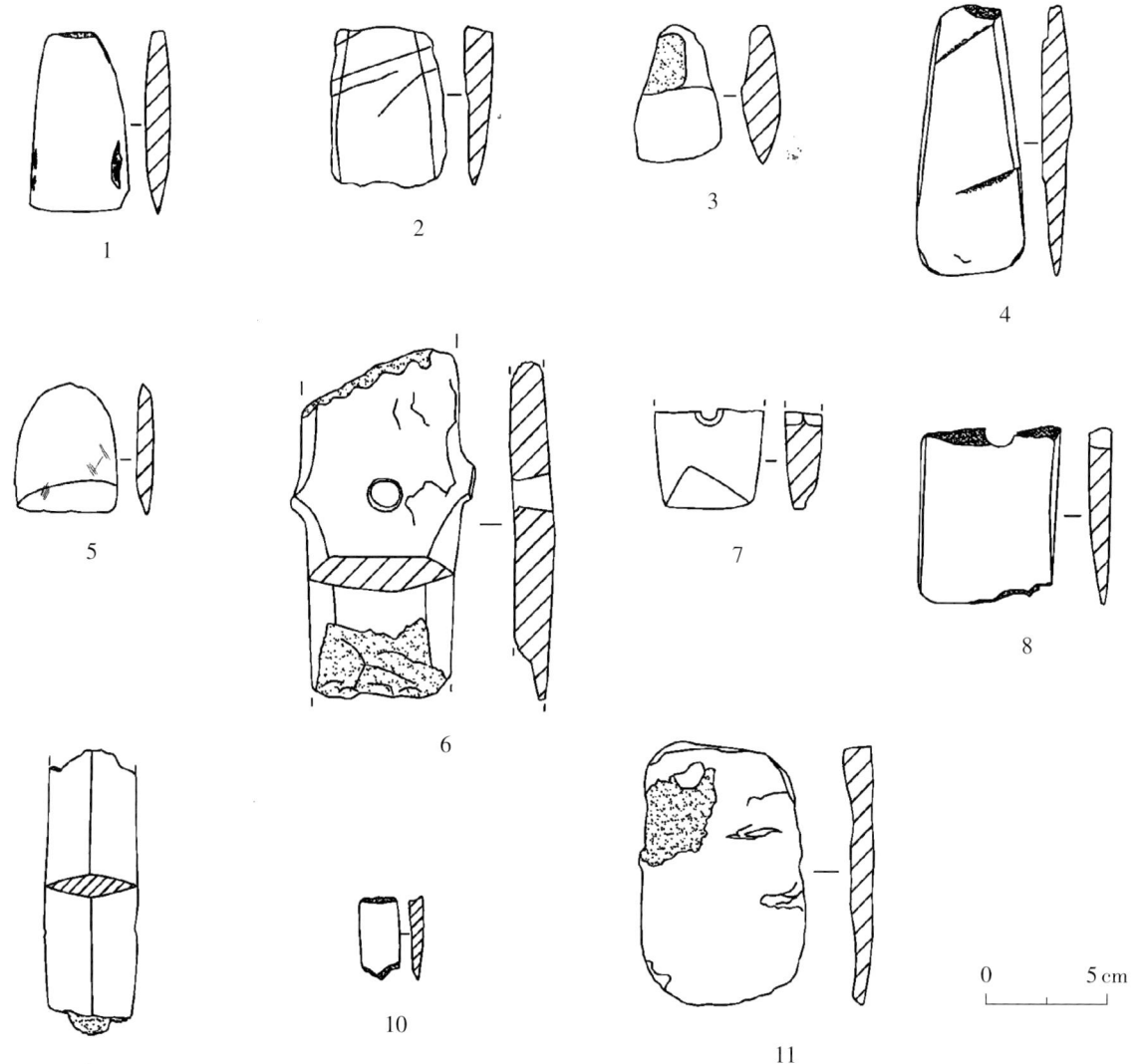

图1013 从化新石器时代晚期至商代遗物（石器）

1-5. 石斧（198：采1、206：采1、042：采1、019：采5、208：采1） 6-8.石戈（039：采1、173：采1、027：采3）
9.石矛（335：采1） 10. 石凿（124：采1） 11.石铲（130：采2）

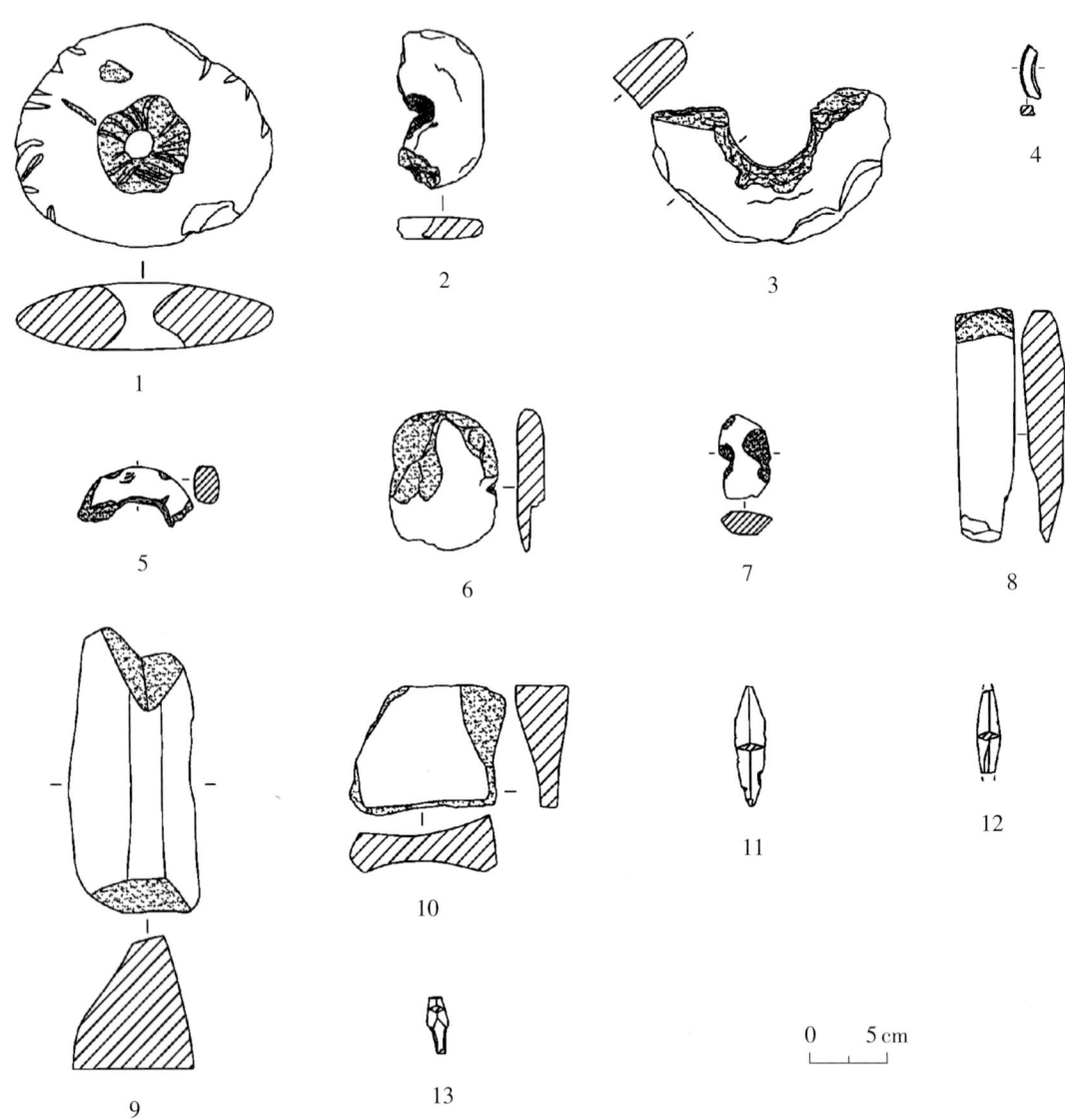

图1014　从化新石器时代晚期至商代遗物（石器）

1、2. 穿孔石器（321：采1、037：采8）　3-5. 石环（028：采2、167：采1、037：采7）　6、7. 石网坠（104：采1、015：采1）
8. 石锛（121：采1）　9、10. 砺石（008：采3、208：采3）　11-13. 石镞（019：采9、042：采6、036：采1）

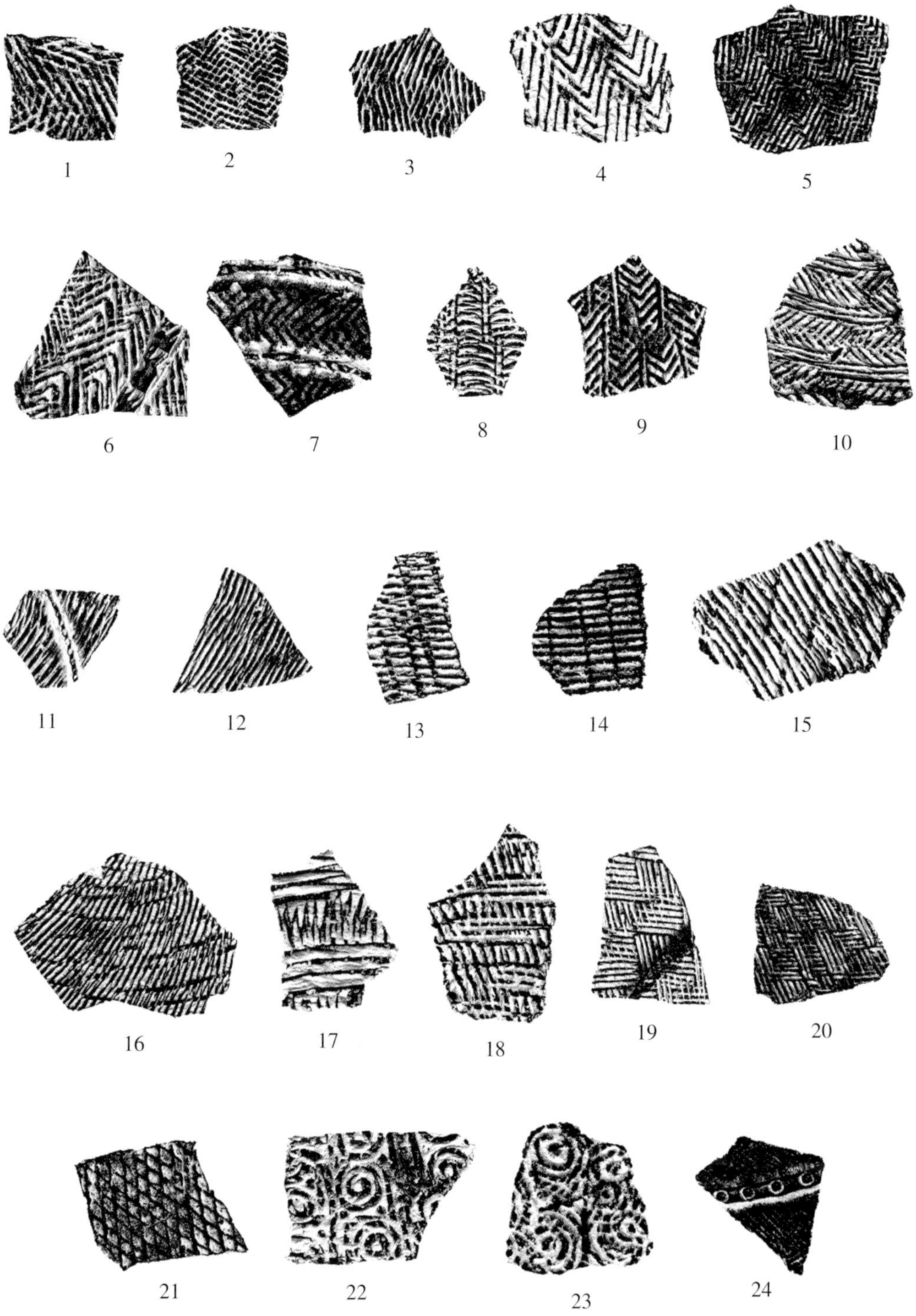

图1015　从化新石器时代晚期至商代陶片纹饰拓片

1–3. 交错绳纹（003、130、059）　4、5. 曲折纹（179、032）　6、7. 曲折纹加附加堆纹（233、068）
8–10. 叶脉纹（355、032、242）　11. 篮纹加附加堆纹（065）　12. 篮纹（064）
13–16. 长方格纹（032、032、334、317）　17、18. 梯格纹（236、008）　19. 席纹加附加堆纹（130）
20. 席纹（058）　21. 网格纹（057）　22、23. 圆窝纹（124、121）　24. 绳纹加附加堆纹加戳印圆圈纹（064）

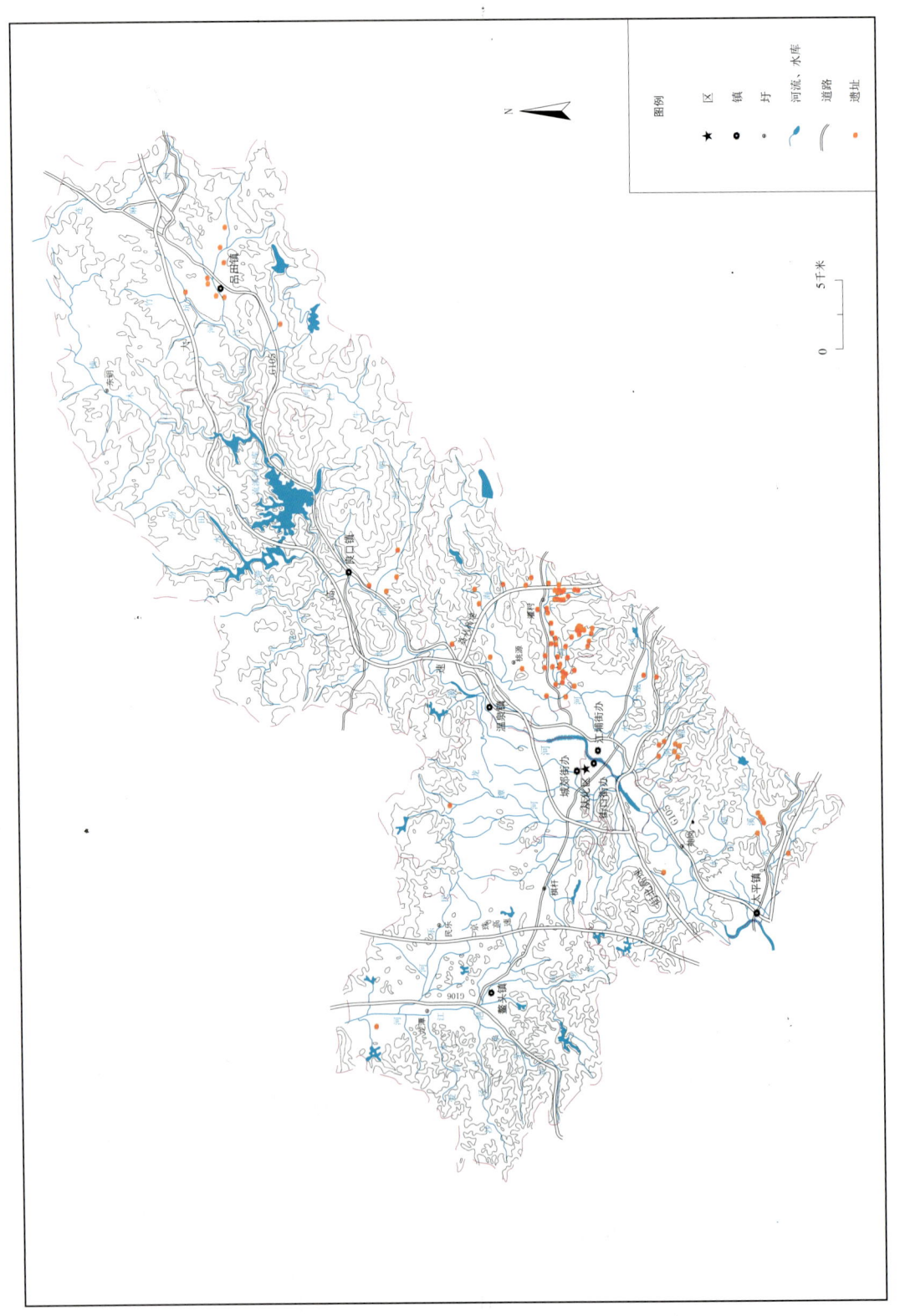

图1016 从化西周至春秋时期遗址分布图

（二）西周至春秋时期

此次调查发现西周至春秋时期遗址90处，其中吕田盆地7处，安山盆地1处，鸭洞河谷4处，桃园盆地5处，灌村盆地51处，卫东片区1处，留田坑谷地2处，凤凰水流域2处，锦洞水河谷7处，沙溪河流域6处，流溪河其他区域3处，潖江（二）河流域1处。（图1016）

这一时期的遗址数量较新石器时代晚期至商代大为减少，主要分布于灌村盆地，在吕田盆地以及沙溪河流域等地也有少量分布。从化上游地区无论是该期遗址数量还是采集遗物数量上，均呈现出由上游向下游不断递增的过程。采集遗物以陶片为主，少量砺石等石器。陶片中泥质陶占绝大多数，仅少量夹细砂陶，陶质多为硬陶，少量质地稍软，陶色以灰褐、

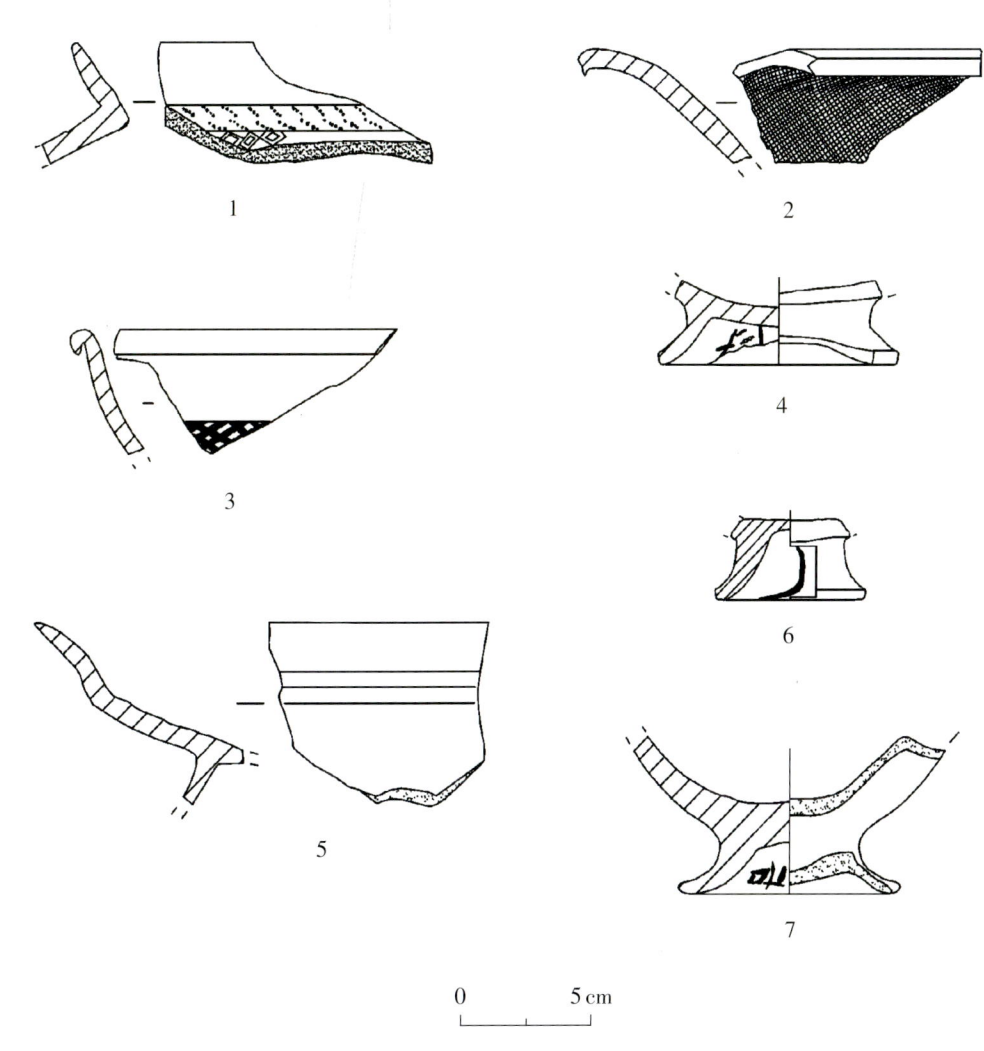

图1017　从化西周至春秋时期遗物

1. 陶罐口沿（145：标1）　2. 陶瓮口沿（191：标1）　3. 陶盆口沿（257：标3）
4、6、7. 陶豆柄（257：标2、257：标1、271：标1）　5. 陶豆（144：标1）

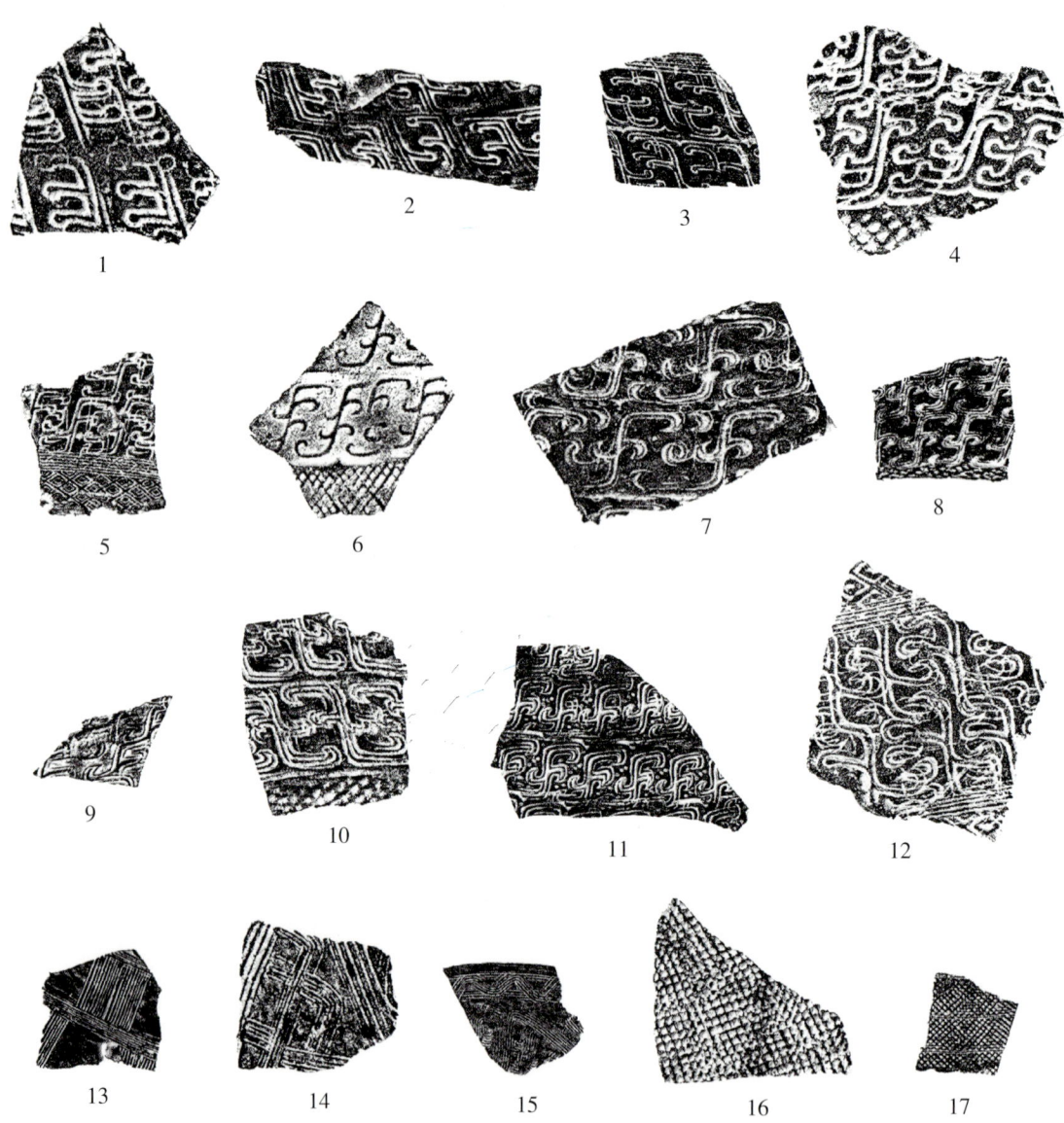

图1018 从化西周至春秋时期陶片纹饰拓片一

1—3、7、9、11. 夔纹（145、212、139、192、037、257） 4、6、8、10. 夔纹加方格纹（174、195、257、144）
5、12. 夔纹加弦纹加重菱形纹（141、144） 13、14. 复线刻划纹（341、174） 15. 复线曲波纹（234）
16. 方格纹（257） 17. 方格纹加弦纹（013）

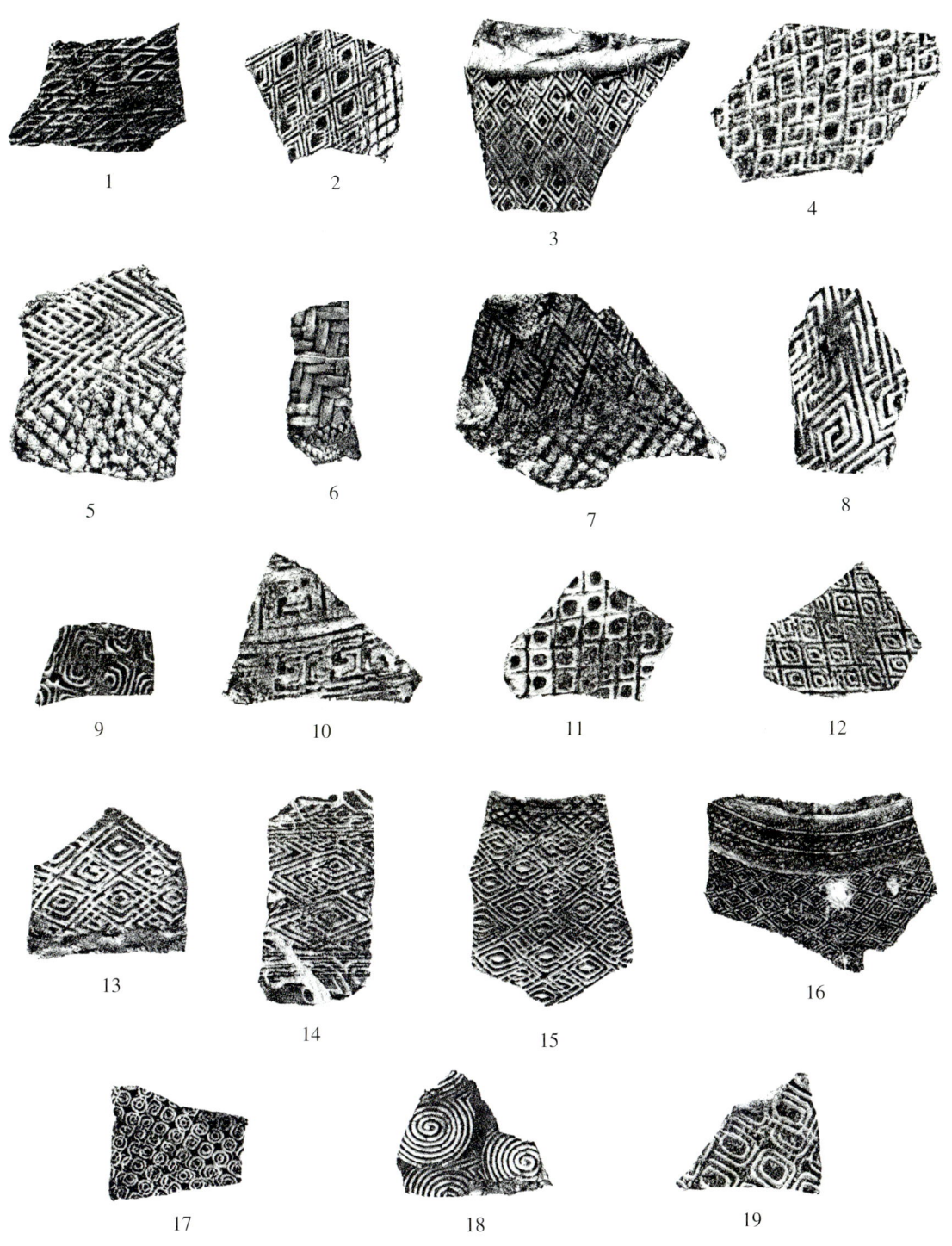

图1019 从化西周至春秋时期陶片纹饰拓片二

1. 菱形凸块纹（124） 2. 重菱形凸块纹加方格纹（166） 3. 重菱形凸块纹（144） 4、11. 方格凸块纹（144、205）
5. 曲折纹加方格纹（188） 6、7. 席纹加方格纹（234、019） 8—10. 云雷纹（144、234、148）
12. 重菱形凸点纹（205） 13. 重菱形纹（205） 14. 重菱形纹加弦纹加夔纹（205）
15、16. 重菱形纹加方格纹加弦纹（281、170） 17. 重圈凸点纹（265） 18. 圆窝纹（201） 19. 重圆凸块纹（144）

深灰、酱褐、浅灰色等为主，另有黄褐、红褐、灰黑色等，陶片器表多有纹饰，常见的有夔纹、方格纹、菱格凸点纹、篦点纹、重圈纹、重菱形纹或以上两至三种纹饰组合纹，另有素面、刻划纹、弦纹、云雷纹、网格纹、席纹等，部分陶片器表有刻划符号，多见于圈足底。

可辨器形多为罐/瓮，少见器盖、圈足豆等。以装饰夔纹为突出特征的夔纹陶遗存几乎见于广东省全境，较典型的遗址有博罗横岭山[1]和增城浮扶岭[2]等，出土器物有装饰夔纹、菱格凸点纹、方格纹、云雷纹或多者组合纹的瓮、罐、簋等，以及原始瓷豆、玉石器及少量青铜器等。自20世纪90年代博罗县梅花墩遗址发掘出烧制夔纹陶的龙窑以来，学界对夔纹陶遗存的认识不断深入，根据博罗银岗遗址的地层关系及横岭山、浮扶岭等墓葬的分期结果，夔纹陶遗存的绝对年代一般认为相当于中原地区的西周至春秋时期，其内部尚可进一步分期。从化地区所见夔纹线条流畅、平滑，参照博罗横岭山遗址分期结果，推断从化西周至春秋夔纹陶遗存属夔纹陶稍早阶段。（图1017、图1018、图1019）

（三）战国至汉初

此次调查发现战国至汉初遗址85处，其中吕田盆地25处，安山盆地1处，鸭洞河谷4处，S354沿线6处，桃园盆地1处，灌村盆地27处，卫东片区2处，留田坑谷地2处，沙溪河流域6处，流溪河其他区域9处，三村盆地2处。（图1020）

这一时期的遗址分布以吕田盆地和灌村盆地最为集中，凤凰水流域、锦洞水河谷和潖江（二）河流域不见该期遗址，其他区域发现遗址数量少，在区域内不占主体地位。采集遗物皆为陶片，不见石器、青铜器。陶片几乎均为泥质陶，少见夹砂陶，质地以硬陶为主，少量质地稍软，陶色以各种成色灰陶为主，有灰褐、深灰、浅灰、黄灰色等，另有黄褐、红褐色等，纹饰以方格纹、米字纹或变体米字纹（三角格纹、方格对角线纹等）及素面为主，另有水波纹、编织纹、弦纹、刻划纹等。

采集陶片多碎小，器形不好辨识，但以罐/瓮残片为主，另见有器足/鏊、钵、器盖等。以装饰米字纹（或变体米字纹）为突出特征的米字纹印纹硬陶遗存是广东地区继夔纹陶遗存之后兴起的考古学文化遗存，目前广东境内发现含米字纹陶遗存的遗址超过200处[3]，以西江流域为中心，另外北江、东江、榕江进而珠江三角洲地区皆有分布，代表性遗址有罗定背夫山M1[4]、广宁龙嘴岗[5]、封开利羊墩[6]、揭东面头岭[7]、博罗银岗[8]等。从

---

[1] 广东省文物考古研究所. 博罗横岭山——商周时期墓地发掘报告[M]. 北京: 科学出版社, 2005.
[2] 广州市文物考古研究院发掘材料.
[3] 国家文物局. 中国文物地图集·广东分册[M]. 广州: 广东地图出版社, 1989.
[4] 邱立诚, 毛衣明. 广东罗定背夫山战国墓[J]. 考古, 1986(3): 210—220.
[5] 刘成基, 吴海贵. 广东广宁县龙嘴岗战国墓[J]. 考古, 1998(7): 45—59.
[6] 杨式挺, 等. 广东封开利羊墩墓葬群发掘简报[J]. 南方文物, 1995(3): 1—16.
[7] 邱立诚, 等. 广东揭阳县战国墓[J]. 考古, 1992(3): 1—16.
[8] 古运泉, 等. 广东博罗银岗遗址发掘简报[J]. 文物, 1998(7): 17—30.
  邓宏文, 等. 广东博罗银岗遗址第二次发掘[J]. 文物, 2000(6): 4—16.

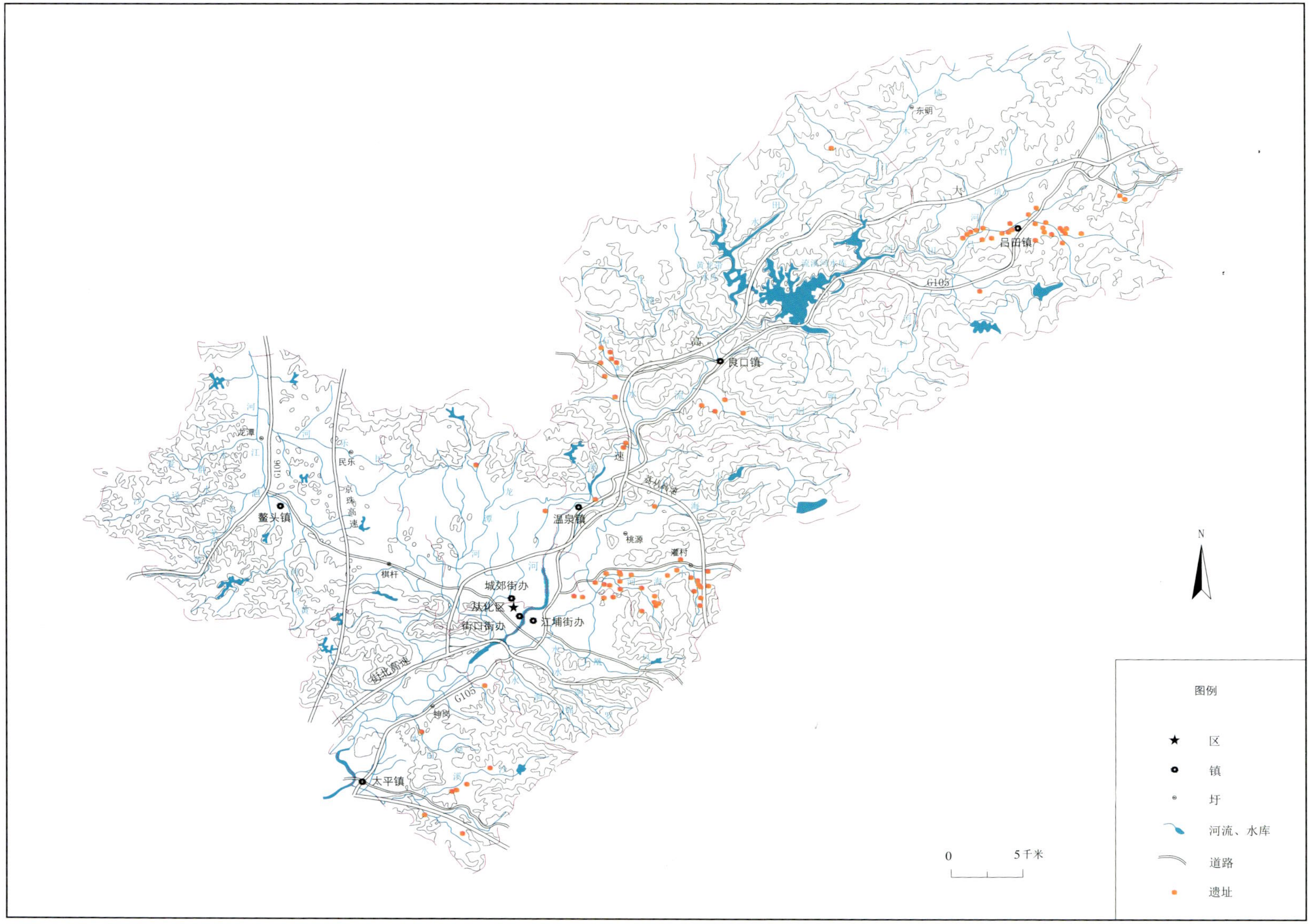

图1020 从化战国至汉初遗址分布图

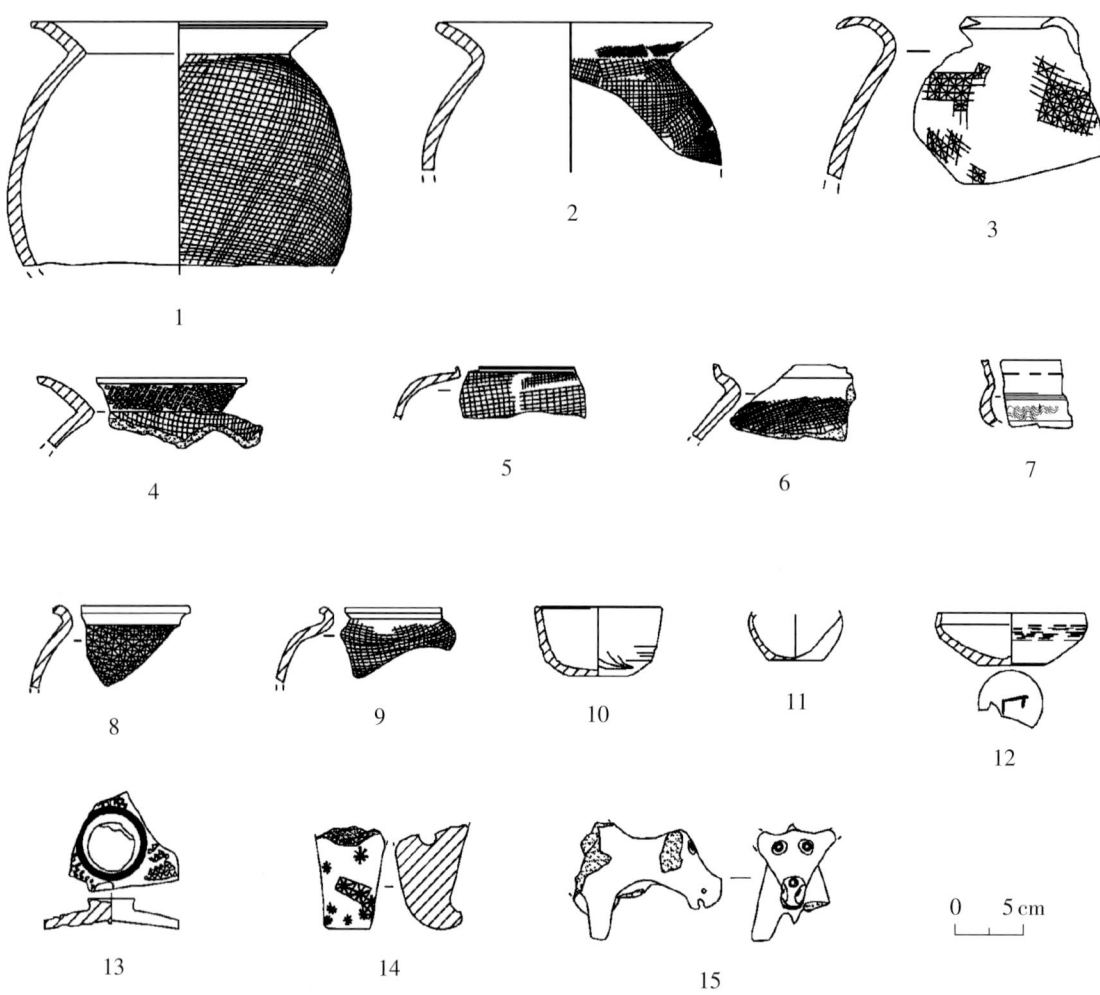

图1021　从化战国至汉初遗物

1—9. 陶罐口沿（029TG7③：标1、029TG7③：标3、029T0303②：标1、029TG③：标2、222：标1、004：标1、331：标1、118：标1、118：标2）　10. 陶碗（198：采2）　11. 陶杯形器（002：采1）　12. 陶钵（333：采1）　13. 陶盒盖（280：标1）　14. 陶器足（鍪）（222：标2）　15. 陶牛俑（158：采1）

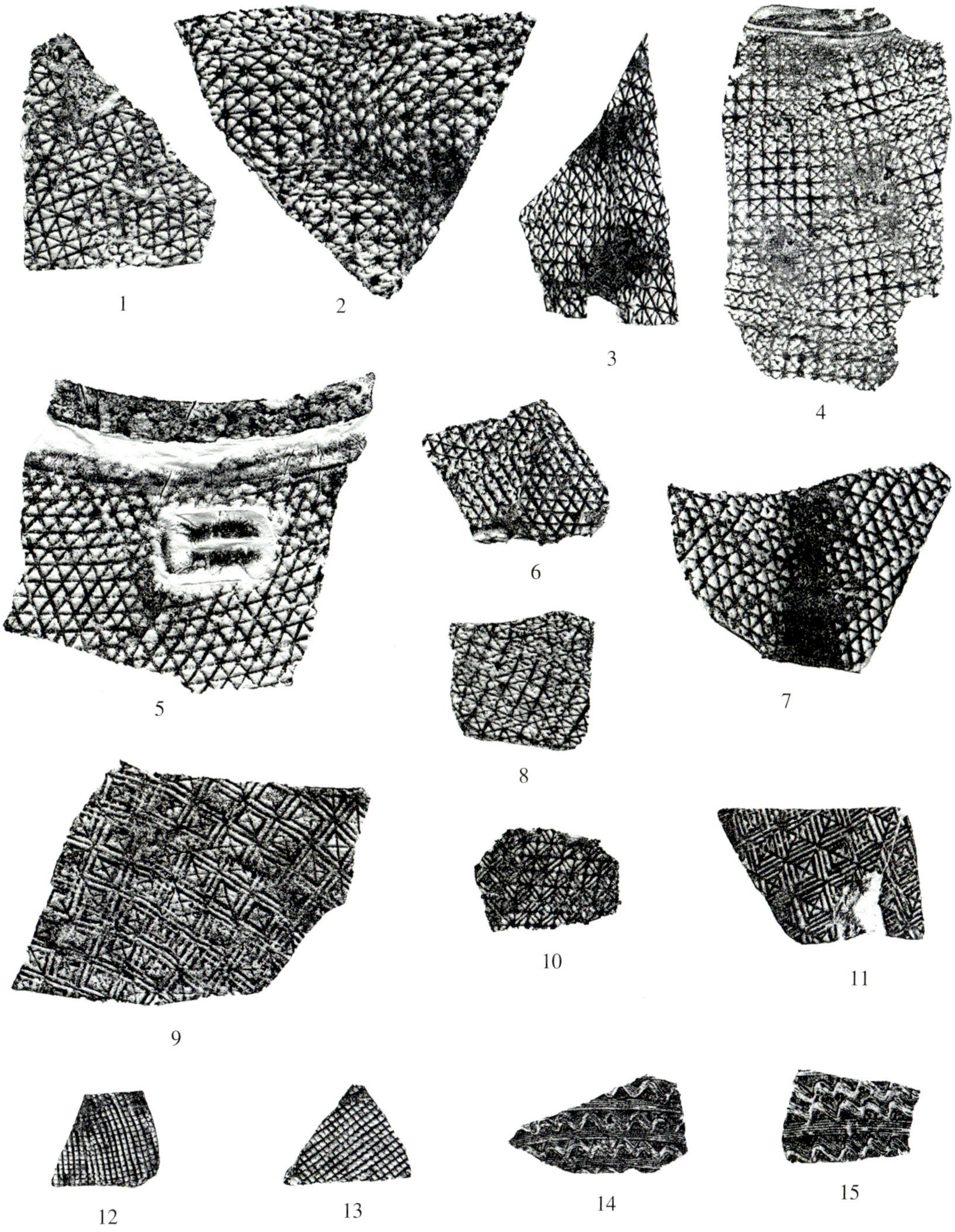

图1022 从化战国至汉初陶片纹饰拓片

1—4. 米字纹（222、341、008、163） 5—7. 三角格纹（281、004、222） 8. 方格对角线纹（090）
9、11. 复线方格对角线纹（208、158） 10. 复线米字纹（002） 12、13. 方格纹（002、013）
14、15. 水波纹加弦纹（002、008）

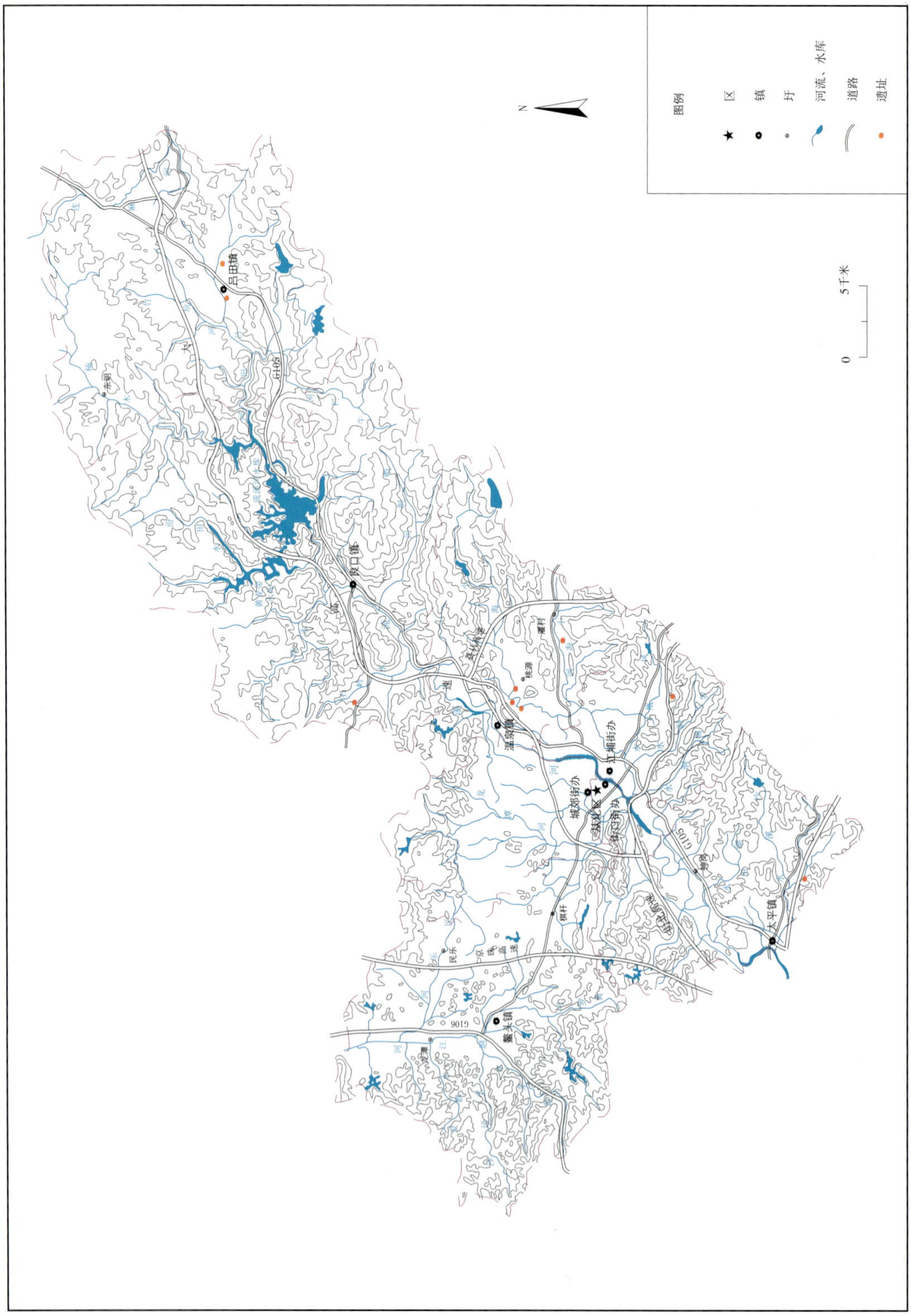

图1023 从化汉代遗址分布图

博罗银岗遗址地层堆积情况和其他遗址墓葬所出材料比对分析，米字纹陶遗存晚于夔纹陶遗存，其绝对年代相当于中原的战国至汉初（南越国时期）。（图1021、图1022）

（四）汉代

此次调查发现汉代遗址9处，其中吕田盆地2处，流溪河其他区域流域1处，桃园盆地3处，灌村盆地1处，凤凰水流域1处，沙溪河流域1处。（图1023）

从化地区的汉代遗址数量较少，仅在个别遗址采集少量陶片等遗物，未见以汉代遗存为主要文化内涵的遗址。代表性遗址有吕田盆地的中平顶遗址、桃园盆地的两仔山遗址。中平顶遗址采集陶罐1件，泥质褐陶，敞口卷沿，矮领，溜肩，斜直腹，平底内凹，肩、上腹饰方格纹，下腹素面无纹。同类型陶罐多见于广州东汉时期墓葬中，如番禺沙头墓地M10：60[1]，二者形制相同，M10时代推断为东汉晚期。两仔山遗址采集数十片陶罐残片，分布集中，泥质红陶，广口，长圆腹近筒形，肩部拍印方格纹，同类型器见于广州东汉墓中，如广州黄花岗东汉墓M2：20[2]，二者形制类同，年代断为东汉后期后段。此外，花岭遗址采集陶罐口沿2片，泥质深灰陶，肩部饰方格纹加方形戳印纹，虽不见完整形制，但同类型戳印纹广见于广州西汉墓所出陶罐/瓮上，推断时代为西汉。

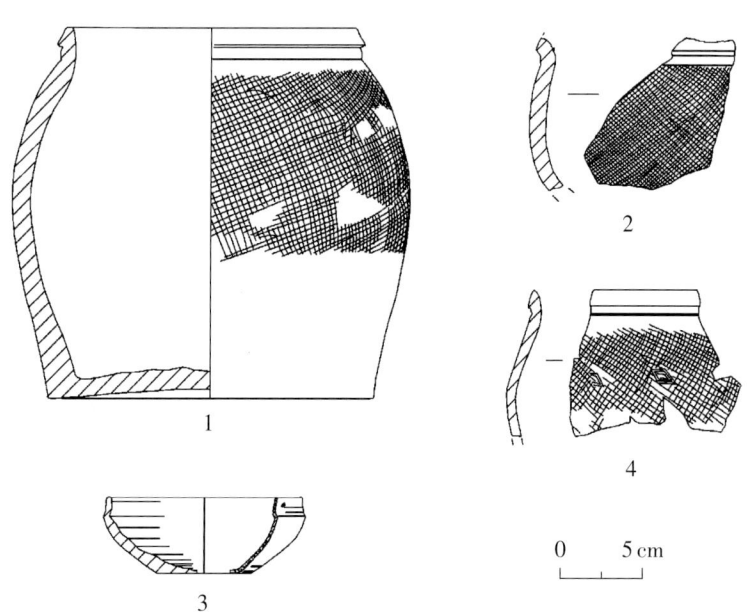

图1024　从化汉代遗物

1. 陶罐（019：采10）　2、4. 陶罐口沿（281：标1、130：标1）　3. 陶钵形器（281：采1）

---

[1] 广州市文物考古研究所，广州市番禺区文管会办公室. 番禺汉墓[M]. 北京：科学出版社，2006.
[2] 朱海仁. 广州黄花岗汉唐墓葬发掘报告[J]. 考古学报，2004（4）：451—484.

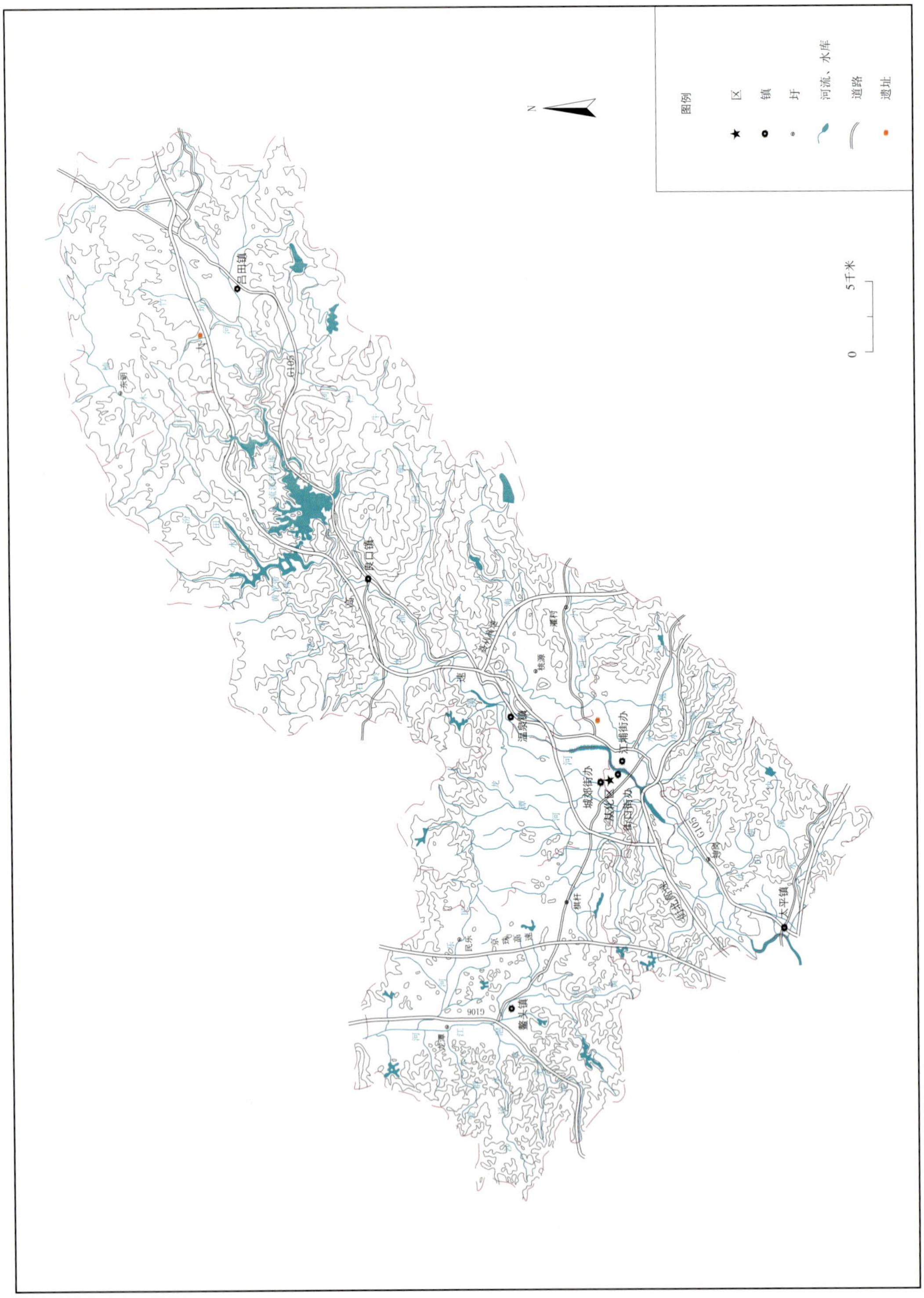

图1025　从化晋南朝遗址分布图

（五）晋南朝

此次遗存发现遗址极少，仅在流溪河下游的德福里遗址发现2座砖室墓，此外在吕田小勺子山遗址发现少许南朝陶片和散乱的碎砖块。（图1025）

德福里遗址经勘探发掘，清理晋南朝砖室墓一座，平面呈"凸"字形，由墓道、封门、甬道、主墓室、耳室组成。单隅券顶，顶部残缺不存，墓砖为长方形，砖面多饰绳纹，侧面或端头饰鱼纹、钱纹、圆环纹、菱格纹及吉祥字组合。随葬青釉陶罐3件，灯盏2件，器盖1件，铜钱一串约6枚。据墓葬形制、墓砖规格及出土物分析为晋墓。德福里晋南朝墓葬是从化地区首次经正式考古发掘的晋南朝时期遗存，填补了从化地区在该阶段考古发现的空白。

（六）唐宋时期

此次调查发现唐宋时期遗址141处，其中吕田盆地15处，鸭洞河谷12处，S354沿线19处，桃园盆地24处，灌村盆地45处，卫东片区2处，留田坑谷地3处，流溪河流域其他区域17处，三村盆地4处。（图1026）

唐宋时期遗址几乎见于整个从化区，但安山盆地、凤凰水流域、锦洞水河谷、沙溪河流域、潖江（二）河流域等未见该时期遗存记录。虽不排除本就不存在该期遗址的可能外，但主要原因应该是此次调查多关注先秦两汉遗址，故唐宋以降的晚期遗存未进行系统、全面的采集和记录。唐宋时期各区域内遗址数量较汉、晋南朝有明显的提升，区域文化迅速崛起，绝大多数遗址均能采集到该时期遗物。

采集遗物主要为陶片和瓷片，少见铜钱等。其中，陶片多泥质灰黑陶，胎较厚，器表常见黑衣，质地坚硬，部分甚至达到瓷化程度，多素面，肩部和下腹部可见弦纹，可辨器形多为敞口罐/瓮等；除器表施黑衣灰黑陶罐/瓮残片外，另有少量泥质或夹细砂陶，陶色见灰、灰黄、灰褐色等，素面居多，可辨器形有罐、刻槽盆、器盖等。

瓷片以青瓷、青灰瓷居多，另有黑釉瓷、青白瓷、白瓷等，可辨器形多为碗，碗底以圈足居多，少见玉壁底或饼足；另有少量杯、碟、盘、灯座、罐、粉盒等。

广州自秦汉时起便是岭南地区的中心城市，发展到唐宋时期，已成为中国都会城市之一。以灰黑陶罐/瓮和各类青瓷器为代表的一类遗存，广泛见于广州城市考古的各遗址中，但从化地区发现的唐宋时期遗物，无论是品种、器类、功能等各方面都要逊色很多。唐宋时期，从化地区属于广州都会城市的"远郊"。

（七）明清时期

从化建县于明弘治二年（1489），隶属广州府，县属设置在横潭村（现花都新华

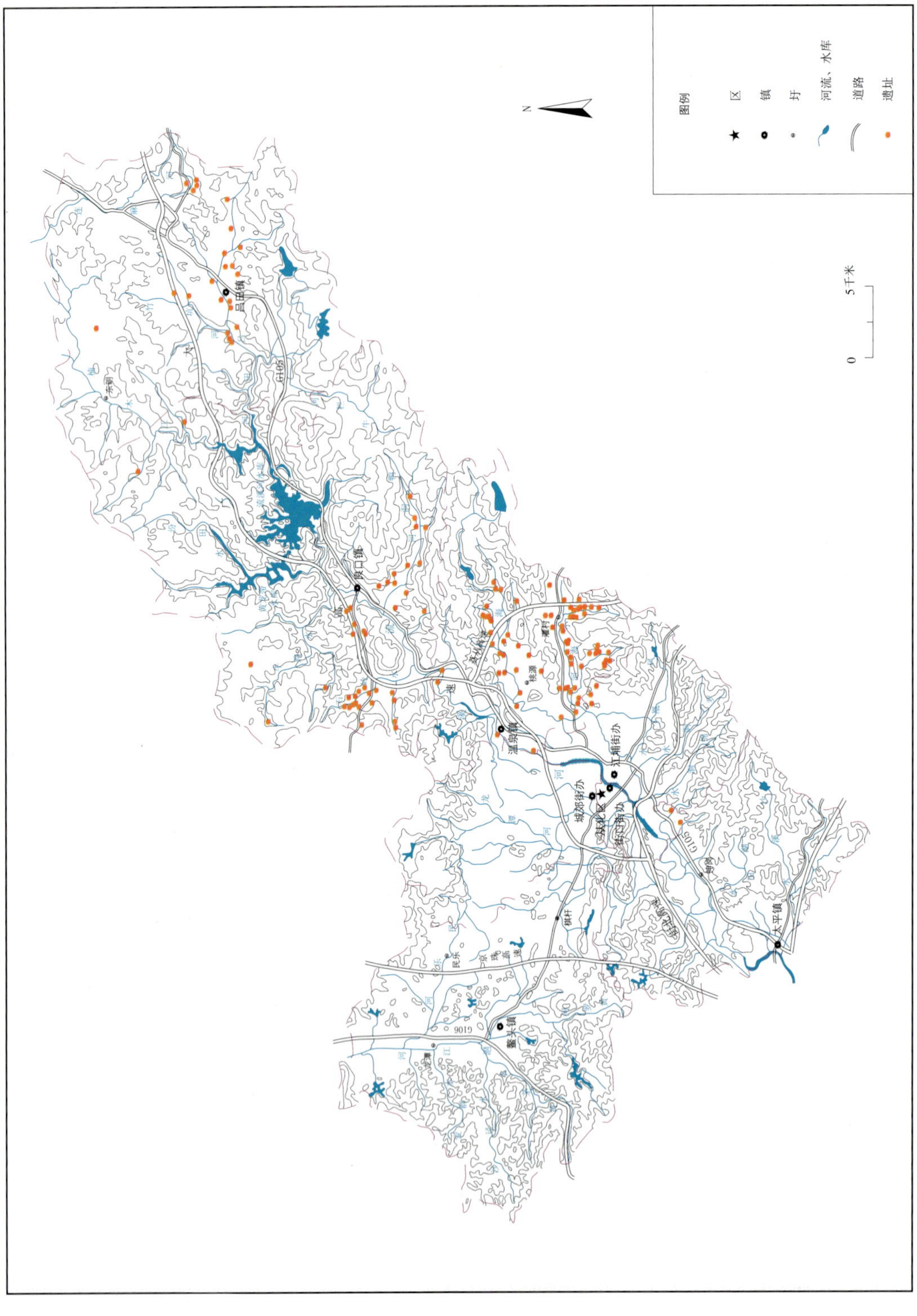

图1026 从化唐宋时期遗址分布图

镇）。弘治七年（1494），县署从横潭迁往马场田（今从化街口城内）。建县初，辖18个图（里），分设水东、水西、马村和流溪四堡。从化建县，是从化历史发展进程上一个重大转折点，从化作为一个县级行政单位存在并一直延续至今。从调查情况来看，明清时期遗物广见于整个从化地区，囿于相同的原因，明清时期遗址与唐宋时期遗址一样，亦未做系统采集和记录，安山盆地和锦洞水河谷甚至不见记录。

采集遗物以各类釉陶片、青花瓷器为特征，少见青瓷、白瓷器等。陶片泥质、夹细砂皆有，质地较硬，器表多施釉，以酱釉为主，可辨器形以罐为主，另有器盖、研磨器等。青花瓷器可辨器形有碗、盘、碟、杯等，青瓷器以碗为主，较完整遗物多为瓮棺葬陶瓷器盖。此次考古调查还发现和试掘了一处明代民窑遗址，发现龙窑一座，出土瓷器、垫饼等标本一批，瓷器以白瓷为大宗，少量青花瓷、黑釉瓷等，器形以碗为主，少见杯、器盖、研磨器、火照等，填补了从化地区瓷器考古的空白，意义重大。

通过考察从化地区各地理单位内遗存的时代和内涵特征，我们将此次考古调查复查和新发现的361处遗址分为前后发展的七期，基本建立起从化地区考古学文化编年和谱系。但同时要认识到的是，此报告所进行的分期划分，线条较粗范。第一，对于遗址年代的判定，因调查仅做了地表遗物采集，且陶片多细碎，在遗存分组时，仅仅根据采集陶片陶质、陶色、纹饰的差异，参照周边既有考古成果进行分析，缺乏遗物器形的分析比对和遗物共存或者早晚关系的支持。第二，关于全流域遗存分期问题，因缺乏科学严谨的年代数据做支撑，此报告在划分期段时，只能参考周边考古发掘资料对遗存做大致的分期判定，未能进行细分。如新石器时代晚期至商代，时间跨度达千余年，从遗物的形制特征上看应该是存在进一步分期的可能的。第三，在各期段文化内涵归纳总结上，因可供分析的材料只有地表采集的陶片和少量石器，器形多不可辨，在器物特征或器物群组分析上存在不足，故各期文化仅对特征十分明显的部分做了初步归纳和总结。

区域文化发展的历史演进过程是复杂的，单纯依靠调查资料的分析研究并不足以窥测从化地区文化发展的全部，更深入的分析和研究还有待于进一步的考古工作，特别是考古发掘工作的开展。

二、从化地区古遗址分布规律认识

从化地区整体地势由东北向西南倾斜，北部以山地为主，中部多丘陵、谷地，南部多平原低地，流溪河自东北向西南纵穿全境，这些构成了从化地形地貌的总体特征。受山地、丘陵、平原过渡型三级阶梯自然地理环境的影响，此次调查发现的遗址（特别是早期遗址）主要分布于流溪河干流及其较大支流两岸的盆地或较宽河谷内。对自然条件的选择在早期人类活动点选址上表现得十分明显，盆地或河谷内的河岸阶地、缓坡台地、山地山岗往往是遗址集中分布的区域。报告将从单个遗址形态分布规律认识、遗址集群分布规律及全流域视角下遗址分布规律的历时性观察三个方面，对从化地区遗址分布规律做尝试性探讨分析。

（一）单个遗址形态分布规律认识

遗址形态受自然地理环境、遗址性质、遗址功能、遗址与遗址关系等多方面因素影响，综合考量流溪河流域遗址形态，可初步分为低地型遗址、台地型遗址、山地型遗址三个类型。

低地型遗址。相对高度低，距离河岸较近，周边多为低矮的河岸阶地或平原等地形地貌。

台地型遗址。相对高度高于"低地型遗址"，地形地貌为河谷、盆地边缘山前冲积扇，或河谷、盆地周边高山向盆地延伸出的缓坡或台地，坡度较缓和。

山地型遗址。海拔较高，相对高度最高，地形地貌为河谷、盆地边缘山地或盆地、河谷内独立山岗，地势较陡峭，遗物多见于山顶或山坡上。

因此次考古调查以早期遗址为主要调查对象，晚期遗址未做系统记录，下面将主要以先秦两汉遗址为主要考察对象，期望透过对遗址形态结构的分析，提炼出遗址位置分布规律与遗址性质、功能、年代等的联系，以对将来田野考古调查和聚落考古研究提供线索。

表16　遗址分期与遗址形态结构对照表

分期	遗址形态					
	山地型遗址		台地型遗址		低地型遗址	
	遗址数量	百分比	遗址数量	百分比	遗址数量	百分比
新石器时代晚期至商代	172	65%	79	30%	14	5%
西周至春秋	48	53%	37	41%	5	6%
战国至汉初	29	34%	47	56%	9	10%
汉代	5	56%	3	33%	1	11%

经过对遗址分期与遗址形态间关系的对比分析，我们可以看出，新石器时代晚期至商代是从化地区文化较为繁荣的时期，遗址数量最多，分布范围最广。这一时期从化地区山地型遗址较多，台地型遗址次之，低地型遗址最少。西周至春秋时期，从化地区遗址数量减少，但遗址形态特征所占比重并未发生变化，山地型遗址仍然最多，台地型遗址次之，低地型遗址最少。战国至汉初，台地型遗址数量增多，山地型遗址数量减少，低地型遗址仍然最少。

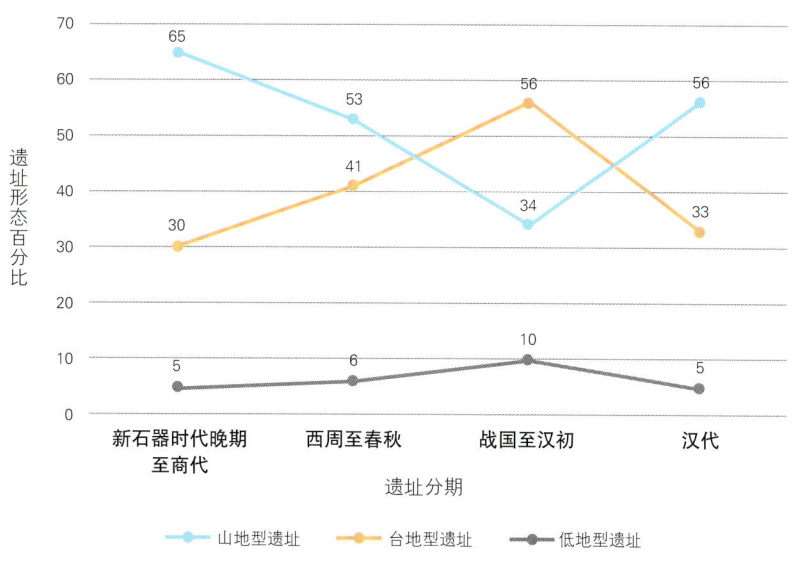

图1027　遗址分期与遗址形态结构对照图

汉代，各种类型遗址数量均急剧减少，仅发现9处遗址，其中山地型遗址5处，台地型遗址3处，低地型遗址仅1处。

在统计图表所涉及的所有遗址中，山地型遗址数量最多，占总遗址数量的比例最高，台地型遗址次之，低地型遗址最少。遗址主要分布于河谷、盆地边缘山地、山岗或两岸山地延伸入盆地的缓坡及台地上，地势相对较高，而海拔较低的河岸阶地或平原地区则少有遗址分布。一方面，这与调查区域及调查路线的设定有较大关系，由于流溪河流域海拔和地势较低缓的区域多被现代村落或农田所占据，无法进行考古调查，所以遗址发现较少；另一方面，根据目前调查勘探的结果，海拔较低地带地表通常有较厚的淤泥层，在历史时期为不适合人类居住的湖泽或沼泽地带，因此流溪河流域的先民主要生活在海拔较高的山岗缓坡及台地上。

若排除汉代遗址（汉代遗址数量仅9个，样本数量太小，有效性存疑），我们可以发现从新石器时代晚期至春秋时期，山地型遗址所占的比重没有明显变化，说明从新石器时代晚期至春秋时期的从化先民对生活居址的选择趋向未发生较明显改变。战国至汉初则发生了较大的变化，台地型遗址明显增多，成为最多的遗址类型，而山地型遗址则明显减少。

人类社会的发展与地理环境及自然资源息息相关，岭南地区"负山险，阻南海"，为襟山带海的封闭性地貌，与外界交流不多。秦统一岭南以前，岭南地区仍处于刀耕火种、社会生产力极其低下的较原始时期，"以木皮为衣……禽兽鱼虫为咸，熏根为盐，刀耕火种……"[1] 这一时期，农业生产水平低，生产方式仍以采集、渔猎为主。因此，自然资源应

---

[1] ［越］陈世法. 岭南摭怪[M].

该是从化地区先民们选择山岗缓坡地带生活的最主要因素，一方面山岗日照充裕，果木丰盛，可供采集渔猎的资源更为丰富，从化先民可以倚仗得天独厚的自然资源生存；另一方面山岗缓坡相较低海拔的台地发生洪涝灾害的可能较小，在河网密布的流溪河流域更为安全。

进入战国时期之后，岭南地区与北方地区交流大大增多，秦统一岭南之后，开山通渠，打通了珠江、长江两大流域的联系。还在岭南地区推行郡县制，并"徙中县之民南方三郡，使与百粤杂处"，改变了岭南地区各有种姓、互不往来的局面。中原地区铁制工具及先进农耕技术的输入，大大改变了这一地区的生产方式。与此同时，手工业与商业也迅速发展，还形成了圩市等贸易交换市场。这一时期，农耕农业的发展、手工业及商业的繁荣使得社会生产力大大提高，自然环境对人类社会发展的制约作用大为减少，因此人们更趋向于选择靠近河流两岸海拔较低、交通更为便利的台阶地带生活。

（二）遗址集群分布规律分析

前文指出，从化流溪河流域的遗址主要集中于10多个大型自然地理单元内，即流溪河干流及主要支流两岸，特别是带有盆地或宽阔河谷的河流两岸，如吕田盆地、安山盆地、鸭洞河谷、桃园盆地、灌村盆地、锦洞水河谷、三村盆地等。遗址集群分布的形成受多种因素制约，不仅与自然地理环境相关，也跟遗址与周边遗址的相互关系有着密切联系。对遗址集群分布规律的分析研究首先要解决两个问题：一是遗址年代上的共时性，二是遗址群内部形态的历时性变化。前文探讨过流溪河流域单个遗址的形态特征，本部分将重点择取吕田盆地、安山盆地、桃园盆地、灌村盆地等4个有明显遗址集群现象的盆地，就区域内遗址群的时空结构进行分析。

1. 吕田盆地遗址群

吕田盆地共计复查和新发现各期遗址计36处，可分为新石器时代晚期至商代、西周至春秋、战国至汉初、两汉时期、唐宋时期、明清时期等前后发展的6个阶段。

最早的考古学文化遗存肇始于新石器时代晚期至商代，其时聚落已形成一定规模，达27处，代表性遗址有太平山遗址、旺水口遗址、钟鼓岩遗址、狮象岩遗址等。从遗址分布的空间结构来看，新石器时代晚期至商代的遗存散布于盆地全境，自东向西皆可见该期遗存。根据遗址内涵及面积来分析，又可分为以东部太平山遗址、西部狮象岩遗址为代表的两个中心聚落。太平山遗址面积约6万平方米，地貌形态涵盖河岸阶地、缓坡台地和山岗等多类，采集遗物内涵丰富，蚊山、黄牛山2号、桂峰山遗址环绕周边，面积均小于太平山遗址。狮象岩遗址经正式发掘，发现以新石器时代晚期至商代为主的一批重要遗存，遗址面积近1平方千米，无论遗址内涵还是面积均非周边其他遗址可比，显示出中心聚落的迹象。

西周至春秋时期，盆地内遗址数量陡减至7处，采集遗物量少，且在各遗址内所占比例极低。与一期相比，西周至春秋时期盆地区域文化发展进入低谷期。从遗址分布位置看，该期遗存多集中于盆地的中东部，即吕田河中上游，而下游则几乎不见。

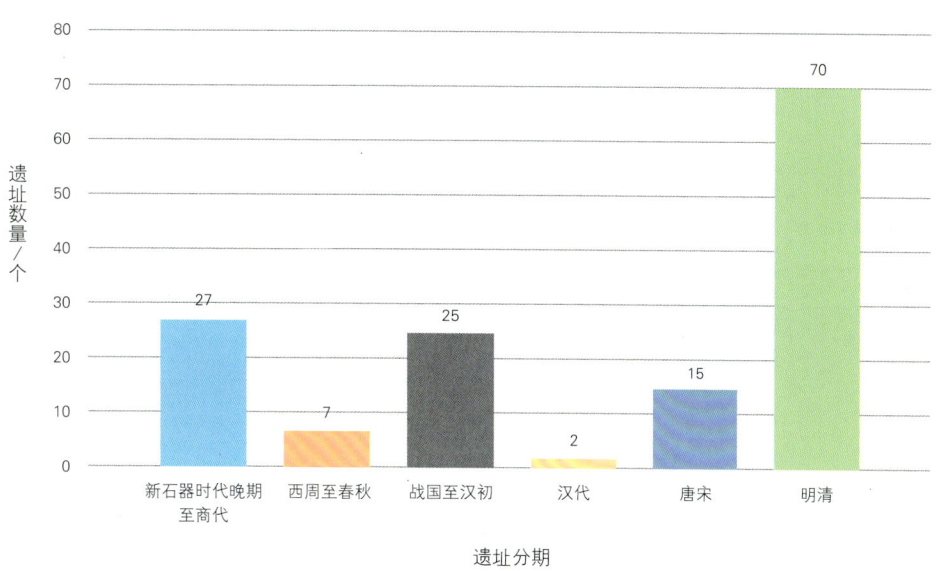

图1028　吕田盆地各期遗址数量分布图

直到战国至汉初的米字纹陶阶段，盆地内又现区域文化、人口复兴的迹象，遗址数量恢复到一期水平，达25处。以战国至汉初米字纹陶遗存为主体文化内涵的遗址发现多处，如田头山遗址、太平山火烧田、中平顶、大墩、大围遗址等，这与前期夔纹陶阶段遗存极尽没落的局面对比强烈。从遗址分布的空间来看，该期遗址又见于盆地内各处，遗址分布较均匀，总体考察，上游的田头山遗址，中部的中平顶遗址、大墩遗址，下游的大围遗址等较周边其他遗址内涵更丰富、遗址面积更大，为中心聚落的可能性大。

汉平定南越国后的两汉时期，遗址数量又再一次骤减至2个，仅在部分遗址采集少量陶片，根据陶片特征分析，时代多为东汉时期。汉以后直至唐宋时期，属文化发展空白期，虽不排除未发现的可能，但亦说明该阶段文化的萧条，且与整个从化地区晋南朝遗存少见的情况一致。

唐宋时期，吕田盆地慢慢恢复生机，遗址数量恢复到15处，见于近半数遗址中。

明清时期遗址仅8处，应该与此次考古调查以早期遗存为重点有关，晚期遗址未做全面系统的调查和记录。结合地方志、族谱、碑刻、契约文书等文献及实地调查情况看，从化地区现今村落历史多数可追溯至明清时期，仅规模上较明时期略有扩大，所以明清时期吕田盆地的遗址数量应该是最多的，根据地形图、卫星图及实地调查情况看，整个盆地明清时期聚落推测有70多处，其中现吕田镇所在位置因地理位置优越逐渐发展为盆地内的中心聚落，并成为现吕田镇驻地。

2. 安山盆地遗址群

安山盆地位于吕田盆地南部，两者仅一山之隔，面积较吕田盆地小，属牛栏河支流。盆

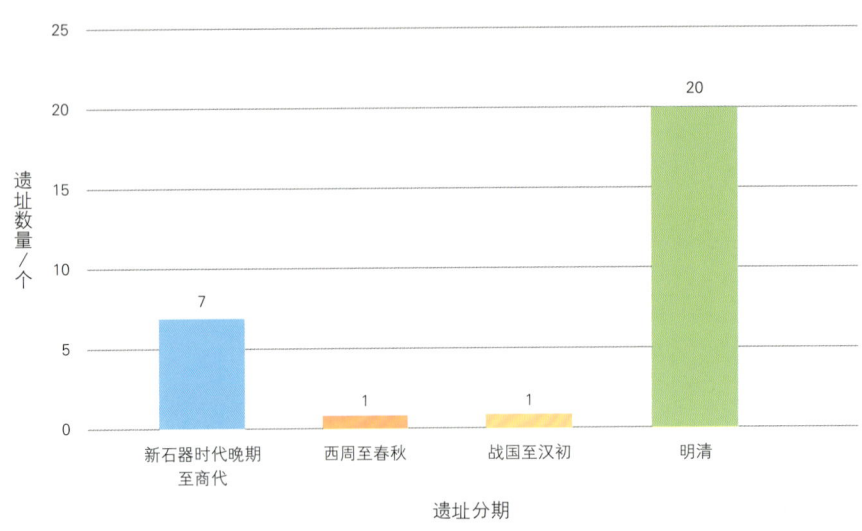

图1029 安山盆地各期遗址数量分布图

地内共计复查和新发现各期遗址7处,皆为先秦时期遗址,这一区域的文化发展可分为新石器时代晚期至商代、西周至唐宋、明清时期三个阶段。

最早期遗存见于马蹄岭遗址,文化面貌与粤北石峡文化相类似,其年代应与石峡文化相近。稍晚的新石器时代晚期至商代遗存见于每个遗址,其中坝仔、马蹄岭、丁山、南门岗等四处遗址相邻分布,内涵相近,呈集群分布态势。马蹄岭遗址地表采集到大量河卵石原石、石器半成品、废料、成品,推断此处可能为石器加工厂,并且该遗址内涵丰富、面积较大,延续时间长(一直到汉初),马蹄岭遗址为新石器时代晚期至商代中心聚落的可能性极大。

西周至春秋、战国至汉初遗存仅见马蹄岭遗址,排除调查未发现等原因,说明安山盆地内西周至战国时期经历了文化上的低谷期,这与一山之隔的吕田盆地存在巨大的差异性。安山盆地未见汉代、晋南朝、唐宋时期遗存,结合地方志、族谱等民间文献考证,安山盆地现有村落布局至少在明清时期已定型,初步统计有20多个自然村落,故推测明清时期的遗址保守估计有20处,说明自汉以后直至明清时期,安山盆地存在文化发展上的没落期,并直到明清时期才又繁荣起来。

3. 桃园盆地遗址群

桃园盆地位于流溪河流域中游小海河支流流域,呈东北—西南向长条状,总面积约20.6平方千米。盆地内共计发现各期遗址41个,可分为前后发展的6期。如图1030显示,桃园盆地内遗址数量呈现"V"形分布,可分为新石器时代晚期至商代、西周至汉、唐宋至明清三个阶段。

新石器时代晚期至商代遗址数量较多,为32处,占总遗址数的80%。这一时期约一半遗址面积较大,超数万平方米,采集遗物十分丰富。该期遗址多分布于盆地北部,少量见于盆地中央的独立山岗上,盆地南缘几乎不见该期遗存,以山岗型遗址为主。宏观来看,盆地东部

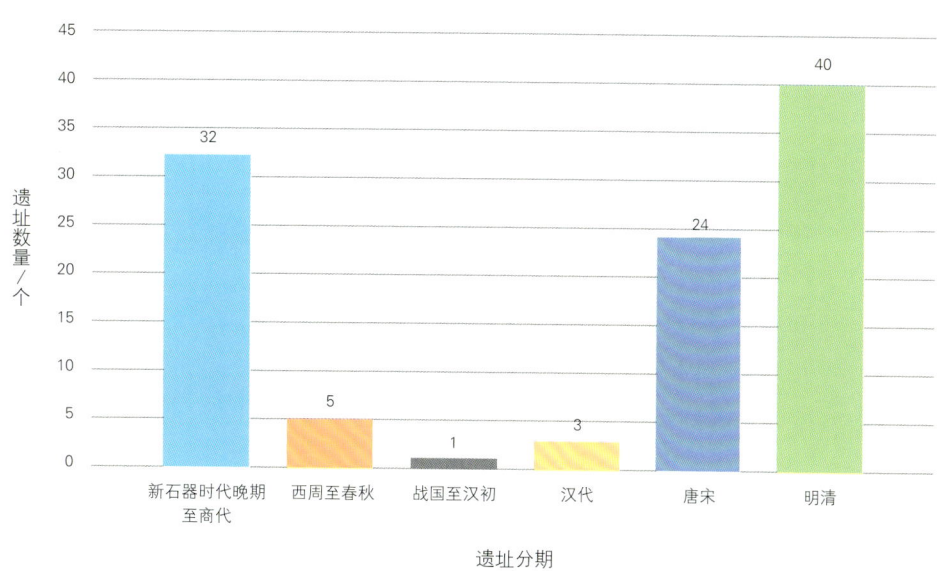

图1030 桃园盆地各期遗址数量分布图

形成以长岗、铁岬等遗址为中心的遗址集群，盆地中部形成以背底山、锅盖岭、山公嘴等遗址为中心的遗址集群，盆地西部形成以两仔山、锣鼓山、庙山等遗址为中心的遗址集群。这种遗址集群分布态势正好与盆地内现代行政村中心聚落相对应，东部有桃连和中田村，中部有乌土、平岗、源湖村，西部有龙岗和宣星村。

新石器时代晚期至商代以后继之而起的西周至春秋时期，夔纹陶阶段遗址仅5个，且单位遗址内该期遗物占遗物总数比例小，不属主体文化内涵，遗物零星散见于部分遗址中，盆地内出现明显的文化衰落现象。战国至汉初，米字纹陶阶段遗址进一步降至1个，仅在门头岭遗址采集少许陶片。汉代遗址数量同样稀少，各遗址采集遗物数量亦较少。

整个先秦两汉时期，桃园盆地以新石器时代晚期至商代时期遗存为主，属早期文化的巅峰阶段，而后盆地内经历了文化发展的极尽没落阶段，直至唐宋时期，遗址数量大幅增加。此次调查可见唐宋时期遗存的遗址共计24个，但据实地调查情况看，整个盆地内地表多能见到该期典型陶瓷片标本，因调查以早期遗物为重点，唐宋时期遗物未进行系统、全面采集，故而盆地内实际遗址数量应该高于图1030中的24个。从遗址形态来看，唐宋时期遗物多见于海拔较低的河岸阶地或缓坡台地上，而山岗上多以先秦两汉遗存为主。而以唐宋时期遗存为主体文化内涵的遗址多分布于盆地西部南缘，以芦荻角遗址为代表，这与先秦两汉遗址多分布于盆地北部的分布规律正好相左。明清时期遗存非此次考古调查重点，据文献和实地调查情况推测其时村落约40处，相较于唐宋时期，该阶段文化再现繁盛景象并一直延续至今。

4. 灌村盆地遗址群

灌村盆地位于流溪河流域中游，从化东部，由东西向盆地和南侧两个南北向峡谷组成，呈"板凳"状，盆地主体为"板凳面"，两峡谷为"板凳腿"，小海河两支流流经盆地和南

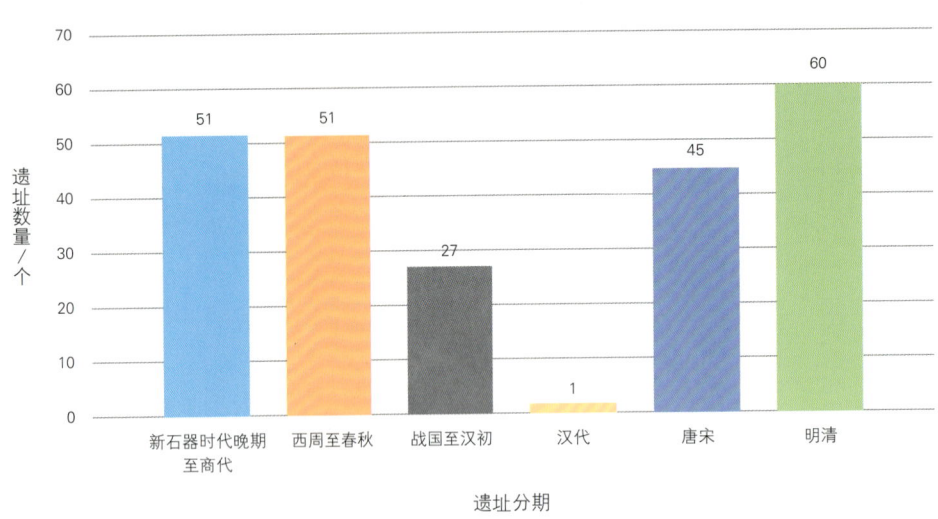

图1031　灌村盆地各期遗址数量分布图

侧峡谷。灌村盆地是整个流溪河流域调查发现遗址数量最多、采集遗物最丰富的盆地，共计发现各期遗址79个，可分为新石器时代晚期至汉初、汉代、唐宋至明清三个发展阶段。

该盆地发现的少量遗存带有石峡文化特色，但数量较少，统归于新石器时代晚期。新石器时代晚期至商代的主体文化内涵与吕田盆地、安山盆地、鸭洞河河谷、桃园盆地所见同期遗存一致，遗址数量达51处，其中有约20处遗址采集遗物较为丰富。综合考察盆地内新石器时代晚期至商代遗址，遗址多分布于海拔较高的山岗上，遗址形态以山岗型居多。

西周至春秋时期，遗址数量亦为51处，与新石器时代晚期至商代遗址数量相当，且其中有30余处遗址采集遗物数量较为丰富，遗址类型以台地型为主，显示出这一时期该盆地文化发展较为繁荣，与流溪河流域其他区域同时期文化较为衰落的现象相异。战国至汉初，有27处遗址，其中有8处遗址采集到较为丰富的遗物。与其他区域相比，灌村盆地在战国至汉初为从化地区文化较为繁荣的区域。西周至汉初时期遗址多分布于缓坡、河岸阶地，海拔相较新石器时代晚期至商代有明显的下降。

汉代遗存发现较少，仅见圆山仔1处遗址，有明显的文化衰落现象，为文化发展的没落期。

唐宋时期，盆地内遗址数为45处，考古学文化已从汉以后的没落期恢复至相当规模，至明清时期，现代村落布局已基本奠定。据文献和实地调查情况推测其时村落约60处，为最繁盛时期，并一直延续至今，部分聚落形成中心聚落。

综合考察以上举例的4个盆地、河谷遗址集群分布规律，可看出各遗址集群内部以及相邻遗址集群间存在着诸多相同特征。首先，各遗址集群内，考古学文化发展演变的历程大致相当，遗址数量与分期对照图多呈"V"形：早期，以新石器时代晚期至商代遗址数量所占比例最大；而稍晚的西周至春秋、战国至汉初、汉代遗址数量多呈下降趋势；晚期，唐宋时期遗存在沉寂近千年后，略有恢复，至明清时期达到顶峰。

其次，新石器时代晚期至商代时期，遗址形态以山地型为主，海拔较高。在遗址群内部，会出现大量遗址聚集分布的现象，并有一至两处遗址规模较大、文化内涵丰富，存在小型遗址围绕中心聚落集中分布的群聚现象。西周至春秋时期，除灌村盆地外，从化地区文化发展处于衰落时期，遗址数量骤减。战国至汉初，米字纹陶遗存以吕田盆地、灌村盆地分布较集中，遗址形态多以台地型为主，海拔较低。汉代以后，整个流域文化相对没落，直到唐宋时期才开始恢复，因此次调查未对晚期遗址做系统梳理，唐宋时期聚落等级分化、文化中心等问题尚难研判。明代，从化建县，街口地区逐渐发展为流域中心，并辐射周边其他地区。

第三，部分相邻的遗址群文化发展历程存在差异。吕田盆地和安山盆地，位于流溪河上游，是从化东北部地区人口、聚落、遗址分布最集中的地区，两盆地南北相邻，自然地理环境亦相近，但文化发展历程却相异甚大。首先，从遗址数量上看，吕田盆地发现近40处遗址，而安山盆地却只有7处，遗址分布密度不同；其次，安山盆地内早期遗存以一期为主，稍晚的二期、三期极少，但吕田盆地内西周至春秋、战国至汉初遗址却占有相当大比例。桃园盆地和灌村盆地是流溪河中游两个相邻大型盆地，同属小海河流域，但两者文化发展演进历程同样差异明显。桃园盆地先秦遗址中，一期遗址所在比例巨大，而稍晚的夔纹陶、米字纹陶遗址数量锐减明显；灌村盆地内一期、二期遗址数量相当，但二期遗存占主体文化内涵的遗址却占比最高，并且三期米字纹陶遗址亦占有一定比例。

（三）全流域视角下遗址分布规律的历时性观察

前文从单个遗址形态、遗址集群空间结构等方面对流溪河流域遗址分布规律做了讨论。以全流域视角来看，流溪河流域新石器时代晚期至明清时期遗址的分布有其历时性变化，以下将对其历时性变化的内在规律进行讨论。

整个流域共计发现361个遗址，根据遗物特征，我们将流溪河流域调查所发现遗址分为前后发展的七期。虽然，此次调查在遗址确认、遗址分期、调查区域选择等方面均存在诸多问题和可探讨的地方，但透过各时期遗址数量的变化，可窥探流溪河流域文化的发展历程，同时为流溪河流域考古学文化的深入研究及岭南地区其他区域的考古学调查提供有益的参考价值。

新石器时代晚期至商代，整个流域新石器时代晚期至商代遗址共计发现265个，从遗址分布图看，该期遗址呈现广泛分布、局部集中的分布态势，大部分遗址集聚在河流两岸的台地或有河流穿过的盆地周边。全流域共形成了吕田盆地、安山盆地、鸭洞河流域、桃园盆地、灌村盆地、凤凰水流域、锦洞水流域、沙溪河流域、三村盆地等多个遗址集群。在以上遗址大集群外的山水间，还广泛分布着众多的遗址，且部分遗址地处群山深处、河流源头，海拔高，地势陡峭。说明流溪河流域的这一时期的先民们活动范围极广。

西周至春秋时期遗址共计90个，较前期有明显的下降，且仅在灌村盆地发现有遗址集群的现象，其他区域遗址多零星分布于各山岗或阶地上。

战国至汉初遗址共计85个，数量与前期持平，灌村盆地依然是重要的分布区域，同时北部的吕田盆地内该期遗址数量大增，形成南北两个遗址集群的态势。

汉代至晋南朝时期为流溪河流域文化发展较没落的时期，汉代遗址仅发现9处，晋南朝仅发现2处，较前期米字纹陶阶段遗址数量下降明显，且未发现遗址集群现象，遗址规模较小，采集遗物亦较少，均散见于流溪河流域上游至下游地区，整体上来说属流溪河流域文化发展的没落期。

唐宋时期遗址141个，因对晚期遗存关注度不足，唐宋时期遗物未进行系统全面的采集和记录，遗址数量数据不足以反映全流域唐宋时期文化发展面貌。但从化上游吕田、良口、温泉三镇的统计数据略好于下游，透过上游地区唐宋时期遗址分布图来看，在经历了近千年的文化萧条期后，从化流溪河流域文化有了较大的恢复和发展，吕田盆地、鸭洞河谷、桃园盆地、灌村盆地等大型地理单元依然是遗址分布密集区域，但同时亦显示出向四周，特别是向西北部山区蔓延的趋势，其时，人类拓殖能力进一步提升。

明清时期遗址未有系统记录，结合地方志、地名志、族谱、碑刻、契约文书等文献及实地调查情况看，从化地区现今村落历史多数可追溯至明清时期，有的甚至可以上至唐宋时期，村落形态和布局在明清时期多已奠定，仅规模较明清时期有所扩大。从化建县于明弘治二年（1489），隶属广州府，县属设置在横潭村（现花都新华镇）。弘治七年（1494），县署从横潭迁往马场田（今从化街口城内）。建县初，辖18个图（里），分设水东、水西、马村和流溪四堡。从化建县，是从化历史发展进程上一重大转折点，明清时期村落数量较唐宋时

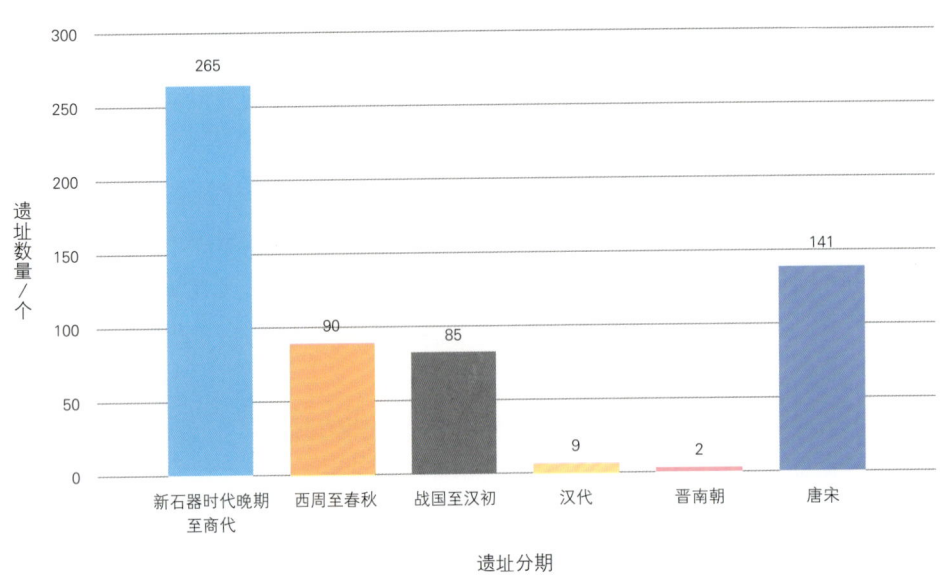

图1032　从化流溪河流域各期遗址数量分布图

期有极大的增长，人口数量呈爆发性增长态势，从现代村落分布的位置推测，明清时期的村落依然集中于较大型的自然地理区域内，形成吕田、灌村、桃园（龙岗）、龙潭、旗杆、鳌头、太平、街口、良口、石岭、民乐等大型圩市，奠定从化现代行政区划的组织基础。

根据调查结果，我们对从化流溪河流域遗址分布规律进行了历时性观察。新石器时代晚期至商代，从化流溪河流域遗址发现较多，并且发现大部分遗址聚集在流溪河支流流域或者有河流穿过的盆地周边，遗址以山地型为主，海拔较高。虽然在部分盆地内部发现了遗址有规模上的差异以及部分规模较小的遗址围绕大型遗址分布的现象，但是大部分遗址海拔较高，交通不便，说明遗址之间的联系并不紧密，这一时期自然资源应该是决定遗址分布的主要因素。西周至汉初，从化流溪河流域遗址数量骤减，仅在灌村盆地及吕田盆地两处区域发现了遗址集群现象，且遗址以台地型为主，平均海拔较低。说明在这一时期，自然资源已经不是流溪河流域先民选址的决定性因素，灌村盆地及吕田盆地在这一时期可能由于其地理位置以及交通的便利，成为了流溪河流域西周至春秋时期遗址集群的中心地带。唐宋至明清时期是流溪河流域文化快速发展的时期，这一时期不仅遗址数量大增，还在遗址集群的中心地带发现了一些烧制陶瓷器的窑址。这与整个岭南地区当时的社会经济发展是一致的，手工业和商业的发达带动了流溪河流域经济文化的发展。

综合以上分析，流溪河流域在新石器时代晚期至商周时期遗址分布以自然资源为主要决定因素，西周至汉初则逐渐摆脱自然环境的制约，唐宋至明清时期，因岭南地区大范围内经济文化的发展，带动了流溪河流域的经济文化发展，其遗址分布可能以手工业及商业为决定因素。遗址分布规律是极其复杂的，前文的结论只是粗线条和尝试性的，更深层次的研究有待将来深入的考古研究工作。

三、流溪河流域遗址资源保护利用

流溪河流域考古调查田野工作自2014年5月开展，历时近一年，在原有考古调查成果基础上，新发现300多处遗址。这些遗址资源是广州的重要文化遗产和宝贵历史财富，是广州从化流溪河流域数千年人类活动的文化积淀和直接物证，是广州深厚历史文化内涵的重要体现。大量遗址的发现既是对我们辛勤工作的奖励，但同时亦是时代赋予我辈的责任和使命。在摸清家底后，如何保护好、研究好、利用好这丰富的古文化遗址资源，将保护工作进一步落实到实处，是下一步工作的重心。下一步我们将在以下四个方面加强流溪河流域遗址资源的保护利用。

1. 已经登录和公布为文物保护单位的古遗址，针对遗址的保存现状，要及时划定遗址本体、保护范围及建控地带，同时建立健全文物安全巡查制度，定期巡查，加强监督保护。

从化目前共计发现300多处遗址资源，但仅有狮象遗址被公布为广州市文物保护单位，大量遗址仍处于无"身份"、无保护范围、无保护标志的尴尬境地。受益于从化自然生态环境保护良好的局面，从化绝大多数已发现的古遗址保存状况均较好，但随着城乡基本建设的开展，这些遗址将面临愈发严峻的保护形势。

针对此现状，从化此次调查发现的重要遗址，要开展进一步的调查、勘探、发掘工作，明确遗址文化内涵、性质、时代、功能、分布范围等情况，并及时上报登记、公布为文物保护单位，进行切实有效的保护。

2. 重点文物埋藏区划定。划定地下文物埋藏区既是文物保护法规的要求，同时亦是地下文物遗存抢救和保护工作的需求。2014年5月，广州市古城区及近郊地下文物埋藏区成为经广东省政府批准并由广州市政府公布的第一批文物埋藏区，该文物埋藏区涉及广州市古城区和近郊的16个区域，范围约200平方千米。文物埋藏区的划定和公布，为埋藏区内文物保护工作提供了法律依据，切实有效地保护了珍贵的历史文化资源。

从化遗址资源分布较集中，主要见于几大盆地和支流河谷内，如吕田盆地、安山盆地、桃园盆地、灌村盆地、鸭洞河流域、凤凰水流域等。这些区域遗址分布密集、延续时间久、内涵丰富、保存状况较好，是从化地区珍贵的历史文化遗产，应及时划定为地下文物埋藏区，报请省市人民政府核定公布，实现在政府主导层面上对地下文物资源保护的有效机制，避免违规和无序的开发建设对现有古遗址资源的蚕食和破坏。

3. 对尚未达到文物保护单位等级且不在文物埋藏区范围内的古遗址，亦应作为文物保护线索给予足够的重视，结合《中华人民共和国文物保护法》《广州市文物保护规定》等相关法律法规予以保护。《广州市文物保护规定》规定从化区辖区内占地面积3万平方米以上的建设工程项目，应在建设前进行考古调查、勘探、发掘工作。此次流溪河流域考古调查发现的古遗址，虽大部分遗址面积尚难确认，但遗物分布范围超过3万平方米的极少，任何因占地面积小于3万平方米的建设工程项目、土地出让地块或重大线性工程，如不在上文提议划定文化埋藏区内，因无须报请文物考古调查勘探手续即施工对遗址的破坏都是毁灭性的。按《中华人民共和国文物保护法》第十三条规定，可将尚未核定公布为文物保护单位的遗址，经县级人民政府文物行政部门予以登记并公布。

4. 建设考古基地，奠定文物保护、研究、利用物质基础。2015年10月，"广州新石器时期遗址考古发现与保护工作会议"议定由广州市文化广电新闻出版局负责，市财政局、市国土规划委、从化区政府配合，按照"节俭、实用、美观、科普"的要求，在从化流溪河流域建设两个考古基地（横岭基地、狮象基地）。考古基地以考古研究为主，兼有展示及接纳大学生实习、旅游等功能。

为切实做好横岭、狮象遗址及流溪河流域古文化遗址的调查、发掘、整理、研究工作，解决流溪河流域考古出土文物的存放保管及修复保护、考古资料整理等问题，促进广州文化遗产保护事业的进一步发展，并且让公众及时分享广州文化遗产保护成果，在市委、市政府的支持和指导下，流溪河流域考古基地建设正在如期推进建设。2016年1月，考古基地建设方案获广州市文物管理和历史文化名城保护委员会2016年第一次会议审议通过，项目总投资8000余万元，用地规模17 500平方米，建筑面积9525平方米，计划2019年建成并投入使用。届时，流溪河流域考古基地将建设成为集考古调查勘探、发掘保存、整理研究、修复实验、展示交流、科普教育与旅游休闲于一体的综合性基地。

"文物承载灿烂文明，传承历史文化，维系民族精神，是老祖宗留给我们的宝贵遗产，是加强社会主义精神文明建设的深厚滋养。"在中央到地方各级领导部门乃至普通民众对文化遗产保护的高度关注和重视的大环境下，在当下文物保护事业取得重大成就但文物合理适度利用、文物保护成果惠及人民群众等方面仍有诸多可拓展空间的新形势下，积极开展文物资源的科学普查、摸清家底，做好文物资源的保护、研究、利用是时代赋予广大文物工作者的使命和责任。

附录　广州从化流溪河流域遗址登记表

附录 广州从化流溪河流域遗址登记表

遗址编号	遗址名称	地点	地理坐标	地形地貌	遗迹、遗物	遗物分布范围（平方米）	时代	保存状况	备注
001	陈洞遗址	吕田镇桂峰村陈洞东北	N23°48′43.9920″，E114°00′44.6870″，海拔：331.330米	吕田盆地东部、盆地北缘小山岗	采集石锛1件和少许陶瓷片，可辨器形见罐底、碗、烟斗等	约10 000	新石器时代晚期至商代、唐末、明清	较好	复查
002	田头山遗址	吕田镇新联村罗水楼西北田头山台地上	N23°48′05.9451″，E113°58′27.9116″，海拔：233.680米	吕田盆地东南边缘，石坝水西侧台地	采集陶片丰富，纹饰见方格纹、米字纹、水波纹、对角线回字纹、编织纹、素面等，可辨器形有罐、瓮、杯形器等	约12 000	新石器时代晚期至商代、战国至汉初、唐末	较好	复查
003	东岗仔遗址	吕田镇桂峰村下岭北社北东岗仔山岗上	A点：N23°48′44.4369″，E113°59′34.5331″，海拔：284.055米 B点：N23°48′45.9655″，E113°59′38.7874″，海拔：292.763米	吕田盆地东部、盆地北缘数座山岗	调查于山岗A、B点采集陶片等遗物，纹饰见绳纹、曲折纹、篮纹，附加堆纹等，可辨器形有移口斜折沿罐、矮圈足罐等	A点不详，B点约15 000	新石器时代晚期至商代	较好	复查
004	禾塘岭遗址	吕田镇联丰村江下东禾塘岭台地上	N23°48′32.9195″，E113°59′22.6116″，海拔：260.088米	吕田盆地东部、盆地中央，吕田河北岸略微高起的台地	采集陶片30余片，纹饰有方格纹、米字纹、曲折纹、绳纹陶片，可辨器形有罐；瓷片1片	约10 000	新石器时代晚期至商代、西周至春秋、战国至汉初、宋代	较好	复查
005	胜丰遗址	吕田镇联丰村胜丰社47号房北侧岗式台地上	N23°48′28.4219″，E113°58′42.7524″，海拔：241.740米	吕田盆地东部、盆地中央广阔台地	采集少许陶片，纹饰见方格纹、米字纹等，可辨器形有平底罐残片	约7000	战国至汉初	较好	复查
006	桂峰山遗址	吕田镇联丰村蚊山东侧山岗上	N23°48′33.5772″，E113°59′18.7656″，海拔：250.704米	吕田盆地北边缘山岗	据《广州市文物普查汇编·从化市卷》1990年至今，当地农民复员林陆续在这一带发现大量各类型的打制石器，有石斧、石锛、石凿和砺石等	不详	新石器时代晚期至商代	一般	汇编 复查
007	蚊山遗址	吕田镇联丰村蚊山西部台地上	N23°48′44.9873″，E113°58′40.1681″，海拔：240.948米	吕田盆地东部、盆地北边缘坡式台地，吕田河北岸	采集陶片18片，纹饰见绳纹、曲折纹、长条纹、方格纹等，可辨器形有罐口沿等	约10 000	新石器时代晚期至商代、战国至汉初	较好	复查

(续表)

遗址编号	遗址名称	地点	地理坐标	地形地貌	遗迹、遗物	遗物分布范围（平方米）	时代	保存状况	备注
008	太平山遗址	吕田镇联丰村邓村北部太平山	火烧田：N23°48′42.0848″，E113°58′32.8658″海拔：222.017米太平山南坡：N23°48′44.4986″，E113°58′29.0269″海拔：252.842米	吕田盆地中部，盆地北缘山岗及其南侧河岸台地，吕田河北岸	采集陶片、石器等大量遗物，石器有石锛、石斧、砺石等；陶片纹饰有绳纹、曲折纹、长方格纹、叶脉纹、梯格纹、方格纹、米字纹、水波纹、复线米字纹等，可辨器形有罐等	约60 000	新石器时代晚期至商代、西周至春秋、战国至汉初	较好	复查
009	颐养院遗址	吕田镇联丰村金朝阳颐养院对面	N23°48′38.6658″，E113°58′41.8095″海拔：239.990米	一圆形小山丘，吕田河南岸	采集少许陶片，纹饰有绳纹、长方格纹、米字纹、方格纹等	约10 000	新石器时代晚期至商代、战国至汉初	较好	新发现
010	黄牛山1号遗址	吕田镇联丰村邓村经济社北部黄牛山上	A点：N23°48′51.2725″，E113°58′21.1543″海拔：265.310米B点：N23°48′54.3814″，E113°58′18.7568″海拔：260.873米	吕田盆地北缘多座不规则山岗，吕田河北岸	采集10余片陶瓷片，陶片纹饰有绳纹、附加堆纹、素面；瓷器可辨器形多为碗底	约20 000	新石器时代晚期至商代、唐末	较好	新发现
011	黄牛山2号遗址	吕田镇联丰村邓村经济社北部黄牛山上	N23°48′52.2981″，E113°58′13.8572″海拔：277.056米	吕田盆地北部，向东南延伸的舌状山岗	采集陶片41片，纹饰以曲折纹为主，另有曲折纹加附加堆纹、绳纹、篮纹、素面等，可辨器形仅见陶罐口沿	约18 000	新石器时代晚期至商代	较好	新发现
012	蛇山遗址	吕田镇吕中村夏屋东部"蛇山"缓坡台地上	N23°48′32.9566″，E113°57′54.1196″海拔：225.704米	吕田盆地中部，盆地南侧高山北向延伸出的大片台地	采集3片陶片，纹饰有三角纹、素面	不详	战国至汉初	一般	复查
013	苏湖顶遗址	吕田镇吕中村苏湖社东	N23°48′38.2136″，E113°57′30.3004″海拔：227.995米	吕田盆地中部广袤台地	采集陶片16片，纹饰见方格纹、夔纹、弦纹、米字纹等	约18 000	西周至春秋、战国至汉初	一般	复查
014	大岜山遗址	吕田镇吕中村苏湖社东南，"大岜山"山脚台地上	N23°48′31.6502″，E113°57′29.6326″海拔：227.217米	吕田盆地中南部，盆地南侧高山脚缓坡台地	在山岗的梯田断壁上发现陶罐1件	不详	唐末	一般	复查

(续表)

遗址编号	遗址名称	地点	地理坐标	地形地貌	遗迹、遗物	遗物分布范围（平方米）	时代	保存状况	备注
015	花岭遗址	吕田镇柯村西侧"花岭"台地上	N23°48'47.0983", E113°57'25.7236", 海拔: 220.558米	吕田盆地中部广袤台地，吕田河南岸	采集陶片46片，石网坠和穿孔石器。陶片纹饰以方格纹为大宗，另有米字纹、三角纹、弦纹、弦纹加重圈纹、篮纹、方格戳印纹，素面等，可辨器形有罐	约25 000	战国至汉初、汉代、唐末	一般	复查
016	高平顶遗址	吕田镇吕田中村苏坑东北，"高平顶"台地上	N23°48'25.5607", E113°57'13.0315", 海拔: 227.244米	吕田盆地中南部，广袤坦台地	采集少许陶瓷片，陶片可见纹饰有交错绳纹、方格纹；瓷片为饼足碗底	约10 000	新石器时代晚期至商代、战国至汉初、唐末	一般	复查
017	宁兴古庙遗址	吕田镇吕田中村苏坑社西，"宁兴古庙"南侧后山上	N23°48'22.7351", E113°56'48.3332", 海拔: 237.089米	吕田盆地中部，盆地南缘山岗	采集陶片2片，饰绳纹、曲折纹；另有石锛1件	不详	新石器时代晚期至商代	较好	复查
018	戏岗顶遗址	吕田镇卫生院北侧的戏岗顶上	N23°48'47.2042", E113°56'38.9850", 海拔: 216.318米	吕田盆地中部凸起岗地，吕田河南岸	《广州市文物普查汇编·从化市卷》载，1982年9月吕田镇政府工作人员于山岗岗地表发现铜釜和陶纺轮各1件，岗顶土表散布各种印纹陶片和砺石。复查地表采集陶片2片，饰方格纹	约24 000	战国至汉初	较差	复查
019	中平顶遗址	吕田镇吕田中村尾扶社西侧台地	N23°48'36.8793", E113°56'28.4960", 海拔: 220.885米	吕田盆地中部大台地的西缘，吕田河南岸	采集陶片60余片，纹饰有绳纹、篮纹、斜长方格纹、曲折纹、方格纹加弦纹、席纹、方格纹加夔纹、米字纹、素面等，可辨器形见罐等；石器可辨器形有石锛、石镞等。另有少量瓷片	约40 000	新石器时代晚期至商代、西周至春秋、战国至汉初、汉代、唐末、明清	较好	复查
020	海螺滩遗址	吕田镇吕田中村海螺社旁海螺山上，西邻吕田中学	N23°48'58.6453", E113°57'08.7647", 海拔: 238.970米	吕田盆地中央螺形独立山岗，吕田河南岸	据《广州市文物普查汇编·从化市卷》载，1982年9月吕田中学因基建挖地基，发现青铜剑2把，另有陶碗、陶杯等物	不详	战国至汉初	遗址西南部被毁，其余保存较好	复查

(续表)

遗址编号	遗址名称	地点	地理坐标	地形地貌	遗迹、遗物	遗物分布范围（平方米）	时代	保存状况	备注
021	高顶塝遗址	吕田镇吕中村高顶塝山南麓	N23°48′49.7268″，E113°57′55.2780″，海拔：220.842米	吕田盆地中部，盆地北缘山岗，吕田河北岸	据《广州市文物普查汇编·从化市卷》载，1980年村民在山脚挖泥时发现青铜器。其中部分藏于一陶罐中，分别为鸡首盉斝形盉、铜釜、铜钺、铜温酒亚各1件，铜豆4件。除铜钺、铜豆保存完好外，其他器物均已锈蚀	不详	战国至汉初	一般	复查
022	旺水口遗址	吕田镇吕新村旺水口东侧后山岗上	N23°49′24.0656″，E113°57′27.0288″，海拔：225.172米	吕田盆地中部北缘山岗	采集陶片70余片，饰曲折纹、绳纹、曲折纹加堆纹、方格纹、篮纹、米字纹、罐等器形有器座、罐等；另有石锛1件	约25 000	新石器时代晚期至商代，战国至汉代	较好	复查
023	大塅遗址	吕田镇吕新村大塅东部低矮台地上	N23°49′16.2531″，E113°57′09.7890″，海拔：217.290米	吕田盆地中部北岸，吕田河北岸台地	采集陶片10余片，有绳纹、方格纹、米字纹、方格纹、三角纹、弦纹、对角线菱形纹、素面等，可辨器形有罐；另有瓷片数片，器形多为碗	约30 000	新石器时代晚期至商代，西周至春秋，战国至汉初，唐宋，明清	一般	复查
024	坳节遗址	吕田镇吕新村大塅社西北坳节山岗上	N23°49′16.5596″，E113°56′51.5716″，海拔：233.604米	吕田盆地北缘山岗	采集陶片8片，饰方格纹、素面	约15 000	西周至春秋	山顶被破坏	新发现
025	（吕新）新星遗址	吕田镇新星社西北部	N23°49′2.568″，E113°57′2.4984″，海拔：225.603米	吕田盆地北缘山岗	采集陶片2片，素面无纹，显粤北石峡文化特色	不详	新石器时代	南部被破坏	新发现
026	莫村遗址	吕田镇吕新村莫村西	N23°48′59.5756″，E113°56′24.9637″，海拔：204.431米	吕田盆地西缘台地	采集遗物可分为5组，有新石器时代晚期至战国汉初的条状纹、方格纹、对角菱形凸点纹等陶片，另有唐代和明清时期的瓷片，可辨器形有罐、盆、器盖、碗等	约10 000	新石器时代晚期至商代，西周至春秋，战国至汉初，唐宋，明清	一般	复查
027	大瓜田遗址	吕田镇吕新村松柏塘社西南大瓜田台地	N23°48′56.5976″，E113°55′58.2428″，海拔：204.081米	吕田盆地西北缘山岗前台地	采集少量陶片、石器。陶片纹饰有曲折纹、网格纹、斜长方素纹、同断条纹；石器有石锛、石戈	约40 000	新石器时代晚期至商代，西周至春秋，战国至汉初，唐宋，明清	差	复查
028	崩岗岭遗址	吕田镇狮象社上围社东侧的崩岗岭山坡	N23°48′45.9073″，E113°55′10.5533″，海拔：204.243米	吕田盆地西北缘山坡，吕田河北岸	采集陶片15片，纹饰仅凹弦纹、米字纹等，其他均为素面；石器有欣砸器、石杵、石锛等	约15 000	新石器时代晚期至商代，战国至汉初	好	复查

附录　广州从化流溪河流域遗址登记表

（续表）

遗址编号	遗址名称	地点	地理坐标	地形地貌	遗迹、遗物	遗物分布范围（平方米）	时代	保存状况	备注
029	大禹遗址（复查）	吕田镇狮象村大围经济社	N23°48′32.6592″，E113°55′8.3064″，海拔：200.234米	吕田盆地北部，吕田河北岸阶地	2011年，试掘发现先秦至近现代的文化层堆积，清理南朝一唐灰坑、末元至明清的瓦窑、清代房屋基址。其出土单位主土铺的印纹陶片为主，纹饰有米字纹和方格纹两大类。其出土单位主要在②层与③层，可辨器形有折沿陶罐等。此外，在T6④层中发现一片商时期绳纹陶片，明清时期的青瓷碗、青花瓷片，瓦片等	约15 000	新石器时代晚期至商代、战国至汉初、唐末、明清	被新农村建设破坏	复查
030	南岭山遗址	吕田镇狮象村委会西侧"庙岭山"山岗上	N23°48′25.3229″，E113°54′25.5717″，海拔：206.894米	吕田盆地西北部，吕田河北岸山岗	采集陶片5片，饰绳纹、曲折纹、方格纹、素面等；青花瓷碗底残片2片；另有石锛1件	约15 000	新石器时代晚期至商代、战国至汉初、唐代、明清	较好	新发现
031	胜航岭遗址	吕田镇狮象村委会西"胜航岭"山岗上	A点：N23°48′18.2706″，E113°54′07.5647″，海拔：189.537米。B点：N23°48′20.1663″，E113°54′17.6344″，海拔：186.675米。C点：N23°48′15.4190″，E113°54′06.6952″，海拔：188.470米	吕田盆地西北缘，山前缓坡及台地	A点采集陶片9片，纹饰有绳纹、曲折纹、斜长方格纹、素面；B点采集陶片1片，饰弦纹加栉齿纹；C点采集陶片8片，饰曲纹、方格纹、素面等，可辨器形有罐、碗等	A点约15 000，B点不详，C点约8000	新石器时代晚期至商代、战国至汉初、末代、明清	A点一般，B点较好	复查
032	钟鼓岩遗址	吕田镇狮象村张村北部，钟鼓岩南侧台地上	N23°48′14.9134″，E113°53′58.6163″，海拔：199.745米	吕田盆地西北部，石灰岩山体南侧台地	采集陶片229片，石器12件，其中陶片纹饰以绳纹为主，另有绳纹加附加堆纹、曲折纹、叶脉纹、素面等；可辨器形有陶罐、豆形器、圈足器、碗等；石器有石锛、石刀、石环、石镞等	约17 000	新石器时代晚期至商代、战国至汉初	一般	新发现

(续表)

遗址编号	遗址名称	地点	地理坐标	地形地貌	遗迹、遗物	遗物分布范围（平方米）	时代	保存状况	备注
033	狮象岩遗址	吕田镇狮象村以西狮象岩台处	N23°48′8.8776″，E113°55′27.66″。海拔：212.852米	吕田盆地西南部，吕田南岸，狮象岩及周边台地	2002年底至2003年初，广州市文物考古研究所曾在此进行发掘，试掘200平方米，发现新石器时代晚期至商代的25个灰坑，1座墓葬及数十个柱洞，发掘出土新石器时代中晚期至商代石铸39件，以及可复原的晚期石器、石镞、石环等各类磨制石器，支座、纺轮等50多件。陶器纹饰可见曲折纹、叶脉纹、云雷纹、长方格纹，装饰方法有拍印、刻划、贴塑等。典型器形为小口、直颈、圈底下贴泥条扁圆足的罐或盆，圈底上层出土的文物中，还有战国时期的细方格纹陶罐、水波纹陶缶。汉代的青釉四耳罐、陶壶。唐代的青釉四耳罐	约50万	新石器时代晚期至商代、战国至唐宋	好	复查
034	大山顶遗址	吕田镇水埔村东昇蔬菜基地北侧的大山顶岗地上	N23°48′29.2741″，E113°55′19.6645″。海拔：217.155米	吕田盆地西南部，吕田南岸岗式台地	采集陶片13片，纹饰有绳纹、绳索状附加堆纹、曲折纹、素面，可辨器形见罐口沿、支腿等；石器有石锛1件	约20 000	新石器时代晚期至商代	较好	复查
035	大山脚遗址	吕田镇水埔村鲤鱼塘社南侧的大山脚	C点：N23°48′20.3001″，E113°55′35.9326″。海拔：202.485米	吕田盆地西南部，吕河南岸三座相连小山岗	A点在山北北坡采集陶片1片；B点在山坡山脚采集陶片堆积区，C点在山坡山脚东北坡附加堆纹陶片；发现一处软陶片堆积区，采集陶片90片，纹饰有曲折纹加弦纹、曲折纹、素面，推测为陶罐残片	A点约11 000，B点约14 000，C点约10 000	新石器时代晚期至商代、战国至汉初	较好	复查
036	银佛岭遗址	吕田镇水埔村塘下东部银佛岭岗土	N23°48′35.7034″，E113°56′09.2835″。海拔：199.663米	吕田盆地南部，吕河南岸长条状山岗	采集陶片11片，其他地均为素面，纹饰以方格纹为主，可辨器形有罐底部残片、子口罐口沿残片、三足器等；此外，还有石镞、石斧各1件	约35 000	新石器时代晚期至商代、战国至汉初、唐代	较好	复查

附录 广州从化流溪河流域遗址登记表

（续表）

遗址编号	遗址名称	地点	地理坐标	地形地貌	遗迹、遗物	遗物分布范围（平方米）	时代	保存状况	备注
037	马蹄岭遗址	吕田镇草埔村黄村社东部"马蹄岭"台地上	N23°46'16.5789"，E113°54'43.3389"，海拔：213.781米	安山盆地中部南缘台地	采集遗物有陶片、石器、石料、半成品石器等，石器器形可见石斧、穿孔石器、石镞等；陶片纹饰有长方格纹、曲折纹、绳纹、叶脉纹、编织纹、方格纹、夔纹、米字纹	约20 000	新石器时代晚期至商代，西周至春秋、战国至汉初	较好	复查
038	坝仔遗址	吕田镇草埔村龙屋南侧"坝仔"山岗上	N23°46'08.8433"，E113°54'51.9373"，海拔：222.591米	安山盆地中部南缘山岗	采集陶片1片，饰有长方格纹；石器2件，一件为梯形石锛，另一件器形不详	约10 000	新石器时代晚期至商代	较好	复查
039	丁山遗址	吕田镇草埔村龙屋西南"丁山"山岗上	N23°46'08.2588"，E113°54'42.6201"，海拔：230.917米	安山盆地中部南缘山岗	采集遗物见陶片、石器等，器形有鼎足、器座面、少量饰方格纹，纺轮、敞口折沿罐等；石器有石戈等	约10 000	新石器时代晚期至商代	较好	复查
040	南门岗遗址	吕田镇草埔村黄村社南侧"南门岗"	N23°46'13.6264"，E113°54'32.8143"，海拔：225.098米	安山盆地中部南缘小山岗	采集陶片1片，饰曲折纹加绳索状附加堆纹；石器为石斧、石斧1件	约20 000	新石器时代晚期至商代	较好	复查
041	暖水塘遗址	吕田镇安山村暖水塘北侧缓坡台地上	N23°46'52.1434"，E113°54'20.5086"，海拔：223.743	安山盆地北缘山前缓坡	采集陶片数片，纹饰有绳纹、曲折纹、篮纹、弦纹、附加堆纹、素面等，可辨器形见陶罐沿面残片，可辨器形石锛2件	约20 000	新石器时代晚期至商代	较好	复查
042	响水峡遗址	吕田镇安山村响水峡南侧山岗上	N23°46'53.9060"，E113°53'49.6647"，海拔：196.938米	安山盆地西北部、响水峡南侧山岗	采集陶片44片，石器6件。陶片纹饰有绳纹、长方格纹、曲折纹、叶脉纹、曲折纹加带抹状附加堆纹、绳纹加带抹状附加堆纹、素面等，其中一片口器残片内侧有"十"字刻划符号，可辨器形有罐口沿等；石器器形可见石斧、石锛、石镞等	约30 000	新石器时代晚期至商代	较好	复查
043	洞主遗址	吕田镇安山村大塘队东洞主爷庙后山岗上	N23°46'09.9857"，E113°54'06.2330"，海拔：235.216米	安山盆地西南缘小山岗	采集陶片29片，石器残片2件，纹饰有长方格纹、斜方格纹、绳纹、曲折纹、长方格纹加手抹状附加堆纹、素面等，可辨器形仅见罐圈足	约15 000	新石器时代晚期至商代	较好	新发现

(续表)

遗址编号	遗址名称	地点	地理坐标	地形地貌	遗迹、遗物	遗物分布范围（平方米）	时代	保存状况	备注
044	散围遗址	良口镇良平村散围社周边河岸阶地、缓坡及河岸台地上	A点：N23°41′11.2830″，E113°47′32.7845″，海拔：170.990米 B点：N23°41′17.2899″，E113°47′28.0761″，海拔：195.926米 C点：N23°41′15.4158″，E113°47′23.8629″，海拔：198.139米 D点：N23°41′08.9304″，E113°47′29.6144″，海拔：175.697米	鸭洞河上游河谷周边缓坡及河岸阶地	D点采集斜方格纹陶片5片，其余各点采集少量釉陶器片，可辨器形多为罐；各点均采集少量青瓷、青花瓷碗残片	不详	新石器时代晚期至商代、唐宋、明清	一般	新发现
045	高份山遗址	良口镇良平村三坑队西南高份山	N23°40′57.6770″，E113°47′29.9981″，海拔：167.671米	鸭洞河上游河岸坡地	A点台地断面发现一座青灰砖室墓，一座瓮棺。B点路面发现路基一段；A点、B点地表采集少量陶瓷片，陶片多数素面，可辨器形为罐、盆等；瓷片多为青花瓷、青花瓷碗残片	约5500	明清	一般	新发现
046	（良平）南山遗址	良口镇良平村南山与茶园围之间的台地及山岗上	A点：N23°40′30.5886″，E113°46′25.3669″，海拔：142.638米 B点：N23°40′26.5331″，E113°46′22.1563″，海拔：184.997米	鸭洞河上游，河谷南岸山岗及台地	A点采集7片青花瓷片，可辨器形有碗。B点采集4片陶片，青花瓷碗底残片1件	约9500	唐宋、明清	较好	新发现

附录　广州从化流溪河流域遗址登记表　673

（续表）

遗址编号	遗址名称	地点	地理坐标	地形地貌	遗迹、遗物	遗物分布范围（平方米）	时代	保存状况	备注
047	龙眼岗遗址	良口镇良平村希望小学北侧龙眼岗上	N23°40′50.1071″，E113°46′04.4051″，海拔：117.765米	鸭洞河中游，河谷北缘山前台地	采集少量陶瓷片，陶片4片，纹饰有篮纹、绳纹加附加堆纹、弦纹、素面等；瓷片6件，为青瓷、青花瓷，器形多为碗	约12 000	新石器时代晚期至商代、唐末、明清	较好	新发现
048	大葬遗址	良口镇良平村蚬塘西边"大葬"台地上	N23°40′49.7263″，E113°46′14.6406″，海拔：130.957米	鸭洞河中游，河谷北缘山前台地	采集30片陶片，纹饰有（交错）绳纹、曲折纹、附加堆纹、粗弦纹等；4片青瓷片，可辨器形为碗等	约10 000	新石器时代晚期至商代、唐末	较好	新发现
049	水口遗址	良口镇良平村英平队北边水口台地	N23°41′02.8387″，E113°45′38.5737″，海拔：112.274米	鸭洞河中游，河谷北缘山脚台地	采集陶片19片，纹饰以绳纹为主，另有绳纹加附加堆纹、曲折纹、长方格纹、叶脉纹等	约3000	新石器时代晚期至商代	一般	新发现
050	火界山遗址	良口镇良平村桐油园村后火界山南坡	N23°45′16.5988″，E113°41′05.1498″，海拔：117.006米	鸭洞河中游，河谷北缘山岗	采集陶片3片，饰绳纹、绳纹加绳纹索状附加堆纹	约2500	新石器时代晚期至商代	较好	新发现
051	田顶头遗址	良口镇良平村水口围西边台地上	N23°41′04.1294″，E113°45′05.8551″，海拔：106.070米	鸭洞河中游北岸坡式台地	采集5片陶片，饰绳纹、素面、青花瓷片2件，可辨器形为杯、碗	约5000	新石器时代晚期至商代、明清	较好	新发现
052	耕遗址	良口镇良平村水口围西西南	N23°40′02.6921″，E113°45′01.6453″，海拔：95.483米	鸭洞河中游北岸坡式台地	地表采集遗物有陶片、瓷片、石器等，陶片18片，纹饰有绳纹、曲折纹、长方格纹、方格纹；瓷片5片，多为碗底不可辨，器形见碗；石器器形不可辨	约12 000	新石器时代晚期至商代、春秋战国、唐末、明清	一般	新发现
053	山塘口遗址	良口镇良平岭头西侧山塘口台地上	N23°40′44.4765″，E113°45′02.0168″，海拔：103.651米	鸭洞河中游南岸山前台地	采集陶片20片，纹饰以绳纹为主，另有绳纹加附加堆纹、交错绳纹、素面、曲折纹，可辨器形有圆足部残片。少量瓷片，器形见碗、杯等	约30 000	新石器时代晚期至商代、宋代、明清	较差	新发现
054	死人山遗址	良口镇良平岭头西南"死人山"山岗上	N23°40′40.6158″，E113°44′48.2661″，海拔：123.244米	鸭洞河下游，河谷南缘山前台地	采集陶片4片，纹饰有曲折纹、绳纹	约200	新石器时代晚期至商代	较好	新发现
055	高田遗址	良口镇塘尾村塘尾队东南高田台地上	N23°41′37.7389″，E113°44′02.4452″，海拔：76.164米	鸭洞河下游，河谷北缘山前台地	采集陶片17片，曲折纹、交错绳纹、米字纹、方格纹，部分为素面；青瓷片1片	约5000	新石器时代晚期至商代、战国至汉初、宋代	一般	新发现

(续表)

遗址编号	遗址名称	地点	地理坐标	地形地貌	遗迹、遗物	遗物分布范围（平方米）	时代	保存状况	备注
056	园围岭遗址	良口镇塘尾村麦塘社北侧园围岭山岗上	N23°41′42.7263″，E113°44′08.9392″，海拔：184.526米	鸭洞河下游，河谷北缘山岗	采集陶片6片，5片素面无纹，1片饰斜长方格纹	约15 000	新石器时代晚期至商代	较好	新发现
057	上排遗址	良口镇塘尾村麦塘东北上排合地上	N23°41′36.8097″，E113°44′17.4895″，海拔：93.363米	鸭洞河下游，河谷北缘山前缓坡台地	采集陶片15片，纹饰有绳纹、曲折纹、篮纹、长方格纹、网格纹等；粗瓷、青花瓷碗残片共5片	约45 000	新石器时代晚期至商代、宋代、明清	较好	新发现
058	斜仔岽遗址	良口镇塘尾村委会东北斜仔岽延伸山岗上	河西岸陶片采集点：N23°41′57.8719″，E113°43′59.6314″，海拔：85.436米；河东岸测点：N23°41′57.2019″，E113°43′56.8786″，海拔：80.360米	鸭洞河下游，河谷北缘山前缓坡台地	遗址东侧断壁发现一处废弃窑室，据断面残存窑壁判断原应为馒头窑，窑壁由下向上弧收，呈砖红色烧板结较坚硬，经火烧板结。采集陶片32片，纹饰以绳纹加附加堆纹为主，另有绳纹加附加堆纹、编织席纹、曲折纹、篮纹等；青釉瓷碗残片2片、青花瓷片1片	约15 000	新石器时代晚期至商代、宋代、明清	较好	新发现
059	山下村遗址	良口镇碧水新村东二区22栋东侧下村西石榴花山延伸山岗上	N23°41′22.2861″，E113°43′03.9419″，海拔：86.678米	鸭洞河下游河口北侧山岗	采集陶片126片，纹饰以绳纹为主，另有绳纹加附加堆纹、曲折纹、篮纹、叶脉纹、细方格纹、方格纹加弦纹等，可辨器形有瓦形鼎足、罐口沿、圜底器等；另有砺石、欹底器、石饼等1件	约45 000	新石器时代晚期、西周至春秋	较好	新发现
060	碧水新村1号遗址	良口镇碧水新村东二区22栋东侧花山西侧山坡上	N 23°42′22.7934″，E 113°43′52.2637″，海拔：117.777米	鸭洞河谷北缘，石榴花山西侧山坡	采集陶片15片，砺石1件，陶片纹饰以绳纹为主，另有素面、绳纹、曲折纹，可辨器形见罐	约600	新石器时代晚期、宋代	差	新发现
061	碧水新村2号遗址	良口镇碧水新村东北侧	N23°42′38.7531″，E113°43′45.4101″，海拔：102.276米	鸭洞河谷北缘，石榴花山西侧山坡	采集绳纹陶片1片	不详	新石器时代晚期至商代	一般	新发现
062	碧水新村3号遗址	良口镇碧水新村安康一街东南侧后山	N23°42′07.8168″，E113°43′42.2446″，海拔：107.527米	鸭洞河谷北缘，石榴花山西侧山脚余脉	采集陶片47片，纹饰加附加堆纹、长方格纹、刻划纹等，可辨器形有罐、杯形器。另有青白瓷碗底1片，与大塘边窑址出土遗物相同	约1000	新石器时代晚期、商代、明代	较好	新发现

附录 广州从化流溪河流域遗址登记表　675

(续表)

遗址编号	遗址名称	地点	地理坐标	地形地貌	遗迹、遗物	遗物分布范围（平方米）	时代	保存状况	备注
063	枧村遗址	良口镇良明村枧村南边	社青（东区南部）测点：N23°41′26.0073″，E113°43′42.8841″，海拔：76.215米；莲塘（西区中部）测点：N23°41′19.533″，E113°43′30.7045″，海拔：87.775米	鸭洞河下游鸭洞片区南部广阔台地	采集陶片50余片，纹饰以绳纹为主，另有绳纹加附加堆纹、曲折纹、篮纹、长方格纹、叶脉纹、长方格加附加堆纹、夔纹加弦纹、夔纹、方格加附加堆纹、对角线回字纹（复线米字纹）；可辨器形有石锛等；瓷片有青瓷、白瓷、青花瓷等，器形见碗、罐、粉盒等	约550 000	新石器时代晚期至商代，西周至春秋，战国至汉初，宋代，明清	较好	新发现
064	围背后遗址	良口镇良明村杉仔围南边围背后山岗	山顶测点：N23°41′36.1904″，E113°42′59.1425″，海拔：137.642米	鸭洞河下游，河谷南缘山岗	采集陶片222片，石锛1件，残石器1件。陶片纹饰以绳纹为主，绳纹或曲折纹加附加堆纹次之，另有素面、曲折纹、篮纹、方格纹、长方格纹、间断条纹、云雷纹、方格加水波纹、米字纹等，可辨器形有器座、圈足残片、高领罐、豆形器等	约120 000	新石器时代晚期至商代，战国至汉初	较好	新发现
065	白线底遗址	良口镇良明村呈影村南白线底山山脚台地	N23°41′51.8316″，E113°42′55.0775″，海拔：63.68米	鸭洞河下游，河谷南缘台地	采集陶片20余片，纹饰有绳纹、绳纹加附加堆纹、曲折纹、篮纹、方格纹、弦纹加水波纹、柏枝纹、素面等，可辨器形有罐等；瓷片少许，见青瓷、青花瓷，器形为碗	约380 000	新石器时代晚期至商代，西周至春秋，唐末、明清	较好	新发现
066	荔仔山遗址	良口镇良新村白泥塘南侧荔仔山	N23°43′02.878″，E113°42′04.5766″，海拔：65.842米	S354沿线东段南缘山岗	采集瓷片14片，多为青花瓷碗、少量灰褐瓷碗底瓷残片	约10 000	清代	一般	新发现
067	（良新）担水凹遗址	良口镇良新村白泥塘西部担水凹台地上	N23°43′05.7228″，E113°41′56.5644″，海拔：78.654米	S354沿线东段南缘台地	采集2件石锛残片，其石质与工艺特点与九西岭遗址采集石锛类同；陶片4片，为罐残片；少许瓷片，多为青瓷、少量灰白瓷，为碗残片	约20 000	新石器时代晚期至商代，唐末、明清	一般	新发现

(续表)

遗址编号	遗址名称	地点	地理坐标	地形地貌	遗迹、遗物	遗物分布范围（平方米）	时代	保存状况	备注
068	九西岭遗址	良口镇良新村石床队白泥塘西侧九西岭山顶	N23°43′01.6098″，E113°41′48.3073″，海拔：117.025米	S354沿线东段南缘山岗	采集陶片16片，纹饰有绳纹、曲折纹、附加堆纹、绳纹等；石锛1件，另石吊坠2件；瓷片50余片，以灰白瓷为主，有青花瓷、青瓷等，可辨器形有碗、盘，其中灰白瓷碗大多数与大塘边遗址采集的瓷碗形制近同	20 000	新石器时代晚期至商代、唐宋、明清	较好	新发现
069	福旋岗遗址	良口镇良新村石床队南福旋岗上	N23°43′11.4895″，E113°41′53.6212″，海拔：75.638米	S354沿线东段中部山岗	采集石吊坠、石锛各1件	不详	新石器时代晚期至商代	较好	新发现
070	上龙岗遗址	良口镇良新村石床队东北侧	N23°43′20.1300″，E113°41′54.7476″，海拔：76.373米	S354沿线东段北缘台地	采集石锛1件；陶片2片；瓷片6片，有灰白瓷、白瓷、青瓷等，可辨器形见碗	约20 000	新石器时代晚期至商代、唐宋、明清	北部被广高速堆破坏，南部保存较好	大厂调查发现石锛，此次复查
071	矮桥子遗址	良口镇良新村大岭村东	N23°43′25.1796″，E113°42′19.2145″，海拔：71.113米	S354沿线东段中北部台地	采集少许青瓷、青花瓷碗残片	6500	唐宋、明清	一般	新发现
072	大塘边窑址	良口镇良新村大塘边西侧，大广高速良口互通与S354接口处	N23°43′27.7052″，E113°42′45.2838″，海拔：64.389米	S354沿线东段中部山岗	发现近现代炭窑一座、近代古灰窑一座、明代瓷窑一座，现窑址废弃堆积。在瓷窑周边发现大量明代白瓷片，器形以碗为主，少量杯。在窑底部出土数十个圆饼状垫饼	不详	明清	差	新发现
073	铁岗埔遗址	良口镇良新村铁岗埔村北侧，大广高速良口互通出口北侧	N23°43′50.0279″，E113°42′51.0694″，海拔：70.289米	S354沿线东段山谷北缘山前台地	采集陶片7片，可辨器形有罐腹残片；青花瓷、青灰瓷片8片，可辨器形有碗	约13 000	唐宋、明清	一般	新发现

附录　广州从化流溪河流域遗址登记表

（续表）

遗址编号	遗址名称	地点	地理坐标	地形地貌	遗迹、遗物	遗物分布范围（平方米）	时代	保存状况	备注
074	狮头山遗址	良口镇良新村铁岗埔南边狮头山上	山顶砍砸器采集点：N23°43′33.3149″，E113°42′58.9350″，海拔：66.303米；山脚陶片采集点：N23°43′31.9316″，E113°42′59.8318″，海拔：43.461米	S354沿线东段，山谷中部山岗	发现窑室5座；采集陶片2片，表面饰弦纹，应为器形较大的陶罐下腹部残片；另有砍砸器1件，时代不明	不详	唐末、明清	一般	新发现
075	三亚亚遗址	良口镇石岭村分水坳西南三亚亚山坳内	N23°42′52.9606″，E113°40′55.5801″，海拔：81.680米	S354沿线中段，山谷南缘缓坡台地	采集瓷片17片，以青灰瓷为主，可辨器形有碗	约5000	明清	较好	新发现
076	虾爪山遗址	良口镇石岭村分水坳西南虾爪山顶上	N23°42′53.3958″，E113°40′46.2136″，海拔：76.593米	S354沿线中段，山谷南缘小山岗	采集陶片54片，砍砸石器1件。陶片纹饰有绳纹、曲折纹、绳纹或曲折纹加附堆纹、叶脉纹、刻划符号、素面等，可辨器形罐口沿、罐圈足	约5000	新石器时代晚期至商代	较好	新发现
077	狮迳遗址	良口镇石岭少沙盆地西部、狮子迳东约500米处的山谷内	A点：N23°43′11.3628″，E113°38′04.7509″，海拔：99.536米；B点：N23°43′08.5519″，E113°38′10.9986″，海拔：96.911米；C点：N23°43′09.2788″，E113°38′15.9742″，海拔：91.458米	S354沿线西部深山谷底	A点采集少许陶瓷片，器形见碗、罐等；B点采集石砍砸器、石锛等，另有零星青花瓷片；C点采集少许陶瓷片	不详	新石器时代晚期至商代、唐末、明清	较好	新发现
078	南坑遗址	良口镇上围村北侧南坑台地上	N23°43′48.4778″，E113°38′47.1883″，海拔：85.719米	石岭少沙盆地北缘台地	采集少许陶瓷片、石锛1件。陶片见曲折纹、方格纹，素面等，多为青灰瓷、青花瓷，瓷片20余片，另有青瓷、青花瓷等，器形见碗、杯等	约20 000	新石器时代晚期至商代、战国至汉初、唐末、明清	一般	新发现

（续表）

遗址编号	遗址名称	地点	地理坐标	地形地貌	遗迹、遗物	遗物分布范围（平方米）	时代	保存状况	备注
079	松仔山遗址	良口镇少沙村上围社西南方松仔山山岗南侧台地上	N23°43′36.8832″，E113°38′42.2289″，海拔85.749米	石岭少沙盆地西北缘山前台地	采集石锛1件，陶瓷片48片。陶片以黑灰陶为主，可辨器形见罐；瓷片有黄灰瓷、青瓷、黄褐瓷、影青瓷、灰白瓷、青花瓷等，可辨器形见碗、灯等	约12 000	新石器时代晚期至商代、唐宋、明清	一般	新发现
080	门口田遗址	良口镇少沙村山底下村东侧农田及渠边	N23°43′27.8916″，E113°38′47.4203″，海拔81.759米	石岭少沙盆地中部河岸阶地	采集砺石1件；陶片6片，饰绳纹、方格纹，可辨器形有罐、器盖等；瓷片有青瓷、黄褐瓷、灰白瓷、青花瓷，可辨器形为碗	约8000	新石器时代晚期至商代、唐宋、明清	较差	新发现
081	圆仔山遗址	良口镇少沙村下围社南圆仔山上	N23°43′23.6174″，E113°38′53.4212″，海拔78.702米	石岭少沙盆地中部偏北独立小山岗	采集夹细砂黄软陶1片；瓷片5片，浅黄釉瓷、青灰瓷、青花瓷片等，可辨器形有碗	不详	新石器时代晚期至商代、唐宋、明清	较好	新发现
082	山塘子遗址	良口镇上围村东南山侧，格坑东侧小山塘子地上	N23°43′39.7638″，E113°39′00.4125″，海拔87.560米	石岭少沙盆地东北缘山前台地	采集陶片11片，多为素面，一片三角格纹陶片，瓷片60余片，有青灰、青瓷、黄瓷、青花瓷等，可辨器形见碗	约37 000	战国至汉初、唐宋、明清	一般	新发现
083	(少沙)大亚遗址	良口镇少沙村下围村东部大亚台地上	N23°43′25.3975″，E113°39′04.8420″，海拔77.632米	石岭少沙盆地东缘台地	采集石锛1件；陶片8片，有青瓷、影青瓷、素面、青花瓷片，可辨器形为碗	约38 000	新石器时代晚期至商代、战国至汉初、唐宋、明清	一般	新发现
084	高郎田遗址	良口镇石岭村底下村南部高郎田台地上	N23°43′14.6851″，E113°38′39.7391″，海拔87.897米	石岭少沙盆地西部山前台地、溪流东岸	采集石锛1件；陶片54片，纹饰有绳纹、绳纹加附加堆纹、曲折纹、篮纹、叶脉纹、方格纹、水波纹等，可辨器形有圈足罐底残片；白瓷碗1件	约23 000	新石器时代晚期至商代、战国至汉初、汉代、唐宋、明清	较好	新发现
085	鸡母场遗址	良口镇石岭村瓦厂西北部鸡母场山岗上	A点：N23°43′13.9775″，E113°38′55.2694″，海拔91.074米 B点：N23°43′08.6967″，E113°38′58.8505″，海拔94.489米 C点：N23°43′10.0707″，E113°39′0.34243″，海拔96.171米	石岭少沙盆地中部独立山岗	A点采集陶片66片，纹饰仅见长方格纹2片，其他均为素面，可辨器形有纺轮、豆形器；B点采集陶片34片，石刀、石斧各1件，陶片纹饰有长方格纹、长方格加附加堆纹、绳纹、曲折纹、素面，可辨器形有罐；C点采集陶制座残片1件，饰绳纹	约100 000	新石器时代晚期至商代	较好	新发现

（续表）

遗址编号	遗址名称	地点	地理坐标	地形地貌	遗迹、遗物	遗物分布范围（平方米）	时代	保存状况	备注
086	大岭山遗址	良口镇石岭二下村（杨梅居）西北部的大岭山上	N23°42'59.2784"，E113°39'05.3876"，海拔：72.578米	石岭少沙盆地中南部强立小山岗	采集瓷片20片，其中以青灰瓷为主，有青瓷、灰白瓷、青花瓷、黑瓷片等，可辨器形有碗	约50 000	唐宋、明清	一般	新发现
087	（石岭）后山遗址	良口镇石岭二下村（中元岗）北后山上	N23°42'47.3269"，E113°39'16.0665"，海拔：76.874米	石岭少沙盆地中南部小山岗	采集黄褐釉陶罐残片6片，瓷片5片	不详	宋代、明清	一般	新发现
088	陈新围遗址	良口镇石岭村陈新围村西北方山前缓坡台地上	N23°43'15.8588"，E113°39'13.4616"，海拔：68.297米	石岭少沙盆地东部山前缓坡台地	采集陶片7片，纹饰有米字纹、方格纹、素面等，器形有罐；瓷片11片，可辨器形有碗	约70 000	战国至汉初、唐代、明清	较好	新发现
089	庙下遗址	良口镇石岭村陈新围村南镇龙古庙背后	N23°42'58.3814"，E113°39'32.5713"，海拔：74.533米	石岭少沙盆地东部平地突起台地	采集陶片6片，可辨器形有灰褐瓷、青灰瓷、青花瓷等，器形有碗、罐	约10 000	唐宋、明清	较好	新发现
090	水井岭遗址	良口镇石岭村围仔和高龙围之间的山坳处	N23°42'39.3166"，E113°38'58.5930"，海拔：72.624米	石岭少沙盆地西南部台地	采集陶片14片，饰曲折纹、米字纹、素面等，绳纹加附加堆纹，可辨器形有平底罐、碗等，瓷片15片，可辨器形有碗	约37 000	新石器时代晚期至商代、战国至汉初、唐宋、明清	一般	新发现
091	龙仔遗址	良口镇石岭村楼山下西侧	N23°42'24.4751"，E113°39'01.2721"，海拔：69.440米	石岭少沙盆地西南部平缓台地	采集瓷片6片，有灰瓷、青花瓷，青灰瓷等，另有一枚"大清铜币"	约40 000	清代	一般	新发现
092	（石岭）黄泥塘遗址	良口镇石岭村楼山下、何适头村之间，土名"黄泥塘"的台地上	N23°42'27.9871"，E113°39'21.2794"，海拔：62.472米	石岭少沙盆地南缘台地	采集陶片2片，为黑灰陶罐残片；瓷片6片，有青瓷、青花瓷，青灰瓷等，可辨器形为碗口沿残片	约10 000	唐宋、明清	一般	新发现
093	横山遗址	温泉镇密石村密石山一名"横山"台地上	N23°36'47.9560"，E113°43'15.6326"，海拔：110.125米	桃园盆地东南部密石洞盆地北缘山前台地	采集陶片85片，纹饰以绳纹、曲折纹为主，另素面、长方格纹、叶脉纹、绳纹加附加堆纹、曲折纹加附加堆纹、云雷纹等，可辨器形有罐	约20 000	新石器时代晚期至商代	较好	新发现

（续表）

遗址编号	遗址名称	地点	地理坐标	地形地貌	遗迹、遗物	遗物分布范围（平方米）	时代	保存状况	备注
094	（密石）陈屋遗址	温泉镇密石村江屋南侧	石器采集点：N23°36′42.8875″，E113°43′18.7748″，海拔：96.097米；方格纹陶片采集点：N23°36′39.8168″，E113°43′16.4232″，海拔：116.927米	桃园盆地东南部密石洞盆地南缘山岗	采集石锛1件；篾纹加方格纹陶片1片、灰黑素面陶片8片；青花瓷碗底残片少许	约20 000	新石器时代晚期至商代，西周至春秋，唐代，明清	一般	新发现
095	荷木树遗址	温泉镇桃莲村荷木树村东侧附近的低矮台地上	N23°37′38.2474″，E113°43′07.3594″，海拔：104.502米	桃园盆地东北部，小海河北岸台地	采集陶片10片，饰绳纹加堆纹、叶脉纹，素面，可辨器形有罐等；青花瓷、青瓷片5片，可辨器形有碗	约25 000	新石器时代晚期至商代，唐宋，明清	一般	新发现
096	罗屋遗址	温泉镇桃莲村罗屋队西南台地上	N23°37′22.7706″，E113°43′48.3766″，海拔：88.211米	桃园盆地南部山前缓坡台地，小海河东岸	采集陶片59片，纹饰有绳纹、曲折纹、叶脉纹、长方格纹、间断条纹、绳纹加堆纹、编织纹、素面等，可辨器形有罐罐圈足等；瓷片见青瓷印花蔟口碗残片、青花瓷碗残片	约30 000	新石器时代晚期至商代，唐宋，明清	较好	新发现
097	付竹园遗址	温泉镇桃莲村荷木树南土名付竹园的河岸阶地上	N23°37′32.3280″，E113°43′45.7675″，海拔：99.182米	桃园盆地东部，小海河东岸台地	采集陶片4片，饰绳纹，素面；青灰瓷、青花瓷碗残片数片	约5000	新石器时代晚期至商代，唐代，明清	一般	新发现
098	大坡头遗址	温泉镇桃莲村桃源电站东南部	N23°37′49.1129″，E113°43′48.9570″，海拔：111.019米	桃园盆地东北部，小海河东岸山坡	采集半成品石器1件；陶片21片，饰有长方格纹、曲折纹、绳纹、编织纹、素面等，可辨器形有敞口卷沿罐；青花瓷碗残片2片	约15 000	新石器时代晚期至商代，唐代，明清	较好	新发现
099	铁凹遗址	温泉镇桃莲村草塘东铁凹山岗上	A点：N23°37′41.5047″，E113°43′48.6717″，海拔：137.777米；B点：N23°37′42.8833″，E113°43′55.3582″，海拔：151.492米	桃园盆地东部北缘山岗	采集陶片324片，纹饰以斜长方格纹、方格纹、曲折纹、绳纹（交错绳纹）为主，另有一些网格纹附加堆纹、叶脉纹、梯格纹、席纹、素面等，可辨器形有罐口沿、罐罐圈足、陶豆口沿、杯形器等；半成品石器3件，形状多不规则。铁凹北侧山岗采集2片夹细砂灰陶片，曲折纹	约45 000	新石器时代晚期至商代	较好	

附录　广州从化流溪河流域遗址登记表

(续表)

遗址编号	遗址名称	地点	地理坐标	地形地貌	遗迹、遗物	遗物分布范围（平方米）	时代	保存状况	备注
100	塘仔渡遗址	温泉镇桃莲村荷木树村北塘仔渡山岗上	N23°37′40.5203″，E113°43′58.7383″，海拔158.554米	桃园盆地东部北缘山岗	山顶采集陶片10片，纹饰以绳纹为主，另有曲折纹、长方格纹，可辨器形有陶罐口沿等	约40 000	新石器时代晚期至商代	较好	新发现
101	长岗遗址	温泉镇桃莲村南大、草塘村北长岗山岗上	N23°37′50.4438″，E113°43′29.0744″，海拔186.715米	桃园盆地东部北缘东西向长条状山岗	采集石器4件、残石器1件；陶片271片，纹饰以绳纹为主，曲折纹、素面次之，另有叶脉纹、斜长方格纹、指甲纹、云雷纹、刻划纹等，可辨器形见罐，部分陶片可见贴塑制法痕迹	约70 000	新石器时代晚期至商代	较好	新发现
102	南大遗址	温泉镇桃莲村南大队西山坡北台地上	N23°37′42.4771″，E113°43′16.7467″，海拔98.847米	桃园盆地东部北缘山前坡式台地	采集陶片4片，饰有绳纹、曲折纹、素面等，可辨器形有碗等	约8000	新石器时代晚期至商代、明清	较好	新发现
103	米石岭遗址	温泉镇桃莲村袋哪岭村北部米石岭上	N23°37′43.9073″，E113°43′13.2652″，海拔105.488米	桃园盆地东部北缘一椭圆形山岗	采集陶片44片，纹饰以绳纹为主，间断条纹、长方格纹、叶脉纹，曲折纹、素面等，可辨器形见罐	约45 000	新石器时代晚期至商代	较好	新发现
104	陂底岭遗址	温泉镇桃莲村袋哪岭村北"陂底岭"一带	A区：N23°37′50.0127″，E113°43′06.6459″，海拔125.354米 B区：N23°37′55.4372″，E113°42′59.527″，海拔105.143米	桃园盆地东部、北侧高山南坡余脉	A区采集陶片27片，石网坠1件，陶片纹饰有绳纹、叶脉纹、同断条纹、长方格纹、瓷片4片，可辨器形有碗等；B区采集陶片11片，纹饰有篮纹、绳纹、篮纹加附加堆纹等，可辨器形见罐、曲折纹	约60 000	新石器时代晚期至商代、西周至春秋、唐宋、明清	较好	新发现
105	温牛岽遗址	温泉镇桃莲村东大水库东岸温牛岽台地上	N23°38′40.4322″，E113°44′43.3754″，海拔174.834米	桃园盆地东北部南大水库东岸缓坡台地	一座清代交荷堂，规模小，为石块垒砌，掌堂被环正中嵌青砖质墓碑一方；采集少许瓷片，有青花瓷、酱褐瓷等，可辨器形见罐、碗	约15 000	明清	一般	新发现
106	山顶口遗址	温泉镇中田村和顺陂北约一千米山顶口台地一带	N23°38′07.7447″，E113°42′40.7023″，海拔114.908米	桃园盆地东部、北侧高山南侧大片缓坡台地	采集陶片3片，饰绳纹、曲折纹；瓷片5片，见褐釉、青灰釉，器形有饼足碗底等	约10 000	新石器时代晚期至商代、唐宋、明清	较好	新发现

(续表)

遗址编号	遗址名称	地点	地理坐标	地形地貌	遗迹、遗物	遗物分布范围（平方米）	时代	保存状况	备注
107	山塘窝遗址	温泉镇中田村和顺陂村北约500米山塘窝台地一带	N23°37′52.7719″,E113°42′37.1263″,海拔96.763米	桃园盆地东部，北缘高山南侧大片缓坡台地	采集陶片7片，纹饰有长方格纹、曲折纹、叶脉纹、绳纹、素面；青花瓷、灰瓷片各1片	约8000	新石器时代晚期至商代、唐代、明清	一般	新发现
108	白石山遗址	温泉镇中田村和顺陂村北台石山西南坡及山前台地上	A点：N23°37′49.1704″,E113°42′36.9471″,海拔105.532米	桃园盆地东北部，凸起的锥状山岗及其周边台地	A点采集陶片6片，纹饰有绳纹、加附加堆纹、素面；瓷片2片；B点采集夹细砂浅灰绳纹硬陶片1片；瓷碗残片5片；C点采集少许陶瓷片，器形可见碗	A点约2500 B点约2500 C点约6000	新石器时代晚期至商代、唐代、明清	较好	新发现
109	横刀石山遗址	温泉镇中田村格塘北约500米的横刀石山一带	N23°37′48.1427″,E113°42′31.0235″,海拔103.191米	桃园盆地东北部低缓的圆形山丘	采集少许陶瓷片，灰陶、可辨器形有黑陶、浅陶底罐残片；青白瓷、青花瓷等，可辨器形可见碗	约20 000	唐宋、明清	一般	新发现
110	马流山遗址	温泉镇中田村傅家庄村南侧马流山上	N23°37′38.4259″,E113°42′19.9782″,海拔85.962米	桃园盆地东部，东北西南向小山岗	采集残石砮1件；陶片27片，纹饰以绳纹为多，另有曲折纹、长方格纹、斜长网格纹、编织纹、方格纹，可辨器形有陶罐；青瓷碗残片3片	约15 000	新石器时代晚期至商代、西周至春秋、唐代、明清	较好	新发现
111	(中田)大岜遗物点	温泉镇中田村东约竹山东的大岜农田内	N23°37′52.2805″,E113°42′14.7681″,海拔80.739米	桃园盆地东北侧低矮平地	采集陶片2片，饰曲折纹、复线刻划纹	不详	新石器时代晚期至商代	差	新发现
112	桃红里遗址	温泉镇中田村桃红里队东边农田和北边山坡上	A点：N23°37′44.7356″,E113°41′54.5406″,海拔79.503米;B点：N23°37′40.0378″,E113°41′45.277″,海拔81.437米	桃园盆地北部，北缘山坡及山前台地	A点采集少许陶瓷片、陶片有灰黑陶、褐陶，可辨器形有陶罐、有碗底部残片等；B点采集青瓷碗残片8片	A点约900 B点约1500	唐宋、明清	一般	新发现
113	马留山遗址	温泉镇中田村凤巢村东南马留山脚的台地上	N23°37′04.7575″,E113°41′48.5225″,海拔69.9043米	桃园盆地东南缘山前台地，小海河南岸	采集夹细砂灰硬陶瓷片1片，饰曲折纹；另有晚期陶瓷片20余片，可辨器形有陶罐、杯、碗等	约25 000	新石器时代晚期至商代、宋代、明清	一般	新发现

（续表）

遗址编号	遗址名称	地点	地理坐标	地形地貌	遗迹、遗物	遗物分布范围（平方米）	时代	保存状况	备注
114	螺洞山遗址	温泉镇平岗村石螺洞山东北坡山脚处	N23°37′11.9996″，E113°41′28.7753″，海拔63.252米	桃园盆地东、中部交界处"8"字形山岗东坡	采集瓷片14片，有灰白瓷、青瓷、青灰瓷、褐黄瓷，可辨器形有碗、厚唇壶、盘等	约5000	宋代、明清	一般	新发现
115	松山顶遗址	温泉镇平岗村龙江里村南约400米的松山顶一带	N23°36′40.1615″，E113°41′19.3488″，海拔78.235米	桃园盆地中部南缘高山伸出的一处低缓山岗	采集陶瓷片14片，陶片有黑灰陶、浅灰陶、酱黄釉陶，可辨器形有罐、盆；瓷片有青瓷、褐黄瓷、灰白瓷、青白瓷等，可辨器形有碗	约1000	唐末、明清	一般	新发现
116	芦荻角遗址	温泉镇平岗村芦荻队东侧的狭长形山前台地上	黄裂谷：N23°36′15.2975″，E113°41′04.4832″，海拔92.489米 芦荻角东侧：N23°36′00.3062″，E113°40′43.0132″，海拔71.647米	桃园盆地中部南缘山前台地，狭长形	采集铜钱13枚，多粘连在一起，可辨识的有"宣和通宝""皇宋通宝"等，陶瓷片80片，陶片均为泥质硬陶质，陶色以黑灰陶为主，多素面，部分陶片表饰弦纹、可辨器形有瓮、罐、研磨器等；瓷片有青瓷、黄褐瓷、白瓷、青花瓷等，可辨器形有碗、杯、罐等	长1000米，宽100米范围内均有零星分布	唐末、明清	一般	新发现
117	网顶遗址	温泉镇平岗村石螺洞队北约500米的网顶一带	N23°37′39.1857″，E113°41′17.6750″，海拔56.861米	桃园盆地中部，北缘山前台地	采集石成品器1件，呈扁片片状；陶片少许，素面居多，可辨器形有罐纹、弦纹、方格纹，长方格纹30余片，以青灰瓷为主，另有灰瓷片、青花瓷片，可辨器形有碗	约35 000	新石器时代晚期至商代、唐末、明清	一般	新发现
118	门头岭遗址	温泉镇平岗村石螺洞队西约300米的门头岭上	N23°37′21.1969″，E113°41′02.3705″，海拔70.671米	桃园盆地中北部，小海河北岸山丘	采集石锛1件，纹饰有绳纹、曲折纹、蓝纹、米字纹、方格纹、弦纹加水波堆纹，素面，可辨器形有罐、瓷片3片，有青瓷、青花瓷，可辨器形见碗	约35 000	新石器时代晚期至商代、战国至汉初、唐代、明清	较好	新发现
119	尧田山遗址	温泉镇平岗村石螺洞队西约500米的尧田山上	N23°37′13.1726″，E113°40′59.3313″，海拔87.350米	桃园盆地中北部，小海河北岸山丘	采集陶片2片，为黑灰陶瓷残片；瓷片8片，有灰瓷、青瓷、青花瓷等，可辨器形有碗、杯	约5000	唐末、明清	一般	新发现

（续表）

遗址编号	遗址名称	地点	地理坐标	地形地貌	遗迹、遗物	遗物分布范围（平方米）	时代	保存状况	备注
120	鲢鱼山遗址	温泉镇平岗村平岗小学（现被改造成和丰衣庄）北边的鲢鱼山上	N23°37′02.6423″，E113°40′55.8045″，海拔：97.191米	桃园盆地中部，小海河南岸形山岗	采集残石镞1件，圆饼形石器1件；陶片28片，纹饰以绳纹为主，另有篮纹、曲折纹，素面，可辨器形有罐口沿	约60	新石器时代晚期至商代	较好	新发现
121	背底山遗址	温泉镇平岗村金鸡队东边"背底山"上	N23°36′47.5192″，E113°40′21.2823″，海拔：74.771米	桃园盆地中央三座相连山岗	采集石器4件，有石戈、石镞、砍砸器等；陶片264片，纹饰有绳纹、曲折纹、云雷纹、卷云纹、绳纹加堆纹、篮纹、曲折纹加堆纹、卷云纹加堆纹、圆圈纹、回字纹、重菱形纹，重三角加堆纹、重菱形加对角线纹，素面，可辨器形有罐；另有少许瓷片，器形有碗、杯等	约90 000	新石器时代晚期至商代、唐代、明清	较好	
122	锅盖岭遗址	温泉镇乌土村土围社东约300米的锅盖岭上	N23°37′09.5382″，E113°40′47.9641″，海拔：68.461米（与地图所标数据相差较大）	桃园盆地中部，小海河北岸圆形山岗	采集石器2件，石锛、砺石各1件；陶片83片，纹饰有叶脉纹、曲折纹、绳纹加堆纹、曲折纹加堆纹、云纹、素面等；铜钱一枚"宽永通宝"铜钱；另有少许瓷片	约20 000	新石器时代晚期至商代、明清	较好	新发现
123	背朴岭遗址	温泉镇乌土村松塑队北侧的背朴岭岗台地上	N23°37′27.7670″，E113°40′10.2858″，海拔：63.154米	桃园盆地中部北缘石榴花山向南延伸出的山前坡地	采集陶片22片，纹饰以绳纹为多，曲折纹、绳纹加堆纹、篮纹，可辨器形见圈足罐、平底罐	约20 000	新石器时代晚期至商代、唐末	较好	新发现
124	山公嘴遗址	温泉镇乌土村松塑队西北侧的石榴花山岗上	N23°37′18.8064″，E113°39′58.4084″，海拔：73.409米	桃园盆地中部北缘石榴花山向南延伸出的长条状山岗	采集石凿1件，另有陶片57片，纹饰以绳纹为多，叶脉纹、曲折纹加堆纹、斜长网格纹、绳纹加堆纹、菱格纹、篮纹、堆纹、圆圈凸点纹、圆圈足罐底、有陶罐口沿、可辨器形圆足罐形，素面，可辨罐形；在山公嘴山岗南边平地上，采集绳纹陶片1片	约30 000	新石器时代晚期至商代、西周至春秋	较好	新发现
125	（乌土）圆山仔遗址	温泉镇乌土村松塑队南约300米处	N23°37′10.7942″，E113°40′08.8340″，海拔：53.697米	桃园盆地中央小山丘，小海河北岸	采集瓷片32片，主，饰浓纹，应为罐之腹部残片。瓷片有青瓷、酱釉瓷、青灰瓷等，可辨器形有碗、罐	约1000	唐末、明清	一般	新发现

附录　广州从化流溪河流域遗址登记表　685

（续表）

遗址编号	遗址名称	地点	地理坐标	地形地貌	遗迹、遗物	遗物分布范围（平方米）	时代	保存状况	备注
126	（龙桥）山塘遗址	温泉镇龙桥村南星队（较龙围）南侧	N23°35′45.3735″，E113°40′13.6274″，海拔：51.667米	桃园盆地南缘山前台地	采集陶瓷片11片，陶片为泥质硬陶片，有黑灰陶、灰陶片，饰弦纹，可辨器形有罐；瓷片为青瓷碗残片	长1000米，宽约200米范围内皆有零星分布	唐末、明代	一般	新发现
127	石桥头遗址	温泉镇龙岗村鸡笼岗东南坡	N23°35′52.5018″，E113°39′20.3559″，海拔：46.029米	桃园盆地西部圆锥状山体东南坡脚	采集陶片5片，纹饰有曲折纹、梯格纹、叶脉纹	约15 000	新石器时代晚期至商代	一般	新发现
128	延庆里遗址	温泉镇龙岗村鸡笼岗东坡	N23°35′59.9358″，E113°39′26.8193″，海拔：56.313米	桃园盆地西部圆锥状山体东坡山脚	采集陶片7片，纹饰有绳纹、曲折纹、复线刻划纹	约1000	新石器时代晚期至商代、西周至春秋	一般	新发现
129	锣鼓山遗址	温泉镇龙岗村鸡笼岗和源湖村之间的锣鼓山上	南区：N23°36′37.7409″，E113°39′08.0465″，海拔：72.325米 北区：N23°36′43.3434″，E113°39′05.7670″，海拔：56.185米	桃园盆地西部中央凸起山岗，小海河南岸	南区采集陶片90余片，纹饰以绳纹为主。另有曲折纹、长方格纹、加附堆纹、曲折纹加附堆纹、断条纹、弦纹、刻划符号，可辨器形有罐口沿、圈足罐、器盖等；瓷片10余片，有黄瓷、青瓷等。北区采集陶片23片，纹饰有绳纹、绳纹加附堆纹、素面居多，有绳纹、弦纹、梯格纹、网格纹、梯格纹，可辨器形有罐	约60 000	新石器时代晚期至商代、汉代、唐末、明清	较好	
130	两仔山遗址	温泉镇宣星村一队东北约1千米处的两仔山上	南区：N23°36′41.1983″，E113°38′44.9844″，海拔：73.715米 北区：N23°36′46.7090″，E113°38′43.4202″，海拔：65.346米	桃园盆地西北隅，两座圆形山岗相连组成，小海河北岸	南区采集石镞、石铲各1件；陶片约200片，纹饰以曲折纹为多，另有绳纹、长方格纹、叶脉纹、梯格纹、篮纹、素面等，可辨器形有罐口沿、圈足罐底等；北区采集陶片39片，纹饰有绳纹、斜方格纹、曲折纹，另有梯格纹、网格纹、曲折纹加附堆纹、篮纹等，可辨器形有罐口沿和罐圈足罐底	约140 000	新石器时代晚期至商代、汉代、唐末	较好	新发现

(续表)

遗址编号	遗址名称	地点	地理坐标	地形地貌	遗迹、遗物	遗物分布范围（平方米）	时代	保存状况	备注
131	（宣星）庙山遗址	温泉镇宣星村东侧的庙山上	N23°36′17.3228″，E113°38′33.1260″，海拔：53.202米	桃园盆地西部东向小山岗，小海河西北岸	采集石锛1件；陶片50片，另有篮纹、长方格折纹、绳纹为主，绳纹加附加堆纹、同断篦条纹、曲折纹加附加堆纹、网格纹、方格纹、叶脉纹、素面等，可辨器形见圈足罐、平底罐等；瓷片4片，有青瓷、灰瓷，可辨器形有碗	约28 000	新石器时代晚期至商代、汉代、明清	较好	新发现
132	（源湖）圆墩岭遗址	温泉镇源湖村四队北约300米处，大广高速与X301干遗址西北侧交汇	N23°37′14.9168″，E113°39′16.8200″，海拔：66.000米	桃园盆地西北部小山岗	采集陶片19片，纹饰有长方格纹、网格纹、绳纹、曲折纹、编织纹	约10 000	新石器时代晚期至商代	较好	新发现
133	牛步迳遗址	温泉镇源湖村西北约1.5千米处，X301与G105交叉口东侧山岗上	N23°37′28.8920″，E113°38′34.2904″，海拔：98.310米	桃园盆地西北部，流溪河干流东岸山岗	采集石砺石1件，石锛1件；陶片17片，陶质较软，素面居多，部分陶片表纹饰已磨损不清，可辨器形有圈足器	约8000	新石器时代晚期至商代	较好	新发现
134	鹅颈遗址	温泉镇南平村磨盘与柴山之间的鹅颈台地上	N23°33′21.6197″，E113°42′53.4675″，海拔：69.064米	新南峡谷南部，河谷东侧低矮平地	采集陶片2片，饰三角格纹、素面；瓷片1片，为灰瓷碗残片	约1000	战国至汉初、唐末	一般	新发现
135	多头隐遗址	温泉镇南平村八斗村后（西南侧）多头隐山岗上	N23°33′14.8924″，E113°42′38.1948″，海拔：101.605米	新南峡谷南部，河谷西侧山岗	采集陶片7片，纹饰有绳纹、素面、曲折纹、斜长方格纹	约3500	新石器时代晚期至商代	较好	新发现
136	柴山遗址	温泉镇新南村柴山社背后的山岗（土名背后山）及村南台地（土名小田亚）上	N23°33′32.0406″，E113°42′56.8884″，海拔：79.816米	新南峡谷东南部，河谷东侧山岗及台地	背后山采集陶片18片，纹饰以方格纹为多，另有夔纹菱形凸点纹、弦纹加篦点纹、圈纹、素面；小田亚采集陶片9片，饰以方格纹较多，另有重菱形纹、夔纹	约25 000	西周至春秋	较好	新发现

附录　广州从化流溪河流域遗址登记表

（续表）

遗址编号	遗址名称	地点	地理坐标	地形地貌	遗迹、遗物	遗物分布范围（平方米）	时代	保存状况	备注
137	信号岭遗址	温泉镇新南村凤洞社东侧400米的信号岭上	N23°33′39.6984″，E113°42′59.1639″，海拔：88.726米	新南峡谷东南部，河谷东侧山岗上	采集残石锛1件；陶片12片，纹饰以绳纹为主，另有篮纹、叶脉纹、圆圈纹、重圈纹、米字纹等；瓷片5片，有青瓷、青花瓷片，可辨器形见碗	约25 000	新石器时代晚期至商代，西周至春秋，战国至汉初，唐代，明清	东部被从莞深高速破坏，其他保存较好	新发现
138	石鼓遗址	温泉镇新南村石古塘社南侧的石鼓一带	N23°33′56.1456″，E113°42′59.9530″，海拔：62.827米	新南峡谷东部，河谷东侧台地	采集陶瓷片20片，陶片为黑灰陶为主，可辨器形有罐；瓷片有青瓷、影青瓷、青花瓷等，可辨器形有碗	约25 000	唐宋，明清	一般	新发现
139	唐角山遗址	温泉镇新南村凤洞社北约400米的唐角山一带	A点：N23°33′57.1562″，E113°42′39.9584″，海拔：87.570米 B点：N23°33′56.5818″，E113°42′33.9866″，海拔：75.306米	新南峡谷西部，河谷西侧山岗	A点采集陶片20片，饰绳纹、方格纹、夔纹、曲折纹、加饴点纹、米字纹等；瓷片为青瓷碗残片。B点采集陶片10片，纹饰有曲折纹、叶脉纹、素面，可辨器形见罐	约50 000	新石器时代晚期至商代，西周至春秋，战国至汉初，唐宋	较好	新发现
140	虾塘遗址	温泉镇新南村新屋社新屋西侧虾塘山岗上	N23°34′08.8994″，E113°42′29.4557″，海拔：99.883米	新南峡谷西部，河谷西侧山岗	采集陶片3片，饰绳纹、方格纹；青瓷片、灰白瓷碗残片1片	约3000	新石器时代晚期至商代，西周至春秋，明清	较好	新发现
141	林山遗址	温泉镇新南村楼下社村西林山山岗上	N23°34′16.1360″，E113°42′30.8637″，海拔：86.834米	新南峡谷西部，河谷西侧山岗	采集石1件，砺石1件，陶片8片，纹饰有方格纹、夔纹加方格纹、夔纹加弦纹加菱格凸点纹；瓷片5片，有青瓷、黑釉瓷、灰瓷、青褐瓷，可辨器形见碗	约10 000	西周至春秋，宋代，明清	较好	新发现
142	大古石遗址	温泉镇新南村石古塘社东北约400米的大古石一带	N23°34′10.5283″，E113°43′16.0952″，海拔：70.852米	新南峡谷东部，河谷东侧山岗坡脚	采集残石锛1件；陶片3片，饰绳纹、米字纹、素面；褐瓷饼足碗残片1片	约30 000	新石器时代晚期，战国至汉初，唐宋	较好	新发现

(续表)

遗址编号	遗址名称	地点	地理坐标	地形地貌	遗迹、遗物	遗物分布范围（平方米）	时代	保存状况	备注
143	沙龙岗遗址	温泉镇新南村石古塘社北侧的沙龙岗上	N23°34′07.8782″，E113°43′00.0734″，海拔：59.694米	新南峡谷东部，平地凸起的台地	采集残石砵1件，陶片8片，器表饰夔纹、方格纹、叶脉纹、米字纹、弦纹	约4500	西周至春秋，战国至西汉初，唐代	较好	新发现
144	江车遗址	温泉镇新南村米屋南侧	N23°34′24.0908″，E113°42′35.7368″，海拔：91.295米	新南峡谷西北部，独立三角形山岗	采集残石子1件，砺石1件；陶片170片，纹饰以绳纹、夔纹、方格纹为主，另有曲折纹、网格纹、席纹、菱形凸点（块）纹、重圈纹、菱形纹等，可辨器形有罐圈足、器足等；瓷片7片，为碗等残片	约50 000	新石器时代晚期至商代，西周至春秋，唐宋、明清	较好	新发现
145	岜尾遗址	温泉镇新南岭咀社南的岜尾合地及西侧平缓合地上	A点：N23°34′47.7753″，E113°42′10.9945″，海拔：33.642米 B点：N23°34′51.1733″，E113°42′04.3429″，海拔：44.792米	灌村盆地东南缘山前台地，小海河南岸	A点采集陶片23片，纹饰有夔纹、重菱形纹、方格纹加菱形凸点纹、方格纹、方格纹加重圈纹、篦点纹等，可辨器形有罐形；瓷片3片，有灰瓷、青灰瓷等，可辨器形见碗、碟。B点采集陶片2片，饰夔纹加方格纹、方格纹；青黄瓷碗底部残片1片	约15 000	西周至春秋，宋代，明清	一般	新发现
146	牛头岭遗址	温泉镇石坑村新池里后山牛头岭上	N23°34′20.2669″，E113°43′00.1573″，海拔：81.027米	新南峡谷东部，河谷东缘山岗	采集陶片50片，纹饰以绳纹为主，另有绳纹加附加堆纹、夔纹、方格纹加篦点纹加弦纹、素面	约8000	新石器时代晚期至商代，西周至春秋	较好	新发现
147	猪仔岜遗址	温泉镇石坑村江边田东南约600米的猪仔岜山岗上	A点：N23°34′19.2078″，E113°43′06.8712″，海拔：118.009米 B点：N23°34′21.9979″，E113°43′10.7639″，海拔：99.850米	新南峡谷东部，河谷东缘山岗	A点采集陶片3片，饰绳纹、夔纹加弦纹加菱格纹。B点采集砺石1件	约6000	新石器时代晚期至商代，西周至春秋	较好	新发现

（续表）

遗址编号	遗址名称	地点	地理坐标	地形地貌	遗迹、遗物	遗物分布范围（平方米）	时代	保存状况	备注
148	大陂田遗址	温泉镇石坑村田心和新南村石古塘之间的大片低矮台地上	N23°34'12.3114", E113°42'52.2372", 海拔：53.391米	新南峡谷东部、河流东岸阶地	采集陶片40余片，纹饰有绳纹、方格纹、夔纹、刻划纹、网格纹、三角格纹加曲波纹、素面等，可辨器形见罐、瓷片，有青灰瓷、青瓷等，可辨器形有碗	约50 000	新石器时代晚期至商代、西周至春秋、战国至西汉初、唐宋、明清	较好	新发现
149	大榕树遗址	温泉镇石坑村江边田东边约200米的缓坡台地上	N23°34'30.6870", E113°43'01.7885", 海拔：50.242米	新南峡谷东部、河谷东侧缓坡台地	采集陶片3片，纹饰有方格纹、夔纹、素面	约1000	西周至春秋、唐代	一般	新发现
150	檀岭遗址	温泉镇石坑村从莞深与S355互通之间	N23°34'40.6326", E113°43'13.3960", 海拔：109.021米	灌村盆地东部独立山岗	山顶一座现代土葬墓周边采集陶片5片，饰曲折纹	数平方米	新石器时代晚期至商代	较好	新发现
151	龙田遗址	温泉镇石坑村新池里北侧龙田台地上	N23°34'25.4486", E113°42'52.8474", 海拔：48.696米	新南峡谷东部、河谷东侧台地	采集陶片40片、器表饰有方格纹、米字纹、水波纹加弦纹、素面，可辨器形有罐；瓷片有褐瓷玉璧足碗底残片	约10 000	西周至春秋、战国至西汉初、唐宋	一般	新发现
152	江边遗址	温泉镇石坑村江边田社里东北、灌村收费站西侧	N23°34'49.3611", E113°43'16.4929", 海拔：53.048米	灌村盆地东部、南岸台地	采集陶瓷片20余片、陶片纹饰见方格纹、夔纹、菱格凸点纹、弦纹，可辨器形见罐、瓷片有青瓷、影青瓷、青花瓷、褐釉瓷，可辨器形有碗底部残片	约12 000	西周至春秋、战国至西汉初、唐宋、明清	一般	新发现
153	水庭山遗址	温泉镇石坑村张屋南侧台地上	A点： N23°34'32.7628", E113°42'27.5563", 海拔：53.262米 B点： N23°34'27.8031", E113°42'26.7841", 海拔：61.171米	新南峡谷西北部、河谷西侧台地	A点采集陶片约70片，纹饰有夔纹、方格纹、弦纹加管点纹、米字纹，另有弦纹、素面等，可辨器形见罐、瓷片10余片，有酱褐瓷、青瓷、灰瓷，可辨器形见碗、器盖。B点采集陶片2片，纹饰有绳纹、素面	约30 000	新石器时代晚期至商代、西周至春秋、战国至西汉初、唐宋、明清	较好	新发现

(续表)

遗址编号	遗址名称	地点	地理坐标	地形地貌	遗迹、遗物	遗物分布范围（平方米）	时代	保存状况	备注
154	黄洞岭遗址	温泉镇石坑村梁屋东约百米黄洞岭台地上	N23°35'06.6543", E113°43'24.1309", 海拔：61.038米	灌村盆地东部平地	采集陶片3片，1片饰曲折纹，2片素面无纹，可辨器形有平底罐	约100	新石器时代晚期至商代，唐末	一般	新发现
155	鸡公髻南遗址	温泉镇石坑村北部，鸡公髻山南坡	N23°35'24.3172", E113°43'13.0235", 海拔：95.209米	灌村盆地东北部，鸡公髻山南坡	采集陶片2片，饰菱纹、方格纹加云雷纹	约100	西周至春秋	一般	新发现
156	鸡公髻西遗址	温泉镇石坑村邱屋东北，鸡公髻山西坡	N23°35'44.7950", E113°43'01.3572", 海拔：99.4708米	灌村盆地东北部，鸡公髻山西坡	采集陶片2片，饰菱形凸点纹1片，饰方格纹加夔纹加弦纹1片	约5000	西周至春秋	一般	新发现
157	高栋遗址	温泉镇石坑村水边社东北约500米高栋山岗上	N23°35'34.5026", E113°42'28.2911", 海拔：93.146米	灌村盆地北部独立山岗	采集石锛1件，陶瓷片16片，陶片有黑灰陶，褐灰陶，饰弦纹，可辨器形有青瓷碗，青花瓷，可辨器形有碗、盘	约1200	新石器时代晚期至商代，唐末	一般	新发现
158	榕山遗址	温泉镇石坑村田寮社西约200米的榕山上	N23°35'07.5401", E113°41'56.6358", 海拔：52.301米	灌村盆地东部独立山岗，小海河北岸	采集陶瓷片37片，方格纹，网线纹、米字纹、方格纹间断条纹，复线方格对角线纹，可辨器形有盘、平底罐、陶牛俑	约20 000	新石器时代晚期至商代，唐末至汉初，战国至青初，唐代	一般	新发现
159	晒塘遗址	温泉镇石坑村水边社东边晒塘平地上	N23°35'23.1138", E113°42'29.5613", 海拔：58.470米	灌村盆地东部平地	采集陶片23片，陶瓷片1件，部分器表饰弦纹，可辨器形见瓮、罐，瓷片以青灰瓷为主，可辨器形有碗	约100 000	新石器时代晚期至商代，唐末，明清	一般	新发现
160	猪祜岭遗址	温泉镇龙新村山塘口社南侧猪祜岭上	N23°33'58.1321", E113°41'38.6861", 海拔：104.785米	溉峒河谷南部，狗坐盆地南缘山岗	山顶东部断壁发现土坑墓一座，残一半；墓内出土陶片200余片，泥质软陶，橙红色，绳纹加附加堆纹、席纹、刻划纹、曲折纹加附加堆纹、素面，可辨器形加卷沿罐，山顶地表采集陶片2片，饰长方格纹、编织纹	约10 000	新石器时代晚期至商代	一般	新发现
161	大路遗址	温泉镇龙新村杨屋社南侧	N23°33'13.2086", E113°41'34.0845", 海拔：55.619米	溉峒河谷东部，狗坐盆地北缘台地	采集石斧1件；方格纹、素面陶5片；饼足碗残片数片	约10 000	新石器时代晚期至商代，西周至春秋，唐末	一般	新发现

（续表）

遗址编号	遗址名称	地点	地理坐标	地形地貌	遗迹、遗物	遗物分布范围（平方米）	时代	保存状况	备注
162	（龙新）圆墩岭遗址	温泉镇龙新村杨屋社北侧圆墩岭山岗上	N23°33′19.0695″，E113°41′34.6536″，海拔：76.177米	溉峒河谷东部，狗坐石盆地北缘小山岗	采集陶片3片，饰夔纹加方格纹、夔纹、素面，可辨器形为圈足碗（豆）	约6000	西周至春秋	较好	新发现
163	下梅墩遗址	温泉镇龙新村蔡屋西北部	N23°33′08.9890″，E113°41′04.8495″，海拔：65.251米	溉峒河谷中部长条状大台地	采集陶片约40片，纹饰有方格纹、米字纹、三角格纹、弦纹、素面，可辨器形有罐；瓷片近20片，有青灰瓷、青瓷，可辨器形有碗	约25 000	战国至汉初，唐宋、明清	一般	新发现
164	石博见遗址	温泉镇龙新村早山西石博见一带	N23°32′55.5303″，E113°41′03.2020″，海拔：73.293米	溉峒河谷南部，低缓台地	采集陶片6片，饰方格纹1片，饰弦纹5片，应为罐之腹部残片	约1000	西周至春秋、唐代	差	新发现
165	里鱼塘遗址	温泉镇龙新村蔡屋东边里鱼塘山岗顶部	N23°33′04.3240″，E113°41′14.9198″，海拔：130.194米	溉峒河谷东缘山岗	采集陶片26片，纹饰有绳纹、曲折纹、叶脉纹、曲折纹加附加堆纹、方格纹、菱形凸点加弦纹加夔纹、素面	约13 000	新石器时代晚期至商代、西周至春秋	较好	新发现
166	洞仔遗址	温泉镇龙新村早山西南侧洞仔山岗上	N23°32′49.7057″，E113°41′13.3089″，海拔：100.091米	溉峒河谷东南侧高山西坡	采集陶片28片，纹饰以方格纹为多，另有夔纹、网格纹、重菱形纹加方格纹、重菱形凸点加方格纹、篦点纹、重菱形凸点纹、重圆圈纹、绳条纹、断条纹，可辨器形有罐口沿等	约17 000	新石器时代晚期至商代、西周至春秋	较好	新发现
167	田咀遗址	温泉镇龙新村田咀社南边	N23°32′30.2804″，E113°41′04.6450″，海拔：106.095米	溉峒河谷最南端，高山北坡山脚余脉	采集残石器4件，另有陶片35片，纹饰以叶脉纹为主，另有绳纹、梯方纹、曲折纹、条纹、长方纹、素面等，可辨器形有器座、陶罐口沿等	约12 000	新石器时代晚期至商代	较好	新发现
168	槛核顶遗址	温泉镇龙新村田咀社西约100米的槛核顶台地上	N23°32′39.3615″，E113°40′57.8334″，海拔：101.763米	溉峒河谷南端西侧，高山北坡山脚台地	采集陶片7片，纹饰有曲折纹、绳纹、绳纹加附加堆纹、斜长方格纹、素面	约4000	新石器时代晚期至商代	一般	新发现
169	吓塘遗址	温泉镇龙新村吓塘社西侧山岗顶部	N23°33′07.0367″，E113°40′51.7290″，海拔：94.020米	溉峒河谷西部山岗	采集砺石1件，陶片12片，纹饰有绳纹、曲折纹、网格纹、素面	约8000	新石器时代晚期至商代	较好	新发现

（续表）

遗址编号	遗址名称	地点	地理坐标	地形地貌	遗迹、遗物	遗物分布范围（平方米）	时代	保存状况	备注
170	杨梅田遗址	温泉镇新田村杨梅田南侧	N23°33'13.2420"，E113°40'41.9295"，海拔：55.957米	流溪河谷西部台地	采集陶片34片，纹饰有夔纹、菱格凸点纹、方格纹、重菱形纹、篦点加弦纹加篦点纹、弦纹加篦形纹、方格纹加重菱形纹、网格纹、复线刻划纹、重方格纹、素面等，可辨器形有罐、豆形器等	约18 000	西周至春秋、唐宋	一般	新发现
171	鹿景遗址	温泉镇新田村上村社47号房屋西侧鹿景山岗上	N23°33'25.3676"，E113°41'18.9925"，海拔：74.604米	流溪河谷东部高山西向延伸出的山岗	采集陶片2片，砺石1件。陶片为泥质硬陶片、灰褐色，饰方格纹，器形不可辨	约7000	西周至春秋	较好	新发现
172	破塘遗址	温泉镇新田村山岗社东北约450米山谷内	N23°33'36.2479"，E113°41'20.4449"，海拔：61.837米	流溪河谷东部山谷内台地	采集陶片2片，纹饰有绳纹、间断条纹	约5000	新石器时代晚期至商代	差	新发现
173	塘仔遗址	温泉镇新田村山岗社东侧塘仔山岗上	N23°33'33.4465"，E113°41'12.7395"，海拔：131.716米	流溪河谷中部东侧高山岗	采集石锛1件、石戈1件、半成品石器2件；陶片154片，纹饰以绳纹为主，另有曲折纹、叶脉纹、长方格纹、网格纹、绳纹加附加堆纹、编织纹、曲折纹加附加堆纹、篮纹、夔纹、网格纹加圆圈纹、夔纹加篦点纹、夔纹加弦纹加菱格凸块纹、菱形凸点纹、方格纹加重圆纹、方格纹、素面等，可辨器形有罐口沿、曲壁豆等	约100 000	新石器时代晚期至商代、西周至春秋	较好	新发现
174	后背山遗址	温泉镇新田村东南约300米背山（大岗山）山岗上	山顶：N23°33'15.4503"，E113°41'15.7004"，海拔：121.010米；北坡山脚：N23°33'22.9556"，E113°41'13.0989"，海拔：60.175米	流溪河谷中部东侧山岗	山顶采集石锛和石斧各1件、半成品石器2件；陶片129片，纹饰以绳纹为主，另有曲折纹、绳纹加附加堆纹、曲折纹加附加堆纹、叶脉纹、长方格纹、网格纹、菱格凸点纹、方格纹、重菱形纹、夔纹、米字纹、三角格纹等，可辨器形有罐口沿、罐圈足；山脚合地采集少量遗物，纹饰见夔纹、方格纹、米字纹等	约130 000	新石器时代晚期至商代、西周至汉初、战国至春秋、唐宋	较好	新发现

（续表）

遗址编号	遗址名称	地点	地理坐标	地形地貌	遗迹、遗物	遗物分布范围（平方米）	时代	保存状况	备注
175	茶芬遗址	温泉镇新田村山岗社南边约150米茶芬的台地上	N23°33′21.9055″，E113°41′01.9520″，海拔：60.063米	溉峒河谷东南部长条状大台地	采集石器3件；陶片30余片，纹饰以绳纹较多，另有长方格纹、曲折纹、网格纹、席纹、重圈纹、刻划篦点纹、方格纹、米字纹、弦纹加篦点纹等，可辨器形有罐口沿、罐圈足、瓮等；瓷片有青瓷、青灰瓷、影青瓷、黄褐瓷，可辨器形仅见碗	约4000	新石器时代晚期至商代，西周至春秋，战国至汉初，唐宋，明清	一般	新发现
176	松山遗址	温泉镇新田村螺江社西侧松山上	A点：N23°33′21.6436″，E113°40′38.4493″，海拔：83.625米 B点：N23°33′10.7302″，E113°40′32.4984″，海拔：75.774米	溉峒河谷西南面山北向延伸条脉，长条状山岗	A点：采集陶片6片，纹饰有绳纹、叶脉纹、方格纹、素面。B点：采集泥质软陶1片，饰网格纹，另有双肩石锛1件	A点约8000 B点不详	新石器时代晚期至商代，唐代	较好	新发现
177	赤岭遗址	温泉镇新田村高田社南边约800米处的赤岭平台上	N23°33′16.8086″，E113°40′28.8044″，海拔：62.606米	溉峒河谷西部，山岗西坡台地	采集石锛1件、石质和器类同；B点采集陶片类约20片，纹饰见夔纹、方格纹、曲断条纹、米字纹、三角格纹、素面，可辨器形有罐口沿、豆口沿、带矮柱足器底、平底罐等；瓷片少许，可辨器形有碗	约15 000	新石器时代晚期至商代，西周至春秋，战国至汉初，唐宋，明清	一般	新发现
178	放牛岭遗址	温泉镇新田村螺江社南约800米的放牛岭山岗东北坡上	N23°33′02.5022″，E113°40′36.0447″，海拔：70.574米	溉峒河谷西南部，南缘高山北坡	采集陶片7片，纹饰有绳纹、曲折纹、叶脉纹、网格纹、带状指甲圆圈纹	约7500	新石器时代晚期至商代，唐代	较好	新发现
179	饭鹅达遗址	温泉镇新田村高围社益农漂染厂西约450米土名饭鹅达山岗顶部	N23°34′01.4762″，E113°40′02.1991″，海拔：81.142米	溉峒河谷西北岸，溉峒河南岸山岗	采集陶片23片，纹饰以曲折纹为多，另有叶脉纹、长方格纹、素面，可辨器形有罐口沿、圈足	约3500	新石器时代晚期至商代	较好	新发现

(续表)

遗址编号	遗址名称	地点	地理坐标	地形地貌	遗迹、遗物	遗物分布范围（平方米）	时代	保存状况	备注
180	黄瓜园遗址	温泉镇新田村上村社东边黄㓑的山㓑里	N23°33′46.3454″，E113°40′55.9621″，海拔：46.903米	溉峒河谷盆地东北部，山脚山坳	采集陶片30余片，纹饰以米字纹、方格纹为主，另有曲折纹、弦纹、素面，可辨器形有罐等；少量瓷片，多为碗	约25 000	新石器时代晚期至商代，战国至汉初，唐末、明清	较好	新发现
181	背底隐遗址	温泉镇新田村上村社北侧的背底隐山坡上，西邻新田小学	N23°33′50.9426″，E113°40′50.7035″，海拔：76.139米	溉峒河谷盆地北缘山脚缓坡	采集陶片4片，纹饰有方格纹、细方格纹加弦纹、网格纹加弦纹；青灰瓷碗残片1片	约4500	西周至春秋，明清	较好	新发现
182	下古岭遗址	温泉镇新田村田塘社北约300米、溉峒河东岸的下古岭平地上	N23°34′05.5891″，E113°40′28.0619″，海拔：48.053米	溉峒河谷盆地北端出入口，溉峒河东岸平地	采集陶片20余片，纹饰有长方格纹、夔纹、方格纹加弦纹、米字纹、素面等，可辨器形见罐盖等；瓷片10余片，以青瓷为主，另有灰瓷片，可辨器形有碗，多为饼足或璧足	约23 000	新石器时代晚期至商代，西周至春秋，战国至汉初，唐末、明清	一般	新发现
183	黄坭田遗址	温泉镇南星村新围仔社西边的农田里	N23°34′38.4613″，E113°40′58.6127″，海拔：37.907米 B点：N23°34′42.5463″，E113°41′05.7977″，海拔：42.861米	灌村盆地中部南缘，小海河南岸平地	采集陶片40片，纹饰有绳纹、曲折纹、叶脉纹、素面，另有绳纹加附加堆纹、长方格纹，可辨器形有罐底残片9片，可辨器形有碗、璧足碗底、器盖等	30 000	新石器时代晚期，西周至春秋，末代，明清	一般	新发现
184	（南星）圆山仔遗址	温泉镇南星村新围仔社西南约150米的圆山仔山岗上	N23°34′30.9108″，E113°41′19.8853″，海拔：78.041米	灌村盆地中部南缘，小海河南岸山岗	采集陶片5片，纹饰有曲折纹、叶脉纹、素面，可辨器形有圈足罐口沿；瓷片7片，有青瓷、青花瓷，可辨器形有碗、盘等	不详	新石器时代晚期至商代，汉代，唐代，明清	较好	新发现
185	关竹园遗址	温泉镇南星村新围仔社西南约450米的关竹园一带	A点：N23°34′24.8126″，E113°41′21.4070″，海拔：49.891米 B点：N23°34′27.2650″，E113°41′29.2597″，海拔：57.278米	灌村盆地南缘山北坡延伸出来的缓坡台地	A点采集新石器时代晚至商代夹细砂灰黄软陶1片，另有残石锛1件；唐代黑灰硬陶7片，明代青瓷浅腹碗2件，灰褐色、饰方格纹、泥质硬陶1片，唐末时期泥质灰黄硬陶1片，器表有黄褐釉。B点采集战国至汉初泥质硬陶罐应为方格纹，部分器表饰弦纹，灰褐色	不详	新石器时代晚期至商代，战国至汉初，唐末、明清	较好	新发现

附录 广州从化流溪河流域遗址登记表

（续表）

遗址编号	遗址名称	地点	地理坐标	地形地貌	遗迹、遗物	遗物分布范围（平方米）	时代	保存状况	备注
186	上𰻞遗址	温泉镇南星村新围仔社东约300米的上𰻞一带	N23°34′34.6002″,E113°41′28.6530″,海拔：56.021米 西北方采集点：N23°34′42.0392″,E113°41′17.1126″,	灌村盆地中部南缘平缓台地	采集陶片10余片，饰陶纹、曲折纹、卷云纹、弦纹、堆塑纹、素面，可辨器形有罐等；瓷片见青瓷，可辨器形有碗；采集方格纹陶片1片	16 000	新石器时代晚期至商代，西周至春秋，唐末	一般	新发现
187	（南星）担水𰻞遗址	温泉镇南星村新围仔社东南约600米的担水𰻞一带	N23°34′32.7168″,E113°41′33.1432″,海拔：55.734米	灌村盆地南缘高山北坡延伸出的缓坡台地	采集陶片2片，纹饰有绳纹、梯格纹	约70	新石器时代晚期至商代	较好	新发现
188	形头遗址	温泉镇南星村黄布村东约450米的形头一带	N23°34′43.2382″,E113°41′57.6350″,海拔：48.248米	灌村盆地南缘高山北坡山前台地，小海河南岸	采集陶片50余片，纹饰有曲折纹、重菱格纹、重圆圈纹、方格纹、方格纹加重菱格纹、复线刻划纹、复线纹加重菱形纹加弦纹、菱形凸点纹、篦点纹、重菱形纹加复线梳纹、弦纹加角线纹、圆圈纹、米字纹、回字对角线纹、罐；瓷片有黄褐瓷、青灰瓷，可见碗底残片	25 000	新石器时代晚期至商代，西周至春秋、战国至汉初、唐末、明清	较好	新发现
189	莲叶渡龟遗址	温泉镇南星村黄坭田社南边百足岭东北山脚	A点：N23°34′29.2820″,E113°40′48.1303″,海拔：45.522米 B点：N23°34′31.9528″,E113°40′53.2546″,海拔：40.346米	灌村盆地南部，小海河南部缓坡及台地	A点采集方格纹加弦纹加蟠螭纹陶片1片，为尊、罐残片。B点采集陶片5片，饰方格纹、素面，可辨器形有罐	A点不详 B点约2500	西周至春秋，唐末	一般	新发现
190	公路下遗址	温泉镇南星村黄坭田社西南公路下台地上	N23°34′54.9008″,E113°39′32.0176″,海拔：43.096米	灌村盆地中西部，小海河北岸台地	采集陶片9片，纹饰有夔纹、方格纹	15 000	西周至春秋	较好	新发现

(续表)

遗址编号	遗址名称	地点	地理坐标	地形地貌	遗迹、遗物	遗物分布范围（平方米）	时代	保存状况	备注
191	蜈蚣岭遗址	温泉镇石海村灌村社东约500米的蜈蚣岭上	N23°34′17.1005″，E113°39′29.4097″，海拔：49.726米	灌村盆地南部百足岭西端延伸出的小山岗，小海河与溉峒河之间	采集残石锛1件，半成品石器1件；陶片48片，纹饰有绳纹、弦断曲折纹、弦纹条纹、夔纹、方格纹、夔纹加弦纹、夔点纹、水波纹加弦纹、米字纹、素面，可辨器形有罐、盆等；瓷片30余片，有青瓷、灰白瓷、可辨器形有碗、器盖等	33 000	新石器时代晚期至商代、西周至春秋、战国至汉初、唐末明清	较好	新发现
192	山形1号遗址	温泉镇石海村灌村社东约1000米山岗北坡	N23°34′04.8331″，E113°39′49.1893″，海拔：58.596米	灌村盆地与溉峒河谷之间，溉峒河南岸山坡	采集陶片34片，纹饰以方格纹为主，另有夔纹、夔纹加方格纹、夔纹、弦纹、曲折纹、篦点纹加方格纹、素面，可辨器形有器盖、罐、豆等	约20 000	西周至春秋	较好	新发现
193	山形2号遗址	温泉镇石海村东部山形北坡山半腰处	N23°33′58.2541″，E113°39′38.3023″，海拔：96.644米	溉峒河谷西北部，溉峒河南岸山岗	采集夹细砂浅灰陶1片，饰绳纹	不详	新石器时代晚期至商代	较好	新发现
194	山形3号遗址	温泉镇石海村东南约700米处	N23°34′01.7982″，E113°39′29.2994″，海拔：42.611米	溉峒河谷西北部，溉峒河南岸台地	采集陶片17片，纹饰以米字纹为主，另有方格纹、水波纹加弦纹、素面	约9000	战国至汉初	一般	新发现
195	泥子山遗址	温泉镇石海村东南侧泥子山北端	N23°34′13.5106″，E113°39′19.5008″，海拔：56.607米	灌村盆地西南部，盆地南缘高山余脉	采集陶片35片，纹饰有曲折纹、绳纹、夔纹、方格纹、夔纹和方格纹组合纹	约8000	新石器时代晚期至商代、西周至春秋	较好	新发现
196	后龙山脚遗址	温泉镇石海村旧围村南部后龙山西坡山脚	N23°34′06.8564″，E113°39′13.5050″，海拔：54.090米	灌村盆地南侧高山余脉山脚台地	采集夔纹陶1片	不详	西周至春秋	一般	新发现
197	圆墩山遗址	温泉镇石海村南侧的圆墩山上	山顶：N23°34′12.6793″，E113°39′07.3817″，海拔：54.706米；山脚：N23°34′11.9397″，E113°39′03.9142″，海拔：45.445米	灌村盆地西部，小海河与溉峒河之间的小山岗	采集陶片10片，饰方格纹、云雷纹、米字纹、弦纹、堆塑纹，可辨器形有罐、盆、魂瓶等	约10 000	西周至春秋、战国至汉初、唐末	较好	新发现

（续表）

遗址编号	遗址名称	地点	地理坐标	地形地貌	遗迹、遗物	遗物分布范围（平方米）	时代	保存状况	备注
198	大路下遗址	温泉镇石海村灌村西大路西台地上	N23°34′09.3131″, E113°38′51.8283″, 海拔：34.724米	灌村盆地西南部，石海河东岸台地	采集石斧件；陶片25片，纹饰有夔形凸点纹、菱形纹、方格纹、米字纹、弦纹、素面，器形有碗、平底罐等；瓷片仅见青瓷碗腹部残片	约45 000	新石器时代晚期至商代，西周至春秋，战国至汉初，唐末	较好	新发现
199	来鱼头遗址	温泉镇石海村下围社南边的来鱼头山岗上	N23°34′05.5917″, E113°38′07.1535″, 海拔：70.447米	灌村盆地西部，小海河西岸山岗	采集陶片48片，纹饰以绳纹较多，另有长方格纹、篮纹、云雷纹、曲折纹附加堆纹、梯格纹、重菱形凸点纹、方格纹、夔纹、方格纹加菱形凸点纹、素面加弦纹	约82 000	新石器时代晚期至商代，西周至春秋	较好	新发现
200	六覃遗址	温泉镇石海村六潭社村南台地上	N23°34′56.2499″, E113°38′06.5046″, 海拔：31.766米	灌村盆地西北部，小海河东岸台地	采集陶片3片，饰方格纹加弦纹、菱格纹凸块纹、素面	不详	西周至春秋，唐代	一般	新发现
201	埔鹅岗遗址	温泉镇石海村东部的埔鹅岗上	N23°34′34.0977″, E113°38′43.8389″, 海拔：45.407米	灌村盆地西部，小海河西北岸独立山岗	采集陶片5片，饰夔纹、方格纹加弦纹、素面、卷云纹	不详	新石器时代晚期至商代，西周至春秋	一般	新发现
202	（石海）黄泥塘遗址	温泉镇石海村信洞东侧的黄泥塘台地上	N23°34′23.6874″, E113°38′24.2775″, 海拔：33.126米	灌村盆地西北部，小海河东岸台地	采集陶片9片，纹饰有绳纹、曲折纹附加堆纹、弦纹、方格纹、素面，可辨器形有罐；青瓷片5片，器形见圈足碗底、饼足碗残片	约15 000	新石器时代晚期至商代，战国至汉初，唐末、明清	一般	新发现
203	石孙山遗址	温泉镇百足岭北坡石孙山一带	A点： N23°34′26.5737″, E113°40′33.8941″, 海拔：55.202米。 B点： N23°34′29.3584″, E113°40′28.0748″, 海拔：35.031米	灌村盆地西部南缘，小海河南岸缓坡	A点采集陶片7片，纹饰有重圆圈纹、夔纹、网格纹加弦纹、方格纹加曲折纹、篦点纹加弦纹、绳纹等，可辨器形有器盖。B点采集石镞1件；陶片4片，饰方格纹、圆圈纹；瓷片2片，有灰瓷、青瓷片，可辨器形有碗	不详	新石器时代晚期至商代，西周至春秋，宋代	较好	新发现

(续表)

遗址编号	遗址名称	地点	地理坐标	地形地貌	遗迹、遗物	遗物分布范围（平方米）	时代	保存状况	备注
204	茶岭遗址	温泉镇石南村茶岭社东部和南部台地上	A点：N23°34′21.2866″，E113°39′58.8799″，海拔：53.453米 B点：N23°34′27.3835″，E113°40′10.0781″，海拔：27.998米	灌村盆地西南缘，小海河南岸缓坡台地	A点采集陶片2片，饰方格纹。B点采集陶片3片，纹饰有方格纹、刻划纹、卷云纹	A点约1000 B点约1500	西周至春秋	一般	新发现
205	杉瓜遗址	温泉镇石南村茶岭社西边杉瓜山岗上	N23°34′18.4490″，E113°39′38.3238″，海拔：65.793米	灌村盆地西南部，小海河南岸山岗	采集砺石1件；陶片28片，纹饰见重菱形纹、夔纹加弦纹、夔纹加方格纹、重菱形凸点纹、菱格纹、方格纹、绳纹等	约9000	新石器时代晚期至商代、西周至春秋	较好	新发现
206	旱地遗址	温泉镇石南村旱地埔社南边芒窝台地上	N23°34′40.9924″，E113°38′52.2611″，海拔：36.234米	灌村盆地西部，石海河北侧台地	采集石锛1件；陶片23片，纹饰有长方格纹、网格纹、曲折纹、米字纹、绳纹、素面	约9000	新石器时代晚期至商代、战国至汉初	一般	新发现
207	芒窝遗址	温泉镇石南村白沙社南边土名芒顶的广阔台地上	A点：N23°34′33.0854″，E113°39′19.7405″，海拔：33.796米 B点：N23°34′31.0455″，E113°39′25.0883″，海拔：36.099米	灌村盆地西部中央，小海河和溪峒河之间的广阔平坦台地	A点采集陶片4片，1片饰绳纹，另3片素面。B点采集陶片2片，1片饰绳纹，1片素面	A点约500 B点约100	新石器时代晚期至商代、唐代	一般	新发现
208	（石南）新围遗址	温泉镇石南村新围社西侧	N23°34′37.5136″，E113°39′32.8808″，海拔：50.166米	灌村盆地西部中央，小海河北岸小山丘	采集石器5件，有石锛、石斧、砺石，另一件器形不可辨，陶片40片，纹饰有绳纹、叶脉纹、方格纹、编织纹、弦纹加附加堆纹、夔纹加弦纹、夔纹加方格纹、菱格凸点纹、回字对角纹、米字纹、复线米字纹、复线米字纹、方格纹等，可辨器形有罐等；瓷片有青瓷饼足碗底和灰瓷碗底残片	约20 000	新石器时代晚期至商代、西周至春秋、战国至汉初、唐代、唐末明清	较好	新发现

附录　广州从化流溪河流域遗址登记表

（续表）

遗址编号	遗址名称	地点	地理坐标	地形地貌	遗迹、遗物	遗物分布范围（平方米）	时代	保存状况	备注
209	塘面遗址	温泉镇石南村高松社和白沙社之间塘面台地一带	断面： N23°34′43.5433″，E113°39′32.3452″，海拔：36.172米 米字纹陶片： N23°34′41.6442″，E113°39′27.4754″，海拔：40.697米	灌村盆地西部北缘平缓台地，小海河北岸	采集陶瓷片16片；陶片7片，多素面，纹饰见米字纹、方格纹、弦纹、器形见罐；瓷片有灰瓷、青瓷、灰白瓷、青花瓷，可辨器形有饼足碗、圈足碗、盘	约60 000	战国至汉初，唐末、明清	较好	新发现
210	（石南）大㘵遗址	温泉镇石南村新围社北600米的大㘵台地上	N23°34′54.9008″，E113°39′32.0176″，海拔：43.096米	灌村盆地西北部，盆地北缘山前缓坡台地	采集陶片4片，纹饰有长方格纹、方格纹；灰瓷碗底部残片1片	约8000	新石器时代晚期至商代，西周至春秋，唐末	较好	新发现
211	高车遗址	温泉镇石南村松安社东南侧高车台地上	N23°34′37.3939″，E113°40′03.0750″，海拔：44.178米	灌村盆地西部中央，小海河北岸台地	采集陶片7片，纹饰有米字纹、方格纹、曲折纹	约4500	战国至汉初	较好	新发现
212	汤屋遗址	温泉镇石南村汤屋社北侧	西侧： N23°34′57.2244″，E113°34′58.5948″，海拔：62.013米 东侧： N23°34′53.5211″，E113°40′02.3183″，海拔：51.168米	灌村盆地西部，盆地北缘山前缓坡台地	采集陶片29片，纹饰以网格纹为主，另有方格纹、夔纹、复线三角纹、方格纹加云雷纹、夔纹加宽点纹、凸点菱格纹、夔纹加方格纹、卷云纹、云雷纹，可辨器形有罐口沿	约30 000	西周至春秋	较好	新发现
213	（卫东）南山遗址	温泉镇卫东村三层社西北约400米的庙山顶上	N23°39′47.9684″，E113°39′41.8736″，海拔：96.720米	卫东片区西部，流溪河干流南岸高山	采集陶片12片，纹饰有方格纹、细方格纹加弦纹、素面等	约15 000	新石器时代晚期至商代，战国至汉初	较好	新发现
214	白虎岭遗址	温泉镇卫东南部白虎层社东南部白虎岭岭山岗上	N23°39′24.3658″，E113°40′00.2357″，海拔：76.328米	卫东片区中西部，流溪河干流南岸山岗	采集陶片10片，纹饰有绳纹、曲折纹、长方格纹	约4000	新石器时代晚期至商代	较好	新发现

（续表）

遗址编号	遗址名称	地点	地理坐标	地形地貌	遗迹、遗物	遗物分布范围（平方米）	时代	保存状况	备注
215	屋背遗址	温泉镇卫东村桥栏社北侧山顶上	N23°39′19.7675″，E113°40′28.1918″，海拔：93.912米	卫东片区东南部，流溪河干流东岸山岗	采集陶片10片，纹饰有绳纹、曲折纹、绳纹加附加堆纹	约3000	新石器时代晚期至商代	较好	新发现
216	隔海遗址	温泉镇卫东村隔海社北侧	N23°39′38.7073″，E113°40′18.1641″，海拔：46.972米	卫东片区中部，被流溪河"S"转弯环绕的台地	采集陶瓷片20余片，陶片均为泥质硬陶片，以黑灰陶为主，可辨器形有平底罐底残片、研磨器残片；瓷片有青瓷、灰瓷，器形为碗	约1000	唐末、明清	一般	新发现
217	石草塘遗址	温泉镇卫东村委东边约300米的石草塘山岗上	N23°38′58.0760″，E113°40′32.6585″，海拔：69.669米	卫东片区南部，流溪河干流东部高岗山余脉	采集陶片15片，纹饰有绳纹、曲折纹、曲折纹素状附加堆纹、复线刻划纹，素面，可辨器形有陶罐口沿、圈足	约4000	新石器时代晚期至商代、西周至春秋	一般	新发现
218	瓦厂坝遗址	温泉镇卫东村黄圣东边的瓦厂坝台地上	N23°39′47.2528″，E113°40′01.8934″，海拔：57.045米	卫东片区北部，流溪河流北岸台地	采集陶片5片，饰米字纹、方格纹、素面、器形有罐等；饼足碗底残片2片	不详	战国至汉初、唐末	被大广高速破坏	复查
219	桥栏遗址	温泉镇卫东村桥栏东边山岗顶部	N23°39′17.6809″，E113°40′38.8742″，海拔：104.222米	卫东片区东南部，流溪河干流东岸山岗	采集陶片7片，纹饰有绳纹、篮纹加附加堆纹、曲折纹附加堆纹	4~6	新石器时代晚期至商代	较好	新发现
220	新黄围遗址	温泉镇卫东村新黄围北侧	N23°39′48.3744″，E113°40′30.2917″，海拔：50.524米	卫东片区东部，流溪河干流东岸山前台地	采集夹细砂绳纹陶片1片，青花碗残片1片	不详	新石器时代晚期至商代、明清	一般	新发现
221	龟山遗址	江埔街高峰村留田坑社北西北龟山上	N23°33′46.5401″，E113°38′41.1582″，海拔：51.243米	留田坑谷地西部山岗，小海河东岸	采集陶片20片，见夔纹、素面等	约13000	新石器时代晚期至商代、西周至春秋	较好	新发现
222	龟凹遗址	江埔街高峰村留田坑社西北龟凹上	N23°33′38.59″，E113°38′52.61″，海拔：52.30米	留田坑谷地西北部台地，小海河东岸	采集陶瓷片80余片，纹饰见斜方格纹、米字纹、方格纹等，器形有罐、器足	约70000	新石器时代晚期至商代、战国至汉初、唐代、明代、明清	一般	新发现
223	毛毡岗遗址	江埔街高峰村留田坑社北部毛毡岗山顶	N23°33′45.86″，E113°38′59.84″，海拔：87米	留田坑谷地西北部山岗	采集陶片5片，素面	约1000	新石器时代晚期至商代	较好	新发现

附录　广州从化流溪河流域遗址登记表

（续表）

遗址编号	遗址名称	地点	地理坐标	地形地貌	遗迹、遗物	遗物分布范围（平方米）	时代	保存状况	备注
224	鸭仔岜浦遗址	江埔街高峰村留田坑社北鸭仔岜浦山岗	N23°33′39.71″，E113°39′11.84″，海拔：89米	留田坑谷地北部山岗	采集2件石器、砺石、青石砖件各1件，陶片111片，纹饰有素面、绳纹、方格纹、曲折纹、叶脉纹等，器形有罐、豆等	约45 000	新石器时代晚期至商代、战国至汉初、唐代	较好	新发现
225	柿子岜遗址	江埔街高峰村留田坑社东北柿子岜山岗	N23°33′47.09″，E113°39′26.71″，海拔：134.47米	留田坑谷地北部山岗	采集陶片56片、瓷1片，纹饰有曲折纹、绳纹、叶脉纹、夔纹、方格凸点纹加浅纹等，器形有罐等	约20 000	新石器时代晚期至商代、西周至春秋、明代	较好	新发现
226	勤婆岜遗址	江埔街高峰村留田坑社东勤婆岜山岗	N23°33′31.94″，E113°39′48.25″，海拔：135.3米	留田坑谷地东北部山岗	采集陶片52片、青釉瓷片1块、3件非成品石器；陶片纹饰见素面、绳纹等，器形有罐	约30 000	新石器时代晚期至商代、唐宋	较好	新发现
227	对面山遗址	江埔街凤二村长腰岭社东对面山顶	N23°31′1.97″，E113°40′19.18″，海拔：124.29米	凤凰水河谷北侧山岗	采集石锛1件、陶片5片，纹饰有曲折纹、绳纹	约2000	新石器时代晚期至商代	较好	新发现
228	（凤二）新星遗址	江埔街凤二村长腰岭社南侧	N23°31′5.27″，E113°40′15.52″，海拔：98.10米	凤凰水河谷北侧台地	采集陶片1片，饰曲折纹	不详	新石器时代晚期至商代	较好	新发现
229	牛半壁遗址	江埔街凤一村江下社东侧牛半壁山上	N23°30′26.09″，E113°40′45.41″，海拔：177.30米	凤凰水河谷东南部山岗	采集陶片21片，饰曲折纹等	25 000	新石器时代晚期至商代	较好	新发现
230	青夫岭遗址	江埔街凤一村金钱山村（凤凰古围）东南侧青夫岭上	N23°30′27.39″，E113°40′2.45″，海拔：121.40米	凤凰水河谷东南部山岗	采集陶片22片，纹饰含曲折纹、叶脉纹、绳纹等	11 000	新石器时代晚期至商代	较好	新发现
231	（凤一）大岜遗址	江埔街凤一村金钱山村（凤凰古围）西南大岜山上	N23°30′25.65″，E113°39′51.96″，海拔：79.13米	凤凰水河谷东南部山岗	采集陶片5片，纹饰有叶脉纹与绳纹等，器形有罐	17 000	新石器时代晚期至商代、清代	较好	新发现
232	大山谷北遗址	江埔街汉田村西南大山谷山北部	N23°30′22.6332″，E113°39′10.3608″，海拔：92.03米	凤凰水河谷东南部山岗	采集陶片26片，纹饰有曲折纹、绳纹、叶脉纹等	不详	新石器时代晚期至商代	较好	新发现

(续表)

遗址编号	遗址名称	地点	地理坐标	地形地貌	遗迹、遗物	遗物分布范围（平方米）	时代	保存状况	备注
233	大山合南遗址	江埔街汉田村西南大山合山南部	N23°30'7.758",E113°39'14.5332",海拔112.87米	凤凰水河谷东南部山岗	采集陶片73片，纹饰有曲折纹、叶脉纹、附加堆纹、篮纹、绳纹、篦划长点纹等	不详	新石器时代晚期至商代、西周至春秋	较好	新发现
234	西云耳岭遗址	江埔街钓鲤村南部云耳岭山岗西端	N23°30'44.45",E113°39'4.49",海拔78.05米	凤凰水北岸，河谷中部山岗	陶片14片，纹饰有方格纹、云雷纹、重菱形凸点纹、复线波曲纹等	约3000	西周至春秋	较好	新发现
235	东云耳岭遗址	江埔街钓鲤村南侧云耳岭山岗东端	N23°30'50.86",E113°39'21.45",海拔101.56米	凤凰水北岸，河谷中部山岗	采集陶片1片，饰绳纹	不详	新石器时代晚期至商代	较好	新发现
236	(钓鲤)背后山遗址	江埔街钓鲤村小岭明北侧背后山顶	N23°31'25.87",E113°39'16.63",海拔82.67米	凤凰水河谷北缘山岗	采集陶片19片，纹饰有曲折纹、同断条纹、绳纹、素面等	约4500	新石器时代晚期至商代	较好	新发现
237	波萝山遗址	江埔街钓鲤村小岭明东北波萝山上	N23°31'30.65",E113°39'26.98",海拔103.34米	凤凰水河谷北缘山岗	采集陶片38片，饰曲折纹	约5500	新石器时代晚期至商代	较好	新发现
238	东边凹遗址	江埔街钓鲤村小岭明东北东边凹一带	N23°31'31.91",E113°39'34.61",海拔122.88米	凤凰水河谷北缘山岗	采集陶片15片，饰曲折纹、附加堆纹、绳纹、器形有罐等	不详	新石器时代晚期至商代	较好	新发现
239	福旋岭遗址	江埔街鹊塱村福旋岭社东侧福旋岭上	N23°30'41.31",E113°38'43.99",海拔85.21米	凤凰水南岸一凸起的孤立山丘	采集陶片4片，饰绳纹	约1000	新石器时代晚期至商代	较好	新发现
240	圆靓仔遗址	江埔街鹊塱村福旋岭社西侧圆靓仔山上	N23°30'39.19",E113°38'31.56",海拔104.87米	凤凰水南岸一独立小山丘	采集陶片7片，饰绳纹、曲折纹、绳纹加附加堆纹、斜长方格纹等	约2500	新石器时代晚期至商代	较好	新发现
241	(鹊塱)后龙山遗址	江埔街鹊塱村南侧后龙山上	N23°30'30.47",E113°38'31.89",海拔89.33米	凤凰水河谷南缘山岗	采集陶片1片，饰粗绳纹	不详	新石器时代晚期至商代	较好	新发现
242	黄草山遗址	江埔街鹊塱村黄草山东侧黄草山上	N23°30'2.78",E113°39'4.03",海拔147.50米	凤凰水河谷南缘山区	采集陶片65片，网格纹、叶脉纹、饰曲折纹、梯格纹、曲折纹加附加堆纹等，器形有罐	约9000	新石器时代晚期至商代	较好	新发现

附录 广州从化流溪河流域遗址登记表

（续表）

遗址编号	遗址名称	地点	地理坐标	地形地貌	遗迹、遗物	遗物分布范围（平方米）	时代	保存状况	备注
243	大墪社东遗址	江浦街鹅塱村福旋岭东南无名山岗上	N23°30′5.53″，E113°39′17.49″，海拔：168.92米	凤凰水河谷南部，牛角丘陵谷北侧山岗	采集陶片5片，饰叶脉纹、刻划网格纹加篦点纹等，器形有罐	约2000	新石器时代晚期至商代	较好	新发现
244	奥背山遗址	江浦街鹅塱村福旋岭东南奥背山北坡山腰	N23°29′47.36″，E113°39′2.67″，海拔：249.20米	凤凰水河谷南缘山岗	采集陶片5片，饰曲折纹、绳纹加附加堆纹等	约6000	新石器时代晚期至商代	较好	新发现
245	大墪社南遗址	江浦街鹅塱村福旋岭东南无名山岗北坡	N23°29′50.80″，E113°38′51.93″，海拔：230.12米	凤凰水河谷南缘，牛角丘陵谷南侧山岗	采集陶片5片，饰曲折纹、梯格纹等	约3500	新石器时代晚期至商代	较好	新发现
246	牛角凸遗址	江浦街鹅塱村福旋岭东南无名山岗北坡	N23°30′3.43″，E113°38′44.16″，海拔：138.71米	凤凰水河谷南缘山区，牛角丘陵谷西侧山岗	采集陶片1片，饰绳纹	不详	新石器时代晚期至商代	较好	新发现
247	田寮山遗址	江浦街鹅塱社东南田寮山上	N23°30′7.08″，E113°38′58.24″，海拔：115.52米	凤凰水河谷南缘山岗	采集陶片3片，饰电纹、格格纹、素面等	约4000	新石器时代晚期至商代、汉代	较好	新发现
248	汉田山遗址	江浦街鹅塱社东南汉田山顶部	N23°30′6.72″，E113°39′6.32″，海拔：183.84米	凤凰水河谷南缘山区，牛角丘陵谷东侧一山岗	采集陶片6片，饰绳纹、长方格纹	约7000	新石器时代晚期至商代	较好	新发现
249	冯山公遗址	江浦街鹅塱村东南冯山公山岗上	N23°30′20.95″，E113°38′53.02″，海拔：73.22米	凤凰水河谷南缘山岗	采集陶片28片，纹饰有曲折纹、绳纹、梯格纹、附加堆纹、圈点纹等	约3000	新石器时代晚期至商代	较好	新发现
250	同锣泉遗址	江浦街鹅塱村福旋岭东南同锣泉山仔上	N23°30′18.69″，E113°38′49.38″，海拔：78.21米	凤凰水河谷南缘山岗	采集陶片17片，饰曲折纹、叶脉纹、长方格纹、绳纹、长方格纹、篮纹，器形有罐	约4500	新石器时代晚期至商代	较好	新发现
251	黄塘山遗址	江浦街黄围村迳塱社西南黄塘山上	N23°31′24.41″，E113°38′45.87″，海拔：83.94米	凤凰水河北缘山岗	采集残石镞2件、陶片14件，纹饰可见曲折纹、绳纹、附加堆纹、卷云纹等	约5000	新石器时代晚期至商代	较好	新发现
252	屋头窝遗址	江浦街韶一村长田社正南部屋头窝山顶部	N23°28′26.22″，E113°36′57.94″，海拔：212.68米	锦洞水上游，河谷东端一靴形山岗	采集陶片3片，饰曲折纹、素面	约20000	新石器时代晚期至商代	较好	新发现

（续表）

遗址编号	遗址名称	地点	地理坐标	地形地貌	遗迹、遗物	遗物分布范围（平方米）	时代	保存状况	备注
253	（锦一）南山遗址	江埔街锦一村南山社西北化山岗东坡	N23°28′36.38″，E113°36′33.39″，海拔：201.21米	锦洞水上游，河谷西侧山岗	采集陶片12片，纹饰为曲折纹、梯格纹，器形有罐圈足等	约6500	新石器时代晚期至商代	较好	新发现
254	牛湖窠遗址	江埔街锦一村高禾塘西牛湖窠山岗顶部	N23°28′44.89″，E113°36′41.30″，海拔：202.28米	锦洞水上游，河谷西侧山岗	山坡断面清理出疑似灰坑遗迹，采集陶片9片，纹饰有曲折纹、叶脉纹，器形有圈足罐等	约7500	新石器时代晚期至商代	较好	新发现
255	扩丫岜遗址	江埔街锦一村西塘下南扩丫岜山岗上	N23°28′53.83″，E113°36′37.10″，海拔：189.33米	锦洞水上游，河谷西侧舌状山岗	采集陶片9片，纹饰为曲折纹、绳纹、叶脉纹	约10 000	新石器时代晚期至商代	较好	新发现
256	高浪遗址	江埔街锦二村高浪社南蝇咀山岗西段北坡	N23°29′21.53″，E113°35′55.93″，海拔：80.97米	锦洞水中游，河谷南岸山岗缓坡	采集陶片14片，饰曲折纹、叶脉纹、夔纹、方格纹加附加堆纹、重圈纹、水波纹	约2000	新石器时代晚期至商代、西周至春秋	较好	新发现
257	蝇咀遗址	江埔街锦二村新围社西蝇咀山岗北端	N23°29′26.28″，E113°36′1.93″，海拔：97.79米	锦洞水中游，河谷南岸高山余脉	采集陶片118片，纹饰见夔纹、方格纹加云雷纹、方格纹加云纹、曲折纹、素面等，器形有豆、罐、盆等	约6500	西周至春秋时期	较好	新发现
258	黄山岽东遗址	江埔街锦二村新围社东南黄山岽山岗南端	N23°29′0.42″，E113°36′21.00″，海拔：155.83米	锦洞水中游，河谷南岸高山余脉	采集陶片4片，饰三线菱形纹、网格纹、交错绳纹和素面	约10 000	新石器时代晚期至商代	较好	新发现
259	林场北遗址	江埔街锦二村新围社南林场山区	N23°28′44.42″，E113°36′26.09″，海拔：259.72米	锦洞水上游，河谷南岸高山	采集陶片12片，纹饰为素面、曲折纹、篮纹、拉断条纹、同断条纹加附加堆纹，器形有罐	约1500	新石器时代晚期至商代	较好	新发现
260	林场遗址	江埔街锦二村新围社南林场山上	N23°28′36.85″，E113°36′20.48″，海拔：325.43米	锦洞水上游，河谷南部高山	采集砺石1件，陶片11件，饰曲折纹加附加堆纹、篮纹	不详	新石器时代晚期至商代	较好	新发现
261	马头营遗址	江埔街锦二村新围社南马头营一带	N23°28′56.69″，E113°36′15.47″，海拔：150.84米	锦洞水上游，河谷南岸山区	采集陶片6片，饰曲折纹、叶脉纹、绳纹加附加堆纹	约5000	新石器时代晚期至商代	较好	新发现
262	黄山岽西遗址	江埔街锦二村新围社南无名山岗上	N23°29′3.25″，E113°36′6.24″，海拔：175.39米	锦洞水中上游，河谷西侧高山余脉	采集陶片7片，饰绳纹、篮纹、曲折纹加附加堆纹	约10 000	新石器时代晚期至商代	较好	新发现

附录　广州从化流溪河流域遗址登记表

(续表)

遗址编号	遗址名称	地点	地理坐标	地形地貌	遗迹、遗物	遗物分布范围（平方米）	时代	保存状况	备注
263	杨梅山遗址	江埔街锦二村新围社南杨梅岜山岗上	N23°29'15.65"，E113°36'10.61"，海拔102.10米	锦洞水中上游，河谷西侧高山余脉	采集陶片6片，纹饰为曲折纹、素面、梯格纹	约4000	新石器时代晚期至商代	较好	新发现
264	汉岜遗址	江埔街锦二村高围社北侧汉岜山顶	N23°29'49.58"，E113°36'0.90"，海拔98.09米	锦洞水上游，河谷北侧山岗余脉	采集少许陶片，饰方格纹、素面，器形有直领鼓腹圈足罐等	约5500	新石器时代晚期至商代，西周至春秋	较好	新发现
265	屋场山遗址	江埔街锦二村高围社北屋场山山上	N23°30'2.66"，E113°35'54.81"，海拔136.55米	锦洞水中游，河谷北侧山岗余脉	采集石器1件，陶片30片，纹饰有绳纹、曲折纹、叶脉纹、篦点纹、重圈点纹加堆纹、重菱形凸点纹、重圈纹加方格纹、素面，器形可见罐	约5500	新石器时代晚期至商代，西周至春秋	较好	新发现
266	圆岭遗址	江埔街锦二村高浪社西圆岭山岗上	N23°29'30.96"，E113°35'49.89"，海拔84.93米	锦洞水中游，河谷南岸高山余脉	采集陶片9片，饰绳纹、曲折纹、方格纹、水波纹加弦纹	约8000	新石器时代晚期至商代，西周至春秋	较好	新发现
267	辣塘南遗址	江埔街锦二村辣塘社南无名山岗上	N23°29'29.66"，E113°35'34.24"，海拔128.04米	锦洞水中游，河谷南岸山体余脉	采集陶片2件，饰夔纹加弦纹加重菱形纹、素面	不详	西周至春秋	较好	新发现
268	屋场西遗址	江埔街锦二村丹竹四北侧的屋场山西端	N23°30'1.16"，E113°35'45.39"，海拔82.65米	锦洞水中游，河谷北岸山岗余脉	采集陶片12片，纹饰有绳纹、素面	约8000	新石器时代晚期至商代	较好	新发现
269	(锦三)陈屋遗址	江埔街锦三村陈屋社东侧水坳山岗上	N23°30'11.45"，E113°35'20.47"，海拔78.74米	锦洞水河谷中部长条状山岗	采集陶片2片，饰编织纹、方格纹	不详	新石器时代晚期至商代，西周至春秋	较好	新发现
270	高庙遗址	太平镇文阁村、钱岗村北边高庙山岗上	N23°26'08.26"，E113°32'05.21"，海拔92.97米	沙溪河中段，河谷北缘一低棱山岗	采集残石锛1件	不详	新石器时代晚期至商代	较好	新发现
271	凤棱山遗址	太平镇文阁村北边的凤棱山山上	N23°25'59.95"，E113°32'00.44"，海拔65.45米	沙溪河中段，河谷北缘一长条状山岗	采集陶片3片，饰梯格纹加附加堆纹、绳纹，可辨器形有圈足豆底残片，有刻划符号	约15000	新石器时代晚期至商代，西周至春秋	较好	新发现

(续表)

遗址编号	遗址名称	地点	地理坐标	地形地貌	遗迹、遗物	遗物分布范围（平方米）	时代	保存状况	备注
272	虾头岜北遗址	太平镇钱岗村南虾头岜山北侧	N23°25'14.60″，E113°32'20.64″，海拔81.58米	沙溪河谷中段南缘一山岗	采集陶片9片，饰叶脉纹、素面，有一件完整带流罐	约13 000	新石器时代晚期至商代，明清	较好	新发现
273	面山遗址	太平镇钱岗村正南面山上	N23°25'40.55″，E113°32'20.57″，海拔50.12米	沙溪河中游，河谷南缘一独立小山岗	采集陶片22片，纹饰有方格纹、重菱形纹、重菱形凸点纹、三角线纹等，可辨器形有罐口沿	约15 000	西周至春秋，战国至汉初	较好	新发现
274	圩场岭遗址	太平镇文阁村正南圩场岭山上	N23°25'38.86″，E113°32'11.39″，海拔53.51米	沙溪河中游，河谷南缘高山余脉	采集陶片8片，纹饰有方格纹、三角格纹、素面，可辨器形有平底罐	约25 000	战国至汉初	较好	新发现
275	文阁南遗址	太平镇文阁村南缓坡台地上	N23°25'42.86″，E113°32'26.35″，海拔62.00米	沙溪河中游南岸台地	采集陶片2片，饰方格纹	不详	新石器时代晚期至商代，西周至春秋	一般	新发现
276	钱岗南遗址	太平镇钱岗村南河岸台地上	N23°25'43.09″，E113°32'32.95″，海拔53.30米	沙溪河南岸河谷台地	采集陶片1片，饰方格纹	不详	西周至春秋	一般	新发现
277	颜村遗址	太平镇颜村东北无名岗	N23°26'26.96″，E113°32'50.94″，海拔55.11米	沙溪河北岸，河谷北缘高山余脉	采集陶片2片，饰绳纹、长方格纹	不详	新石器时代晚期至商代	较好	新发现
278	大岭岜遗址	太平镇颜村东北大岭岜一带	N23°26'42.30″，E113°33'02.50″，海拔121.44米	沙溪河谷北缘山区一山岗鞍部	采集陶片6片，饰曲折纹、绳纹加附加堆纹	不详	新石器时代晚期至商代	较好	新发现
279	大头岗遗址	太平镇颜村东大岭岜一带大头岗上	N23°25'55.09″，E113°32'51.06″，海拔62.78米	沙溪河谷北缘高山余脉一小山岗	采集陶片6片，饰菱纹、方格纹、三角格纹	约20 000	西周至春秋，战国至汉初	较好	新发现
280	牛下水遗址	太平镇红石村牛下水社东北无名山岗上	N23°26'26.57″，E113°33'55.59″，海拔69.46米	沙溪河上游，为河谷东部北缘高山余脉	采集陶片19片，饰米字纹、方格纹、弦断篦划纹加锯齿纹、素面，可辨器形有陶盒盖	约20 000	战国至汉初	较好	新发现

附录 广州从化流溪河流域遗址登记表

（续表）

遗址编号	遗址名称	地点	地理坐标	地形地貌	遗迹、遗物	遗物分布范围（平方米）	时代	保存状况	备注
281	茅车岭遗址（复查）	太平镇飞鹅村东升庄南部茅车岭西北坡及山前合地上	N23°24′36.36″，E113°31′08.50″，海拔：55.29米	沙溪水河南部一独立山岗	调查和勘探采集大量陶片，纹饰见绳纹、篮纹、长方格纹、方格纹、重菱形纹、夔纹、方格纹加夔纹加弦纹、重菱形纹凸点加方格纹、素面、米字纹，可辨器形有罐、器盖、钵形器等	约50 000	新石器时代晚期至商代、西周至春秋、战国至汉初、汉代	较好	复查
282	新村西遗址	太平镇秋枫村新村西小山丘上	N23°23′46.44″，E113°32′36.44″，海拔：57.90米	沙溪水南侧支流北侧小山丘	采集陶片1片，陶拍1件	约10 000	新石器时代晚期至商代	较好	新发现
283	大亚尾遗址	太平镇秋枫村大亚尾社西南小山丘上	N23°23′58.19″，E113°32′36.18″，海拔：66.07米	沙溪水南部支流源头、河谷东侧小山丘	采集陶片2片，饰方格纹、米字纹	约10 000	战国至汉初	较好	新发现
284	（秋枫）圆墩岭遗址	太平镇秋枫村高田社东圆墩岭上	N23°23′41.8″，E113°32′47.8″，海拔：56.7米	沙溪水南部支流源头、河谷东岸山丘	采集陶片7片，砺石8件，残石器1件。穿孔残石器1件。陶片纹饰有曲折纹、素面	约7000	新石器时代晚期至商代	较好	复查
285	石桥岭遗址	吕田镇东联村新龙社东北石桥岭山岗南坡山脚合地上	N23°55′19.3645″，E113°54′50.0360″，海拔：431.629米	吕田镇北部山区，楠木河源头河岸台地	采集陶片1片，饰绳纹；青瓷片1片	约200	新石器时代晚期至商代、明清	较差	新发现
286	暗前遗址	吕田镇东联村莲塘队（暗前）西侧	N23°54′02.2396″，E113°54′51.2634″，海拔：366.617米	吕田镇北部山区，楠木河上游河谷南侧合地	采集陶瓷片22片，可辨器形有饼足器底。饼足灰瓷碗底、青瓷碗口沿等	不详	唐宋、明清	一般	新发现
287	旱水氹遗址	吕田镇份田村果仔圩社东侧旱水氹合地上	N23°50′47.5266″，E113°56′26.9123″，海拔：213.967米	吕田镇北部山区，竹坑水支流河谷南岸台地	采集瓷片30余片，饰斜长方格纹、绳纹、素面等，可辨器形有罐、盆、饼足碗底残片	不详	新石器时代晚期至商代、唐宋、明清	一般	新发现
288	背扶山遗址	吕田镇份田村老围社西背扶山山顶	N23°50′27.8265″，E113°56′14.9171″，海拔：265.336米	吕田镇北部山区，竹坑水支流河谷北岸山岗	山顶地表采集陶片4片，残石镞1件。陶片纹饰饰有绳纹、绳纹加附加堆纹、素面	约10 000	新石器时代晚期至商代	较好	新发现
289	弱子凹遗址	吕田镇份田村老围南侧弱子凹南缓坡及合地上	主体A点：N23°50′19.7000″，E113°56′34.3510″，海拔：215.145米	吕田镇北部山区，竹坑水支流河谷南岸台地及缓坡	A点采集陶片3片，饰篮纹、重菱形凸点纹、素面等，可辨器形有罐、碗等；另有青灰瓷碗底残片1件。B点采集石锛1件	约15 000	新石器时代晚期至商代、西周至春秋、唐宋、明清	较好	复查

(续表)

遗址编号	遗址名称	地点	地理坐标	地形地貌	遗迹、遗物	遗物分布范围（平方米）	时代	保存状况	备注
290	木岭遗址	吕田镇竹坑村洽水塘（洽二社）北木岭山岗上	N23°49'43.7150", E113°55'09.6036", 海拔207.486米	吕田盆地西北部，竹坑水河谷北侧高山南延余脉	采集陶片5片，饰绳纹、叶脉纹、曲折纹加附加堆纹、交错绳纹加手抹带状附加堆纹	约15 000	新石器时代晚期至商代	较好	新发现
291	小勺子山遗址	吕田镇竹坑水塘西侧小勺子山上	N23°50'8.5524", E113°54'46.2168", 海拔230.549米	吕田北部山区，竹坑水支流东岸山岗	靠山顶处发现有南朝时期的陶片和散乱的碎砖块	不详	晋南朝	较好	复查
292	高埔山遗址	良口镇合群村高埔塘西侧高埔山东坡及坡前台地	N23°46'55.9623", E113°37'13.4053", 海拔307.210米	良口镇西北部山区，达溪河上游河谷南侧台地	采集陶片35片，纹饰有绳纹、曲折纹、长方格纹、网格纹加附加堆纹、曲折纹加附加堆纹、叶脉纹等，可辨器形有罐；瓷片19片，有青瓷、灰白瓷、黄灰瓷、酱釉瓷，可辨器形有碗	约28 000	新石器时代晚期至商代，唐宋，明清	较好	新发现
293	张洞遗址	良口镇和丰村张洞村西侧，南侧山坡及农田内	A点：N23°48'22.0935", E113°41'58.2743", 海拔316.207米 B点：N23°48'08.3346", E113°42'02.9246", 海拔315.933米	良口镇北部山区，北斗水上游河谷两岸台地	A点采集少量瓷片，可辨器形仅见碗，有影青瓷、青花瓷；B点采集到少许碎陶片及2片青花瓷片	A点约3000 B点约30 000	明清	一般	新发现
294	苦竹脚遗址	良口镇和丰村苦竹脚村南侧台地上	N23°47'38.5123", E113°41'53.3334", 海拔308.363米	良口镇北部山区，北斗水上游河谷西侧台地	采集少许陶瓷片，瓷片见青瓷、青花瓷等，可辨器形有碗等	约25 000	明清	一般	新发现
295	旱田遗址	良口镇和丰村旱田村北橘树里	N23°47'21.2336", E113°42'15.3517", 海拔276.68米	良口镇北部山区，北斗水上游河谷东侧台地	采集瓷片7片，陶片可辨器形有盆；瓷片有青花瓷碗、青花瓷杯残片	不详	明清	一般	新发现
296	北斗围遗址	良口镇和丰村北斗围北侧山谷底台地内	N23°46'38.5384", E113°42'43.1897", 海拔160.981米	良口镇北部山区，北斗水上游山谷底台地	发现清代建筑基址，红烧土堆积等遗迹现象；勘探试掘出土清代"乾隆通宝"、青花瓷片、灰瓦片等；地表采集明清瓷片13片，石锛1件，石权1件	约30 000	新石器时代晚期至商代，清代	一般，将被牛路水库淹没	新发现

(续表)

遗址编号	遗址名称	地点	地理坐标	地形地貌	遗迹、遗物	遗物分布范围（平方米）	时代	保存状况	备注
297	牛路水库遗址	良口镇北部牛路水库坝址北侧	N23°45′45.2358″，E113°42′02.2331″，海拔：123.093米	良口镇北部山区，牛路水下游河谷东岸缓坡台地	遗址东南部发现1件打稻米用的水车基础遗迹；采集陶瓷片12片，陶片器形见盆形残片；瓷片见青花瓷片、酱黄釉瓷片、灰白瓷片，可辨器形有碗底残片等	200	清代	一般	新发现
298	东洞遗址	良口镇团丰东洞村松树围反凤祥里周边	N23°47′30.7788″，E113°40′52.3848″，海拔：335.125米	良口镇西北部，达溪水上游河谷	采集陶片2片，为罐残片；瓷片7片，有青花瓷、青灰瓷、灰白瓷片，可辨器形有碗	不详	唐末、明清	一般	新发现
299	黄围遗址	良口镇达溪村黄围社东侧农田内	N23°46′45.3972″，E113°39′44.1180″，海拔：250.532米	良口镇西北部，达溪水上游河谷南岸	采集青灰瓷瓷片4片，青花瓷见器形碗	约15 000	明末、明清	一般	新发现
300	牛轭洞遗址	良口镇赤树村牛轭洞后山北坡	N23°44′6.9576″，E113°41′15.5400″，海拔：165.325米	良口镇西北部山区，牛路水上游河谷侧山岗	采集4片陶瓷片，1片为陶罐残片，1片为陶碗残片，2片青瓷碗形片	不详	明清	一般	新发现
301	氹口遗址	良口镇赤树村西北	N23°44′28.9957″，E113°39′45.8972″，海拔：175.398米	良口镇西北部山区，牛路水上游河谷底两岸台地	勘探发现3座窑室；采集少许陶片，可辨器形有罐；瓷片20余片，有青花瓷、灰白瓷、影青瓷、青灰瓷等，可辨器形有碗	约35 000	唐宋至明清	一般	新发现
302	麦塘口遗址	良口镇礤溪村湖边队西南部的麦塘口前台地上	N23°41′44.5379″，E113°38′02.6208″，海拔：66.866米	礤溪河上游，河谷西南缘台地	采集瓷片10余片，有青瓷、青灰瓷、灰白瓷等，可辨器形有碗	约10 000	唐末、明清	一般	新发现
303	象坡卷湖遗址	良口镇礤溪村东部象坡卷湖前台地上	N23°41′48.3435″，E113°38′19.6785″，海拔：69.765米	礤溪河中游，河谷南缘山前台地	采集陶片4片，饰有弦纹，应为罐的腹部残片；瓷片5片，有青瓷、青灰瓷、青花瓷片等，可辨器形有碗	约14 000	唐代、明清	一般	新发现
304	清宁洞遗址	良口镇礤溪村凤腾里村东部，清宁庙门前	N23°41′50.5287″，E113°38′29.7480″，海拔：49.698米	礤溪河中游，河谷南缘台地	采集曲折纹陶片1片，青花瓷碗口沿残片1片	不详	新石器时代晚期至商代、唐宋、明清	一般	新发现
305	龙潭口遗址	良口镇礤溪村间仔与龙星之间	龙潭口：N23°41′51.7405″，E113°38′49.8858″，海拔：54.210米	礤溪河中游，河谷底河岸阶地	采集50余片陶瓷片，多为瓷片，有青灰瓷、酱釉瓷瓷等，可辨器形有碗、盖等；陶片少许，纹饰见曲折纹、弦纹等，器形见罐	约45 000	新石器时代晚期至商代、唐宋、明清	一般	新发现

（续表）

遗址编号	遗址名称	地点	地理坐标	地形地貌	遗迹、遗物	遗物分布范围（平方米）	时代	保存状况	备注
306	山仔岅遗址	良口镇米埗村黄田埔西部山仔岅台地上	N23°41′52.8129″，E113°39′15.4349″，海拔：58.954米	盘溪河下游，河谷东部台地	采集陶片数片，饰有方格纹、细弦纹加水波纹，素面，可辨器形见罐、钵10余片，有青灰瓷、青瓷、青花瓷片，可辨器形有碗、杯	约5000	战国至汉初、唐宋、明清	一般	新发现
307	黄猄岭遗址	良口镇米埗村黄猄岭东边山脚台地	N23°40′34.2650″，E113°39′46.1021″，海拔：60.494米	洛溪洞谷地东部边缘台地，洛溪河南岸	采集陶片19片，纹饰以绳纹为多，另有曲折纹、绳纹加附加堆纹、长方格纹、素面	约30 000	新石器时代晚期至商代	一般	新发现
308	（米埗）庙岅遗址	良口镇米埗村新龙西侧庙岅山岗上	N23°40′44.0199″，E113°39′49.0941″，海拔：86.317米	洛溪洞谷地东北缘山岗	采集陶片8片，纹饰有绳纹、曲折纹、篮纹、素面等	约12 000	新石器时代晚期至商代	较好	新发现
309	囤不底遗址	良口镇西沙村元山队东侧囤不底坡地上	N23°40′31.6242″，E113°42′43.9269″，海拔：153.428米	良口镇西南部深山中，河谷源头坡地	采集陶片13片，纹饰有曲折纹、绳纹，素面；黑褐碗底残片1片	约10 000	新石器时代晚期至商代、唐宋	一般	新发现
310	圆墩遗址	良口镇高沙村高沙队西南部圆墩山岗上	A点西坡：N23°40′56.6956″，E113°41′10.6388″，海拔：47.201米 B点：N23°40′55.1518″，E113°41′16.3627″，海拔：81.548米	流溪河高沙段干流南岸山岗	A点采集陶片32片，纹饰以绳纹为主，另有曲折纹、篮纹。B点采集到1片绳纹陶片	约13 000	新石器时代晚期至商代	较好	新发现
311	热水遗址	良口镇高沙村热水队东边	N23°41′27.7596″，E113°42′22.2213″，海拔：74.805米	流溪河高沙段干流东岸山岗	采集夹砂灰黄陶1片，疑为器座残片	不详	新石器时代晚期至商代	较好	新发现
312	塘料遗址	良口镇塘料村塘料社西侧台地上	N23°24′51.25″，E113°24′52.33″，海拔：57.72米	流溪河塘料段干流北岸台地凤凰山南侧山脚	采集少量陶片和瓦当	不详	明代	一般	复查
313	新兴遗址	良口镇北溪村新兴社东侧台地上	N23°50′28.0664″，E113°51′06.9385″，海拔：207.866米	良口镇东北部山区，京坑峡谷中部东缘台地，楠木河支流东岸	采集黑釉陶罐残片2片；瓷片5片，有灰白瓷、灰褐瓷，可辨器表碗、器盖等	不详	唐代、明清	一般	新发现

(续表)

遗址编号	遗址名称	地点	地理坐标	地形地貌	遗迹、遗物	遗物分布范围（平方米）	时代	保存状况	备注
314	大墩山遗址	良口镇石明村旧围村西侧大墩山山岗上	N23°52'07.0114"，E113°48'41.7224"，海拔：297.499米	良口镇东北部山区，石明盆地西部山岗	采集陶片11片，纹饰有长方格纹、素面、绳纹、米字纹，可辨器形见罐；瓷片7片，以青花瓷为主，另有青白瓷，可辨器形见碗	1000	新石器时代晚期至商代、战国至汉初、明清	较好	新发现
315	下湾遗址	良口镇石明村大坡头社东侧下湾青山岗上	N23°52'26.8828"，E113°48'58.1023"，海拔：294.260米	良口镇东北部山区，石明盆地东南部山岗	采集石器2件、半成品石器（石料）6件；陶片21片，纹饰有绳纹、篮纹、网格纹、曲折纹、素面，可辨器形有陶支座、圈足罐底残片；青花瓷碗底残片1片	12 000	新石器时代晚期至商代、唐代、明清	较好	新发现
316	围佬遗址	良口镇长流村西侧山岗	A点：N23°50'16.2090"，E113°46'13.2988"，海拔：269.833米 B点：N23°50'09.5594"，E113°46'13.6977"，海拔：269.936米	良口镇东北部山区，汾田水中游，河谷西侧山岗	A点采集陶片32片，纹饰有曲折纹、绳纹、篮纹、素面等。B点采集石锛1件，陶片32片，纹饰有绳纹、曲折纹、曲折纹加附加堆纹、长方格纹、素面等	30 000	新石器时代晚期至商代	较好	新发现
317	（长流）后山遗址	良口镇长流村，X287K20+600米处	N23°50'02.0803"，E113°46'33.4439"，海拔：287.207米	良口镇东北部山区，汾田水中游，河谷东侧山岗	采集陶片24片，纹饰有长方格纹、绳纹、长方格或绳纹加附加堆纹、篮纹、曲折纹等	1200	新石器时代晚期至商代	较好	新发现
318	梅树遗址	良口镇梅树村新村东侧	N23°49'03.1555"，E113°45'58.8561"，海拔：173.516米	良口镇东北部河谷北岸台地	仅发现1片绳纹加附加堆纹陶片	不详	新石器时代晚期至商代	一般	新发现
319	上光洞遗址	良口镇东北部高龙围村北边后山上	N23°43'35.0645"，E113°43'53.9309"，海拔：120.228米	良口镇北侧，流溪河干流东岸山岗	采集砺石1件，陶片29片，陶片纹饰有绳纹、曲折纹、篮纹、曲折纹加抹状附加堆纹、素面，可辨器形有罐	20 000	新石器时代晚期至商代	较好	新发现
320	高龙围遗址	良口镇良新村高龙围东北部、良口加油站北侧缓坡合地上	N23°43'40.1378"，E113°44'08.3073"，海拔：101.843米	良口镇北侧，流溪河干流东岸山岗	采集陶片2片，夹细砂灰褐陶，素面无纹，瓷片6片，可辨器形仅见碗	10 000	新石器时代晚期、明清	较好	新发现

（续表）

遗址编号	遗址名称	地点	地理坐标	地形地貌	遗迹、遗物	遗物分布范围（平方米）	时代	保存状况	备注
321	上黄谷田遗址	广州市流溪河林场谷田上黄谷田	N23°49′78.3500″, E113°47′54.9133″, 海拔：390.442米	良口镇东北部山区，山间谷地	采集穿孔石器1件；青灰釉瓷碗底部残片1片	不详	新石器时代晚期至商代，明清	较差	新发现
322	威山遗址	温泉镇乌石村西约500米的威山上	N23°36′45″, E113°37′19″, 海拔：67.4米	流溪河干流西北岸山岗	采集陶片数片，纹饰有绳纹和素面两种，另有少许酱釉陶片，可辨器形有罐等；瓷片多青花瓷碗残片	不详	新石器时代晚期至商代，明清	较好	复查
323	春林遗址	温泉镇乌石村大围乌石村委西南侧	N23°27′28″, E113°37′35″, 海拔：63.9米	流溪河干流西北岸平地	采集宋代冰裂纹青瓷残片1片	不详	唐宋	一般	复查
324	矮山遗址	温泉镇新园里西部矮山山岗上	N23°26′22″, E113°36′17″, 海拔：59.6米	流溪河干流东岸小丘	发现宋代土坑墓一座，山体断面处的墓葬底铺有一层青灰，可见部分遗骨，墓葬周边采集遗物5件，为陶香炉，完整件一套，两件皆有盖。还有一块砂粗陶和矮圈足陶器残底座	不详	唐宋	一般	复查
325	横岭遗址	温泉镇新园村南侧横岭山岗上	N23°35′55.5576″, E113°37′27.2748″, 海拔：70.258米	流溪河干流东岸山岗	发现新石器时代晚期至商代早期的墓葬51座，均狭长方形竖六土坑墓，大致顺山势呈东西向分布，此外还有灰坑、灰层遗迹多处；出土陶、石器数百件	超过70 000	新石器时代晚期至商代	大广高速横穿遗址	复查
326	冲口遗址	温泉镇温泉村冲口社东侧山岗上	N23°35′45.3628″, E113°38′41.7784″, 海拔：60.334米	温泉镇东部，流溪河干流东岸山岗	采集陶片5片，纹饰有绳纹、曲折纹、曲折纹加附加堆纹、素面，另外，冲口遗址东侧附加堆纹采集米字纹陶片1片	10 000	新石器时代晚期至商代，战国至汉初	较好	新发现
327	（温泉）山塘遗址	温泉镇温泉村上围社南山塘村堆山南坡	N23°38′46.6534″, E113°39′18.2951″, 海拔：80.143米	温泉镇东部，流溪河干流东岸山岗	采集陶片6片，纹饰有绳纹、曲折纹、曲折纹加附加堆纹、弦纹，可辨器形有圈足罐底部残片	约15 000	新石器时代晚期至商代	较好	新发现
328	白坭塘遗址	城郊街新矮岭村白坭塘南侧山岗顶部	N23°38′31.0884″, E113°32′34.9692″, 海拔：70.689米	城区北部山区丘间一独立小山岗	采集陶片1片，饰曲折纹	不详	新石器时代晚期至商代	较好	新发现
329	王岭遗址	城郊街棶村禾塘庄北王岭山岗南坡台地	N23°37′15.97″, E113°36′023.84″, 海拔：49.90米	流溪河西岸，北部山区和南部流溪河沿岸平原的过渡地带	采集陶片9片，纹饰有篮纹、长方格纹、细方格纹、三角格纹	约1000	新石器时代晚期至商代，战国至汉初	较好	新发现

(续表)

遗址编号	遗址名称	地点	地理坐标	地形地貌	遗迹、遗物	遗物分布范围（平方米）	时代	保存状况	备注
330	西山遗址	城郊街西和村木梅岭东北西山上	N23°38'10.34"，E113°35'03.39"，海拔：77.42米	流溪河沿岸平原与北部山区过渡地带的独立山岗	采集陶片1片，饰曲折纹	不详	新石器时代晚期至商代	较好	新发现
331	大塘遗址	城郊街城康村大塘社东北	N23°39'09.12"，E113°33'19.91"，海拔：55.87米	流溪河沿岸平原与北部山区过渡地带台地	采集陶片29片，饰夔纹、重菱形凸点纹、篦点纹、方格纹、米字纹，另有弦纹加水波纹、弦纹	约1000	西周至春秋、战国至汉初	较好	新发现
332	大陂田北遗址	江埔街凤院村望天狮山南边山脚的大陂田台地上	N23°33'32.15"，E113°37'35.09"，海拔：35.93米	小海河北岸河阶地	采集1片陶片，饰米字纹	不详	战国至汉初	一般	新发现
333	德福里遗址	江埔街凤院村龟尾岗南侧山脚	N23°33'32.49"，E113°37'13.44"，海拔：42.88米	小海河北岸阶地与望天狮山的过渡地带缓坡	清理晋胡墓一座，釉陶罐3件、器盖1件、铜钱一串约6枚；在T1③层出土六朝至明时期釉陶器及瓷器7件；地表采集瓷陶残片3片	不详	战国至汉初，晋南朝，明清	较好	新发现
334	鹅公头遗址	江埔街黄围村新围社东侧鹅公头山岗	N23°32'18.04"，E113°39'21.96"，海拔：178.95米	小海河东侧高峰水的上游一山岗	采集石器1件，陶片29片，纹饰方格纹、斜长方格纹、素面、曲形纹、绳纹、篮纹、曲折纹加附加堆纹，器形有纺轮、矮领罐口沿、圈足罐器底等	约15000	新石器时代晚期至商代	较好	新发现
335	八公寨岭顶遗址	江埔街黄围村南丘社东侧八公寨岭山顶部	N23°32'15.63"，E113°39'51.77"，海拔：273.12米	高峰水上游山岗	采集石矛1件	不详	新石器时代晚期至商代	较好	新发现
336	矮岭遗址	江埔街上围村车下社北侧矮岭山岗	N23°29'26.74"，E113°37'49.54"，海拔：125.55米	罗洞水中游、河谷东侧零丁石山西坡山脚余脉	采集陶片4片，饰交错电纹加附加堆纹	约2000	新石器时代晚期至商代	较好	新发现
337	泥鳅瓜遗址	江埔街上罗村金鸡社北侧泥鳅瓜山岗顶部	N23°30'4.56"，E113°37'9.34"，海拔：102.41米	罗洞水中游、河谷东岸一椭圆形小山岗	采集陶片23片，纹饰有曲折纹、长方格纹、绳纹、素面、篮纹	约10000	新石器时代晚期至商代	较好	新发现
338	归龙山南遗址	江埔街下罗村火介园北归龙山南侧台地上	N23°30'8.18"，E113°36'40.13"，海拔：68.08米	罗洞水中游、河谷东岸台地	采集1片陶片，饰绳纹	不详	新石器时代晚期至商代	较好	新发现

(续表)

遗址编号	遗址名称	地点	地理坐标	地形地貌	遗迹、遗物	遗物分布范围（平方米）	时代	保存状况	备注
339	老泥山遗址	街口街赤草村凤凰社东南老泥山南坡	N23°30′26.49″，E113°34′07.07″，海拔：87.79米	流溪河干流东部圆锥状山岗	采集陶片1片，一枚铜钱"口庆通宝"	不详	唐末、明清	一般	新发现
340	面房遗址	街口街赤草村面房正东南侧	N23°30′2.16″，E113°34′30.57″，海拔：128.06米	流溪河干流东部数座山岗	采集遗物见陶片和石器，陶片纹饰有绳纹、曲折纹、叶脉纹、长方格纹等，可辨器形有罐、纺轮等；石器可见有石镞、石支、石斧等	约50 000	新石器时代晚期至商代	被地铁14号线邓村车辆段破坏	复查
341	冶炼厂遗址	太平镇三百洞村从化钽铌冶炼厂宿舍区之间	N23°30′0.41″，E113°33′35.07″，海拔：68.02米	流溪河东岸山岗	采集陶片80片，砍砸器1件。陶片纹饰见曲折纹、梯格纹、重菱形纹、绳纹、附加堆纹、刻划纹、米字纹、水波纹等，可辨器形有罐等	约12 000	新石器时代晚期至商代、战国至唐代	较好	新发现
342	(湖光)青后山遗址	太平镇湖光村湖田七队(狮形庄)西侧的背后山上	N23°28′24.36″，E113°30′42.76″，海拔：45.58米	流溪河干流东部低矮山丘	采集陶片7片，饰绳纹、细方格纹、米字纹	约9000	新石器时代晚期至商代	较好	新发现
343	鹿子岗遗址	太平镇共星村鹿子岗村庄西南小山岗上	N23°27′03.55″，E113°32′01.61″，海拔：66.80米	太平镇东北部丘陵地带山岗	采集51片陶片，纹饰见梯格纹、长方格纹水波纹、叶脉纹、附加堆纹、圆涡纹、素面等，器形可见罐	约25 000	新石器时代晚期至商代	较好	新发现
344	黄土岭遗址	太平镇共星村刘庄东南黄土岭上	N23°27′00.49″，E113°31′49.90″，海拔：59.88米	太平镇东北部丘陵地带山岗	采集陶片2片，饰长方格纹	不详	新石器时代晚期至商代	较好	新发现
345	埋头岭遗址	太平镇木棉村西南埋头岭上	N23°29′58.12″，E113°30′16.59″，海拔：97.99米	流溪河干流西岸条状山岗	采集陶片21片，饰长方格纹、菱格纹、点纹、菱格纹加重菱形纹、方格纹加曲折纹加云雷纹、曲折纹、弦纹等	约18 000	新石器时代晚期至商代、西周至春秋	较好	新发现
346	(新围)新围遗址	鳌头镇新围村东北	N23°39′43.31″，E113°29′00.35″，海拔：72.26米	潖江河支流民河上游北岸山岗	采集陶片35片，纹饰以绳纹为主，另有曲折纹、条纹、附加堆纹、素面等，另有残石镞1件	约6000	新石器时代晚期至商代	较好	新发现

附录 广州从化流溪河流域遗址登记表

（续表）

遗址编号	遗址名称	地点	地理坐标	地形地貌	遗迹、遗物	遗物分布范围（平方米）	时代	保存状况	备注
347	（新围）后龙山遗址	鳌头镇新围村龙颈塘东侧后龙山上	N23°39′41.0″，E113°28′46.2″，海拔：60.0米	潖江河支流民乐河上游北岸山岗	据《广州市文物普查汇编·从化市卷》载，1983年10月当地村民李荣生在山侧取土建房，挖至1米深的黄色土层时发现一把双肩石斧	不详	新石器时代晚期至商代	较好	复查
348	高望遗址	鳌头镇沙迳村高望队村西侧山岗北坡	N23°37′45.47″，E113°22′12.29″，海拔：49.40米	潖江河西部支流沙迳水中游，河谷南岸高山余脉	采集陶片2片，饰长方格纹	不详	新石器时代晚期至商代	较好	新发现
349	茶山遗址	鳌头镇沙迳村北茶山南部山顶	N23°38′02.99″，E113°22′35.92″，海拔：57.67米	潖江河西部支流沙迳水中下游，河谷北岸山岭余脉	采集陶片43片，饰绳纹、篮纹、长方格纹、曲折纹、绳纹加附加堆纹、席纹、梯格纹、素面等	约3500	新石器时代晚期至商代	较好	新发现
350	鱼脊岭遗址	鳌头镇上西村南鱼脊岭上	N23°42′31.48″，E113°23′10.46″，海拔：59.14米	潖江二河河谷西侧山岗	陶片21片，纹饰有方格纹、曲折纹、长方格纹、网格纹、素面，可辨器形有尊形器等；另有石器2件，为砍砸器	约5000	新石器时代晚期至西周至春秋	较好	新发现
351	（乌石）后山遗址	鳌头镇乌石村苗窝社西侧后山上	N23°42′30.35″，E113°23′23.38″，海拔：42.25米	潖江二河河谷西缘山岗	采集陶片55片，饰绳纹、曲折纹、方格纹、绳纹加附加堆纹、网格纹、席纹、篦点纹、素面等；另有砺石1件	约2500	新石器时代晚期至商代	较好	新发现
352	上围遗址	鳌头镇罩口村上围社北侧后山上	N23°39′24.19″，E113°30′14.55″，海拔：108.37米	潖江河与流溪河流域分界处，从化市区西北部山区	采集陶片21片，饰绳纹、绳纹加附加堆纹、绳纹加附加堆纹、可辨器形有罐口沿	约5500	新石器时代晚期至商代	较好	新发现
353	上围南遗址	鳌头镇东南平田台地上	N23°39′10.03″，E113°30′23.13″，海拔：73.20米	潖江河与流溪河流域分界处台地	采集陶片1件，饰曲折纹	不详	新石器时代晚期至商代	一般	新发现
354	头龙山遗址	吕田镇三村村北面东北侧头龙山上	N23°50′19.8420″，E114°01′09.8305″，海拔：296.616米	三村盆地中部北缘山岗	采集少量陶瓷片，陶片7片，纹饰有斜长方格纹、叶脉纹、素面，可辨器形仅见1片罐之沿部残片3片，青花瓷碗底残片3片	约30 000	新石器时代晚期、唐代、明清	较好	新发现
355	黄岭遗址	吕田镇三村村塘面东北部黄岭山岗上	N23°50′25.0758″，E114°01′15.8031″，海拔：250.868米	三村盆地北部山坳内长条状山岗	采集陶片4片，另有半成品石器1件，陶片纹饰有绳纹、叶脉纹	约10 000	新石器时代晚期至商代	较好	新发现

(续表)

遗址编号	遗址名称	地点	地理坐标	地形地貌	遗迹、遗物	遗物分布范围（平方米）	时代	保存状况	备注
356	分塱遗址	吕田镇三村村盆地西部、北邻大坝、东眺龙颈	A点：N23°50′08.6946″，E114°00′59.5465″，海拔：270.607米 B点：N23°50′02.6168″，E114°00′59.6256″，海拔：265.321米	三村盆地西部缓坡及台地	A点采集少许陶瓷片，陶片多素面，瓷片多为青瓷，少量青灰瓷，可辨器形有罐、碗、盏、研磨器等。B点采集方格纹陶片1片	A点约1000 B点不详	战国至汉初，唐末，明清	一般	新发现
357	龙颈遗址	吕田镇三村村楼子社（龙颈围）西侧山岗上	N23°49′57.1316″，E114°01′05.4238″，海拔：264.804米	三村盆地西部，长条状山岗	采集陶片2片，方格纹和米字纹各1片；青瓷碗残片、青花瓷碗残片数片	约5000	战国至汉初，唐末，明清	一般	新发现
358	大石头遗址	吕田镇三村村楼子社东南大石头一带	N23°49′57.0993″，E114°01′19.1500″，海拔：277.633米	三村盆地南缘山前坡地	采集陶片3片，可辨器形瓷碗底残片5片	约15 000	唐末，明清	一般	新发现
359	平岭围遗址	吕田镇三村村杨梅塘东侧平岭围台地上	N23°50′10.1135″，E114°01′35.2822″，海拔：284.034米	三村盆地东南部坡武台地	采集陶片1片，饰曲折纹，可辨器形有碗、盘等；青花瓷16片	不详	新石器时代晚期至商代，明清	一般	新发现
360	大望遗址	吕田镇桂峰村三羊坑社（大望）西侧山岗北坡山脚	N23°49′22.8453″，E114°01′16.3464″，海拔：410.274米	三村盆地南部山谷西部部坡地	采集石锛1件	不详	新石器时代晚期至商代，明清	一般	新发现
361	鲤鱼洞遗址	吕田镇鱼洞村林屋社及罗星社周边	N23°46′43.2456″，E114°01′29.4537″，海拔：511.532米	吕田镇东南部鱼洞盆地中部台地	2008年首次调查，采集磨制石锛1件；复查采集少许瓷片	不详	新石器时代晚期至商代，明清	一般	复查

后记

此报告是流溪河流域考古调查项目参与各方密切合作、共同努力的结果，是集体智慧的结晶。先后参与田野调查和资料整理的有韩维龙、许永杰、张强禄、关舜甫、曹耀文、花飞、张艳平、田茂生、韩继普、谢立强、金海旺、朱柯、董少卿、陈书豪、孙秋元、孙江山、张博、张波、马苗青、刘凯莉等；器物线图由张艳平绘制；拓片由韩继普、张波完成；遗址分布图由张艳平、曹耀文完成，劳楚静做修改完善；照片由张艳平、关舜甫、谢立强、花飞拍摄。

报告编写自2015年3月开始，至2016年12月完成初稿。主编为韩维龙、许永杰，副主编为张强禄、关舜甫、曹耀文。其中第一章，第二章第四、五、六、七节，第三章第二节，结语，附录由曹耀文执笔；第二章第一、十二节由张强禄执笔；第二章第二、三节，第三章第三节由关舜甫执笔；第二章第八、九、十、十一节，第三章第一节由谢立强执笔完成。韩维龙、许永杰统揽全书并最终审定。

特别感谢原广州市市长、现广州市人大常委会主任陈建华对从化流溪河流域考古调查工作和对广州市文物考古研究院给予的关心和支持，感谢陆志强局长、赵冀韬副部长、刘晓明总工程师对工作的支持帮助。在田野调查和报告编写过程中，广东省文物考古研究所李岩多次赴从化对田野调查和遗物年代判断、遗存分期做技术指导，广州出版社蚁燕娟对报告编辑出版不辞辛苦，在此一并致谢。

流溪河流域文物资源考古调查是近年广州地区开展的首次系统性、全流域性的主动考古调查项目，调查结束后我们将调查成果通过考古报告的形式迅速面世，转化为科研成果，服务于社会，从而为社会各界了解、认识、研究从化流溪河流域古代文化提供较为全面而系统的第一手资料。囿于水平，报告还有各种不完善之处，尚祈方家指正。

编　者